2006年度 国立国会図書館調査研究報告書

米国の図書館事情 2007

2008年10月
編集：国立国会図書館
発行：社団法人　日本図書館協会

Cover: Library of Congress Library at Washington, D.C. (by Frederick W. Brehm, c1906). Photo from the Panoramic photographs (Library of Congress), the Prints and Photographs Division, Library of Congress [Call number PAN US GEOG - District of Columbia no. 6]. http://hdl.loc.gov/loc.pnp/pan.6a20070, (accessed 2008-10-06).
Designed by National Diet Library.

・本誌の全文は、「カレントアウェアネス・ポータル」<http://current.ndl.go.jp> で公開しております。
・You can read this book on the Website, “Current Awareness Portal” <http://current.ndl.go.jp>.

はしがき

情報技術の進展を基盤とした新しいサービスの導入はもとより、指定管理者制度の導入や業務の民間委託の伸長、定年退職者の増加など、我が国の図書館を取り巻く環境の変貌は著しく、また課題が多い状況である。このような中、他国の図書館ではどのような計画を立案し、どのようなプロジェクトを遂行して環境の変貌や課題に対応しようとしているのかを知ることは、当館及び我が国の図書館の将来にとって必要不可欠である。しかしながら、各国の政策、財政、法制度や社会基盤、また図書館界全体の方向性などを踏まえた鳥瞰的・基礎的な調査研究は未だ行われておらず、個々の図書館の事例を散発的に紹介する論文・記事が見られる程度である。そこで、当館では平成18年度の「図書館及び図書館情報学に関する調査研究」として、世界の図書館活動を牽引する存在である米国の図書館事情について調査を行った。今回刊行する『図書館研究シリーズ』第40号は、その調査成果を、論集の形で取りまとめたものである。

この調査は、社団法人システム科学研究所に委託し、以下のメンバーによる研究会が企画・構成を担当した。

主査：山本　順一（筑波大学大学院図書館情報メディア研究科教授）
委員：井上　靖代（獨協大学経済学部助教授）
　　　岩崎　れい（京都ノートルダム女子大学大学院人間文化研究科助教授）
　　　吉田　右子（筑波大学大学院図書館情報メディア研究科助教授）

（以上敬称略、所属は調査実施時のもの）

また本書の執筆・作成に当たっては、研究会メンバーのほか、各領域の研究者（米国在住の図書館員を含む）の協力を得た。本書の中で用語・訳語が不統一な箇所が存在するが、これは延べ数十名にも及ぶ執筆者による論集という性格を踏まえ、各執筆者の意図を尊重した結果であり、ご寛恕いただきたい。なお、これらの表記の揺れは、巻末の索引でできる限り吸収している。

執筆者各位のご尽力により、米国の図書館事情を概観できる論集が出来上がったことに、改めて御礼申し上げたい。

平成20年10月

関西館図書館協力課長
本吉　理彦

目　　次

第 1 章　2. 数値で見る米国図書館　図版目次

はじめに

日本の図書館の現状については、関係者の間では、‘危機的状況’にあるとの認識が確実に共有されているように思われる。1990年代以来のインターネットの普及が急速に推し進めている‘デジタル・ライブラリー’化の趨勢に立ち向かわなければならない一方で、国・地方の財政破綻を背景に資料費は見事なまでに減少し、民間委託やPFI（Private Finance Initiative）、指定管理者制度が浸潤しつつあり、人員削減の圧力により、図書館の正規職員のポストは図書館サービスにまったく無縁の首長部局等や法人本部等からの機械的人事異動のたんなる受け皿となり、従前通り図書館に踏みとどまる図書館職員は高齢化が進行し、若い世代の多くはせいぜい‘非常勤専門職員’というきわめて不安定な待遇に甘んじている。

高度情報通信化への対応の必要性、財政窮乏、組織と業務の合理化、関係職員の高齢化・世代交代の問題などは、日本の図書館だけが遭遇している課題ではなく、すべての先進諸国の図書館が効果的な解決を迫られているものである。

日本の図書館は、とくに第二次世界大戦後、アメリカをモデルに発展してきた。‘図書館の危機’を直視し、‘民衆の大学’‘大学の心臓部’‘学校教育において欠くことのできない基礎的な設備’である‘図書館’をあらためて賦活する方策を検討しようとする場合、アメリカの図書館事情についての調査研究から学ぶべき点はきわめて多い。

全体の構成は、目次を見ていただければ分かる。その目次にも明らかなように、本調査研究は、アメリカの図書館の現況、それを支える行政と民間の諸活動、タイトな行財政の中でデジタル・ネットワーク社会に望まれる図書館と図書館サービスを実現しようとしている連邦政府と地方政府の図書館政策、図書館を生み出し、その維持・発展を根底から推進する文化・経済のありようなど、どの程度果たしえたかは覚束ないものの、多面的な分析・検討を目指した。わたしも含めて、国内の研究者には日本の文化に育ったものとしてのバイアスは避けがたい。アメリカの図書館現場とその周辺でキャリアを積んだアメリカン・ネイティブの人たちの論稿を随所に織り込んだのは、アメリカの図書館のイメージをより正確に伝えようとしたからである。

当然のことであるが、アメリカの図書館とそれを取り巻く動きについては、そのすべてが肯定的に捉えられるわけではない。そこには、日本と異なり、アメリカ社会に固有の‘病理’も反映している。テロ対策の愛国者法の図書館活動への影響は無視できないし、日本では‘図書館の自由’という言い方がなされるが、連邦憲法修正1条が保障する‘知的自由’（intellectual freedom）とのかかわりで問題とされるところは少なくない。

日本でアメリカの図書館を専門に研究している研究者は決して多いとはいえない。結果的には、そのすべてとはいえないにしても、アメリカの図書館を研究対象としている国内の研究者をなかば総動員するかたちでこの報告書はまとめられているといっても過言ではない。内容的にもアメリカ図書館研究のハンドブックであるにとどまらず、概説書であり、同時に入門書としての性格も帯びている。十分なものとは言い難いけれども、貧弱な日本の図書館政策立案作業に携わる人たちへの支援の書となってほしいし、また次代の図書館情報学研究者育成への架け橋となることをも切に願う。

本報告書は、以下の4章から構成される。

第1章　米国の図書館の概要

第2章　米国の図書館の一般的なすがた

第3章　社会的論点と図書館

第4章　米国の図書館に関する研究動向

第1章では、米国の図書館界とそれを構成するALA等の関係団体、各館種の図書館の沿革と現況、図書館サービスと活動について、その全体像を多面的に描き出す。

第２章では、小規模な図書館を中心に選び、公共図書館・学校図書館・大学図書館の実際のサービスについての事例紹介を行う。

第３章では、知的自由、多様性、教育・リテラシー、コミュニティ、デジタル社会といった社会的論点に対する図書館活動について言及する。

第４章では、文献レビューの形で、日本における米国図書館に関する研究動向を紹介する。

平成19年３月

筑波大学大学院
図書館情報メディア研究科 教授
山本　順一

INTRODUCTION

Junichi Yamamoto

Professor, Graduate School of Library, Information and Media Studies, University of Tsukuba

March 2007

Among library officials, there appears to be a common and unmistakable awareness that libraries in Japan are currently in a "state of crisis." On one hand, libraries have been forced to confront a wave of "library digitalization," which has been accelerated by widespread use of the Internet since the 1990s. Meanwhile, budgets for reference materials (data) have dwindled significantly against the backdrop of such factors as financial collapse at both national and regional levels; we are witnessing a steady spread of outsourcing to the private sector, Private Finance Initiatives (PFIs) and the designated administrator system, which allows public facilities to be managed by private sector contractors. And, with library administrations bowing to pressure for personnel cutbacks, legitimate librarian positions are being transformed into nothing more than a repository that accepts individuals who are transferred, via rote personnel shuffling, from clerical positions in government and other public offices or from universities and other educational institutions and who have no experience whatsoever in library services. As a result, the librarians who have chosen to stay in their positions are aging, while the younger generation have no choice but to accept the extremely precarious status of "part-time professional staff."

Issues such as the need to deal with sophisticated information/ telecommunications technology, financial difficulties, the streamlining of organizations and operations, the aging of library staff and generational change are not unique to Japanese libraries; indeed, they are placing demands on libraries in all industrialized nations to come up with effective solutions.

Libraries in Japan, especially since World War II, have evolved on the American model. As we face up to "the library in crisis" and contemplate measures to reinvigorate the institution of the library, which serves as "a university for the masses," "the heart of the university," and "an indispensable and fundamental facility for school education," there is much to be learned from an investigative survey of the American library situation.

The table of contents provides an overview of this report. It shows that this survey, although the degree of success of our endeavors remains unclear, is aimed at conducting multilateral analysis and examination of the current situation of American libraries; the various support activities provided by public and private sectors; federal and state library-related measures implemented, despite the tight fiscal budget, in an effort to materialize libraries and library services to meet the demands of a digital network society; and the respective states of culture and the economy, which are critical factors both in enabling libraries to come into existence and in promoting their maintenance and development. It is difficult for researchers working in Japan, myself included, to divest themselves of the cultural bias acquired as a result of having been born and bred in Japan. The reason why I have cited at every turn studies by American-bred professionals who have shaped and developed their careers in and around the American library scene is that I have sought to convey an accurate image of the American library industry.

Of course, every aspect of the American library and its surrounding developments may not necessarily be interpreted in a positive light. There, unlike the situation in Japan, we can find reflections of "a pathology" that is unique to the United States. In this respect, the effects of antiterrorism measures represented by the USA PATRIOT Act on library activities should not be ignored, and there is no shortage of issues arising in connection with the First Amendment to the U.S. Constitution, which guarantees "intellectual freedom," or "the freedom of libraries" as we refer to it in Japan.

There are few Japanese researchers who have studied or are studying libraries in the United States. Consequently, it would not be an exaggeration to state that this report has been prepared as an accumulation of work conducted by most, if not all, researchers of American libraries. Moreover, in terms of content, this report is not limited to serving merely as a handbook for the study of American libraries. Rather, it can be characterized as both a general information manual and a primer in this field. I sincerely hope that this report will aid those who are involved in the process of framing Japan's somewhat limited library policies, and that it will help fostering the next generation of library and information science scholars.

This report consists of four chapters:

Chapter 1: An outline of libraries in the United States
Chapter 2: A general impression of the American library scene
Chapter 3: Social issues and the library
Chapter 4: Research trends concerning American libraries

Chapter 1 offers a multilateral, generalized portrayal of the American library industry and the related organizations, including the ALA, which comprise it; the history and current situations of various types of libraries; and library services and activities.

Chapter 2 focuses on a selection of small-scale libraries and introduces examples of actual services provided by public libraries, school libraries and university libraries.

Chapter 3 touches on library activities in relation to social issues such as intellectual freedom, diversity, education/literacy, the community and the digital society.

Chapter 4 takes the form of a literature review and introduces trends in American library research in Japan.

アメリカ図書館の背景

元図書館情報大学　副学長　　藤野　幸雄（ふじの　ゆきお）

アメリカの図書館は、イギリスから東部ニュー・イングランドに渡来した建設者たちが信じていた‘ピューリタン（清教徒）思想’によって形作られた。独立以前にイギリスからトマス・ブレイ師がこの地に来て、図書館をメリーランドに設立したのがその創始とみなせる。初期の図書館はボストンを中心に実現した‘アシーニアム’（文芸協会、その発生は19世紀初頭のロンドンにあった）の型であり、博物館や歴史協会を併設したものであった。アメリカの図書館史を創りあげた先駆者たち（ジューエット、プール、ウィンザー、カッター、ビリングス、パトナム）はほぼ全員がボストンかその近郊のニュー・イングランド出身者であって、プロテスタント教徒であった。

独立後の19世紀前半、開拓が進行するにつれて、アメリカは西部に向かって発展し、フロンティアが消滅したのは1840年代後半であった。1850年にはまだフロリダもテキサスもウィスコンシンも連邦の領土とはなっていなかった。中西部の諸都市に建設された図書館の重要な役割は、ドイツ系、アイルランド系の移民たちによりこの地に出来上がった‘アメリカ英語’によって、流入が続く移民たちを‘アメリカ化’することであって、各地に設置された図書館および聖書を売り歩く移動販売員たちのこの方面での功績は大きかった。

未曾有の殺戮を繰り広げた南北戦争（1861 － 65）にいたるまでの時期は、アメリカの図書館はさほどの発展を見せたわけではなかった。図書館協会のような組織や図書館大会のようなイベントについてもすでに南北戦争以前に関係者の間では叫ばれてはいたが実現しなかった。現実に全米図書館員大会が開催され、アメリカ図書館協会が発足したのは南北戦争後、アメリカ独立百周年にあたる1876年であった。19世紀の後半、アメリカの図書館界は大きく発展した。その発展の基盤は各地の産業の振興によって支えられていた。ピッツバーグの鉄鋼業、シカゴの自動車産業、テキサスの油田開発、そして西部に延びる鉄道、金融業の発展により、地方に大都市が出現した。産業の活況が生み出した企業家たちが図書館を設置し、図書館のイメージもずいぶん変化した。ニューヨークのピァポント・モーガン、ワシントンD.C.のフォルジャー、シカゴのニューベリー、ロサンゼルスのハンチントンが創設した図書館がそれにあたる。19世紀末から20世紀初頭にかけて、連邦政府の図書館も公共図書館もひとつの見せ場を演出した。1897年の議会図書館、1912年のニューヨーク公共図書館は堂々とした擬古典様式の建築構造物で、一大観光資源ともなった。図書館サービスの点でも大型の参考図書館を施設提供するとともに、同時に市民への身近な貸出網を実現していた。この時期に図書館活動を理論的および実務的に支えたのは、メルヴィル・デューイを中心とする世代であり、十進分類など業務の標準化を進め、またライブラリー・スクールを創設し図書館員養成に努め、図書館サービスの基盤を固めていった。

シカゴに本拠を置くアメリカ図書館協会は、1929年からの世界経済恐慌、1939年からの第二次世界大戦の時期に、政府と市民に対して、その存在意義を認識させた。すなわち、失業者や流入する移民たちが就職、再就職するために、図書館利用を通じて、知識技術を修得した。また、カール・マイラムを中心とするアメリカ図書館協会事務局は、ヨーロッパ戦線に展開する兵士たちに図書や雑誌を提供する‘戦時図書館活動’を強力に推進した。アメリカ図書館協会は積極的に連邦政府に働きかける圧力団体のひとつに成長し、議会図書館長人事にかかわりをもつまでになった。

第二次世界大戦後のアメリカ図書館界はさらなる活況を呈することになる。60年代の‘公民権’運動の広がりを受け、公共図書館は先住アメリカ人、アフリカ系アメリカ人、エスニックの人たちへとサービスを拡大し、館外活動も強化された。大学図書館にあっては、60年代から‘地域研究’が推進され、アジア・アフリカ諸国に関する研究が活発となり、関係資料についての図書館間相互協力体制の整備拡充が求められた。この課題の解決には技術革新が大いに役立った。「全国総合目録」による資料源の確認、OCLCにはじまる相互協力のネットワーク、各種データベースの利用、インターネットの普及は情報スーパーハイウェイの整備につながり、Web-OPACや書誌データベース、フルテキスト・データベースが容易に利用できる環境が実現し、図書館の姿そのものが変

※本稿は、国立国会図書館の2006年度調査研究事業の成果物である。

わりつつあるように思われる。

南北戦争から百数十年、アメリカの図書館はきわめて大きな実績を築き上げた。しかし、その道は必ずしも平坦なものではなく、紆余曲折、試行錯誤を重ねてきた。それを切り抜けることができたのは、ライブラリアンたち、図書館実務担当者の信念とエネルギーであった。アメリカでは‘図書館’という言葉は‘文化’という言葉の代名詞であるかのような位置を占め、図書館の教育的な機能は市民の間に深く根を張っている。アメリカでは、フランクリン・ルーズベルト以降、歴代の大統領が第一線を退いた後、それぞれその出身地に自分とその政権の資料館・博物館を建設することがならわしとなっている。これらの実態は‘文書館’であるにもかかわらず‘大統領図書館’と呼ばれているところにも、この‘図書館’という言葉とそのイメージがすでにアメリカ市民社会全体に定着していることを見事に示している。

米国の図書館事情に関する調査研究会　委員名簿

氏　名	所　属
山本 順一【主査】	筑波大学 大学院 図書館情報メディア研究科　教授
井上 靖代	獨協大学 経済学部経営学科　助教授
岩崎 れい	京都ノートルダム女子大学 人間文化研究科 人間文化専攻 助教授
吉田 右子	筑波大学 大学院 図書館情報メディア研究科　助教授

米国の図書館事情に関する調査研究会　執筆者名簿

氏　名	所　属
井上 靖代	獨協大学　経済学部
岩崎 れい	京都ノートルダム女子大学　人間文化研究科
魚住 英子	関西学院大学図書館
加藤 信哉	山形大学学術情報部
キャシィ・ラッセル	カリー・カレッジ・レヴィン図書館准教授兼司書（マサチューセッツ州）
清重 知子	第一福祉大学　人間社会福祉学部
グレース・グリーン	ヴァーモント州立図書館長
ゲリー・シャンク	カリー・カレッジ・レヴィン図書館准教授兼司書（マサチューセッツ州）
古賀 崇	国立情報学研究所
酒井 由紀子	慶應義塾大学医学メディアセンター
サンドラ・リオス・ボルダーラマ	アリゾナ州在住図書館コンサルタント
ジーン・プーネル	パシフィック大学図書館　副学長兼図書館長
ジェイン・ローレス	カリー・カレッジ・レヴィン図書館准教授兼司書（マサチューセッツ州）
ジェームズ・マタラーゾ	シモンズ・カレッジ図書館情報学大学院　名誉大学院長
ジョセフ・ミカ	ウェイン州立大学図書館情報学プログラム長
下村 昭夫	出版メディアパル
菅野 育子	愛知淑徳大学
高木 和子	千葉大学附属図書館ライブラリイノベーションセンター
高鍬 裕樹	大阪教育大学
高島 涼子	北陸学院短期大学
張 睿暎	早稲田大学大学院
筑木 一郎	京都大学附属図書館
デイビッド・ミラー	カリー・カレッジ・レヴィン図書館准教授兼司書（マサチューセッツ州）
中村 百合子	同志社大学　社会学部
バーバラ・フォード	イリノイ大学モンテソン・センター長（元 ALA 会長）
原田 隆史	慶應義塾大学
平野 美惠子	立正大学　文学部
福田 都代	北海学園大学
福田 直美	農業生物資源研究所
藤澤 聡子	アサヒビール株式会社　技術情報室
藤野 幸雄	元図書館情報大学
フランチェス・レイノ	カリー・カレッジ・レヴィン図書館上級講師兼司書（マサチューセッツ州）
ヘディ・ベンアイチャ	カリー・カレッジ・レヴィン図書館教授兼司書（マサチューセッツ州）
マイケル・ダウリング	ALA 国際交流部長（兼　地方図書館協会交流担当部長）
松崎 博子	筑波大学大学院
マリー・シャン	カリー・カレッジ・レヴィン図書館准教授兼司書（マサチューセッツ州）
三浦 太郎	東京大学大学院
三根 慎二	慶應義塾大学大学院
村上 浩介	国立国会図書館関西館
薬師院 はるみ	金城学院大学　文学部
山本 順一	筑波大学大学院　図書館情報メディア研究科
吉田 右子	筑波大学大学院　図書館情報メディア研究科
リーパーすみ子	ニューメキシコ州アルバカーキー市 ドロレス・ゴンザレス校元図書館司書
レスリー・ベッカー	カリー・カレッジ・レヴィン図書館貸出利用担当課長（マサチューセッツ州）

※所属は平成 19 年 3 月当時のものです

第1章

米国の図書館の概況

本章においては、アメリカ合衆国の図書館界とそれを構成するALAなどの関係団体、各館種の図書館の沿革と現況、図書館サービスと活動について、その全体像を多面的に描き出そうとした。図書館はいま、図書や雑誌といった伝統的な紙媒体資料を中心とした資料やそこで確認できる情報をライブラリアンを通じて提供する実在的な図書館（physical libraries）から、時空を超えるネットワークを通じてデジタル・コンテンツへのアクセスを提供する仮想的な図書館（virtual libraries）への過渡的な「ハイブリッド・ライブラリー」の姿をとっている。『数値で見る米国の図書館』は、このハイブリッド・ライブラリーの現実を、関係する年鑑やハンドブック、連邦政府のホームページなどを渉猟し、それらを具体的な数字で示すことに努めた。

図書館にとどまらず、資本主義社会において一定の社会的な機能の発揮を期待される施設は、そこに配置されその職務を遂行する「ヒト」と、その人の日常的業務の展開に不可欠な「モノ」、そしてそれらの人を雇用し物を維持・調達するための「カネ」を必要とする。ヒト、モノ、カネといった資源を合理的に割り当てる役割をになうのが法と制度である。しかし、法と制度を小手先でいじってみても現実が大きく変化するわけではない。状況を打開する効果的で適切な「チエ」が求められる。それだけではない。アメリカの図書館をアメリカの図書館らしくしているのは、図書館の法と制度を支える「図書館文化」である。アメリカの図書館のもつ良いところを表面的に真似ようとしても、文化がついてこなければ図書館サービスの改善にはつながらない。

本章の解説、統計等から、皮相的な図書館の現実にとどまらず、アメリカの図書館文化まで学び取っていただければ、幸いこれにすぐるところはない。

（山本　順一）

1. 図書館の基盤

1.1 運営形態

1.1.1 図書館の運営形態

筑波大学大学院 図書館情報メディア研究科 山本 順一（やまもと じゅんいち）

図書館は、公共図書館であれ、大学図書館、学校図書館、専門図書館であっても、それぞれ地域社会、キャンパス・コミュニティ、校内の児童生徒・教職員、当該専門主題に関心をもつ社会層といった、ある種の「コミュニティ」の抱える情報ニーズを満たすためにサービスを提供することを任務としている。それだけではなくて、そもそもその図書館自体が当該コミュニティによって産み出され、日常的な維持・管理に必要な多様な諸資源をそこから調達していることが一般的である。ここでは、アメリカの公共図書館を念頭におきつつ、図書館の運営形態について論じることにしたい。

(1) 図書館委員会（library boards）

一部に例外はあるが、アメリカの大半の公共図書館の設置母体は、市町村や郡、図書館行政のためだけに設置された課税権をもつ「特別地方公共団体」である図書館区（library districts）、そして日本の行政用語を用いれば、「一部事務組合」にあたるものもある。このような地方公共団体がそれぞれの州法の規定に従って公共図書館を設置する。設置された公共図書館の管理機関（governing entities）が一般に「図書館委員会」である。アメリカの図書館を紹介する日本の関係文献では、これまで「理事会」と訳されることが多かった。民間の公益法人であれば理事会で十分であるが、このlibrary boardsはいわゆる「行政委員会」のひとつで、合議制行政庁としての本質を備えている。

19世紀のアメリカにおいて、それぞれの分野における専門的行政職員が実施する行政活動を市民の代表が監視するという素人統制（layman control）の思想が普及し、公安委員会や教育委員会などを含む多種多様な行政委員会が組織された。これらの委員会を構成する委員たちは原則無給で、交通費等が実費弁済されることはあった。図書館委員会はそのような行政委員会として、教育委員会などと同様、現在に至るまで生き残ってきた。（日本でも、戦後、図書館法案作成の過程で「図書館委員会」のコンセプトが取りあげられたが、実現はせず、これに代わってある意味で必然的に形骸化せざるを得なかった図書館協議会が導入された。）

図書館委員会のメンバーには、ベテランのライブラリアンが含まれることが多いが、功成り名を遂げた当該コミュニティの名望家が就任するというのが一般的なイメージである。メンバーには地元財界人や法律家などの専門職業人が少なくない。もっとも、図書館委員会は「住民参加」の一形態でもあるので、特定の部局が任命権限を有する場合には、一定程度女性を加えようとしたり、職業構成や人種的配慮がなされたり、マイノリティを意識的に選ぶことなどもある。図書館委員会のメンバーを選挙で選ぶところもある。

図書館委員会の定数は、州により異なる。５名というところが比較的多いが、３名から９名と様々である。また、首長や参事会のメンバーなどが充て職（ex officio）の委員とされている場合もある。委員の任期は３年から６年で、重任の可否についても様々である。図書館委員会の権限は、当該図書館の管理機関とされることから、図書館運営の基本方針や館長人事、職員の採用指針や俸給表、図書館建物の新増築・改築、起債を含む財政などの重要事項につき判断、意思決定することにある。分館網も含めて日常的な図書館業務の実施については、図書館委員会の監視のもとに、館長にゆだねられる。

アメリカの公共図書館の財源については、millage rateという図書館目的税を採用しているところが少なくない。これは不動産の評価価値に対して一定の割合（millは1/1,000の意味）で課税し、図書館の運営にあてるというものである。もっとも、アメリカの公共図書館では、個人、企業に対し積極的に寄付を募り、それを受入れており、公的財源だけに依存しているわけではない。

(2) 公共図書館運営と住民参加

先にみた通り、公共図書館はコミュニティの基幹施

※本稿は、国立国会図書館の2006年度調査研究事業の成果物である。

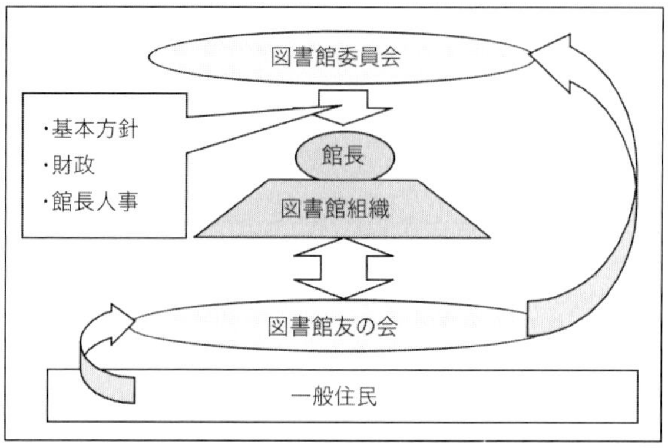

図　アメリカの公共図書館

設であり、地域住民が積極的にその運営に参加している。

アメリカでは、公共図書館に限らず、特定の図書館を支援するために「図書館友の会（Friends of the Library）」が組織される。大学図書館の場合には同窓生が中心であるが、公共図書館では地域住民のなかで図書館に関心を寄せている人たちによって組織され、一定の会費を集め、独自の財源を背景に当該図書館にかかわる諸活動を主体的に展開している。図書館友の会のメンバーは図書館と住民をつなぐ役割を果たすとともに、当該図書館とその活動を理解するなかから、上に述べた図書館委員会のメンバーに選任される人たちをも輩出する基盤となっている。

Ref：
Ladenson, Alex. アメリカ図書館法．山本順一訳．日本図書館協会，1988, 204p.

1.1.2 図書館における「民営化」

獨協大学　経済学部　　井上　靖代（いのうえ　やすよ）

(1) 背景

1990年代は、アメリカで全国的に公立公共図書館の運営財源の大幅な削減がおこなわれた。これは全米の景気後退を受け、図書館運営資金、特に地域の不動産（固定資産）の税割合にもとづく図書館税収入や地域で決定する直接税としての図書館税収入の減少の影響である。図書館の設立時期が古く、図書館運営歴の長いウースター図書館（マサチューセッツ州、市の人口17万人）が、1990年に6つの地域館すべてを閉鎖して以降、全米で閉鎖される図書館が急増した。ネヴァダ州では州立図書館の資料費が1992年に15万3千ドルから1993年にはゼロとなるなど、各地で閉鎖ないしは資料費などの運営費が大幅削減を迫られた時期にあたる。

議会図書館が印刷目録カード作成の集中作業をしているものの、90年代以前にはまだアメリカの図書館では分類目録作業は自館でおこなうのが一般的であった。特に大学図書館ではビブリオグラファーと呼ばれるそれぞれ専門分野に強い司書が資料組織化とレファレンスを受け持っていた。ところが、アメリカ社会の緊縮財政の中、こういった専門司書を雇用できない中小規模の大学図書館がOCLCの業務拡大とともに目録業務を外部委託する方向に転換していった。さらに、この図書館不況期に公立公共図書館は、地域ネットワーク内で資料組織化を共同実施し、積極的に資料の相互利用をはかろうとするアウトソーシングの方向に転換していった。

現在ではアメリカ経済が好転し、2003年～2005年には図書館運営費が削減される図書館は減少している。

例えば、利用対象者数が50万人以上と25万人以下の公立図書館では図書館費の減少が大きいものの、多くの図書館では運営資金が増加したと回答している（資料費；22.5%増，人件費；16.4%増，電子的アクセス；11.3%増，開館時間；5%増）。しかし、西部および中西部では財源が減少した図書館が多いとされ、地域格差の問題は依然として存在している（資料費；68.3%減，人件費；41.6%減，電子的アクセス；24.6%減，開館時間；12.6%減）[(1)]。

全体としては財政緊縮という面からアウトソーシングや民営化を推進するというよりも、資料のネットワーク化や専門職司書の高齢化による減少などに対応するために、一部業務委託する図書館が増加している。アメリカの図書館は民営にゆだねるのか、地域図書館ネットワークで集中作業する形にするのかの判断が迫られている。なかには、運営すべてを民営にゆだねる図書館も登場している。

(2) アメリカ図書館協会の対応

このような動きに対して、アメリカ図書館協会（ALA）では1999年冬季会議（ALA　Policy 52.7）を始めとして、2000年と2001年の年次大会においても、アウトソーシングと民営化に関する政策および決議を公表している[(2)]。さらに、ALAはその長期計画「LibraryAhead 2010」の中で、アウトソーシングと民営化についての行動計画をたてている[(3)]。

ALAはアウトソーシングや民営化に反対する立場をとり、図書館活動の使命を再確認している。理事会（Executive Board）は、どの図書館においても、何が核となる図書館サービス活動かを判断することは難しい、あるいは不可能であるが、図書館は公共善（public good）のために存在しており、公的資金で成立している図書館を民営化する政策に転換していくべきではないとしている。2001年のALAサンフランシスコ大会において、公共図書館が民間の営利団体にゆだねられることに反対することを決議している[(4)]。

(3) 公共図書館の「民営化」

資料の分類目録作業をアウトソーシングする図書館が増加する中で、1997年に資料選択を「民営化」したハワイ図書館システムに続いて、図書館運営すべてを「民営化」した図書館システムが出てきた。

1997年、リバーサイド郡図書館システム（Riverside County Library System：RCLS）（カリフォルニア州）は図書館運営を民営に委ねた。従来リバーサイド市が直営で図書館運営をおこなっていたが、予算削減によって外部委託を決めたものである。ここにいたる状況はカリフォルニア州の税政策や移民流入に関わる教

※本稿は、国立国会図書館の2006年度調査研究事業の成果物である。

育政策などが背景となっている。

まず、1978年にカリフォルニア州でProposition 13（提案13号）が住民投票で可決されたことがあげられる。Proposition 13は固定資産などの財産税に上限を設け、州の税収を削減するもので、富裕な中流階級にとって有利な税制を定めたものである。これによって、財政が不足し、リバーサイド郡図書館は地域館の閉鎖を余儀なくされた。また、1993年に郡内にあった空軍基地が閉鎖されることになり、軍から図書館への補助金が打ち切られた。同じ年、教育増収基金（Educational Revenue Augmentation fund）が打ち切られ、郡への教育関係補助金が打ち切られた。その結果、地域館の閉鎖や中央館の開館時間の短縮、職員のレイオフ、資料費ゼロが数年続くことになった。多くの論争を経たのち、郡は図書館の外部委託を決定した。

業務委託決定はコンペ方式であったが、リバーサイド郡教育委員会やサン・ベルナンディオ郡図書館システムをおさえ、メリーランド州に本拠地をもつLSSI（Library Systems and Services, INC. 出版社Follett社の子会社）という図書館ベンダー会社が、郡内の25の図書館運営業務を完全受託した。司書有資格者で雇用されているのはただ1名のみであり、地域館24館すべて非専門職ないしはパラ・プロフェッショナルで人件費を抑えている。すべての運営費について、LSSIは1年契約で初年度は530万ドルをリバーサイド市から受け取ることになった。

LSSIは図書館開館時間を25％増加させ、144,000ドルから180,000ドルへと資料費を増加させ、将来的にはPC設置台数増加などをめざしている。リバーサイド郡は図書館活動の維持をめざし、館長をはじめ図書館職員をそのまま継続雇用し、LSSIとの協働をおこなわせている。同時にリバーサイド郡は各運営部門に対し運営費用からその10％を徴収しており、LSSIは契約額より少ない資金で運営することが求められている。

リバーサイド郡図書館システムではすべての郡内の図書館がこの契約に参加したわけではなく、Moreno Valley Libraryなど2つの図書館は郡内にあるものの委託されることなく公立図書館としてとどまっている。

ALAから委託を受け調査したテキサス女子大学のチームは、この事例について管理経営権がリバーサイド郡側にあり、完全民営化とはいえないと結論づけている。問題点はベンダーに業務委託していることよりも、カリフォルニア州の財政政策による図書館運営資金の欠乏にあると指摘している[(5)]。

さらに、2006年9月になって、ジャクソン－マジソン郡（テネシー州）の図書館理事会が民間に業務委託することを決めたのを受け、LSSIはその業務を受託することになったが、現場の図書館長側は反対した。その結果、図書館理事会は、運営決定権は理事会にあることを主張して、地裁に提訴した。LSSIの業務提案は図書館運営を請負うことで無線LANの設置やPCの台数を増やす、日曜日午後の開館、新鮮な資料提供維持に加え、地域館にカフェと書店を併設して運営することを内容とし、図書館員側からすると本来の図書館機能の目的や使命から離れていく危険性が大きいとみているようである。2006年現在、理事会側と図書館員側との論争は継続しており決着をみていない[(6)]。

(4) 課題

90年代以前には各図書館で分類目録作業を実施していたが、図書館財政の緊縮化という外的要因のみならず、アメリカ図書館界の内在的要因として議会図書館への目録情報の統一化をめざすことに加え、OCLCによる所在情報等付加情報の事業が拡大し、また地域や館種、分野ごとの図書館システムあるいはネットワーク内での共同集中処理作業へと転換していった。総合目録の作成が可能になり、ILLが進展する環境が整備されることに加え、資料組織実務担当者の雇用をおさえられるといった人件費節約をも可能としている。

2001年にALAは反対の決議をしたものの、アウトソーシング化は拡大するばかりであり、図書館界では多様な面から危惧されている。公共図書館部会（PLA）がアウトソーシング化に関して、チェックリストを公表した[(7)]のに続いて、知的自由の面からも問題点が指摘されている。そこで、ALA理事会の諮問を受け、アウトソーシングや民営化に関して、ALA知的自由委員会では、以下の7点をあげて民間委託につき問題提起している[(8)]。

1）図書館運営決定権の移行に伴う、決定権者の法的説明責任や情報公開法との関係、会議の公開、資料やサービス活動に関する地域住民へのサービス低下の可能性
2）個人情報保護への信頼性
3）地域への図書館の使命を考えた、貸出冊数などに

限定しない図書館活動評価測定
4) 資料構築に関する説明責任
(関係判例：Mainstream Loundoun v. Board of Trustees Loundoun County Library, 24 F. Supp. 2d 552))
5) 情報へのアクセス
6) 職員の知的自由の原則についての教育訓練
7) 職員の知的自由に関する問題点の認識

そのほか、個人情報保護や勤務する司書の専門性の問題など、図書館の「民営化」に関わる課題は増加しており、アメリカ図書館界は警戒を強めている。

(1) Davis, Denis M. "Funding Issues in U.S. Public Libraries, Fiscal Years 2003-2006". American Library Association, 2006. http://www.ala.org/ala/ors/reports/FundingIssuesinUSPLs.pdf, (accessed 2007-02-25).
(2) "Background". American Library Association, 2006. http://www.ala.org/ala/oif/iftoolkits/outsourcing/background.htm, (accessed 2007-02-25).
(3) "Outsourcing & Privatization". American Library Association, 2006. http://www.ala.org/ala/ourassociation/governingdocs/aheadto2010/outsourcing.htm, (accessed 2007-02-25).
(4) "Recommendation on Privatization of Publicly Funded Libraries". American Library Association. 2006. http://www.ala.org/ala/oif/iftoolkits/outsourcing/recommendation.htm, (accessed 2007-02-25).
(5) Martin, Robert S. "The Impact of Outsourcing and Privatization On Library Services and Management". Texas Woman's University, School of Library and Information Studies, 2000. http://www.ala.org/ala/oif/iftoolkits/toolkitrelatedlinks/outsourcing_doc.pdf, (accessed 2007-02-25).
(6) "Jackson Board Contracts with LSSI Despite Opposition". American Library Association, 2006. http://www.ala.org/al_onlineTemplate.cfm?Section=october2006a&Template=/ContentManagement/ContentDisplay.cfm&ContentID=140281, (accessed 2007-02-25).
(7) Public Library Association. "Outsourcing: a public library checklist" American Library Association, 2000. http://www.ala.org/ala/pla/plaorg/reportstopla/outsourc.pdf, (accessed 2007-02-25) .
(8) Intellectual Freedom Committee, American Library Association. "The Intellectual Freedom committee response to the resolution to the council document #24：outsourcing and privatization in American libraries". American Library Association, 1999, http://www.ala.org/ala/oif/iftoolkits/toolkitrelatedlinks/outsourcingreport.pdf, (accessed 2007-02-25) .
ALA Intellectual Freedom Committee. "Outsourcing Checklist". American Library Association. http://www.ala.org/ala/oif/iftoolkits/outsourcing/outsourcingchecklist.htm, (accessed 2007-02-25).

1.2 法制度

1.2.1 公共図書館の設置・運営に関する法的基盤

立正大学 文学部 平野 美恵子（ひらの みえこ）

(1) 連邦、州、地方の権限

米国では、公共図書館の設置・運営に関わる法律は、州ごとに制定されている。連邦レベルで制定されない理由は、合衆国憲法に文化・教育に関わる明文規定がなく、さらに1791年に成立した合衆国憲法修正第10条で「合衆国に委任されず、州に対して禁止されていない権限は、それぞれ州又は人民に留保される」と規定したことにある。連邦政府はこの規定を狭く解釈して、文化・教育への積極的な関与を極力控えてきたが、1956年成立の「図書館サービス法（Library Services Act：LSA)」に基づき農村図書館の振興を助成するモデル事業に成功してから、州権を乗り越えて連邦政策を遂行する方向に大きく転換を図った。この背景には、連邦資金の投入を求める州との利害一致があった。

一方、文化・教育を専権事項とする州政府は、公共図書館の設置・運営の権限を地方政府に授権するための法律を制定し、公共図書館に対し補助金を交付し、さらに連邦補助金を分配している。他方、地方政府は、州憲法、州法などに従って、公共図書館の設置・運営を行っている。地方政府の区分については、各州ごとにさまざまな違いがみられるが、概ね、カウンティ（＝郡）（county)、その下にタウン（town）とタウンシップ（township）があり、その一部は州憲法や州法に則って自治憲章（charter）を取得した市（city）や村（village）といった自治体（municipality）である。

州と地方の権限関係については、1872年の「ディロンの原則（Dillon's Rule)」[1]や1880年の連邦巡回裁判所によるメリウェザー対ギャレット事件の判決[2]などにより、全権は州政府にありとする州優位の法解釈が確立している。しかし、その後、州の統制を最小限に留め、自らの問題を自ら解決するための「ホームルール（Home Rule）権」を州憲法上、明文化する動きが活発化した結果、現在では全米50州のうち40州以上で、従来、州の下位機関とみなされてきたカウンティに何らかのホームルール権が認められるようになった。なかには、自治憲章を取得して自治体となったカウンティもある。

以上のように公共図書館の設置・運営の主体である地方政府は依然として州の強力な統制下に置かれているが、カウンティの権限が拡張した分、自治体との格差は縮小されたといえる。また、住民参加に関しても、大多数の州でイニシアティブとレファレンダムが制度化された。こうした変化が、公共図書館の設置に関する規定にも反映されている。

(2) 州憲法による規定

州憲法において、公共図書館に一つの条を設けている州は、ミシガン州とミズーリ州の２州であり、いずれの規定も州議会に対し法律の制定と財源確保を義務付けている。

ミシガン州憲法第８章第９条

州議会は法律により、その統治機関により採択された規定に基づき州の全住民に利用可能な公共図書館の設置及び維持について規定しなければならない。それぞれのカウンティ、タウンシップ及び市において刑罰規定の違反を理由として課され、かつ徴収されるすべての罰金は、法律の定めるところにより当該の公共図書館及びカウンティの法律図書館の維持のためにのみ充当されなければならない。（下線部分筆者）

以上は、現行の1963年改正憲法における条文である。それ以前の1908年憲法では、同条第一文で「州議会は法律により、それぞれのタウンシップ及び市において少なくとも一館の図書館の設置を規定しなければならない」と規定していた。上記訳文の下線部分は、改正箇所である。公共図書館サービスの拡大・改善を法的に保証することを意図して、「州の全住民に利用可能な公共図書館の設置及び維持」という文言が加えられたことは、意義深い。この規定を受けて、1965年に「公共図書館に対する州補助金法（State Aid to Public Libraries Act)」が成立し[3]、1972年には大調査図書館の蔵書を図書館間貸出制度を通じて全住民に利用可能とするための「1971年図書館

※本稿は、国立国会図書館の2006年度調査研究事業の成果物である。

ネットワーク法（Library Network Act of 1971）」が成立している。また、第二文を受けて 1964 年に罰金の配分に関する法律が制定されている [4]。

次のミズーリ州憲法は、地方政府が維持する無料公共図書館に対する補助金の交付を州議会に義務付けている。

ミズーリ州憲法第 9 章第 10 条

ここに、州、その下位機関 [5] 及び自治体が法律で定めるところにより無料公共図書館の設置及び整備を促進し、並びにそれらの維持に関する義務を受け入れることを、州の政策とする旨を宣言する。当該の下位機関又は自治体が無料図書館を維持するときは、州議会は法律で定める態様及び金額により当該の公共図書館に対し補助金を交付しなければならない。

モンタナ、ノースカロライナ、ロードアイランドの各州憲法は、それぞれ「教育」に関する章の第 1 条で学校等の教育機関と図書館の振興を州の責務であるとしている [6]。又ハワイ州憲法第 10 章第 1 条は、「公立学校、州立大学、公共図書館及びその他の教育機関」に関する全州的な制度を、施設面まで含めて望ましい状態で設置し、維持し、管理しなければならないとする。因みに、同州では、州立図書館を中央館とし、51 の公共図書館を分館とするハワイ州公共図書館制度（Hawaii State Public Library System）が構築されている。

以上のほかに､「公共図書館」に言及した規定もある。カリフォルニア州憲法第 13D 章第 6 条 (b) は、図書館を含む一般行政サービスの料金又は使用料を無料にすることができると規定し、ユタ州憲法第 13 章第 3 条第 1 項（b）をはじめとするいくつかの州の憲法には公共図書館の財産に対する課税免除に関する規定が盛り込まれている。また、ジョージア州憲法第 7 章第 4 節第 1 条 (d) には、地方債によって建設された施設の所有権に関する規定があり、アーカンソー州憲法修正第 30 条、38 条、72 条には自治体の図書館を維持し運営するための課税徴収率に関する規定がある。

以上のほか、条文中に「公共図書館」と明記されてはいないが、公共図書館の設置・運営に大きな影響を与えうる規定が多数存在する。例えば、地方自治に関する規定である。イリノイ州の 1970 年憲法は、地方自治規定を改正して人口 25,000 人以上のすべてのカウンティと自治体をホームルール権を有する地方政府単位に移行させた。その結果、新たに獲得した権限を行使して図書館税の増税に踏み切ろうとする自治体と「イリノイ州地方図書館法（Illinois Local Library Act)」で定めた制限を超える増税は違法であると主張するカウンティとの間で対立が生じ、訴訟に発展した。イリノイ州最高裁判所は、自治体側に有利な判決を下し、一般的公共図書館法の諸規定はもはや地方政府単位には適用されないと判示した。

(3) 州法による規定

全米すべての州法典で､「公共図書館」､「図書館」又は「教育」などの章の下に公共図書館関係の各種の法律が収められている。それらの法律は、それぞれの土地の事情や地方自治の仕組みを反映して、内容、構成ともに多様であるが、一般的な公共図書館法に共通する重要規定として、(1) 地方政府に対する公共図書館設置の権限の賦与、(2) 地方政府に対する図書館税（library tax）の課税権の賦与、(3) 委員会方式による図書館の管理・運営、などがある。また、多くの州で、州と連邦の補助金、地域図書館ネットワーク、業務の外部委託、プライバシーの保護などに関する規定が整備されている。

公共図書館の設置

公共図書館の設置は、州法の規定によりカウンティや自治体の議会か、または法人格を有するカウンティ理事会（county commission）などの行政庁に授権されている。したがって、地方議会における決議か、行政庁の命令で設置を決定することができるが、多くの州で、一定数の有権者が設置を請求するイニシアティブ、または住民投票によって設置の是非を問うレファレンダムの制度を導入している。因みに、2006 年に 28 州でそれぞれ 1 件又はそれ以上の件数のレファレンダムが実施され、公共図書館の設置、図書館税の増税、図書館区の境界の変更などが問われた [7]。こうした住民の意思に基づく決定が、米国の公共図書館活動を地域に根ざしたものとしている。

次に示すインディアナ州の規定は、公共図書館の設置に関し、地方議会による決議のほかに、第二の方法としてイニシアティブによる決定のプロセスを定めている。ただし、最終的には、決議案を地方議会に送付して、これを可決するという、いわゆる間接イニシアティブの事例である。

インディアナ州法典第36章第12節第2条第5項(要旨)

自治体、タウンシップ及びカウンティ（又はカウンティの一部）の議会が図書館設置の決議案を可決するか、又は最新の総選挙で確定した登録有権者の20％以上の者が請願書に署名のうえ地方議会に提出するか、のどちらかが行われたときは、人口1万人以上、又は最新の課税評価額が人口1万人程度の10図書館課税区の平均と同等かそれ以上であって、かつ図書館目的の課税区が未設置である地域に、住民のための公共図書館を設置することができる。請願書による場合、提出後10日以内に自治体、タウンシップ、カウンティ（又はカウンティの一部）の当局はカウンティで発行される新聞2紙に請願が提出されたことを告示しなければならない。当該地域で図書館設置に反対する登録有権者は、告示から10日以内に、自治体、タウンシップ、カウンティ（又はカウンティの一部）に対し意見書を提出することができる。それを受けて、巡回裁判所書記は請願書及び意見書の審査を行う。議会は、新聞紙上での告示から10日以上を経過したのちに最初の会議を開くものとし、意見書が提出されなかった場合、又は図書館設置を求める請願者数が反対意見書の提出者数を上回った場合は、議会は決議により図書館区を伴う公共図書館の設置を決定しなければならない。図書館設置の決定後、議会は、図書館委員会の委員の任命権者に対し通知を行い、任命権者は速やかに委員を任命するものとする。図書館設置を求める請願者数が、反対意見書の提出者数を下回った場合は、議会は請願を却下しなければならない。図書館設置を求める新たな請願は、請願を却下した日から起算して1年以内に開始することはできない。

カウンティにおける無料公共図書館の設置に関するミズーリ州の規定は、有権者がカウンティ理事会に提出した請願の是非を住民投票（＝レファレンダム）で決する方法と、カウンティ理事会の提案に基づき住民投票を実施する方法の二つを提示している。すなわち、最新の知事選挙投票者の5％に相当する有権者が図書館区の設置を求める意思と図書館税の税率を明記した請願書をカウンティ理事会に提出した場合、カウンティ理事会は請願書に記された図書館区在住の有権者に対し請願書に明記された税率を提示して住民投票を実施し、承認が得られた場合は、公共図書館を設置しなければならないと規定している[8]。カウンティ理事会は、独自に図書館区の設置命令を発することもできるが、その場合は、同理事会から税率を提示して住民投票を行わなければならず、図書館区の設置後、5年の間に承認が得られない場合は、図書館区を解散しなければならない[9]。

図書館区と図書館委員会の設置

公共図書館の歳入は、(1) 図書館税を図書館区内の財産に課税して財源とする、(2) 地方政府の売上税などの一般歳入から一括充当する、(3) 州及び連邦の補助金の交付を受ける、による。このうち、(1) の目的のために必要な権限が地方政府に賦与されている。

図書館区は、公園、上水、下水、駐車場等とともに、行政上、特別区（special district）として扱われ、その境界は必ずしも地方政府の境界や学校区（school district）の境界と一致するものではなく、複数の地方政府の境界をまたいだ広域の図書館区も形成されている。図書館区と学校区の違いは、学校区が公立学校の維持を目的とする州の行政機関として位置づけられ、課税権を有しているのに対し、図書館区は、一般に図書館税の導入を住民が引き受けることを可決した地域と理解されており、課税権を有しない。例外的に、イリノイ州では「1991年公共図書館区法（Public Library District Act of 1991）」第35-5条の規定により、図書館区の図書館委員会が課税権を賦与されている。

図書館税の税率は、その上限を評価価値1ドルにつき1ミル（1,000分の1ドル）又は評価価値100ドルにつき何セントと法律に明記している州と、税率を法律に明記せずに住民の決定に委ねる州とがある。

図書館委員会は、館長の任命、資金管理を含む管理・運営全般に責任を負う公共図書館の最高意思決定機関である。各州の州法は、図書館区が設置されてから一定期間内に図書館委員会を設置しなければならないと定めている。この委員会を構成する委員の任命権は、地方政府の理事会又は理事会の同意を得た市長に賦与されている事例が多い。オハイオ州では、図書館所在地を管轄する民事訴訟裁判所（court of common pleas）の裁判官に委員の任命権が賦与されている。

図書館委員会の定員及び委員の選任基準は、州ごとに異なり、また同一の州においても図書館区の規模や地方政府の区分などによって異なる。総じて委員の定数は5名から8名程度とするものが多く、また、選任基準については、地方政府の影響下に置かれることを嫌ってその幹部職員を対象から除外する州と、あえて除外しない州とに分かれる。

ミズーリ州では、選任の対象から幹部職員を除外している。カウンティの場合、カウンティ理事会が図書館区の設置から60日以内に、図書館区内の居住者であって、カウンティの幹部職員でない者5名を委員に任命し、カウンティ図書館委員会を設置しなければならないとされる。なお、図書館委員会の委員長は委員の互選によるものとし、各委員の任期は4年で、無報酬である[(10)]。一方、市の場合、任命権者である市長又はしかるべき幹部職員が市議会の承認を得て市役所の職員ではない市民の中から適任の者9名を委員に任命する[(11)]。

これに対してミシガン州では、自治体の幹部職員1名を図書館委員会の委員に任命しなければならないとする。具体的には、人口100万人以上のカウンティでは学校区の最高責任者が、また人口150万人以上のカウンティでは最高責任者の指名した者が最高責任者の任期中、委員を務めるものとされる。以上に加えて人口70万人以上、150万人以下のカウンティでは、カウンティの理事1名を委員に任命することができる。委員の定数は5名、任期は5年である[(12)]。

以上のとおり、図書館の設置には、通常、図書館区の設置による図書館税の導入と図書館委員会の設置が伴う。しかし、市立図書館などのなかには、図書館税の徴収をせず、売上税などの一般歳入によって無料公共図書館を維持できるところもある。そうした場合、ミズーリ州では、市の統治機関が図書館委員会の役目を果たすことができ、市の職員や雇用者を図書館経営に関係する業務に配置することができる[(13)]。

(4) 州と連邦の補助金

公共図書館の歳入は、8割近くが図書館税を中心とする地方政府からの資金で占められ、残りの2割が州と連邦の補助金その他となっている。州と連邦の補助金は、州立図書館を介して州内の公共図書館に交付される。多くの場合、州立図書館は、教育長官又は総務長官の監督下にあって、管理・運営は、会議又は委員会に委ねられている。サウスカロライナ州立図書館の場合は、州知事が州図書館委員会（state library board）のために下院の各選挙区から1名ずつ、及び広く州内から1名の都合7名の委員を選んで任期4年で任命し、そのようにして設置された州図書館委員会によって館長が任命される。館長は、州立図書館の長と州図書館委員会の幹事を兼ね、同委員会の採決には加わることができない[(14)]。

州立図書館の任務は、各種図書館に対し業務及びサービスの改善に必要な情報と助言を与えること、各種図書館の間の協力を調整することなどであり、さらに州と連邦の補助金を管理し分配することが重要な任務となっている。なお、同様の機能を果たす公的機関として、50州のすべてに州図書館行政機関（state library administrative agency）が設けられているが、その大半は、州立図書館又は州図書館委員会である。

公共図書館に対する州の補助金について、ミズーリ州では、州議会で補助金関連の予算を決定し、州立図書館長がそれを管理し、州立図書館は規則を定めて交付し、総務長官がこれを承認するというプロセスを踏む。また交付要件として、州の補助金の少なくとも50%については、図書館法又はその他の図書館関係の法律によって設置・維持されるすべての公共図書館を対象に、図書館が所在する自治体、カウンティ、図書館区、広域図書館区（consolidated library district）等の人口一人当たりの税率と等しくなるように分配することなどを定めている[(15)]。

一方、連邦政府は、1956年成立の「図書館サービス法（LSA）」に基づく農村図書館振興のための助成事業に続いて、1964年から重点を都市部に移し、かつ、図書館建設を重要な柱とする「図書館サービス及び建設法（Library Services and Construction Act：LSCA）」に基づく事業を展開し、1996年以降は、「図書館サービス技術法（Library Services and Technology Act：LSTA）」に基づく情報化支援を目的とする助成事業を実施している。

また同年、全米人文科学基金（National Foundation on the Arts and the Humanities）の下に博物館図書館サービス協会（Institute of Museum and Library Services：IMLS）を設立して、図書館と博物館に対する助成事業の一本化を図った。その際に、LSTAと「博物館サービス法（Museum Service Act）」とを一括して「博物館図書館サービス法（Museum and Library Services Act：MLSA）」を制定している。この法律は、歳出予算化の承認が2002会計年度で終了したため、内容の見直しを行い、「2003年博物館図書館サービス法（Museum and Library Services Act of 2003）」を制定した。これにより、2009会計年度までの歳出予算化が承認された。LSTA関係の歳出予算枠は、改正前の1.5倍に拡大している。

LSTAによる助成の主力は、州に対する補助金(state grants)である。これは州図書館行政機関を通して交付され、資金の96%はIMLSで定めた目的のために支出しなければならない(16)。また、各州の図書館行政機関には5か年計画書の提出が求められ、すでに各州ともに提出ずみであるが、計画終了時までに活動の評価を行ってIMLSに報告しなければならない(17)。

「児童インターネット保護法（Children's Internet Protection Act：CIPA)」との関係で、LSTAにインターネットの安全性に関する規定が追加され、連邦資金をインターネット接続用コンピュータの購入費用等に充当する公共図書館と学校図書館は、フィルタリングソフトの運用を含むインターネットの安全性に関する方針の整備を行うこととなった(18)。さらに2004プログラム年度以降、IMLSと連邦通信委員会、教育省の三者間の取決めにより、補助金の申請に当たって、CIPAの遵守の保証が受給者に義務付けられている。

1996年に成立したLSTAは、連邦の助成規模を拡大させ、それが刺激材料となって州の財政支出が連邦を上回る伸びを見せたといった派生効果も生じて、関係者から高い評価を受けてきた。現行の2003年法についても、教育改革に熱心なブッシュ大統領と連邦議会の理解を得て、予算額を順調に伸ばしてきている。しかし、同大統領が37年ぶりに大幅改正した「2001年初等中等教育改正法（No Child Left Behind Act)」は、連邦資金の交付要件を拡大し、州に多大な義務を課したため、州の権限に対する連邦政府の不当介入であるとしてユタ州、コネチカット州などとの対立関係が生じた。文化・教育に関する連邦政府の影響力が強化されるなか、LSTAは2009年に歳出予算化の再承認の年を迎える。

(1)　1872年、アイオワ州最高裁判所のディロン判事は『自治体法人法』において、地方自治体は州の創造物であり、カウンティ政府は州から明示的に与えられた権限、明示的に与えられた権限に必然的に含まれる権限、又は地方政府の目的に照らして本質的な権限のみを有するとした。
(2)　連邦巡回裁判所は、メリウェザー対ギャレット事件において「地方自治体は、地方行政をより一層都合よく運営するために、州が作り出した手段にすぎない。その諸権限は州議会が譲渡しうるもので、しかもそれらの権限は任意に拡大、縮小することが可能で、すべて取り上げることさえできる。」と判示した。(Meriwether v. Garrett, 102 U.S. 472. 26 L.Ed. 197（1880))
(3)　ミシガン州法典第397.501条～第397.527条。現行法は1977年改正（第397.551条～第397.576条)。
(4)　同上第397.31条～第397.40条
(5)　州の下位機関とは、カウンティのことをいう。
(6)　モンタナ州憲法第10章第1条、ノースカロライナ州憲法第9章第1条、ロードアイランド州憲法第12章第1条
(7)　G.F. "Refarenda roundup 2006". American libraries. 2006, 37(11), p.17-25.
(8)　ミズーリ州改正法典第182.010条
(9)　同上第182.015条
(10)　同上第182.050条
(11)　同上第182.170条
(12)　ミシガン州法典第397.302条
(13)　ミズーリ州改正法典第182.900条
(14)　サウスカロライナ州法典第60章第60-1-10条～第60-1-40条
(15)　ミズーリ州改正法典第181.060条
(16)　2003年博物館図書館サービス法第206条（20 U.S.C §9141（2003）.
(17)　同上第205条（20USC§9134)
(18)　同上第205条（20USC§9134(f))

Ref:
Ladenson,Alex. アメリカ図書館法 . 山本順一訳 . 日本図書館協会 , 1988, 204p.
小滝敏之. アメリカの地方自治. 第一法規, 2004, 362p.
宇賀克也. アメリカ行政法. 第2版, 弘文堂, 2000, 281p.
村上芳夫. アメリカにおける広域行政と政府間関係. 九州大学出版会, 1993, 279p.
平野美惠子. 2003年博物館図書館サービス法. 外国の立法. 2004, (221), p.87-96.
土屋恵司. 2001年初等中等教育改正法(NCLB法)の施行状況と問題点. 外国の立法. 2006, (227), p.129-136.
自治体国際化協会編. 米国の公共図書館. 1995.,（CLAIR REPORT, No.101）.
Ward, Robert C. "State Library and local public library：a case study of legislative conflict within South Carolina from the principle / agent perspective". Public Library Quarterly. 2004, 23(1), p.43-60.
Bruce Kingma et al. The impact of Federal fundings on State Libraries Agencies ：the LSCA to LSTA transition. U.S. National Commission on Libraries and Information Science. 2002, 14p.,（StLA Data and Public Policy Questions Data, Working Paper 2）. http://www.nclis.gov/statsurv/surveys/stla/reports/StLA.Policy.Paper2.2002.pdf, (accessed 2007-02-01).
Holton, Barbara. et al. "Public Libraries in the United States：Fiscal Year 2005". National Center for Education Statistics, 2006, 48 p. http://nces.ed.gov/pubs2007/2007300.pdf, (accessed 2007-03-01).
Snyder, Thomas D. et al. "Digest of Education Statistics：2005". National Center for Education Statistics. 2006, 676p. http://nces.ed.gov/programs/digest/d05/tables/dt05_414.asp?referer=list, (accessed 2007-03-01).
"Fast Facts : Library". National Center for Education Statistics. http://nces.ed.gov/fastfacts/FAQTopics.asp?type=4, (accessed 2007-02-02).

1.2.2 近年の米国の著作権法の動向

早稲田大学大学院法学研究科　博士後期課程・研究助手　　張　睿暎（ちゃん　いぇよん）

(1) 米国著作権法の沿革 [1]

米国連邦議会は、米国憲法第１条第８節第８項 [2] で委任された権限を行使して、1790年に著作権法を制定した。その後1909年、1971年の改正を経て成立した1976年の著作権法 [3] が現行の著作権法（1976年法）である。

1988年ベルヌ条約実施法は、条約加盟を見越して改正された1976年著作権法を更に改正して、その内容がベルヌ条約 [4] の要件に調和するようにした。1988年のこの改正は、1989年３月１日に発効する当該条約に米国が加入するために残されていた変更点を処理するため、自ら称する「ミニマル・アプローチ」に従い、ベルヌ条約の遵守を完成することを目的としていた [5]。

1993年NAFTA実施法 [6] と1994年ウルグアイラウンド協定法 [7] は、北米自由貿易協定（NAFTA）と知的所有権の貿易的側面に関する協定（TRIPs）における著作権条項をそれぞれ実施した。

現行著作権法の主要な改正としては、1980年のコンピュータソフトウェア著作権法 [8]、1984年のレコード貸与修正法 [9]、1990年の視覚芸術家権利法 [10]、1992年のオーディオ家庭内録音法 [11]、1995年の録音物におけるデジタル実演法 [12]、1997年の電子的窃盗禁止法における特定のインターネット関連行為に対する刑事罰条項 [13]、1998年の著作権期間延長法 [14]、そして1998年成立したデジタルミレニアム著作権法 [15] などがある。

(2) 1976年著作権法の内容

1) 保護対象

著作権法により保護される「創作的著作物」[16] とは、「現在知られたまたは将来開発される有形的表現媒体であって、直接、または機械・装置を使用して著作物を知覚し、複製しまたは伝達することが出来るものに固定」されたものをいう（第101条・102条（a））。

著作権法は著作権保護を受ける対象物として、言語、音楽、演劇、無言劇と舞踊、絵画図形および彫刻、映画その他の視聴覚、録音物、建築の８つのカテゴリーを列挙している（第101条）。派生著作物、改正および編集物も著作物として保護される。

ただし、合衆国政府の著作物は著作権の保護を受けない（第105条）。101条の定義によると、「合衆国政府の著作物」とは「合衆国政府の公務員または被用者がその公務の一部として作成する著作物」であるが、これを職務著作に類推してみると、政府の職員が職務の範囲内で作成した著作物はもちろん、政府の委託や注文によって作成された著作物も委託時の書面により著作者は著作権を否定される [17]。

2) 保護期間

合衆国著作権の保護期間は現在、著作者の死後70年で、著作者の死亡した年（複数の場合は最後の著作者の死亡した年）から起算する（第302条（a）、(b)）。職務著作の場合や、無名・変名著作物の場合は、発行年から95年または創作年から120年のうち最初に満了する方を適用する（第302条（c））。

現行の保護期間は、1998年10月27日に施行されたソニー・ボノ著作権保護期間延長法（Pub. L. No. 105-298, 112 Stat. 2827（1998））によるものである。これは、EUが著作権の保護期間を著作者の死後70年に延長したこと [18] に対応するものである。EUは死後70年の保護期間を相互主義によって外国の著作物にも適用する。米国は、EUマーケットにおいて米国人の著作物が20年の延長期間保護されることが国益に利するとの政策判断から、ソニー・ボノ著作権保護期間延長法を制定したものである。

この法律に対しては、著作権の過度な保護であると反対の声があがったが、最高裁判所は、連邦議会はこれらの延長を実施するうえで、自らの権限を憲法の著作権条項の範囲内で行使していると判示 [19] し、これらの延長に対する異議申立を認めなかった [20]。

(3) 著作権の制限

1) フェア・ユース（Fair Use）

フェア・ユース（公正使用）は合衆国著作権法に列挙されている著作権者の独占的権利に対する最も重要な制限規定であり、**著作権侵害**の主張に対する**抗弁**事由の一つである。著作権者に無断で著作物を使用して

※本稿は、国立国会図書館の2006年度調査研究事業の成果物である。

いても、その使用がフェア・ユースに該当するものであれば、それは著作権の侵害を構成しない。判例を通じて形成されたフェア・ユースの法理は、1976年の著作権法改正時に条文として盛り込まれた（第107条）。

1976年著作権法第107条では、「批評、解説、ニュース報道、教授（教室での利用のための複数のコピー作成行為を含む）、研究、調査等を目的とする」場合のフェア・ユースを認めている。その利用がフェア・ユースになるか否かは個々のケースについて裁判所がこれらの4つの法定要素を総合的に考慮して判断する。

a) 利用の目的と性格（商業的か、非営利の教育目的かなど）
b) 著作権のある著作物の性質
c) 著作物全体における利用された部分の量及び重要性
d) 著作物の潜在的利用又は価値に対する利用の及ぼす影響

2) 図書館に関する権利制限規定

判例により形成されたフェア・ユース法理とは別に、著作権法上明文の規定で、著作権者の権利の制限を定めている。そのひとつが「図書館および文書資料館による複製（108条）」である[21]。この条項は「直接または間接の商業的利益を目的としない」場合に、公衆の図書館または文書資料館が著作物のコピー1部をフォトコピーにより複製し頒布することを許している（第108条（a）(1)）。この条項は「同一物の単一のコピーまたはレコードの、別の機会に行った個別の無関係な複製または頒布」に適用される（第108条（g））。この免除規定は図書館または文書資料館、その従業員の行為にのみ適用される。監督が及ばない複製機械に著作権法の正当な通知が掲示されている限り、たとえ顧客が誤用した場合でも、この条項の規定を厳守していれば、図書館または文書資料館が著作権侵害の責任を負われることはない[22]（第108条（f）(1)）。

この図書館に関する権利制限規定である108条(17 U.S.C. Sec.108）については、米国議会図書館が「第108条研究グループ（Section 108 Study Group）」[23]を開いている。グループは2007年の夏までに議会図書館に提言することを目標に研究を進めている[24]。

3) 図書館蔵書のデジタル化問題

2004年10月、米Google社は書籍をデジタル化して本文を検索できるようにする「Google Print」を発表し、そのプロジェクトの一環として、大学図書館と組んだ「Google Library Project」を立ち上げ、図書館の蔵書をスキャンしてインデックス化する作業を進めていた。しかし大手出版社・作家団体から著作権侵害で提訴されるなど難航していた。Googleはこれがフェア・ユースに該当すると主張したが、結局、著作権法上問題のある書籍のスキャンを中断し、現在は、著作権の切れた書籍の全文検索と無料ダウンロードサービスを行っている[25]。

Yahoo!やMSNも類似のプロジェクトを立ち上げ、著作権者が書籍のデジタル化を明確に許可したものや著作権が消滅した書籍のみをスキャンしデジタル化すると発表するなど、既存の書籍や文書のデジタル化はますます多くなると考えられ、今後この問題を解決するための利害関係者の合意および技術的対応が必要になると思われる[26]。

(4) デジタルミレニアム著作権法（DMCA[27]）の内容

1998年10月28日に制定されたデジタルミレニアム著作権法は、WIPO著作権条約とWIPO実演レコード条約を実施するとともに、インターネットサービスプロバイダーの責任やその他のインターネット上の問題に関係する重要な特別規定を設けた。

第1201条は、アクセス・コントロールを回避する装置等の製造、輸入、公衆提供その他の取引（(a)(2)）とともに、回避行為自体（(a)(1)）をも禁止する。またコピー・コントロールなど「著作者の権利を効果的に保護する」技術的手段を回避する装置等の製造、輸入、公衆提供、供給その他の取引（(b)(1)）を禁止する。しかし、かかる技術的手段を回避する行為自体は、禁止の対象とはされていない[28]。

ここにはいくつかの免責行為があり、例えば、技術的手段を保護する規定によって、1976年著作権法に定めるフェア・ユースその他の権利制限規定の適用が排除されたり、その他影響されることはない（(c)）。また、一定の場合、非営利の図書館・文書資料館・教育機関は、商業的利用に供されている著作物のコピーを入手するか否かを決定するために、他に合理的方法がないときは、アクセス・コントロールを回避して当該著作物へアクセスすることが許される（(d)）[29]。

第1202条「著作権管理情報の同一性」は著作物の複製物または著作物の実演・展示に関して伝達される情報を「著作権管理情報」として保護している（(c)）[30]。

また、202条は、現行の1976年著作権法に、第512条「オンライン素材に関する責任の制限」を新設して、ユーザーが引き起こす著作権侵害に関してサービス・プロバイダの責任制限を規定した[31]。

(5) デジタルミレニアム著作権法（DMCA）以降の動向

米国はデジタルネットワーク化する情報化社会に素早く対応するために、先駆けて判例形成や法律の制定をしてきた。その代表的な法律といえるDMCAは、しかし、多くの批判を受け、ISP・放送局・家電メーカー・図書館連合・コンピュータ科学者・著作権法学者など様々な利害関係者が、そのような著作権法の拡張の影響に懸念を示した[32]。多くの関係者が適用除外があまりにも狭く、伝統的なフェア・ユースを極度に制限すると考えている[33]。

このような問題に対応すべく、デジタルミレニアム著作権法（DMCA）以降にはいくつかの新しい法律が成立した[34]。

1) Technology, Education, and Copyright Harmonization Act（TEACH Act）

2002年11月2日成立したこの法律は、第110条(2)について3つの著しい改善をした。まず、使用が許される著作物の範囲を広め、ほとんどの著作物の展示と実演を許可した。また受信できる場所を拡大し、教室やこれに類似したところでの制限を無くした。コンテンツの貯蔵に関してはさらに、コンテンツの保有やそれに対する学生の一定短期間のアクセスやコピーも許容している。アナログ著作物のデジタル化に関しては、デジタル伝送のためアナログ著作物をデジタル化することを許容する。しかしほとんどの場合、著作物はデジタル形式で存在しない場合に限って認める。これらの特権は様々な要件を全部クリアした教育機関にだけ許され、使用権限は一定の著作物、一定程度の量、一定の条件によって制限される。

2) Family and Entertainment Copyright Act of 2005

2005年4月27日に成立したこの法律は、映画館での映画の無断録画を犯罪化し、家庭内での映画視聴の際に映画の不快な場面（offensive material）を消費者がスキップすることは著作権侵害ではないことを明確にした。

この法案の第4章のPreservation of Orphan Works Actでは著作権法の108条を改正し、非商用かつ容易に複製物を入手できない著作物、または著作権者が見つからない著作物（いずれも音楽・映像・その他のオーディオビジュアル著作物を除く）のうち、保護期間の残存期間が20年未満のものについて、図書館等で複製できる権限を与えた。

「孤児作品（Orphan Works）」とは、「著作権者を見出すことが困難、もしくは不可能となっているものの、著作権がいまだ存続している著作物」とされている[35]。米国ではソニー・ボノ著作権存続期間延長法により著作権の存続期間が延長されたため、著作権者の所在が不明となった著作物が急増したと言われており、米国著作権局も2006年1月に「Report on Orphan Works」を公表している[36]。

著作権者が不明となっている著作物の利用に関しては、Orphan Works Act of 2006（H.R.5439）、Copyright Modernization Act of 2006（H.R.6052）が米議会下院に提出されたが、成立の見込みが薄いとして取り下げられた。ALAは引き続き「Orphan Works」法の制定を支持することを明言しているが、法案に反対する著作者団体の動きもあり、法律の成立は不透明である。

3) その他

Digital Media Consumers' Rights Act of 2005 (DMCRA)（H.R. 1201）、下院のOrphan Works bill、Digital Content Protection Act（Communications Act of 2006の一部）、Federal Research Public Access Act of 2006等の法案が提出されたが、成立しなかった。

(1) エリック・J.シュワルツほか．アメリカ著作権法とその実務．高林龍ほか訳．雄松堂出版, 2004, 406p.
(2) 米国憲法第1条第8節第8項「連邦議会は　（中略）　著作者および発明者の関して限られた機関独占的権利を与えることにより、科学および有益なる技芸の進歩を促進する権限を有する」
(3) Act of Oct. 19, 1976, Pub. L. No. 94-553, 90 Stat. 2541
(4) 1971年7月24日文学的および美術的著作物の保護に関するベルヌ条約パリ改正条約（1979年9月28日改正）
(5) この背景に関する「米国のベルヌ条約加盟のための特別作業部会最終報告書（H.R. Rep. No. 100-609, at 20 (1988)；U.S. Adherence to the Berne Convention : Hearings Before the Subcomm, On Patents, Copyrights and Trademark of Senate Commission on the Judiciary, 99th Cong. 427 (1986) 参照)」においても、合衆国がベルヌ条約における特定の条項を遵守する範囲、特にモラル・ライツを認めている第6条の2に関しては意見の相違が存在した。ベルヌ条約の加盟に関する討論において、合衆国法がより広範なモラル・ライツの規定を連邦法に入れるべきかどうかという問題が表面化した。しかし結局連邦議会は、現行の法的保護で充分足りるとし、ベルヌ条約実施法では合衆国におけるモラル・ライツの保護を拡大しないという明瞭な表現がつかわれることとなった。そしてベルヌ条約加盟から1年以上経過した後、連邦議会は1990年の視覚芸術家権利法によって、明確なモラル・ライツの規定を追加した。それと同時に、この制定法はその文言によって、この法律はベルヌ条約に対応するために制定するものではなく、一定の視覚芸術家に対するモラル・ライツの統一連邦制度を単に確立するために制定するものであるということを明らかにしている（H.R. Rep. No. 101-514, at 7-10 (1990)）。（エリック・J. シュワルツほか . アメリカ著作権法とその実務 . 高林龍ほか訳 . 雄松堂出版 , 2004, p.237.）

(6) Pub. L. No. 103-182, 107 Stat. 2057

(7) Pub. L. No. 103-465, 108 Stat. 4809

(8) Act of Dec. 12, 1980, Pub, L No. 96-517

(9) Pub. L. No. 98-450, 98 Stat. 1727

(10) Pub. L. No. 101-650, 104 Stat. 5089

(11) Audio Home Recording Rights Act of 1992（Pub. L. No. 102-563, 106 Stat. 4237）.

(12) Digital Performance Right in Sound Recording Act of 1995（Pub. L. No. 104-39, 109 Stat. 336）「音楽 (musical compositions)」と区別される「レコード (sound recordings)」は1972年までは連邦著作権法で保護されなかった。著作権法のSection106と114を改正するという妥協は「デジタル転送の方法により公になされる」、レコードの排他的実演権を創設した。この条項の実質的な影響は、レコード権利者がダウンロード、アップロード、ストリーミングを含むデジタル実演 (digital performance) にロイヤルティを要求できるということである。しかしこれには様々な例外と制限がある。

(13) NET：No Electronic Theft Act of 1997（Pub. L. No. 105-147, 111 Stat. 2678）United States v. La Macchia, 871 F. Supp. 531（D. Mass.1994）判例を受けて成立したものである。NET法は被告が経済的利益を得ないで行う著作権侵害の様々な行動態様を犯罪化した。（18 U.S.C. §2319 参照）

(14) Pub. L. No. 105-298, 112 Stat. 2827（大部分は1998年10月27日施行）.

(15) Digital Millennium Copyright Act of 1998（DMCA）（Pub. L. No. 105-304, 112 Stat. 2860）

(16) 連邦最高裁判所はフィースト判決において、アルファベット順にまとめた電話帳のリストに対する著作権保護を否定し、憲法は著作物に最小限度の創造性を要求すると述べた。（Feist Publication, Inc. v. Rural Tel. Serv. Co., Inc., 499 U.S. 340(1991)）

(17) Schnapper v. Foley, 667 F 2d 102 (D.C. Cir. 1981), cert. denied, 455 U.S. 948(1982) 参照。（エリック・J. シュワルツほか . アメリカ著作権法とその実務 . 高林龍ほか訳 . 雄松堂出版 , 2004, p.61 脚注206より再引用）

(18) EUでは、域内における著作権保護と著作物の円滑な利用及び流通を図るため、各国の著作権制度のハーモナイゼーション（調和）を進めることを目的として各種の指令（ディレクティブ）を採択してきたが、ＥＵ著作権保護期間指令（Council Directive 93/98/EEC of 29 October 1993 harmonizing the term of protection of copyright and certain related rights；1993年採択）もそのひとつである。

(19) Eldred v. Ashcroft, 123 S. Ct. 769(2003)

(20) エリック・J. シュワルツほか . アメリカ著作権法とその実務 . 高林龍ほか訳 . 雄松堂出版 , 2004, p.65.

(21) その他の免除については、109条、110条、111条、112条 、114条、121条、602条参照

(22) 逆に言えば、この条項はフェア・ユースの境界を越えて、そのような監督が及ばない複製機器の私的な使用者を免責するものではない（第108条(f)(2)）（エリック・J. シュワルツほか . アメリカ著作権法とその実務 . 高林龍ほか訳 . 雄松堂出版 , 2004, p.307.）。

(23) “The Section 108 Study Group”. Library of Congress. http://www.loc.gov/section108,（accessed 2007-03-05）.

(24) 鳥澤孝之 . 日米における著作権法の図書館関係制限規定の見直しの動き . カレントアウェアネス . 2006, (289), p.12-15. http://www.dap.ndl.go.jp/ca/modules/ca/print.php?itemid=1037,（参照 2007-03-05）.

(25) “Google Book Search”. http://books.google.com,（accessed 2007-03-05）.

(26) 欧州委員会は2006年3月2日、欧州の書籍や文献をインターネットで公開する欧州デジタルライブラリ構想に基づき、2010年までに600万冊を公開する計画だと発表した。2006年末までにEU域内の国立図書館から全面的な協力を取り付け、翌年以降は公文書館や博物館にも拡大した。欧州デジタルライブラリで2008年までに書籍、映画、写真など200万点を、2010年までには最低でも600万点の公開を計画している。欧州委員会ではデジタルライブラリに絡む知的財産権保護の問題にも対応するとしている。この構想は2005年9月に発表され、図書館や出版社、著作権者などから反響を募っていた。欧州委員会によれば、「欧州の文化遺産にアクセスし、インターネットで利用できる機会が広がる」として概ね歓迎の声が寄せられたという。

(27) Digital Millennium Copyright Act of 1998（DMCA） Pub. L. No. 105-304, 112 Stat. 2860

(28) これは、かかる回避行為自体は著作権の侵害でカバーされるからである。

(29) その他、政府の情報収集行為（(e)）、リバース・エンジニアリング（(f)）、暗号化研究（(g)）、個人識別情報の保護（(i)）などが免責行為として挙げられている。

(30) ただし、ユーザーに関する個人識別情報は、明示的に排除されている。

(31) ユーザーがサーバーに他人の著作物をアップロードした場合、サーバーを所有・管理するサービス・プロバイダは、サーバーへの著作物の複製について直接責任または寄与責任を問われる。直接責任を問われる場合（Playboy Enterprises, Inc. v. Frena, 839 F.Supp. 1552（M.D.Fla.1993））、サービス・プロバイダは、ユーザーの行為について常に損害賠償義務を負うことになる。寄与責任を問われるとの解釈に立てば（Religious Technology Center v.Netcom On-Line Communication Services Inc., 51 PTCJ 115（N.D. Cal 1995））、このような不合理は解消される。この規定は、立法的に後者の立場を採用したものである。

(32) David Nimmer. Puzzles of the Digital Millennium Copyright Act. Journal of the Copyright Society of the USA. 1999, 46, p.401-465., David Nimmer, A Riff on Fair Use in the Digital Millennium Copyright Act, University of Pennsylvania Law Review. 2000, 148(3), p.673-742.

(33) Pamela Samuelson, Intellectual Property and the Digital Economy：Why the Anti- Circumvention Regulations Need to Be Revised. Berkeley Technology Law Journal. 1999, 14(1), p.1-49., David Nimmer, A Riff on Fair Use in the Digital Millennium Copyright Act. University of Pennsylvania Law Review. 2000, 148(3), p.673-742.

(34) DMCA以降に成立した著作権関連法律の詳細は、張睿暎 . 米国のデジタル著作権の最近の立法動向 . 企業と法創造 . 2006, 2(2・3), p.235-243. を参照。

(35) 米国議会図書館のサイト http://www.loc.gov/ 参照。（http://www.ala.org/ala/washoff/WOissues/copyrightb/federallegislation/orphanworks/orphanworks.htm, (accessed 2007-03-05).）

(36) “Orphan Works”. U.S. Copyright Office. http://www.copyright.gov/orphan/index.html, (accessed 2007-03-05).

1.2.3 知的自由に関する法の動向 ～ 愛国者法、CIPA、COPA、DOPA ～

大阪教育大学　生涯教育計画論講座　　高鍬　裕樹（たかくわ　ひろき）

(1) 愛国者法の成立とその改正

愛国者法（Uniting and Strengthening America by Providing Appropriate Tools Required to Intercept and Obstruct Terrorism: USA PATRIOT Act）は2001年10月26日の成立である[(1)]。いうまでもなく2001年9月11日の同時多発テロを受けたものであるが、わずか6週間で成立したこともあって、成立時にその是非についてほとんど議論はなかったといってよい。そのため、社会が冷静さを取り戻すにつれて愛国者法の危険性が叫ばれるようになってきている。

愛国者法のうち図書館に強く関連する部分は215条（外国諜報監視法に基づく記録及び他の情報の入手）[(2)]である。この条項を根拠としてFBIは、帳簿・記録など有形物の提出を求める命令を、相当の理由を示すことなく請求できる。この「有形物」には図書館の利用者記録、貸借記録、コンピュータ利用ログ、検索ログなどが含まれるとされる[(3)]。すなわち、図書館が保有する業務記録がFBIの手にわたることになる。加えて、これらの捜査を受けたものはその事実を口外してはならない。図書館関係者には、捜査の有無すら把握できないことになる。

なお愛国者法505条（さまざまな国家安全保障権限）は、FBIが通信サービスプロバイダ等にたいし裁判所の令状なしに記録の提出を求められることを定めており、図書館がインターネット・サービスを提供している場合には関連を有する。

愛国者法215条は、その他15の項目とともに2005年12月31日までの時限立法とされていた。ブッシュ政権は、テロとの闘いにおいてこれらの項目が今後も必要だとして恒久化を求めていたが、紆余曲折を経た再延長の果てに、2009年12月31日までの時限立法として改正され、2006年3月9日にブッシュ大統領が署名して成立した[(4)]。

改正215条では、FBIが図書館の記録を手に入れられるのは、国際テロなどと「直接的に関係があると信ずるに足る合理的な根拠となる事実を示した場合」のみに制限された[(5)]。また、捜査の事実は誰にたいしても口外してはならないものであったが、改正法は「命令に従うのに開示が必要な人物」にたいしては開示できると定め、また法律家への相談を明示的に認めた[(6)]。さらに、命令の合法性や召喚令状に伴う口外禁止については、外国諜報監視法にもとづく非公開の法廷で争うことができると定めたのである。

505条の改正では、図書館がその伝統的役割を果たしているとき（インターネット・サービスの提供を含む）には、「国家安全保障に関する公文書」（National Security Letter: NSL）による命令の対象とならないことが明記された。ただし、「電子的コミュニケーション・サービス」の提供を行っている場合は、命令の対象となる。このことについて、上院議員ダービンは2006年2月16日の議会討論で、「インターネットの電子メール・サービスを提供していたとしても、図書館は通信サービスプロバイダではなく、それゆえNSLの対象とならない」と明確に述べている[(7)]。また、NSLを受け取ったものは、連邦地裁にたいし異議を申し立てることができるとされた[(8)]。

まとめると、愛国者法は立法当初のヒステリー状態を脱し、国民の権利保護を意識した方向に動き始めているといえる。とはいえFBIが強力な捜査権限を保持したままなのに変わりはなく、プライバシー侵害の危険は去ってはいない。

(2) インターネット・フィルタリング法：CIPAとCOPA

愛国者法は図書館で情報を受け取ろうとする市民のプライバシーにかかわる問題であった。これとは質の違う問題として、図書館での利用者の「情報を受け取る自由」を制限しようとする試みが続いている。特に、インターネットを流れる情報を制限しようとする動きは活発である。多くの法律案が提出され、実際に法律になったものもいくつも見受けられる。

とはいうもののインターネットにおける情報の制限については、通信の品位に関する法律（Communication Decency Act: CDA）を違憲と判示した最高裁の判決（1997年）のなかで「インターネットは……活字が享受するのと同じ水準の修正第1条の保護に値する」[(9)]とされており、成人に提供される情報を制限するには厳格審査を経る必要があることが確

※本稿は、国立国会図書館の2006年度調査研究事業の成果物である。

認された。そのため1997年以降の立法では、法律の目的を「子どもが有害な情報にさらされないようにすること」に絞り、制限する情報も「チャイルドポルノ」、「猥褻」、そして未成年者に対しては「未成年者に有害」という憲法の保護下にない種類の情報（Child Pornography, Obscenity, Harmful to Minorsをまとめて「C-O-H」という）のみとしていることが多い。

子どもをインターネットから保護する法律（Children's Internet Protection Act: CIPA）は2000年の成立である。この法律は、1996年電気通信法にもとづく、いわゆるE-rateの補助金や、図書館サービス・技術法（Library Services and Technology Act: LSTA）による補助金を受け取っている学校および公立図書館にたいして、その補助金を受ける前提条件として、すべての端末に「技術的保護手段」（Technology Protection Measure: TPM）、要するにフィルターソフトを導入することを強制する[(10)]。TPMは、C-O-Hな画像が表示されないように組み込まれなければならない。ただし、「信義誠実に従った研究や他の合法的な目的」のためにならば、TPMを解除できる[(11)]。

2001年3月、アメリカ図書館協会（American Library Association: ALA）ほか11の団体や個人が、CIPAを憲法違反として提訴した。地裁判決では原告の訴えは認められCIPAの執行は差し止められた[(12)]が、合衆国最高裁はこの判決を覆し、6対3でCIPAを合憲と判示した[(13)]。判決は、TPMが図書館のインターネット端末における情報の流通を妨げ憲法に違反する恐れがあることを認識している。しかしながら、利用者の求めに応じてTPMを無効化できるとの規定があることを理由として、文言上は違憲とはいえないとしたのである。

最高裁判決を受けてCIPAの差し止めは解除され、2004年7月1日に発効した。E-rateやLSTAの補助金を受けていた図書館は、この日までにTPMを導入するか補助金をあきらめるかの選択を迫られた。その結果、ニューハンプシャー州の大多数の図書館は補助金の受け取りを中止した[(14)]。

CIPAに関しては、判決は「文言上違憲ではない」と示したのみであり、TPMを迅速に解除できない場合には図書館が訴訟の被告となりうる。実際、ロードアイランド州ではアメリカ自由人権協会（American Civil Liverties Union: ACLU）が報告書を出し、図書館のインターネット端末がCIPA判決の示した基準に適合しておらず憲法違反の疑いがあると指摘した[(15)]。この報告を受けて図書館は、ブロックするカテゴリを考え直し、また利用者にたいして十分にTPMが解除できると周知することを約束したのである[(16)]。

子どもをオンラインから保護する法律（Child Online Protection Act: COPA）はインターネット上の情報の流通に制限を加える法律である。COPAは、ウェブページを用いた商業目的の表現のみを対象にして「未成年者に有害」な情報などを公開している情報発信者にたいし1日5万ドルを課すとしている[(17)]。メールによる私信や非商業的なウェブページは対象とならず、また未成年者のアクセスを排除する何らかの手段（クレジットカードを必要とする年齢認証など）を用意している情報発信者は免責と規定されている[(18)]。それでもCOPAにたいし、修正第1条に違反し無効であるとして訴訟が提起された。

COPAに関する裁判は複雑な経路をたどった。ペンシルベニアの連邦地裁は緊急差止命令を出し、COPAの執行を停止した。COPAが目的を達成するための最も制限的な手段であるとする政府の主張は立証されているといえず、また萎縮効果が回復不能の損害をもたらしかねないことが差止命令の理由であった[(19)]。連邦控裁は地裁の判断を支持したものの、「未成年者に有害」な情報の判断基準を「現代の地域共同体の基準」（社会通念）に依拠していることをその理由とした[(20)]。2002年の最高裁判決は、この控裁判決を破棄し審理を差し戻した。「現代の地域共同体の基準」に依拠していることのみで修正第1条に違反しているとはいえない[(21)]としたのである。差し戻し控訴審はふたたびCOPAを憲法違反と判示した。その理由は、(1)有害性の判断を文脈と切り離し、情報それ自体として評価していること、(2)「商業目的」の範囲が広く、「業」[(22)]の一部としてサイトを提供する活動すべてを対象とするため、商業的なポルノサイト以外にも対象になるものがあり得ること、(3)言論が違法でないという立証責任を被告人に負わせるので憲法上保護される言論にたいする萎縮効果があること、(4)より制限的でない規制の方法としてフィルターソフトが存在すること、であった[(23)]。

2004年、最高裁は、より制限的でない他の選択肢がCOPA以外にあり得るとする原告の主張にたいし政府は反論し得ていないとして、差止命令を認めた地方裁判所の判断は妥当であると判示し、審理を事実審に差し戻した。5対4の僅差であった[(24)]。

2004年の最高裁判決では、COPAによる情報の発信者側での規制と、フィルターソフトを使用した受信者側での規制の、いずれがより制限的でない手段であるかが最大の争点となっている。相対多数意見は、フィルターソフトを利用すればクレジットカードによる認証などは必要でなくなる[(25)]とし、情報の受信者側での規制をより制限の少ないものとしている。またフィルターソフトはCOPAよりも効果的である可能性が高いとの判断を示した。というのも、COPAは合衆国外の情報の発信者に罰を与えることはできないが、フィルターソフトは国外のものも含めすべてのポルノグラフィを排除することができる[(26)]からである。

最高裁は、フィルターソフトは完全ではないがCOPAよりも有効なものと把握し、COPAが目的を達するにもっとも制限的でない手段であるという政府の主張は立証されていないとした。そして政府の立証を求め、差止命令を継続したまま事実審へ差し戻したのである。ペンシルベニアの連邦地裁で、2006年10月23日より審理が始まっている。

CIPAとCOPAの判決を考え合わせると、フィルターソフトの扱いについて図書館は困難な二律背反を実現する必要があることになる。CIPA判決にもとづきフィルターソフトが合憲であるためには、憲法に違反する情報および未成年者に有害な情報のみを排除するもので、容易に無効化できなければならない。一方、COPA判決の中ではフィルターソフトは、青少年を保護する方法として、法的規制に代わる「より制限的でない」方法として肯定的な評価がなされている。フィルターソフトが未成年者保護に有効であることがCOPA違憲の判断の大きな理由となっており、もしもフィルターソフトがなかったら、COPAによる情報の発信者にたいする法規制が最も制限的でない方法とされるかもしれない。

訴訟リスクを避けるためにフィルターソフトを制限的に運用しつつ、未成年者を保護するために有効な程度にはフィルターソフトを働かせなければならない。フィルターソフトを導入しない図書館でも、インターネット上で未成年者を有効に保護する手段を講じなければ、そのことを理由として再びCOPAのような規制が企図される可能性がある。この矛盾ともいえる状況のなかでどのような対応が可能なのか、これからの動きが注目される。

(3) 最近の法律案：DOPAの下院通過、廃案、再提出

インターネットからの情報入手を制限しようとする試みのうちもっとも新しいものが、学校や図書館から子どもがソーシャルネットワーキングサイト（SNS）にアクセスすることを禁止する法案[(27)]（Deleting Online Predators Act: DOPA）[(28)]である。2006年5月に連邦議会下院に提出されたDOPAは、E-rateの補助金を受け取っている学校や公立図書館にたいし双方向で情報を送受信できるサイトの利用を制限するものである。具体的には、チャットルームやSNSがその制限の対象となる。法案提出者フィッツパトリック（Mike Fitzpatrick、共和党、ペンシルベニア州選出）は、MySpaceやFriendsterのようなSNSサイトは「オンライン上の性的捕食者（online sexual predators）の天国と化してしまっている」と述べたという[(29)]。2006年7月、DOPAは下院を410対15という大差で通過した[(30)]。

この法案にたいしては、ALAや全米教育委員会協会（National School Boards Association: NSBA）、全国図書館情報学委員会（National Commission on Library and Information Science: NCLIS）などがこぞって反対を表明した。ALAは、2006年7月27日付で上院議員にたいして手紙を送り、5項目の理由を挙げてDOPAへの反対を表明した[(31)]。NSBAも、2006年7月28日付で上院議員に手紙を出し、「この法律は、インターネットの危険性やその賢明なる利用法について子どもたちに教育するという真なる課題に取り組むことはない。……学校においてSNSを遮断すると、学校の外でのオンライン上の捕食者の危険性……にたいして子どもたちが準備するのを妨げる」[(32)]と表明している。NCLISの2006年11月3日の声明では、DOPAは公立図書館や初等中等学校でのインターネットの導入を促進してきたE-rateを阻害するとして反対を表明している[(33)]。NCLIS議長のフィッツシモンズ（Beth Fitzsimmons）は次のように述べ、子どもたちが正しく情報を扱えるように教育することの重要性を強調している。

> われわれの見解では、子どもたちとコミュニケーションを取り、どのようにインターネットを使うかについて彼らを教育することが、ハイウェイを横断する方法を教えるのと同じくらい重要である。最良の方法は、交通量の多いハイウェイを安全に横断するために必要なスキルを身につけさせることであっ

て、横断するのを禁止することではない。それは、交通量の多い道路であっても、インターネットという情報のハイウェイであっても同じことである[34]。

いうまでもなく、米国の図書館にとってインターネットはなくてはならない存在である。米国の図書館におけるSNS等の利用については井上靖代が要を得たまとめを行っており[35]、充実した活用ぶりが伺える。井上によれば、図書館をあまり利用しないヤングアダルトにたいしアプローチする手段としてSNSが有効に活用されており、コミュニケーションの場としてSNSを利用する図書館は急速に増加している[36]。DOPAが成立すると、図書館で提供できるインターネット情報資源は大きな制約を課せられることになり、図書館での知的自由が侵害される懸念がある[37]。

中間選挙が民主党の勝利に終わったことも関係してか、DOPAは第109議会の会期終了に伴い審議未了で廃案となった[38]。しかし、2007年1月4日、21世紀の子どもたちを守る法案（Protecting Children in the 21st Century Act）[39]の第2章として上院に再提出され、2007年2月現在、商務科学運輸委員会（Committee on Commerce, Science, and Transportation）に付託されている[40]。

(1) 愛国者法の概要と逐条解説は以下を参照。
平野美惠子ほか. 米国愛国者法（反テロ法）(上). 外国の立法. 2002, (214), p.1-46. http://www.ndl.go.jp/jp/data/publication/legis/214/21401.pdf, (参照 2007-01-15)., 平野美惠子ほか. 米国愛国者法（反テロ法）(下). 外国の立法. 2003, (215), p.1-86. http://www.ndl.go.jp/jp/data/publication/legis/215/21501.pdf, (参照 2007-01-15).
(2) 名称は以下の文献による。平野美惠子ほか. 米国愛国者法（反テロ法）(下). 外国の立法. 2003, (215), p.1-86. http://www.ndl.go.jp/jp/data/publication/legis/215/21501.pdf, (参照 2007-01-15).
(3) 図書館の記録と愛国者法の関係について詳しくは以下を参照。中川かおり. 米国愛国者法の制定と図書館の対処. カレントアウェアネス. 2005, (283), p.2-4. http://www.dap.ndl.go.jp/ca/images2/ca/ca283.pdf, (参照 2007-02-03).
また、愛国者法と知的自由に関する主要参考文献としては以下のものがあげられる。川崎良孝. 特集, 個人情報保護と図書館アメリカ愛国者法と知的自由：図書館はテロリストの聖域か. 図書館雑誌. 2005, 99(8), p.507-509., 山本順一. 特集, 新しい枠組みとしての図書館の自由：アメリカの知的自由と図書館の対応に関するひとつの視角：愛国者法から図書館監視プログラム, そしてCOINTELPROに遡ると. 現代の図書館. 2004, 42(3), p.157-163.
(4) USA Patriot Improvement and Reauthorization Act of 2005 (Pub. L. 109-177, 120 stat. 119) . http://frwebgate.access.gpo.gov/cgi-bin/getdoc.cgi?dbname=109_cong_public_laws&docid=f:publ177.109.pdf, (accessed 2007-02-11).
(5) USA Patriot Improvement and Reauthorization Act of 2005 (Pub. L. 109-177, 120 stat. 196.) . http://frwebgate.access.gpo.gov/cgi-bin/getdoc.cgi?dbname=109_cong_public_laws&docid=f:publ177.109.pdf, (accessed 2007-02-11).
(6) USA Patriot Improvement and Reauthorization Act of 2005 (Pub. L. 109-177, 120 stat. 197.) . http://frwebgate.access.gpo.gov/cgi-bin/getdoc.cgi?dbname=109_cong_public_laws&docid=f:publ177.109.pdf, (accessed 2007-02-11).
(7) Congressional Record. February.16, 2006. (Senate) S1379-S1403.
(8) (8) USA Patriot Improvement and Reauthorization Act of 2005 (Pub. L. 109-177, 120 stat. 211.) . http://frwebgate.access.gpo.gov/cgi-bin/getdoc.cgi?dbname=109_cong_public_laws&docid=f:publ177.109.pdf, (accessed 2007-02-11).
(9) 川崎良孝. 図書館裁判を考える：アメリカ公立図書館の基本的性格. 京都大学図書館情報学研究会. 日本図書館協会発売. 2002, p.172.
(10) Children's Internet Protection Act, Congressional Record, December 15, 2000, H.R. 4577. http://www.ala.org/ala/washoff/WOissues/civilliberties/cipaweb/legalhistory/cipatext.pdf, (accessed 2006-12-20).
(11) Children's Internet Protection Act, Congressional Record, December 15, 2000, H.R. 4577. http://www.ala.org/ala/washoff/WOissues/civilliberties/cipaweb/legalhistory/cipatext.pdf, (accessed 2006-12-20).
(12) 川崎良孝 . 図書館裁判を考える：アメリカ公立図書館の基本的性格 . 京都大学図書館情報学研究会 . 日本図書館協会発売 . 2002, p.199.
(13) United States et. al. v. American Library Association, Inc., et. al., 539 U.S. 194 (2003).
(14) Eberhart, George. "Libraries Choose to Filter or Not to Filter As CIPA Deadline Arrives". American Libraries, 2004, 35(7), p.17.
(15) ACLU, Reader's Block: Internet Censorship in Rhode Island Public Libraries. American Civil Liberties Union Rhode Island Affiliate. 2005, 20p. http://www.riaclu.org/friendly/documents/2005libraryinternetreport.pdf, (accessed: 2007-12-20).
(16) Oder, Norman. RI Libraries Overblock Under CIPA. Library Journal. 130(10), 2005, p.18-19.
(17) "Child Online Protection Act". http://usinfo.state.gov/usa/infousa/laws/majorlaw/copa.htm, (accessed 2006-04-30).
(18) "Child Online Protection Act". http://usinfo.state.gov/usa/infousa/laws/majorlaw/copa.htm, (accessed 2006-04-30).
(19) ACLU v. Reno, 31 F. Supp. 2d 473 (E.D. Pa. 1999).
(20) ACLU v. Reno, 217 F. 3d 162 (3d Cir. 2000).
(21) Ashcroft v. ACLU, 535 U.S. 564 (2002).
(22)「業としているとは，『ウェブを手段とし，未成年に有害な情報を伝達し，伝達しようと提供するもので，そのような活動の結果，利益を得る目的で，その人の通常の業の一環としてそのような活動に時間，関心，労力を費やすことである（が，実際に利益を得る必要はなく，また，そのようなコミュニケーションをする，あるいはしようとすることがその人の唯一の，あるいは主要な事業であったり，収入源である必要はない)』」。紙谷雅子. インターネット上の未成年に有害な情報を年齢確認手段を用いて規制するChild Online Protection Act(COPA)の暫定的差止め. ジュリスト . 2005, (1292), p.160.
(23) ACLU v. Ashcroft, 322 F.3d 240 (3d Cir. 2003).
(24) Ashcroft, Attorney General v. American Civil Liberties Union, et. al., 542 U.S. 656 (2004).
(25) Ashcroft, Attorney General v. American Civil Liberties Union, et. al., 542 U.S. 656 (2004)., Opinion of the Court, p.8.
(26) Ashcroft, Attorney General v. American Civil Liberties

Union, et. al., 542 U.S. 656 (2004)., Opinion of the Court, p.9.
(27) この名称は次の文献による。DOPA法案, 議会に再上程(米国). カレントアウェアネス-R. 2964, 2007-01-26. http://www.dap.ndl.go.jp/ca/modules/car/index.php?p=2964, (参照 2007-02-03) .
(28) Deleting Online Predators Act of 2006." Congressional Record, 109th Congress, 2nd Session, 2006.7.27, H. R. 5319. http://www.thomas.gov/cgi-bin/query/z?c109:H.R.5319.RFS:, (accessed 2007-02-05) .
(29) [George M Eberhart]. House Passes Bill Restricting Social-Networking Sites. American Libraries, 2006, 37(8), p.9.
(30) [George M Eberhart]. House Passes Bill Restricting Social-Networking Sites. American Libraries, 2006, 37(8), p.9.
(31) American Library Association. “Re: Opposition to H.R.5319, the Deleting Online Predators Act(DOPA)”. To: United States Senate. 2006-07-28. http://www.ala.org/ala/washoff/WOissues/techinttele/dopa/SenateLetter.pdf, (accessed 2007-02-05).
なお, 日本語の要約を次の文献でみることができる。
井上靖代. 米国の図書館界と SNS 検閲. カレントアウェアネス. 2006, (290), p.17-19. http://www.dap.ndl.go.jp/ca/modules/ca/item.php?itemid=1054, (参照 2007-01-10) .
(32) National School Board Association. NSBA's Letter to the Senate Re: H.R. 5319 : Deleting Online Predators Act (DOPA). 2006-07-28. http://www.nsba.org/site/print.asp?TRACKID=&VID=2&ACTION=PRINT&CID=144&DID=38857, (accessed 2006-12-11) .
(33) U.S. National Commission on Libraries and Information Science. NCLIS Opposes Legislation to Restrict E-Rate: National Commission Links Access and Learning Issues in Resisting New Legal Requirement Being Considered by Congress. 2006-11-03. http://www.nclis.gov/news/pressrelease/pr2006/NCLISE-Rate-2006-13.pdf, (accessed 2006-12-28) .
(34) U.S. National Commission on Libraries and Information Science. NCLIS Opposes Legislation to Restrict E-Rate: National Commission Links Access and Learning Issues in Resisting New Legal Requirement Being Considered by Congress. 2006-11-03. http://www.nclis.gov/news/pressrelease/pr2006/NCLISE-Rate-2006-13.pdf, (accessed 2006-12-28) .
(35) 井上靖代. 米国の図書館界と SNS 検閲 . カレントアウェアネス. 2006, (290), p.17-19. http://www.dap.ndl.go.jp/ca/modules/ca/item.php?itemid=1054, (参照 2007-01-10) .
(36) 井上靖代. 米国の図書館界と SNS 検閲 . カレントアウェアネス. 2006, (290), p.17-19. http://www.dap.ndl.go.jp/ca/modules/ca/item.php?itemid=1054, (参照 2007-01-10) .
(37) 井上靖代. 米国の図書館界と SNS 検閲 . カレントアウェアネス. 2006, (290), p.17-19. http://www.dap.ndl.go.jp/ca/modules/ca/item.php?itemid=1054, (参照 2007-01-10) .
(38) DOPA法案, 審議未了で廃案に(米国). カレントアウェアネス-R. 2837, 2007-01-09. http://www.dap.ndl.go.jp/ca/modules/car/index.php?p=2837, (accessed 2007-02-03) .
(39) Protecting Children in the 21st Century Act, Congressional Record, 110th Congress, 1st Session, January 4, 2007, S.49. http://thomas.loc.gov/cgi-bin/query/z?c110:S.49:, (accessed 2007-02-03).
(40) DOPA法案, 議会に再上程(米国). カレントアウェアネス-R. 2964, 2007-01-26. http://www.dap.ndl.go.jp/ca/modules/car/index.php?p=2964, (参照 2007-02-03).

1.2.4 障害者サービスに対する法の動向

筑波大学大学院　図書館情報メディア研究科　　山本　順一（やまもと　じゅんいち）

アメリカには、現在、約4,300万人の身体や精神に障害を持つ人たちがいる。この数は年々増加している。これら障害をもつ人たちは、教育を受けるうえで、また職業に就く際、そして生活を支える所得を得る場合など、生活の様々な局面で実質的に差別されてきたし、現に差別されている。アメリカ連邦憲法修正14条が保障する「平等原則」に照らせば、障害をもつ人たち自身に帰責できない差別については、基本的人権を守るという観点から、極力是正する努力が払われるべきである。

(1) アメリカ議会図書館

アメリカ議会図書館の中に全国盲人・身体障害者図書館サービス局（National Library Services for the Blind and physically Handicapped：NLS）が設置されている。そこでは、視覚障害者のための読書材である録音図書などを製作、収集し、また録音図書に関する再生機器を購入・維持・補充することを任務としており、それらをアメリカ国内の利用資格を有するものに無償で貸出している（2U.S.C.§§135a, 135a-1, 135b）。

この全国レベルの障害者のための図書館プログラムは、1931年に制定された法にもとづきはじめられた。当初は成人の視覚障害者を対象とするものであったが、1952年に視覚障害児を含むものへと拡充され、1962年には音楽資料が加えられ、1966年にはサービス対象が標準的な印刷資料の読書ができない身体障害をもつ人たちに拡大された。このプログラムは、当初から著作者と出版社の協力を得て実施され、著作者と出版社がNLSに対価を求めることはなかった。著作者と出版社は、NLSに対して、任意に適切な著作物を選び、特別なフォーマットに複製することを認める許諾を与えてきたのである。

2002年3月、アメリカ情報標準化機構（National Information Standards Organization：NISO）は、デジタル録音図書（Digital Talking Book：DTB）についての基準を新たにNISO規格に加えた。このデジタル録音図書の規格については、そこに含まれる電子ファイルのフォーマット等は国際標準規格DAISY（Digital Accessible Information System）の仕様を進化させたものとされ、音声、静止画像、動画をも含むオープンなマルチメディア仕様となっている。NLSは、現在、この規格に沿って、新たにデジタル録音図書を製作するほか、既製のアナログ録音図書のデジタル変換を進めている。

(2) ADA法

1990年、連邦議会は、障害をもつアメリカ人に関する法律（Americans with Disabilities Act）を可決し、実施に移された。身体的・精神的な障害を理由とする差別を禁止する、この法律は一般に「ADA法」と略称され、合衆国法典に組み入れられている（42U.S.C.§§12101, 12102）。ADA法でいう「障害」（disability）とは、「個人に関して、当該個人の主要な生活上の諸活動のうち、ひとつあるいは二つ以上の活動につき、実質的に制約を課する身体的もしくは精神的な障害」をいうとされている。

この法律は4章から構成されている。「第1章　雇用」は、公的機関と15人以上の従業員を擁する民間企業について、障害を理由とする職場での差別的取扱いを禁じている。したがって、障害者が図書館への就職希望を示したり、現在図書館で働いている障害者については、障害による差別が発生しないよう努めなければならない。「第2章　公共サービス」は、公共サービスの提供や公共交通の利用について、障害者の差別につながる不便を実感させてはならない旨を規定する。図書館サービスの提供に関して、できる限り健常者と同水準のサービス提供を心がける必要がある。「第3章　公共施設」は、公共施設での利用環境が障害者にとって比較的負担の少ないものにする必要があることを定めており、いわゆる公共施設のバリアフリーの推進をうたっている。図書館では、一定水準の障害者用の駐車スペースを整備しなければならない。「第4章　電気通信」は聴覚障害者の情報アクセスの保障を定めている。

(3) 障害者サービスと著作権

アメリカ連邦著作権法107条は、判例法理として

※本稿は、国立国会図書館の2006年度調査研究事業の成果物である。

発展してきた「フェアユース」(fair use：公正使用）を明文化した規定である。著作物の複製・利用につき、その利用の目的および性質、利用された著作物の性質、利用された著作物全体のなかに占める利用部分の質と量、潜在的市場ないし価値に与える影響という四つの尺度を当てはめ、一定の範囲で権利者の許諾を得ることなく著作物を利用することができるとされている。上に紹介したNLSプログラム以外にも、図書館における障害者サービスのなかにはこの107条を根拠として法的に許容されるものがあった。

1996年、上院議員チャフィー（John H. Chafee）が中心となって上程された著作権法の改正法（法律104-197号）は、障害者サービスについて新たな局面を開いた。著作権法121条a項がそれである。この規定は著作物に対する排他的権利（著作権）に新たに制限を加えるもので、「認可を得た機関（authorized entity）に対して、もっぱら視覚障害者とその他の身体に障害をもつ人たちの利用のために、特別なフォーマットで、すでに公表された非演劇的な言語の著作物の複製もしくは録音物を複製、頒布すること」を認めた。この新たな規定はNLSの録音図書の製作・頒布に法的根拠を与え、また一定の認可を得た障害者を支援する目的を持つ組織・団体の録音図書の製作・頒布について、著作権処理を要しないものとした。もっとも、ただちに「認可を得た機関」ではない一般の公共図書館がこの規定の恩恵に浴するものではない。

Ref:
深谷順子. 米国におけるデジタル録音図書をめぐる動き：NLSを中心に. カレントアウェアネス. 2003, (275), p.7-9. http://www.dap.ndl.go.jp/ca/modules/ca/item.php?itemid=917, (参照 2007-03-05).
国立国会図書館関西館事業部図書館協力課編. デジタル環境下における視覚障害者等図書館サービスの海外動向. 2003, 53p. http://www.dap.ndl.go.jp/ca/images2/report/no1/lis_rr_01.pdf, (参照 2007-03-05) .
三井情報開発株式会社総合研究所編. 知的財産立国に向けた著作権制度の改善に関する調査研究：情報通信技術の進展に対応した海外の著作権制度について. 2006. http://www.bunka.go.jp/1tyosaku/pdf/chitekizaisan_chousakenkyu.pdf, (参照 2007-03-05) .

1.3 人

1.3.1 司書養成・研修・採用

獨協大学 経済学部 井上 靖代（いのうえ やすよ）

はじめに――現状および将来的な課題

アメリカでは2004年段階で、librarianが15万9千人、para-professionalとよばれるlibrary technicianが12万2千人、library assistantが10万9千人働いている[(1)]。

librarianはアメリカ図書館協会（ALA）認定の図書館情報学大学院で修士号を取得した者を指し、図書館現場では地域館レベル管理職のlibrarian managerさらに中央館の館長library directorの地位で働くことが多い。para-professionalは多くはコミュニティ・カレッジなどで開講されている図書館関係科目を取得するlibrary associate's degreeをもつ者をさすことが多い[(2)]。これらpara-professionalの図書館員の下で雇用されるのはpageとよばれ、図書館内での単純労働をおこなう[(3)]。

労働局統計（Bureau of Labor Statistics）によれば、2014年にはlibrarianは16万7千人、library technicianは13万8千人、library assistantは12万2千人になるだろうと予測されている。つまり、librarianは4.9％増加するのに対し、library technicianは13.4％増、library assistantは12.5％増が見込まれている。現在、すでに第一線現場では、本来修士号を取得したlibrarianがおこなっていた業務を、library technicianあるいはlibrary assistantがおこなうことが多くなってきている。つまり図書館業務の「非専門職化」が進行しているのである[(4)]。

都市部以外の小規模図書館では図書館情報学分野の修士号を取得した専門職であるlibrarianを雇用することが困難になっており、para-professionalを雇用し、その代替にしている例が増加している。さらに2005年から2019年にかけて、現在働いている58％のlibrarianが65歳の退職年齢に達すると予測されており、この傾向に拍車がかかるとみられている。

こういった現状の下でALA認定の図書館情報学大学院の登録者が増加し、学校によっては遠隔地教育が拡大し、さらに図書館をめぐる一般的な技術変革の衝撃といったなかで、現在の1992年に決定された図書館情報学大学院カリキュラム認定基準の見直しがすすんでいる。

(1) 図書館情報学大学院での養成

歴史的成立経緯の説明は省略するが、アメリカではALAがそのカリキュラムなどを5年ごとに審査し、認定する図書館情報学大学院で修士号を取得したものを専門職のlibrarianとして、図書館での必須雇用条件としている。現在、カナダ7校、プエリトリコ1校を含む56校が認定されている[(5)]。そのうち47校で学校図書館メディアスペシャリスト（学校図書館司書）の資格授与の課程をも提供しているが、学校図書館メディアスペシャリスト（学校図書館司書）は各州の認定基準が異なるため、ALA認定以外にNCATE（National Council for Accreditation of Teacher Education）が認定したプログラムなど多数ある[(6)]。また、2004年にイギリスの図書館・情報専門家協会（CILIP）との協定により、ALAはイギリスやオーストラリア、ニュージーランドなどとの相互認定をおこなっている。

現在のALA認定基準は1992年に決定されたものであるが、1999年のFirst Congress on Professional EducationでALAに対して、この専門職としての核となる能力（core competencies）を明確にし、将来、ジェネラリストとしての能力を説明することが求められた[(7)]。これを機にALA会長はタスクフォースを組織し、2000年以降のALA大会で議論を重ね、2005年7月にドラフトを理事会に提出した[(8)]。

このドラフトでは、当該基準初任者ジェネラリスト・ライブラリアン（beginning generalist librarian）としての知識と技術を反映するものであり、個々の分野で訓練されたスペシャリストの能力を示すものではないことを明言している[(9)]。スペシャリストの教育基準等については各専門分野の図書館協会や部会が公表している[(10)]。

このドラフトでは8つの基礎能力を求めている。すなわち、

(1) 専門職としての倫理（Professional Ethics）
(2) 資料構築に関する知識（Resource Building）

※本稿は、国立国会図書館の2006年度調査研究事業の成果物である。

(3) 知識の組織化に関しての理解（Knowledge Organization）
(4) 技術面での知識と理解・実技（Technological Knowledge）
(5) 図書館サービス活動を通じての知識の普及（Knowledge Dissemination: Service）
(6) 教育と生涯学習を通じての知識の蓄積（Knowledge Accumulation : Education and Lifelong Learning）
(7) 調査研究を通じての知識の探求（Knowledge Inquiry : Research）
(8) 図書館経営能力（Institution Management）

である。このドラフトを基にして、ALA は 2006 年 2 月 10 日に現認定校および認定をもとめていた候補校を審査した。必修科目と選択科目という面も配慮して審査されたが、この報告に対してパブリック・コメントが求められた。当時の会長であるマイケル・ゴーマン（Gorman, Michael）氏[11]のように現場からは批判的な内容のものが多く、2007 年 1 月の冬季大会では公開討議フォーラムが開催されている。大学院ではカリキュラムを審査し、専任教員が図書館プロパーでなく非常勤教員が図書館学分野を担当しているなどの実態に疑問が呈されている。こういった現場からの批判を受ける形で、ALA は para-professional の養成について言及したり、また修士号を取得したあとの再認定制度を発足させている。

(2) para-professional の教育・訓練

上記のように library technician や library assistant という支援職レベルの教育や養成についての審査認定制度は実施されていないものの、将来 librarian にキャリアアップしてもらう人材確保のため、ALA ではこのレベルの養成の基準を定め、学部段階での図書館情報学の科目開講大学の紹介や図書館情報学以外の分野で図書館に関連ある大学院の紹介などもおこなっている。

これは第三回目の Congress on Professional Education（2003）において、Library Support Staff について、討議されたことを受けたものである。これを受け、2004 年の ALA 年次大会で、教育委員会（Committee on Education）は評議会（Council）に対して、報告書（"ALA Committee on Education Report to Council" 2004 Annual Conference Orland, Florida）を提出し、そのなかで **Library Technical Assistant（LTA）教育の基準**を示した[12]。

すなわち、7 つの分野について教育をおこなうことを勧めている。

(1) 図書館と情報産業についての概論
Introduction to libraries and the Information Industry
(2) 資料受け入れのプロセスについての概論
Introduction to technical Services Acquisition Processes
(3) 資料組織化のプロセスについての概論
Introduction to technical Services Cataloging Process
(4) 対利用者への貸出業務のプロセスについての概論
Introduction to Public Services circulation services Processes
(5) 情報源とサービスについての概論
Introduction to Information Sources and Services
(6) 職場でのサバイバル技術
Workplace Survival Skills
(7) 実習　Practicum and Seminar

となっており、それぞれの分野で細かい具体的学習内容やプレゼンテーションなどが示されている。大学学部レベルでの図書館情報学教育のガイドラインである。

(3) 研修・リカレント

図書館現場では、ジェネラリストからスペシャリストへの専門訓練や、新しい技術や知識の登場に対応する図書館員研修を積極的に実施している。連邦図書館・博物館サービス法にはこういった研修教育への補助が組み込まれているため、この補助金を申請して教育訓練をおこなう図書館が増加している。

1) 各図書館での研修

OJT（On the Job Training）形態の訓練、あるいは日程を設定しての図書館システムや図書館ネットワーク単位での研修は頻繁におこなわれる。ここでの講師は経験ある librarian や、外部の図書館コンサルタントが担当する。例えばシカゴ図書館では年 1 回、すべての地域館を休業して、全職員 300 人強が中央館で研修を実施している。そのための財源としてシカゴ図書館財団や地域の企業などから寄付金を獲得している。専門職の librarian から page までの人事交流をかねた研修となっている。職制がはっきりしているアメリカの図書館では、すべての職員が参加する研修は少ない。分野を特定した形の研修が多いアメリカではメリットもあるが、異なる職域との交流が少ない面では膠着した人事体制となりやすい。したがって、こういった研修はpara-professionalやpageに対して図書館員としての労働刺激を与え、キャリアアップを図る目的としては効果が高いと期待されている。

2) 地域ネットワークや州立図書館での研修

イリノイ州内では、地域ネットワークでの研修も年になんども実施される。これは州立図書館（State Library）が主体となって実施する研修であるが、州図書館協会が実施する場合もある。これは州立図書館が補助金を申請して、上述の図書館・博物館サービス法に示された研修費用を獲得しておこなうものである。2006年度は「多様性（Diversity）」をテーマに、ヒスパニック系など外国人利用者への対応について2日間の研修を実施している。

3) ALAの研修・リカレントプログラム

ALA主催の年次大会や総会など、あるいは各部会が主催する大会やワークショップやシンポジウムはリカレント教育としての意味をもつ。特に大会の前後に別会費で開催される1～3日程度のワークショップは貴重な研修となる。学校図書館員部会（AASL）のように継続教育の単位として認めている場合もある。教員資格を要求する学校図書館図書館員の場合には、7～8年ごとに継続教育科目を受講して、単位を新規認定してもらわないと資格が消滅する州が多いからである。

現場の図書館員のあいだで不十分と批判がある大学院修士号取得後のリカレント教育について、上記のようにALAがALA-APA（Allied Professional Association）と共同で新規認定研修制度（**CPLA: Certified Public Library Administrator program**）を発足させた[13]。これは主に、公共図書館での図書館長など、公共図書館での管理職部門へのキャリア養成プログラムを目的としている[14]。公共図書館部会（PLA：Public Library Association）や図書館経営部会（LAMA: Library Administration and Management Association）、専門企業図書館部会（ASCLA: Association of Specialized and Cooperative Library Agencies）との共同事業であり、認定委員会（CPLA CRC: Certification Review Committee）が授業内容を認定する。応募資格は大学院で図書館情報学修士号を取得済みであること、図書館現場で5年以上の勤務経験があることなどである。

内容は、核となる必修科目と選択科目からなっており、5年の有効期間が定められている。必修科目は、

(1) 予算と財政（Budget and Finance）
(2) 技術管理（Management of Technology）
(3) 組織化と人事管理(Organization and Personnel Administration)
(4) 計画立案と施設管理(Planning and Management of Buildings)

また、選択科目は下の5科目のなかから3科目を取得することとなっている。

(1) 現状の課題(Current Issues)
(2) 基金獲得(Fundraising/Grantsmanship)
(3) マーケティング(Marketing)
(4) 政治とネットワーク(Politics and Networking)
(5) 多様な人々へのサービス活動(Service to Diverse Populations)

4) 大学院でのリカレント教育

継続教育・生涯学習の単位として認定、特に学校司書教諭の場合、教育職員免許が期間限定なので、教職免許再申請のため継続教育受講が求められている。したがって、いずれの州においても、州内および通信教育課程のある図書館情報学分野の大学院では社会人を積極的に受け入れて、再教育を実施している。受講者は継続教育の単位を取得できる場合が多い。

5) 通信教育・通信研修（e-education, e-learningなど）

ALA認定の大学院56校中13校で大学院修士課程の全課程をオンラインでおこなっていることに加え、ALAの各部会でもリカレント教育をオンラインで実施するところが増加してきている。例えば、AASLでは2006年10月に定員20名で、AASLオンライン継続教育講座e-Academyを実施している。「教室と学校図書館における著作権問題（Copyright Issues in the Classroom and School Library)」「学校図書館ウェブ講座（Creating and Maintaining engaging School Library Websites)」のコースがそれである。都市中心部から離れた学校図書館に勤務している学校図書館員に好評なようである。インターネットが確実に図書館で利用されるにともない、図書館員研修もインターネット利用が増加する一方である。

(4) 採用

専門職としてのlibrarianは大学院を修了して、すぐに雇用されることは少ない。多くはpara-professionalとして数年間勤務経験を積んだ上で、別の図書館に就職していく。学歴だけでは希望どおりの職場に就職できない。勤務歴や研究業績、企画実績、補助金獲得などの実績をもとめられるのが一般的である。

学校図書館や公共図書館は地域に密着しているが、給与が低い場合が多い。一方、大学図書館や専門図書館は比較的給与や待遇がよいが、図書館情報学修士号以外に別の専門分野の修士号以上、時には博士号をもっていることを求められることが多い。投資信託会社や投資コンサルタント会社などの企業図書館がもっとも給与が高いが、企業図書館への就職率は東海岸に位置する図書館情報学大学院のほうが高い傾向がある。それぞれの図書館情報学大学院によって、就職率が異なり、また就職する館種が異なる場合がほとんどである。概して地方の小規模な図書館情報学大学院では地元の公共図書館か学校図書館への就職が多く、東海岸にある大学院では大学図書館や専門図書館への就職が多い。

就職情報は各大学院や地域の図書館協会などにもたらされる。また、ALAやその地域支部やその発行されている雑誌やメーリングリストなどで求人募集される。ALAや各地各種の図書館協会や部会の年次大会などでは、その場で求人者と求職者の面接がおこなわれることも多い。

館長など管理職に就くためには、図書館情報学分野の博士号を取得しているか、最近の傾向では経営学（MBA）や情報学分野の修士号を取得していることが望まれる。児童やヤングアダルト分野では図書館情報学以外に教育学や心理学などの分野での学歴があったほうが有利に働くが、給与が高くない割りには仕事の負担が大きい分野とみなされ、常に求人はあるものの応募は少ない。また、給与など待遇のよいところを求めて、図書館以外の、図書館関連分野の企業やコンピュータシステム開発会社などへの就職も多い。

(1) Hecker, Daniel E. “Occupational employment Projections to 2014”. Monthly Labor Review. 2005, 128(11), p.70-101. http://www.bls.gov/opub/mlr/2005/11/art5full.pdf, (accessed 2007-02-26).

(2) American Library Association. “Do I need a library science associate's degree?”. LibraryCareers.org. http://www.ala.org/ala/hrdr/librarycareerssite/whatyouneedassociate.htm, (accessed 2007-02-26).

(3) American Library Association. “Types of library jobs”. LibraryCareers.org. http://www.ala.org/ala/hrdr/librarycareerssite/typesofjobs.htm, (accessed 2007-02-26).

(4) American Library Association. “Types of library jobs”. LibraryCareers.org. http://www.ala.org/ala/hrdr/librarycareerssite/typesofjobs.htm, (accessed 2007-02-26).

(5) “2006-2007 Directory of Institutions Offering ALA-Accredited Master's Programs in Library and Information Studies”. American Library Association. http://www.ala.org/ala/accreditation/lisdirb/lisdirectory.htm, (accessed 2007-02-26).

(6) American Association of School Libraries. “Recognized School Library Media Education Programs”. American Library Association. http://www.ala.org/ala/aasl/aasleducation/schoollibrarymed/recognizedslm.htm, (accessed 2007-02-26).

(7) American Library Association. “Congress on Professional Education：Focus on Education for the First Professional Degree”. http://www.ala.org/ala/hrdrbuket/1stcongressonpro/1stcongresssteeringcommittee.htm , (accessed 2007-02-26).

(8) “Draft Statement of Core Competencies. July 2005” American Library Association. http://www.ala.org/ala/accreditationb/Draft_Core_Competencies_07_05.pdf, (accessed 2007-02-26).

(9) “Draft Statement of Core Competencies. July 2005” American Library Association. http://www.ala.org/ala/accreditationb/Draft_Core_Competencies_07_05.pdf, (accessed 2007-02-26) .

(10) 法律図書館員（ロー・ライブラリアン）については、“AALL Guidelines for Graduate Programs in Law Librarianship”. American Association of Law Libraries. http://www.aallnet.org/about/graduate_guidelines.asp, (accessed 2007-02-26).
学校図書館図書館員については、American Association of School Librarians. “ALA/AASL Standards for Initial Programs for School Library Media”. American Library Association. http://www.ala.org/ala/aasl/aasleducation/schoollibrarymed/ala_aasl_slms2003.pdf, (accessed 2007-02-26).
児童図書館員については、Association for Library Service to Children. “Competencies for Librarians Serving Children in Public Libraries”. Revised Edition, Association for Library Service to Children. http://www.ala.org/ala/alsc/alscresources/forlibrarians/professionaldev/competencies.htm, (accessed 2007-02-26).
医学図書館員（メディカル・ライブラリアン）については、“The educational policy statement of the medical library association”. Medical Library Association. http://mlanet.org/education/platform/index.html, (accessed 2007-02-26).
音楽図書館員については、“Core competencies and Music Librarians”. Music Library Association. http://www.musiclibraryassoc.org/pdf/Core_Competencies.pdf, (accessed 2007-02-26).
アーキビストについては, “Guidelines for a Graduate Program in Archival Studies” Society of American Archivists. http://www.archivists.org/prof-education/ed_guidelines.asp, (accessed 2007-02-26).
ヤングアダルト図書館員については、Young Adult Library Services Association. “Young Adults Deserve the Best: Competencies for Librarians Serving Youth”. American Library Association. http://www.ala.org/ala/yalsa/profdev/youngadultsdeserve.htm, (accessed 2007-02-26).

専門図書館員については、”Competencies for Information Professionals”. Revised Edition, Special Libraries Association. http://www.sla.org/content/learn/comp2003/index.cfm, (accessed 2007-02-26).

大学図書館員については図書館員の教育のみならず、多くの指針を決めている。Association of College & Research Libraries. “Standards and guidelines”. American Library Association. http://www.ala.org/ala/acrl/acrlstandards/standardsguidelines.htm, (accessed 2007-02-26).

また、レファレンスといった館種を超えた分野におけるスペシャリスト養成に関する指針も公表されている。Reference and User Services Association. “Professional competencies for Reference and User Services Librarians”. American Library Association. http://www.ala.org/ala/rusa/rusaprotools/referenceguide/professional.htm, (accessed 2007-02-26).

Reference and User Services Association. “Guidelines for Behavioral Performance of Reference and Information Service Providers”. American Library Association. http://www.ala.org/ala/rusa/rusaprotools/referenceguide/guidelinesbehavioral.htm, (accessed 2007-02-26).

(11) Michael Gorman. Comments on “Updating the 1992 [ALA] Standards for accreditation of masters' programs in library and information studies. Overview and comments”/ Standard Review Subcommittee [of the COA]. [n.d.]. 15p.. 2006-12. http://www.ala.org/ala/hrdr/abouthrdr/hrdrliaisoncomm/committeeoned/Gorman_ALAaccreditationstandards.pdf, (accessed 2007-02-26).

(12) “Criteria for Programs to Prepare Library Technical Assistant”. ALA Committee on Education Report to Council 2004 Annual Conference Orlando, Florida. 2004-6-26/29. American Library Association. http://www.ala.org/ala/acrl/aboutacrl/acrlsections/cjcls/collaborate/Report_of_the_Committee_on_EducationLRS.pdf, (accessed 2007-02-26).

(13) “Certified Public Library Administrator Program”. American Library Association Allied Professional Association. http://www.ala-apa.org/certification/cplaapplication.html, (accessed 2007-02-26).

(14) “New CPLA online courses and candidates approved”. American Library Association. 2007-02-16. http://www.ala.org/ala/pressreleases2007/february2007/NewCPLAonlinecourses.htm, (accessed 2007-02-26).

1.3.2 人気ある職業にするには　～ How to be popular ～

James M. Matarazzo
Dean and Professor Emeritus at the Simmons College Graduate School of Library and Information Science in Boston
（シモンズ・カレッジ図書館情報学大学院　名誉大学院長・名誉教授　　ジェームズ・マタラーゾ）
Joseph J. Mika
Director of the Library and Information Science Program at Wayne State University in Detroit
（ウェイン州立大学　図書館情報学プログラム長　　ジョゼフ・ミカ）

（※本稿は著者の許諾を得て、Matarazzo, James M. et al. How to be popular. *American Libraries*, 2006, 37(8), p. 38-40. を翻訳したものである。）

(1) 二人の著名な教育家が提案する高齢化の進む労働力に代わる新たな労働力確保の方法

「現代で最も不人気な職」これは 2006 年３月３日の MSN.com の記事の見出しである。この記事では、米国労働統計局が、ある特定の職業において将来的に能力のある労働力が不足することを予測したとしている。記事に続くリストは、2000 年から 2012 年にかけて特に打撃を受けるであろう職種をあげており、そのリストで機械工とトラック運転手にはさまれ、第３位に位置したのが図書館司書であった。

近い将来、司書が不足するかどうかについては意見が分かれるところであるが、ALA 評議会のオンライン討論リストに意見を寄せる者の中には、そのような考え方をばかにし、大学院の図書館学は積極的なリクルートプログラムを始めるべきだとする参加者の提案をあざ笑う者もいる。対照的に、American Libraries 誌および Library Journal 誌の読者投稿や編集者への手紙は、求職者の多くが経験している困難な状況を報告している。また現在、在職中の人々の年齢と、近づく彼らの定年が、司書不足を予見させるものと見る人々もいる。

何が真実なのか？真の統計はどれか？ 1970 年代、労働統計局によると、司書の平均年齢は 45 歳であった。1980 年代の King Research による報告書によれば、平均年齢は 45 歳であった。また 1990 年代の正規の司書の平均年齢は、ALA による調査によれば、驚くことに 45 歳であったとされている。1970 年代から 1980 年代にかけての各 10 年には、9,000 人の司書が 65 歳を過ぎても仕事を続けていた。

これらの 1970 年代から 1990 年代に行われた予想では、20 年ごとに在職中の司書の半数が退職年齢に達することになる。これらの予想に従えば、9,000 人の司書は、これまで何十年もそうしてきたように、65 歳を過ぎても仕事を続けることになるかもしれない。ここれらの概算に基づけば、図書館情報学の学生の平均年齢は上がらず、司書は過去においてそうであったように、65 歳で退職する傾向になると結論を導くこともできる。

しかし、現在では、図書館情報学教育協会と合衆国労働統計局の統計報告によると、現実には司書たちは平均年齢 62 歳で退職をしている（米国における大半の労働者と同様に）。そして 65 歳を過ぎても仕事を続けている司書の数は激減し、図書館学の卒業生の数は安定しており、過去７年間において目立った増減はなく、図書館情報学大学院の学生の平均年齢はおよそ 35 歳である。専門職大学院でもロースクール（53.5％）やソーシャルワーク（34.5％）と違って、25 歳以下の図書館情報学の学生はたった 11.7％であると、Stanley J. Wilder の著書、The Age Demographics of Academic Librarians: A Profession Apart〔Haworth Information Press,1990〕は示している。

この現実に即して考えれば、北米の 56 の ALA 認定校が退職者全員を新たに卒業する労働力でおき代えることは実質不可能であり、退職する 65 歳以上の司書を補填する方法もないのである。2002 年、司書の大半、60％は 45 歳以上であった。The U.S. Bureau of the Census, Census 2000 Equal Employment Opportunity Commission data tool のデータから作成された次のグラフは状況を如実に表している。

グラフでは、在職している司書の数は、60 歳を超えると大きく減少することを示している。実際様々な理由で、他の職業に従事している労働者の２倍の速さで司書は退職しているのである。何故そうなのか、これはさらなる検証の対象である。

※本稿は、国立国会図書館の 2006 年度調査研究事業の成果物である。

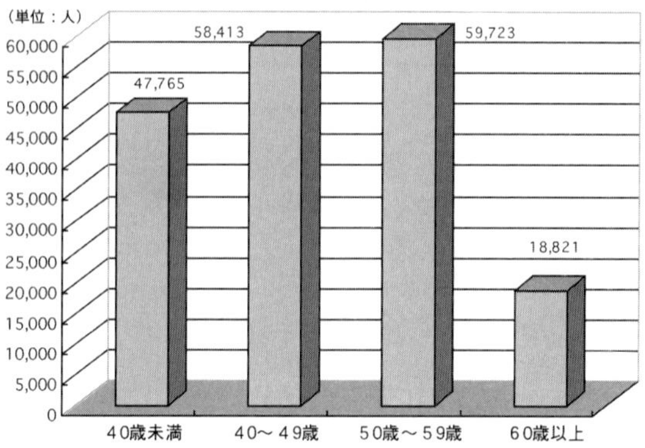

図　米国における年齢層ごとの図書館司書数

(2) 不人気の理由

図書館情報専門職に関する労働力の高齢化の一大原因は、過去20年間、図書館情報学をキャリアとして選択する若者が減少していることである。これまで以上に多くの人が図書館情報学をキャリアとして選択しない理由は様々である。この分野では給与に競争力があるとは言えないこと、ネガティブな職種としてのイメージがあること、学士号を出すすぐれた教育プログラムがないこと、就職する多くの人々にとって第一の選択肢となる職種ではないこと、そして一部の図書館情報学の学校が、図書館以外の職業に就くことが期待されている「情報学」の学生を惹き付けようとしていることなどが挙げられる。

図書館情報学分野では、他の分野と異なり、第2、第3のキャリアを探している学生をひっぱってくるということが起こっている。その結果として、学生は30代半ばから後半に大学院プログラムを開始することになる。我々の職業においては、他の職業の新規参入よりも平均して10年以上遅れてスタートを切るのである。

さらに1946年から1964年にかけて、米国では約7,600万人が誕生した、つまりベビーブーマーの世代であるが、それに続くジェネレーションXではたった4,600万人しか誕生していないという事実を見ると、問題はより明らかとなる。

すべての職種における労働者は高齢化し、キャリア間の競争は今後益々激しくなる。例えば、ミシガン州では司書の平均年齢は45.9歳（また「45」である）で、この年齢はリストに挙げられた363の職種のカテゴリー中、22位という高さである。リストで1位になったのは交通指導員で、平均年齢が55歳であった。続いて判事と治安判事で51.9歳。牧師は9位で48.3歳、ミシンオペレーターが21位で、46.2歳である。

10年ごとに基準年を定めて見てみると、さらに興味深い事実が明らかとなる。図書館学の卒業生、つまり図書館情報学スクールの「純粋な」図書館学の卒業生は減少している。1973年、ALA認定の61のプログラムには11,999人の在学生と7,404人の卒業生がいた。1983年になると、64校から8,139人の在学生と3,784人の卒業生が報告されている。さらに1993年には、54校で12,069人の在学生と4,955人の卒業生が報告されている。2003年では16,876人の在学生が56校から報告されており、卒業生は5,175人である（後者は図書館学をとるか卒業する学生だけを数えた数字であり、情報学の学生は入っていない）。

過去20年間において学生数が劇的に増加したにも関わらず、卒業生数は横ばいである。いったいどういうわけなのか？中には卒業せずに学部を去る者もいれば、多くはフルタイム、またはパートタイムで仕事をして授業料をまかなっているため、学期当たりに取る授業数が少なく、さらに学位取得にかかる費用のため、卒業に時間がかかっている者が多くいる。実際、卒業まで3年から4年間図書館情報学プログラムに在籍する卒業生も珍しくない。中には卒業まで最大の時間をかけることを選択する学生もいる（許可された期間の平均は6年から8年間である）。

在籍者数は増加しているにもかかわらず、図書館情報学プログラムの卒業生数は毎年5,000人程度でとどまっている。さらに図書館学の優秀な卒業生の中には、伝統的な図書館以外の場所に職を得るものもいる。例えば情報ブローカー、銀行、民間企業、あるいは競争的に調査・研究を行う図書館以外の学術機関などにポジションを得るのである。

全国図書館情報学委員会では2004年に、1990年から2002年にかけてALA認定の図書館学修士を持つ司書数が増加し、公共図書館に雇用されている職員の数も10万3,685人から12万9,844人に増加したと報告している。この調査に協力している8,095の図書館で雇用されている職員の数は25％増加している。

合衆国教育統計局では、今後10年間は、好調な経済状況によりこれまでの10年よりも多くの新しい情報関連の就職機会が創出されるであろうと予測している。これには2002年から2012年にかけての司書の雇用が10.1％増加することも含まれている。故に、この分野では同時期に23.9％の交代率が必要となる。

労働力が約24％の割合で交代され、職が約10％の増加を示す場合、このニーズを満たすためにはその10年間に5万4,500人の卒業生、すなわち毎年5,450人を労働市場に送り出さなければならない。我々の予測は米国における16万5千人という司書全体の数を基礎にしており（この数字はあまりにも低いと考えている）、誰もキャリアを変更せず、全員が65歳という退職年齢まで勤めることを前提にしている。

(3) 維持による解決

米国の司書の数については、ALAが推定する16万5千人より多いと考えているため、これまで述べてきた問題はさらに大きくなる。最新の国勢調査のデータでは、米国には190,000人から205,000人の司書がいるとされている。前述のように、我々と同じ職業の人々は平均年齢が高く、多くの人々がより早くそれまでの職を退職し、ある程度年齢を重ねてから修士課程に入り、それまでに多くの場合、1、2のキャリアを積んでいることが多い。いずれにせよ、我々は、司書仲間が直面している課題を過小評価してきたのである。

さて今や問題、懸念事項、そして関心事がわかったわけであるが、ではそれらをどのように解決するか？まず考えるべきは維持とリクルートである。我々は生産力のある労働力を今後の司書不足に対応するため現在の職にとどめる必要がある。そのためには十分な休暇、行き届いた医療保障・保険を提供する必要があるし、さらに重要なことには、ジェネレーションXとYの職員に対しては、柔軟なスケジュールを提供しなければならない。労働力は資産である。ハードウェアとソフトウェアの両者が必要であることを我々が認識するように、「人的資源」の必要性も同様に認める必要がある。我々は補助スタッフに焦点を当て、我々の顧客にサービスを提供するにあたって、彼らを我々と等しい立場のパートナーとして見る必要がある。

我々は既存のスタッフ（全てのレベルの）に対して指導を与え、職場に、そしてこの分野に、またサービス業としての職に入りやすくしなければならない。指導は両者に教育的関係を与えてくれる。ポジションがあけばそれにあわせてスタッフがステップアップしてくれるだろうなどと期待すべきではなく、我々は起こり得る状況に見合ったスタッフを準備するべきなのである。我々はスタッフと図書館のためのビジョンを生み出す必要がある。図書館は多大な時間を戦略計画作りに費やしながら、そのビジョン作りの過程においてその職のスタッフを無視しがちである。図書館のための計画に加え、そこで働くスタッフのための計画も必要である。

内側からの働きかけが重要である。すべての図書館に次の世代の素晴らしいスタッフが必ずいるとは限らないのである。キャリア開発は図書館の人材計画の一部でなければならない。図書館はオリエンテーションを行い、トレーニングプログラムを作成する必要がある。導入のための指導と継続的な教育により、働く人々が職場を理解し、継続的開発により価値を高めていくことになる。労働力を訓練することが重要である。

すでに図書館になじんでいて、大学院入学を考えるのに優しくあと一押しすればいいような学生アシスタント、アルバイトの若者、時間給の貸出サービススタッフにも働きかける必要がある。専門職に位置づけられていない労働力のことを考えることが望まれる。図書館長や人事部門の人々は、図書館情報学のプログラムに連絡を取り、図書館に実習生やインターンを送るようリクエストし、これらの受入れた学生にはテクニカルサービス、パブリックサービス、システム、アドミニストレーションを含む様々な経験をさせるべきである。理事会やスタッフミーティング、ワーキングチームセッションにも出席させ、彼らを実際のプロジェクトと現場での図書館の仕事に参加させるべきである。

コンピューターサイエンスの学生をシステムスタッフとして実習に参加させることを考えることも必要である。地元のカレッジに図書館のテクニカルアシスタントプログラムを見つけ、これらの学生にパートタイムの職を提供し、彼らが学士号、そして図書館情報学修士号を取得するように応援すること。学士号を提供する大学と連絡をとり、スタッフとしてその卒業生を採用し、最も優秀なものには大学院の図書館学プログラムを受講するように薦めること。

図書館における現在のポスト、または将来的に発生しうるポストに照らして、各スタッフの能力を検証し評価し、さらに現在のスタッフを分析する戦略的スタッフ配置を行うこと。スタッフとよく話をすること。新たな経験をする準備が出来ているか、さらなる責任を負う準備が出来ているか、異なる状況に置かれても対処できるか？こうして我々は優秀なスタッフを維持していくのである。

最後に、我々は自らの職業について決して軽蔑した調子で話してはならないという義務がある。そうではなく可能性が広がっていく機会について話をすべきである。我々の職業、そして我々が日々奉仕する人々に対する我々の行動、そして態度が利用者にも影響を与えることを認識しなければならない。図書館専門職が活気にあふれた、面白い、心躍る職業のひとつであることをあなた自身が信じていれば、他の人もその熱気を感じとるはずである。逆に周囲の人々が希望のなさ、ストレス、不満といったものを感じとれば、ついてくる人はいなくなる。将来を信じれば未来は真に我々のものになる！

何年も前に、ALAでは“Each one, reach one”という会員のスローガンを掲げていた。もう一度このスローガンを掲げる時が来た。しかし今回は“Each one, reach two”に変更することを提案する。そうすればただ単に自分の代わりを見つけるだけでなく、次の空席や新しいポジションのための未来の会員を惹き付ける手助けをしていることにもなるのだ。

1.3.3 図書館友の会とボランティア活動

筑波大学大学院　図書館情報メディア研究科　　吉田　右子（よしだ　ゆうこ）

(1)「図書館友の会」とは

アメリカの公共図書館は、コミュニティの文化の拠点として地域住民と密接に関わりあいながら発展してきた。住民は利用者として図書館を利用するだけでなく、図書館を支えるためにさまざまな活動を行っている。その多くは無償あるいは低報酬のボランティアによって支えられている。図書館ボランティアは図書館と一般住民を結ぶ架け橋として、アメリカの公共図書館において欠かせない存在となっている。

アメリカでは図書館ボランティアは「図書館友の会」（friends of the library / library associates）を基盤として活動することが多い。図書館友の会とは、図書館の支援を目的に設立された団体である。友の会の支援形態は多様であるものの、ファンドレイジング（資金調達活動）はその中核的な活動となっている。これは日本の図書館ボランティアの多くが図書館業務の直接的な補助によって図書館を支援するのとは対照的である[(1)]。

アメリカの図書館友の会は個々の団体により活動は異なるが、図書館サービスのアドヴォカシーを目指すという点で共通の理念を持ち、その理念を実現させるためにボランティア活動を含む様々な支援活動を行なうのである。

(2) 友の会の活動

具体的な友の会の運営には理事会の開催、役員選出、出版、寄付と会員の維持、ブックセール、ボランティア活動の運営、活動プログラムや活動方針の策定等の業務が含まれる。友の会では館長、図書館理事会、図書館職員と連携を取りながら、図書館とコミュニティに対して図書館活動にかかわる様々な活動を行っている。支援内容としては図書館活動の支援（障害者・高齢者・児童へのサービス、講演会、学習会、特別企画の援助）、館内業務支援（アドヴォカシー、図書館ガイドツアー、書架整理、資料整理）、図書館への支出（資料購入、メディア購入、建物修繕費、館内整備費）、資金調達（会員勧誘、ブックセール、バザー、寄付金集め）にわたる幅広い活動を展開してきた[(2)]。

(3) 友の会の組織と活動

友の会の多くは会員制であり、会員は会費を納めて図書館支援活動に従事する。たとえばクリーブランド公共図書館友の会（Friends of the Cleveland Public Library）の会員制度を例にとると、高齢者・学生会員（$10.00）、個人会員（$15.00）、家族会員（$25.00）、「収集家」（$50.00）、「愛書家」（$100.00）、「守護者」（$500.00）のランクに分かれている。また友の会のメンバーになると会員種別によって異なるいくつかの特典が用意されている。クリーブランド図書館友の会の場合、会報の頒布、書評誌の頒布、ブックセール、講演会への招待、図書館ギフトショップでの割引などが受けられる[(3)]。

ミネソタ州のルソー地域図書館友の会（The Roseau Area Friends of the Library :RAFL）はやや小規模な図書館であるが、地元ラジオ局の番組で図書館ニュースを毎週放送している。マスメディアを活用した図書館 PR はアメリカではそれほど珍しいものではない。友の会では図書館アウトリーチプロジェクトとして病院に図書を配送するほか、乳幼児プロジェクト（TOT: Teaching Our Toddlers）では、病院で新生児と母親に図書と役に立つ資料を配布している。夏季には読書会、スライドの映写会、作家を囲む会、朗読会などを主催している。また図書館に対する様々な寄付を募って図書館の財政的な支援を行なってきた[(4)]。

(4) 全米図書館友の会

アメリカには大多数の図書館に友の会があり、コミュニティに応じた活動を展開している。こうした友の会の活動を支えているのが、友の会の全国組織「全米図書館友の会（Friends of Libraries U.S.A.: FOLUSA)」である。FOLUSA の活動目的は、図書館支援に関わる情報提供による友の会の支援、友の会のネットワーク構築、アドヴォカシーの推進であり、全米の友の会のクリアンリングハウスとしての機能を果たしている。読書活動とリテラシーの向上についても FOLUSA は全国的な運動を展開し、重要な役割を果たしている[(5)]。

1979 年に設立された FOLUSA は現在では 2,000

※本稿は、国立国会図書館の 2006 年度調査研究事業の成果物である。

人を超える個人会員、団体会員を有する団体に成長している。図書館活動を促進するため図書館支援活動情報の提供、ワークショップや講演会の開催などを通じて全国の友の会の活動を支えてきた(6)。

FOLUSAのウェブサイトには、友の会の活動を進めていくための様々な情報源が用意されている。資金調達の方法、アドヴォカシーの進め方など、実践に役立つノウハウが得られる他、規約、ミッションステートメントの例も掲載されている。

FOLUSAはアメリカ図書館協会の年次大会にも参加し、友の会に関する情報の提供、ワークショップの開催、人的ネットワークの促進、友の会に関わる団体や理事会、財団に対する業務相談活動などを行っている。さらにFOLUSAが主催する顕彰制度もある。図書館支援活動全般にわたって成果をあげた友の会に贈られるBaker & Taylor Awardの他、顕著な活動を表彰するBest Friends Awardsなどがある(7)。

出版活動にも力を入れており、最近では資金調達のためのアイデアを提供するGetting Grants in Your Community、アドヴォカシーの方法を扱ったMaking Our Voices Heard: Citizens Speak Out for Libraries、友の会活動のためのアイデア集である101+ Great Ideas for Libraries and Friends* (*Marketing, Fundraising, Friends Development and More!)を刊行している(8)。

(1) 以下の文献にはアメリカ公共図書館におけるボランティア活動や友の会について、その理念が詳しく論じられている。友の会の活動において業務支援のためのボランティア活動は一部に過ぎず、公共図書館の理念を社会に訴えたり住民の要求を図書館に伝えることが主要な役割であることを、アメリカのコミュニティのあり方とともに明らかにしている。竹内悊. 草の根で支える図書館：アメリカ合衆国の事例から. みんなの図書館. 1997, (239), p. 30-37.

(2) Dolnick, Sandy ed. Friends of Libraries Sourcebook. 3rd ed, American Library Association, 1996, 313p.

(3) Cleveland Public Library. "Friends of the Cleveland Public Library". http://cpl.org/friends-of-the-library.asp, (accessed 2007-02-05).

(4) Northwest Regional Library. "Friends of Library". http://www.nwrlib.org/friends_roseau.htm, (accessed 2007-02-05) .

(5) Friends of Libraries U.S.A.. "Who We Are". http://www.folusa.org/about/who-we-are.php, (accessed 2007-02-05).

(6) Friends of Libraries U.S.A.. "History of FOLUSA". http://www.folusa.org/about/history-of-folusa.php, (accessed 2007-02-05) .

(7) Friends of Libraries U.S.A.. "Grants & Awards". http://www.folusa.org/resources/grants-awards.php, (accessed 2007-02-05) .

(8) Friends of Libraries U.S.A.. "Publications". http://www.folusa.org/resources/publications.php, (accessed 2007-02-05).

Ref:

Dolnick, Sandy. Essential Friends of Libraries : Fast Facts, Forms, and Tips. American Library Association, 2005, 99p.

Dolnick, Sandy ed. Friends of Libraries Sourcebook. 3rd ed, Chicago, American Library Association, 1996, 313p.

1.4 資料

1.4.1 アメリカの出版・書店事情を考察する

出版メディアパル編集長　　下村　昭夫（しもむら　てるお）

本項では、日本で一般的に入手可能なアメリカの出版産業データ（主として『出版年鑑』に収録されている統計）を駆使して、非再販制度下で活躍するアメリカの出版産業の現状を把握し、日本の出版産業の現状との相違点を比較研究する。

(1) アメリカの出版概況

『出版年鑑2006版』によると、2003年の最終売上規模で224億2,357万ドル（前年比4.6%増）、04年の中間予測規模は237億1,541万ドル（前年比1.3%増）となっている（図1参照；出所『出版年鑑2001年～2006年版』[1]。

なお、このグラフによると、03年からは売上げが下がったように見えるが、これは03年から統計アイテムが変化し、「ブッククラブと通信教育のカテゴリーの統合、予約制参考図書のカテゴリーの廃止」などがあり、02年までとの連続性はない（商務省統計「センサス」の数字をアメリカ書籍出版協会（AAP）が調整を加えた数字）と報告されている。

この売上データは、ボウカー社の統計年鑑「ボウカー・アニュアル（The Bowker Annual）」に収録されている出版統計からの引用になる。

(2) ジャンル別推定売上げ

2004年の中間集計に基づく推定売上げ237億ドルの内訳をジャンル別に見ると、成人向けハードカバー26億631万ドル（＋6.3%）、成人向けペーパーバックス15億640万ドル（＋9.1%）、児童向けハードカバー5億8,143万ドル（－16.7%）、児童向けペーパーバックス4億6,564万ドル（＋3.8%）など、一般書の合計51億5,979万ドル（＋1.9%）に達した。

そのほか、ブッククラブ・通信販売11億7,953万ドル（－8.9%）、大衆向けペーパーバックス11億963万ドル（－8.9%）、宗教書13億3,251万ドル（5.6%増）、専門書40億5,826万ドル（＋2.0%）、小中高教科書42億9,465万ドル（＋0.1%）、高等教育関連書34億5,198万ドル（＋1.8%）、標準テスト9億2,389万ドル（12.4%）、その他22億515万ドルと前年比1.3%と堅調である。このうち、大きな伸びを示しているのは、教育部門の標準テスト12.4%増などが特徴的である（図2参照；出所『出版年鑑2006年版』）。

(3) カテゴリー別出版点数

総発行点数は、01年には14万1,703点、02年には14万7,120点、03年は17万1,061点、04年の

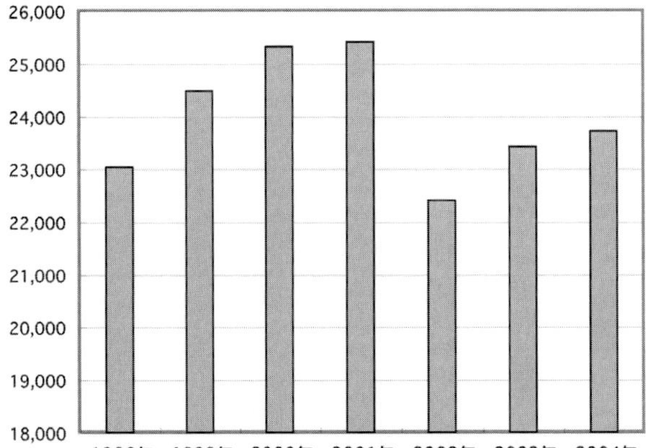

図1　書籍売上統計（単位：百万ドル）

※2002年と2003年のデータには統計要素の変更により連続性はない

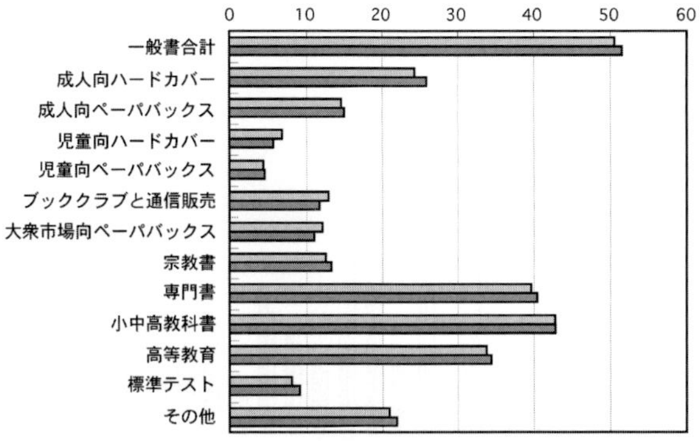

図2　アメリカの書籍売上（03年/04年）（単位：百万ドル）

※本稿は、国立国会図書館の2006年度調査研究事業の成果物である。

中間集計では15万7,431点となっているが、最終集計は、03年より8.15%増の18万5,000点を超えると見られている。この統計は、ボウカー社の『ブックス・イン・プリント』(Books In Print)のデータベースに基づいて統計である。

図3は、『出版年鑑2006年版』に収録されているカテゴリー別の全書籍の03年の出版点数をグラフにしたものである。

カテゴリー別の増減を見ると、23カテゴリー中22分野で増加しており、ノンフィクション部門では、伝記が7,706点（2,400点、45.23%増）、宗教が1万343点(2,907点、39.09%増)、歴史1万824点(2,895点、36.51%増）教育が6,213（1,490点、31.55%増）がなどが特徴的伸びを示している。

なお、言語関係書は5,284点（8,168点減、39.28%減）と大幅な減少となっているが、これは、02年にオンデマンド印刷方式で特定ジャンルのタイトルが1万点増加したための反動現象で例年の水準に戻ったことになる。

03年のフォーマット別の発行点数で見ると、ハードカバー7万9,403点（2万1,618点増、37.41%増）と大幅な増加、トレード・ペーパーバックス（一般書のペーパーカバー本）が8万6,858点と前年比で3.33%、2,802点増加、マスマーケット・ペーパーバックスは5,177点（169点減、3.16%減）となっている。

(4) 本の価格

本の価格を見てゆくと、2003年のハードカバーの平均価格は63.33ドルで前年の62.84ドルに比べ、0.49ドル0.78%増とわずかながら値上がりしている。マスマーケット・ペーパーバックは6.37ドルで02年の6.39ドルに比べ、0.31%（2セント）減少、トレードペーパバック32.85ドルで4.85%（1.52ドル）値上がりしている。

ジャンル別の平均価格の推移は一様でなく、価格変動の要因・現象は捉えにくい。

(5) アメリカの書店の推定売上げ

図4は、アメリカ小売書店協会（ABA）の資料による書店の推定売上げを示しているが、1997年が126.88億ドル、98年が131.79億ドル、99年が139.46億ドル、2000年が159.02億ドル、01年が168.42億ドル、02年が157.99億ドル、03年が168.09億ドル、04年が168.09億ドルとマイナス成長化の日本の書店売上と違い、順調な成長を示している。

なお、04年の推定売上げのうち、50%に当たる84億ドルを三大チェーン店が占めており、その内訳は、バーンズ&ノーブル(B&N)が42億200万ドル、ボーダーズが37億ドル、ブックス・ア・ミリオン（BAM）が4億6,200万ドルとなっている。独立系書店の比率は年々下がってきているが、ABAには個性豊かな書店が参加し、出版文化を支えている。

図1で見たAAPの出版産業全体の売上げ234億ドルとABAの書店の推定売上げ168億円との違いは、アメリカでの書籍の販売ルートの多様性にあると思われる。

成人向けハードカバーの販売ルート別シェアをみると、大型チェーン店22%、独立系・小規模チェーン店15.4%、ブッククラブ19.2%、ディスカウント店2.4%、ウエアハウスクラブ6.8%、ネット書店8.1%、ユーズドブック（古書店）5.0%、大規模小売店5.9%、

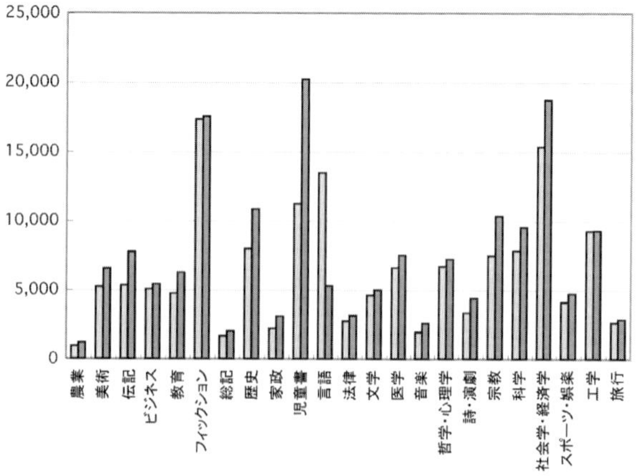

図3　カテゴリー別出版点数（02/03年）

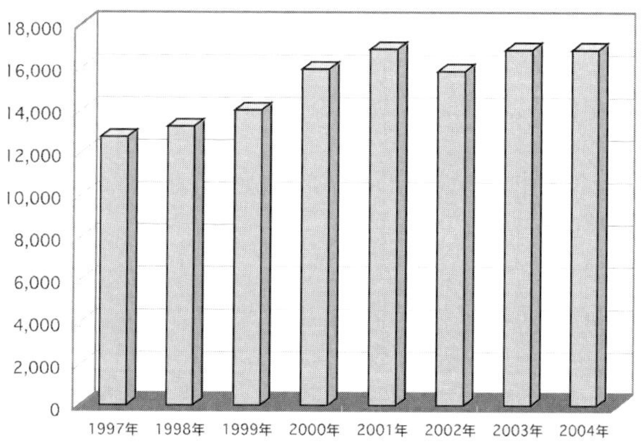

図4　アメリカの書店の推定売上（ABA調査）

メールオーダー2.6%、食品・薬局3.1%、マルチメディア0.8%、その他8.7%などとなっている。

また、日本における書店の商品構成とアメリカの書店における商品構成が大きく違っており、小さな本屋さんは、書籍が中心で雑誌はあまり置かれていない。仕入れ条件については、一社ごとの条件があるが、仕入れ冊数が多くなればなるほど、掛け率が低くなる「ボリューム・ディスカウント制」が一般的で、「1～4冊：7.5掛け、5～49冊：6掛け、50～99冊：5.9掛け」が基本となっており、「返品期限、返品量」の規制は厳しいが返品も許容されている。自らの書店の商品構成をどのようにするのかは、一店一店の「書店のあり方」と大きく関わっている。また、再販制がなく、街の本屋さんは三大チェーン店のディスカウント商法と戦いながら、書店を維持する挑戦を続けている。

(6) アメリカの雑誌売上げ

2003年におけるアメリカの雑誌総数は17,254誌あり、創刊点数は949誌ある。そのうち、大手雑誌社160誌の売上げは85%を占めており、寡占状態にある。

アメリカの雑誌の予約購読数と店頭販売数を2000年のデータで見ると、予約購読数は3億1,877万冊、84.1%に対し、店頭販売数は、6,027万冊、15.9%ときわめて低く、日本における雑誌の売れ方とは、ちょうど逆転している。

2000年の雑誌の推定年間売上げは99億7,400万ドルとなっているが、予約購読売上げ69億1,500万ドル、69.3%に対して、一部売りの店頭販売額は30億5900万ドル、30.7%となっている（出所：Magazine Publishers America）。

予約購読者の獲得競争「ナンバーゲーム」が激化しており、再販制度がないため、雑誌のディスカウント商法は厳しい。実際の平均価格で比較すると、店頭販売価格3.83ドルに対して、年間予約購読価格24.41ドル（月額2.03ドル、約53%）となっている。

また、アメリカの雑誌の広告依存度は極めて高く、50%を超えている。（出所：Hall's Magazine Report）。また、広告ページと編集ページの比率は、1980年代から2000年までは50%であったのに対し、2001年には約45%、03年には約48%と広告ページの比率が減少している。新しい広告媒体としてのインターネット広告の比率が高まり、雑誌ビジネスが、「量より質」への転換期を迎えていると分析されている。

アメリカの雑誌販売ルートは、スーパーマーケットが45%、ディスカウントストアが16%、書店が11%、ドラッグストアが9%、コンビニが6%、ターミナルが6%、ニューススタンドが4%、その他が3%となっており、書店売りの比率が極めて低い。

(7) アメリカの書店・取次

『出版年鑑2006年版』によると、2004年のアメリカの総書店数2万2,321店（03年は2万3,643店）と日本ほどではないが、書店数の減少が見られる。

この資料は、『ジ・アメリカン・ブック・トレード・ディレクトリー』（The American Book Trade Directory）2004年－2005年版によるもので、特徴的なのは、一般書店5,238店（03年は5,700店）に対して、大学・一般3,226店（03年は3,329店）、宗教専門店2,812店（03年は3,515店）と多いのが目立つ。日本流にいえば、総合書店数が少なく、特化型の書店が目立つのは、委託制がなく、仕入れに関しては、書店の責任販売制が当たり前のように確立しているからであろう。国土が日本の24倍もあるアメリカ全土で考えると、書店数は、極めて少ないといえる。

なお、同資料によると、「古書店」とは、古刊本、稀覯本などを扱う古書店であり、いわゆるセカンドハンド本を扱う「古本店」と区別している。「大学」は、大学構内、構外を問わず大学レベルの教科書、参考書、専門書等を扱っている書店である。「コミックス」「料理」等等の専門店は在庫量の50%以上がその関連書であることを要する。「ペーパーバックス」はそれが80%以上である。「フェデラル・サイト」は国立公園、国が維持、運営する史蹟、遺跡に付属する書店である。「新聞販売店」「事務用品店」等はそれぞれの商品と併せて書籍、雑誌を販売している場合のみ収録となっている。

1990年に発足したABAの会員数は、1993年の5,200店がピークで、1998年には3,300店、2001年には2,300店、2005年には2,115店と減少しているが、ABA加盟書店の推薦図書リスト「ブックセンス」などのマーケティング・キャンペーンを展開するなど読者へのサービスを強化して生き残りをかけた努力を積み重ねている。

アメリカの書店界では、出版社からの直接購入が一般的な仕入れ方法で、出版社と書店の間に介在する卸売業者は地方卸売業者が主であったが、近年、全国規模のイングラム・ブックスやベーカー＆テーラー（B&T）を利用するケースが増えてきた。卸売業者がたんにディストリビューター（配送業）にとどまるのでなく、全国規模の卸取次業（ホールセラー・ディストリビューター）に発展することが望まれている。

(8) アメリカの書籍販売と公共図書館

アメリカの図書館が新規に受入れている資料がアメリカ出版産業の売上げにどの程度貢献しているかについては、直接それを明らかにする統計資料はなさそうである。たとえば、アメリカの一流大学の図書館は相当程度外国語資料を受入れており、上記「ボウカー・アニュアル」に記載されている大学図書館総体の資料購入費から輸入資料に要した経費を減じて具体的な数字を得るのは難しい。

ここでは、アメリカ国内に1万7,000館程度存在する公共図書館について、国内販売図書売上げにおいて、その新規受入図書がどの程度の割合を占めているものか、大づかみの数字を探ることにしたい。関係統計の操作により、明確な数字を得るのは困難なようである。そこでまず公共図書館コレクションの大多数を占めるであろうハードカバーとペーパーバックの成人向け図書、およびハード、ソフトの児童向け図書の2005年の国内販売額を確認すると78億2,805万ドル（A）となる（出所は、上記「ジャンル別推定売上げ」と同じ）。一方、2004年度におけるアメリカの公共図書館全体が図書館資料として新規に購入した図書の総額は3億8,206万5,742ドル(B)とされている。公共図書館といえども他のジャンルの図書を購入しているし、ここで求めた成人向け、児童向けの図書売上額を母数とすることにも論理的には躊躇がある。しかし、一定の傾向をあらわすものとしては（B）を（A）で除し、アメリカの公共図書館の図書費が国内図書販売額に占める割合としても許容される余地があるように思われる。おおむね5%という数字が得られる。

(1) 出版年鑑編集部編. 出版年鑑. 出版ニュース社.
（本稿では2001年～2006年版を参照した。なお2002～2004年版は『日本書籍総目録』と共同刊行である。）

1.4.2 米国の出版状況・概況・動向（電子）

山形大学学術情報部　学術情報ユニット　　加藤　信哉（かとう　しんや）

電子出版（Electronic Publishing）は,「文字・画像情報をデジタルデータに編集加工して、CD-ROMなどの電子メディアやネットワークにより配布する活動」(1) である。ここでは電子書籍と電子ジャーナルを中心に米国の電子出版の状況について触れてみたい。

(1) 電子書籍

電子書籍（Electronic Book, e-book）は、「コンテンツがインターネット接続により電子的に利用可能で、コンピュータ画面に表示され、ページが印刷でき、手元にダウンロードできるもの」(2) である。

電子書籍についての米国の出版統計は未整備のようであり、毎年の出版点数や分野別の出版点数を把握することは難しい。バウカー（Bowker）の現在入手可能な電子書籍とオンデマンド図書（顧客の注文に応じて１回に１部しか作成･印刷されない図書）の検索サービスであるe-booksinprint.comには200,000点が収録されている (3)。また、英国図書館がepsに委託した調査によれば、2003年に出版された米国の学術・専門図書の15%が電子書籍であり、2007年には電子書籍の占める割合が45%となると予測している (4)。一方、販売統計については米国出版社協会（Association of American Publishers）の業界統計があり、2005年版 (5) によると2002年の電子書籍の推定純売上高は2997万９千ドルで、それが2005年には１億7,911万ドルに増加し、増加率は597.5%であった。米国の出版産業全体の2002年から2005年にかけての推定売り上げの平均増加率4.4%に比べて電子書籍の増加率81.5%は非常に大きいが、2005年の推定売り上げに占める割合は0.7%と低い（表1）。

電子書籍はアマゾン（Amazon）のようなオンライン書店で販売されているほか、図書館向けにアグリゲータによって提供されることが多く、その主要なものはNetLibrary（11万タイトル）、ebrary（8万8千タイトル）、ebooks（5万8千タイトル）、ProQuest(1万4千タイトル)、Books24×7(1万250タイトル)、Safari（3,635タイトル）などである (6)。

マグラス（McGrath, Mike）は、電子書籍が普及

	2002 Census	2003		2004		2005		Compound Growth Rate
		$	% Change	$	% Change	$	% Change	2002-2005
Trade (Total)	6,027,658	6,534,828	8.4%	6,267,199	-4.1%	7,828,050	24.9%	9.1%
Adult Hardbound	2,111,628	2,060,949	-2.4%	2,190,788	6.3%	2,221,700	1.4%	1.7%
Adult Paperbound	1,020,015	1,013,895	-0.6%	1,042,284	2.8%	1,140,989	9.5%	3.8%
Juvenile Hardbound	2,114,091	2,718,721	28.6%	2,264,695	-16.7%	3,614,748	59.6%	19.6%
Juvenile Paperbound	781,924	741,264	-5.2%	769,432	3.8%	850,613	10.6%	2.8%
Book Clubs & Mail Order	1,946,640	1,771,443	-9.0%	1,613,784	-8.9%	1,505,661	-6.7%	-8.2%
Mass Market Paperback	1,207,630	1,187,100	-1.7%	1,081,448	-8.9%	1,083,611	0.2%	-3.5%
Audiobooks	143,410	161,049	12.3%	159,922	-0.7%	206,299	29.0%	12.9%
Religious	588,153	883,406	50.2%	932,877	5.6%	875,971	-6.1%	14.2%
E-books	29,979	80,793	169.5%	123,695	53.1%	179,110	44.8%	81.5%
Professional	3,155,191	3,268,778	3.6%	3,334,153	2.0%	3,300,812	-1.0%	1.5%
El-Hi (K-12 Education)	5,795,044	5,939,920	2.5%	5,945,860	0.1%	6,570,175	10.5%	4.3%
Higher Education	3,025,029	3,133,930	3.6%	3,190,340	1.8%	3,359,428	5.3%	3.6%
All Other	136,488	153,932	12.8%	161,629	5.0%	158,558	-1.9%	5.1%
Total	22,055,222	23,115,180	4.8%	22,810,907	-1.3%	25,067,676	9.9%	4.4%

表１　米国出版産業の純売上高の推移：2002-2005

出典：“Association of American Publishers 2005 Industry Statistics”. Association of American Publishers. http://www.publishers.org/industry/2005_annual_report_preface.pdf, (参照 2007-03-05).

※本稿は、国立国会図書館の2006年度調査研究事業の成果物である。

していないのは、電子読書装置（e-book reader）にキラーアプリケーションがなく、コンテンツも参考図書、教科書の一部、一般図書の一部に限られているからだと指摘している[(7)]。前述のバウカーのサイトによれば電子書籍のフォーマットは19種類を数える。2006年に国際デジタル出版フォーラム（International Digital Publishing Forum）が公表した新たな電子書籍の規格がこの問題の解決の糸口になることが期待される[(8)]。出版社側の新たな動きとしては、電子ジャーナルと同様に自社出版の電子書籍の一括販売（bundle）があげられる。Springerは2005年以降に出版された1万点の電子書籍を12の分野別コレクションで購読できるeBooks Collectionの提供を2006年に開始した[(9)]。

(2) 電子ジャーナル

電子ジャーナル（Electronic Journal, e-journal）は「印刷体雑誌の電子バージョンまたは印刷体の対応物を持たない電子出版物で、ウェブ、電子メールあるいはそれら以外のインターネット・アクセスの手段によって利用できるもの」[(10)]である。1990年代後半の商業出版社、学会による学術雑誌の電子化によって電子ジャーナルは離陸（定着）したといえる[(11)]。これは、雑誌のディレクトリとして定評のあるUlrich Periodical Directoryの各年版の統計からも裏付けられる。（図1）

電子版であるUlrich.comによれば、2007年1月末現在で出版されている電子ジャーナルは4万4,871タイトルであり、その43.4%を占める1万9,454タイトルが米国で刊行されている。このうち、学術雑誌は5,672タイトルである[(12)]。雑誌の種別による米国の電子ジャーナルの内訳は図2のとおりである。

商業出版社の学術電子ジャーナルは、ビッグ・ディール（Big Deal）で提供されることが多い。ビッグ・ディールは「図書館や図書館コンソーシアムが、既に購読している雑誌の支払実績にアクセス料金を加えた費用で、出版社の雑誌のすべてか大部分へのアクセスする権限を購入する、包括的なライセンス契約」である[(13)]。商業出版社による学術雑誌出版の寡占が進んでいる。2003年のエルゼビア（Elsevier）によるアカデミック・プレス（Academic Press）の買収、テイラー・アンド・フランシス（Taylor & Francis）によるデッカー（Decker）の買収があり、2006年にはワイリー（Wiley）によるブラックウェル（Blackwell）の買収があった[(14)]。

(1)　植村八潮. "出版の電子化と電子出版". 出版メディア入門. 東京, 日本評論社, 2006, p.83-107.
(2)　Appleton, L. The Use of Ebooks in Midwifery Education: The Student Perspective. Health and Information Libraries Journal. 2004, 21(4), p.245-252.
(3)　e-booksinprint.com. http://www.e-booksinprint.com/bip/faqs.asp, (accessed 2007-01-31).
(4)　eps. Publishing Output to 2020. British Library, 2004. 34p.
(5)　Association of American Publishers. 2005 Industry Statistics. 2006. 引用はEstimated Book Publishing Industry Net Sales. http://www.publishers.org/industry/2005_S1FINAL.pdf, (accessed 2007-01-31) による。
(6)　Bennett, Linda. E-Book Platforms and Aggregators: An Evaluation of Available Options for Publishers. Clapham, Associaiton of Learned and Professional Publishers, 2006. 109p.
(7)　McGrath, Mike. Our Digital World and the Important Influences on Document Supply. Interlending & Document Supply. 2006, 34(4), 171-176.
(8)　International Digital Book Forum. Open eBook Publication Structure Container Format (OCF) Version1.0. http://www.idpf.org/ocf/ocf1.0, (accessed 2007-02-03).
(9)　Hane, Paula J. Enhanced SpringerLink Offers eBook Collection. Infotoday. Newsbreaks, June 26, 2006. http://www.infotoday.com/newsbreaks/nb060626-1.shtml,

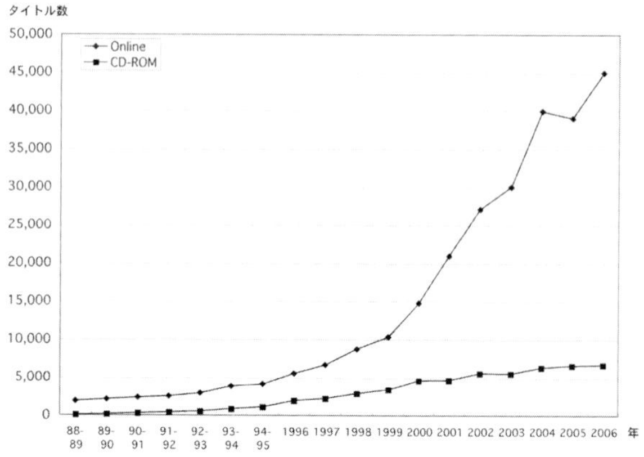

図1　電子ジャーナルの出版点数
（出典：Ulrich Periodicals Directoryの各年版）

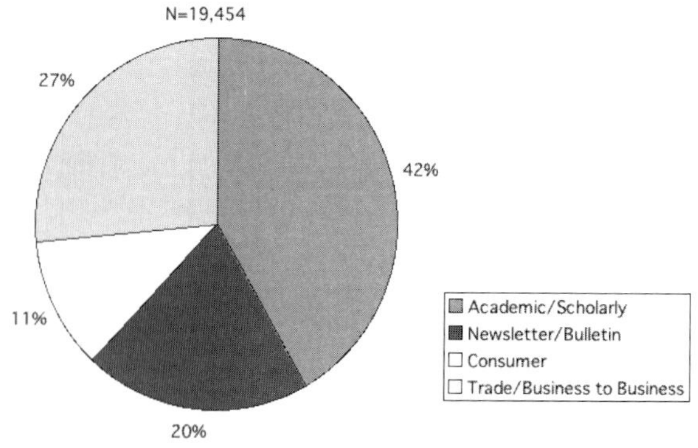

図2　米国の電子ジャーナルの類型別割合
（出典：Urlichweb.com（2007年1月31日調査））

(accessed 2007-01-31).
(10) “ODLS”. http:/lu.com/odlis, (accessed 2007-01-31).
(11) 森岡倫子. 電子ジャーナル黎明期の変遷：1998 年から 2002 年までの定点観測. Library and Information Science. 53, 2005, 19-36.
(12) ”Ulrichweb.com“. http://www.ulrichsweb.com/ulrichsweb/, (accessed 2007-01-31).
(13) 加藤信哉. 電子ジャーナルのビッグ・ディールが大学図書館へ及ぼす経済的影響について. カレントアウェネス. 2006, (287), p.10-13. http://www.dap.ndl.go.jp/ca/modules/ca/item.php?itemid=1018, (参照 2007-01-31).
(14) Munroe, Mary H. “The Academic Publishing Industry: A Story of Merger and Acquisition”. http://www.niulib.niu.edu/publishers/, (accessed 2007-01-31).

1.5 財政

1.5.1 図書館ファンドレイジングの動向

北海学園大学　経済学部地域経済学科　　福田　都代（ふくだ　いくよ）

(1) ファンドレイジングの必要性

米国では図書館において、近年ファンドレイジングはますますその重要性を帯びている。ファンドレイジングとは一般に資金調達活動を意味するが、ドナー（個人や団体）から寄付金を募ることだけでなく、現金化が可能な資産や資機材の形態での寄付も受け入れられている。寄付金の大部分は個人からもたらされ、各州には図書館へ補助金を出資する様々な民間財団が存在する。

ファンドレイジングは 1970 年代から取り組まれたが、公立図書館では財源を外部に求める行為が図書館予算の大部分を占める公的資金の削減につながりかねないという懸念があった。しかし 1980 年代中頃から多様な利用者に対する図書館サービスの拡大、資料費の上昇および IT 機器の導入に対処しなければならず、図書館員の間でファンドレイジングの必要性がさらに認識されるようになった。1990 年代には現実の財政問題を克服しつつ、「図書館の発展」を結びつけ、積極的に推進されるようになったといえる。

(2) 個人と団体からの寄付形態

個人からの寄付は計画贈与（planned giving）、現物贈与（in-kind gift）および年間会費に基づく募金（annual fund）の形態で提供されることが多い。計画贈与は、ドナーの個人資産である不動産、生命保険、有価証券、貴重資料などを遺贈することをさす。寄付が決まった時点から法的な問題や免税措置の問題が生じるため、ドナーの顧問弁護士や財政顧問との折衝が必要となる。現物贈与はドナーが寄付金の使途を特定し、特殊資料の購入などに限定される場合が多い。毎年、一定額の寄付金をドナーから徴収する募金形態は、図書館にとっては資料の購入や施設拡充のための基金の下地ともなり、安定した財源になりうる。

ドナー対象の団体には、政府の補助金提供機関があるが、補助金対象分野が限られているため、企業や家族財団など民間財団をターゲットにする方が効率的である。その情報源として、ニューヨークに本部をおく財団センター (Foundation Center）が、図書館と情報サービスのために補助金を提供する企業や家族財団のリストを隔年で刊行している。これによれば、議会図書館や米国図書館協会（ALA）に対して複数の財団から補助金が提供されていることがわかる。

(3) ファンドレイジングを支える体制

公立図書館では、図書館の運営費や建物の新築及び増改築については住民投票制度を利用して通常の財源を増やすべく努力し、特定のプロジェクトについて、ファンドレイジングを試みる傾向にある。実施に際して、図書館長、職員、図書館理事会のメンバーおよび図書館友の会組織が中心となる。他方、都市部の図書館では図書館財団を結成し、ドナーの選定や財団への補助金申請に専念させるところもある。図書館財団は図書館から独立した組織で、理事会を擁し、地域に影響力をもつ人々を理事会のメンバーに加えることがある。

大学図書館は、公立図書館に先駆けてファンドレイジングに取り組んだ実績をもち、特殊資料部門の職員が様々な資金源から運営費を獲得してきた。従来から外部資金の導入に積極的な私立大学は州立大学よりもファンドレイジングに関するノウハウを蓄積している。大学図書館では、図書館独自にファンドレイジングに乗り出す場合と、大学の発展部局と連携する場合がある。親組織である大学自体が同窓生や教職員およびその家族といった潜在的なドナーをもち、学位授与機関としての歴史が長いほどドナーを集めやすい。また、人気のある学内のスポーツチームと連携したファンドレイジングもいくつかの大学で行われている。

ファンドレイジングに関する情報提供を促進するため、全国的な組織も結成されている。ALA が 1995 年に結成した「図書館ファンドレイジング・リソースセンター」（LFRC）は、ファンドレイジングに関する文献を集積したデータベースを作成している。他に、ALA の下部組織である図書館経営管理協会（LAMA）の「ファンドレイジングと財政発展部門」（LAMA-FRFDS）や公共図書館協会（PLA）の「ファンドレイジング委員会」が挙げられる。大学図書館については、

※本稿は、国立国会図書館の 2006 年度調査研究事業の成果物である。

1980年代に大学研究図書館部会（ACRL）内に「ファンドレイジングと発展グループ」が発足した。次いで米国とカナダの約400の大学・学術図書館が集まって1995年に結成された「学術図書館の進化と発展ネットワーク」（ALADN）は大学の発展部門の担当者も含めた組織である。

近年、ドナーからの資金獲得競争がますます激化しつつあり、外部のファンドレイジング専門家の協力を得ることも行われている。Swanの著書によれば、図書館が50万ドル以上の資金を集めるには専門家を雇う方が効果的であるという。彼らは財団への補助金の申請書を作成するだけでなく、ファンドレイジングに関する様々なアイデアも提供できる。

(4) ファンドレイジングの手法

ファンドレイジングの第一歩は、図書館の存在意義と肯定的な側面を示した使命文書（mission statement）の作成から始まる。次にファンドレイジングの目的と目標額を設定し、戦略を練り上げ、それに要する期間と具体的な行動計画を陳述文書（case statement）に集約する。それらをパンフレットや図書館のホームページ上に掲載し、徹底したPR活動をもとに財源の開拓につなげている。

図書館のファンドレイジングは通常、次のような方法で展開されている。

1. 資本キャンペーン：多額の資金を要するプロジェクトの遂行に対し、長期にわたって、あらゆる可能な資金源から資金を集める。
2. 年間キャンペーン：毎年、一定額の金額を会費として設定し、寄付金を集める手堅い方法で大規模な資金キャンペーンの基礎をなす。
3. 基金プログラム：寄付金を蓄積しておき、将来に向けて様々なプロジェクトや臨時経費の必要性が生じた時に備えておける方法である。また、ドナー自らが資料を購入して寄贈する図書基金の形態も含まれる。
4. 大口寄付の要請：少数のドナーから数件の大口寄付を獲得すれば、目標金額の80～90%を集められる可能性がある。公立図書館では5千ドル以上、大学図書館では5万ドル以上を大口寄付とみなす。図書館長や図書館理事会のメンバーがドナーを直接訪問して寄付を要請し、寄付を受けた後にその使途に関して定期的に報告し、ドナーの名前を付したプレートなどを図書館内に掲示したり、行事への招待などでドナーに対する感謝の意を表すようなど細かい配慮がなされる。
5. 商品と図書販売：図書館友の会やボランティアが図書館内に出店し、図書館のロゴ入り商品や図書を販売することで、短期間で高額の資金を集める方法にはならなくても、図書館の宣伝につながる。大掛かりな図書市もしばしば組織され、その準備には最低6ヶ月程度かける。稀覯資料の販売には、専門の業者に依頼してオークションを開催し、入場料の徴収や業者への手数料の支払いを考慮する。
6. 各種イベントの開催：著名人の協力が得られれば、多数の人々の関心を引き、多額の収益を短期間で得られる機会となりうる。その際、準備にある程度の時間がかかり、経費が必要だが、地元メディアがイベント開催を無料でPRしたり、企業がイベントの際に配る商品や食事を提供するスポンサーシップの形態も含まれる。
7. ダイレクトメールと電話勧誘：最低でも5千から1万人を対象にするため、ドナー候補のリストが必要になり、時期を配慮して行われることが多い。
8. ネット募金：この方法はペンシルベニア大学図書館が先駆者である。図書館のホームページ上から、不特定多数の個人から多くの寄付を集められる可能性があり、現在は上記に挙げたキャンペーン、商品と図書販売、オークションの開催やイベントの案内、ダイレクトメール、電話勧誘にとってかわりつつあり、個人から遺贈の申し込みもネット上で受け付けられる。遠隔地にいるドナーにも図書館の施設やサービスについてネット上でビジュアルに提示できるという利点もある。ただし、電子商取引のための口座開設費用と個人情報のセキュリティ対策は必要不可欠となる。

Ref:

Browar, Lisa; Streit, Samuel A. Mutually assured survival: library fund-raising strategies in a changing economy. Library Trends. 2003, 52(1), p.69-86.

Cervone, Frank. Library development: a long-term strategy for library funding. Library Administration and Management. 2005, 19(1), p.7-15.

Dewey, Barbara I. Fund-raising for large public university libraries: margin for excellence. Library Administration and

Management. 2006, 20(1), p.5-12.
Hazard, Brenda: Online fundraising at ARL libraries. Journal of Academic Librarianship. 2003, 29(1), p.8-15.
Holt, Glen; Horn, George. Taking donations in cyberspace. Bottom Line. 2005, 18(1), p.24-28.
Pearson, Peter D.; Wilson, Stu. Libraries are from Venus, fund-raising is from Mars: development at the public library. Library Administration and Management. 2006, 20(1), p.19-25.
Ruggiero, Anne; Zimmerman, Julia. Grateful recipients: library staff as active participants in fund-raising. Library Administration and Management. 2003, 18(3), p.140-145.
Swan, James. Fundraising for Libraries: 25 proven ways to get more money for your library. New York, Neal-Schuman Publishers, 2002, 409p.

1.5.2 E-rateの概要と運用の実情　～公共図書館との関連を中心に～

国立情報学研究所　情報社会相関研究系　　古賀　崇（こが　たかし）

はじめに

米国の図書館、特に公共図書館および学校図書館をめぐる財政に関して、1990年代末より大きな比重を占めているのが“E-rate”という補助金制度である。これは“educational rate”を意味し、手短に言えば、学校・図書館を対象とするインターネット接続料金割引のしくみと言えるものである。本稿においては、E-rateの概要や、その運営の実情、問題点などを概説したい。なお、紙幅の都合もあり、本稿では公共図書館にかかわる側面を中心に述べる。

(1) E-rateの概要

E-rateは、1996年制定の電気通信法（Telecommunications Act）で定められた、「米国内のあらゆる人々に対して平等の通信サービスを提供する」という「ユニバーサル・サービス」規定に基づく補助金制度として、位置付けられている。1997年に、独立の政府機関である連邦通信委員会（Federal Communications Committee: FCC）がE-rateを含めた「ユニバーサル・サービス」施行規則を制定し、1998年よりE-rateによる割引が実施されている。

E-rateのしくみは以下のようにまとめられる。

1) 割引の対象

E-rateの対象となるサービスについては、「商業的に使うことができる普通の電気通信サービス全般」と広く定められている。ここには、インターネット接続や内部接続（ワークステーションから教室への接続など）も含まれる。ただし、ハードウェア、ソフトウェア、教職員対象の研修費などは割引の対象とはならない。

2) 対象となる学校・図書館

5,000万ドル以上の基本財産をもつ私立学校を除き、すべての学校・図書館がE-rateを申請できる。ここでの「図書館」は公共図書館だけではなく、学術・研究図書館なども含まれ、要は「独立した予算をもつ非営利の図書館として各州が認定した図書館」が該当する。また、サービスの総量を増やすために各学校・図書館が「コンソーシアム」として連合で申請することも認められる。

3) 割引の度合い

個々の学校・図書館に適用される割引率は20%から90%の範囲となっている。ここでは、当該学校（学校の場合）ないし学校区（図書館の場合）における「貧困度」が大きいほど割引率は高くなるしくみがとられている。この「貧困度」は、“National School Lunch Program（NSLP）”という、生徒の家庭の収入が一定の貧困ライン以下にあれば学校給食の費用を無料ないし割り引く制度の適用を受ける生徒の割合が、当該学校ないし学校区にどれだけの割合で存在するかによって、6つのレベルが定められている。その中で、最も「貧困度」が大きい学校ないし学校区の申請者に対して、E-rateによる補助金が優先的に配分される。

4) 補助金支給の方法

E-rateの補助金は、その最終的な受益者である学校・図書館に直接支給されるわけではない。E-rateの適用が認められた学校・図書館は、サービスの供給者を競争入札で決定し、その学校ないし図書館がサービスを受けたことが確認された後に、供給者たる通信事業者が入札価格と割引価格の差額分を補助金として受け取る、というしくみがとられている。

5) E-rateの財源と運用

E-rateの財源としては、全米の通信事業者が拠出する「ユニバーサル・サービス基金」から捻出されている。この基金の補填のために、通信事業者は一般の電話加入者に対し電話料金の10%程度を「ユニバーサル・サービス料金」として徴収する、といったことが成されている。また、E-rateの運用に関する実務については、FCCの監督のもと、Universal Service Administrative Company（USAC）という民間の非営利機関が担当している。

(2) E-rateの運用の実情と問題点

E-rateが実施されてはや10年近くになるが、E-rateは学校や図書館でのインターネット接続、また

※本稿は、国立国会図書館の2006年度調査研究事業の成果物である。

ブロードバンド接続の促進に貢献しているとの評価がある一方、運用状況に対する批判も多い。

E-rateのもとで、毎年22.5億ドルを上限として補助金が支給されている[(1)]。このうち、大部分は学校におけるインターネット接続のために支給されており、図書館および図書館コンソーシアムに対する補助は毎年、E-rateの総額中２～３%程度に過ぎない[(2)]。とは言え、毎年少なくとも５千万～６千万ドル程度の金額が、図書館におけるインターネット接続を補助している、ということになる。フロリダ州立大学の研究グループの調査では、2006年時点で全米の公共図書館のうち39.6%が通信サービスのために、22.4%がインターネット接続のために、4.4%が内部接続のためにE-rateを利用している[(3)]。

その一方、通信事業者によるE-rateの悪用や、補助を受けたにもかかわらず実際にはインターネット接続が成されていないといった事例が、しばしば報じられている。連邦議会傘下の政府説明責任局（Government Accountability Office, 旧・会計検査局）は2005年の報告書において、「E-rateの財源が公的なものか私的なものかあいまいな性格であるゆえ不正の温床になりやすく、またE-rateがどの程度の効果をもたらしたか明白ではない」と厳しく批判した[(4)]。一部の連邦議員や消費者団体などはE-rateの縮小・廃止を主張しているが、アメリカ図書館協会（ALA）は「E-rateの不正や不適切な運用という主張はしばしば誇張されており、実際にはこれらは補助金全体のわずかな割合しか占めていない」と反論している[(5)]。

また、2000年制定の子どもをインターネットから保護する法律（Children's Internet Protection Act: CIPA）もE-rateの運用に大きく結びつくものである。この法律は、E-rateなど政府からの補助とひきかえに公共・学校図書館内のインターネット端末に「フィルターソフト」導入を義務づけたものである。ALAなどはCIPAが「表現の自由」の妨げになるとしてその違憲性を法廷で争ったものの、2003年に連邦最高裁判所はCIPAを合憲と判断した[(6)]。その後、いくつかの州ではCIPA（あるいはCIPAに対応した州法）に関する「手引き書」や「問答集」を作成し、E-rateなどによる補助のもとでフィルターソフトをどのように取り扱うべきか、関係する学校や図書館に注意を促している[(7)]。一方、フロリダ州立大学の研究グループの調査では、E-rateを申請しない全米の公共図書館のうち、15.3%がその理由に「以前はE-rateを申請していたが、CIPAのために2006年は申請をとりやめた」という点を挙げている[(8)]。

このほか、E-rateに関しては以下のような批判や改善への要求が存在する。

- NSLPに基づく算定方式、すなわち学校に生徒を通わせている世帯の「貧困度」を基準とする算定方式では、そうした生徒のいない世帯の貧困状況や学校のない地域の貧困状況を反映していない場合がある。また、こうした「貧困度」は「インターネット接続の必要性」と等しいとは言えない場合もある。
- 申請する側にとっては手続が複雑であり、利用しにくい。
- E-rateは通信設備について大きなシェアをもっている企業のみが恩恵を受けており、中小の通信企業は割引の恩恵を受けられずにいる。

最後に付け加えると、イェーガー（Paul Jaeger）らフロリダ州立大学の研究グループは、E-rateにおける大きな問題のひとつに、E-rateが図書館に対してどのような効果―図書館の利用の増加、図書館内のインターネット端末利用の増加、コンピュータ・リテラシーの向上など―をもたらしたかが明らかになっていないこと、またUSACがこうした効果に関するデータを把握していないことを挙げ、これが今後の大きな研究課題になるとしている[(9)]。学校に関しては、最近「E-rateは学校のインターネット接続の促進には貢献したが、生徒の成績向上というアウトカム面での成果には結びついていない」とする研究結果が発表されている[(10)]。E-rateの政治的正当性がどの程度あるかを確認するためにも、図書館に対するE-rateの効果（アウトカム）に着目した研究が必要となるであろう。

(1)　E-rateが各州・地域にどの程度配分されているか、については下記のページで調べることができる。
U.S. Universal Service Administrative Company. "Automated search of commitments". http://www.sl.universalservice.org/funding/, (accessed 2007-02-06).
また，全国レベルでの概要については、USACの"Funding Commitment Data" <http://www.sl.universalservice.org/funding/previous.asp> のページから、各年度の"Cumulative National Data"をクリックすれば見ることができる。

(2)　もっとも、「図書館および図書館コンソーシアム」に加え、「学校・図書館コンソーシアム」に対しても、E-rateの総額のうち毎年10%前後が支給されている。USACのデータでは、図書館全体として、また館種ごとにどれだけの補助を得ているか、について正確には分からない、という問題がある。後掲のJaegerらの論考も参照。

(3)　公共図書館レベルでのE-rateの運用状況については下記報告書に詳しい。
Bertot, John Carlo, et al. Public Libraries & the Internet

2006: Study Results and Findings. Tallahassee, Information Use Management and Policy Institute, College of Information, Florida State University, 2006, p.42. http://www.ii.fsu.edu/projectFiles/plinternet/2006/2006_plinternet.pdf, (accessed 2007-02-06).

(4) U.S. Government Accountability Office. "Telecommunications: Greater involvement needed by FCC in the management and oversight of the E-rate program". 2005, GAO-05-151, 70p. http://www.gao.gov/new.items/d05151.pdf, (accessed 2007-02-06).

(5) Washington Office, American Library Association. "E-rate and universal service". http://www.ala.org/ala/washoff/WOissues/techinttele/erate/erate.htm, (accessed 2007-02-06).

(6) CIPA と図書館との関係については以下を参照。高鍬裕樹.「子どもをインターネットから保護する法律」合憲判決と図書館への影響. カレントアウェアネス. 2005, (286), p6-7. http://www.dap.ndl.go.jp/ca/modules/ca/item.php?itemid=1004, (参照 2007-02-06)., 高鍬裕樹. "「子どもをインターネットから保護する法律」合憲判決と「子どもをオンラインから保護する法律」差し戻し判決の検討：情報を止める位置と手段について." 知る自由の保障と図書館. 塩見昇・川崎良孝編著. 京都, 京都大学図書館情報学研究会, 2006, p.389-416.

(7) 例として以下を参照。Wisconsin Department of Public Instruction. "Children's Internet Protection Act, CIPA: A brief FAQ on public library compliance". http://dpi.wi.gov/pld/cipafaqlite.html, (accessed 2007-02-06)., Utah State Library. "UCIPA frequently asked question". http://library.utah.gov/librarian_resources/laws/ucipa_faq.htm, (accessed 2007-02-06).

(8) Bertot, John Carlo, et al. Public Libraries & the Internet 2006: Study Results and Findings. Tallahassee, Information Use Management and Policy Institute, College of Information, Florida State University, 2006, p.43. http://www.ii.fsu.edu/projectFiles/plinternet/2006/2006_plinternet.pdf, (accessed 2007-02-06).

(9) Jaeger, Paul T., et al. The E-rate program and libraries and library consortia, 2000–2004: Trends and issues. Information Technology and Libraries, 2005, 24(2). http://www.ala.org/ala/lita/litapublications/ital/volume242005/number2june/contentabcd/jaeger.htm, (accessed 2007-02-06).

(10) Goolsbee, Austan; Jonathan Guryan. The impact of Internet subsidies in public schools. Review of Economics and Statistics. 2006, 88(2), p.336-347.

Ref:

古賀崇. "アメリカの公共図書館におけるインターネット接続：その法制的基盤と実態". 情報基盤としての公共図書館の可能性. 東京, 東京大学大学院教育学研究科図書館情報学研究室, 2000, p.5-24. http://research.nii.ac.jp/~tkoga/text/2000_E_rate.html, (参照 2007-02-06).

中山森爾. 情報スーパーハイウェイ構想からユニバーサル・サービスへ：米国における情報・通信政策と図書館 (上) (中) (下). 国立国会図書館月報. 1997, (438), p.23-27; 1997, (439), p.22-26; 1998, (444), p.30-35.

清原聖子. 米国の教育機関へのインターネットアクセス普及政策：E-rate プログラムとケーブル業界. 海外電気通信. 2001, 34(7), p.19-29.

清原聖子. E-rate プログラムの政策実施過程に関する分析：教育・図書館団体の役割とロビー活動を中心に. InfoCom Review. 2005, (36), p.60-72.

U.S. Universal Service Administrative Company. "Schools and Libraries". http://www.usac.org/sl/, (accessed 2007-02-06).

1.6 政治・政策・広報

1.6.1　アメリカの見地からの図書館アドヴォカシー

Barbara J. Ford

Director, C.Walter and Gerda B. mortenson Center for International Library Programs and Mortenson Distinguished Professor,
Member of IFLA Governing Board,
Past President of the American Library Association

（イリノイ大学モーテンソン・センター長、国際図書館連盟理事、アメリカ図書館協会元会長　　バーバラ・フォード）

(1) 図書館のアドヴォカシー（advocacy）とは何か？

図書館のアドヴォカシーとは、図書館に対するサポートを声に出して表明し、また他の人々にも同じように行ってもらうようにする行為である。図書館が地域コミュニティの形成にいかに貢献しているかを他の人々が知っているとは限らない。図書館のアドヴォカシー活動者（advocates）は、図書館からのメッセージを聴く必要のある人々に届けるため、声をあげ、そして協同している。聴く必要のある人々とは、図書館に資金を提供する政治家、図書館の話を伝える助けとなれるメディア、コミュニティやキャンパス、学校関係者など図書館のサービスに対するサポートをコントロールし、世論を作る助けとなれる人々である。

図書館のアドヴォカシーにおけるメッセージは様々であるが、米国において我々が焦点を当てているのは、情報社会における図書館と司書の重要性をコミュニティに認識してもらうことである。また民主社会において、情報に対する無料で公平なアクセスの重要性について語ることもよくある。

(2) なぜ図書館のアドヴォカシーを行うのか？

技術の発展は、図書館のサービスとプログラムを大きく向上させてきたが、同時に図書館の価値と役割に疑問を生じさせるようにもなった。図書館のアドヴォカシー活動者の中には、これらの新技術を導入してサービスを拡大したり、インターネットやその他の電子情報源に関連した問題を解決するために、図書館の資金を増加させることを求める者もいる。また、変化する利用者のニーズに応えたり、リテラシーや教育プログラムを拡張したりするために、新しい建物や既存の建物の改築を目指して運動をする者もいる。

図書館のアドヴォカシー活動者は、人々が効率的に、教育や経済発展、またコミュニティの生活の質の向上のために、情報を画定し、見つけ、分析し、利用できるような情報リテラシーが高い国家の発展のために、図書館と司書の果たす役割の重要性を認識している。

我々がみな情報の波に襲われているような世界の中では、メッセージの効果的なやり取りや、我々が行っている重要な仕事をサポートする協力体制の構築が効率的に行えるよう、図書館と司書が学ぶことが重要なのである。効果的なアドヴォカシーがなければ、図書館はその必要不可欠な機能を果たすためのリソースを得るために必要なサポートと注目を得られないであろう。

(3) 図書館のアドヴォカシーを行うのは誰か？

図書館のアドヴォカシー活動者は、学校、近隣社会、大学、立法機関を含むコミュニティ全般において必要とされている。だれでもアドヴォカシー活動者になれる。図書館長たちや図書館協会などは様々なグループに明確な役割を与え、現在進行中のアドヴォカシー活動を、さらに推進し、コーディネートする必要がある。

米国の大学図書館や、公共図書館、学校図書館の図書館友の会（Friends of Libraries groups）は、図書館の声、目、耳として重要な役割を果たすことが出来る。図書館友の会を立ち上げ、サポートするために時間を費やすことは、図書館のスタッフにとってよい時間の使い方である。政治家やその他の資金助成機関は、しばしば図書館友の会の影響を受ける。全米図書館友の会（Friends of Libraries U.S.A.）（http://www.folusa.org/）は、図書館友の会や図書館委員会のためのサービスやネットワークを提供している。アドヴォカシー活動やファンドレイジングに関する出版物を作成したり、アドヴォカシー活動を行う図書館を助けるためのトレーニングやコンサルティングを提供したりしているのである。

公共図書館の図書館委員会の委員は、選出されたものであれ、任命されたものであれ、一般に政治的つ

※本稿は、国立国会図書館の2006年度調査研究事業の成果物である。

ながりやコミュニティにおける人のつながりをもっており、それは図書館にとって大きな利益となり得るし、図書館とそのコミュニティの一番の利益を代表する公人として影響を与えることができる。大学や学校における図書館の諮問委員会も同様の役割を果たすことができ、またあらゆるアドヴォカシー活動に参加すべきである。

図書館の利用者もアドヴォカシー活動の鍵である。利用者の中には、ビジネスマン、学生、大学教員、保護者といった人もいる。図書館がいかに個々人やグループの助けとなっているかを語る証言や物語は、とても有益なものとなり得るし、図書館の運営決定権者からの注目を集めることもできよう。利用者を知りニーズを理解することは、良いアドヴォカシー活動を行う上で不可欠のものである。

機関やコミュニティのリーダー、例えば学校長や大学長、組合の指導者、ビジネスリーダー、選出された公務員もアドヴォカシー活動の中に取り込むべきである。これらの指導者は、コミュニティの最も上のレベルにまでメッセージを届けることが出来る。

司書と図書館スタッフは、職場の内外で図書館利用者を助けることで、重要なアドヴォカシー活動者となりえる。図書館のリーダーたちは、スタッフがアドヴォカシー活動における各々の役割を理解している、と確信を持って言えるようでなければならず、また彼らが強力なアドヴォカシー活動者となるために必要なトレーニングや支援を提供しなければならない。

図書館と共に仕事をするベンダーや業者もアドヴォカシー・プログラムにおける実物資産である。彼らは図書館が何ができるか知っており、図書館にとって真に利益となりえるビジネスやコミュニティにおけるコネクションを持っている可能性がある。また大規模なアドヴォカシー・キャンペーンの資金集めの助けとなったり、図書館がアドヴォカシーに使えるようなツールを作る助けとなることもある。

潜在的なアドヴォカシー活動者の多くは、図書館のサポートに声を上げてくれと依頼されるのをただ待っている人である。こういった人々は家族やビジネスのために図書館を利用したことがあったり、あるいは、単に図書館は強固なコミュニティや頑健な民主主義社会のために重要であると考えていたりする。こうした人々に図書館のために声を上げてもらうよう、ためらわずに依頼すること。誰でも効果的な図書館のアドヴォカシー活動者になりえるのだから！

(4) アメリカ図書館協会におけるアドヴォカシー

アドヴォカシーはアメリカ図書館協会（ALA）における優先事項である。そのビジョンとは、ALAは、図書館と司書が人々をあらゆる形式の記録された知識と結びつけ、また人々の権利を無料で開かれた情報社会と結びつける価値ある存在であることをアドヴォカシーする先導者である、というものである。ALAとその会員が、図書館と図書館専門職の先導的アドヴォカシー活動者となるための戦略目標として、次のようなものがある。

1. 図書館の価値と影響力に関する証拠を提供するための研究と評価に、さらなる支援を提供する。
2. あらゆる種類の図書館の価値と影響力に対する人々の認識を高める。
3. 司書と図書館スタッフの価値と影響力に対する人々の認識を高める。
4. 地域、州、連邦レベルで図書館と図書館の資金集めのための草の根レベルでのアドヴォカシー活動を動員し、サポートし、維持していく。
5. 図書館にとって望ましい法制を確保していくための協力関係を増やしていく。
6. 民主主義における知的自由とプライバシー、図書館の役割の重要性について人々の認識を高める

(http://www.ala.org/ala/ourassociation/governingdocs/aheadto2010/adoptedstrategicplan.htm, (accessed 2007-09-04). より。)

人々の意識を高め、草の根レベルでのアドヴォカシー活動を推進し、図書館にとって望ましい法制度を確保することに焦点を当て、ALAではこれらの戦略目標をサポートする数々のプログラムを展開してきた。

いくつかのALAのプログラムは、図書館にとって望ましい法制度を確保するために活動している。ALAのワシントンオフィスには政治家とともに仕事をすることを専門とし、図書館の問題にも精通しているスタッフがいる。彼らはALAのメンバーや他の図書館協会と協力して草の根レベルのアドヴォカシー活動を展開している。ワシントンD.C.における‘全国図書館立法の日’（National Library Legislative Day）は２日間にわたるイベントで、図書館に関心を寄せる人々がアドヴォカシー活動や問題についてのトレーニングセッションに参加し、連邦議会の内部の人々と交流し、議員の事務所を訪問して連邦議会で図書館を支援する法律を通過させるように依頼するのである。

図書館とその支援者たちが、全米の連邦レベルでの

図書館アドヴォカシー活動者として活動する他の方法もいろいろある。この中には、電子的な立法活動センター（Legislative Action Center）や、情報を州レベルにまで届けるのに役立つ連邦図書館立法・アドヴォカシーネットワーク（Federal Library Legislative and Advocacy Network）、産業界のリーダーに図書館の成長を持続、強化する助けとなってもらうための図書館・ビジネス同盟（Library Business Alliance）などがある。さらなる情報については次のサイトを参照のこと（http://www.ala.org/ala/washoff/gettinginvolved/gettinginvolved.htm（accessed 2007-09-04））。

“Library Advocacy Now!” トレーニングプログラムとアドヴォカシー研究所が、ALA と他の図書館との会合で行われている。このプログラムでは、参加者が図書館のアドヴォカシーに使うためのメッセージや、また参加者たちの活動を支援してくれるような人々との協力関係を築くためのメッセージを作成する手助けをしている。これらのプロジェクトは、しばしばヤングアダルト図書館サービス部会（YALSA）や公共図書館部会（PLA）といった ALA の部門や、各州の支部によって共催されている。キャンペーンのスポンサーにはフォード財団やビル・アンド・メリンダ・ゲイツ財団、全米図書館友の会、アメリカ出版者協会（Association of American Publishers）、3M、そして H.W. ウィルソン財団といった組織がある（http://www.ala.org/ala/issues/issuesadvocacy.htm（accessed 2007-09-04））。

“@ your library” プロジェクトのような ALA による全国レベルのキャンペーンは図書館に対する注目を高めた。ALA 傘下の部会で、各館種の図書館にとって役に立つツールを開発した。

公共図書館部会（PLA）では、図書館カードを財布の中で最も価値があって頻繁に使われるカードにするという目標をサポートするスローガンのもと、キャンペーンを展開した。「最もスマートなカード。手に入れて、使ってください。あなたの図書館で（The Smartest Card. Get it. Use it. @ your library）」。多くの公共図書館が、「最もスマートなカード」の絵、ポスターやツールを利用して、「図書館カード登録月間」（Library Card Sign-up Month）の間、キャンペーンに参加した。PLA はまた、これまでに示された影響、研究、逸話に基づいて、公共図書館の価値を示すための新しいツールキットを開発している（http://www.ala.org/ala/pla/plaissues/issuesadvocacy.htm（accessed 2007-09-04））。

大学研究図書館部会（ACRL）では大学図書館をサポートするための多くのプロジェクトを展開している。その中には、@ your Library Toolkit for Academic and Research Libraries や、大学・研究図書館のための戦略的マーケティングに関するマニュアルの作成などが含まれている。“ @ your library” を用いた大学・研究図書館のマーケティングにおけるベストプラクティスを表彰する賞によって、優れた業績を認め、促進している（http://www.ala.org/ala/acrl/acrlissues/issuesadvocacy.htm(accessed 2007-09-04)）。

アドヴォカシー活動に関する情報やサクセスストーリーを取り上げた電子版ニューズレターが ALA により作成されている。アイデアの共有や、ALA のプロモーション活動、“@ your library”、ALA のニュースリリース、重要な立法に関する情報、そして図書館アドヴォカシーに関する最新情報を含む多くのメーリングリストは、アイデアを共有し、図書館のアドヴォカシーにおいて何が起こっているかについての情報を得続ける機会を提供している。

様々なツールが地域でのマーケティングとアドヴォカシー活動を補完し、高めるために作られており、ポスター、ダウンロードできる絵、プレス発表のためのひな型、広告のサンプル、メッセージシート、その他のリソース等が開発されてきた（http://www.ala.org/ala/issues/issuesadvocacy.htm（accessed 2007-09-04））。

オンラインで入手できる The Library Advocate's Handbook には、公に主張する方法、メディアとの付き合い方、議員たちとの付き合い方などに関するセクションが含まれている（http://www.ala.org/ala/advocacybucket/libraryadvocateshandbook.pdf（accessed 2007-09-04））。

Libraries and the Internet Toolkit はインターネットを使いこなす方法を一般市民に教育するにあたって、司書をサポートするべく作成されたものである（http://www.ala.org/ala/oif/iftoolkits/litoolkit/Default2338.htm（accessed 2007-09-04））。

Quotable Facts About American Libraries のような出版物は、メディアからの要請があったり、意思決定者に示すために引用が必要になったりした際に良い情報を提供してくれるものである（http://www.ala.org/ala/issues/toolsandpub/quotablefacts/quotablefacts.htm（accessed 2007-09-04））。

(5) 米国における図書館アドヴォカシーの業績と成功例

図書館とアメリカ図書館協会におけるアドヴォカシー活動は、図書館の中で働く人、また図書館と共に働く多くの人が、より効果的な図書館アドヴォカシー活動者となる準備を整えてきた。効果的なアドヴォカシー活動者となることの重要性を学び、自分の役割のために必要なスキルとリソースについて教育を受け、こうしたアドヴォカシー活動において協力できる他者と協力関係を築くべく手を伸ばすにつれて、伝統的な司書のイメージは変わりつつある。ALA のウェブサイトでは図書館に関する新聞報道や、様々な館種の図書館のサクセスストーリーを紹介している。今後数年の間にアドヴォカシー活動をより拡大することを計画しており、成功例を追い続けることは重要なのである。

(6) 国際図書館連盟における擁護活動

国際図書館連盟（IFLA）にとって、アドヴォカシー活動は重要な課題となってきた。

世界図書館振興キャンペーン（Campaign for the World's Libraries）は IFLA、ALA、そして世界中の図書館協会が共催する教育キャンペーンで、21 世紀における図書館と司書の価値について声高く、明確にメッセージを伝えようとするものである。3 つの中心的メッセージは、図書館は変化しつつあるダイナミックな場所であり、図書館は機会にあふれた場所であり、図書館は世界をつなぐというものである。世界中から多くの国レベルの図書館協会がこのキャンペーンに参加している（http://www.ifla.org/@yourlibrary/index.htm (accessed 2007-09-04)）。

2005 年に開催された世界情報社会サミット（WSIS）は IFLA におけるさらなるアドヴォカシー活動に弾みをつけるものであった。現在進行中のプロジェクトに "IFLA Success Stories Database" があり、世界中の図書館からのサクセスストーリーが含まれている。こうしたタイプの事例は図書館の運営決定権者と話をするにあたって大変便利であり、世界各地の図書館が実例を提供するよう求められている（http://www.ifla.org/III/wsis.html (accessed 2007-09-04)）。

2006 － 2009 年の新しい IFLA 戦略計画にはアドヴォカシー活動が含まれており、IFLA 運営理事会はアドヴォカシー活動を最も優先されるべきレベルに置いた。その目標は、IFLA 本部（headquarters）においてアドヴォカシー能力を育て、次のようなテーマに関するアドヴォカシー・キャンペーンを行うことである。情報に対する自由なアクセス、表現の自由、そして図書館・情報サービスを通じてのそれらの実施。著作権の分野における公正。富める国と貧しい国との間での情報の流れ。知的財産。情報社会における情報アクセスの分野での包含。そして情報・知識社会の構築である（http://www.ifla.org/V/cdoc/IFLA-StrategicPlan.htm (accessed 2007-09-04)）。

このイニシアチブの一環として、IFLA は IFLA 本部におけるアドヴォカシー活動を強化させた。その焦点は、自由、そして WSIS の成功に基づく公正、包含と構築、情報へのアクセスの自由と表現の自由、著作権やその他の法的事項に関する作業に当てられている。IFLA 本部のアドヴォカシー・スタッフのため、財団から資金が調達される。

図書館のアドヴォカシーはあらゆるレベルで行われる必要がある。地域で、国で、そして世界で。世界中の図書館の強力なネットワークと、その成功やアプローチの共有はより強くなり、図書館のために声を上げていこうとしている支援者たちのネットワークと、コミュニティに対し司書が提供している極めて重要なサービスの両者により、司書はさらに効果的な図書館のアドヴォカシー活動者となっていくであろう。

1.6.1 Library Advocacy from the U.S. Perspective

Barbara J. Ford
Director, C.Walter and Gerda B. mortenson Center for International Library Programs and Mortenson Distinguished Professor,
Member of IFLA Governing Board,
Past President of the American Library Association

What Is Library Advocacy?

Library advocacy is the act of voicing your support for libraries and encouraging others to do the same. We cannot assume that others know about the contributions libraries are making to our communities. Library advocates speak up and work together to deliver the library message to everyone needing to hear the message. This group includes legislators who fund libraries; the media that can help in telling the library story; and community, campus and school officials who control support for library services and can help shape public opinion.

The library advocacy message to be delivered may vary but in the U.S. we focus on educating our communities about the importance of libraries and librarians in an information society. Library advocates often speak about the importance of free and equitable access to information in a democratic society.

Why Advocate for Libraries?

Technology has greatly enhanced library services and programs but has also raised some questions about the value and role of libraries. Advocates might seek to increase library funding to expand services using these new technologies or address issues relating to the Internet and other electronic resources. They might campaign for new or remodeled buildings to meet changing user needs or to accommodate expanded literacy and educational programs.

Library advocates know that libraries and librarians are essential for the development of an information literate nation where people can effectively identify, find, analyze and use information for education, economic development, and to improve the quality of life of communities.

In a world where we all are bombarded with information it is important that libraries and librarians learn to be effective in getting their message across and building coalitions to support the important work that we do. Without effective advocates, libraries will not receive the support and visibility they need to obtain the resources to carry out their essential functions.

Who Are Library Advocates?

Library advocates are needed throughout communities including in schools, neighborhoods, universities, and legislative bodies. Anyone can be a library advocate. Library directors and library associations need to develop and coordinate ongoing advocacy efforts with defined roles for various groups.

Friends of libraries groups in U.S. academic, public and school libraries can play a valuable role as the voice, eyes and ears of the library. Spending the time to build and support a Friends group can be

※本稿は、国立国会図書館の2006年度調査研究事業の成果物である。

good use of the time of library staff. Legislators and other funding agencies are often influenced by these groups. Friends of Libraries U.S.A. http://www.folusa.org/ provides services and networking for friends and trustees. They have developed publications on advocacy and fundraising and provide training and consulting to assist libraries in advocacy efforts.

Public library trustees -- whether elected or appointed -- generally have political and community connections that can greatly benefit the library and influence as public officials representing the best interest of the library and their community. Library advisory committees in university or school settings can play a similar role and should be part of any advocacy effort.

Library users are key to advocacy efforts. These users might include business people, students, faculty, and parents, among other groups. Testimonials and stories about how the library has helped individuals and groups can be very helpful and get attention from decision makers. Knowing your users and their needs is essential for good advocacy initiatives.

Institutional and community leaders such as school principals, college presidents, union leaders, business leaders, and elected officials should be part of any advocacy effort. These leaders can get messages out to the highest levels in a community.

Librarians and library staff, at work or outside of work, can be important advocates as they help library users. Library leaders must be certain that staff understand their role in advocacy and provide them with the training and support they need to be strong advocates.

Vendors and businesses who work with libraries can be real assets to an advocacy program. They know what libraries can do and may have business and community connections that can be of real benefit to the library. They might also be of assistance in funding major advocacy campaigns or in developing materials that libraries can use for advocacy.

Potential advocates are often just waiting to be asked to speak out in support of libraries. They may have used libraries to assist their family or business or may simply think libraries are important for strong communities and a strong democratic society. Do not hesitate to ask potential advocates to speak out for libraries. Anyone can be an effective library advocate!

Advocacy in the American Library Association

Advocacy is a priority for the American Library Association (ALA). The vision is that ALA is the leading advocate for the value of libraries and librarians in connecting people to recorded knowledge in all forms and the public's right to a free and open information society. Strategic objectives to make ALA and its members the leading advocates for libraries and the library profession include:

1. Increase support for research and evaluation to provide evidence regarding the value and impact of libraries.
2. Increase public awareness of the value and impact of libraries of all types.
3. Increase public awareness of the value and impact of librarians and library staff.
4. Mobilize, support and sustain grassroots advocacy for libraries and library funding at local, state, and federal levels.

5. Increase collaboration on securing legislation favorable to libraries.
6. Increase public awareness of the importance of intellectual freedom and privacy, and the role of libraries in a democracy.
   http://www.ala.org/ala/ourassociation/governingdocs/aheadto2010/adoptedstrategicplan.htm

ALA carries out a number of programs to support these strategic objectives with a focus on increasing public awareness, mobilizing grassroots advocacy, and securing legislation favorable to libraries.

Several ALA programs work to secure legislation favorable to libraries. The ALA Washington Office has staff who are experts in working with legislators and knowledgeable about library issues. They work with ALA members and other library associations to mobilize grassroots advocates. National Library Legislative Day in Washington, D.C. is a two-day event in which people who care about libraries participate in advocacy and issue training sessions, interact with Capitol Hill insiders, and visit congressional member offices to ask Congress to pass legislation that supports libraries.

There are several other ways for librarians and library supporters to get involved as library advocates at the federal level in the U.S. These include an electronic legislative action center, a federal library legislative and advocacy network that helps relay information to reach out to the state level, and a library business alliance where industry leaders can help to sustain and foster growth in libraries. More information is available at:
http://www.ala.org/ala/washoff/gettinginvolved/gettinginvolved.htm

Library Advocacy Now! training programs and advocacy institutes are held at ALA and other library meetings. The programs help attendees develop messages to use in advocating for libraries and to build coalitions with others who can support their efforts. These projects often are co-sponsored by divisions of ALA such as the Young Adult Library Services Association and the Public Library Association or state chapters. Campaign sponsors include organizations such as the Ford Foundation, Bill & Melinda Gates Foundation, the Friends of Libraries USA, the Association of American Publishers, 3M and the H. W. Wilson Foundation among others. http://www.ala.org/ala/issues/issuesadvocacy.htm
National campaigns such as the "@ your library" project developed by ALA bring visibility to libraries. Within ALA divisions develop materials useful to specific types of libraries.
The Public Library Association (PLA) developed a campaign with a tagline to support the goal of making the library card the most valued and used card in every wallet. "The Smartest Card. Get it. Use it. @ your library." Many public libraries participated by using Smartest Card art, posters and resources during Library Card Sign-Up Month. PLA also is developing a new toolkit to showcase the value of public libraries based on demonstrated impact, research and stories. http://www.ala.org/ala/pla/plaissues/issuesadvocacy.htm

The Association of College and Research Libraries has a number of projects to support academic libraries. These include the @ your Library Toolkit for Academic and Research Libraries and manuals on strategic marketing for academic and research libraries. An award for best practices in marketing academic and research libraries using "@ your library" recognizes and promotes excellence. http://www.ala.org/ala/acrl/acrlissues/issuesadvocacy.htm
An electronic newsletter featuring advocacy information and success stories has been developed by ALA.

A number of electronic discussion lists including ones on idea- sharing and updates on ALA promotional activities, on "@ your library", on ALA news releases, on important legislative information, and on library advocacy provide opportunities to share ideas and keep informed about what is happening in library advocacy.

A variety of materials designed to complement and enhance local marketing and advocacy efforts have been developed including posters, downloadable art, sample press materials, sample ads, message sheets and other resources. http://www.ala.org/ala/issues/issuesadvocacy.htm The Library Advocate's Handbook is available online at http://www.ala.org/ala/advocacybucket/libraryadvocateshandbook.pdf and includes sections on speaking out, dealing with the media and dealing with legislators among other sections. Libraries and the Internet Toolkit was developed to assist librarians in educating the public about how best to use the Internet. http://www.ala.org/ala/oif/iftoolkits/litoolkit/Default2338.htm Publications like Quotable Facts About American Libraries provide good information that can be used when the media calls or you need to have quotes to use with decision makers. http://www.ala.org/ala/issues/toolsandpub/quotablefacts/quotablefacts.htm

Accomplishments and Success Stories from U.S. Library Advocates

Advocacy activities in libraries and the American Library Association have made many of those people working in and with libraries better prepared to be effective library advocates. The traditional image of librarians is changing as we learn the importance of being effective advocates, are educated with the skills and resources we need for the role, and reach out to build coalitions with others who can work with us in these advocacy activities. The ALA website includes press coverage of libraries and some success stories from various types of libraries. Keeping track of our successes is important as we planned for expanded advocacy efforts in the years ahead.

Advocacy in the International Federation of Library Associations and Institutions

Advocacy has become an important focus for the International Federation of Library Associations and Institutions (IFLA).

The Campaign for the World's Libraries is a public education campaign co-sponsored by IFLA, ALA, and library associations around the world to speak loudly and clearly about the value of libraries and librarians in the 21st century. The three core messages are that libraries are changing and dynamic places, libraries are places of opportunity, and libraries bridge the world. A number of national library associations around the world have joined the campaign. http://www.ifla.org/@yourlibrary/index.htm

The World Summit on the Information Society (WSIS) held in 2005 provided the impetus for more advocacy activities in IFLA. One ongoing project is the IFLA Success Stories Database, which includes stories from libraries around the world. These types of stories are very useful in talking to decision makers and libraries from all parts of the world are invited to submit their stories. http://www.ifla.org/III/wsis.html

The new IFLA Strategic Plan for 2006-2009 includes advocacy, and the IFLA Governing Board has assigned advocacy the highest priority level. The goal is to create an advocacy capability at IFLA headquarters and develop an advocacy campaign focusing on the following themes: freedom of access to information and free expression and its implementation through library and information services; equity in the area of copyright; information flow among rich and poor nations; intellectual property; inclusion in the areas of information access in an information society; and building information/knowledge societies.

http://www.ifla.org/V/cdoc/IFLA-StrategicPlan.htm

As part of this initiative IFLA will consolidate advocacy work at IFLA headquarters with a focus on freedom, equity and inclusion and building on the success at WSIS and the work of done on freedom of access to information and free express and copyright and other legal matters. Funding is being sought from foundations for advocacy staff at IFLA headquarters.

Advocacy for libraries needs to happen at every level – local, national and international. With strong networks and the sharing of successes and approaches libraries around the world will be stronger and librarians will become more effective advocates with networks of supporters willing to speak up for libraries and the vital services they provide to communities.

1.6.2 図書館とフィランソロピー

獨協大学　経済学部　　井上　靖代（いのうえ　やすよ）

はじめに

図書館活動へ個人や企業が財政的な援助をしたり、ボランティアや友の会のメンバーとして自分の時間を「寄付」することはアメリカでは一般的である。特に公共図書館への貢献は民主主義社会の具現化行為として、熱心におこなわれている。地域社会活動に参加することは個人として当然の行為なのである(1)。地域社会として公共図書館活動の存在やその活動を社会の目的の実現として受け入れているからである。

その歴史的文化背景を見てみると、19 世紀後半からのアメリカ経済構造の変化と関わっている。産業構造の変化により、企業（corporations）、企業連合（カルテル）(pools)、トラスト（trusts）といった大規模の会社所有が増加してくるにしたがって、その中心人物たちは州を越え組織活動の大規模化を図るようになってきていた。当時、法律によって州を越えての企業合同は許可されていなかったのが、1888 年ニュージャージー州で法律が変わり、ロックフェラーが所有していたスタンダード石油会社が州を越えて拡大できるようになって、個人所有の大規模企業が登場してきたのである。その大企業化の中で、ビジネス界で支持された考え方がソーシャル・ダーウィニズムである。進化論を唱えたチャールズ・ダーウィンの考え方をレッセ・フェール（自由放任主義）ビジネスという考え方に転化したものである。同時にソーシャル・ダーウィニズムは道徳的な責任感をも生み出していった。儲けた者は公共善（public good）に貢献すべきだという考え方である。その先をきっていたのがアンドリュー・カーネギーである。彼は、自身が“Gospel of Wealth”と呼んだフィランソロピー活動をおこなうべきであると主張した(2)。カーネギーに限らず、現在でも続いている多くの財団はこの時期に設立されたものが多い。また、現在でも企業、あるいは企業の所有主が財団を設立して、地域社会に貢献しようとするのは、必ずしも税の減免を受けるということだけではないだろう。

(1) 図書館の財源

図書館の財源は各地域の不動産（固定資産）の税率を基本として、直接目的税として図書館税が徴収されるところが多い。しかし、それは不動産を所有している住民が少ない地域では貧弱なものとなり、一般的には図書館・博物館サービス法に基づく連邦政府からの補助金を受け取らなくては維持できないことになる。さらに州によっては別に予算を計上して活動補助金としているところもある。カリフォルニア州などのように教育文化関係の課税率を抑えていたり、先住民の居留地地域が多く担税力が弱い州では、その補助金を税収から獲得できず、多くの場合、図書館収入はほかに財源を求めざるを得ない。そういった図書館では、民間財団からの民間資金の活用を申請し、補助金を交付してもらったり、あるいは独自に図書館財団を設立して、地域住民や企業からの寄付金を集め、基金運用を図って活動資金を捻出せざるをえないのである。

(2) 民間財団

アメリカでは内国税収法典（Internal Revenue Code）501(c)(3) にもとづき、寄付者あるいは基金への委託者は免税となる非営利団体 NPO のなかで、図書館活動に財政的な支援をおこなう団体は財団（foundation）あるいは基金（fund）である。これらの団体がフィランソロピー活動を展開する。

すべての財団を把握することは出来ないが、Foundation Center（http://foundationcenter.org/）のリストをみると、大きくわけて補助金交付を目的とする独立系財団（grantmaking foundation）、企業が設立した財団（corporate grantmaking foundation）、地域財団（community foundation）がある。これら以外に各図書館に付設される図書館財団（library foundation）がある。

2006 年 10 月段階の基金規模の大きい 100 独立系財団(3)のトップは、ゲイツ財団（Bill & Melinda Gates Foundation　http://www.gatefoundation.org/）で、291 億 5,350 万 8,000 ドルである。以下、

- フォード財団（The Ford Foundation　http://www.fordfound.org）
- ゲッティ・トラスト（J. Paul Getty Trust　http://www.getty.edu）

※本稿は、国立国会図書館の 2006 年度調査研究事業の成果物である。

- ジョンソン財団（The Robert Wood Johnson Foundation http://www.rwjf.org）
- リリー財団（Lily endowment, INC. http://www.lillyendowment.org）
- ヒューレット財団（The William & Flora Hewlett Foundation http://www.hewlett.org）
- ケロッグ財団（W. K. Kellog Foundation http://www.wkkf.org）

などと続く。ちなみに現在のカーネギー財団は20位である。多くは大企業の創始者などが基金を設定した財団であるが、歴史のある財団になると元の企業の株式等を所有していても、経営はまったく離れてしまっているものが多い。規模が大きいものの、国際的に活動している財団もあればリリー財団のように宗教と関係が深く、インディアナ州内にのみ補助金を交付する団体もある。

企業に付設されている財団としては、The Wells Fargo Foundation（http://www.wellsfargo.com/about/charitable）のように、西部および北西部の地域にのみ補助金をだす1852年設立の銀行が設立した財団や、Verizon Foundation（http://foundation.verizon.com）のように電話会社が設立した比較的新しい企業財団などがある。

図書館活動に補助金をだすことはあまりないが、地域社会が設立した基金財団もある。The New York Community Trust（http://www.nycommunitytrust.org）は、1924年に、個人や企業から目的を決めて寄付したり、寄付者のアドバイスを受けたりしてという個々の基金1,800以上を含む、地域活動のために設立された基金財団である。2005年末で18億9,760万4,374ドルという大規模なものである。The Cleveland FoundationやThe Chicago Community Trustなど多くの大規模な都市コミュニティには、地域基金財団がある。

図書館活動に補助金を交付するのは、独立系財団あるいは企業財団であるが、近年では各図書館が自前の財団を付設し、資金を調達することが多くなってきている。図書館友の会が独立したNPOとして財源を確保するところもあれば、カリフォルニア州立図書館のように州税としての図書館税収の増加が見込めないところでは、独立財団として設立するところもある。

(3) 図書館長の役割

自前の図書館財団を設立しているところでは、当然のことながら外部民間資金調達のために、専任担当職員を雇用している。しかし、そうではない図書館では図書館長が上記の民間財団などに申請し、資金調達する責任を負っている。これらの財団に対して、プロジェクトを構想し企画書を申請し、審査のうえ補助金交付が決定される。基本的な資料費や人件費については交付されないことが一般的である。これらは当然コミュニティで確保すべきことなのである。補助金は図書館サービス活動に交付され、その目的や効果などをきちんと説明責任が求められる。管理職である図書館長は、専門職である司書が企画した内容を審査して、それをまとめて財団に申請できるかどうかの能力を問われる。そのことが地域に貢献した人々のフィランソロピーに対する説明責任となり、同時に公共図書館がアメリカ民主主義社会に貢献し、具現化したものに見える存在として明確に意識されうる。

(1) Bellah, Robert N. Habits of the Heart; Individualism and Commitment in American Life. New York : Harper&Row, 1985, p.167.
(2) Norton, Mary Beth. [et al]. A people and a nation: a history of the united states. 4th ed., Boston : Houghton Mifflin, 1996. p.359-360.
(3) Foundation Center. “Top 100 U.S. Foundations by Asset Size”. http://foundationcenter.org/findfunders/topfunders/top100assets.html, (accessed 2007-02-27).

2. 数値で見る米国の図書館

筑波大学大学院　図書館情報メディア研究科　博士後期課程　　松崎　博子（まつざき　ひろこ）

ここでは標題の通り、アメリカの図書館の現状について、館種別、地域別、その他の観点から整理された関係統計調査にあたり、整理をした。具体的には、(1) 図書館の数、(2) 図書館職員、(3) 図書館の財政状況、(4) 所蔵資料、(5) 図書館サービス、という５本柱からなる。

アメリカ連邦教育省教育科学研究所に設置された全米教育統計センター（National Center for Educational Statistics：NCES）では、図書館統計を「図書館統計プログラム（Library Statistics Program)」ウェブサイトで公開している[(1)]。この節で利用した情報源は、上記ウェブサイトに掲載された各種統計書および米国図書館協会が刊行している *Whole Library Handbook 4*[(2)] などである。

ちなみに NCES のホームページからは、図書館関係の連邦政府機関である全国図書館情報学委員会（NCLIS)、博物館・図書館サービス振興機構（IMLS)、また民間の図書館関係団体であるアメリカ図書館協会（ALA)、アメリカ情報技術協会（ASIST)、州立図書館長会議（COSLA)、図書館情報資源評議会（CLIR)、研究図書館連絡会（RLG）などへのリンクが張られており、有益である。

2005 年に刊行された *American Library Directory 2005-2006*[(3)] によれば、アメリカ合衆国における図書館数は公共図書館が 16,999 館、大学図書館が 3,734 館、専門図書館が 8,217 館，軍関係の図書館が 316 館、政府関係図書館が 1,232 館、総計 30,498 館である。

(1) National Center for Education Statistics, Institute of Education Statistics, U.S. Department of Education. “Library Statistics Program”. http://nces.ed.gov/surveys/libraries/, (accessed 2007-06-27).
(2) Eberhart, George M. ed. Whole library handbook 4 : current data, professional advice, and curiosa about libraries and library services. American Library Association, 2006, 585p.
(3) American Library Directory. 58th. ed. Information Today, 2005, 2.vols.

※本稿は、国立国会図書館の 2006 年度調査研究事業の成果物である。

2.1 図書館の数に関する統計データ

(1) 館種別の図書館数

＜公共図書館＞

表 1-1 全米 50 州とコロンビア特別区における州立図書館機構数（2005 年秋現在）

州立図書館機構の所属機関	数
総計	51
立法部門所属	2
行政部門所属	49
独立機関	17
州知事管轄	3
図書館審議会または図書館理事会管轄	14
行政部局所属	32
教育省	13
文化省	5
総務省	5
その他	9

出典：Holton, Barbara et al. State Library Agencies Fiscal Year 2005. National Center for Education Statistics, 2006, p5, http://nces.ed.gov/pubs2007/2007300.pdf, (accessed 2007-03-14).

表 1-2 全米 50 州とコロンビア特別区における州立図書館機構数（2004 年秋現在）

州立図書館機構の所属機関	数
総計	51
立法部門所属	2
行政部門所属	49
独立機関	16
州知事管轄	4
図書館審議会または図書館理事会管轄	12
行政部局所属	33
教育省	14
文化省	4
総務省	5
その他	10

出典：Holton, Barbara et al. State Library Agencies Fiscal Year 2004. National Center for Education Statistics, 2005, p3, http://nces.ed.gov/pubs2006/2006303.pdf, (accessed 2007-03-14).

※本稿は、国立国会図書館の 2006 年度調査研究事業の成果物である。

表 1-3　全米 50 州とコロンビア特別区における州立図書館のサービス拠点数と割合
（サービス拠点の種類及び奉仕対象者ごと）（2005 会計年度）

奉仕対象	合 計	中央館	その他のサービス拠点（ブックモービルを除く）	ブックモービル
数 (1)				
合計数	122	47	71	4
一般市民	85	46	35	4
州政府職員	75	46	25	4
視覚障害者及び身体障害者	58	3	21	4
矯正施設収容者	31	15	16	0
その他の州立施設収容者	24	13	11	0
割合 (2)				
一般市民	69.7	97.9	49.3	100.0
州政府職員	61.5	97.9	35.2	100.0
視覚障害者身体障害者	47.5	70.2	29.6	100.0
矯正施設収容者	25.4	31.9	22.5	0.0
その他の州立施設の収容者	19.7	27.7	15.5	0.0

(1) 複数の奉仕対象を抱えるサービス拠点もあるため、奉仕対象ごとのサービス拠点数は、個々の合計値と合計数は一致しない。
(2) これは利用者層にサービスを提供する拠点の割合である。たとえば一般市民向けサービスであれば、全サービスの 69.7 パーセントが一般市民向けサービスであることを意味している。同様に中央館のサービスの 97.9 パーセントが一般市民向け、ブックモービル以外のその他サービス拠点におけるサービスのうち 49.3 パーセントが一般市民向け、そしてブックモービルにおけるサービスは、100 パーセントが市民向けである、ことを示している。

出典：Holton, Barbara et al. State Library Agencies Fiscal Year 2005. National Center for Education Statistics, 2006, p7, http://nces.ed.gov/pubs2007/2007300.pdf, (accessed 2007-03-14).

＜学校図書館＞

表 1-4　全公立学校数と図書館メディアセンターを設置する公立学校数（1999 ～ 2000 年）

州	公立学校数	図書館メディアセンターを設置する公立学校数	図書館メディアセンターを設置する公立学校の割合
50 州とコロンビア特別区	83,824	76,807	91.6%
アーカンソー	1,098	1,089	99.1%
アイオワ	1,485	1,463	98.6%
アイダホ	621	545	87.8%
アラスカ	466	366	78.5%
アラバマ	1,329	1,299	97.8%
アリゾナ	1,175	991	84.3%
イリノイ	3,976	3,638	91.5%
インディアナ	1,781	1,737	97.5%
ヴァージニア	1,740	1,602	92.1%
ウィスコンシン	1,952	1,948	99.8%
ウェストヴァージニア	798	610	76.4%
オクラホマ	1,822	1,782	97.9%
オハイオ	3,698	3,584	96.9%
オレゴン	1,171	1,118	95.5%
カリフォルニア	8,060	6,340	78.7%
カンザス	1,401	1,374	98.0%
ケンタッキー	1,317	1,222	92.8%
コネチカット	1,009	934	92.6%
コロラド	1,412	1,355	96.0%
コロンビア特別区	158	138	87.1%
サウスキャロライナ	1,066	1,035	97.0%
サウスダコタ	779	571	73.4%
ジョージア	1,735	1,710	98.6%
テキサス	6,650	6,246	93.9%
テネシー	1,534	1,488	97.0%
デラウェア	155	136	87.8%
ニュージャージー	2,247	2,086	92.8%
ニューハンプシャー	453	432	95.3%
ニューメキシコ	709	684	96.4%
ニューヨーク	4,090	3,738	91.4%
ネバダ	439	420	95.8%
ネブラスカ	1,197	1,014	84.7%
ノースキャロライナ	2,014	1,877	93.2%
ノースダコタ	552	461	83.4%
バーモント	332	332	100.0%
ハワイ	247	247	100.0%
フロリダ	2,601	2,436	93.7%
ペンシルヴェニア	3,121	2,941	94.2%
マサチューセッツ	1,712	1,609	94.0%
ミシガン	3,413	2,942	86.2%
ミシシッピ	934	859	92.1%
ミズーリ	1,988	1,906	95.9%
ミネソタ	1,674	1,483	88.6%
メイン	708	621	87.7%
メリーランド	1,263	1,226	97.1%
モンタナ	880	745	84.7%
ユタ	740	693	93.6%
ルイジアナ	1,428	1,269	88.9%
ロードアイランド	292	277	94.9%
ワイオミング	395	346	87.5%
ワシントン	2,008	1,841	91.7%

類型	公立学校数	図書館メディアセンターを設置する公立学校数	図書館メディアセンターを設置する公立学校の割合
地域			
北東部	13,954	12,969	92.9%
中西部	23,898	22,123	92.6%
南部	27,640	26,025	94.2%
西部	18,322	15,690	85.6%
コミュニティ類型			
中核都市	19,752	18,038	91.3%
都市周辺地帯／大きな町	37,564	34,754	92.5%
地方／小さな町	26,508	24,015	90.6%
校種			
初等学校	59,973	56,715	94.6%
中等学校	20,590	17,963	87.2%
一貫教育校	3,261	2,129	65.3%
在籍者数			
100 人未満	7,099	3,540	49.9%
100 ～ 199 人	7,932	6,748	85.1%
200 ～ 499 人	31,689	30,280	95.6%
500 ～ 749 人	20,660	20,095	97.3%
750 ～ 999 人	8,036	7,917	98.5%
1,000 人以上	8,408	8,227	97.9%

注：これらの概数は、「伝統的（traditional）公立学校」のものである。「伝統的公立学校」とは、「チャータースクール」を除く、全米全ての公立学校を指す。なお数値は概数であり、合計値とは必ずしも一致しない。

出典：Holton, Barbara et al. The Status of Public and Private School Library Media Centers in the United States: 1999–2000. National Center for Education Statistics, 2004, p4-5, http://nces.ed.gov/pubs2004/2004313.pdf, (accessed 2007-03-14).

表 1-5　全私立学校数と図書館メディアセンターを設置する私立学校数（1999 ～ 2000 年）

種別	私立学校数	図書館メディアセンターを設置する私立学校数	図書館メディアセンターを設置する私立学校の割合
合計	27,223	17,054	62.6%
所属			
カソリック	8,102	7,097	87.6%
フレンド派（クエーカー）	78	71	91.3%
聖公会	379	318	84.0%
ヘブライ・デイ	235	146	62.4%
ソロモン	60	54	89.4%
その他のユダヤ系	396	247	62.5%
ルーテル教会ミズーリ会議	1,100	779	70.8%
ルーテル教会ウィスコンシン会議	358	174	48.6%
福音主義的ルーテル教会	121	83	68.4%
その他のルーテル教会	70	44	62.6%
安息日再臨派	949	590	62.1%
クリスチャンスクール・インターナショナル	365	336	92.1%
米国クリスチャンスクール協会	996	463	46.5%
国際クリスチャンスクール協会	2,780	1,566	56.3%
全米特別支援教育私立学校協会	273	177	64.7%
モンテッソリ	900	474	52.7%
一般私立学校	714	705	98.7%
全米私立学校協会	136	26	19.2%
その他	9,210	3,705	40.2%
NCES 類型			
カソリック	8,102	7,097	87.6%
教会付属学校（Parochial）	4,607	4,050	87.9%
教区会(英国教会系教会; Diocesan)	2,591	2,283	88.1%
私立（Private）	903	763	84.5%
その他の宗教	13,227	6,723	50.8%
保守的キリスト教	4,947	2,436	49.3%
連 携	3,602	2,472	68.6%
非連携	4,678	1,815	38.8%
非宗教系	5,894	3,234	54.9%
正 規	2,440	1,678	68.8%
重点教育	2,179	931	42.7%
特別教育	1,275	625	49.0%
一般私立学校 (Independent Schools) 全米協会会員校の合計	846	803	94.9%

種別	私立学校の数	図書館メディアセンターを設置する私立学校の数	図書館メディアセンターを設置する私立学校の割合
地域			
北東部	6,358	4,093	64.4%
中西部	7,490	4,948	66.1%
南部	8,196	5,130	62.6%
西部	5,179	2,883	55.7%
コミュニティ類型			
中核都市	11,592	7,942	68.5%
都市周辺地帯／大きな町	10,843	6,610	61.0%
地方／小さな町	4,788	2,501	52.2%
校種			
初等学校	16,531	10,961	66.3%
中等学校	2,639	1,955	74.1%
一貫教育校	8,053	4,138	51.4%
在籍者数			
100人未満	11,629	4,473	38.5%
100～199人	6,085	4,270	70.2%
200～499人	7,406	6,375	86.1%
500～749人	1,305	1,183	90.6%
750～999人	512	492	96.3%
1,000人以上	285	260	91.1%

出典：Holton, Barbara et al. The Status of Public and Private School Library Media Centers in the United States: 1999–2000. National Center for Education Statistics, 2004, p6-7, http://nces.ed.gov/pubs2004/2004313.pdf, (accessed 2007-03-14).

表1-6　全公立学校の生徒数と図書館メディアセンターを設置する公立学校に在籍する生徒数及び州認定図書館メディアスペシャリストの数と割合（1999～2000年）

州	全公立学校の生徒数	図書館メディアセンターを設置する公立学校			
		生徒数	生徒の割合	州認定の図書館メディアスペシャリストのいる公立学校数	州認定の図書館メディアスペシャリストのいる公立学校の割合 (1)
50州とコロンビア特別区	45,035,115	43,599,096	96.8%	57,781	75.2%
アーカンソー	441,810	438,612	99.3%	1,015	93.2%
アイオワ	492,610	488,800	99.2%	1,203	82.2%
アイダホ	235,704	232,307	98.6%	299	54.9%
アラスカ	119,010	113,112	95.0%	183	50.0%
アラバマ	761,577	744,382	97.7%	1,253	96.4%
アリゾナ	762,672	733,524	96.2%	770	77.8%
イリノイ	2,111,475	2,067,518	97.9%	2,223	61.1%
インディアナ	914,688	909,148	99.4%	1,334	76.8%
ヴァージニア	1,099,572	1,059,890	96.4%	1,529	95.4%
ウィスコンシン	843,116	842,781	100.0%	1,711	87.8%
ウェストヴァージニア	296,096	247,624	83.6%	406	66.5%
オクラホマ	614,820	607,995	98.9%	1,615	90.6%
オハイオ	1,887,164	1,848,105	97.9%	2,086	58.2%
オレゴン	527,426	516,311	97.9%	749	67.0%
カリフォルニア	5,535,278	5,250,593	94.9%	1,499	23.7%
カンザス	448,466	446,650	99.6%	1,250	91.0%
ケンタッキー	621,163	604,774	97.4%	1,149	94.0%
コネチカット	532,659	525,459	98.6%	783	83.9%
コロラド	674,646	666,827	98.8%	800	59.1%
コロンビア特別区	70,565	62,226	88.2%	131	95.4%
サウスキャロライナ	650,442	635,346	97.7%	972	94.0%
サウスダコタ	137,280	124,277	90.5%	384	67.2%
ジョージア	1,280,579	1,267,829	99.0%	1,710	100.0%
テキサス	3,651,806	3,590,811	98.3%	5,363	85.9%
テネシー	965,063	916,637	95.0%	1,395	93.8%
デラウェア	102,859	101,225	98.4%	118	86.9%
ニュージャージー	1,207,456	1,151,555	95.4%	1,877	90.0%
ニューハンプシャー	195,113	190,695	97.7%	281	65.2%
ニューメキシコ	321,509	315,291	98.1%	359	52.5%
ニューヨーク	2,866,980	2,680,297	93.5%	2,774	74.2%
ネバダ	323,686	321,501	99.3%	296	70.5%
ネブラスカ	271,867	269,815	99.3%	846	83.4%
ノースキャロライナ	1,227,985	1,208,583	98.4%	1,717	91.5%
ノースダコタ	109,496	95,336	87.1%	423	91.9%
バーモント	109,290	109,290	100.0%	266	80.3%
ハワイ	193,905	193,905	100.0%	225	91.3%
フロリダ	2,220,488	2,199,859	99.1%	2,142	87.9%
ペンシルヴェニア	1,828,298	1,740,391	95.2%	2,788	94.8%
マサチューセッツ	938,592	906,426	96.6%	990	61.5%
ミシガン	1,651,331	1,544,968	93.6%	1,763	59.9%
ミシシッピ	506,862	499,494	98.6%	775	90.2%
ミズーリ	814,933	801,593	98.4%	1,584	83.1%
ミネソタ	811,505	792,035	97.6%	1,316	88.8%
メイン	205,404	188,378	91.7%	368	59.2%
メリーランド	842,076	824,177	97.9%	1,057	87.0%
モンタナ	156,117	152,892	97.9%	650	87.3%
ユタ	468,438	460,789	98.4%	402	58.0%
ルイジアナ	762,422	727,298	95.4%	1,011	79.7%
ロードアイランド	147,889	146,442	99.0%	262	94.6%
ワイオミング	95,816	93,362	97.4%	224	64.8%
ワシントン	979,111	941,961	96.2%	1,441	78.3%

(1)「州認定の図書館メディアスペシャリストのいる公立学校の割合」は、表1-4の「図書館メディアセンターを設置する公立学校数」から計算して得たものである。

類型	全公立学校の生徒数	図書館メディアセンターを設置する公立学校			
		生徒数	生徒の割合	州認定の図書館メディアスペシャリストのいる公立学校の数	州認定の図書館メディアスペシャリストのいる公立学校の割合 (1)
地域					
北東部	8,031,701	7,638,934	95.1%	10,390	80.1%
中西部	10,493,930	10,231,025	97.5%	16,122	72.9%
南部	16,116,186	15,736,762	97.7%	23,370	89.8%
西部	10,393,299	9,992,375	96.1%	7,899	50.3%
コミュニティ類型					
中核都市	12,772,003	12,227,005	95.7%	12,669	70.2%
都市周辺地帯／大きな町	23,070,308	22,534,489	97.7%	26,618	76.6%
地方／小さな町	9,192,803	8,837,602	96.1%	18,493	77.0%
校種					
初等学校	28,906,006	28,068,469	97.1%	40,424	71.3%
中等学校	15,227,260	14,720,158	96.7%	16,052	89.4%
一貫教育校	901,849	810,448	89.9%	1,304	61.3%
在籍者数					
100 人未満	354,835	217,376	61.3%	2,176	61.5%
100 ～ 199 人	1,177,096	1,009,034	85.7%	4,452	66.0%
200 ～ 499 人	11,328,974	10,869,797	96.0%	22,204	73.3%
500 ～ 749 人	12,582,645	12,252,391	97.4%	15,569	77.5%
750 ～ 999 人	6,825,412	6,728,995	98.6%	6,020	76.0%
1,000 人以上	12,765,152	12,521,503	98.1%	7,361	89.5%

(1)　「州認定の図書館メディアスペシャリストのいる公立学校の割合」は、表 1-4 の「図書館メディアセンターを設置する公立学校数」から計算して得たものである。

出典：Holton, Barbara et al. The Status of Public and Private School Library Media Centers in the United States: 1999–2000. National Center for Education Statistics, 2004, p8-9, http://nces.ed.gov/pubs2004/2004313.pdf, (accessed 2007-03-14).

表 1-7　全私立学校の生徒数と図書館メディアセンターを設置する私立学校に在籍する生徒数及び州認定図書館メディアスペシャリストの数と割合（1999 ～ 2000 年）

種別	私立学校の生徒数	図書館メディアセンターを設置する私立学校			
		生徒数	生徒の割合	州認定の図書館メディアスペシャリストのいる私立学校数	州認定の図書館メディアスペシャリストのいる私立学校の割合 (1)
合計	5,252,743	4,292,674	81.7%	3,441	20.2%
所属					
カソリック	2,516,477	2,273,421	90.3%	1,692	23.8%
フレンド派（クエーカー）	15,689	15,243	97.2%	16	22.3%
聖公会	93,256	85,723	91.9%	115	36.3%
ヘブライ・デイ	53,915	40,640	75.4%	20	13.6%
ソロモン	17,078	16,573	97.0%	18	34.4%
その他のユダヤ系	92,321	66,370	71.9%	81	32.8%
ルーテル教会ミズーリ会議	179,063	154,015	86.0%	41	5.2%
ルーテル教会ウィスコンシン会議	34,837	20,246	58.1%	‡	‡
福音主義的ルーテル教会	19,299	15,057	78.0%	8	9.8%
その他のルーテル教会	4,810	‡	52.6%	‡	‡
安息日再臨派	55,713	44,594	80.0%	20(2)	3.5% (2)
クリスチャンスクール・インターナショナル	97,605	94,555	96.9%	101	29.9%
米国クリスチャンスクール協会	155,217	101,950	65.7%	49	10.5%
国際クリスチャンスクール協会	539,607	377,398	69.9%	277	17.7%
全米特別支援教育私立学校協会	28,316	19,247	68.0%	45	25.4%
モンテッソリ	63,432	36,719	57.9%	42	8.9%
一般私立学校	315,446	313,042	99.2%	342	48.6%
全米私立学校協会	21,072	‡	36.0%	‡	‡
その他	949,590	607,778	64.0%	565	15.3%
NCES 類型					
カソリック	2,516,477	2,273,421	90.3%	1,692	23.8%
教会付属学校（Parochial）	1,320,916	1,172,258	88.8%	607	15.0%
教区会(英国教会系教会; Diocesan)	820,783	753,700	91.8%	719	31.5%
私立（Private）	374,779	347,464	92.7%	366	48.0%
その他の宗教	1,889,284	1,362,879	72.1%	992	14.8%
保守的キリスト教	787,775	524,016	66.5%	379	15.8%
連 携	598,786	504,250	84.2%	390	15.8%
非連携	502,723	334,513	66.6%	223	12.3%
非宗教系	845,982	656,373	77.5%	757	23.4%
正 規	571,945	497,474	87.0%	539	32.1%
重点教育	185,888	105,224	56.6%	99	10.6%
特別教育	89,149	53,675	60.2%	119	19.1%
一般私立学校 (Independent Schools) 全米協会会員校の合計	330,201	326,634	98.9%	400	49.8%

(1)　「州認定の図書館メディアスペシャリストのいる公立学校の割合」は、表 1-5 の「図書館メディアセンターを設置する公立学校数」から計算している。

(2)　慎重に算定した推定値である（ただし不安定である）。

‡　数値があまりに少なく、報告規準を満たしていない

種別	私立学校の生徒数	図書館メディアセンターを設置する私立学校			
		生徒数	生徒の割合	州認定の図書館メディアスペシャリストのいる私立学校の数	州認定の図書館メディアスペシャリストのいる私立学校の割合 (1)
地域					
北東部	1,330,815	1,089,714	81.9%	664	16.2%
中西部	1,362,520	1,161,693	85.3%	982	19.8%
南部	1,663,780	1,366,262	82.1%	1,447	28.2%
西部	895,628	675,004	75.4%	348	12.1%
コミュニティ類型					
中核都市	2,660,154	2,221,612	83.5%	1,710	21.5%
都市周辺地帯／大きな町	2,144,467	1,731,534	80.7%	1,348	20.4%
地方／小さな町	448,123	339,527	75.8%	384	15.4%
校種					
初等学校	2,875,095	2,336,119	81.2%	1,337	12.2%
中等学校	818,918	763,313	93.2%	953	48.7%
一貫教育校	1,557,730	1,193,241	76.6%	1,152	27.8%
在籍者数					
100 人未満	505,577	228,240	45.1%	216	4.8%
100 ～ 199 人	887,846	630,797	71.1%	561	13.1%
200 ～ 499 人	2,255,020	1,962,486	87.0%	1,585	24.9%
500 ～ 749 人	777,160	706,738	90.9%	517	43.7%
750 ～ 999 人	439,544	421,704	95.9%	353	71.8%
1,000 人以上	387,598	342,708	88.4%	209	80.4%

(1) 「州認定の図書館メディアスペシャリストのいる公立学校の割合」は、表 1-5 の「図書館メディアセンターを設置する公立学校数」から計算している。

出典：Holton, Barbara et al. The Status of Public and Private School Library Media Centers in the United States: 1999–2000. National Center for Education Statistics, 2004, p10-11, http://nces.ed.gov/pubs2004/2004313.pdf, (accessed 2007-03-14).

＜大学図書館＞

表 1-8　学術図書館数（2004 会計年度）

高等教育機関の種類	図書館の数　合計
学術図書館合計	3,653
設置主体別	
公立	1,581
私立	2,072
教育課程 (1)	
4 年制およびそれ以上	2,217
博士	597
修士	918
学士	668
4 年制未満	1,436
規模（正規在籍学生数）(2)	
1,500 人未満	1,802
1,500 ～ 4,999 人	1,175
5,000 人以上	676
カーネギー分類 (1)	
博士／研究大学機関	255
修士大学	584
学士大学	499
学士／教養大学	48
短期大学	1,359
専門学校	575
その他	333

(1)　「教育課程」と「カーネギー分類」は近似性があるものの、両者は完全に合致しているわけではない。「教育課程」では、当該教育・研究機関が授与した最上位の学位に基づき分類する。一方、「カーネギー分類」では、当該教育機関が授与した学位数に加え、教育機関の使命（mission）や研究資金獲得状況といった規準に基づき分類する。「カーネギー分類」は教育活動の進化を目的としてカーネギー財団により開発され、A Classification of Institutions of Higher Education. 2000 ed.（Carnegie Foundation, 2001, 196p, http://i-house.or.jp/jp/ProgramActivities/grew-bancroft/pdf/Youkou2007.pdf, (accessed 2007-03-14).）というタイトルで出版されている。

(2)　フルタイム相当（FTE）在籍者数は、パートタイム在籍者数を 3 分の 1 に換算して、フルタイム在籍者数と合算して算出している。

出典：Holton, Barbara et al. Academic Libraries:2004. National Center for Education Statistics, 2006, p.9, http://nces.ed.gov/pubs2007/2007301.pdf, (accessed 2007-03-14).

＜専門図書館＞

Bowker annual: library and book trade almanac. 51st ed.（Information Today, 2006, p456-457）によれば、アメリカ合衆国（準州を除く）には、公共図書館、大学図書館、軍図書館、政府図書館を除く専門図書館が 8,208 館ある。その内訳は法律図書館 969 館、医学図書館 1,644 館、宗教図書館 580 館である。一方公共図書館、大学図書館、軍図書館および政府図書館を含めて、専門的サービスを提供する図書館は 9,526 館である。その内訳は法律図書館 1,563 館、医学図書館 2,135 館、宗教図書館 1,102 館である。なお政府図書館は 1,225 館、軍図書館は 314 館である。

(2) 地域別の図書館数

＜公共図書館＞

表 1-9　公共図書館数（分館及びブックモービルを含む）及びサービス拠点数（2004 会計年度）

州	公共図書館数	公共図書館数		サービス拠点数						
		分館あり	ブックモービルあり	図書館施設					ブックモービル	
				合計[1]	中央館		分館		合計	回答率[2]
					合計	回答率[2]	合計	回答率[2]		
50 州とコロンビア特別区	9,207[3]	1,546	711	16,549	9,047	100.0	7,502	100.0	844	100.0
アーカンソー	48	34	3	211	44	100.0	167	100.0	3	100.0
アイオワ	540	9	58	564	540	100.0	24	100.0	5	100.0
アイダホ	104	17	7	143	102	100.0	41	100.0	7	100.0
アラスカ	88	6	1	105	88	100.0	17	100.0	1	100.0
アラバマ	208	22	14	284	207	100.0	77	100.0	17	100.0
アリゾナ	91	20	6	187	87	100.0	100	100.0	11	100.0
イリノイ	626	47	23	789	626	100.0	163	100.0	27	100.0
インディアナ	239	70	32	438	239	100.0	199	100.0	38	100.0
ヴァージニア	90	61	31	341	78	100.0	263	100.0	33	100.0
ウィスコンシン	380	19	8	456	377	100.0	79	100.0	10	100.0
ウェストヴァージニア	97	27	6	174	97	100.0	77	100.0	7	100.0
オクラホマ	112	9	4	206	112	100.0	94	100.0	4	100.0
オハイオ	250	100	56	717	244	100.0	473	100.0	75	100.0
オレゴン	125	20	10	210	123	100.0	87	100.0	11	100.0
カリフォルニア	179	115	41	1,087	166	100.0	921	100.0	63	100.0
カンザス	325	12	3	374	325	100.0	49	100.0	5	100.0
ケンタッキー	116	31	81	190	116	100.0	74	100.0	86	100.0
コネチカット	194	27	7	244	194	100.0	50	100.0	7	100.0
コロラド	115	31	10	241	103	100.0	138	100.0	12	100.0
コロンビア特別区	1	1	1	27	1	100.0	26	100.0	1	100.0
サウスキャロライナ	42	33	31	183	41	100.0	142	100.0	35	100.0
サウスダコタ	125	6	7	144	125	100.0	19	100.0	8	100.0
ジョージア	58	52	25	369	58	100.0	311	100.0	26	100.0
テキサス	555	69	11	847	555	100.0	292	100.0	12	100.0
テネシー	184	26	2	286	184	100.0	102	100.0	2	100.0
デラウェア	21	3	2	33	19	100.0	14	100.0	2	100.0
ニュージャージー	306	41	15	454	306	100.0	148	100.0	15	100.0
ニューハンプシャー	231	7	2	238	231	100.0	7	100.0	2	100.0
ニューメキシコ	92	10	4	120	92	100.0	28	100.0	4	100.0
ニューヨーク	753	57	7	1,081	752	100.0	329	100.0	9	100.0
ネバダ	22	12	4	84	19	100.0	65	100.0	4	100.0
ネブラスカ	276	2	8	292	276	100.0	16	100.0	8	100.0
ノースキャロライナ	75	62	36	381	64	100.0	317	100.0	39	100.0
ノースダコタ	83	6	14	91	82	100.0	9	100.0	14	100.0
バーモント	189	4	10	191	187	100.0	4	100.0	10	100.0
ハワイ	1	1	1	51	1	100.0	50	100.0	1	100.0
フロリダ	70	49	25	498	52	100.0	446	100.0	32	100.0
ペンシルヴェニア	455	48	26	632	455	100.0	177	100.0	36	100.0
マサチューセッツ	370	48	5	485	370	100.0	115	100.0	5	100.0
ミシガン	384	63	16	658	378	100.0	280	100.0	17	100.0
ミシシッピ	49	40	2	241	48	100.0	193	100.0	2	100.0
ミズーリ	151	44	20	360	140	100.0	220	100.0	32	100.0
ミネソタ	140	25	14	355	129	100.0	226	100.0	16	100.0
メイン	269	3	0	276	269	100.0	7	100.0	0	100.0
メリーランド	24	24	11	179	17	100.0	162	100.0	14	100.0
モンタナ	79	15	3	108	79	100.0	29	100.0	3	100.0
ユタ	72	17	21	113	55	100.0	58	100.0	23	100.0
ルイジアナ	66	51	25	335	66	100.0	269	100.0	27	100.0
ロードアイランド	48	7	2	72	48	100.0	24	100.0	2	100.0
ワイオミング	23	20	2	74	23	100.0	51	100.0	2	100.0
ワシントン	66	23	11	330	57	100.0	273	100.0	19	100.0

(1)　図書館施設の合計値は、中央館と分館の館数を合算して求めている。

(2)　回答率は、この項目に回答した図書館の割合を示している。

(3)　全米 50 州及びコロンビア特別区にある図書館（9,207 館）のうち、7,441 館は提供するサービス拠点数が 1 か所であり、残る 1,766 館は複数のサービス拠点を提供している。ただしサービス拠点数が 1 か所の図書館でも、ブックモービルや郵送による資料提供サービスを行っている図書館も存在している。

出典：Adrienne Chute et al. Public Libraries in the United States: Fiscal Year 2004. National Center for Education Statistics, 2006, p.22-23, http://nces.ed.gov/pubs2006/2006349.pdf,, (accessed 2007-03-14).

表 1-10　設置者の法的基盤ごとの公共図書館分布割合（2004 会計年度）

州	公共図書館数	法的基盤の類型 (1)								
		分布								回答率 (10)
		地方自治体 (2)	郡／行政区 (3)	市／郡 (4)	連合形態 (5)	非営利団体 (6)	学区 (7)	図書館区 (8)	その他 (9)	
50 州とコロンビア特別区	9,207	52.9	10	1.3	3.4	14.8	2	14.1	1.4	100
アーカンソー	48	18.8	43.8	2.1	33.3	0	0	0	2.1	100
アイオワ	540	98.7	0.6	0	0	0	0	0	0.7	100
アイダホ	104	49	0	0	0	0	0	51	0	100
アラスカ	88	46.6	15.9	0	4.5	25	0	0	8	100
アラバマ	208	74.5	7.2	0.5	17.8	0	0	0	0	100
アリゾナ	91	25.3	25.3	40.7	1.1	0	0	0	7.7	100
イリノイ	626	51	0	0	0	0	0	49	0	100
インディアナ	239	0	0	0	0	0	0	100	0	100
ヴァージニア	90	25.6	40	0	25.6	8.9	0	0	0	100
ウィスコンシン	380	89.2	2.1	0.5	6.3	0	0.3	0	1.6	100
ウェストヴァージニア	97	49.5	33	0	17.5	0	0	0	0	100
オクラホマ	112	88.4	4.5	0.9	6.3	0	0	0	0	100
オハイオ	250	9.6	22.8	0	0	7.2	60.4	0	0	100
オレゴン	125	68.8	12	0	0	3.2	2.4	13.6	0	100
カリフォルニア	179	63.7	24.6	2.2	2.8	0	1.7	5	0	100
カンザス	325	91.4	4.3	0	0.9	0	0	2.8	0.6	100
ケンタッキー	116	0	9.5	0	0.9	0	0	89.7	0	100
コネチカット	194	50.5	0	0	0	49.5	0	0	0	100
コロラド	115	38.3	12.2	0	7	0	0.9	41.7	0	100
コロンビア特別区	1	100	0	0	0	0	0	0	0	100
サウスキャロライナ	42	2.4	92.9	0	4.8	0	0	0	0	100
サウスダコタ	125	63.2	8	7.2	16	0.8	0	0	4.8	100
ジョージア	58	0	43.1	0	56.9	0	0	0	0	100
テキサス	555	55.5	20.9	1.8	2.2	17.3	0	2.2	0.2	100
テネシー	184	55.4	40.8	3.8	0	0	0	0	0	100
デラウェア	21	14.3	28.6	4.8	0	0	0	52.4	0	100
ニュージャージー	306	75.8	4.6	0	2	17.3	0	0	0.3	100
ニューハンプシャー	231	97.4	0	0	0.4	2.2	0	0	0	100
ニューメキシコ	92	59.8	3.3	0	1.1	15.2	0	1.1	19.6	100
ニューヨーク	753	27	0.8	0	0	47.9	0.1	23.8	0.4	100
ネバダ	22	4.5	50	0	4.5	0	0	40.9	0	100
ネブラスカ	276	95.7	3.6	0	0.4	0	0	0	0.4	100
ノースキャロライナ	75	13.3	53.3	2.7	20	6.7	0	0	4	100
ノースダコタ	83	66.3	10.8	8.4	14.5	0	0	0	0	100
バーモント	189	53.4	0	0	5.8	40.2	0	0.5	0	100
ハワイ	1	0	0	0	0	0	0	0	100	100
フロリダ	70	30	50	2.9	15.7	0	0	1.4	0	100
ペンシルヴェニア	455	0	0	0	0	85.5	0	0	14.5	100
マサチューセッツ	370	93.2	0	0	0	6.5	0	0	0.3	100
ミシガン	384	52.6	5.7	0	0	0	4.9	36.7	0	100
ミシシッピ	49	4.1	34.7	26.5	34.7	0	0	0	0	100
ミズーリ	151	9.3	0.7	0	0	2	0	88.1	0	100
ミネソタ	140	75	8.6	7.9	8.6	0	0	0	0	100
メイン	269	38.3	0	0	0	61.7	0	0	0	100
メリーランド	24	0	100	0	0	0	0	0	0	100
モンタナ	79	35.4	34.2	16.5	13.9	0	0	0	0	100
ユタ	72	59.7	38.9	1.4	0	0	0	0	0	100
ルイジアナ	66	3	90.9	1.5	3	0	1.5	0	0	100
ロードアイランド	48	45.8	0	0	0	54.2	0	0	0	100
ワイオミング	23	0	100	0	0	0	0	0	0	100
ワシントン	66	65.2	0	0	0	0	0	34.8	0	100

(1)　法的基盤の類型は、図書館機能が属する地方政府機構の類型を参照している。
(2)　組織を設立した地方政府とは、州憲法・法律に則り認可を受け、一定のエリア内で特定の人口集中に対して一般政府をもたらすために設立したものを指す。
(3)　組織を設立した地方政府とは、州憲法・法律に則り認可を受け、一般政府をもたらすために設立したものを指す。
(4)　郡や市により協同で運営される、複数管轄の統一体である。
(5)　２つないしはそれ以上の単位の地方政府が共同運営協定書のもとに運営する公立図書館である。
(6)　私的な管理下に置かれているものの、公立図書館としての法的規準を満たし、認定された公立図書館である。
(7)　学区の法的基盤の下にある公立図書館である。
(8)　郡、自治体、タウンシップ、学区を除いた地方公共団体で、州法に基づき設置認可を与えられ、国教育統計局の Federal-State Cooperative System(FSCS) による定義により公共図書館として運営されている。
(9)　この項目にはネイティブアメリカン部族自治政府に法的基盤をもつ図書館や、公共図書館・学校図書館の複合形態によるものも含まれる。
(10)　回答率は法的基盤の類型を報告した図書館の割合である。

出典：Adrienne Chute et al. Public Libraries in the United States: Fiscal Year 2004. National Center for Education Statistics, 2006, p.22-23, http://nces.ed.gov/pubs2006/2006349.pdf,, (accessed 2007-03-14).

2.2 図書館職員の数に関する統計データ

(1) 館種、資格の有無、人種別、男女別の職員数

表 2-1　米国図書館協会（ALA）会員構成（2006 年 9 月調査）

特性	回答者数 9,137 人（総会員数の約 14%）
性別	女性　80% 男性　19%
年齢	1940 ～ 59 年生まれ　54% 1960 ～ 79 年生まれ　38.5%
人種／民族	白人　89% 黒人／アフリカ系アメリカ人　4.5% ヒスパニックあるいはラテン系　3% ネイティブアメリカン　1.4% アジア・太平洋系　2.7%
学位取得者	ALA 認定校による図書館情報学修士号(ALA-MLS)取得者　74% ALA-MLS 非取得者　2.7% 複数修士号取得者（ALA-MLS を含む）　29% 博士号取得者　2%
障害を持つ人	回答者の 3.5%

出典：Denise M. Davis et al. diversity counts. revised 2007.1, American Library Association, 2007, p.10, http://www.ala.org/ala/ors/diversitycounts/DiversityCounts_rev07.pdf, (accessed 2007-03-14).

表 2-2　アメリカ合衆国の全人口に対する人種分布（2000 年現在）

白人	75.1%
黒人あるいはアフリカ系アメリカ人	12.3%
ヒスパニックあるいはラテン系	12.5%
ネイティブアメリカン／アラスカ在住ネイティブアメリカン	0.9%
アジア系	3.6%
ハワイ原住民とその他の太平洋の島民	0.1%
ミックス	2.4%

出典：Denise M. Davis et al. diversity counts. revised 2007.1, American Library Association, 2007, p.15, http://www.ala.org/ala/ors/diversitycounts/DiversityCounts_rev07.pdf, (accessed 2007-03-14).

※本稿は、国立国会図書館の 2006 年度調査研究事業の成果物である。

図 2-3　有資格ライブラリアンの人種 / 民族分布（2000 年）

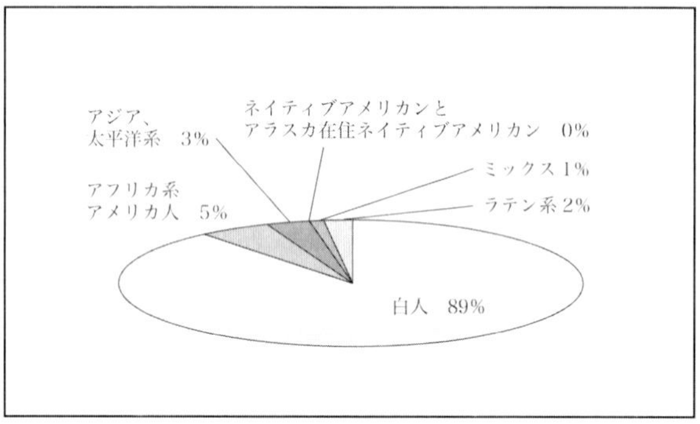

図 2-4　有資格ライブラリアンの性別分布 (2000年)

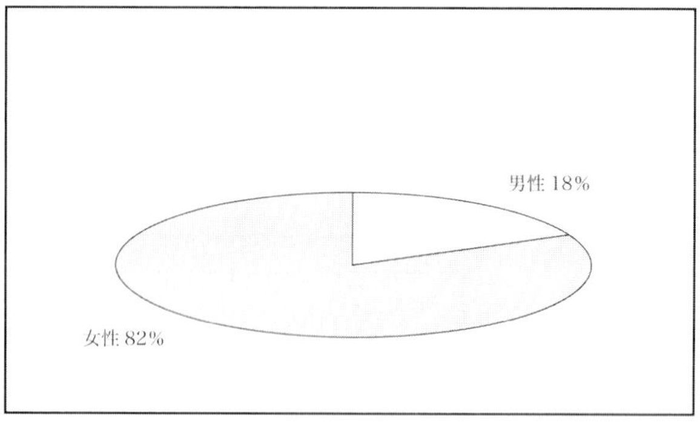

図 2-5　有資格ライブラリアンの就労時間分布（2000 年）

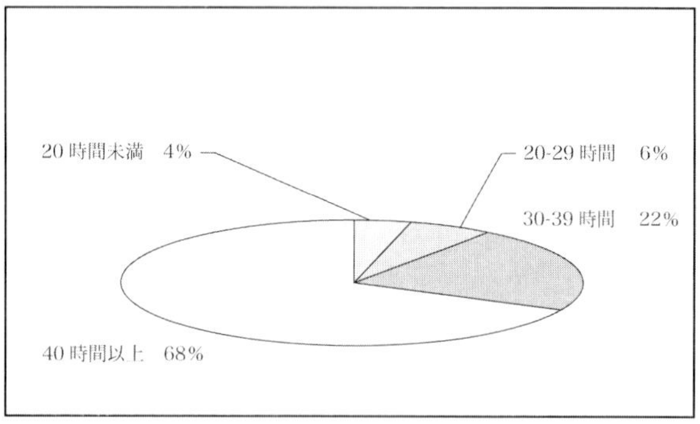

図 2-6　障害のある有資格ライブラリアン分布（2000 年）

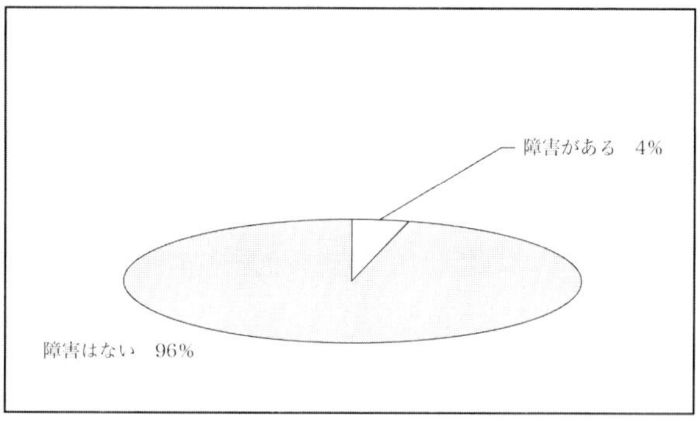

図 2-7　アシスタントライブラリアンの人種／民族分布（2000 年）

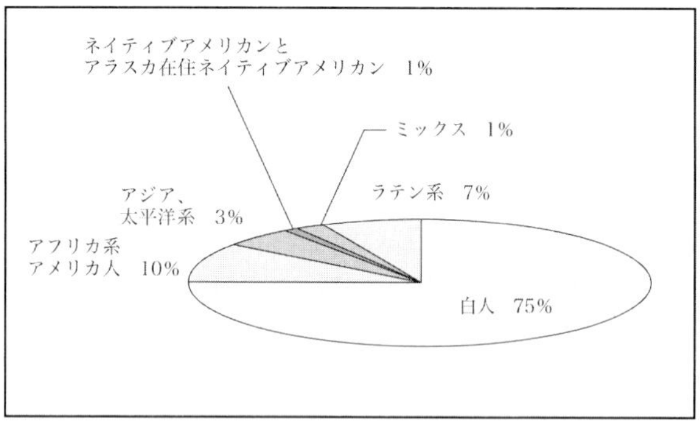

出典：Denise M. Davis et al. diversity counts. revised 2007.1, American Library Association, 2007, p.15-16, http://www.ala.org/ala/ors/diversitycounts/DiversityCounts_rev07.pdf, (accessed 2007-03-14).

表 2-8　アメリカ合衆国のライブラリアンの人種／民族（1990 ～ 2000 年）

	1990 年	2000 年	差
ライブラリアン　合計	200,881	190,255	-10,656 (–5.3%)
白人（ヒスパニックは含まない）	171,470	163,535	-7,935 (–4.6%)
アフリカ系アメリカ人（ヒスパニックは含まない）	15,500	11,365	-4,135 (–26.6%)
ネイティブアメリカン／アラスカ在住ネイティブアメリカン	904	700	-204 (–22.5%)
アジア・太平洋系	6,787	6,105	-682 (-10%)
ヒスパニック	6,164	6,370	+206 (+3%)

出典：Denise M. Davis et al. diversity counts. revised 2007.1, American Library Association, 2007, p.11, http://www.ala.org/ala/ors/diversitycounts/DiversityCounts_rev07.pdf, (accessed 2007-03-14).

表 2-9　有資格ライブラリアンの属性（2000 年）

		合計	白人	アフリカ系アメリカ人	アジア・太平洋系	ネイティブアメリカン・アラスカ在住ネイティブアメリカン	ミックス	ラテン系
	合計	109,958	97,827	5,244	3,516	310	923	2,137
性 別	男性	19,463	17,386	572	570	93	245	597
	女性	90,495	80,441	4,672	2,946	217	678	1,541
年 齢	35 歳以下	12,082	10,566	367	715	65	133	237
	35～44歳	21,106	17,809	1,185	1,015	87	327	682
	45～54歳	50,139	45,483	2,192	1,029	120	342	973
	55～64歳	21,922	19,863	1,145	590	37	78	208
	65歳以上	4,710	4,106	356	166	-	43	38
労働障害の有無	障害有	4,516	3,480	607	179	-	21	228
	障害無	105,442	94,347	4,637	3,337	310	901	1,909

出典：Denise M. Davis et al. diversity counts. revised 2007.1, American Library Association, 2007, p.9, http://www.ala.org/ala/ors/diversitycounts/DiversityCounts_rev07.pdf, (accessed 2007-03-14).

図2-10　ALA-MLS取得者数の推移（1999～2000年）
（米国連邦教育省による「図書館学」修士号取得者数総計と ALA-MLS 取得者数（除カナダ）の比較）

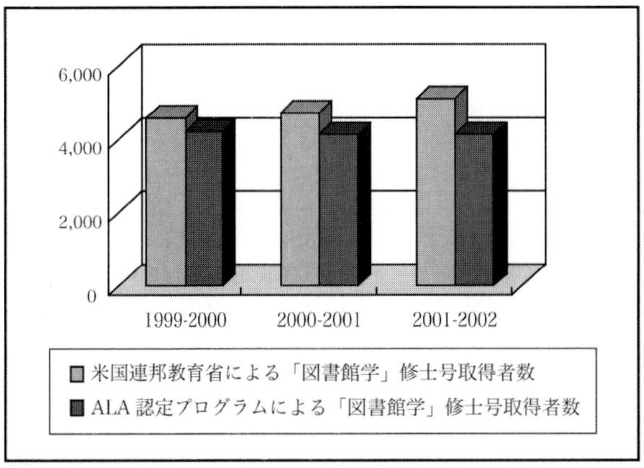

図 2-11　ALA-MLS 取得者の割合の推移（1999 ～ 2000 年）

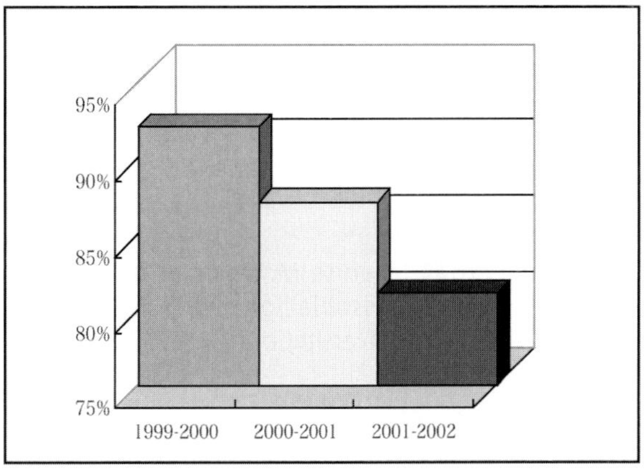

出典：Denise M. Davis et al. diversity counts. revised 2007.1, American Library Association, 2007, p.17, http://www.ala.org/ala/ors/diversitycounts/DiversityCounts_rev07.pdf, (accessed 2007-03-14).

表 2-12　ALA 認定図書館情報学修士課程在籍者の性別及び人種／民族分布（1998 ～ 1999 年）

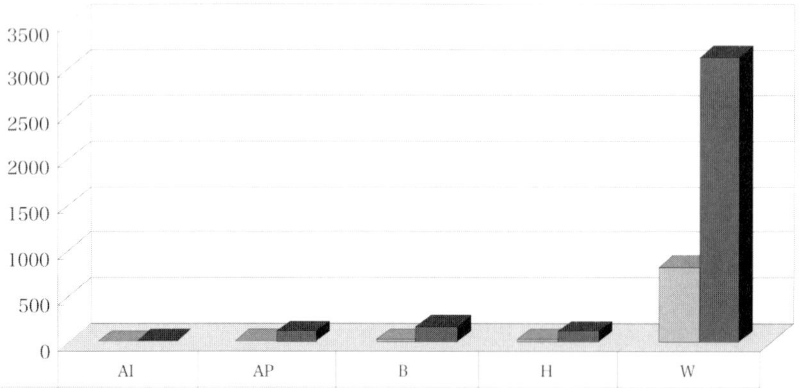

	AI	AP	B	H	W
男	5	20	29	34	830
女	15	123	172	110	3,134

AI …ネイティブアメリカン及びアラスカ在住ネイティブアメリカン
AP…アジア・太平洋系、B…アフリカ系アメリカ人、H…ヒスパニック、W…白人

表 2-13　ALA 認定図書館情報学修士課程在籍者の性別及び人種／民族分布（2000 ～ 2001 年）

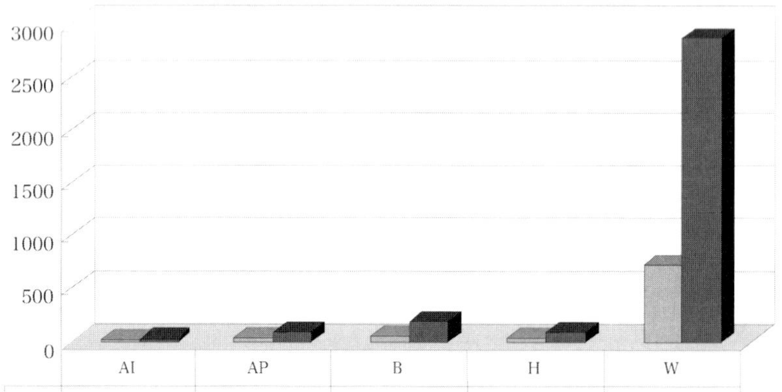

	AI	AP	B	H	W
男	4	27	42	36	723
女	20	92	189	94	2880

AI …ネイティブアメリカン及びアラスカ在住ネイティブアメリカン
AP…アジア・太平洋系、B…アフリカ系アメリカ人、H…ヒスパニック、W…白人

出典：Denise M. Davis et al. diversity counts. revised 2007.1, American Library Association, 2007, p.18, http://www.ala.org/ala/ors/diversitycounts/DiversityCounts_rev07.pdf, (accessed 2007-03-14).

＜公共図書館＞

表 2-14　公共図書館職員の学位の有無（2004 会計年度）

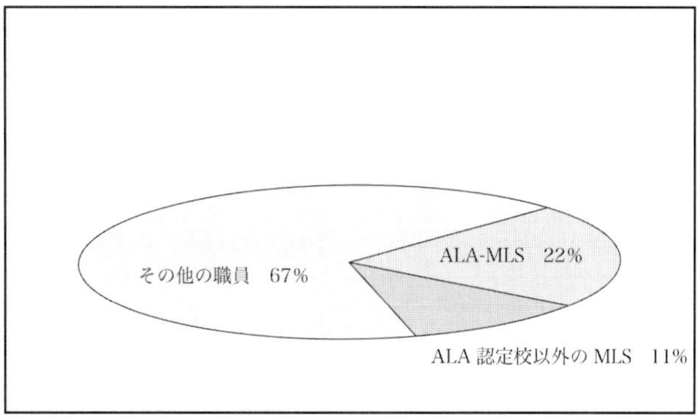

出典：Denise M. Davis et al. diversity counts. revised 2007.1, American Library Association, 2007, p.14, http://www.ala.org/ala/ors/diversitycounts/DiversityCounts_rev07.pdf, (accessed 2007-03-14).

表 2-15　公共図書館有資格ライブラリアンの人種／民族分布（2000 年）

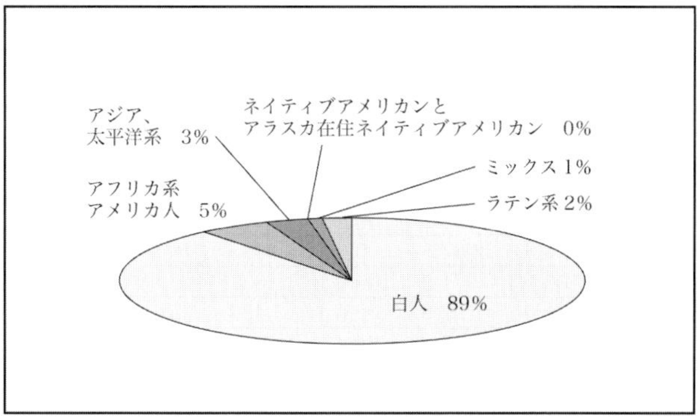

表 2-16　公共図書館のアシスタントライブラリアンの人種／民族分布（2000 年）

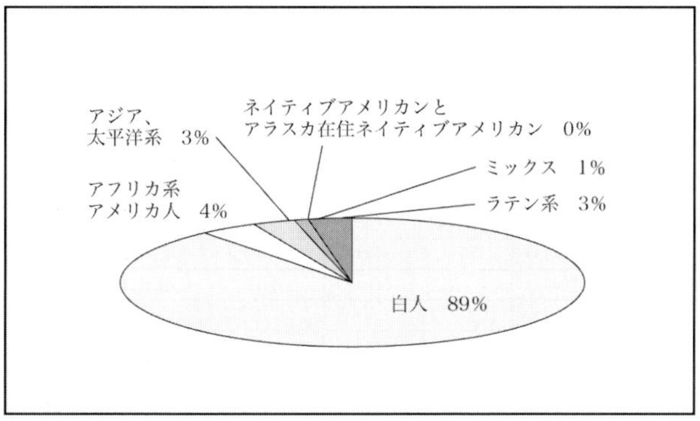

出典：Denise M. Davis et al. diversity counts. revised 2007.1, American Library Association, 2007, p.16, http://www.ala.org/ala/ors/diversitycounts/DiversityCounts_rev07.pdf, (accessed 2007-03-14).

表 2-17　公共図書館職員（フルタイム換算）の数と割合、ALA-MLS 取得職員総数および ALA-MLS 取得ライブラリアンを雇用する公共図書館数（2004 会計年度）

州	公共図書館の数	有給職員[1]								全ライブラリアンのうちALA-MLSを取得している割合	全職員のうちALA-MLSを取得している割合	ALA-MLS取得ライブラリアンを雇用する公共図書館数
		合計		ライブラリアン				その他				
				総数		うちALA-MLS[2]取得者						
		合計	回答率[3]	合計	回答率[3]	合計	回答率[3]	合計	回答率[3]			
合計	9,207	136,014.1	98.0	45,037.2	98.0	30,560.3	98.1	90,976.9	98.0	67.9	22.5	4,209
アラバマ	208	1,649.8	100.0	695.4	100.0	267.2	100.0	954.4	100.0	38.4	16.2	77
アーカンソー	48	871.8	95.8	246.1	95.8	99.1	95.8	625.7	95.8	40.3	11.4	37
アイオワ	540	1,569.2	97.0	868.6	97.0	222.7	100.0	700.6	97.0	25.6	14.2	79
アイダホ	104	602.2	100.0	184.6	100.0	62.2	100.0	417.6	100.0	33.7	10.3	27
アラスカ	88	302.5	100.0	107.2	100.0	62.3	100.0	195.3	100.0	58.1	20.6	20
アリゾナ	91	1,998.2	98.9	558.8	98.9	437.4	98.9	1,439.4	98.9	78.3	21.9	38
イリノイ	626	7,295.1	99.8	2,705.2	99.8	1,698.9	99.8	4,589.9	99.8	62.8	23.3	265
インディアナ	239	4,677.3	100.0	1,396.7	100.0	907.2	100.0	3,280.6	100.0	65.0	19.4	140
ヴァージニア	90	3,511.0	100.0	962.6	100.0	807.3	100.0	2,548.3	100.0	83.9	23.0	81
ウィスコンシン	380	3,001.0	100.0	1,158.0	100.0	620.1	100.0	1,843.0	100.0	53.6	20.7	155
ウェストヴァージニア	97	644.3	100.0	326.5	100.0	88.8	99.0	317.8	100.0	27.2	13.8	36
オクラホマ	112	1,215.3	99.1	592.5	99.1	198.9	99.1	622.9	99.1	33.6	16.4	29
オハイオ	250	9,661.2	100.0	2,706.8	100.0	1,984.2	100.0	6,954.5	100.0	73.3	20.5	188
オレゴン	125	1,657.3	99.2	501.9	99.2	377.9	99.2	1,155.4	99.2	75.3	22.8	65
カリフォルニア	179	11,900.1	97.8	3,479.9	97.8	3,242.6	97.8	8,420.1	97.8	93.2	27.2	168
カンザス	325	1,628.7	100.0	659	99.4	242.3	99.4	969.8	99.4	36.8	14.9	68
ケンタッキー	116	1,796.7	100.0	876.2	100.0	208.4	100.0	920.5	100.0	23.8	11.6	36
コネチカット	194	2,478.8	93.8	969	93.8	739.1	93.8	1,509.8	93.8	76.3	29.8	153
コロラド	115	2,491.3	100.0	772	100.0	540.4	99.1	1,719.3	100.0	70.0	21.7	62
コロンビア特別区	1	429.2	100.0	151.8	100.0	134.3	100.0	277.4	100.0	88.5	31.3	1
サウスキャロライナ	42	1,614.9	100.0	502	100.0	396.1	100.0	1,112.9	100.0	78.9	24.5	39
サウスダコタ	125	322.2	73.6	126.7	73.6	36.7	73.6	195.6	75.2	28.9	11.4	17
ジョージア	58	2,826.9	100.0	686.2	100.0	652.4	100.0	2,140.7	100.0	95.1	23.1	58
テキサス	555	6,525.7	99.8	2,087.8	100.0	1,498.9	100.0	4,438.0	99.8	71.8	23.0	192
テネシー	184	1,826.6	100.0	571.9	100.0	282.4	100.0	1,254.6	100.0	49.4	15.5	35
デラウェア	21	282.9	100.0	97.9	100.0	49.6	81.0	185	100.0	50.7	17.5	10
ニュージャージー[4]	306	5,261.3	94.4	1,447.0	94.4	1,440.8	94.4	3,814.4	94.4	99.6	27.4	262
ニューハンプシャー	231	723.9	97.8	423.5	97.8	157.4	97.8	300.5	97.8	37.2	21.7	79
ニューメキシコ	92	632	100.0	250.8	100.0	108.3	100.0	381.1	100.0	43.2	17.1	25
ニューヨーク	753	12,677.5	100.0	4,054.5	100.0	3,405.4	100.0	8,623.0	100.0	84.0	26.9	396
ネバダ	22	828.7	100.0	222.8	100.0	160	100.0	605.9	100.0	71.8	19.3	10
ネブラスカ	276	773.4	76.4	378.9	76.4	102.9	76.8	394.4	76.4	27.2	13.3	23
ノースキャロライナ	75	2,860.3	100.0	650.6	100.0	620.6	100.0	2,209.7	100.0	95.4	21.7	72
ノースダコタ	83	209	100.0	110.4	100.0	25	98.8	98.6	100.0	22.6	11.9	9
バーモント	189	309.6	91.5	179.6	91.5	48.3	91.5	130.1	91.5	26.9	15.6	41
ハワイ	1	566.1	100.0	171.5	100.0	171	100.0	394.6	100.0	99.7	30.2	1
フロリダ	70	6,828.2	97.1	2,076.4	97.1	1,731.3	97.1	4,751.8	97.1	83.4	25.4	67
ペンシルヴェニア	455	4,513.1	100.0	1,531.3	100.0	1,036.4	100.0	2,981.8	100.0	67.7	23.0	230
マサチューセッツ	370	3,706.5	98.6	1,665.1	98.6	1,081.2	98.4	2,041.5	98.6	64.9	29.2	264
ミシガン	384	4,910.3	99.7	1,863.6	99.7	1,267.5	99.7	3,046.6	99.7	68.0	25.8	210
ミシシッピ	49	1,281.0	100.0	487	100.0	128	100.0	794	100.0	26.3	10.0	39
ミズーリ	151	2,856.6	100.0	708.5	100.0	389.9	100.0	2,148.1	100.0	55.0	13.6	54
ミネソタ	140	2,373.7	100.0	779.2	100.0	510.1	100.0	1,594.6	100.0	65.5	21.5	59
メイン	269	682.6	100.0	323	100.0	147.5	99.6	359.6	100.0	45.6	21.6	80
メリーランド	24	3,200.8	100.0	1,219.6	100.0	634	100.0	1,981.2	100.0	52.0	19.8	24
モンタナ	79	322.8	100.0	185.9	100.0	38.8	100.0	136.9	100.0	20.9	12.0	14
ユタ	72	1,082.0	100.0	302.2	100.0	161.7	100.0	779.9	100.0	53.5	14.9	18
ルイジアナ	66	2,302.5	100.0	818.3	100.0	336.8	100.0	1,484.2	100.0	41.2	14.6	54
ロードアイランド	48	660.5	97.9	229.4	97.9	196.2	97.9	431.1	97.9	85.5	29.7	46
ワイオミング	23	390.7	100.0	147.9	100.0	31.8	100.0	242.8	100.0	21.5	8.1	11
ワシントン	66	3,281.0	100.0	819.1	100.0	772.6	100.0	2,461.9	100.0	94.3	23.5	45

(1)　有給職員数はフルタイム換算人数（FTEs）で報告される。データの比較可能性を確保する目的で、週あたり40時間の労働時間がフルタイム雇用の基準として設定されている（例えば、労働者による週あたり60時間のパートタイム労働は、1.5FTEsに換算する）。FTEの数値は小数第2位まで報告されているが、表では四捨五入をおこない、小数第1位まで求めている。有給職員は“Public Library Survey”では、公共図書館であるかどうかを定義する4つの基準の1つとなっている。ただしいくつかの州では州法に基づき、有給職員を雇用していない公共図書館でも、公共図書館の定義を満たすとしている。

(2)　“ALA-MLS”とは、ALAにより認定を受けた図書館情報学教育プログラムで取得する修士号である。

(3)　「回答率」とは、項目に回答した図書館の割合である。ただし回答率が100％に満たない項目には、無回答館のデータも合算されており、表の数値にもふくまれている。

(4)　“ALA-MLS”取得ライブラリアンではないが、認定された（certified）ライブラリアンが報告されている。ALAによる図書館情報学教育認定プログラムによる認定を受けた教育機関で取得した修士号と、そのような認定を受けていない高等教育機関から授与された「図書館学」の修士号に、州は区別を設けていない。それら「認定された」ライブラリアンの合計は、“ALA-MLS”取得ライブラリアンと合算して報告されており、“ALA-MLS”取得ライブラリアンと他の「図書館学」修士号取得ライブラリアンが合算されている。国全体で高等教育機関における「図書館学」修士号取得者は2002～2003年で5,314名に達している（Digest of Education Statistics, 2004, [NCES 2006–005], table 251. U.S. Department of Education, National Center for Education Statistics. Washington, DC: Government Printing Office. による）。うちALA認定プログラムによる修士号取得者はあわせて4,703名であり、2002～2003年の総修士号取得者の約89％を占めている（ALA, Office for Human Resource Development and Recruitment, Degrees and Certificates Awarded by U.S. Library and Information Studies Education Programs, 2004による）。

出典：Adrienne Chute et al. Public Libraries in the United States: Fiscal Year 2004. National Center for Education Statistics, 2006, p.62-63, http://nces.ed.gov/pubs2006/2006349.pdf, (accessed 2007-03-14).

表 2-18　公共図書館職員におけるフルタイム換算有給職員数別の配置状況（2004 会計年度）

州	公共図書館の数	フルタイム換算有給職員数 分布										回答率
		0	0～0.99	1～1.99	2～4.99	5～9.99	10～24.99	25～49.99	50～99.99	100～249.99	250以上	
合計	9,207	1.4	19.7	15.7	22.2	15.1	14.7	5.8	3.0	1.6	0.8	98.0
アーカンソー	48	0	0	4.2	12.5	25.0	37.5	16.7	2.1	2.1	0	95.8
アイオワ	540	1.5	45.0	23.3	17.2	8.0	3.3	1.1	0.6	0	0	97.0
アイダホ	104	1.0	24.0	22.1	26.0	12.5	9.6	3.8	1.0	0	0	100.0
アラスカ	88	14.8	50.0	5.7	14.8	9.1	3.4	1.1	1.1	0.0	0	100.0
アラバマ	208	0.5	13.5	19.7	31.7	19.7	10.6	1.9	1.0	1.4	0	100.0
アリゾナ	91	1.1	11.0	16.5	25.3	20.9	11.0	3.3	4.4	4.4	2.2	98.9
イリノイ	626	0.6	14.9	20.4	23.0	12.8	15.8	6.4	5.1	0.8	0.2	99.8
インディアナ	239	0.0	5.4	15.5	19.2	14.6	27.6	8.4	6.3	2.1	0.8	100.0
ヴァージニア	90	0	0	2.2	16.7	17.8	30.0	13.3	8.9	10.0	1.1	100.0
ウィスコンシン	380	0.3	16.6	23.2	27.6	13.4	13.7	2.9	1.8	0.3	0.3	100.0
ウェストヴァージニア	97	0	6.2	30.9	30.9	15.5	13.4	1.0	1.0	1.0	0	100.0
オクラホマ	112	0	17.9	25.9	30.4	14.3	7.1	0	1.8	0.9	1.8	99.1
オハイオ	250	0	0	2.0	11.2	19.2	34.8	18.0	8.4	3.6	2.8	100.0
オレゴン	125	0.8	21.6	11.2	21.6	19.2	15.2	5.6	3.2	0.8	0.8	99.2
カリフォルニア	179	1.1	0.6	1.1	3.9	12.8	27.4	24.6	14.5	8.9	5.0	97.8
カンザス	325	3.1	45.5	16.6	21.2	5.5	5.2	1.2	0.3	0.9	0.3	100.0
ケンタッキー	116	0	0	2.6	18.1	44.8	25.9	5.2	0.9	1.7	0.9	100.0
コネチカット	194	1.5	6.2	8.8	23.2	22.2	23.2	11.3	2.1	1.5	0	93.8
コロラド	115	0	5.2	18.3	33.0	14.8	12.2	6.1	5.2	3.5	1.7	100.0
コロンビア特別区	1	0	0	0	0	0	0	0	0	0	100.0	100.0
サウスキャロライナ	42	0	0	0	11.9	21.4	33.3	9.5	14.3	9.5	0	100.0
サウスダコタ	125	0.8	46.4	30.4	12.8	5.6	2.4	0.8	0.8	0.0	0	73.6
ジョージア	58	0	0	0	1.7	12.1	36.2	22.4	17.2	6.9	3.4	100.0
テキサス	555	1.1	12.4	18.2	34.8	16.9	8.5	4.5	1.8	0.7	1.1	99.8
テネシー	184	0.0	25.0	20.1	27.2	15.2	7.6	2.7	0.5	0.5	1.1	100.0
デラウェア	21	0	0	0	47.6	28.6	9.5	9.5	0.0	4.8	0	100.0
ニュージャージー	306	0.3	1.6	6.5	20.3	28.8	27.5	8.5	3.9	2.3	0.3	94.4
ニューハンプシャー	231	2.2	35.9	20.8	25.5	6.9	7.4	1.3	0	0	0	97.8
ニューメキシコ	92	13.0	2.2	20.7	32.6	17.4	8.7	4.3	0.0	1.1	0	100.0
ニューヨーク	753	0	23.9	16.2	19.4	14.2	13.5	8.6	3.1	0.5	0.5	100.0
ネバダ	22	0	0	13.6	27.3	18.2	27.3	0	4.5	4.5	4.5	100.0
ネブラスカ	276	1.1	62.7	13.0	13.4	5.1	3.6	0.4	0	0.7	0.0	76.4
ノースキャロライナ	75	0	0	0	1.3	12.0	38.7	33.3	6.7	6.7	1.3	100.0
ノースダコタ	83	4.8	51.8	12.0	19.3	7.2	3.6	1.2	0	0	0	100.0
バーモント	189	8.5	50.8	20.6	12.2	5.3	2.6	0	0	0	0	91.5
ハワイ	1	0	0	0	0	0	0	0	0	0	100.0	100.0
フロリダ	70	0	1.4	0	4.3	11.4	25.7	15.7	15.7	12.9	12.9	97.1
ペンシルヴェニア	455	0	9.0	18.7	34.1	19.3	13.6	2.9	2.0	0	0.4	100.0
マサチューセッツ	370	0.5	16.5	7.8	21.4	23.5	24.3	4.3	1.4	0.0	0.3	98.6
ミシガン	384	0.3	8.3	16.7	29.2	20.3	14.3	4.4	4.7	1.6	0.3	99.7
ミシシッピ	49	0	0	0	8.2	18.4	44.9	18.4	4.1	6.1	0	100.0
ミズーリ	151	0.7	13.2	16.6	28.5	19.2	11.9	5.3	0	2.6	2.0	100.0
ミネソタ	140	0	12.9	22.1	30.0	10.7	12.9	2.9	4.3	2.9	1.4	100.0
メイン	269	12.3	39.4	17.1	16.4	10.0	4.1	0.7	0	0	0	100.0
メリーランド	24	0	0	0	0	0	29.2	25.0	12.5	12.5	20.8	100.0
モンタナ	79	0.0	25.3	27.8	27.8	10.1	5.1	3.8	0	0	0	100.0
ユタ	72	0	16.7	19.4	23.6	16.7	13.9	2.8	4.2	1.4	1.4	100.0
ルイジアナ	66	0	0	0	10.6	16.7	43.9	10.6	10.6	6.1	1.5	100.0
ロードアイランド	48	0	4.2	8.3	20.8	22.9	31.3	10.4	0	2.1	0	97.9
ワイオミング	23	0	0	0	13.0	26.1	34.8	26.1	0	0	0	100.0
ワシントン	66	0	12.1	12.1	19.7	12.1	16.7	4.5	7.6	10.6	4.5	100.0

(1)　有給職員数はフルタイム換算人数（FTEs）で報告される。データの比較可能性を確保する目的で、週あたり 40 時間の労働時間がフルタイム雇用の基準として設定されている（例えば、労働者による週あたり 60 時間のパートタイム労働は、1.5FTEs に換算する）。FTE の数値は小数第 2 位まで報告されているが、表では四捨五入をおこない、小数第 1 位まで求めている。有給職員は "Public Library Survey" では、公共図書館であるかどうかを定義する 4 つの基準の 1 つとなっている。ただしいくつかの州では州法に基づき、有給職員を雇用していない公共図書館でも、公共図書館の定義を満たすとしている。

(2)　「回答率」とは、項目に回答した図書館の割合である。ただし回答率が 100％に満たない項目には、無回答館のデータも合算されており、表の数値にもふくまれている。

出典：Adrienne Chute et al. Public Libraries in the United States: Fiscal Year 2004. National Center for Education Statistics, 2006, p.66-67, http://nces.ed.gov/pubs2006/2006349.pdf, (accessed 2007-03-14).

表 2-19　公共図書館における人口 25,000 人当たりのフルタイム換算有給職員および有給ライブラリアン数（州単位・2004 会計年度）

州	順位 (1)	人口25,000人あたりのフルタイム換算有給職員数(2)	州	順位 (1)	人口25,000人あたりのフルタイム換算有給ライブラリアン数(2)
合計	†	12	合計	†	3.97
オハイオ	1	21.08	ニューハンプシャー	1	8.18
インディアナ	2	20.59	バーモント	2	7.78
ワイオミング	3	19.49	アイオワ	3	7.43
コロンビア特別区 (3)	4	19.38	ワイオミング	4	7.38
コネチカット	5	17.79	カンザス	5	7.17
カンザス	6	17.72	コネチカット	6	6.95
ニューヨーク	7	16.74	コロンビア特別区 (3)	7	6.86
イリノイ	8	16.03	メイン	8	6.85
ニュージャージー	9	15.78	ネブラスカ	9	6.7
ロードアイランド	10	15.44	マサチューセッツ	10	6.48
メリーランド	11	14.74	インディアナ	11	6.15
メイン	12	14.48	イリノイ	12	5.94
マサチューセッツ	13	14.42	オハイオ	13	5.91
コロラド	14	14.06	メリーランド	14	5.62
ニューハンプシャー	15	13.98	サウスダコタ	15	5.42
ミズーリ	16	13.97	ケンタッキー	16	5.37
サウスダコタ	17	13.79	ロードアイランド	17	5.36
ネブラスカ	18	13.66	ニューヨーク	18	5.36
ワシントン	19	13.57	ウィスコンシン	19	5.23
ウィスコンシン	20	13.56	モンタナ	20	5.16
アイオワ	21	13.43	オクラホマ	21	5.13
バーモント	22	13.42	ノースダコタ	22	5.01
オレゴン	23	12.86	ミシガン	23	4.7
ルイジアナ	24	12.75	ルイジアナ	24	4.53
アイダホ	25	12.47	ウェストヴァージニア	25	4.51
ミシガン	26	12.39	コロラド	26	4.36
ヴァージニア	27	12.02	ニュージャージー	27	4.34
ミネソタ	28	11.66	ミシシッピ	28	4.19
アラスカ	29	11.54	アラスカ	29	4.09
ユタ	30	11.41	オレゴン	30	3.9
ハワイ (4)	31	11.25	アラバマ	31	3.87
ミシシッピ	32	11.03	ミネソタ	32	3.83
ケンタッキー	33	11.01	アイダホ	33	3.82
オクラホマ	34	10.52	ニューメキシコ	34	3.81
フロリダ	35	9.77	ミズーリ	35	3.46
サウスキャロライナ	36	9.73	ハワイ (4)	36	3.41
ニューメキシコ	37	9.6	ワシントン	37	3.39
ノースダコタ	38	9.48	ヴァージニア	38	3.29
ペンシルヴェニア	39	9.42	ペンシルヴェニア	39	3.2
アリゾナ	40	9.2	ユタ	40	3.19
アラバマ	41	9.19	デラウェア	41	3.12
デラウェイ	42	9.02	サウスキャロライナ	42	3.03
モンタナ	43	8.96	フロリダ	43	2.97
ウェストヴァージニア	44	8.91	テキサス	44	2.57
ネバダ	45	8.59	アリゾナ	45	2.57
ノースキャロライナ	46	8.49	テネシー	46	2.47
ジョージア	47	8.3	カリフォルニア	47	2.41
カリフォルニア	48	8.23	アーカンソー	48	2.31
アーカンソー	49	8.19	ネバダ	49	2.31
テキサス	50	8.05	ジョージア	50	2.02
テネシー	51	7.88	ノースキャロライナ	51	1.93

†　数値を与えることができない。

(1)　順位は四捨五入をおこなう前の数値に基づく。

(2)　「25,000 人あたり」という数字は、法定サービス地域の重複を除いた人口数を基に算出している。

(3)　コロンビア特別区は州とは異なるが、州別順位に組み込んだ。ただし州のデータとの比較に際しては、特別な配慮が必要となる。

(4)　ハワイ州は 1 公共図書館のデータのみ回答しているため、他の州との比較には、特別な配慮が必要となる。

出典：Adrienne Chute et al. Public Libraries in the United States: Fiscal Year 2004. National Center for Education Statistics, 2006, p.A-8, http://nces.ed.gov/pubs2006/2006349.pdf, (accessed 2007-03-14).

表 2-20　公共図書館における人口 25,000 人あたりのフルタイム換算有給 ALA-MLS 取得ライブラリアンおよびその他の有給職員数（州単位・2004 会計年度）

州	順位 (1)	人口 2,500 人あたりの ALA-MLS 取得フルタイム換算有給ライブラリアン数 (2)	州	順位 (1)	人口 2,500 人あたりのその他のフルタイム換算有給職員数 (2)
合計	†	2.7	合計	†	8.02
コロンビア特別区 (3)	1	6.07	オハイオ	1	15.17
コネチカット	2	5.3	インディアナ	2	14.44
ロードアイランド	3	4.58	コロンビア特別区 (3)	3	12.53
ニューヨーク	4	4.5	ワイオミング	4	12.11
オハイオ	5	4.33	ニュージャージー	5	11.44
ニュージャージー	6	4.32	ニューヨーク	6	11.39
マサチューセッツ	7	4.21	コネチカット	7	10.84
インディアナ	8	3.99	カンザス	8	10.55
イリノイ	9	3.73	ミズーリ	9	10.5
ハワイ (4)	10	3.4	ワシントン	10	10.18
ミシガン	11	3.2	イリノイ	11	10.09
ワシントン	12	3.2	ロードアイランド	12	10.08
メイン	13	3.13	コロラド	13	9.7
コロラド	14	3.05	メリーランド	14	9.12
ニューハンプシャー	15	3.04	オレゴン	15	8.97
オレゴン	16	2.93	ヴァージニア	16	8.72
メリーランド	17	2.92	アイダホ	17	8.65
ウィスコンシン	18	2.8	サウスダコタ	18	8.37
ヴァージニア	19	2.76	ウィスコンシン	19	8.33
カンザス	20	2.64	ユタ	20	8.22
ミネソタ	21	2.51	ルイジアナ	21	8.22
フロリダ	22	2.48	マサチューセッツ	22	7.94
サウスキャロライナ	23	2.39	ハワイ (4)	23	7.84
アラスカ	24	2.38	ミネソタ	24	7.83
カリフォルニア	25	2.24	ミシガン	25	7.69
ペンシルヴェニア	26	2.16	メイン	26	7.63
バーモント	27	2.09	アラスカ	27	7.45
アリゾナ	28	2.01	ネブラスカ	28	6.97
ジョージア	29	1.92	ミシシッピ	29	6.84
ミズーリ	30	1.91	フロリダ	30	6.8
アイオワ	31	1.91	サウスキャロライナ	31	6.71
ルイジアナ	32	1.86	アリゾナ	32	6.63
テキサス	33	1.85	ノースキャロライナ	33	6.56
ノースキャロライナ	34	1.84	ジョージア	34	6.29
ネブラスカ	35	1.82	ネバダ	35	6.28
オクラホマ	36	1.72	ペンシルヴェニア	36	6.22
ユタ	37	1.7	アイオワ	37	5.99
ネバダ	38	1.66	デラウェア	38	5.9
ニューメキシコ	39	1.64	アーカンソー	39	5.88
ワイオミング	40	1.59	カリフォルニア	40	5.83
デラウェア	41	1.58	ニューハンプシャー	41	5.8
サウスダコタ	42	1.57	ニューメキシコ	42	5.79
アラバマ	43	1.49	ケンタッキー	43	5.64
アイダホ	44	1.29	バーモント	44	5.64
ケンタッキー	45	1.28	テキサス	45	5.47
ウェストヴァージニア	46	1.23	テネシー	46	5.41
テネシー	47	1.22	オクラホマ	47	5.39
ノースダコタ	48	1.13	アラバマ	48	5.32
ミシシッピ	49	1.1	ノースダコタ	49	4.47
モンタナ	50	1.08	ウェストヴァージニア	50	4.39
アーカンソー	51	0.93	モンタナ	51	3.8

†　数値を与えることができない。
(1)　順位は四捨五入をおこなう前の数値に基づく。
(2)　「25,000 人あたり」という数字は、法定サービス地域の重複を除いた人口数を基に算出している。
(3)　コロンビア特別区は州とは異なるが、州別順位に組み込んだ。ただし州のデータとの比較に際しては、特別な配慮が必要となる。
(4)　ハワイ州は 1 公共図書館のデータのみ回答しているため、他の州との比較には、特別な配慮が必要となる

出典：Adrienne Chute et al. Public Libraries in the United States: Fiscal Year 2004. National Center for Education Statistics, 2006, p.A-9, http://nces.ed.gov/pubs2006/2006349.pdf, (accessed 2007-03-14).

表 2-21　全米 50 州とコロンビア特別区における州立図書館機構のフルタイム換算有給職員数と割合（2005 年秋現在）

歳入	合 計	運 営	コレクション形成	図書館サービス	その他のサービス
フルタイム換算有給職員数					
すべて	3580.6	464.6	645.3	1873.9	596.8
50, 000,000 ドル以上	721.4	74.7	126.2	389.8	130.8
20,000,000～49,999,999 ドル	895.2	109.9	115.5	508.4	161.5
10,000,000～19.999,999 ドル	1039.8	136.2	239.4	484.2	180.0
4,000,000～9,999,999 ドル	749.4	122.2	136.2	368.4	122.6
4,000,000 ドル未満	174.8	21.7	28.0	123.2	2.0
割合					
すべて	100.0	13.0	18.0	52.3	16.7
50, 000,000 ドル以上	100.0	10.4	17.5	54.0	18.1
20,000,000～49,999,999 ドル	100.0	12.3	12.9	56.8	18.0
10,000,000～19.999,999 ドル	100.0	13.1	23.0	46.6	17.3
4,000,000～9,999,999 ドル	100.0	16.3	18.2	49.2	16.4
4,000,000 ドル未満	100.0	12.4	16.0	70.5	1.1

出典：Holton, Barbara et al. State Library Agencies Fiscal Year 2005. National Center for Education Statistics, 2006, p7, http://nces.ed.gov/pubs2007/2007300.pdf, (accessed 2007-03-14).

表 2-22　全米 50 州とコロンビア特別区における州立図書館機構のフルタイム換算有給職員数と割合（2004 年秋現在）

サービスの類型	合計	ALA-MLS取得ライブラリアン(1)	その他の専門職	その他の職員
フルタイム換算有給職員数				
すべて	3,498.20	1,118.40	688.4	1,691.30
運　営	457.3	107.2	150.4	199.8
コレクション形成	658.8	351.8	90.7	216.3
図書館サービス	1,929.50	631.9	260.9	1,036.70
その他のサービス	452.5	27.5	186.5	238.5
割合				
すべて	100.0	100.0	100.0	100.0
運　営	13.1	9.6	21.9	11.8
コレクション形成	18.8	31.5	13.2	12.8
図書館サービス	55.2	56.5	37.9	61.3
その他のサービス	12.9	2.5	27.1	14.1

(1)　“ALA-MLS” とは、ALA により認定を受けた図書館情報学教育プログラムで取得する修士号である。

出典：Holton, Barbara et al. State Library Agencies Fiscal Year 2004. National Center for Education Statistics, 2005, p9, http://nces.ed.gov/pubs2006/2006303.pdf, (accessed 2007-03-14).

＜学校図書館＞

図 2-23　K-12 学校図書館メディアセンター有資格ライブラリアンの人種／民族分布（2000 年）

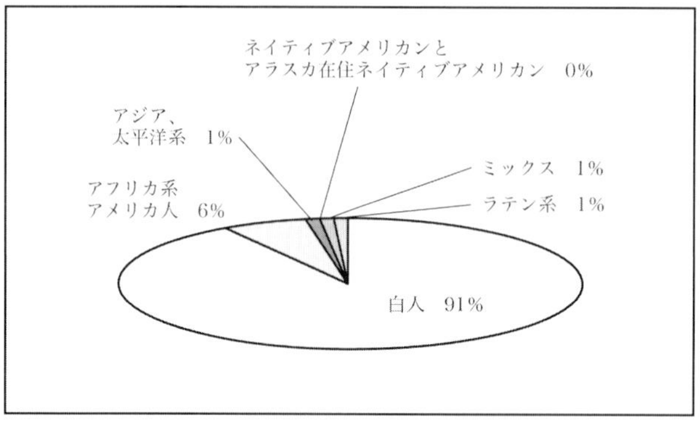

出典：Denise M. Davis et al. diversity counts. revised 2007.1, American Library Association, 2007, p.17, http://www.ala.org/ala/ors/diversitycounts/DiversityCounts_rev07.pdf, (accessed 2007-03-14).

図 2-24　K-12 学校図書館メディアセンターアシスタントライブラリアンの人種／民族分布（2000 年）

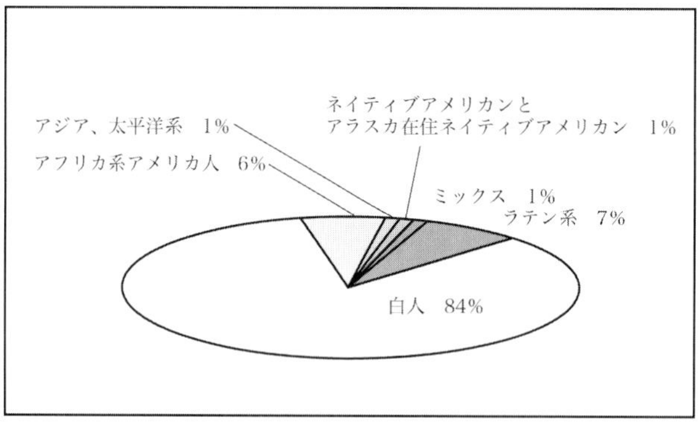

出典：Denise M. Davis et al. diversity counts. revised 2007.1, American Library Association, 2007, p.17, http://www.ala.org/ala/ors/diversitycounts/DiversityCounts_rev07.pdf, (accessed 2007-03-14).

表 2-25　学校図書館メディアセンターを設置する公立学校数と学士取得者、MLS およびその他の学位取得者を抱える公立学校数（1999 ～ 2000 年）

州	図書館メディアセンターを設置する公立学校の数	図書館メディアセンターを設置する公立学校			
		学士取得専門職員を抱える公立学校数	学士取得専門職員を抱える公立学校の割合	MLSあるいは関連学位取得専門職員るを抱える公立学校数(1)	MLSあるいは関連学位取得専門職員を抱える公立学校の割合(1)
50 州とコロンビア特別区	76,807	15,305	19.9	31,954	41.6
アーカンソー	1,089	285	26.2	687	63.1
アイオワ	1,463	518	35.4	613	41.9
アイダホ	545	204	37.3	85	15.6
アラスカ	366	69	18.7	110	29.9
アラバマ	1,299	80	6.1	980	75.4
アリゾナ	991	221	22.4	446	45.0
イリノイ	3,638	500	13.8	1,531	42.1
インディアナ	1,737	220	12.7	815	46.9
ヴァージニア	3,738	157	4.2	2,183	58.4
ウィスコンシン	3,584	559	15.6	1,069	29.8
ウェストヴァージニア	461	355	77.1	24	5.3
オクラホマ	2,942	280	9.5	1,389	47.2
オハイオ	1,609	232	14.4	741	46.0
オレゴン	1,483	492	33.2	624	42.1
カリフォルニア	6,340	962	15.2	677	10.7
カンザス	1,374	220	16.0	743	54.0
ケンタッキー	1,222	69	5.6	513	42.0
コネチカット	934	26	2.8	506	54.2
コロラド	1,355	121	8.9	610	45.0
コロンビア特別区	138	14	10.2	77	55.9
サウスキャロライナ	745	427	57.4	156	20.9
サウスダコタ	1,014	446	44.0	210	20.7
ジョージア	1,710	23	1.3	919	53.7
テキサス	432	75	17.4	185	43.0
テネシー	420	80	19.1	134	32.0
デラウェア	136	29	21.4	52	38.4
ニュージャージー	1,602	535	33.4	781	48.7
ニューハンプシャー	332	80	24.0	130	39.2
ニューメキシコ	1,841	391	21.3	545	29.6
ニューヨーク	610	135	22.1	108	17.7
ネバダ	693	167	24.0	151	21.8
ネブラスカ	6,246	1,550	24.8	2,489	39.9
ノースキャロライナ	1,948	434	22.3	1,074	55.1
ノースダコタ	346	119	34.4	72	20.7
バーモント	684	129	18.9	159	23.2
ハワイ	247	26	10.4	181	73.3
フロリダ	2,436	642	26.4	1,267	52.0
ペンシルヴェニア	859	273	31.7	420	48.9
マサチューセッツ	1,118	258	23.1	330	29.5
ミシガン	2,941	628	21.3	1,624	55.2
ミシシッピ	1,035	76	7.3	677	65.5
ミズーリ	571	274	48.0	102	17.8
ミネソタ	277	18	6.6	206	74.3
メイン	621	74	11.9	327	52.6
メリーランド	1,226	203	16.6	657	53.6
モンタナ	1,488	327	21.9	453	30.4
ユタ	2,086	553	26.5	1,049	50.3
ルイジアナ	1,269	386	30.4	288	22.7
ロードアイランド	1,906	681	35.7	635	33.3
ワイオミング	1,782	362	20.3	894	50.2
ワシントン	1,877	318	16.9	1,256	66.9

類型	図書館メディアセンターを設置する公立学校の数	図書館メディアセンターを設置する公立学校			
		学士取得専門職員を抱える公立学校数	学士取得専門職員を抱える公立学校の割合	MLSあるいは関連学位取得専門職員るを抱える公立学校数(1)	MLSあるいは関連学位取得専門職員を抱える公立学校の割合(1)
地域					
北東部	12,969	1,842	14.2	6,952	53.6
中西部	22,123	4,981	22.5	8,828	39.9
南部	26,025	5,306	20.4	12,520	48.1
西部	15,690	3,175	20.2	3,654	23.3
コミュニティ類型					
中核都市	18,038	2,949	16.3	6,921	38.4
都市周辺地帯／大きな町	34,754	5,878	16.9	16,328	47.0
地方／小さな町	24,015	6,478	27.0	8,705	36.2
校種					
初等学校	56,715	10,805	19.1	21,938	38.7
中等学校	17,963	4,093	22.8	9,327	51.9
一貫教育校	2,129	407	19.1	688	32.3
在籍者数					
100人未満	3,540	989	27.9	778	22.0
100～199人	6,748	1,949	28.9	2,029	30.1
200～499人	30,280	6,072	20.1	12,177	40.2
500～749人	20,095	3,678	18.3	8,538	42.5
750～999人	7,917	1,245	15.7	3,621	45.7
1,000人以上	8,227	1,372	16.7	4,811	58.5

(1)　図書館学修士あるいは情報学修士および図書館業務、教育メディア、指導計画と指導方法にかかわる修士号を指す。

出典：Holton, Barbara et al. The Status of Public and Private School Library Media Centers in the United States: 1999–2000. National Center for Education Statistics, 2004, p14-15, http://nces.ed.gov/pubs2004/2004313.pdf, (accessed 2007-03-14).

表 2-26　学校図書館メディアセンターを設置する私立学校数と学士取得者、MLS およびその他の学位取得者を抱える私立学校数（1999 ～ 2000 年）

特性種別	図書館メディアセンターを設置する私立学校の数	図書館メディアセンターを設置する私立学校			
		学士取得専門職員を抱える私立学校数	学士取得専門職員を抱える私立学校の割合	MLS あるいは関連学位取得専門職員るを抱える私立学校数 (1)	MLS あるいは関連学位取得専門職員を抱える私立学校の割合 (1)
合計	17,054	3,542	20.8	2,851	16.7
宗派立					
カソリック	7,097	1,887	26.6	1,175	16.6
フレンド派(クエーカー)	71	12	17.2	21	30.2
聖公会	318	86	27.1	102	32.0
ヘブライ・デイ	146	47	32.0	16	11.0
ソロモン	54	9	16.4	20	36.7
その他のユダヤ系	247	11	4.3	100	40.6
ルーテル教会ミズーリ会議	779	116	14.9	57	7.4
ルーテル教会ウィスコンシン会議	174	16	9.3	5	2.8
福音主義的ルーテル教会	83	18	21.9	7	8.3
その他のルーテル教会	‡	‡	‡	‡	‡
安息日再臨派	590	51	8.7	18!	3.1!
クリスチャンスクール・インターナショナル	336	101	30.0	77	22.8
米国クリスチャンスクール協会	463	69	14.9	54	11.6
国際クリスチャンスクール協会	1,566	371	23.7	207	13.2
全米特別支援教育私立学校協会	177	24	13.7	40	22.6
モンテッソリ	474	62	13.0	39	8.2
一般私立学校	705	154	21.9	457	64.8
全米私立学校協会	‡	‡	‡	‡	‡
その他	3,705	496	13.4	453	12.2
NCES 類型					
カソリック	7,097	1,887	26.6	1,175	16.6
教会付属学校（Parochial)	4,050	1,091	26.9	431	10.6
教区会（英国教会系教会；Diocesan)	2,283	573	25.1	369	16.2
私立（Private)	763	223	29.2	375	49.2
その他の宗教	6,723	1,157	17.2	873	13.0
保守的キリスト教	2,436	476	19.5	269	11.1
連 携	2,472	461	18.6	350	14.1
非連携	1,815	220	12.1	254	14.0
非宗教系	3,234	498	15.4	803	24.8
正 規	1,678	340	20.2	597	35.6
重点教育	931	92	9.9	115	12.4
特別教育	625	67	10.7	91	14.5
一般私立学（Independent Schools）全米協会会員校の合計	803	153	19.0	524	65.3

特性種別	図書館メディアセンターを設置する私立学校の数	図書館メディアセンターを設置する私立学校			
		学士取得専門職員を抱える私立学校数	学士取得専門職員を抱える私立学校の割合	MLS あるいは関連学位取得専門職員るを抱える私立学校数 (1)	MLS あるいは関連学位取得専門職員を抱える私立学校の割合 (1)
地域					
北東部	4,093	795	19.4	740	18.1
中西部	4,948	1,092	22.1	597	12.1
南部	5,130	1,258	24.5	1,141	22.2
西部	2,883	397	13.8	373	12.9
コミュニティ類型					
中核都市	7,942	1,535	19.3	1,482	18.7
都市周辺地帯／大きな町	6,610	1,448	21.9	1,084	16.4
地方／小さな町	2,501	558	22.3	285	11.4
校種					
初等学校	10,961	2,397	21.9	928	8.5
中等学校	1,955	392	20.1	837	42.8
一貫教育校	4,138	753	18.2	1,087	26.3
在籍者数					
100 人未満	4,473	358	8.0	98!	2.2!
100 ～ 199 人	4,270	965	22.6	434	10.2
200 ～ 499 人	6,375	1,665	26.1	1,348	21.2
500 ～ 749 人	1,183	358	30.3	508	43.0
750 ～ 999 人	492	116	23.6	285	57.8
1,000 人以上	260	79	30.4	178	68.5

! 慎重に算定した推定値である（ただし不安定である）。
‡ 数値があまりに少なく、報告規準を満たしていない
(1) 図書館学修士あるいは情報学修士および図書館業務、教育メディア、指導計画と指導方法にかかわる修士号を指す。

出典：Holton, Barbara et al. The Status of Public and Private School Library Media Centers in the United States: 1999–2000. National Center for Education Statistics, 2004, p16-17, http://nces.ed.gov/pubs2004/2004313.pdf, (accessed 2007-03-14).

表 2-27　学校図書館メディアセンターを設置する公立学校数と州認定図書館メディアスペシャリスト（フルタイム換算有給職員およびパートタイム有給職員）を配置する公立学校数（1999 〜 2000 年）

州	図書館メディアセンターを設置する公立学校の数	図書館メディアセンターを設置する公立学校			
		専任の州認定図書館メディアスペシャリストのいる公立学校数	専任の州認定図書館メディアスペシャリストのいる公立学校の割合	非常勤の州認定図書館メディアスペシャリストのいる公立学校数	非常勤の州認定図書館メディアスペシャリストのいる公立学校の割合
50 州とコロンビア特別区	76,807	46,485	60.5	11,296	14.7
アーカンソー	1,089	864	79.4	151	13.9
アイオワ	1,463	678	46.3	525	35.9
アイダホ	545	214	39.3	85	15.6
アラスカ	366	115	31.4	68	18.6
アラバマ	1,299	1,226	94.3	27!	2.1!
アリゾナ	991	615	62.1	155	15.6
イリノイ	3,638	1,740	47.8	483	13.3
インディアナ	1,737	912	52.5	422	24.3
ヴァージニア	1,602	1,504	93.9	‡	‡
ウィスコンシン	1,948	1,023	52.5	688	35.3
ウェストヴァージニア	610	353	57.9	52	8.6
オクラホマ	1,782	1,118	62.7	498	27.9
オハイオ	3,584	1,575	43.9	510	14.2
オレゴン	1,118	360	32.2	389	34.9
カリフォルニア	6,340	1,070	16.9	429	6.8
カンザス	1,374	922	67.1	328	23.9
ケンタッキー	1,222	999	81.7	151	12.3
コネチカット	934	653	69.9	130	13.9
コロラド	1,355	672	49.6	128	9.5
コロンビア特別区	138	131	95.4	#	#
サウスキャロライナ	1,035	942	91.0	‡	‡
サウスダコタ	571	231	40.4	153	26.8
ジョージア	1,710	1,575	92.1	135	7.9
テキサス	6,246	4,473	71.6	890	14.3
テネシー	1,488	1,363	91.6	‡	‡
デラウェア	136	89	65.4	29	21.5
ニュージャージー	2,086	1,608	77.1	269	12.9
ニューハンプシャー	432	204	47.2	78	18.0
ニューメキシコ	684	300	43.9	59	8.6
ニューヨーク	3,738	2,506	67.1	268	7.2
ネバダ	420	292	69.5	‡	‡
ネブラスカ	1,014	437	43.1	409	40.3
ノースキャロライナ	1,877	1,676	89.3	‡	‡
ノースダコタ	461	155	33.8	268	58.1
バーモント	332	186	56.1	80	24.1
ハワイ	247	223	90.3	‡	‡
フロリダ	2,436	2,126	87.3	16!	0.6!
ペンシルヴェニア	2,941	2,086	70.9	702	23.9
マサチューセッツ	1,609	849	52.8	141	8.8
ミシガン	2,942	1,323	45.0	440	14.9
ミシシッピ	859	730	84.9	45	5.2
ミズーリ	1,906	1,293	67.8	291	15.3
ミネソタ	1,483	928	62.6	388	26.2
メイン	621	196	31.6	172	27.6
メリーランド	1,226	1,022	83.4	‡	‡
モンタナ	745	288	38.7	362	48.6
ユタ	693	295	42.6	107	15.4
ルイジアナ	1,269	926	73.0	85!	6.7!
ロードアイランド	277	149	53.6	114	41.0
ワイオミング	346	150	43.5	74	21.4
ワシントン	1,841	1,120	60.9	320	17.4

類型	図書館メディアセンターを設置する公立学校の数	図書館メディアセンターを設置する公立学校			
		専任の州認定図書館メディアスペシャリストのいる公立学校数	専任の州認定図書館メディアスペシャリストのいる公立学校の割合	非常勤の州認定図書館メディアスペシャリストのいる公立学校数	非常勤の州認定図書館メディアスペシャリストのいる公立学校の割合
地域					
北東部	12,969	8,436	65	1,954	15.1
中西部	22,123	11,217	50.7	4,905	22.2
南部	26,025	21,116	81.1	2,254	8.7
西部	15,690	5,716	36.4	2,183	13.9
コミュニティ類型					
中核都市	18,038	10,523	58.3	2,146	11.9
都市周辺地帯／大きな町	34,754	22,365	64.4	4,253	12.2
地方／小さな町	24,015	13,597	56.6	4,896	20.4
校種					
初等学校	56,715	31,150	54.9	9,275	16.4
中等学校	17,963	14,243	79.3	1,809	10.1
一貫教育校	2,129	1,092	51.3	212	10.0
在籍者数					
100人未満	3,540	947	26.7	1,229	34.7
100～199人	6,748	2,087	30.9	2,365	35.0
200～499人	30,280	16,216	53.6	5,988	19.8
500～749人	20,095	14,412	71.7	1,157	5.8
750～999人	7,917	5,714	72.2	305	3.9
1,000人以上	8,227	7,109	86.4	252	3.1

注：これらの概数は、「伝統的（traditional）公立学校」のものである。「伝統的公立学校」とは、「チャータースクール」を除く、全米全ての公立学校を指す。なお数値は概数であり、合計値とは必ずしも一致しない。

\#　おおよそゼロ

!　慎重に算定した推定値である（ただし不安定である）。

‡　数値があまりに少なく、報告規準を満たしていない

出典：Holton, Barbara et al. The Status of Public and Private School Library Media Centers in the United States: 1999–2000. National Center for Education Statistics, 2004, p18-19, http://nces.ed.gov/pubs2004/2004313.pdf, (accessed 2007-03-14).

表 2-28　学校図書館メディアセンターを設置する公立学校数と州認定図書館メディアスペシャリスト（フルタイム換算有給職員およびパートタイム有給職員）を配置する私立学校数（1999 ～ 2000 年）

特性種別	図書館メディアセンターを設置する私立学校の数	図書館メディアセンターを設置する私立学校			
		専任の州認定図書館メディアスペシャリストのいる私立学校数	専任の州認定図書館メディアスペシャリストのいる私立学校の割合	非常勤の州認定図書館メディアスペシャリストのいる私立学校数	非常勤の州認定図書館メディアスペシャリストのいる私立学校の割合
合計	17,054	2,501	14.7	940	5.5
宗派立					
カソリック	7,097	1,192	16.8	500	7
フレンド派（クエーカー）	71	13	18.8	2	3.5
聖公会	318	103	32.4	12	3.9
ヘブライ・デイ	146	15	9.9	5	3.7
ソロモン	54	11	20.1	8	14.3
その他のユダヤ系	247	46	18.8	34	13.9
ルーテル教会ミズーリ会議	779	27	3.4	14	1.8
ルーテル教会ウィスコンシン会議	174	‡	‡	‡	‡
福音主義的ルーテル教会	83	5	5.5	‡	‡
その他のルーテル教会	‡	‡	‡	‡	‡
安息日再臨派	590	#	#	#	#
クリスチャンスクール・インターナショナル	336	67	20.0	33	9.9
米国クリスチャンスクール協会	463	25	5.3	24	5.1
国際クリスチャンスクール協会	1,566	219	14.0	58	3.7
全米特別支援教育私立学校協会	177	43	24.4	‡	‡
モンテッソリ	474	10	2.1	32!	6.8!
一般私立学校	705	304	43.1	39	5.5
全米私立学校協会	‡	‡	‡	‡	‡
その他	3,705	413	11.2	152	4.1
NCES 類型					
カソリック	7,097	1,192	16.8	500	7.0
教会付属学校（Parochial）	4,050	359	8.9	248	6.1
教区会（英国教会系教会；Diocesan）	2,283	501	21.9	218	9.5
私立（Private）	763	332	43.5	34	4.5
その他の宗教	6,723	738	11.0	254	3.8
保守的キリスト教	2,436	293	12.0	86	3.5
連携	2,472	260	10.5	131	5.3
非連携	1,815	186	10.2	37	2.1
非宗教系	3,234	571	17.7	186	5.7
正規	1,678	435	25.9	104	6.2
重点教育	931	59	6.3	40	4.3
特別教育	625	78	12.5	41	6.6
一般私立学校（Independent Schools）全米協会会員校の合計	803	372	46.3	28	3.5

特性種別	図書館メディアセンターを設置する私立学校の数	図書館メディアセンターを設置する私立学校			
		専任の州認定図書館メディアスペシャリストのいる私立学校数	専任の州認定図書館メディアスペシャリストのいる私立学校の割合	非常勤の州認定図書館メディアスペシャリストのいる私立学校数	非常勤の州認定図書館メディアスペシャリストのいる私立学校の割合
地域					
北東部	4,093	503	12.3	162	3.9
中西部	4,948	617	12.5	365	7.4
南部	5,130	1,128	22.0	319	6.2
西部	2,883	254	8.8	94	3.3
コミュニティ類型					
中核都市	7,942	1,399	17.6	311	3.9
都市周辺地帯／大きな町	6,610	926	14.0	422	6.4
地方／小さな町	2,501	177	7.1	207	8.3
校種					
初等学校	10,961	765	7.0	572	5.2
中等学校	1,955	837	42.8	116	5.9
一貫教育校	4,138	900	21.7	252	6.1
在籍者数					
100人未満	4,473	77	1.7	139	3.1
100～199人	4,270	300	7.0	261	6.1
200～499人	6,375	1,148	18.0	436	6.8
500～749人	1,183	437	37.0	80	6.8
750～999人	492	336	68.2	18	3.6
1,000人以上	260	203	78.0	6	2.4

#　おおよそゼロ。
!　慎重に算定した推定値である（ただし不安定である）。
‡　数値があまりに少なく、報告規準を満たしていない。

出典：Holton, Barbara et al. The Status of Public and Private School Library Media Centers in the United States: 1999–2000. National Center for Education Statistics, 2004, p20-21, http://nces.ed.gov/pubs2004/2004313.pdf, (accessed 2007-03-14).

表 2-29　学校図書館メディアセンターを設置する公立学校数と有給図書館嘱託、事務職員、ボランティア（成人・学生）を配置する公立学校数（1999 ～ 2000 年）

州	図書館メディアセンターを設置する公立学校数	図書館メディアセンターを設置する公立学校					
		嘱託または事務職員のいる公立学校数	嘱託または事務職員のいる公立学校の割合	成人ボランティアのいる公立学校数	成人ボランティアのいる公立学校の割合	学生ボランティアのいる公立学校数	学生ボランティアのいる公立学校の割合
50 州とコロンビア特別区	76,807	54,956	71.6	29,210	38	27,805	36.2
アーカンソー	1,089	456	41.9	238	21.9	454	41.7
アイオワ	1,463	1,270	86.8	305	20.8	327	22.3
アイダホ	545	419	76.9	193	35.4	240	44.1
アラスカ	366	209	57.2	156	42.5	162	44.2
アラバマ	1,299	846	65.1	483	37.2	608	46.8
アリゾナ	991	856	86.4	486	49.1	392	39.5
イリノイ	3,638	2,691	74	1,271	34.9	1,164	32
インディアナ	1,737	1,474	84.9	650	37.4	628	36.1
ヴァージニア	1,602	1,077	67.2	891	55.6	524	32.7
ウィスコンシン	1,948	1,718	88.2	701	36	796	40.9
ウェストヴァージニア	610	85	14	325	53.3	210	34.5
オクラホマ	1,782	1,283	72	395	22.2	550	30.9
オハイオ	3,584	2,520	70.3	1,084	30.2	1,307	36.5
オレゴン	1,118	960	85.9	555	49.6	451	40.4
カリフォルニア	6,340	5,559	87.7	2,752	43.4	2,375	37.5
カンザス	1,374	1,029	74.9	419	30.5	305	22.2
ケンタッキー	1,222	635	51.9	429	35.1	385	31.5
コネチカット	934	727	77.9	516	55.2	234	25.1
コロラド	1,355	1,028	75.9	800	59	546	40.3
コロンビア特別区	138	23	16.8	34	24.6	44	32.1
サウスキャロライナ	1,035	790	76.4	425	41.1	557	53.8
サウスダコタ	571	314	54.9	117	20.5	154	27
ジョージア	1,710	1,525	89.2	717	41.9	599	35
テキサス	6,246	4,749	76	2,157	34.5	2,337	37.4
テネシー	1,488	815	54.8	649	43.6	747	50.2
デラウェア	136	59	43.7	72	53	51	37.4
ニュージャージー	2,086	1,140	54.7	829	39.8	409	19.6
ニューハンプシャー	432	308	71.5	196	45.5	110	25.6
ニューメキシコ	684	500	73.1	210	30.7	195	28.6
ニューヨーク	3,738	2,595	69.4	1,060	28.4	1,176	31.5
ネバダ	420	278	66.1	179	42.5	172	41
ネブラスカ	1,014	721	71.1	219	21.6	190	18.7
ノースキャロライナ	1,877	1,532	81.6	740	39.4	837	44.6
ノースダコタ	461	266	57.8	57	12.4	112	24.3
バーモント	332	206	62.2	166	50.1	118	35.5
ハワイ	247	86	34.9	125	50.7	148	59.8
フロリダ	2,436	1,990	81.7	1,368	56.2	1,428	58.6
ペンシルヴェニア	2,941	1,903	64.7	1,138	38.7	948	32.2
マサチューセッツ	1,609	1,045	65	1,016	63.1	484	30.1
ミシガン	2,942	2,234	75.9	916	31.1	845	28.7
ミシシッピ	859	378	44	146	17	318	37
ミズーリ	1,906	1,048	55	461	24.2	499	26.2
ミネソタ	1,483	1,301	87.7	445	30	431	29
メイン	621	479	77	358	57.7	206	33.2
メリーランド	1,226	601	49	745	60.7	689	56.2
モンタナ	745	380	51	232	31.1	251	33.8
ユタ	693	443	63.9	178	25.6	224	32.3
ルイジアナ	1,269	353	27.8	412	32.5	633	49.9
ロードアイランド	277	159	57.4	121	43.5	84	30.1
ワイオミング	346	282	81.5	140	40.4	94	27.2
ワシントン	1,841	1,608	87.4	934	50.7	1,055	57.3

類型	図書館メディアセンターを設置する公立学校数	図書館メディアセンターを設置する公立学校					
		嘱託または事務職員のいる公立学校数	嘱託または事務職員のいる公立学校の割合	成人ボランティアのいる公立学校数	成人ボランティアのいる公立学校の割合	学生ボランティアのいる公立学校数	学生ボランティアのいる公立学校の割合
地域							
北東部	12,969	8,563	66.0	5,401	41.6	3,770	29.1
中西部	22,123	16,587	75.0	6,644	30.0	6,757	30.5
南部	26,025	17,197	66.1	10,226	39.3	10,972	42.2
西部	15,690	12,608	80.4	6,939	44.2	6,306	40.2
コミュニティ類型							
中核都市	18,038	11,835	65.6	7,354	40.8	7,100	39.4
都市周辺地帯／大きな町	34,754	27,069	77.9	15,718	45.2	13,022	37.5
地方／小さな町	24,015	16,051	66.8	6,138	25.6	7,682	32.0
校種							
初等学校	56,715	41,189	72.6	25,775	45.4	18,773	33.1
中等学校	17,963	12,599	70.1	3,023	16.8	8,268	46.0
一貫教育校	2,129	1,168	54.9	412	19.4	763	35.9
在籍者数							
100人未満	3,540	2,021	57.1	763	21.6	753	21.3
100～199人	6,748	4,361	64.6	1,625	24.1	1,644	24.4
200～499人	30,280	19,901	65.7	11,501	38.0	9,388	31.0
500～749人	20,095	15,489	77.1	9,212	45.8	8,182	40.7
750～999人	7,917	6,357	80.3	3,372	42.6	3,294	41.6
1,000人以上	8,227	6,828	83.0	2,737	33.3	4,544	55.2

注：これらの概数は、「伝統的（traditional）公立学校」のものである。「伝統的公立学校」とは、「チャータースクール」を除く、全米全ての公立学校を指す。なお数値は概数であり、合計値とは必ずしも一致しない。

出典：Holton, Barbara et al. The Status of Public and Private School Library Media Centers in the United States: 1999–2000. National Center for Education Statistics, 2004, p22-23, http://nces.ed.gov/pubs2004/2004313.pdf, (accessed 2007-03-14).

表 2-30　有給図書館嘱託、事務職員、ボランティア（成人・学生）を配置する私立学校数（1999 ～ 2000 年）

特性種別	嘱託または事務職員のいる私立学校数	嘱託または事務職員のいる私立学校の割合 (1)	成人ボランティアのいる私立学校数	成人ボランティアのいる私立学校の割合 (1)	学生ボランティアのいる私立学校数	学生ボランティアのいる私立学校の割合 (1)
合計	6,064	35.6	9,908	58.1	4,192	24.6
宗派立						
カソリック	2,831	39.9	4,626	65.2	1,588	22.4
フレンド派（クエーカー）	29	41.5	41	57.9	13	18.6
聖公会	111	34.8	229	71.9	82	25.9
ヘブライ・デイ	48	33	52	35.3	22	15
ソロモン	21	38.5	32	58.8	17	32.5
その他のユダヤ系	91	36.7	126	51.1	88	35.4
ルーテル教会ミズーリ会議	243	31.2	548	70.3	136	17.5
ルーテル教会ウィスコンシン会議	17	9.7	134	77	15	8.8
福音主義的ルーテル教会	22	26.4	52	63.2	11	12.9
その他のルーテル教会	‡	‡	‡	‡	‡	‡
安息日再臨派	118	20.1	289	49	156	26.5
クリスチャンスクール・インターナショナル	154	45.7	247	73.6	96	28.5
米国クリスチャンスクール協会	140	30.2	204	44.1	166	35.9
国際クリスチャンスクール協会	460	29.4	1,016	64.8	585	37.4
全米特別支援教育私立学校協会	48	27.1	90	50.8	88	49.8
モンテッソリ	86	18.1	244	51.5	139	29.4
一般私立学校	435	61.8	463	65.7	199	28.2
全米私立学校協会	‡	‡	‡	‡	‡	‡
その他	1,194	32.2	1,471	39.7	781	21.1
NCES 類型						
カソリック	2,831	39.9	4,626	65.2	1,588	22.4
教会付属学校（Parochial）	1,494	36.9	2,846	70.3	772	19.1
教区会（英国教会系教会；Diocesan）	1,003	43.9	1,468	64.3	562	24.6
私立（Private）	334	43.7	311	40.8	254	33.2
その他の宗教	2,173	32.3	3,752	55.8	1,914	28.5
保守的キリスト教	695	28.5	1,434	58.8	883	36.2
連 携	907	36.7	1,314	53.2	629	25.4
非連携	571	31.4	1,004	55.3	402	22.2
非宗教系	1,060	32.8	1,530	47.3	690	21.3
正規	645	38.5	911	54.3	375	22.3
重点教育	267	28.7	450	48.3	205	22
特別教育	147	23.6	170	27.1	110	17.7
一般私立学校（Independent Schools）全米協会会員校の合計	459	57.2	532	66.2	249	31

特性種別	嘱託または事務職員のいる私立学校数	嘱託または事務職員のいる私立学校の割合(1)	成人ボランティアのいる私立学校数	成人ボランティアのいる私立学校の割合(1)	学生ボランティアのいる私立学校数	学生ボランティアのいる私立学校の割合(1)
地域						
北東部	1,394	34.1	2,115	51.7	975	23.8
中西部	1,629	32.9	3,199	64.7	936	18.9
南部	1,767	34.4	2,797	54.5	1,612	31.4
西部	1,275	44.2	1,797	62.3	669	23.2
コミュニティ類型						
中核都市	2,635	33.2	4,670	58.8	2,109	26.6
都市周辺地帯／大きな町	2,574	38.9	3,781	57.2	1,489	22.5
地方／小さな町	855	34.2	1,457	58.2	594	23.8
校種						
初等学校	3,618	33.0	7,061	64.4	2,199	20.1
中等学校	871	44.6	695	35.6	641	32.8
一貫教育校	1,575	38.1	2,151	52.0	1,352	32.7
在籍者数						
100 人未満	676	15.1	2,283	51.0	897	20.0
100 ～ 199 人	1,546	36.2	2,395	56.1	760	17.8
200 ～ 499 人	2,734	42.9	4,023	63.1	1,729	27.1
500 ～ 749 人	598	50.6	767	64.9	480	40.6
750 ～ 999 人	330	67.0	300	61.0	205	41.7
1,000 人以上	179	69.0	138	53.3	122	46.9

‡　数値があまりに少なく、報告規準を満たしていない。
(1)「州認定の図書館メディアスペシャリストのいる私立学校の割合」は、表 1-5 の「図書館メディアセンターを設置する私立学校数」から計算している。

出典：Holton, Barbara et al. The Status of Public and Private School Library Media Centers in the United States: 1999–2000. National Center for Education Statistics, 2004, p24-25, http://nces.ed.gov/pubs2004/2004313.pdf, (accessed 2007-03-14).

<大学図書館>

表 2-31　学術図書館におけるフルタイム換算有給職員の数と割合（2004 会計年度）

高等教育機関の種類	学術図書館の数合計	フルタイム換算有給職員合計	割合	フルタイム換算有給ライブラリアンとその他の専門職						その他の職員		学生アシスタント	
				合計		ライブラリアン		その他の専門職員					
				職員数	割合	職員数	割合	職員数	割合	職員数	割合	学生数	割合
合計	3,653	94,085	100.0	32,280	34.3	25,936	27.6	6,344	6.7	36,767	39.1	25,038	26.6
設置主体別													
公立	1,581	57,071	60.7	18,938	33.2	15,181	26.6	3,757	6.6	23,803	41.7	14,331	25.1
私立	2,072	37,013	39.3	13,342	36.0	10,755	29.1	2,587	7.0	12,964	35.0	10,707	28.9
教育課程 (1)													
4 年制及びそれ以上	2,217	80,412	85.5	27,106	33.7	21,792	27.1	5,314	6.6	31,443	39.1	21,863	27.2
博士	597	54,963	58.4	18,327	33.3	14,409	26.2	3,918	7.1	23,308	42.4	13,328	24.2
修士	918	18,352	19.5	6,180	33.7	5,228	28.5	952	5.2	6,093	33.2	6,079	33.1
学士	668	6,567	7.0	2,371	36.1	1,966	29.9	405	6.2	1,852	28.2	2,344	35.7
4 年制未満	1,436	13,673	14.5	5,174	37.8	4,144	30.3	1,030	7.5	5,324	38.9	3,175	23.2
規模（正規在籍学生数） (2)													
1,500 人未満	1,802	11,554	12.3	4,523	39.1	3,602	31.2	921	8.0	3,096	26.8	3,935	34.1
1,500 ～ 4,999 人	1,175	21,461	22.8	7,725	36.0	6,316	29.4	1,409	6.6	7,651	35.7	6,085	28.4
5,000 人以上	676	61,070	64.9	20,032	32.8	16,017	26.2	4,014	6.6	26,020	42.6	15,018	24.6
カーネギー分類 (1)													
博士／研究大学機関	255	44,787	47.6	14,744	32.9	11,424	25.5	3,320	7.4	19,382	43.3	10,662	23.8
修士大学	584	19,077	20.3	6,441	33.8	5,462	28.6	979	5.1	6,886	36.1	5,750	30.1
学士大学	499	8,670	9.2	2,892	33.4	2,413	27.8	479	5.5	2,675	30.9	3,103	35.8
学士／教養大学	48	532	0.6	209	39.3	176	33.1	33	6.2	145	27.3	178	33.5
短期大学	1,359	13,737	14.6	5,153	37.5	4,155	30.2	998	7.3	5,301	38.6	3,284	23.9
専門学校	575	5,723	6.1	2,156	37.7	1,776	31.0	379	6.6	1,949	34.1	1,617	28.3
その他	333	1,559	1.7	686	44.0	529	33.9	156	10.0	428	27.5	445	28.5

(1)　「教育課程」と「カーネギー分類」は近似性があるものの、両者は完全に合致しているわけではない。「教育課程」では、当該教育・研究機関が授与した最上位の学位に基づき分類する。一方、「カーネギー分類」では、当該教育機関が授与した学位数に加え、教育機関の使命（mission）や研究資金獲得状況といった規準に基づき分類する。「カーネギー分類」は教育活動の進化を目的としてカーネギー財団により開発され、A Classification of Institutions of Higher Education. 2000 ed.（Carnegie Foundation, 2001, 196p, http://i-house.or.jp/jp/ProgramActivities/grew-bancroft/pdf/Youkou2007.pdf, (accessed 2007-06-29).）というタイトルで出版されている。

(2)　フルタイム相当（FTE）在籍者数は、パートタイム在籍者数を 3 分の 1 に換算して、フルタイム在籍者数と合算して算出している。

出典：Holton, Barbara et al. Academic Libraries:2004. National Center for Education Statistics, 2006, p.14, http://nces.ed.gov/pubs2007/2007301.pdf, (accessed 2007-03-14).

図 2-32　大学図書館職員（2000年）

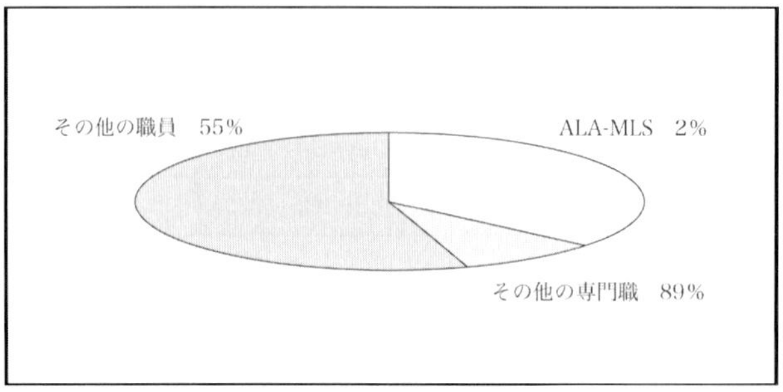

出典：Denise M. Davis et al. diversity counts. revised 2007.1, American Library Association, 2007, p.14, http://www.ala.org/ala/ors/diversitycounts/DiversityCounts_rev07.pdf, (accessed 2007-03-14).

図 2-33　大学図書館ライブラリアン（有資格者）の人種／民族分布（2000年）

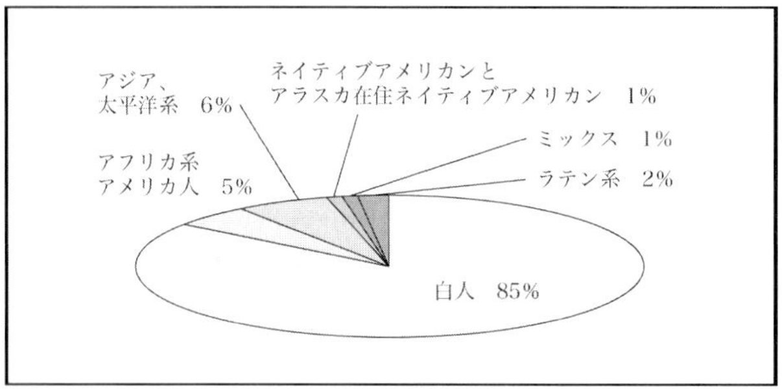

出典：Denise M. Davis et al. diversity counts. revised 2007.1, American Library Association, 2007, p.16, http://www.ala.org/ala/ors/diversitycounts/DiversityCounts_rev07.pdf, (accessed 2007-03-14).

図 2-34　大学図書館アシスタントの人種／民族分布（2000年）

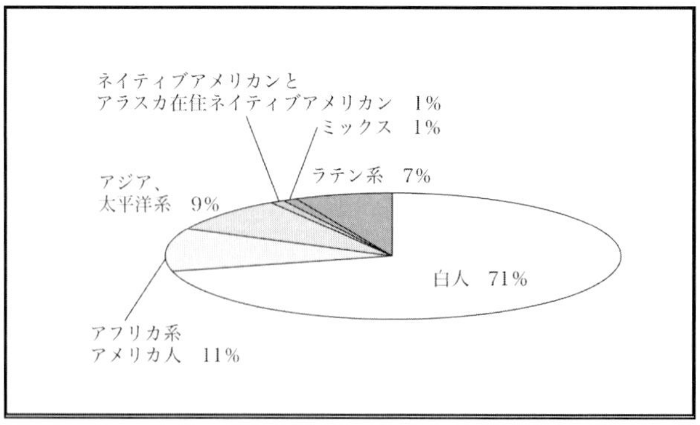

出典：Denise M. Davis et al. diversity counts. revised 2007.1, American Library Association, 2007, p.16, http://www.ala.org/ala/ors/diversitycounts/DiversityCounts_rev07.pdf, (accessed 2007-03-14).

(2) 館種別平均給与など

表 2-35　ライブラリアンの給与の変遷（2000 ～ 2005 年）

	2000 年	2001 年	2002 年	2003 年	2004 年	2005 年
平均給与の純変化	+4.3%	+3.75%	+4.7%	+3.6%	+2.3%	+1.6%
平均給与	$46,121	$57,852	$49,866	$51,362	$52,188	$53,016

出典：Eberhart, George M. ed. Whole library handbook 4 : current data, professional advice, and curiosa about libraries and library services. American Library Association, 2006, p94.

表 2-36　職位別平均給与（2003 ～ 2004 年）

	2004 年給与	2003 年給与	2003～2004 年増減率	2002～2003 年増減率
館長	80,823 ドル	79,385 ドル	+1.8%	+4.9%
副館長	66,497 ドル	65,665 ドル	+1.3%	+4.5%
部長／シニアマネージャー	56,690 ドル	55,838 ドル	+1.5%	+2.9%
マネージャー／職員監督者	46,648 ドル	46,246 ドル	+0.9%	+3.8%
非監督者ライブラリアン	45,554 ドル	45,210 ドル	+0.8%	+2.1%
初任者ライブラリアン	38,918 ドル	36,198 ドル	+7.5%	+3.3%

出典：Eberhart, George M. ed. Whole library handbook 4 : current data, professional advice, and curiosa about libraries and library services. American Library Association, 2006, p94.

＜公共図書館＞

表 2-37　公共図書館ライブラリアンの年間初任給（2004 年）

サービス対象人口	最高	最低	平均
1,000,000 人以上	53,678 ドル	28,008 ドル	37,099 ドル
500,000～999,999 人	56,908 ドル	27,215 ドル	36,008 ドル
250,000～499,999 人	50,628 ドル	18,660 ドル	34,670 ドル
100,000～249,999 人	60,936 ドル	22,278 ドル	34,728 ドル
50,000～99,999 人	57,101 ドル	16,000 ドル	33,977 ドル
25,000～49,999 人	50,326 ドル	20,000 ドル	33,893 ドル
10,000～24,999 人	50,000 ドル	15,779 ドル	32,272 ドル
5,000～9,999 人	41,000 ドル	8,000 ドル	25,850 ドル
5,000 人未満	31,200 ドル	10,000 ドル	21,352 ドル

出典：Eberhart, George M. ed. Whole library handbook 4 : current data, professional advice, and curiosa about libraries and library services. American Library Association, 2006, p95.

＜大学図書館＞

表 2-38　大学図書館職位別平均給与（2004 ～ 2005 年）

学部長（図書館情報学）	114,067 ドル
館長（図書館サービス）	73,225 ドル
館長（教育／メディアサービスセンター）	58,746 ドル
館長（学習資源センター）	53,687 ドル
パブリックサービス主任ライブラリアン	54,652 ドル
受入担当ライブラリアン	52,718 ドル
レファレンスライブラリアン	47,925 ドル
目録担当ライブラリアン	46,514 ドル

出典：Eberhart, George M. ed. Whole library handbook 4 : current data, professional advice, and curiosa about libraries and library services. American Library Association, 2006, p94.

表 2-39　ARL 平均給料（2000 ～ 2005 年）

	2000～2001年	2001～2002年	2002～2003年	2003～2004年	2004～2005年
平均給料	49,068 ドル	50,724 ドル	51,636 ドル	53,000 ドル	55,250 ドル
平均給料（アメリカ）	49,753 ドル	51,806 ドル	52,789 ドル	53,859 ドル	55,600 ドル
平均給料（カナダ）	43,394 ドル	42,928 ドル	42,657 ドル	45,310 ドル	52,707 ドル
正味増加率	3.3%	3.4%	1.8%	2.6%	4.2%

出典：Eberhart, George M. ed. Whole library handbook 4 : current data, professional advice, and curiosa about libraries and library services. American Library Association, 2006, p95.

＜専門図書館＞

表 2-40　センサス地域区分別平均給料（2003 ～ 2004 年）

センサス地域区分	2003 年給与	2004 年給与	増減%
ニューイングランド	60,750 ドル	64,000 ドル	5.0%
中部大西洋岸諸州	61,625 ドル	63,000 ドル	2.2%
南部大西洋岸諸州	55,250 ドル	60,000 ドル	7.9%
南東部中央	53,288 ドル	46,625 ドル	-14.0%
南西部中央	50,809 ドル	55,000 ドル	7.6%
北東部中央	54,000 ドル	55,000 ドル	1.8%
北西部中央	48,000 ドル	50,000 ドル	4.0%
ロッキー山脈州	52,000 ドル	52,250 ドル	0.5%
太平洋岸諸州	62,000 ドル	64,082 ドル	3.2%
アメリカ合衆国	57,000 ドル	58,258 ドル	2.2%

出典：Eberhart, George M. ed. Whole library handbook 4 : current data, professional advice, and curiosa about libraries and library services. American Library Association, 2006, p96.

2.3 図書館の財政に関する統計データ

(1) 館種別の歳入

＜公共図書館＞ 表 3-1 公共図書館の歳入（2004 会計年度）

州	公共図書館の数	歳入									
		合計	連邦 (1)	州	地方	その他 (2)	連邦 (1)	州	地方	その他 (2)	回答率 (3)
			(1,000 ドル)				分布				
合計	9,207	9,129,588	46,951	909,042	744,083	733,513	0.5	10.0	81.5	8.0	97.6
アーカンソー	48	46,967	8	1,993	40,885	4,082	#	4.2	87.0	8.7	95.8
アイオワ	540	81,006	403	2,274	71,038	7,291	0.5	2.8	87.7	9.0	97.2
アイダホ	104	31,407	188	798	27,289	3,132	0.6	2.5	86.9	10.0	100.0
アラスカ	88	25,198	972	765	22,097	1,364	3.9	3.0	87.7	5.4	100.0
アラバマ	208	77,114	874	3,878	66,288	6,074	1.1	5.0	86.0	7.9	100.0
アリゾナ	91	134,368	770	481	128,809	4,308	0.6	0.4	95.9	3.2	97.8
イリノイ	626	603,712	2,354	28,503	527,299	45,556	0.4	4.7	87.3	7.5	99.5
インディアナ	239	257,252	713	19,742	223,649	13,147	0.3	7.7	86.9	5.1	100.0
ヴァージニア	90	216,024	736	16,040	189,162	10,087	0.3	7.4	87.6	4.7	100.0
ウィスコンシン	380	185,208	1,160	4,955	166,767	12,326	0.6	2.7	90.0	6.7	100.0
ウェストヴァージニア	97	28,008	279	8,504	17,036	2,189	1.0	30.4	60.8	7.8	100.0
オクラホマ	112	70,931	63	1,798	64,910	4,160	0.1	2.5	91.5	5.9	99.1
オハイオ	250	650,503	558	459,033	154,084	36,828	0.1	70.6	23.7	5.7	100.0
オレゴン	125	133,658	678	595	124,758	7,627	0.5	0.4	93.3	5.7	98.4
カリフォルニア	179	1,016,281	4,545	34,663	907,901	69,172	0.4	3.4	89.3	6.8	97.2
カンザス	325	91,025	338	1,645	78,532	10,510	0.4	1.8	86.3	11.5	100.0
ケンタッキー	116	102,947	1,031	4,355	90,963	6,598	1.0	4.2	88.4	6.4	100.0
コネチカット	194	157,124	808	1,278	131,662	23,375	0.5	0.8	83.8	14.9	92.8
コロラド	115	193,005	230	132	179,600	13,043	0.1	0.1	93.1	6.8	99.1
コロンビア特別区	1	28,952	727	0	27,278	946	2.5	0.0	94.2	3.3	100.0
サウスキャロライナ	42	88,942	479	5,852	78,193	4,418	0.5	6.6	87.9	5.0	100.0
サウスダコタ	125	17,170	72	1	16,255	843	0.4	#	94.7	4.9	76.8
ジョージア	58	165,056	946	28,652	127,531	7,927	0.6	17.4	77.3	4.8	100.0
テキサス	555	356,157	1,749	2,881	334,941	16,586	0.5	0.8	94.0	4.7	100.0
テネシー	184	93,020	899	299	83,855	7,966	1.0	0.3	90.1	8.6	100.0
デラウェア	21	20,752	102	2,636	15,554	2,460	0.5	12.7	75.0	11.9	100.0
ニュージャージー	306	378,385	1,273	9,201	350,173	17,738	0.3	2.4	92.5	4.7	94.4
ニューハンプシャー	231	42,595	12	29	39,108	3,445	#	0.1	91.8	8.1	89.6
ニューメキシコ	92	36,724	341	3,937	30,691	1,754	0.9	10.7	83.6	4.8	100.0
ニューヨーク	753	970,962	4,383	43,918	776,980	145,682	0.5	4.5	80.0	15.0	100.0
ネバダ	22	72,015	911	2,324	50,711	18,069	1.3	3.2	70.4	25.1	100.0
ネブラスカ	276	41,146	86	396	38,610	2,054	0.2	1.0	93.8	5.0	76.4
ノースキャロライナ	75	163,353	2,050	15,677	134,566	11,059	1.3	9.6	82.4	6.8	100.0
ノースダコタ	83	9,937	2	584	8,088	1,263	#	5.9	81.4	12.7	100.0
バーモント	189	15,083	0	6	11,287	3,790	0.0	#	74.8	25.1	87.8
ハワイ	1	26,430	653	24,531	0	1,246	2.5	92.8	0.0	4.7	100.0
フロリダ	70	474,698	1,484	32,375	420,835	20,004	0.3	6.8	88.7	4.2	97.1
ペンシルヴェニア	455	290,127	3,880	58,731	182,754	44,763	1.3	20.2	63.0	15.4	100.0
マサチューセッツ	370	213,265	2,068	6,738	187,174	17,286	1.0	3.2	87.8	8.1	97.8
ミシガン	384	362,953	516	12,935	326,540	22,962	0.1	3.6	90.0	6.3	99.7
ミシシッピ	49	39,956	520	7,746	28,953	2,737	1.3	19.4	72.5	6.9	100.0
ミズーリ	151	175,444	2,328	4,512	154,895	13,708	1.3	2.6	88.3	7.8	99.3
ミネソタ	140	162,585	983	8,093	142,766	10,743	0.6	5.0	87.8	6.6	98.6
メイン	269	31,711	11	157	23,869	7,674	#	0.5	75.3	24.2	99.6
メリーランド	24	204,474	1,889	27,285	142,547	32,752	0.9	13.3	69.7	16.0	100.0
モンタナ	79	17,985	99	320	15,596	1,971	0.5	1.8	86.7	11.0	100.0
ユタ	72	68,538	421	713	63,721	3,682	0.6	1.0	93.0	5.4	100.0
ルイジアナ	66	125,506	166	7,810	109,513	8,018	0.1	6.2	87.3	6.4	100.0
ロードアイランド	48	42,878	337	7,668	26,686	8,188	0.8	17.9	62.2	19.1	97.9
ワイオミング	23	19,633	55	22	18,680	876	0.3	0.1	95.1	4.5	100.0
ワシントン	66	271,414	798	1,581	259,003	10,032	0.3	0.6	95.4	3.7	100.0

\# おおよそゼロ。
(1) 連邦とは、図書館サービス技術法（LSTA）等により州立図書館機構を通して公共図書館に配分される連邦政府からの資金を指す。州立図書館によって使われるその他の連邦政府からの資金、あるいは地方の公共図書館に利する図書館協力に使われる連邦政府からの資金はこの表には含まれていない。それらは公共図書館の収入という位置づけにはないのからである。
(2) その他とは、近年に受け取った寄付、利子、延滞料金、課金の料金、助成金を指す。
(3) 「回答率」とは、収入の合計あるいは４項目に回答した図書館の割合である。ただし回答率が 100％に満たない項目には、無回答館のデータも合算されており、表の数値にも含まれている。

出典：Chute, Adrienne et al. Public Libraries in the United States: Fiscal Year 2004. National Center for Education Statistics, 2006, p.70-71, http://nces.ed.gov/pubs2006/2006349.pdf, (accessed 2007-03-14).

※本稿は、国立国会図書館の 2006 年度調査研究事業の成果物である。

表 3-2　公共図書館　1人当たりの歳入（2004 会計年度）

州	公共図書館の数	1人当たりの歳入(1)									
		合計		連邦(2)		州		地方		その他(3)	
		合計	回答率(4)	合計	回答率(4)	合計	回答率(4)	合計	回答率(4)	合計	回答率(4)
合計	9,207	32.21	97.6	0.17	98.0	3.21	98.0	26.25	97.7	2.59	97.7
アーカンソー	48	17.64	95.8	#	95.8	0.75	95.8	15.36	95.8	1.53	95.8
アイオワ	540	27.72	97.2	0.14	97.2	0.78	97.2	24.31	97.2	2.5	97.2
アイダホ	104	26.02	100.0	0.16	100.0	0.66	100.0	22.61	100.0	2.59	100.0
アラスカ	88	38.44	100.0	1.48	100.0	1.17	100.0	33.71	100.0	2.08	100.0
アラバマ	208	17.19	100.0	0.19	100.0	0.86	100.0	14.78	100.0	1.35	100.0
アリゾナ	91	24.76	97.8	0.14	98.9	0.09	98.9	23.73	98.9	0.79	97.8
イリノイ	626	53.07	99.5	0.21	100.0	2.51	100.0	46.35	99.5	4	100.0
インディアナ	239	45.31	100.0	0.13	100.0	3.48	100.0	39.39	100.0	2.32	100.0
ヴァージニア	90	29.57	100.0	0.1	100.0	2.2	100.0	25.89	100.0	1.38	100.0
ウィスコンシン	380	33.47	100.0	0.21	100.0	0.9	100.0	30.14	100.0	2.23	100.0
ウェストヴァージニア	97	15.49	100.0	0.15	100.0	4.7	100.0	9.42	100.0	1.21	100.0
オクラホマ	112	24.56	99.1	0.02	99.1	0.62	99.1	22.48	99.1	1.44	99.1
オハイオ	250	56.77	100.0	0.05	100.0	40.06	100.0	13.45	100.0	3.21	100.0
オレゴン	125	41.5	98.4	0.21	99.2	0.18	99.2	38.74	99.2	2.37	98.4
カリフォルニア	179	28.13	97.2	0.13	97.8	0.96	97.8	25.13	97.2	1.91	96.6
カンザス	325	39.62	100.0	0.15	100.0	0.72	100.0	34.18	100.0	4.57	100.0
ケンタッキー	116	25.23	100.0	0.25	100.0	1.07	100.0	22.29	100.0	1.62	100.0
コネチカット	194	45.11	92.8	0.23	92.8	0.37	92.8	37.8	92.8	6.71	93.3
コロラド	115	43.57	99.1	0.05	100.0	0.03	100.0	40.54	99.1	2.94	100.0
コロンビア特別区	1	52.3	100.0	1.31	100.0	0	100.0	49.28	100.0	1.71	100.0
サウスキャロライナ	42	21.45	100.0	0.12	100.0	1.41	100.0	18.85	100.0	1.07	100.0
サウスダコタ	125	29.39	76.8	0.12	76.8	#	76.8	27.83	76.8	1.44	76.8
ジョージア	58	19.39	100.0	0.11	100.0	3.37	100.0	14.98	100.0	0.93	100.0
テキサス	555	17.56	100.0	0.09	100.0	0.14	100.0	16.52	100.0	0.82	100.0
テネシー	184	16.05	100.0	0.16	100.0	0.05	100.0	14.46	100.0	1.37	100.0
デラウェア	21	26.48	100.0	0.13	100.0	3.36	100.0	19.85	100.0	3.14	100.0
ニュージャージー	306	45.39	94.4	0.15	94.4	1.1	94.4	42.01	94.4	2.13	94.4
ニューハンプシャー	231	32.91	89.6	0.01	90.9	0.02	90.9	30.22	90.5	2.66	89.6
ニューメキシコ	92	22.31	100.0	0.21	100.0	2.39	100.0	18.64	100.0	1.07	100.0
ニューヨーク	753	51.3	100.0	0.23	100.0	2.32	100.0	41.05	100.0	7.7	100.0
ネバダ	22	29.88	100.0	0.38	100.0	0.96	100.0	21.04	100.0	7.5	100.0
ネブラスカ	276	29.08	76.4	0.06	76.4	0.28	76.4	27.29	76.4	1.45	76.4
ノースキャロライナ	75	19.4	100.0	0.24	100.0	1.86	100.0	15.99	100.0	1.31	100.0
ノースダコタ	83	18.02	100.0	#	100.0	1.06	100.0	14.67	100.0	2.29	100.0
バーモント	189	26.15	87.8	0	100.0	0.01	98.9	19.57	89.9	6.57	87.8
ハワイ	1	21.02	100.0	0.52	100.0	19.51	100.0	0	100.0	0.99	100.0
フロリダ	70	27.17	97.1	0.08	97.1	1.85	97.1	24.09	97.1	1.15	97.1
ペンシルヴェニア	455	24.22	100.0	0.32	100.0	4.9	100.0	15.25	100.0	3.74	100.0
マサチューセッツ	370	33.18	97.8	0.32	97.8	1.05	97.8	29.12	97.8	2.69	97.8
ミシガン	384	36.63	99.7	0.05	99.7	1.31	99.7	32.96	99.7	2.32	99.7
ミシシッピ	49	13.76	100.0	0.18	100.0	2.67	100.0	9.97	100.0	0.94	100.0
ミズーリ	151	34.31	99.3	0.46	99.3	0.88	99.3	30.29	99.3	2.68	99.3
ミネソタ	140	31.95	98.6	0.19	98.6	1.59	98.6	28.06	98.6	2.11	98.6
メイン	269	26.91	99.6	0.01	99.6	0.13	99.6	20.26	99.6	6.51	99.6
メリーランド	24	37.66	100.0	0.35	100.0	5.03	100.0	26.26	100.0	6.03	100.0
モンタナ	79	19.98	100.0	0.11	100.0	0.36	100.0	17.32	100.0	2.19	100.0
ユタ	72	28.91	100.0	0.18	100.0	0.3	100.0	26.88	100.0	1.55	100.0
ルイジアナ	66	27.79	100.0	0.04	100.0	1.73	100.0	24.25	100.0	1.78	100.0
ロードアイランド	48	40.08	97.9	0.31	97.9	7.17	97.9	24.95	97.9	7.65	97.9
ワイオミング	23	39.17	100.0	0.11	100.0	0.04	100.0	37.27	100.0	1.75	100.0
ワシントン	66	44.9	100.0	0.13	100.0	0.26	100.0	42.85	100.0	1.66	100.0

\#　おおよそゼロ。

(1)　「1人あたり」という数字は、法定サービス地域の重複を除いた人口数を基に算出している。

(2)　連邦とは、図書館サービス技術法（LSTA）等により州立図書館機構を通して公共図書館に配分される連邦政府からの資金を指す。州立図書館によって使われるその他の連邦政府からの資金、あるいは地方の公共図書館に利する図書館協力に使われる連邦政府からの資金はこの表には含まれていない。それらは公共図書館の収入という位置づけにはないのからである。

(3)　その他とは、近年に受け取った寄付、利子、延滞料金、課金の料金、助成金を指す。

(4)　「回答率」は、法定サービス地域の人口がゼロとならない図書館のうち項目に回答した図書館数で算出した。調査票中の「図書館数の合計」とは異なる。回答率が100%に満たない項目には、無回答館のデータも合算されており、表の数値にも含まれている。

出典：Chute, Adrienne et al. Public Libraries in the United States: Fiscal Year 2004. National Center for Education Statistics, 2006, p.74-75, http://nces.ed.gov/pubs2006/2006349.pdf, (accessed 2007-03-14).

表 3-3　公共図書館　1 人当たりの歳入地方財源の分布（2004 会計年度）

州	公共図書館の数	地方財源の１人当たりの歳入[1] 分布: 0～9.9ドル	1～2.99ドル	3～4.99ドル	5～6.99ドル	7～8.99ドル	9～11.99ドル	12～14.9ドル	15～19.99ドル	20～29.99ドル	30ドル以上	回答率[2]
計	9,207	3.9	4.2	4.4	5.1	5.2	8.0	8.1	12.7	20.4	28.0	97.7
アーカンソー	48	0	6.3	2.1	12.5	6.3	31.3	12.5	16.7	6.3	6.3	95.8
アイオワ	540	0.2	2	2	6.5	5.6	8.7	12.8	20.6	28.5	13.1	97.2
アイダホ	104	0	1	0	3.8	4.8	8.7	12.5	21.2	28.8	19.2	100.0
アラスカ	88	12.5	2.3	0	3.4	2.3	3.4	5.7	2.3	19.3	48.9	100.0
アラバマ	208	3.8	10.6	9.1	7.7	6.3	10.1	8.2	11.1	17.8	15.4	100.0
アリゾナ	91	2.2	4.4	5.5	3.3	3.3	3.3	6.6	11	29.7	30.8	98.9
イリノイ	626	1.4	0.3	1.3	3.4	2.9	7.5	7	14.2	21.9	40.1	99.5
インディアナ	239	0.8	0	0.4	1.3	0.8	1.3	2.1	5	21.8	66.5	100.0
ヴァージニア	90	0	0	1.1	6.7	13.3	12.2	15.6	14.4	20	16.7	100.0
ウィスコンシン	380	0	0.3	0	0.3	0.8	3.4	5	15	39.7	35.5	100.0
ウェストヴァージニア	97	10.3	33	24.7	6.2	7.2	7.2	3.1	1	3.1	4.1	100.0
オクラホマ	112	0	0.9	2.7	1.8	4.5	11.6	12.5	22.3	34.8	8.9	99.1
オハイオ	250	69.6	1.6	4	3.2	0.8	1.2	4	3.2	4.8	7.6	100.0
オレゴン	125	0	0.8	0.8	0.8	0.8	4	7.2	16.8	26.4	42.4	99.2
カリフォルニア	179	0	0.6	2.2	2.8	4.5	7.3	4.5	14	23.5	40.8	97.2
カンザス	325	0	1.5	0.9	3.7	6.2	8.9	9.5	17.2	29.8	22.2	100.0
ケンタッキー	116	2.6	1.7	0.9	2.6	6	16.4	19.8	19	21.6	9.5	100.0
コネチカット	194	3.6	6.2	0.5	3.1	1.5	2.1	3.1	4.6	18	57.2	92.8
コロラド	115	0	0.9	1.7	1.7	2.6	7	4.3	6.1	21.7	53.9	99.1
コロンビア特別区	1	0	0	0	0	0	0	0	0	0	100	100.0
サウスキャロライナ	42	0	0	2.4	9.5	19	19	16.7	16.7	9.5	7.1	100.0
サウスダコタ	125	2.4	2.4	2.4	3.2	5.6	7.2	7.2	19.2	24	26.4	76.8
ジョージア	58	0	0	10.3	20.7	17.2	19	12.1	12.1	6.9	1.7	100.0
テキサス	555	1.4	9	8.3	8.3	10.1	13	10.8	14.2	15.1	9.7	100.0
テネシー	184	1.1	11.4	17.4	21.7	10.3	9.2	6.5	8.2	6.5	7.6	100.0
デラウェア	21	0	0	0	0	4.8	33.3	9.5	14.3	23.8	14.3	100.0
ニュージャージー	306	0.7	1.3	0.3	2.3	1	1.3	4.6	3.9	15.4	69.3	94.4
ニューハンプシャー	231	5.6	2.2	4.8	2.2	2.2	6.1	7.8	12.6	19.9	36.8	90.5
ニューメキシコ	92	9.8	7.6	4.3	1.1	3.3	5.4	7.6	13	25	22.8	100.0
ニューヨーク	753	1.1	1.6	4.1	5.2	4.6	9.7	7	10	16.3	40.4	100.0
ネバダ	22	0	0	0	4.5	0	4.5	9.1	9.1	36.4	36.4	100.0
ネブラスカ	276	1.8	1.1	2.2	2.5	3.6	3.3	3.6	19.2	24.6	38	76.4
ノースキャロライナ	75	0	0	5.3	5.3	16	24	14.7	14.7	6.7	13.3	100.0
ノースダコタ	83	0	4.8	26.5	14.5	14.5	14.5	10.8	7.2	7.2	0	100.0
バーモント	189	9.5	9	6.9	5.3	7.4	8.5	10.1	11.6	15.3	16.4	89.9
ハワイ	1	100.0	0	0	0	0	0	0	0	0	0	100.0
フロリダ	70	0	0	2.9	7.1	8.6	11.4	8.6	14.3	22.9	24.3	97.1
ペンシルヴェニア	455	5.7	25.3	17.1	12.5	8.8	8.6	6.2	6.6	4.8	4.4	100.0
マサチューセッツ	370	0	0.5	1.1	3	3	5.7	7.8	13	30.5	35.4	97.8
ミシガン	384	0	0	1.3	2.6	6.5	7.6	10.9	12.8	25.8	32.6	99.7
ミシシッピ	49	0	2	14.3	24.5	24.5	16.3	10.2	4.1	4.1	0	100.0
ミズーリ	151	0	0	1.3	6.6	7.9	18.5	15.2	19.2	19.2	11.9	99.3
ミネソタ	140	0	1.4	0.7	1.4	2.1	2.9	2.1	17.1	32.1	40	98.6
メイン	269	10.8	13.4	10.8	6.7	7.8	7.8	7.4	9.7	12.3	13.4	99.6
メリーランド	24	0	0	0	0	0	8.3	16.7	12.5	41.7	20.8	100.0
モンタナ	79	0	2.5	1.3	2.5	3.8	11.4	17.7	25.3	26.6	8.9	100.0
ユタ	72	0	1.4	1.4	8.3	4.2	5.6	18.1	16.7	22.2	22.2	100.0
ルイジアナ	66	0	0	1.5	0	3	7.6	7.6	25.8	25.8	28.8	100.0
ロードアイランド	48	8.3	0	2.1	0	2.1	6.3	2.1	16.7	25	37.5	97.9
ワイオミング	23	0	0	0	0	0	0	4.3	17.4	21.7	56.5	100.0
ワシントン	66	0	0	0	1.5	1.5	7.6	1.5	15.2	16.7	56.1	100.0

(1)　「1 人あたり」という数字は、法定サービス地域の重複を除いた人口数を基に算出している。
(2)　「回答率」は、法定サービス地域の人口がゼロとならない図書館のうち項目に回答した図書館数で算出した。調査票中の「図書館数の合計」とは異なる。回答率が 100%に満たない項目には、無回答館のデータも合算されており、表の数値にも含まれている。

出典：Chute, Adrienne et al. Public Libraries in the United States: Fiscal Year 2004. National Center for Education Statistics, 2006, p.78-79, http://nces.ed.gov/pubs2006/2006349.pdf, (accessed 2007-03-14).

表 3-4　公共図書館 州を財源とする1人当たりの歳入額：州別ランキング（2004 会計年度）

州	ランキング(1)	1人当たりの歳入合計(2)	州	ランキング(1)	州を財源とする1人当たりの歳入(2)
合計	†	32.21	合計	†	3.21
オハイオ	1	56.77	オハイオ	1	40.06
イリノイ	2	53.07	ハワイ (4)	2	19.51
コロンビア特別区 (3)	3	52.3	ロードアイランド	3	7.17
ニューヨーク	4	51.3	メリーランド	4	5.03
ニュージャージー	5	45.39	ペンシルヴェニア	5	4.9
インディアナ	6	45.31	ウェストヴァージニア	6	4.7
コネチカット	7	45.11	インディアナ	7	3.48
ワシントン	8	44.9	ジョージア	8	3.37
コロラド	9	43.57	デラウェア	9	3.36
オレゴン	10	41.5	ミシシッピ	10	2.67
ロードアイランド	11	40.08	イリノイ	11	2.51
カンザス	12	39.62	ニューメキシコ	12	2.39
ワイオミング	13	39.17	ニューヨーク	13	2.32
アラスカ	14	38.44	ヴァージニア	14	2.2
メリーランド	15	37.66	ノースキャロライナ	15	1.86
ミシガン	16	36.63	フロリダ	16	1.85
ミズーリ	17	34.31	ルイジアナ	17	1.73
ウィスコンシン	18	33.47	ミネソタ	18	1.59
マサチューセッツ	19	33.18	サウスキャロライナ	19	1.41
ニューハンプシャー	20	32.91	ミシガン	20	1.31
ミネソタ	21	31.95	アラスカ	21	1.17
ネバダ	22	29.88	ニュージャージー	22	1.1
ヴァージニア	23	29.57	ケンタッキー	23	1.07
サウスダコタ	24	29.39	ノースダコタ	24	1.06
ネブラスカ	25	29.08	マサチューセッツ	25	1.05
ユタ	26	28.91	ネバダ	26	0.96
カリフォルニア	27	28.13	カリフォルニア	27	0.96
ルイジアナ	28	27.79	ウィスコンシン	28	0.9
アイオワ	29	27.72	ミズーリ	29	0.88
フロリダ	30	27.17	アラバマ	30	0.86
メイン	31	26.91	アイオワ	31	0.78
デラウェア	32	26.48	アーカンソー	32	0.75
バーモント	33	26.15	カンザス	33	0.72
アイダホ	34	26.02	アイダホ	34	0.66
ケンタッキー	35	25.23	オクラホマ	35	0.62
アリゾナ	36	24.76	コネチカット	36	0.37
オクラホマ	37	24.56	モンタナ	37	0.36
ペンシルヴェニア	38	24.22	ユタ	38	0.3
ニューメキシコ	39	22.31	ネブラスカ	39	0.28
サウスキャロライナ	40	21.45	ワシントン	40	0.26
ハワイ (4)	41	21.02	オレゴン	41	0.18
モンタナ	42	19.98	テキサス	42	0.14
ノースキャロライナ	43	19.4	メイン	43	0.13
ジョージア	44	19.39	アリゾナ	44	0.09
ノースダコタ	45	18.02	テネシー	45	0.05
アーカンソー	46	17.64	ワイオミング	46	0.04
テキサス	47	17.56	コロラド	47	0.03
アラバマ	48	17.19	ニューハンプシャー	48	0.02
テネシー	49	16.05	バーモント	49	0.01
ウェストヴァージニア	50	15.49	サウスダコタ	50	#
ミシシッピ	51	13.76	コロンビア特別区 (3)	51	0

†　数値を与えることができない。
#　おおよそゼロ。
(1)　順位は四捨五入をおこなう前の数値に基づく。
(2)　歳入合計とは、連邦政府、州からの歳入およびその他の歳入を指す。この報告は、連邦政府からの歳入の州別ランキングではない。「1人あたり」という数字は、法定サービス地域の重複を除いた人口数を基に算出している。
(3)　コロンビア特別区は州とは異なるが、州別順位に組み込んだ。ただし州のデータとの比較に際しては、特別な配慮が必要となる。
(4)　ハワイ州は1公共図書館のデータのみ回答しているため、他の州との比較には、特別な配慮が必要となる。

出典：Chute, Adrienne et al. Public Libraries in the United States: Fiscal Year 2004. National Center for Education Statistics, 2006, p.A-10, http://nces.ed.gov/pubs2006/2006349.pdf, (accessed 2007-03-14).

表 3-5　公共図書館 地方を財源とする 1 人当たりの歳入額　州別ランキング（2004 年会計年度）

州	ランキング(1)	地方を財源とする1 人当たりの歳入(2)	州	ランキング(1)	州、地方以外を財源とする 1 人当たりの歳入(2)
合計	†	26.25	合計	†	2.59
コロンビア特別区(3)	1	49.28	ニューヨーク	1	7.7
イリノイ	2	46.35	ロードアイランド	2	7.65
ワシントン	3	42.85	ネバダ	3	7.5
ニュージャージー	4	42.01	コネチカット	4	6.71
ニューヨーク	5	41.05	バーモント	5	6.57
コロラド	6	40.54	メイン	6	6.51
インディアナ	7	39.39	メリーランド	7	6.03
オレゴン	8	38.74	カンザス	8	4.57
コネチカット	9	37.8	イリノイ	9	4.00
ワイオミング	10	37.27	ペンシルヴェニア	10	3.74
カンザス	11	34.18	オハイオ	11	3.21
アラスカ	12	33.71	デラウェア	12	3.14
ミシガン	13	32.96	コロラド	13	2.94
ミズーリ	14	30.29	マサチューセッツ	14	2.69
ニューハンプシャー	15	30.22	ミズーリ	15	2.68
ウィスコンシン	16	30.14	ニューハンプシャー	16	2.66
マサチューセッツ	17	29.12	アイダホ	17	2.59
ミネソタ	18	28.06	アイオワ	18	2.5
サウスダコタ	19	27.83	オレゴン	19	2.37
ネブラスカ	20	27.29	ミシガン	20	2.32
ユタ	21	26.88	インディアナ	21	2.32
メリーランド	22	26.26	ノースダコタ	22	2.29
ヴァージニア	23	25.89	ウィスコンシン	23	2.23
カリフォルニア	24	25.13	モンタナ	24	2.19
ロードアイランド	25	24.95	ニュージャージー	25	2.13
アイオワ	26	24.31	ミネソタ	26	2.11
ルイジアナ	27	24.25	アラスカ	27	2.08
フロリダ	28	24.09	カリフォルニア	28	1.91
アリゾナ	29	23.73	ルイジアナ	29	1.78
アイダホ	30	22.61	ワイオミング	30	1.75
オクラホマ	31	22.48	コロンビア特別区(3)	31	1.71
ケンタッキー	32	22.29	ワシントン	32	1.66
ネバダ	33	21.04	ケンタッキー	33	1.62
メイン	34	20.26	ユタ	34	1.55
デラウェア	35	19.85	アーカンソー	35	1.53
バーモント	36	19.57	ネブラスカ	36	1.45
サウスキャロライナ	37	18.85	サウスダコタ	37	1.44
ニューメキシコ	38	18.64	オクラホマ	38	1.44
モンタナ	39	17.32	ヴァージニア	39	1.38
テキサス	40	16.52	テネシー	40	1.37
ノースキャロライナ	41	15.99	アラバマ	41	1.35
アーカンソー	42	15.36	ノースキャロライナ	42	1.31
ペンシルヴェニア	43	15.25	ウェストヴァージニア	43	1.21
ジョージア	44	14.98	フロリダ	44	1.15
アラバマ	45	14.78	サウスキャロライナ	45	1.07
ノースダコタ	46	14.67	ニューメキシコ	46	1.07
テネシー	47	14.46	ハワイ(4)	47	0.99
オハイオ	48	13.45	ミシシッピ	48	0.94
ミシシッピ	49	9.97	ジョージア	49	0.93
ウェストヴァージニア	50	9.42	テキサス	50	0.82
ハワイ(4)	51	0	アリゾナ	51	0.79

†　数値を与えることができない。
(1)　順位は四捨五入をおこなう前の数値に基づく。
(2)　「1 人あたり」という数字は、法定サービス地域の重複を除いた人口数を基に算出している。
(3)　コロンビア特別区は州とは異なるが、州別順位に組み込んだ。ただし州のデータとの比較に際しては、特別な配慮が必要となる。
(4)　ハワイ州は 1 公共図書館のデータのみ回答しているため、他の州との比較には、特別な配慮が必要となる。

出典：Chute, Adrienne et al. Public Libraries in the United States: Fiscal Year 2004. National Center for Education Statistics, 2006, p.A-11, http://nces.ed.gov/pubs2006/2006349.pdf, (accessed 2007-03-14).

表 3-6　州立図書館機構の歳入源とその種別：50 州とコロンビア特別区（2005 会計年度）

サービス対象管内人口	合計	連邦			州				その他[4]
		合計	LSTA[1]	その他[2]	合計	州立図書館運営費[3]	州内図書館の補助金	その他	
(1,000 ドル)									
すべての州の歳入合計	1,083,462	158,275	153,121	5,154	895,489	272,897	562,374	60,219	29,698
10,000,000 人以上	456,551	70,153	67,672	2,481	379,451	64,330	305,722	9,399	6,947
5,000,000～9,999,999 人	327,472	43,270	42,025	1,245	275,525	64,725	183,489	27,311	8,676
2,600,000～4,999,999 人	129,945	26,677	26,127	550	97,536	47,274	45,925	4,337	5,732
800,000～2,599,999 人	120,405	13,722	12,991	731	100,110	55,479	25,925	18,706	6,573
800,000 人未満	49,089	4,453	4,306	146	42,868	41,088	1,314	467	1,769
分布									
すべての州	100.0	14.6	14.1	0.5	82.7	25.2	51.9	5.6	2.7
10,000,000 人以上	100.0	15.4	14.8	0.5	83.1	14.1	67.0	2.1	1.5
5,000,000～9,999,999 人	100.0	13.2	12.8	0.4	84.1	19.8	56.0	8.3	2.6
2,600,000～4,999,999 人	100.0	20.5	20.1	0.4	75.1	36.4	35.3	3.3	4.4
800,000～2,599,999 人	100.0	11.4	10.8	0.6	83.1	46.1	21.5	15.5	5.5
800,000 人未満	100.0	9.1	8.8	0.3	87.3	83.7	2.7	1.0	3.6
州民 1 人当たり									
すべての州	3.66	0.53	0.52	0.02	3.02	0.92	1.90	0.20	0.10
10,000,000 人以上	3.2	0.49	0.47	0.02	2.66	0.45	2.14	0.07	0.05
5,000,000～9,999,999 人	3.77	0.5	0.48	0.01	3.17	0.74	2.11	0.31	0.1
2,600,000～4,999,999 人	2.93	0.6	0.59	0.01	2.2	1.07	1.04	0.1	0.13
800,000～2,599,999 人	6.48	0.74	0.7	0.04	5.39	2.99	1.4	1.01	0.35
800,000 人未満	13.06	1.18	1.15	0.04	11.4	10.93	0.35	0.12	0.47

(1)　図書館サービス技術法（LSTA）（法律 104-208 号）州プログラムの歳入。

(2)　データファイルを参照。：州立図書館機構の調査 2005 会計年度（NCES 2007-321）に州立図書館機構が連邦政府のプログラムで受け取ったLSTA 以外の歳入の類型に関する詳細な情報がある。

(3)　州立図書館機構を運営するために使われた州の歳入、あるいは州内の図書館と市民に対するサービスのために使われた州の歳入とは、州立図書館機構によって直接行われたサービスを指す。

(4)　その他の歳入とは、(1) その他の公的財源からの歳入；(2) 財団、企業、友の会、個人といった指摘財源から受け取った指摘財源からの歳入；(3) 延滞料金や課金の料金といった、州立図書館機構からの歳入を指す。

出典：Holton, Barbara et al. State Library Agencies Fiscal Year 2005. National Center for Education Statistics, 2006, p.8, http://nces.ed.gov/pubs2007/2007300.pdf, (accessed 2007-03-14).

(2) 館種別の平均支出、支出内訳（人件費、資料購入費）

＜公共図書館＞

表 3-7　公共図書館の支出内訳（2004 会計年度）

州	公共図書館の数	支出総額				回答率 [2]
		合計 (1,000 ドル)	職員	コレクション	その他 [1]	
			配分			
合計	9,207	8,643,028	65.8	13.2	21	96.8
アーカンソー	48	41,231	61	16.3	22.7	95.8
アイオワ	540	78,471	66.3	15.5	18.2	93.5
アイダホ	104	28,965	66.3	12.2	21.5	100.0
アラスカ	88	24,568	67.2	11.2	21.6	100.0
アラバマ	208	75,972	65.3	14.1	20.6	100.0
アリゾナ	91	128,596	65.3	14.3	20.4	97.8
イリノイ	626	528,232	62	13.5	24.5	100.0
インディアナ	239	256,401	61.5	13.7	24.8	100.0
ヴァージニア	90	210,699	67.3	13.5	19.2	100.0
ウィスコンシン	380	181,531	69.6	12.7	17.7	100.0
ウェストヴァージニア	97	26,339	64.8	14.9	20.3	100.0
オクラホマ	112	67,913	64	15.5	20.4	99.1
オハイオ	250	608,656	65.4	15.9	18.7	100.0
オレゴン	125	129,544	67	12	21	97.6
カリフォルニア	179	995,802	65.7	9.8	24.4	95.5
カンザス	325	85,789	62.6	14.5	22.9	100.0
ケンタッキー	116	86,409	58.6	15.5	25.8	100.0
コネチカット	194	146,188	69.3	13.2	17.5	92.3
コロラド	115	174,039	65.8	14.8	19.4	100.0
コロンビア特別区	1	27,922	73.4	9.1	17.5	100.0
サウスキャロライナ	42	87,322	64.8	15.8	19.4	100.0
サウスダコタ	125	16,295	70	15.3	14.6	62.4
ジョージア	58	163,295	68.8	12.4	18.8	100.0
テキサス	555	343,320	68.8	14.5	16.7	99.6
テネシー	184	92,845	64.4	14	21.6	99.5
デラウェア	21	19,459	59.9	15.9	24.1	100.0
ニュージャージー	306	362,810	69.5	11.8	18.7	93.5
ニューハンプシャー	231	41,104	70.6	13.7	15.7	86.1
ニューメキシコ	92	35,115	61.9	18.2	20	100.0
ニューヨーク	753	903,665	69.3	11	19.7	100.0
ネバダ	22	65,406	65.6	17.5	16.9	100.0
ネブラスカ	276	39,879	64.1	15.9	20	72.1
ノースキャロライナ	75	157,082	67.2	14.1	18.7	100.0
ノースダコタ	83	9,692	61.8	17.8	20.4	97.6
バーモント	189	15,863	65.2	13.1	21.7	85.2
ハワイ	1	27,287	65	17.4	17.6	100.0
フロリダ	70	437,741	60.1	14.8	25.2	97.1
ペンシルヴェニア	455	276,871	64.5	13.1	22.5	100.0
マサチューセッツ	370	211,869	68.9	14.6	16.5	97.8
ミシガン	384	331,112	62.2	12.3	25.4	99.7
ミシシッピ	49	38,427	68.1	13.2	18.8	100.0
ミズーリ	151	160,342	60.4	17.8	21.8	99.3
ミネソタ	140	157,053	70	12.3	17.7	98.6
メイン	269	31,320	67.6	12.6	19.8	98.9
メリーランド	24	197,076	69.7	15	15.3	100.0
モンタナ	79	16,212	67	14.2	18.7	100.0
ユタ	72	66,135	66.1	16.7	17.2	100.0
ルイジアナ	66	117,368	60	11.6	28.4	100.0
ロードアイランド	48	41,200	70.5	11.6	17.9	97.9
ワイオミング	23	19,206	71.3	10.3	18.4	100.0
ワシントン	66	257,391	65.4	13.7	21	100.0

(1)　その他とは、職員にかかわる支出、製本、本の装備、修繕といったコレクションに関わる支出、あるいは現存の備品、設備の入れ替えにかかる支出を除くすべての支出を指す。図書館運営に必要なコンピュータのハード・ソフトにかかる経費、インターネットを含む館外のネットワーク接続にかかる経費、物的施設の維持管理にかかる経費、コンサルタント、監査人、建築家、代理人らに払われる賃金等である。

(2)　「回答率」とは、運営支出あるいは３つの類型の支出について回答した図書館の割合である。ただし回答率が100%に満たない項目には、無回答館のデータも合算されており、表の数値にもふくまれている。

出典：Chute, Adrienne et al. Public Libraries in the United States: Fiscal Year 2004. National Center for Education Statistics, 2006, p.82-83, http://nces.ed.gov/pubs2006/2006349.pdf, (accessed 2007-03-14).

表 3-8　公共図書館　1人当たりの支出内訳（2004 会計年度）

州	公共図書館の数	1人当たりの運営支出 (1)							
		合計		職員		コレクション		その他 (2)	
		合計	回答率 (3)	合計	回答率 (3)	合計	回答率 (3)	合計	回答率 (3)
合計	9,207	30.49	96.8	20.06	97.2	4.04	97.4	6.40	97.4
アーカンソー	48	15.49	95.8	9.45	95.8	2.52	95.8	3.51	95.8
アイオワ	540	26.85	93.5	17.79	93.5	4.17	96.7	4.89	96.7
アイダホ	104	24	100.0	15.9	100.0	2.93	100.0	5.17	100.0
アラスカ	88	37.48	100.0	25.18	100.0	4.21	100.0	8.1	100.0
アラバマ	208	16.93	100.0	11.06	100.0	2.39	100.0	3.48	100.0
アリゾナ	91	23.69	97.8	15.48	97.8	3.38	98.9	4.84	98.9
イリノイ	626	46.43	100.0	28.77	100.0	6.28	100.0	11.39	100.0
インディアナ	239	45.16	100.0	27.78	100.0	6.17	100.0	11.2	100.0
ヴァージニア	90	28.84	100.0	19.42	100.0	3.89	100.0	5.53	100.0
ウィスコンシン	380	32.81	100.0	22.84	100.0	4.15	100.0	5.81	100.0
ウェストヴァージニア	97	14.57	100.0	9.44	100.0	2.17	100.0	2.95	100.0
オクラホマ	112	23.51	99.1	15.06	99.1	3.65	99.1	4.8	99.1
オハイオ	250	53.12	100.0	34.73	100.0	8.47	100.0	9.92	100.0
オレゴン	125	40.22	97.6	26.95	99.2	4.82	99.2	8.45	97.6
カリフォルニア	179	27.56	95.5	18.12	97.2	2.71	96.1	6.73	97.8
カンザス	325	37.34	100.0	23.38	100.0	5.4	100.0	8.55	100.0
ケンタッキー	116	21.17	100.0	12.41	100.0	3.29	100.0	5.47	100.0
コネチカット	194	41.97	92.3	29.09	93.3	5.52	92.3	7.36	93.3
コロラド	115	39.29	100.0	25.83	100.0	5.83	100.0	7.62	100.0
コロンビア特別区	1	50.44	100.0	37.03	100.0	4.59	100.0	8.82	100.0
サウスキャロライナ	42	21.06	100.0	13.64	100.0	3.32	100.0	4.09	100.0
サウスダコタ	125	27.89	62.4	19.54	63.2	4.28	76.0	4.08	76.8
ジョージア	58	19.19	100.0	13.2	100.0	2.37	100.0	3.61	100.0
テキサス	555	16.93	99.6	11.65	99.8	2.45	100.0	2.83	99.8
テネシー	184	16.02	99.5	10.32	99.5	2.24	99.5	3.46	99.5
デラウェア	21	24.83	100.0	14.88	100.0	3.96	100.0	5.99	100.0
ニュージャージー	306	43.52	93.5	30.25	93.5	5.14	94.4	8.13	94.4
ニューハンプシャー	231	31.76	86.1	22.42	90.5	4.36	87.4	4.98	87.4
ニューメキシコ	92	21.33	100.0	13.19	100.0	3.88	100.0	4.26	100.0
ニューヨーク	753	47.74	100.0	33.1	100.0	5.26	100.0	9.39	100.0
ネバダ	22	27.13	100.0	17.8	100.0	4.74	100.0	4.59	100.0
ネブラスカ	276	28.18	72.1	18.06	72.5	4.49	72.5	5.63	73.2
ノースキャロライナ	75	18.66	100.0	12.54	100.0	2.63	100.0	3.49	100.0
ノースダコタ	83	17.58	97.6	10.86	100.0	3.13	98.8	3.59	98.8
バーモント	189	27.5	85.2	17.93	87.8	3.61	88.9	5.96	86.8
ハワイ	1	21.7	100.0	14.11	100.0	3.77	100.0	3.81	100.0
フロリダ	70	25.06	97.1	15.05	97.1	3.7	97.1	6.31	97.1
ペンシルヴェニア	455	23.11	100.0	14.9	100.0	3.02	100.0	5.19	100.0
マサチューセッツ	370	32.97	97.8	22.71	97.8	4.8	97.8	5.45	97.8
ミシガン	384	33.42	99.7	20.8	99.7	4.13	99.7	8.5	99.7
ミシシッピ	49	13.24	100.0	9.01	100.0	1.74	100.0	2.48	100.0
ミズーリ	151	31.36	99.3	18.95	100.0	5.58	99.3	6.83	100.0
ミネソタ	140	30.87	98.6	21.6	98.6	3.79	98.6	5.48	98.6
メイン	269	26.58	98.9	17.95	100.0	3.36	99.3	5.27	98.9
メリーランド	24	36.3	100.0	25.29	100.0	5.46	100.0	5.55	100.0
モンタナ	79	18.01	100.0	12.07	100.0	2.57	100.0	3.37	100.0
ユタ	72	27.9	100.0	18.43	100.0	4.67	100.0	4.8	100.0
ルイジアナ	66	25.99	100.0	15.6	100.0	3.02	100.0	7.37	100.0
ロードアイランド	48	38.51	97.9	27.14	97.9	4.48	97.9	6.89	97.9
ワイオミング	23	38.32	100.0	27.33	100.0	3.94	100.0	7.05	100.0
ワシントン	66	42.58	100.0	27.85	100.0	5.81	100.0	8.92	100.0

(1)　「1人あたり」という数字は、法定サービス地域の重複を除いた人口数を基に算出している。
(2)　その他とは、職員にかかわる支出、製本、本の装備、修繕といったコレクションに関わる支出、あるいは現存の備品、設備の入れ替えにかかる支出を除くすべての支出を指す。図書館運営に必要なコンピュータのハード・ソフトにかかる経費、インターネットを含む館外のネットワーク接続にかかる経費、物的施設の維持管理にかかる経費、コンサルタント、監査人、建築家、代理人らに払われる賃金等である。
(3)　「回答率」は、法定サービス地域の人口がゼロとならない図書館のうち項目に回答した図書館数で算出した。調査票中の「図書館数の合計」とは異なる。回答率が100%に満たない項目には、無回答館のデータも合算されており、表の数値にも含まれている。

出典：Chute, Adrienne et al. Public Libraries in the United States: Fiscal Year 2004. National Center for Education Statistics, 2006, p.86-87, http://nces.ed.gov/pubs2006/2006349.pdf, (accessed 2007-03-14).

表 3-9　公共図書館電子資料にかかる支出（2004 会計年度）

州	公共図書館の数	支出総額		電子資料支出 (1)	
		合計(1,000ドル)	回答率 (2)	支出総額に占める割合	回答率 (2)
合計	9,207	8,643,028	96.8	1.2	96.1
アーカンソー	48	41,231	95.8	0.9	95.8
アイオワ	540	78,471	93.5	0.7	96.7
アイダホ	104	28,965	100.0	0.7	100.0
アラスカ	88	24,568	100.0	0.8	100.0
アラバマ	208	75,972	100.0	0.5	100.0
アリゾナ	91	128,596	97.8	1.8	98.9
イリノイ	626	528,232	100.0	1.9	99.8
インディアナ	239	256,401	100.0	0.8	100.0
ヴァージニア	90	210,699	100.0	1.2	98.9
ウィスコンシン	380	181,531	100.0	0.7	100.0
ウェストヴァージニア	97	26,339	100.0	0.7	100.0
オクラホマ	112	67,913	99.1	1	99.1
オハイオ	250	608,656	100.0	1.5	60.8
オレゴン	125	129,544	97.6	0.8	99.2
カリフォルニア	179	995,802	95.5	1.2	96.1
カンザス	325	85,789	100.0	1.6	100.0
ケンタッキー	116	86,409	100.0	1	100.0
コネチカット	194	146,188	92.3	1.3	92.3
コロラド	115	174,039	100.0	1.8	100.0
コロンビア特別区	1	27,922	100.0	1	100.0
サウスキャロライナ	42	87,322	100.0	1	100.0
サウスダコタ	125	16,295	62.4	0.9	76.8
ジョージア	58	163,295	100.0	0.4	100.0
テキサス	555	343,320	99.6	1	100.0
テネシー	184	92,845	99.5	0.9	99.5
デラウェア	21	19,459	100.0	0.4	100.0
ニュージャージー	306	$362,810	93.5	0.8	94.4
ニューハンプシャー	231	41,104	86.1	0.9	89.2
ニューメキシコ	92	35,115	100.0	1.3	100.0
ニューヨーク	753	903,665	100.0	1	100.0
ネバダ	22	65,406	100.0	1.4	100.0
ネブラスカ	276	39,879	72.1	1.4	72.5
ノースキャロライナ	75	157,082	100.0	0.9	98.7
ノースダコタ	83	9,692	97.6	1.4	98.8
バーモント	189	15,863	85.2	0.4	89.4
ハワイ	1	27,287	100.0	4.1	100.0
フロリダ	70	437,741	97.1	1.5	97.1
ペンシルヴェニア	455	276,871	100.0	0.8	100.0
マサチューセッツ	370	211,869	97.8	0.4	97.8
ミシガン	384	331,112	99.7	1	99.7
ミシシッピ	49	38,427	100.0	0.8	98.0
ミズーリ	151	160,342	99.3	1.7	99.3
ミネソタ	140	157,053	98.6	1	98.6
メイン	269	31,320	98.9	0.6	89.2
メリーランド	24	197,076	100.0	1.6	100.0
モンタナ	79	16,212	100.0	1.4	100.0
ユタ	72	66,135	100.0	1	100.0
ルイジアナ	66	117,368	100.0	0.4	100.0
ロードアイランド	48	41,200	97.9	1.5	97.9
ワイオミング	23	19,206	100.0	0.5	95.7
ワシントン	66	257,391	100.0	1.4	97.0

(1)　電子資料支出とは、電子（デジタル）資料にかかるすべての運営支出を指す。電子資料として、e- ブック、e- シリアルズ（ジャーナルを含む)、政府刊行物、データベース（各館で作成したもの、フルテクストを含む)、電子ファイル、レファレンス・ツール、図書館がデジタル化した資料を含む電子フォーマット、デジタルファーマットの記録、地図、画像が挙げられる。電子資料は、磁気テープ、フロッピーディスク、コンピュータソフトウェア、CD-ROM、あるいはその他の可動デジタルキャリアーで配布される。また、コンピュータ、インターネットを経由して、あるいはe- ブック可読機を使ってアクセスすることもできる。電子資料支出とは、各館で抱えている資料と、半永久的にあるいは一時アクセスする権利を取得したリモート電子資料にかかる支出を指す。これはデータベースライセンスにかかわる支出も含んでいる。電子資料支出はコレクション支出にも含まれている。（表 3- 7 を参照。）

(2)　「回答率」とは、項目に回答した図書館の割合である。ただし回答率が 100％に満たない項目には、無回答館のデータも合算されており、表の数値にもふくまれている。

出典：Chute, Adrienne et al. Public Libraries in the United States: Fiscal Year 2004. National Center for Education Statistics, 2006, p.90-91, http://nces.ed.gov/pubs2006/2006349.pdf, (accessed 2007-03-14).

表 3-10　公共図書館　支出額分布（2004 会計年度）

州	公共図書館の数	支出総額									回答率(1)
		10,000ドル未満	10,000～49,999ドル	50,000～99,999ドル	100,000～199,999ドル	200,000～399,999ドル	400,000～699,999ドル	700,000～999,999ドル	1,000,000～4,999,999ドル	5,000,000ドル以上	
		分布									
合計	9,207	5.5	23.2	14	13.8	13.2	9.4	5.2	12.5	3.2	96.8
アーカンソー	48	0	4.2	6.3	8.3	25	20.8	8.3	25	2.1	95.8
アイオワ	540	9.8	50	17.4	9.3	6.7	3	1.3	2.4	0.2	93.5
アイダホ	104	5.8	35.6	15.4	16.3	11.5	3.8	2.9	7.7	1	100.0
アラスカ	88	12.5	47.7	8	11.4	8	6.8	2.3	2.3	1.1	100.0
アラバマ	208	2.9	31.7	17.8	16.8	14.4	7.7	3.8	3.8	1	100.0
アリゾナ	91	3.3	27.5	11	13.2	17.6	7.7	3.3	8.8	7.7	97.8
イリノイ	626	3	21.1	17.4	13.4	12.6	8.8	4.5	17.1	2.1	100.0
インディアナ	239	0.8	8.8	15.1	13.8	14.2	16.7	7.9	19.2	3.3	100.0
ヴァージニア	90	0	1.1	4.4	10	12.2	17.8	12.2	27.8	14.4	100.0
ウィスコンシン	380	0.3	20.8	20.8	20.3	12.1	12.4	4.7	7.6	1.1	100.0
ウェストヴァージニア	97	0	29.9	22.7	19.6	12.4	8.2	2.1	4.1	1	100.0
オクラホマ	112	1.8	39.3	19.6	12.5	14.3	1.8	5.4	2.7	2.7	99.1
オハイオ	250	0	0	2	7.2	16	20.4	14.8	31.2	8.4	100.0
オレゴン	125	0.8	24.8	9.6	10.4	20.8	11.2	3.2	16	3.2	97.6
カリフォルニア	179	0.6	0	1.1	1.1	5.6	11.2	7.8	48.6	24	95.5
カンザス	325	22.5	37.2	15.4	9.5	7.7	3.1	1.2	2.2	1.2	100.0
ケンタッキー	116	0	1.7	5.2	21.6	37.1	14.7	4.3	12.9	2.6	100.0
コネチカット	194	2.1	8.2	10.8	11.3	20.1	17.5	8.2	20.1	1.5	92.3
コロラド	115	4.3	13	14.8	22.6	8.7	8.7	6.1	13.9	7.8	100.0
コロンビア特別区	1	0	0	0	0	0	0	0	0	100	
サウスキャロライナ	42	0	0	0	7.1	21.4	11.9	14.3	35.7	9.5	100.0
サウスダコタ	125	27.2	42.4	12	5.6	4.8	4.8	1.6	1.6	0	62.4
ジョージア	58	0	0	0	0	10.3	17.2	13.8	44.8	13.8	100.0
テキサス	555	3.1	24.7	18.9	20.9	11.7	7	3.6	8.1	2	99.6
テネシー	184	6	33.2	18.5	19	12	3.8	1.6	3.8	2.2	99.5
デラウェア	21	0	0	0	38.1	28.6	14.3	0	14.3	4.8	100.0
ニュージャージー	306	0.3	3.3	6.9	9.5	19	18.6	13.1	25.5	3.9	93.5
ニューハンプシャー	231	11.7	33.3	16.9	17.3	9.5	4.3	3.9	3	0	86.1
ニューメキシコ	92	10.9	25	18.5	16.3	15.2	5.4	1.1	6.5	1.1	100.0
ニューヨーク	753	0.5	26.6	16.2	13	11.4	8.8	3.3	17.8	2.4	100.0
ネバダ	22	0	4.5	22.7	4.5	18.2	9.1	4.5	27.3	9.1	100.0
ネブラスカ	276	23.6	50.4	8.7	6.9	5.4	1.8	2.2	0.4	0.7	72.1
ノースキャロライナ	75	0	0	0	1.3	10.7	18.7	16	45.3	8	100.0
ノースダコタ	83	26.5	39.8	13.3	9.6	6	0	1.2	3.6	0	97.6
バーモント	189	18	46	15.9	9.5	6.9	2.6	0.5	0.5	0	85.2
ハワイ	1	0	0	0	0	0	0	0	0	100	100.0
フロリダ	70	0	2.9	0	1.4	10	10	12.9	32.9	30	97.1
ペンシルヴェニア	455	0.2	15.2	20.2	22.4	18.9	9.2	5.1	7.7	1.1	100.0
マサチューセッツ	370	3.5	15.9	6.5	13.8	21.1	14.6	11.6	12.4	0.5	97.8
ミシガン	384	0.5	12.2	16.4	20.1	18	11.5	4.9	12.8	3.6	99.7
ミシシッピ	49	0	2	4.1	12.2	18.4	30.6	12.2	20.4	0	100.0
ミズーリ	151	4	19.2	17.9	17.2	17.2	8.6	3.3	7.9	4.6	99.3
ミネソタ	140	2.9	19.3	17.1	18.6	10.7	10	6.4	9.3	5.7	98.6
メイン	269	24.2	35.3	12.6	12.6	9.3	4.1	0.7	1.1	0	98.9
メリーランド	24	0	0	0	0	0	8.3	12.5	41.7	37.5	100.0
モンタナ	79	5.1	29.1	26.6	20.3	10.1	1.3	0	7.6	0	100.0
ユタ	72	0	19.4	20.8	18.1	16.7	11.1	1.4	9.7	2.8	100.0
ルイジアナ	66	0	0	0	10.6	15.2	25.8	10.6	30.3	7.6	100.0
ロードアイランド	48	0	2.1	12.5	14.6	20.8	12.5	14.6	20.8	2.1	97.9
ワイオミング	23	0	0	4.3	8.7	26.1	26.1	13	21.7	0	100.0
ワシントン	66	4.5	21.2	3	4.5	10.6	12.1	12.1	15.2	16.7	100.0

(1) 「回答率」は、運営支出の合計に回答した図書館の割合である。ただし回答率が100%に満たない項目には、無回答館のデータも合算されており、表の数値にもふくまれている。

出典：Chute, Adrienne et al. Public Libraries in the United States: Fiscal Year 2004. National Center for Education Statistics, 2006, p.94-95, http://nces.ed.gov/pubs2006/2006349.pdf, (accessed 2007-03-14).

表 3-11　公共図書館　1 人当たりの支出額分布（2004 会計年度）

州	公共図書館の数	1 人当たりの運営支出 (1) 0～0.99ドル	1～2.99ドル	3～4.99ドル	5～6.99ドル	7～8.99ドル	9～11.99ドル	12～14.99ドル	15～19.99ドル	20～29.99ドル	30ドル以上	回答率 (2)
		分布										
合計	9,207	0.3	1.2	2.1	3.2	4.2	7.3	8.3	13.4	23.3	36.8	96.8
アーカンソー	48	0	0	2.1	10.4	12.5	27.1	18.8	18.8	6.3	4.2	95.8
アイオワ	540	0.2	0.4	1.3	3.5	5.4	7	8.3	17.0	33.9	23	93.5
アイダホ	104	0	0	0	1	2.9	7.7	9.6	22.1	31.7	25	100.0
アラスカ	88	0	0	0	2.3	0	1.1	0	4.5	9.1	83	100.0
アラバマ	208	0	7.2	7.7	7.2	7.2	12.5	8.7	13.5	18.3	17.8	100.0
アリゾナ	91	0	2.2	7.7	1.1	2.2	3.3	7.7	8.8	33	34.1	97.8
イリノイ	626	0	0.2	0.2	0.8	1.9	3.2	6.4	12.8	26.7	47.9	100.0
インディアナ	239	0	0	0	0.4	0.4	2.1	1.3	3.3	18.8	73.6	100.0
ヴァージニア	90	0	0	0	0	3.3	11.1	10	22.2	30	23.3	100.0
ウィスコンシン	380	0	0	0	0.3	0.5	2.4	5.8	12.6	36.1	42.4	100.0
ウェストヴァージニア	97	0	0	3.1	24.7	20.6	22.7	10.3	6.2	8.2	4.1	100.0
オクラホマ	112	0	0	1.8	2.7	1.8	13.4	10.7	22.3	30.4	17	99.1
オハイオ	250	0	0	0	0	0.8	0.4	1.2	2.0	9.6	86	100.0
オレゴン	125	0	0	0	2.4	1.6	1.6	7.2	12.8	32	42.4	97.6
カリフォルニア	179	0	0	0.6	1.1	3.4	6.7	6.1	13.4	26.3	42.5	95.5
カンザス	325	0	0.3	0.6	0.6	0.9	2.8	6.2	15.4	30.2	43.1	100.0
ケンタッキー	116	0	0.9	1.7	4.3	3.4	11.2	20.7	25.0	24.1	8.6	100.0
コネチカット	194	1.5	4.1	2.1	1	2.1	0.5	2.1	6.2	13.4	67	92.3
コロラド	115	0	0.9	0.9	1.7	4.3	4.3	3.5	5.2	19.1	60	100.0
コロンビア特別区	1	0	0	0	0	0	0	0	0.0	0	100	100.0
サウスキャロライナ	42	0	0	0	2.4	9.5	23.8	23.8	21.4	11.9	7.1	100.0
サウスダコタ	125	0.8	0.8	1.6	7.2	4	7.2	6.4	12.0	25.6	34.4	62.4
ジョージア	58	0	0	0	0	3.4	19	17.2	34.5	24.1	1.7	100.0
テキサス	555	0.4	2.7	5.2	10.6	8.6	15.7	12.1	18.2	14.4	12.1	99.6
テネシー	184	0.5	10.3	16.3	16.8	14.7	10.9	8.7	7.6	7.1	7.1	99.5
デラウェア	21	0	0	0	0	0	9.5	19	9.5	33.3	28.6	100.0
ニュージャージー	306	0	0	1	0.7	1.6	1.3	1.6	4.6	14.4	74.8	93.5
ニューハンプシャー	231	3.5	1.3	4.8	2.2	2.6	6.5	6.1	11.3	19	42.9	86.1
ニューメキシコ	92	5.4	3.3	1.1	1.1	4.3	4.3	4.3	16.3	26.1	33.7	100.0
ニューヨーク	753	0	0.1	0.7	0.8	1.9	6.2	7.7	12.0	20.3	50.3	100.0
ネバダ	22	0	0	0	0	0	9.1	0	13.6	31.8	45.5	100.0
ネブラスカ	276	0	0.4	0.7	2.2	1.4	3.3	4	10.9	38.8	38.4	72.1
ノースキャロライナ	75	0	0	0	4	1.3	12	30.7	25.3	13.3	13.3	100.0
ノースダコタ	83	0	2.4	9.6	4.8	10.8	10.8	22.9	12.0	22.9	3.6	97.6
バーモント	189	0.5	4.8	4.2	4.2	4.8	7.9	7.4	7.9	19.6	38.6	85.2
ハワイ	1	0	0	0	0	0	0	0	0.0	100	0	100.0
フロリダ	70	0	0	0	0	5.7	7.1	14.3	20.0	27.1	25.7	97.1
ペンシルヴェニア	455	0	0.4	2	5.7	11.6	18.2	16.5	16.9	18	10.5	100.0
マサチューセッツ	370	0	0	0.5	1.4	1.9	2.4	5.1	13.0	30	45.7	97.8
ミシガン	384	0	0.3	1	1	4.9	5.7	10.7	17.2	28.4	30.7	99.7
ミシシッピ	49	0	0	0	6.1	16.3	34.7	30.6	6.1	4.1	2	100.0
ミズーリ	151	0	0.7	0.7	5.3	4.6	17.9	10.6	20.5	21.9	17.9	99.3
ミネソタ	140	0	0	0.7	1.4	1.4	2.9	3.6	12.1	30	47.9	98.6
メイン	269	3.3	5.9	10	6.3	5.6	8.2	9.3	12.3	14.5	24.5	98.9
メリーランド	24	0	0	0	0	0	0	0	8.3	41.7	50	100.0
モンタナ	79	0	2.5	1.3	1.3	2.5	6.3	19	27.8	30.4	8.9	100.0
ユタ	72	0	0	1.4	2.8	4.2	8.3	12.5	20.8	25	25	100.0
ルイジアナ	66	0	0	1.5	0	4.5	4.5	12.1	16.7	31.8	28.8	100.0
ロードアイランド	48	0	4.2	2.1	4.2	0	0	2.1	8.3	25	54.2	97.9
ワイオミング	23	0	0	0	0	0	0	0	8.7	39.1	52.2	100.0
ワシントン	66	0	0	1.5	1.5	1.5	3	1.5	15.2	22.7	53	100.0

(1)　「1 人あたり」という数字は、法定サービス地域の重複を除いた人口数を基に算出している。
(2)　「回答率」は、法定サービス地域の人口がゼロとならない図書館のうち項目に回答した図書館数で算出した。調査票中の「図書館数の合計」とは異なる。回答率が 100%に満たない項目には、無回答館のデータも合算されており、表の数値にも含まれている。

出典：Chute, Adrienne et al. Public Libraries in the United States: Fiscal Year 2004. National Center for Education Statistics, 2006, p.98-99, http://nces.ed.gov/pubs2006/2006349.pdf, (accessed 2007-03-14).

表 3-12　公共図書館　資本支出額分布（2004 会計年度）

州	公共図書館の数	資本支出総額							
		資本支出合計 (1,000ドル)	回答率[1]	0ドル	0.01～4.999ドル	5,000～9.999ドル	10,000～49.999ドル	50,000～99.999ドル	100,000ドル以上
				分布					
合計	9,207	1,240,940	97.0	56.5	11.7	5.8	12.2	4.3	9.5
アーカンソー	48	30,656	95.8	50	6.3	0	22.9	6.3	14.6
アイオワ	540	19,809	97.2	73.3	13.1	4.6	4.8	1.7	2.4
アイダホ	104	3,398	100.0	59.6	14.4	5.8	12.5	1.9	5.8
アラスカ	88	1,715	100.0	81.8	3.4	1.1	6.8	3.4	3.4
アラバマ	208	2,682	100.0	72.1	8.2	5.3	7.7	2.9	3.8
アリゾナ	91	14,697	98.9	68.1	6.6	8.8	6.6	3.3	6.6
イリノイ	626	110,479	96.6	55	8.1	5.6	12.3	5.3	13.7
インディアナ	239	89,450	100.0	58.2	4.6	2.9	10	7.5	16.7
ヴァージニア	90	12,328	100.0	71.1	1.1	3.3	4.4	3.3	16.7
ウィスコンシン	380	17,807	100.0	59.7	13.4	7.6	11.3	2.6	5.3
ウェストヴァージニア	97	4,649	100.0	26.8	15.5	15.5	28.9	3.1	10.3
オクラホマ	112	2,500	99.1	74.1	9.8	4.5	5.4	1.8	4.5
オハイオ	250	74,559	100.0	38.8	7.6	5.2	16.8	9.2	22.4
オレゴン	125	20,131	99.2	56	17.6	4.8	9.6	3.2	8.8
カリフォルニア	179	157,881	96.1	44.1	2.2	2.2	17.9	5.6	27.9
カンザス	325	5,150	92.3	64.9	22.5	3.4	6.2	1.8	1.2
ケンタッキー	116	4,802	100.0	60.3	0.9	2.6	12.9	11.2	12.1
コネチカット	194	7,645	93.3	64.4	5.2	4.6	14.9	3.6	7.2
コロラド	115	19,820	100.0	45.2	11.3	8.7	13.9	3.5	17.4
コロンビア特別区	1	1,489	100.0	0	0	0	0	0	100.0
サウスキャロライナ	42	22,900	100.0	52.4	0	4.8	14.3	9.5	19.0
サウスダコタ	125	718	76.8	38.4	40.8	7.2	12	0.8	0.8
ジョージア	58	6,756	100.0	69	1.7	5.2	12.1	3.4	8.6
テキサス	555	34,128	100.0	71.9	8.3	4.5	8.5	2	4.9
テネシー	184	14,783	100.0	78.3	9.8	0.5	6.5	0.5	4.3
デラウェア	21	1,440	100.0	4.8	23.8	23.8	14.3	4.8	28.6
ニュージャージー	306	42,275	94.4	49.3	6.2	4.9	20.3	6.9	12.4
ニューハンプシャー	231	3,858	88.7	68.4	7.8	4.3	12.6	3.9	3.0
ニューメキシコ	92	1,933	100.0	60.9	7.6	7.6	15.2	4.3	4.3
ニューヨーク	753	68,475	100.0	40.4	17	7.8	17.7	6.9	10.2
ネバダ	22	1,075	100.0	63.6	13.6	4.5	9.1	4.5	4.5
ネブラスカ	276	2,436	72.8	46.4	40.2	5.8	5.4	0.4	1.8
ノースキャロライナ	75	5,703	100.0	38.7	5.3	9.3	25.3	4	17.3
ノースダコタ	83	240	100.0	80.7	8.4	4.8	3.6	1.2	1.2
バーモント	189	3,747	93.1	59.3	11.6	7.9	13.8	4.2	3.2
ハワイ	1	1,005	100.0	0	0	0	0	0	100.0
フロリダ	70	60,359	95.7	30	5.7	5.7	12.9	10	35.7
ペンシルヴェニア	455	50,637	100.0	74.5	4.8	2.9	7.3	2	8.6
マサチューセッツ	370	62,070	97.8	47.6	14.6	8.6	13.2	3.8	12.2
ミシガン	384	59,720	99.7	24.2	15.4	13.3	24.5	9.4	13.3
ミシシッピ	49	4,113	100.0	40.8	2	8.2	22.4	8.2	18.4
ミズーリ	151	20,412	92.7	42.4	9.9	3.3	25.2	5.3	13.9
ミネソタ	140	62,514	98.6	67.9	5.7	5	7.9	2.9	10.7
メイン	269	4,817	98.5	72.1	13.4	3.7	6.3	2.2	2.2
メリーランド	24	29,751	100.0	37.5	0	0	8.3	8.3	45.8
モンタナ	79	3,254	100.0	54.4	16.5	6.3	11.4	3.8	7.6
ユタ	72	7,123	100.0	43.1	16.7	12.5	15.3	1.4	11.1
ルイジアナ	66	17,375	100.0	47	6.1	1.5	13.6	7.6	24.2
ロードアイランド	48	8,102	97.9	47.9	4.2	4.2	20.8	12.5	10.4
ワイオミング	23	1,037	100.0	47.8	17.4	13	0	0	21.7
ワシントン	66	36,538	100.0	43.9	10.6	9.1	6.1	7.6	22.7

(1)「回答率」は、資本支出の合計について回答した図書館の割合である。ただし回答率が100%に満たない項目には、無回答館のデータも合算されており、表の数値にもふくまれている。

出典：Chute, Adrienne et al. Public Libraries in the United States: Fiscal Year 2004. National Center for Education Statistics, 2006, p.102-103, http://nces.ed.gov/pubs2006/2006349.pdf, (accessed 2007-03-14).

表 3-13　公共図書館　コレクションにかかる 1 人当たりの支出　州別ランキング（2004 会計年度）

州	ランキング(1)	1 人当たりの支出合計(2)	州	ランキング(1)	コレクションにかかる 1 人当たりの支出(2)
合計	†	30.49	合計	†	4.04
オハイオ	1	53.12	オハイオ	1	8.47
コロンビア特別区(3)	2	50.44	イリノイ	2	6.28
ニューヨーク	3	47.74	インディアナ	3	6.17
イリノイ	4	46.43	コロラド	4	5.83
インディアナ	5	45.16	ワシントン	5	5.81
ニュージャージー	6	43.52	ミズーリ	6	5.58
ワシントン	7	42.58	コネチカット	7	5.52
コネチカット	8	41.97	メリーランド	8	5.46
オレゴン	9	40.22	カンザス	9	5.4
コロラド	10	39.29	ニューヨーク	10	5.26
ロードアイランド	11	38.51	ニュージャージー	11	5.14
ワイオミング	12	38.32	オレゴン	12	4.82
アラスカ	13	37.48	マサチューセッツ	13	4.8
カンザス	14	37.34	ネバダ	14	4.74
メリーランド	15	36.3	ユタ	15	4.67
ミシガン	16	33.42	コロンビア特別区(3)	16	4.59
マサチューセッツ	17	32.97	ネブラスカ	17	4.49
ウィスコンシン	18	32.81	ロードアイランド	18	4.48
ニューハンプシャー	19	31.76	ニューハンプシャー	19	4.36
ミズーリ	20	31.36	サウスダコタ	20	4.28
ミネソタ	21	30.87	アラスカ	21	4.21
ヴァージニア	22	28.84	アイオワ	22	4.17
ネブラスカ	23	28.18	ウィスコンシン	23	4.15
ユタ	24	27.9	ミシガン	24	4.13
サウスダコタ	25	27.89	デラウェア	25	3.96
カリフォルニア	26	27.56	ワイオミング	26	3.94
バーモント	27	27.5	ヴァージニア	27	3.89
ネバダ	28	27.13	ニューメキシコ	28	3.88
アイオワ	29	26.85	ミネソタ	29	3.79
メイン	30	26.58	ハワイ(4)	30	3.77
ルイジアナ	31	25.99	フロリダ	31	3.7
フロリダ	32	25.06	オクラホマ	32	3.65
デラウェア	33	24.83	バーモント	33	3.61
アイダホ	34	24	アリゾナ	34	3.38
アリゾナ	35	23.69	メイン	35	3.36
オクラホマ	36	23.51	サウスキャロライナ	36	3.32
ペンシルヴェニア	37	23.11	ケンタッキー	37	3.29
ハワイ(4)	38	21.7	ノースダコタ	38	3.13
ニューメキシコ	39	21.33	ルイジアナ	39	3.02
ケンタッキー	40	21.17	ペンシルヴェニア	40	3.02
サウスキャロライナ	41	21.06	アイダホ	41	2.93
ジョージア	42	19.19	カリフォルニア	42	2.71
ノースキャロライナ	43	18.66	ノースキャロライナ	43	2.63
モンタナ	44	18.01	モンタナ	44	2.57
ノースダコタ	45	17.58	アーカンソー	45	2.52
アラバマ	46	16.93	テキサス	46	2.45
テキサス	47	16.93	アラバマ	47	2.39
テネシー	48	16.02	ジョージア	48	2.37
アーカンソー	49	15.49	テネシー	49	2.24
ウェストヴァージニア	50	14.57	ウェストヴァージニア	50	2.17
ミシシッピ	51	13.24	ミシシッピ	51	1.74

† 数値を与えることができない。
(1) 順位は四捨五入をおこなう前の数値に基づく。
(2) 運営支出合計は、職員にかかわる支出の合計、コレクションにかかる支出の合計、およびその他の運営支出を指している。この報告はその他の運営支出の州別ランキングは含んでいない。「1 人あたり」という数字は、法定サービス地域の重複を除いた人口数を基に算出している。
(3) コロンビア特別区は州とは異なるが、州別順位に組み込んだ。ただし州のデータとの比較に際しては、特別な配慮が必要となる。
(4) ハワイ州は 1 公共図書館のデータのみ回答しているため、他の州との比較には、特別な配慮が必要となる。

出典：Chute, Adrienne et al. Public Libraries in the United States: Fiscal Year 2004. National Center for Education Statistics, 2006, p.A-12, http://nces.ed.gov/pubs2006/2006349.pdf, (accessed 2007-03-14).

表 3-14　公共図書館　職員にかかる1人当たりの支出　州別ランキング（2004 会計年度）

州	ランキング[1]	職員にかかる1人当たりの支出[2]	州	ランキング[1]	職員の給与にかかる1人当たりの支出[2]
合計	†	20.06	合計	†	15.81
コロンビア特別区[3]	1	37.03	コロンビア特別区[3]	1	31.26
オハイオ	2	34.73	オハイオ	2	27.11
ニューヨーク	3	33.1	コネチカット	3	25.99
ニュージャージー	4	30.25	ニューヨーク	4	25.51
コネチカット	5	29.09	イリノイ	5	23.98
イリノイ	6	28.77	ニュージャージー	6	23.29
ワシントン	7	27.85	インディアナ	7	22.21
インディアナ	8	27.78	ワシントン	8	22.04
ワイオミング	9	27.33	ロードアイランド	9	21.65
ロードアイランド	10	27.14	マサチューセッツ	10	21.19
オレゴン	11	26.95	ワイオミング	11	20.78
コロラド	12	25.83	コロラド	12	20.74
メリーランド	13	25.29	メリーランド	13	19.43
アラスカ	14	25.18	オレゴン	14	18.6
カンザス	15	23.38	カンザス	15	18.6
ウィスコンシン	16	22.84	アラスカ	16	18.31
マサチューセッツ	17	22.71	ニューハンプシャー	17	18.14
ニューハンプシャー	18	22.42	ミネソタ	18	16.88
ミネソタ	19	21.6	ウィスコンシン	19	16.87
ミシガン	20	20.8	ヴァージニア	20	15.75
サウスダコタ	21	19.54	ミシガン	21	15.66
ヴァージニア	22	19.42	メイン	22	15.49
ミズーリ	23	18.95	サウスダコタ	23	15.48
ユタ	24	18.43	ミズーリ	24	15.2
カリフォルニア	25	18.12	バーモント	25	14.7
ネブラスカ	26	18.06	アイオワ	26	14.32
メイン	27	17.96	ネブラスカ	27	14.31
バーモント	28	17.93	カリフォルニア	28	14.06
ネバダ	29	17.8	ハワイ[4]	29	14.01
アイオワ	30	17.79	ユタ	30	13.78
アイダホ	31	15.9	ネバダ	31	13.67
ルイジアナ	32	15.6	アイダホ	32	12.37
アリゾナ	33	15.48	ルイジアナ	33	12.2
オクラホマ	34	15.06	アリゾナ	34	11.94
フロリダ	35	15.05	フロリダ	35	11.85
ペンシルヴェニア	36	14.9	デラウェア	36	11.72
デラウェア	37	14.88	ペンシルヴェニア	37	11.69
ハワイ[4]	38	14.11	オクラホマ	38	11.59
サウスキャロライナ	39	13.64	サウスキャロライナ	39	10.65
ジョージア	40	13.2	ジョージア	40	10.26
ニューメキシコ	41	13.19	ケンタッキー	41	10.04
ノースキャロライナ	42	12.54	ノースキャロライナ	42	9.85
ケンタッキー	43	12.41	ニューメキシコ	43	9.54
モンタナ	44	12.07	モンタナ	44	9.2
テキサス	45	11.65	ノースダコタ	45	9.06
アラバマ	46	11.06	テキサス	46	8.98
ノースダコタ	47	10.86	アラバマ	47	8.93
テネシー	48	10.32	テネシー	48	8.39
アーカンソー	49	9.45	アーカンソー	49	7.49
ウェストヴァージニア	50	9.44	ウェストヴァージニア	50	7.27
ミシシッピ	51	9.01	ミシシッピ	51	7

†　数値を与えることができない。
(1)　順位は四捨五入をおこなう前の数値に基づく。
(2)　職員にかかる支出の合計は、給与、賃金、従業員手当といった支出を指している。この報告は、従業員手当にかかる支出の州別ランキングは含んでいない。「1人あたり」という数字は、法定サービス地域の重複を除いた人口数を基に算出している。
(3)　コロンビア特別区は州とは異なるが、州別順位に組み込んだ。ただし州のデータとの比較に際しては、特別な配慮が必要となる。
(4)　ハワイ州は1公共図書館のデータのみ回答しているため、他の州との比較には、特別な配慮が必要となる。

出典：Chute, Adrienne et al. Public Libraries in the United States: Fiscal Year 2004. National Center for Education Statistics, 2006, p.A-13, http://nces.ed.gov/pubs2006/2006349.pdf, (accessed 2007-03-14).

表 3-15　州立図書館機構の支出：50 州とコロンビア特別区（2005 会計年度）

歳入	合計	運営支出	州内図書館への財政的補助	資本投資	その他
(1,000 ドル)					
歳入合計	1,067,675	309,999	733,493	2,580	21,603
50, 000,000 ドル以上	429,299	60,001	362,397	45	6,857
20,000,000～49,999,999 ドル	335,573	89,547	238,491	646	6,888
10,000,000～19.999,999 ドル	191,972	84,887	102,348	404	4,332
4,000,000～9,999,999 ドル	95,515	62,686	29,382	1,440	2,007
4,000,000 ドル未満	15,318	12,878	875	45	1,520
分布					
歳入合計	100.0	29.0	68.7	0.2	2.0
50, 000,000 ドル以上	100.0	14.0	84.4	#	1.6
20,000,000～49,999,999 ドル	100.0	26.7	71.1	0.2	2.1
10,000,000～19.999,999 ドル	100.0	44.2	53.3	0.2	2.3
4,000,000～9,999,999 ドル	100.0	65.6	30.8	1.5	2.1
4,000,000 ドル未満	100.0	84.1	5.7	0.3	9.9
1 人当たり					
歳入合計	3.60	1.05	2.47	0.01	0.07
50, 000,000 ドル以上	4.13	0.58	3.49	#	0.07
20,000,000～49,999,999 ドル	3.64	0.97	2.59	0.01	0.07
10,000,000～19.999,999 ドル	3.54	1.57	1.89	0.01	0.08
4,000,000～9,999,999 ドル	2.27	1.49	0.7	0.03	0.05
4,000,000 ドル未満	3.97	3.34	0.23	0.01	0.39

#　おおよそゼロ。

出典：Holton, Barbara et al. State Library Agencies Fiscal Year 2005. National Center for Education Statistics, 2006, p.9, http://nces.ed.gov/pubs2007/2007300.pdf, (accessed 2007-03-14).

表 3-16　州立図書館機構の支出内訳：50 州とコロンビア特別区（2005 会計年度）

歳入	合計	職員			コレクション	その他
		合計	給料	福利厚生		
(1,000 ドル)						
すべて	309,999	172,180	132,639	39,541	24,716	113,103
50, 000,000 ドル以上	60,001	36,490	28,939	7,552	7,983	15,527
20,000,000～49,999,999 ドル	89,547	41,847	33,407	8,440	4,612	43,088
10,000,000～19.999,999 ドル	84,887	49,749	38,874	10,875	6,678	28,459
4,000,000～9,999,999 ドル	62,686	36,782	26,212	10,570	4,477	21,427
4,000,000 ドル未満	12,878	7,312	5,208	2,104	966	4,600
分布						
すべて	100.0	55.5	42.8	12.8	8.0	36.5
50, 000,000 ドル以上	100.0	60.8	48.2	12.6	13.3	25.9
20,000,000～49,999,999 ドル	100.0	46.7	37.3	9.4	5.1	48.1
10,000,000～19.999,999 ドル	100.0	58.6	45.8	12.8	7.9	33.5
4,000,000～9,999,999 ドル	100.0	58.7	41.8	16.9	7.1	34.2
4,000,000 ドル未満	100.0	56.8	40.4	16.3	7.5	35.7
1 人当たり						
歳入合計	1.05	0.58	0.45	0.13	0.08	0.38
50, 000,000 ドル以上	0.58	0.35	0.28	0.07	0.08	0.15
20,000,000～49,999,999 ドル	0.97	0.45	0.36	0.09	0.05	0.47
10,000,000～19.999,999 ドル	1.57	0.92	0.72	0.2	0.12	0.53
4,000,000～9,999,999 ドル	1.49	0.87	0.62	0.25	0.11	0.51
4,000,000 ドル未満	3.34	1.9	1.35	0.55	0.25	1.19

出典：Holton, Barbara et al. State Library Agencies Fiscal Year 2005. National Center for Education Statistics, 2006, p.10, http://nces.ed.gov/pubs2007/2007300.pdf, (accessed 2007-03-14).

表 3-17　州立図書館機構の支出　州内図書館への財政補助の内訳：50 州とコロンビア特別区（2005 会計年度）

歳入	合計	個々の公共図書館	公共図書館への図書館協力	公共図書館以外の個々の図書館	複数の館種におよぶ図書館協力	一機関あるいは一図書館	図書館建設	その他の補助
(1,000 ドル)								
すべて	733,493	409,497	112,302	13,694	62,852	59,580	39,423	36,144
50, 000,000 ドル以上	362,397	179,083	77,007	8,626	33,510	25,173	14,553	24,443
20,000,000～49,999,999 ドル	238,491	154,003	23,440	1,216	19,951	21,037	17,065	1,779
10,000,000～19.999,999 ドル	102,348	61,017	10,114	2,558	2,641	10,336	7,663	8,019
4,000,000～9,999,999 ドル	29,382	14,736	1,741	1,258	6,749	3,019	142	1,737
4,000,000 ドル未満	875	658	0	36	0	15	0	166
分布								
すべて	100.0	55.8	15.3	1.9	8.6	8.1	5.4	4.9
50, 000,000 ドル以上	100.0	49.4	21.2	2.4	9.2	6.9	4.0	6.7
20,000,000～49,999,999 ドル	100.0	64.6	9.8	0.5	8.4	8.8	7.2	0.7
10,000,000～19.999,999 ドル	100.0	59.6	9.9	2.5	2.6	10.1	7.5	7.8
4,000,000～9,999,999 ドル	100.0	50.2	5.9	4.3	23.0	10.3	0.5	5.9
4,000,000 ドル未満	100.0	75.2	0.0	4.1	0.0	1.7	0.0	19.0
1 人当たり								
すべて	2.47	1.38	0.38	0.05	0.21	0.20	0.13	0.12
50, 000,000 ドル以上	3.49	1.72	0.74	0.08	0.32	0.24	0.14	0.24
20,000,000～49,999,999 ドル	2.59	1.67	0.25	0.01	0.22	0.23	0.18	0.02
10,000,000～19.999,999 ドル	1.89	1.13	0.19	0.05	0.05	0.19	0.14	0.15
4,000,000～9,999,999 ドル	0.7	0.35	0.04	0.03	0.16	0.07	#	0.04
4,000,000 ドル未満	0.23	0.17	0	0.01	0	#	0	0.04

#　おおよそゼロ。

出典：Holton, Barbara et al. State Library Agencies Fiscal Year 2005. National Center for Education Statistics, 2006, p.11, http://nces.ed.gov/pubs2007/2007300.pdf, (accessed 2007-03-14).

＜学校図書館＞

表 3-18　公立学校図書館メディアセンター　平均支出と図書購入平均支出（1999 ～ 2000 年）

州	図書館平均支出 (1)	図書購入平均支出 (2)	図書館支出に占める図書購入支出の割合 (2)	年間平均集書数 1998～1999 年	1998～1999 年末平均蔵書数
50 州とコロンビア特別区	8,729	5,683	65.1	488	10,232
アーカンソー	6,630	4,490	67.7	353	8,208
アイオワ	5,647	3,321	58.8	288	8,408
アイダホ	19,792	17,038	86.1	1,509	10,109
アラスカ	5,813	3,438	59.1	271	8,824
アラバマ	7,941	4,942	62.2	412	10,928
アリゾナ	8,568	6,292	73.4	613	14,048
イリノイ	7,623	4,705	61.7	462	8,781
インディアナ	8,151	5,218	64	402	11,393
ヴァージニア	10,131	6,439	63.6	770	12,229
ウィスコンシン	10,809	6,291	58.2	483	11,763
ウェストヴァージニア	4,560	2,875	63	231	6,873
オクラホマ	5,995	3,863	64.4	319	7,698
オハイオ	5,873	3,377	57.5	306	7,920
オレゴン	5,705	3,039	53.3	309	12,264
カリフォルニア	12,079	9,168	75.9	749	11,584
カンザス	6,793	4,067	59.9	394	8,573
ケンタッキー	7,378	4,439	60.2	429	8,697
コネチカット	12,382	7,913	63.9	517	11,775
コロラド	7,197	4,613	64.1	385	8,650
コロンビア特別区	2,656	1,683	63.4	151	9,328
サウスキャロライナ	8,281	5,942	71.8	438	9,305
サウスダコタ	5,844	3,352	57.4	329	8,713
ジョージア	11,556	7,165	62	640	11,756
テキサス	9,980	6,927	69.4	619	10,351
テネシー	9,206	6,075	66	585	9,339
デラウェア	7,971	5,907	74.1	482	10,676
ニュージャージー	8,994	5,005	55.6	358	10,518
ニューハンプシャー	9,136	4,772	52.2	385	8,226
ニューメキシコ	7,514	5,085	67.7	491	9,517
ニューヨーク	8,907	5,885	66.1	523	10,561
ネバダ	9,861	7,044	71.4	634	12,739
ネブラスカ	6,045	3,394	56.1	266	8,655
ノースキャロライナ	11,038	7,248	65.7	512	10,239
ノースダコタ	6,047	3,526	58.3	351	10,722
バーモント	8,500	5,429	63.9	395	9,167
ハワイ	7,795	5,457	70	488	12,750
フロリダ	11,116	6,922	62.3	786	14,153
ペンシルヴェニア	8,908	5,677	63.7	369	11,900
マサチューセッツ	7,182	4,264	59.4	446	9,212
ミシガン	7,046	4,605	65.4	343	8,944
ミシシッピ	7,593	5,417	71.3	443	11,538
ミズーリ	10,434	5,809	55.7	431	9,461
ミネソタ	8,890	5,561	62.6	463	13,279
メイン	7,125	4,309	60.5	311	8,885
メリーランド	11,649	6,624	56.9	477	9,416
モンタナ	5,000	2,692	53.8	274	7,342
ユタ	5,994	4,001	66.7	425	8,348
ルイジアナ	6,293	4,231	67.2	309	9,183
ロードアイランド	6,499	3,869	59.5	348	7,942
ワイオミング	5,978	3,576	59.8	328	9,021
ワシントン	7,893	5,557	70.4	513	10,584

類型	図書館平均支出 (1)	図書購入平均支出 (2)	図書館支出に占める図書購入支出の割合 (2)	年間平均集書数 1998-1999 年	1998-1999 年末平均蔵書数
地域					
北東部	8,818	5,474	62.1	430	10,528
中西部	7,579	4,558	60.1	385	9,486
南部	9,170	5,996	65.4	538	10,340
西部	9,548	6,921	72.5	601	10,860
コミュニティ類型					
中核都市	8,400	5,714	68	533	9,201
都市周辺地帯／大きな町	10,029	6,533	65.1	538	11,532
地方／小さな町	7,097	4,429	62.4	384	9,125
校種					
初等学校	7,405	5,203	70.3	502	9,375
中等学校	13,059	7,352	56.3	460	13,164
一貫教育校	7,487	4,360	58.2	364	8,337
在籍者数					
100 人未満	3,742	2,194	58.6	216	5,850
100 ～ 199 人	4,628	2,830	61.2	289	6,595
200 ～ 499 人	6,125	4,106	67	395	8,583
500 ～ 749 人	8,970	6,216	69.3	558	10,847
750 ～ 999 人	12,506	8,399	67.2	680	12,886
1,000 人以上	19,604	11,409	58.2	759	17,116

(1)　図書館平均支出とは、本、ビデオ資料、CD-ROM、カレントプリント、マイクロ逐次刊行物、電子媒体の定期購読資料にかかる支出を指す。
(2)　図書購入支出とは、本のレンタルあるいは購入に費やした額を指す。

出典：Holton, Barbara et al. The Status of Public and Private School Library Media Centers in the United States: 1999-2000. National Center for Education Statistics, 2004, p.28-29, http://nces.ed.gov/pubs2004/2004313.pdf, (accessed 2007-03-14).

表 3-19　私立学校図書館メディアセンター　平均支出と図書購入平均支出（1999 ～ 2000 年）

種別	図書館平均支出(1)	図書購入平均支出(2)	図書館支出に占める図書購入支出の割合(2)	年間平均集書数1998～1999 年	1998～1999 年末平均蔵書数
合計	4,391	2,660	60.6	327	7,192
所属					
カソリック	4,084	2,281	55.9	311	7,833
フレンド派（クエーカー）	6,945	3,782	54.5	354	9,352
聖公会	8,053	4,655	57.8	467	9,928
ヘブライ・デイ	2,865	2,196	76.7	208	5,249
ソロモン	7,715	4,226	54.8	418	8,457
その他のユダヤ系	5,176	3,323	64.2	296	6,543
ルーテル教会ミズーリ会議	3,074	1,834	59.7	387	5,310
ルーテル教会ウィスコンシン会議	2,180	1,259	57.7	133	5,106
福音主義的ルーテル教会	2,345	1,792	76.4	373	8,036
その他のルーテル教会	#	#	#	#	#
安息日再臨派	1,624	934	57.5	164	3,905
クリスチャンスクール・インターナショナル	4,291	2,889	67.3	351	9,571
米国クリスチャンスクール協会	3,311	2,478	74.8	349	7,025
国際クリスチャンスクール協会	3,056	1,982	64.9	351	6,138
全米特別支援教育私立学校協会	4,584	2,204	48.1	228	4,732
モンテッソリ	1,528	1,093	71.6	217	4,471
一般私立学校	18,911	11,006	58.2	763	17,302
全米私立学校協会	#	#	#	#	#
その他	3,794	2,625	69.2	296	5,623
NCES 類型					
カソリック	4,084	2,281	55.9	311	7,833
教会付属学校（Parochial）	2,820	1,757	62.3	290	6,513
教区会（英国教会系教会；Diocesan）	4,146	2,476	59.7	328	9,552
私立（Private）	10,603	4,479	42.2	375	9,695
その他の宗教	3,525	2,376	67.4	314	6,063
保守的キリスト教	2,880	1,913	66.4	348	5,916
連 携	4,391	3,095	70.5	299	6,749
非連携	3,212	2,016	62.8	289	5,327
非宗教系	6,867	4,083	59.5	390	8,131
正 規	9,989	5,965	59.7	523	11,316
重点教育	3,653	2,240	61.3	277	5,269
特別教育	3,276	1,779	54.3	202	3,848
一般私立学校（Independent Schools）全米協会会員校の合計	18,041	9,572	53.1	666	15,855

類型	図書館平均支出[1]	図書購入平均支出[2]	図書館支出に占める図書購入支出の割合[2]	年間平均集書数 1998-1999 年	1998-1999 年末平均蔵書数
地域					
北東部	4,713	2,628	55.8	267	7,061
中西部	3,058	1,859	60.8	287	6,910
南部	5,623	3,578	63.6	424	7,465
西部	4,031	2,448	60.7	309	7,376
コミュニティ類型					
中核都市	4,598	2,599	56.5	334	6,555
都市周辺地帯／大きな町	4,690	2,998	63.9	344	7,823
地方／小さな町	2,946	1,960	66.5	262	7,546
校種					
初等学校	2,866	1,980	69.1	290	5,971
中等学校	8,982	4,365	48.6	304	10,689
一貫教育校	6,265	3,657	58.4	436	8,775
在籍者数					
100 人未満	1,114	669	60.1	170	3,250
100 ～ 199 人	3,135	2,136	68.1	310	5,996
200 ～ 499 人	4,773	2,919	61.1	362	8,217
500 ～ 749 人	10,701	6,350	59.3	600	14,297
750 ～ 999 人	15,651	8,214	52.5	648	16,821
1,000 人以上	22,038	11,885	53.9	614	18,960

\# 　数値があまりに少なく、報告規準を満たしていない。
(1)　図書館平均支出とは、本、ビデオ資料、CD-ROM、カレントプリント、マイクロ逐次刊行物、電子媒体の定期購読資料にかかる支出を指す。
(2)　図書購入支出とは、本のレンタルあるいは購入に費やした額を指す。

出典：Holton, Barbara et al. The Status of Public and Private School Library Media Centers in the United States: 1999-2000. National Center for Education Statistics, 2004, p.30-31, http://nces.ed.gov/pubs2004/2004313.pdf, (accessed 2007-03-14).

表 3-20　公立学校図書館メディアセンター統計（1999 ～ 2000 年）：全国

公立学校の数	83,824
公立学校の児童生徒の数	45,035,115
図書館メディアセンターを設置する公立学校の数	76,807
図書館メディアセンターを設置する公立学校の割合	92
図書館メディアセンターを設置する公立学校の児童生徒の数	43,599,096
図書館メディアセンターを設置する公立学校の児童生徒の割合	97
ライブラリアンを配置する学校の数	71,817
ライブラリアンを配置する学校の割合	86
アメリカ合衆国の公立学校の児童生徒全体に見る図書館資源	
児童生徒 1 人当たりの図書の冊数	17
児童生徒 1 人当たりの支出（給与を含む）	15 ドル
児童生徒 1 人当たりの支出（図書費）	10 ドル

出典：Michie, Joan et al. Fifty Years of Supporting Children's Learning : A History of Public School Libraries and Federal Legislation From 1953 to 2000. National Center for Education Statistics, 2005, p.17, http://nces.ed.gov/pubs2005/2005311.pdf, (accessed 2007-03-14). を加工。

表 3-21　公立学校図書館メディアセンター統計（1999 ～ 2000 年）：ニューイングランド

公立学校の数	4,506
公立学校の児童生徒の数	2,128,956
図書館メディアセンターを設置する公立学校の数	4,205
図書館メディアセンターを設置する公立学校の割合	93
図書館メディアセンターを設置する公立学校の児童生徒の数	2,066,691
図書館メディアセンターを設置する公立学校の児童生徒の割合	97
ライブラリアンを配置する学校の数	3,900
ライブラリアンを配置する学校の割合	86
ニューイングランドの公立学校の児童生徒全体に見る図書館資源	
児童生徒 1 人当たりの図書の冊数	19
児童生徒 1 人当たりの支出（給与を含む）	19 ドル
児童生徒 1 人当たりの支出（図書費）	11 ドル

ニューイングランド
- コネチカット
- メイン
- マサチューセッツ
- ニューハンプシャー
- ロードアイランド
- バーモント

出典：Michie, Joan et al. Fifty Years of Supporting Children's Learning : A History of Public School Libraries and Federal Legislation From 1953 to 2000. National Center for Education Statistics, 2005, p.21, http://nces.ed.gov/pubs2005/2005311.pdf, (accessed 2007-03-14). を加工。

表 3-22　公立学校図書館メディアセンター統計（1999 ～ 2000 年）：中部

公立学校の数	11,034
公立学校の児童生徒の数	6,918,245
図書館メディアセンターを設置する公立学校の数	10,264
図書館メディアセンターを設置する公立学校の割合	93
図書館メディアセンターを設置する公立学校の児童生徒の数	6,559,871
図書館メディアセンターを設置する公立学校の児童生徒の割合	95
ライブラリアンを配置する学校の数	10,142
ライブラリアンを配置する学校の割合	92
ニューイングランドの公立学校の児童生徒全体に見る図書館資源	
児童生徒 1 人当たりの図書の冊数	16
児童生徒 1 人当たりの支出（給与を含む）	14 ドル
児童生徒 1 人当たりの支出（図書費）	9 ドル

中部
- コロンビア特別区
- デラウェア
- ニュージャージー
- ニューヨーク
- ペンシルヴェニア
- メリーランド

出典：Michie, Joan et al. Fifty Years of Supporting Children's Learning : A History of Public School Libraries and Federal Legislation From 1953 to 2000. National Center for Education Statistics, 2005, p.23, http://nces.ed.gov/pubs2005/2005311.pdf, (accessed 2007-03-14). を加工。

表 3-23　公立学校図書館メディアセンター統計（1999 ～ 2000 年）：北部中央

公立学校の数	31,307
公立学校の児童生徒の数	13,701,300
図書館メディアセンターを設置する公立学校の数	28,979
図書館メディアセンターを設置する公立学校の割合	93
図書館メディアセンターを設置する公立学校の児童生徒の数	13,334,259
図書館メディアセンターを設置する公立学校の児童生徒の割合	97
ライブラリアンを配置する学校の数	26,991
ライブラリアンを配置する学校の割合	86
北部中央の公立学校の児童生徒全体に見る図書館資源	
児童生徒 1 人当たりの図書の冊数	20
児童生徒 1 人当たりの支出（給与を含む）	16 ドル
児童生徒 1 人当たりの支出（図書費）	10 ドル

北部中央
アーカンソー
アイオワ
アリゾナ
イリノイ
インディアナ
ウィスコンシン
ウェストヴァージニア
オクラホマ
オハイオ
カンザス
コロラド
サウスダコタ
ニューメキシコ
ネブラスカ
ノースダコタ
ミシガン
ミズーリ
ミネソタ
ワイオミング

出典：Michie, Joan et al. Fifty Years of Supporting Children's Learning : A History of Public School Libraries and Federal Legislation From 1953 to 2000. National Center for Education Statistics, 2005, p.25,　http://nces.ed.gov/pubs2005/2005311.pdf, (accessed 2007-03-14). を加工。

表 3-24　公立学校図書館メディアセンター統計（1999 ～ 2000 年）：北西部

公立学校の数	6,324
公立学校の児童生徒の数	2,809,472
図書館メディアセンターを設置する公立学校の数	5,728
図書館メディアセンターを設置する公立学校の割合	91
図書館メディアセンターを設置する公立学校の児童生徒の数	2,738,873
図書館メディアセンターを設置する公立学校の児童生徒の割合	97
ライブラリアンを配置する学校の数	4,969
ライブラリアンを配置する学校の割合	79
ニューイングランドの公立学校の児童生徒全体に見る図書館資源	
児童生徒 1 人当たりの図書の冊数	21
児童生徒 1 人当たりの支出（給与を含む）	17 ドル
児童生徒 1 人当たりの支出（図書費）	12 ドル

北西部
アイダホ
アラスカ
オレゴン
ネバダ
モンタナ
ユタ
ワシントン

出典：Michie, Joan et al. Fifty Years of Supporting Children's Learning : A History of Public School Libraries and Federal Legislation From 1953 to 2000. National Center for Education Statistics, 2005, p.27,　http://nces.ed.gov/pubs2005/2005311.pdf, (accessed 2007-03-14). を加工。

表 3-25　公立学校図書館メディアセンター統計（1999 ～ 2000 年）：南部

公立学校の数	22,346
公立学校の児童生徒の数	13,747,959
図書館メディアセンターを設置する公立学校の数	21,044
図書館メディアセンターを設置する公立学校の割合	94
図書館メディアセンターを設置する公立学校の児童生徒の数	13,454,903
図書館メディアセンターを設置する公立学校の児童生徒の割合	98
ライブラリアンを配置する学校の数	20,780
ライブラリアンを配置する学校の割合	93
ニューイングランドの公立学校の児童生徒全体に見る図書館資源	
児童生徒 1 人当たりの図書の冊数	17
児童生徒 1 人当たりの支出（給与を含む）	15 ドル
児童生徒 1 人当たりの支出（図書費）	10 ドル

南部
アラバマ
ヴァージニア
ケンタッキー
サウスキャロライナ
ジョージア
テキサス
テネシー
ノースキャロライナ
フロリダ
ミシシッピ
ルイジアナ

出典：Michie, Joan et al. Fifty Years of Supporting Children's Learning : A History of Public School Libraries and Federal Legislation From 1953 to 2000. National Center for Education Statistics, 2005, p.29,　http://nces.ed.gov/pubs2005/2005311.pdf, (accessed 2007-03-14). を加工。

表 3-26　公立学校図書館メディアセンター統計（1999 ～ 2000 年）：西部

公立学校の数	8,306	西部 カリフォルニア ハワイ
公立学校の児童生徒の数	5,729,183	
図書館メディアセンターを設置する公立学校の数	6,587	
図書館メディアセンターを設置する公立学校の割合	79	
図書館メディアセンターを設置する公立学校の児童生徒の数	5,444,498	
図書館メディアセンターを設置する公立学校の児童生徒の割合	95	
ライブラリアンを配置する学校の数	5,033	
ライブラリアンを配置する学校の割合	61	
北部中央の公立学校の児童生徒全体に見る図書館資源		
児童生徒１人当たりの図書の冊数	13	
児童生徒１人当たりの支出（給与を含む）	14 ドル	
児童生徒１人当たりの支出（図書費）	11 ドル	

出典：Michie, Joan et al. Fifty Years of Supporting Children's Learning : A History of Public School Libraries and Federal Legislation From 1953 to 2000. National Center for Education Statistics, 2005, p.31, http://nces.ed.gov/pubs2005/2005311.pdf, (accessed 2007-03-14). を加工。

表 3-27　公立学校図書館メディアセンター統計（1999 ～ 2000 年）：初等学校

公立学校の数	59,973
公立学校の児童生徒の数	28,906,006
図書館メディアセンターを設置する公立学校の数	56,715
図書館メディアセンターを設置する公立学校の割合	95
図書館メディアセンターを設置する公立学校の児童生徒の数	28,068,489
図書館メディアセンターを設置する公立学校の児童生徒の割合	97
ライブラリアンを配置する学校の数	52,319
ライブラリアンを配置する学校の割合	87
公立初等学校の児童生徒全体に見る図書館資源	
児童生徒１人当たりの図書の冊数	18
児童生徒１人当たりの支出（給与を含む）	15 ドル
児童生徒１人当たりの支出（図書費）	11 ドル

出典：Michie, Joan et al. Fifty Years of Supporting Children's Learning : A History of Public School Libraries and Federal Legislation From 1953 to 2000. National Center for Education Statistics, 2005, p.35, http://nces.ed.gov/pubs2005/2005311.pdf, (accessed 2007-03-14). を加工。

表 3-28　公立学校図書館メディアセンター統計（1999 ～ 2000 年）：中等学校

公立学校の数	20,590
公立学校の児童生徒の数	15,227,260
図書館メディアセンターを設置する公立学校の数	17,963
図書館メディアセンターを設置する公立学校の割合	87
図書館メディアセンターを設置する公立学校の児童生徒の数	14,720,158
図書館メディアセンターを設置する公立学校の児童生徒の割合	97
ライブラリアンを配置する学校の数	17,660
ライブラリアンを配置する学校の割合	86
公立中等学校の児童生徒全体に見る図書館資源	
児童生徒１人当たりの図書の冊数	16
児童生徒１人当たりの支出（給与を含む）	16 ドル
児童生徒１人当たりの支出（図書費）	9 ドル

出典：Michie, Joan et al. Fifty Years of Supporting Children's Learning : A History of Public School Libraries and Federal Legislation From 1953 to 2000. National Center for Education Statistics, 2005, p.37, http://nces.ed.gov/pubs2005/2005311.pdf, (accessed 2007-03-14). を加工。

表 3-29　公立学校図書館メディアセンター統計（1953 ～ 2000 年）

	1953～54	1958～59	1960～61	1962～63	1978	1985～86	1990～91	1993～94	1999～2000
公立学校の数	128,831	82,222	102,487	83,428	83,044	78,455	79,885	80,740	83,824
公立学校の児童生徒の数	27,652,365	33,716,309	35,952,711	37,252,102	43,576,906	40,122,882	40,103,699	41,621,660	45,035,115
図書館メディアセンターを設置する公立学校の数	46,880	41,463	47,546	49,158	70,854	73,352	76,544	77,218	76,807
図書館メディアセンターを設置する公立学校の割合	36	50	46	59	85	93	96	96	92
図書館メディアセンターを設置する公立学校の児童生徒の数	16,276,181	23,046,072	25,300,243	27,671,105	40,606,100	39,146,923	39,429,143	40,884,333	43,599,096
図書館メディアセンターを設置する公立学校の児童生徒の割合	59	68	70	74	93	98	98	98	97
ライブラリアンを配置する学校の数	51,498	34,845	33,401	33,478	-	62,141	62,845	67,350	63,413
ライブラリアンを配置する学校の割合	40	42	33	40	-	79	79	83	76
アメリカ合衆国の公立学校の生徒全体に見る図書館資源									
児童生徒 1 人当たりの図書の冊数	3	4	4	5	12	15	-	18	17
児童生徒 1 人当たりの支出（給与を含む）	6 ドル	-	12 ドル	-	-	16 ドル	-	15 ドル	15 ドル
児童生徒 1 人当たりの支出（図書費）	4 ドル	6 ドル	8 ドル	9 ドル	11 ドル	8 ドル	-	8 ドル	10 ドル
図書館メディアセンターを設置する公立学校の生徒全体に見る図書館資源									
児童生徒 1 人当たりの図書の冊数	4	5	6	6	13	16	-	18	18
児童生徒 1 人当たりの支出（給与を含む）	10 ドル	-	17 ドル	-	-	16 ドル	-	15 ドル	16 ドル
児童生徒 1 人当たりの支出（図書費）	6 ドル	9 ドル	12 ドル	13 ドル	13 ドル	8 ドル	-	8 ドル	10 ドル

出典：Michie, Joan et al. Fifty Years of Supporting Children's Learning : A History of Public School Libraries and Federal Legislation From 1953 to 2000. National Center for Education Statistics, 2005, p.A-4, http://nces.ed.gov/pubs2005/2005311.pdf, (accessed 2007-03-14). を加工。

＜大学図書館＞

表 3-30　学術図書館　支出額分布（2004 年）

高等教育機関の種類	図書館数合計	支出合計	大学図書館支出合計								
			20,000ドル未満	20,000～49,999ドル	50,000～99,999ドル	100,000～199,999ドル	200,000～299,999ドル	300,000～499,999ドル	500,000～999,999ドル	1,000,000～1,999,999ドル	2,000,000ドル以上
学術図書館合計	3,653	5,751,247,194	40	258	339	503	385	551	603	403	571
設置主体別											
公立	1,581	3,437,127,125	0	4	39	172	176	277	329	220	364
私立	2,072	2,314,120,069	40	254	300	331	209	274	274	183	207
教育課程 (1)											
4 年制及びそれ以上	2,217	5,166,207,326	13	85	153	266	211	294	347	309	539
博士	597	3,887,335,407	2	3	14	28	27	35	45	86	357
修士	918	925,087,541	8	16	34	95	84	157	212	173	139
学士	668	307,717,152	3	66	105	140	93	100	86	40	35
4 年制未満	1,436	585,039,868	27	173	186	237	174	257	256	94	32
規模（正規在籍学生数）(2)											
1,500 人未満	1,802	515,870,807	40	255	326	446	265	268	120	47	35
1,500～4,999 人	1,175	1,120,968,518	0	3	12	56	120	271	375	210	128
5,000 人以上	676	4,114,407,869	0	0	1	1	0	12	108	146	408
カーネギー分類 (1)											
博士／研究大学機関	255	3,276,896,195	0	0	0	1	0	2	3	12	237
修士大学	584	1,024,811,765	0	0	3	13	14	59	129	175	191
学士大学	499	440,846,684	0	2	4	40	73	118	133	73	56
学士／教養大学	48	22,050,835	0	0	3	8	10	15	7	4	1
短期大学	1,359	588,846,250	21	129	149	226	176	269	264	92	33
専門学校	575	323,966,163	7	36	93	133	92	73	60	33	48
その他	333	73,829,302	12	91	87	82	20	15	7	14	5

(1)　「教育課程」と「カーネギー分類」は近似性があるものの、両者は完全に合致しているわけではない。「教育課程」では、当該教育・研究機関が授与した最上位の学位に基づき分類する。一方、「カーネギー分類」では、当該教育機関が授与した学位数に加え、教育機関の使命（mission）や研究資金獲得状況といった規準に基づき分類する。「カーネギー分類」は教育活動の進化を目的としてカーネギー財団により開発され、A Classification of Institutions of Higher Education. 2000 ed.（Carnegie Foundation, 2001, 196p, http://i-house.or.jp/jp/ProgramActivities/grew-bancroft/pdf/Youkou2007.pdf, (accessed 2007-06-29).）というタイトルで出版されている。

(2)　フルタイム相当（FTE）在籍者数は、パートタイム在籍者数を 3 分の 1 に換算して、フルタイム在籍者数と合算して算出している。

出典：Holton, Barbara et al. Academic Libraries:2004. National Center for Education Statistics, 2006, p.10, http://nces.ed.gov/pubs2007/2007301.pdf, (accessed 2007-03-14). を加工。

表 3-31　学術図書館　支出内訳（2004 年）

高等教育機関の種類	図書館の数合計	支出合計	給料	支出合計に占める給料の割合	情報資源支出合計 (1)	運営支出 (2)
学術図書館合計	3,653	5,751,247,194	2,913,221,078	50.7	2,157,531,102	680,495,014
設置主体別						
公立	1,581	3,437,127,125	1,794,510,983	52.2	1,266,077,662	376,538,480
私立	2,072	2,314,120,069	1,118,710,095	48.3	891,453,440	303,956,534
教育課程 (3)						
4 年制及びそれ以上	2,217	5,166,207,326	2,498,520,144	48.4	2,039,403,411	628,283,771
博士	597	3,887,335,407	1,809,861,894	46.6	1,583,447,323	494,026,190
修士	918	925,087,541	501,171,450	54.2	325,985,012	97,931,079
学士	668	307,717,152	168,261,372	54.7	106,570,511	32,885,269
4 年制未満	1,436	585,039,868	414,700,934	70.9	118,127,691	52,211,243
規模（正規在籍学生数）(4)						
1,500 人未満	1,802	515,870,807	285,809,485	55.4	170,579,283	59,482,039
1,500～4,999 人	1,175	1,120,968,518	605,523,270	54	394,996,435	120,448,813
5,000 人以上	676	4,114,407,869	2,021,888,323	49.1	1,591,955,384	500,564,162
カーネギー分類 (3)						
博士／研究大学機関	255	3,276,896,195	1,502,124,505	45.8	1,348,854,385	425,917,305
修士大学	584	1,024,811,765	551,117,063	53.8	368,699,708	104,994,994
学士大学	499	440,846,684	220,608,556	50	170,076,858	50,161,270
学士／教養大学	48	22,050,835	14,210,954	64.4	6,026,476	1,813,405
短期大学	1,359	588,846,250	414,345,167	70.4	121,388,599	53,112,484
専門学校	575	323,966,163	166,101,405	51.3	120,721,652	37,143,106
その他	333	73,829,302	44,713,428	60.6	21,763,424	7,352,450

(1)　情報資源支出合計とは、本、定期刊行物バックファイル、カレント定期購読資料、ドキュメントデリバリー／図書館間相互貸借、保存、その他の情報資源にかかわる支出を指す。
(2)　運営支出とは、コンピュータハードウェア、コンピュータソフトウェア；書誌ユーティリティ、ネットワーク、コンソーシアム；図書館家具および設備；維持費用；その他の支出を指している。
(3)　「教育課程」と「カーネギー分類」は近似性があるものの、両者は完全に合致しているわけではない。「教育課程」では、当該教育・研究機関が授与した最上位の学位に基づき分類する。一方、「カーネギー分類」では、当該教育機関が授与した学位数に加え、教育機関の使命（mission）や研究資金獲得状況といった規準に基づき分類する。「カーネギー分類」は教育活動の進化を目的としてカーネギー財団により開発され、A Classification of Institutions of Higher Education. 2000 ed.（Carnegie Foundation, 2001, 196p, http://i-house.or.jp/jp/ProgramActivities/grew-bancroft/pdf/Youkou2007.pdf, (accessed 2007-06-29).）というタイトルで出版されている。
(4)　フルタイム相当（FTE）在籍者数は、パートタイム在籍者数を 3 分の 1 に換算して、フルタイム在籍者数と合算して算出している。

出典：Holton, Barbara et al. Academic Libraries:2004. National Center for Education Statistics, 2006, p.11, http://nces.ed.gov/pubs2007/2007301.pdf, (accessed 2007-03-14). を加工。

表 3-32　学術図書館　情報資源にかかる支出内訳（2004 年）

高等教育機関の種類	図書館の数合計	情報資源合計 (1)	図書、逐次刊行物その他の資料			逐次刊行物新刊定期購読		文献送付サービスILL	資料保存	その他の情報資源にかかる支出
			計	電子媒体	オーディアビジュアル	計	電子媒体			
学術図書館合計	3,653	2,157,531,102	651,412,125	65,596,654	35,216,073	1,363,671,792	480,137,504	24,823,207	42,975,992	74,647,986
設置主体別										
公立	1,581	1,266,077,662	358,088,546	32,549,778	21,095,226	824,999,926	300,136,463	16,100,650	25,021,919	41,866,621
私立	2,072	891,453,440	293,323,579	33,046,876	14,120,847	538,671,866	180,001,041	8,722,557	17,954,073	32,781,365
教育課程 (2)										
4 年制及びそれ以上	2,217	2,039,403,411	584,264,701	60,122,033	26,959,948	1,316,356,028	461,249,439	24,163,961	42,363,609	72,255,112
博士	597	1,583,447,323	432,979,691	46,529,238	15,838,995	1,034,615,068	373,490,868	19,125,378	33,938,894	62,788,292
修士	918	325,985,012	105,475,917	9,893,289	7,593,165	204,481,171	65,693,549	3,607,333	6,049,128	6,371,463
学士	668	106,570,511	42,183,494	2,928,002	3,411,187	59,415,861	19,075,986	1,322,775	2,083,150	1,565,231
4 年制未満	1,436	118,127,691	67,147,424	5,474,621	8,256,125	47,315,764	18,888,065	659,246	612,383	2,392,874
規模（正規在籍学生数） (3)										
1,500 人未満	1,802	170,579,283	60,600,754	5,148,963	4,778,376	100,243,983	29,200,646	1,920,290	3,164,782	4,649,474
1,500～4,999 人	1,175	394,996,435	135,035,081	11,751,364	10,500,515	240,873,431	80,168,575	4,191,860	6,464,687	8,431,376
5,000 人以上	676	1,591,955,384	455,776,290	48,696,327	19,937,182	1,022,554,378	370,768,283	18,711,057	33,346,523	61,567,136
カーネギー分類 (2)										
博士／研究大学機関	255	1,348,854,385	372,415,605	40,105,541	11,795,921	874,247,075	319,278,440	16,262,790	29,589,351	56,339,564
修士大学	584	368,699,708	110,007,132	11,322,101	8,222,799	239,751,813	77,395,726	3,923,038	6,452,780	8,564,945
学士大学	499	170,076,858	60,895,061	4,050,726	4,036,192	100,906,238	32,605,349	2,169,798	3,716,418	2,389,343
学士／教養大学	48	6,026,476	3,022,437	155,052	239,476	2,819,472	959,891	30,903	78,051	75,613
短期大学	1,359	121,388,599	69,241,645	6,088,083	8,262,383	48,407,523	19,328,483	663,054	682,762	2,393,615
専門学校	575	120,721,652	27,750,068	3,035,430	1,913,042	84,656,504	27,258,135	1,591,306	2,231,543	4,492,231
その他	333	21,763,424	8,080,177	839,721	746,260	12,883,167	3,311,480	182,318	225,087	392,675

(1) 情報資源合計とは、本、定期刊行物バックファイル、カレント定期購読資料、ドキュメントデリバリー／図書館間相互貸借、保存、その他の情報資源にかかわる支出を指す。

(2) 「教育課程」と「カーネギー分類」は近似性があるものの、両者は完全に合致しているわけではない。「教育課程」では、当該教育・研究機関が授与した最上位の学位に基づき分類する。一方、「カーネギー分類」では、当該教育機関が授与した学位数に加え、教育機関の使命（mission）や研究資金獲得状況といった規準に基づき分類する。「カーネギー分類」は教育活動の進化を目的としてカーネギー財団により開発され、A Classification of Institutions of Higher Education. 2000 ed.（Carnegie Foundation, 2001, 196p, http://i-house.or.jp/jp/ProgramActivities/grew-bancroft/pdf/Youkou2007.pdf, (accessed 2007-06-29).）というタイトルで出版されている。

(3) フルタイム相当（FTE）在籍者数は、パートタイム在籍者数を 3 分の 1 に換算して、フルタイム在籍者数と合算して算出している。

出典：Holton, Barbara et al. Academic Libraries:2004. National Center for Education Statistics, 2006, p.12, http://nces.ed.gov/pubs2007/2007301.pdf, (accessed 2007-03-14). を加工。

表 3-33　学術図書館　施設設備にかかる支出内訳（2004 年）

高等教育機関の種類	図書館の数合計	コンピュータハードウェアソフトウェア	書誌ユーティリティネットワークコンソーシアム	その他の運営支出
学術図書館合計	3,653	143,042,069	101,292,892	436,160,053
設置主体別				
公立	1,581	82,912,363	55,356,380	238,269,737
私立	2,072	60,129,706	45,936,512	197,890,316
教育課程 (1)				
4 年制及びそれ以上	2,217	129,469,632	91,711,316	407,102,823
博士	597	98,353,003	59,790,170	335,883,017
修士	918	22,450,057	23,787,878	51,693,144
学士	668	7,411,970	7,707,839	17,765,460
4 年制未満	1,436	13,572,437	9,581,576	29,057,230
規模（正規在籍学生数）(2)				
1,500 人未満	1,802	15,967,320	12,139,901	31,374,818
1,500～4,999 人	1,175	28,042,212	27,515,476	64,891,125
5,000 人以上	676	99,032,537	61,637,515	339,894,110
カーネギー分類 (1)				
博士／研究大学機関	255	81,574,328	47,935,211	296,407,766
修士大学	584	24,762,296	23,450,510	56,782,188
学士大学	499	10,974,899	12,483,660	26,702,711
学士／教養大学	48	486,310	536,704	790,391
短期大学	1,359	13,684,280	10,001,936	29,426,268
専門学校	575	8,371,108	6,099,656	22,672,342
その他	333	3,188,848	785,215	3,378,387

(1)　「教育課程」と「カーネギー分類」は近似性があるものの、両者は完全に合致しているわけではない。「教育課程」では、当該教育・研究機関が授与した最上位の学位に基づき分類する。一方、「カーネギー分類」では、当該教育機関が授与した学位数に加え、教育機関の使命（mission）や研究資金獲得状況といった規準に基づき分類する。「カーネギー分類」は教育活動の進化を目的としてカーネギー財団により開発され、A Classification of Institutions of Higher Education. 2000 ed.（Carnegie Foundation, 2001, 196p, http://i-house.or.jp/jp/ProgramActivities/grew-bancroft/pdf/Youkou2007.pdf, (accessed 2007-06-29).）というタイトルで出版されている。

(2)　フルタイム相当（FTE）在籍者数は、パートタイム在籍者数を 3 分の 1 に換算して、フルタイム在籍者数と合算して算出している。

出典：Holton, Barbara et al. Academic Libraries:2004. National Center for Education Statistics, 2006, p.13, http://nces.ed.gov/pubs2007/2007301.pdf, (accessed 2007-03-14). を加工。

2.4 図書館の蔵書数に関する統計データ

(1) 館種別の平均蔵書数（合計、最近1年の増加分）

＜公共図書館＞ 表4-1 公共図書館 図書館資料点数（2004会計年度）

州	公共図書館の数	印刷資料[1]			録音資料			ビデオ			印刷逐次刊行物 新刊定期購読		
		数(1,000人)	1人当たり[2]	回答率[3]	数(1,000人)	1,000人当たり[2]	回答率[3]	数(1,000人)	1,000人当たり[2]	回答率[3]	数(1,000人)	1,000人当たり[2]	回答率[3]
合計	9,207	804,943	2.8	97.6	38,779	136.8	97.5	35,957	126.9	97.5	1,822	6.4	97.3
アーカンソー	48	5,706	2.1	95.8	160	60.0	95.8	159	59.6	95.8	9	3.5	95.8
アイオワ	540	12,066	4.1	96.9	521	178.2	96.9	550	188.1	96.9	39	13.2	96.7
アイダホ	104	3,785	3.1	100.0	170	141.0	100.0	152	126.1	100.0	7	5.6	100.0
アラスカ	88	2,236	3.4	98.9	104	158.6	98.9	137	208.9	98.9	8	12.2	100.0
アラバマ	208	9,125	2.0	100.0	384	85.5	99.5	337	75.2	100.0	14	3.1	90.9
アリゾナ	91	9,512	1.8	97.8	456	84.0	96.7	495	91.2	96.7	20	3.8	98.9
イリノイ	626	43,172	3.8	99.8	2,246	197.4	99.5	2,156	189.6	99.5	109	9.6	99.7
インディアナ	239	23,906	4.2	100.0	1,341	236.2	100.0	1,420	250.0	99.6	59	10.4	100.0
ヴァージニア	90	19,353	2.6	100.0	903	123.6	97.8	695	95.2	98.9	36	5.0	100.0
ウィスコンシン	380	19,462	3.5	99.5	1,057	191.1	99.5	1,232	222.7	99.5	64	11.6	98.9
ウェストヴァージニア	97	4,822	2.7	100.0	165	91.0	100.0	167	92.5	100.0	8	4.2	100.0
オクラホマ	112	6,830	2.4	99.1	252	87.3	99.1	271	93.9	99.1	13	4.5	99.1
オハイオ	250	48,610	4.2	100.0	3,448	300.9	99.2	3,558	310.5	99.2	112	9.8	100.0
オレゴン	125	9,005	2.8	99.2	595	184.9	98.4	525	163.0	98.4	21	6.6	98.4
カリフォルニア	179	77,776	2.2	97.8	2,863	79.2	96.6	3,079	85.2	96.1	131	3.6	97.2
カンザス	325	10,818	4.7	100.0	413	179.8	100.0	580	252.3	100.0	24	10.2	100.0
ケンタッキー	116	8,254	2.0	100.0	350	85.7	100.0	333	81.7	100.0	17	4.2	100.0
コネチカット	194	14,778	4.2	91.8	623	178.8	91.8	753	216.2	93.3	29	8.3	93.3
コロラド	115	11,546	2.6	100.0	706	159.4	100.0	803	181.3	100.0	30	6.8	100.0
コロンビア特別区	1	2,436	4.4	100.0	63	113.9	100.0	22	38.9	100.0	4	6.7	100.0
サウスキャロライナ	42	8,698	2.1	100.0	331	79.9	100.0	329	79.3	100.0	21	5.0	100.0
サウスダコタ	125	3,199	5.5	77.6	101	173.4	76.0	120	205.8	76.0	6	10.3	75.2
ジョージア	58	15,027	1.8	100.0	501	58.9	100.0	555	65.2	100.0	26	3.1	100.0
テキサス	555	39,749	2.0	100.0	1,643	81.0	100.0	1,599	78.9	100.0	74	3.7	100.0
テネシー	184	11,038	1.9	100.0	406	70.0	100.0	402	69.3	100.0	19	3.2	99.5
デラウェア	21	1,628	2.1	100.0	81	103.1	100.0	82	104.7	100.0	5	6.8	100.0
ニュージャージー	306	31,030	3.7	94.4	1,181	141.7	94.4	1,106	132.6	94.4	60	7.2	94.4
ニューハンプシャー	231	5,986	4.6	88.7	216	167.1	89.6	230	177.4	90.5	15	11.7	88.7
ニューメキシコ	92	4,228	2.6	100.0	146	89.0	100.0	108	65.4	100.0	7	4.1	100.0
ニューヨーク	753	73,771	3.9	100.0	4,445	234.8	100.0	2,964	156.6	100.0	229	12.1	100.0
ネバダ	22	4,037	1.7	100.0	233	96.5	100.0	267	110.6	100.0	13	5.5	100.0
ネブラスカ	276	6,446	4.6	79.7	250	177.0	79.7	233	164.5	79.7	15	10.4	79.3
ノースキャロライナ	75	16,134	1.9	100.0	565	67.2	100.0	499	59.3	100.0	32	3.8	100.0
ノースダコタ	83	2,314	4.2	95.2	76	137.8	96.4	72	131.3	96.4	4	7.7	95.2
バーモント	189	2,855	5.0	86.8	105	181.9	85.7	105	182.7	85.2	8	13.3	85.7
ハワイ	1	3,177	2.5	100.0	207	164.6	100.0	88	70.3	100.0	5	4.2	100.0
フロリダ	70	32,599	1.9	97.1	1,917	109.7	97.1	1,871	107.1	97.1	81	4.7	97.1
ペンシルヴェニア	455	29,263	2.4	100.0	2,017	168.4	99.8	1,224	102.1	99.8	67	5.6	100.0
マサチューセッツ	370	31,571	4.9	98.6	1,048	163.1	98.6	1,078	167.7	98.6	60	9.3	98.6
ミシガン	384	33,258	3.4	99.7	1,585	160.0	99.7	1,227	123.8	99.7	78	7.9	99.7
ミシシッピ	49	5,728	2.0	100.0	181	62.2	98.0	216	74.3	98.0	10	3.4	100.0
ミズーリ	151	18,165	3.6	100.0	765	149.6	100.0	626	122.5	100.0	46	9.0	97.4
ミネソタ	140	16,160	3.2	99.3	826	162.3	98.6	689	135.5	98.6	35	6.8	99.3
メイン	269	6,294	5.3	97.4	169	143.3	99.6	192	162.5	99.6	12	9.8	100.0
メリーランド	24	14,825	2.7	100.0	970	178.6	100.0	578	106.4	100.0	33	6.1	100.0
モンタナ	79	2,695	3.0	100.0	87	96.9	100.0	85	94.3	100.0	5	5.9	100.0
ユタ	72	6,391	2.7	100.0	359	151.5	100.0	368	155.3	100.0	15	6.5	100.0
ルイジアナ	66	11,581	2.6	100.0	290	64.1	100.0	462	102.2	100.0	31	6.9	100.0
ロードアイランド	48	4,212	3.9	100.0	127	119.1	100.0	163	152.1	100.0	8	7.2	100.0
ワイオミング	23	2,409	4.8	100.0	111	220.6	100.0	94	188.3	100.0	5	9.9	100.0
ワシントン	66	17,274	2.9	92.4	1,020	168.8	92.4	902	149.2	92.4	44	7.3	95.5

(1) 印刷資料とは、本と紙媒体の定期刊行物バックファイルを指す。
(2) 「1人あたり」および「1,000人あたり」という数字は、法定サービス地域の重複を除いた人口数を基に算出している。
(3) 「回答率」は、法定サービス地域の人口がゼロとならない図書館のうち項目に回答した図書館数で算出した。調査票中の「図書館数の合計」とは異なる。回答率が100%に満たない項目には、無回答館のデータも合算されており、表の数値にも含まれている。

出典：Chute, Adrienne et al. Public Libraries in the United States: Fiscal Year 2004. National Center for Education Statistics, 2006, p.54-55, http://nces.ed.gov/pubs2006/2006349.pdf, (accessed 2007-03-14).

※本稿は、国立国会図書館の2006年度調査研究事業の成果物である。

表 4-2　公共図書館　資料形態別図書館資料：50 州とコロンビア特別区（2004 会計年度）

サービス対象管内人口	公共図書館の数	印刷資料 (1)		録音資料		ビデオ		印刷逐次刊行物新刊定期購読	
		数 (1,000 点)	1人当たり (2)	数 (1,000 点)	1人当たり (2)	数 (1,000 点)	1人当たり (2)	数 (1,000 点)	1人当たり (2)
合計	9,207	804,943	2.8	38,779	136.8	35,957	126.9	1,822	6.4
1,000,000 人以上	25	99,780	2.3	6,205	140.6	4,108	93.1	258	5.8
500,000～999,999 人	55	106,612	2.8	5,415	140.2	4,525	117.2	225	5.8
250,000～499,999 人	96	84,097	2.5	4,148	123	3,552	105.4	185	5.5
100,000～249,999 人	332	117,016	2.3	5,809	113	5,447	106	250	4.9
50,000～99,999 人	538	95,662	2.6	4,615	123.8	4,625	124.1	187	5.0
25,000～49,999 人	930	96,685	3	4,610	143.7	4,576	142.6	212	6.6
10,000～24,999 人	1,771	98,875	3.6	4,476	161.2	4,435	159.7	241	8.7
5,000～9,999 人	1,476	47,377	4.5	1,843	176.6	2,177	208.6	122	11.7
2,500～4,999 人	1,341	28,028	5.9	923	193.5	1,194	250.3	69	14.4
1,000～2,499 人	1,619	21,849	8.3	559	212.3	946	359.6	53	20.3
1,000人未満	1,024	8,961	15.2	177	301.3	372	632.3	20	33.4

(1)　印刷資料とは、本と紙媒体の定期刊行物バックファイルを指す。
(2)　「1 人あたり」および「1,000 人あたり」という数字は、法定サービス地域の重複を除いた人口数を基に算出している。

出典：Chute, Adrienne et al. Public Libraries in the United States: Fiscal Year 2004. National Center for Education Statistics, 2006, p.57, http://nces.ed.gov/pubs2006/2006349.pdf,, (accessed 2007-03-14).

表 4-3　公共図書館　印刷資料コレクションの規模の分布（2004 会計年度）

州	公共図書館の数	印刷資料コレクションの規模[1] 分布 5,000未満	5,000～9,999	10,000～24,999	25,000～49,999	50,000～99,999	100,000～499,999	500,000～999,999	1,000,000～2,499,999	2,500,000～4,999,999	5,000,000以上	回答率[2]
合計	9,207	3.4	12.3	31.5	21.3	15.1	14.2	1.2	0.7	0.2	0.1	97.6
アーカンソー	48	2.1	0	10.4	12.5	29.2	43.8	2.1	0	0	0	95.8
アイオワ	540	6.3	33.0	40.6	12.8	3.9	3.3	0.2	0	0	0	96.9
アイダホ	104	1.0	19.2	36.5	25	11.5	6.7	0	0	0	0	100.0
アラスカ	88	20.5	26.1	33	12.5	4.5	2.3	1.1	0	0	0	98.9
アラバマ	208	1.9	17.3	37	21.2	16.8	3.8	1.9	0	0	0	100.0
アリゾナ	91	7.7	8.8	30.8	22	15.4	9.9	3.3	2.2	0	0	97.8
イリノイ	626	2.1	9.3	33.9	23.3	15.2	15.3	0.8	0	0	0.2	99.8
インディアナ	239	0.4	2.1	26.4	26.8	23.4	18.4	1.7	0.4	0.4	0	100.0
ヴァージニア	90	0	0	2.2	26.7	14.4	46.7	8.9	0	1.1	0	100.0
ウィスコンシン	380	0.5	14.5	40.8	19.2	15.0	9.5	0.3	0	0.3	0	99.5
ウェストヴァージニア	97	0	6.2	42.3	23.7	16.5	10.3	1.0	0	0	0	100.0
オクラホマ	112	6.3	13.4	39.3	20.5	11.6	7.1	0.9	0.9	0	0	99.1
オハイオ	250	0.8	0.4	6.4	20.4	30.4	36.4	2.4	1.2	1.6	0	100.0
オレゴン	125	4.0	9.6	27.2	24.8	19.2	12.8	1.6	0.8	0	0	99.2
カリフォルニア	179	0.6	0.6	2.2	4.5	20.7	58.1	3.9	6.7	1.1	1.7	97.8
カンザス	325	11.7	27.1	34.8	16.9	4.9	4.0	0	0.6	0	0	100.0
ケンタッキー	116	0	0	19.8	44	23.3	11.2	0.9	0.9	0	0	100.0
コネチカット	194	0.5	4.1	20.1	24.2	28.4	22.7	0	0	0	0	91.8
コロラド	115	0.9	13	35.7	17.4	15.7	13.9	1.7	1.7	0	0	100.0
コロンビア特別区	1	0	0	0	0	0	0	0	100	0	0	100.0
サウスキャロライナ	42	0	0	2.4	16.7	26.2	45.2	4.8	4.8	0	0	100.0
サウスダコタ	125	8.0	22.4	45.6	13.6	7.2	3.2	0	0	0	0	77.6
ジョージア	58	0	0	0	6.9	24.1	58.6	8.6	1.7	0	0	100.0
テキサス	555	0.4	5.9	40.7	29.2	13.0	8.6	1.3	0.7	0.2	0	100.0
テネシー	184	6.5	20.1	32.1	23.4	9.8	6.0	0.5	1.6	0	0	100.0
デラウェア	21	0	0	42.9	33.3	4.8	14.3	4.8	0	0	0	100.0
ニュージャージー	306	0	0.3	15.0	29.4	30.7	22.2	1.3	1.0	0	0	94.4
ニューハンプシャー	231	4.3	19.5	43.7	22.5	7.4	2.6	0	0	0	0	88.7
ニューメキシコ	92	16.3	21.7	28.3	14.1	8.7	9.8	0	1.1	0	0	100.0
ニューヨーク	753	1.7	11.8	38	20.1	11.7	15.7	0.4	0.3	0.1	0.3	100.0
ネバダ	22	0	4.5	18.2	27.3	18.2	22.7	4.5	4.5	0	0	100.0
ネブラスカ	276	13.4	35.5	35.5	10.1	3.3	1.4	0.4	0.4	0	0	79.7
ノースキャロライナ	75	0	0	2.7	4.0	24.0	60.0	6.7	2.7	0	0	100.0
ノースダコタ	83	9.6	15.7	48.2	16.9	4.8	4.8	0	0	0	0	95.2
バーモント	189	12.7	34.9	39.7	8.5	3.7	0.5	0	0	0	0	86.8
ハワイ	1	0	0	0	0	0	0	0	0	100	0	100.0
フロリダ	70	0	1.4	5.7	10	14.3	44.3	11.4	8.6	4.3	0	97.1
ペンシルヴェニア	455	0.2	4.6	37.6	28.6	17.8	10.3	0.4	0.2	0	0.2	100.0
マサチューセッツ	370	3.2	8.1	20.5	25.4	25.7	15.9	0.8	0	0	0.3	98.6
ミシガン	384	0.3	4.2	34.4	27.6	17.2	14.8	1.0	0.3	0	0.3	99.7
ミシシッピ	49	0	2.0	8.2	18.4	28.6	38.8	4.1	0	0	0	100.0
ミズーリ	151	2.0	4.0	29.1	32.5	17.9	11.3	0.7	1.3	1.3	0	100.0
ミネソタ	140	2.1	9.3	37.9	20	14.3	10.7	3.6	1.4	0.7	0	99.3
メイン	269	6.7	25.7	40.5	20.4	4.8	1.9	0	0	0	0	97.4
メリーランド	24	0	0	0	4.2	20.8	41.7	12.5	16.7	4.2	0	100.0
モンタナ	79	2.5	13.9	51.9	19	6.3	6.3	0	0	0	0	100.0
ユタ	72	0	2.8	29.2	34.7	20.8	9.7	1.4	1.4	0	0	100.0
ルイジアナ	66	0	0	1.5	13.6	42.4	34.8	6.1	1.5	0	0	100.0
ロードアイランド	48	0	0	25.0	25.0	25	22.9	2.1	0	0	0	100.0
ワイオミング	23	0	0	0	21.7	39.1	39.1	0	0	0	0	100.0
ワシントン	66	3.0	4.5	27.3	12.1	19.7	19.7	4.5	7.6	1.5	0	92.4

(1)　印刷資料とは、本と紙媒体の定期刊行物バックファイルを指す。
(2)　「回答率」は、印刷資料について回答した図書館の割合である。ただし回答率が100%に満たない項目には、無回答館のデータも合算されており、表の数値にもふくまれている。

出典：Chute, Adrienne et al. Public Libraries in the United States: Fiscal Year 2004. National Center for Education Statistics, 2006, p.58-59, http://nces.ed.gov/pubs2006/2006349.pdf, (accessed 2007-03-14).

表 4-4　公共図書館　印刷資料コレクションの規模の分布：50 州とコロンビア特別区（2004 会計年度）

州	公共図書館の数	印刷資料コレクションの規模 (1)									
		5,000未満	5,000～9,999	10,000～24,999	25,000～49,999	50,000～99,999	100,000～499,999	500,000～999,999	1,000,000～2,499,999	2,500,000～4,999,999	5,000,000以上
		分布									
合計	9,207	3.4	12.3	31.5	21.3	15.1	14.2	1.2	0.7	0.2	0.1
1,000,000 人以上	25	0	0	0	0	0	0	0	40.0	36.0	24.0
500,000～999,999 人	55	0	0	0	0	0	1.8	16.4	65.5	10.9	5.5
250,000～499,999 人	96	0	0	0	0	1.0	18.8	56.3	18.8	5.2	0
100,000～249,999 人	332	0	0	0.9	0	0.6	82.5	14.5	1.5	0	0
50,000～99,999 人	538	0.4	0.2	1.3	1.5	13.6	82.5	0.6	0	0	0
25,000～49,999 人	930	0.2	0.2	2.2	10.2	42.4	44.8	0	0	0	0
10,000～24,999 人	1,771	0.2	0.6	11.3	38.7	41.1	8.2	0	0	0	0
5,000～9,999 人	1,476	0.5	2.6	34.8	49.9	11.8	0.4	0	0	0	0
2,500～4,999 人	1,341	1	8.7	64.1	25.0	1.2	0	0.1	0	0	0
1,000～2,499 人	1,619	3.7	29.5	61.1	5.6	0.1	0	0	0	0	0
1,000人未満	1,024	21.5	47.6	30.0	0.9	0.1	0	0	0	0	0

(1)　印刷資料とは、本と紙媒体の定期刊行物バックファイルを指す。

出典：Chute, Adrienne et al. Public Libraries in the United States: Fiscal Year 2004. National Center for Education Statistics, 2006, p.61, http://nces.ed.gov/pubs2006/2006349.pdf, (accessed 2007-03-14).

表4-5　公共図書館　ビデオ資料と印刷逐次刊行物新刊定期購読資料の規模　州別ランキング（2004会計年度）

州	ランキング(1)	1,000人当たりのビデオ資料(2)	州	ランキング(1)	1,000人当たりの印刷逐次刊行物新刊定期購読資料(2)
合計	†	126.86	合計	†	6.43
オハイオ	1	310.49	バーモント	1	13.27
カンザス	2	252.33	アイオワ	2	13.24
インディアナ	3	250.04	アラスカ	3	12.16
ウィスコンシン	4	222.74	ニューヨーク	4	12.08
コネチカット	5	216.15	ニューハンプシャー	5	11.70
アラスカ	6	208.89	ウィスコンシン	6	11.59
サウスダコタ	7	205.77	ネブラスカ	7	10.41
イリノイ	8	189.55	インディアナ	8	10.40
ワイオミング	9	188.33	サウスダコタ	9	10.32
アイオワ	10	188.11	カンザス	10	10.25
バーモント	11	182.68	ワイオミング	11	9.87
コロラド	12	181.34	メイン	12	9.78
ニューハンプシャー	13	177.39	オハイオ	13	9.77
マサチューセッツ	14	167.70	イリノイ	14	9.61
ネブラスカ	15	164.55	マサチューセッツ	15	9.30
オレゴン	16	163.04	ミズーリ	16	9.02
メイン	17	162.55	コネチカット	17	8.32
ニューヨーク	18	156.62	ミシガン	18	7.87
ユタ	19	155.29	ノースダコタ	19	7.67
ロードアイランド	20	152.11	ワシントン	20	7.33
ワシントン	21	149.20	ロードアイランド	21	7.21
ミネソタ	22	135.50	ニュージャージー	22	7.19
ニュージャージー	23	132.63	ルイジアナ	23	6.88
ノースダコタ	24	131.29	ミネソタ	24	6.83
アイダホ	25	126.06	デラウェア	25	6.79
ミシガン	26	123.84	コロラド	26	6.77
ミズーリ	27	122.47	コロンビア特別区(3)	27	6.71
ネバダ	28	110.61	オレゴン	28	6.60
フロリダ	29	107.10	ユタ	29	6.54
メリーランド	30	106.40	メリーランド	30	6.14
デラウェア	31	104.66	モンタナ	31	5.86
ルイジアナ	32	102.22	アイダホ	32	5.65
ペンシルヴェニア	33	102.13	ペンシルヴェニア	33	5.56
ヴァージニア	34	95.18	ネバダ	34	5.46
モンタナ	35	94.32	サウスキャロライナ	35	4.97
オクラホマ	36	93.90	ヴァージニア	36	4.95
ウェストヴァージニア	37	92.55	フロリダ	37	4.66
アリゾナ	38	91.25	オクラホマ	38	4.53
カリフォルニア	39	85.23	ウェストヴァージニア	39	4.22
ケンタッキー	40	81.66	ハワイ(4)	40	4.20
サウスキャロライナ	41	79.31	ケンタッキー	41	4.18
テキサス	42	78.86	ニューメキシコ	42	4.06
アラバマ	43	75.15	ノースキャロライナ	43	3.81
ミシシッピ	44	74.28	アリゾナ	44	3.77
ハワイ(4)	45	70.28	テキサス	45	3.66
テネシー	46	69.26	カリフォルニア	46	3.62
ニューメキシコ	47	65.45	アーカンソー	47	3.46
ジョージア	48	65.24	ミシシッピ	48	3.39
アーカンソー	49	59.55	テネシー	49	3.23
ノースキャロライナ	50	59.29	ジョージア	50	3.11
コロンビア特別区(3)	51	38.92	アラバマ	51	3.07

†　数値を与えることができない。
(1)　順位は四捨五入をおこなう前の数値に基づく。
(2)　「1,000人あたり」という数字は、法定サービス地域の重複を除いた人口数を基に算出している。
(3)　コロンビア特別区は州とは異なるが、州別順位に組み込んだ。ただし州のデータとの比較に際しては、特別な配慮が必要となる。
(4)　ハワイ州は1公共図書館のデータのみ回答しているため、他の州との比較には、特別な配慮が必要となる。

出典：Chute, Adrienne et al. Public Libraries in the United States: Fiscal Year 2004. National Center for Education Statistics, 2006, p.A-7, http://nces.ed.gov/pubs2006/2006349.pdf, (accessed 2007-03-14).

表 4-6　州立図書館機構　図書館資料平均所蔵点数：50 州とコロンビア特別区（2005 会計年度）

特性	図書と逐次刊行物	録音資料	ビデオ資料	定期購読逐次刊行物	未登録政府文書
平均	460,995	4,080	3,119	1,020	537,265
中央値	228,137	189	1,052	352	50,000

出典：Holton, Barbara et al. State Library Agencies Fiscal Year 2005. National Center for Education Statistics, 2006, p5, http://nces.ed.gov/pubs2007/2007300.pdf, (accessed 2007-03-14).

表 4-7　州立図書館機構　図書館資料平均所蔵点数：50 州とコロンビア特別区（2004 会計年度）

特性	図書と逐次刊行物	録音資料	ビデオ資料	定期購読逐次刊行物	未登録政府文書
平均	465,683	3,870	2,983	1,124	528,177
中央値	225,981	122	955	420	90,323

出典：Holton, Barbara et al. State Library Agencies Fiscal Year 2004. National Center for Education Statistics, 2005, p4, http://nces.ed.gov/pubs2006/2006303.pdf, (accessed 2007-03-14).

＜学校図書館＞

表 4-8　公立学校図書館メディアセンター　図書購入平均支出と年間平均受入冊数（1999 ～ 2000 年）

州	図書館平均支出[1]	図書購入平均支出[2]	図書館支出に占める図書購入支出の割合[2]	年間平均集書数 1998-1999 年	1998-1999 年末 平均蔵書数
合計	8,729	5,683	65.1	488	10,232
アーカンソー	6,630	4,490	67.7	353	8,208
アイオワ	5,647	3,321	58.8	288	8,408
アイダホ	19,792	17,038	86.1	1,509	10,109
アラスカ	5,813	3,438	59.1	271	8,824
アラバマ	7,941	4,942	62.2	412	10,928
アリゾナ	8,568	6,292	73.4	613	14,048
イリノイ	7,623	4,705	61.7	462	8,781
インディアナ	8,151	5,218	64.0	402	11,393
ヴァージニア	10,131	6,439	63.6	770	12,229
ウィスコンシン	10,809	6,291	58.2	483	11,763
ウェストヴァージニア	4,560	2,875	63.0	231	6,873
オクラホマ	5,995	3,863	64.4	319	7,698
オハイオ	5,873	3,377	57.5	306	7,920
オレゴン	5,705	3,039	53.3	309	12,264
カリフォルニア	12,079	9,168	75.9	749	11,584
カンザス	6,793	4,067	59.9	394	8,573
ケンタッキー	7,378	4,439	60.2	429	8,697
コネチカット	12,382	7,913	63.9	517	11,775
コロラド	7,197	4,613	64.1	385	8,650
コロンビア特別区	2,656	1,683	63.4	151	9,328
サウスキャロライナ	8,281	5,942	71.8	438	9,305
サウスダコタ	5,844	3,352	57.4	329	8,713
ジョージア	11,556	7,165	62.0	640	11,756
テキサス	9,980	6,927	69.4	619	10,351
テネシー	9,206	6,075	66.0	585	9,339
デラウェア	7,971	5,907	74.1	482	10,676
ニュージャージー	8,994	5,005	55.6	358	10,518
ニューハンプシャー	9,136	4,772	52.2	385	8,226
ニューメキシコ	7,514	5,085	67.7	491	9,517
ニューヨーク	8,907	5,885	66.1	523	10,561
ネバダ	9,861	7,044	71.4	634	12,739
ネブラスカ	6,045	3,394	56.1	266	8,655
ノースキャロライナ	11,038	7,248	65.7	512	10,239
ノースダコタ	6,047	3,526	58.3	351	10,722
バーモント	8,500	5,429	63.9	395	9,167
ハワイ	7,795	5,457	70.0	488	12,750
フロリダ	11,116	6,922	62.3	786	14,153
ペンシルヴェニア	8,908	5,677	63.7	369	11,900
マサチューセッツ	7,182	4,264	59.4	446	9,212
ミシガン	7,046	4,605	65.4	343	8,944
ミシシッピ	7,593	5,417	71.3	443	11,538
ミズーリ	10,434	5,809	55.7	431	9,461
ミネソタ	8,890	5,561	62.6	463	13,279
メイン	7,125	4,309	60.5	311	8,885
メリーランド	11,649	6,624	56.9	477	9,416
モンタナ	5,000	2,692	53.8	274	7,342
ユタ	5,994	4,001	66.7	425	8,348
ルイジアナ	6,293	4,231	67.2	309	9,183
ロードアイランド	6,499	3,869	59.5	348	7,942
ワイオミング	5,978	3,576	59.8	328	9,021
ワシントン	7,893	5,557	70.4	513	10,584

類型	図書館平均支出[(1)]	図書購入平均支出[(2)]	図書館支出に占める図書購入支出の割合[(2)]	年間平均集書数 1998-1999 年	1998-1999 年末 平均蔵書数
地域					
北東部	8,818	5,474	62.1	430	10,528
中西部	7,579	4,558	60.1	385	9,486
南部	9,170	5,996	65.4	538	10,340
西部	9,548	6,921	72.5	601	10,860
コミュニティ類型					
中核都市	8,400	5,714	68	533	9,201
都市周辺地帯／大きな町	10,029	6,533	65.1	538	11,532
地方／小さな町	7,097	4,429	62.4	384	9,125
校種					
初等学校	7,405	5,203	70.3	502	9,375
中等学校	13,059	7,352	56.3	460	13,164
一貫教育校	7,487	4,360	58.2	364	8,337
在籍者数					
100 人未満	3,742	2,194	58.6	216	5,850
100 ～ 199 人	4,628	2,830	61.2	289	6,595
200 ～ 499 人	6,125	4,106	67	395	8,583
500 ～ 749 人	8,970	6,216	69.3	558	10,847
750 ～ 999 人	12,506	8,399	67.2	680	12,886
1,000 人以上	19,604	11,409	58.2	759	17,116

(1)　図書館平均支出とは、本、ビデオ資料、CD-ROM、カレントプリント、マイクロ逐次刊行物、電子媒体の定期購読資料にかかる支出を指す。
(2)　図書購入支出とは、本のレンタルあるいは購入に費やした額を指す。

出典：Holton, Barbara et al. The Status of Public and Private School Library Media Centers in the United States: 1999-2000. National Center for Education Statistics, 2004, p.28-29, http://nces.ed.gov/pubs2004/2004313.pdf, (accessed 2007-03-14).

表 4-9　私立学校図書館メディアセンター　平均支出と図書購入平均支出（1999 ～ 2000 年）

種別	図書館平均支出 (1)	図書購入平均支出 (2)	図書館支出に占める図書購入支出の割合 (2)	年間平均集書数 1998～1999 年	1998～1999 年末平均蔵書数
合計	4,391	2,660	60.6	327	7,192
所属					
カソリック	4,084	2,281	55.9	311	7,833
フレンド派（クエーカー）	6,945	3,782	54.5	354	9,352
聖公会	8,053	4,655	57.8	467	9,928
ヘブライ・デイ	2,865	2,196	76.7	208	5,249
ソロモン	7,715	4,226	54.8	418	8,457
その他のユダヤ系	5,176	3,323	64.2	296	6,543
ルーテル教会ミズーリ会議	3,074	1,834	59.7	387	5,310
ルーテル教会ウィスコンシン会議	2,180	1,259	57.7	133	5,106
福音主義的ルーテル教会	2,345	1,792	76.4	373	8,036
その他のルーテル教会	#	#	#	#	#
安息日再臨派	1,624	934	57.5	164	3,905
クリスチャンスクール・インターナショナル	4,291	2,889	67.3	351	9,571
米国クリスチャンスクール協会	3,311	2,478	74.8	349	7,025
国際クリスチャンスクール協会	3,056	1,982	64.9	351	6,138
全米特別支援教育私立学校協会	4,584	2,204	48.1	228	4,732
モンテッソリ	1,528	1,093	71.6	217	4,471
一般私立学校	18,911	11,006	58.2	763	17,302
全米私立学校協会	#	#	#	#	#
その他	3,794	2,625	69.2	296	5,623
NCES 類型					
カソリック	4,084	2,281	55.9	311	7,833
教会付属学校（Parochial）	2,820	1,757	62.3	290	6,513
教区会（英国教会系教会；Diocesan）	4,146	2,476	59.7	328	9,552
私立（Private）	10,603	4,479	42.2	375	9,695
その他の宗教	3,525	2,376	67.4	314	6,063
保守的キリスト教	2,880	1,913	66.4	348	5,916
連 携	4,391	3,095	70.5	299	6,749
非連携	3,212	2,016	62.8	289	5,327
非宗教系	6,867	4,083	59.5	390	8,131
正 規	9,989	5,965	59.7	523	11,316
重点教育	3,653	2,240	61.3	277	5,269
特別教育	3,276	1,779	54.3	202	3,848
一般私立学校（Independent Schools）全米協会会員校の合計	18,041	9,572	53.1	666	15,855

類型	図書館平均支出[(1)]	図書購入平均支出[(2)]	図書館支出に占める図書購入支出の割合[(2)]	年間平均集書数 1998-1999 年	1998-1999 年末平均蔵書数
地域					
北東部	4,713	2,628	55.8	267	7,061
中西部	3,058	1,859	60.8	287	6,910
南部	5,623	3,578	63.6	424	7,465
西部	4,031	2,448	60.7	309	7,376
コミュニティ類型					
中核都市	4,598	2,599	56.5	334	6,555
都市周辺地帯／大きな町	4,690	2,998	63.9	344	7,823
地方／小さな町	2,946	1,960	66.5	262	7,546
校種					
初等学校	2,866	1,980	69.1	290	5,971
中等学校	8,982	4,365	48.6	304	10,689
一貫教育校	6,265	3,657	58.4	436	8,775
在籍者数					
100 人未満	1,114	669	60.1	170	3,250
100 ～ 199 人	3,135	2,136	68.1	310	5,996
200 ～ 499 人	4,773	2,919	61.1	362	8,217
500 ～ 749 人	10,701	6,350	59.3	600	14,297
750 ～ 999 人	15,651	8,214	52.5	648	16,821
1,000 人以上	22,038	11,885	53.9	614	18,960

#　数値があまりに少なく、報告規準を満たしていない。
(1)　図書館平均支出とは、本、ビデオ資料、CD-ROM、カレントプリント、マイクロ逐次刊行物、電子媒体の定期購読資料にかかる支出を指す。
(2)　図書購入支出とは、本のレンタルあるいは購入に費やした額を指す。

出典：Holton, Barbara et al. The Status of Public and Private School Library Media Centers in the United States: 1999-2000. National Center for Education Statistics, 2004, p.30-31, http://nces.ed.gov/pubs2004/2004313.pdf, (accessed 2007-03-14).

表4-10　公立学校図書館メディアセンター　CD-ROM・ビデオ資料所蔵の数と割合（1999～2000年）

州	CD-ROM所蔵公立学校図書館メディアセンター				ビデオ資料所蔵公立学校図書館メディアセンター(1)			
	学校数	割合	1校当たりの平均所蔵点数	平均支出	学校数	割合	1校当たりの平均所蔵点数	平均支出
50州とコロンビア特別区	61,203	79.7	46	$336	70,979	92.4	292	$612
アーカンソー	849	78.0	19	208	1,052	96.6	253	544
アイオワ	1,219	83.3	50	227	1,124	76.8	103	207
アイダホ	413	75.8	38	258	521	95.5	195	396
アラスカ	270	73.8	37	325	334	91.3	195	303
アラバマ	1,092	84.0	46	250	1,272	97.9	325	702
アリゾナ	729	73.6	33	239	950	95.9	328	511
イリノイ	2,498	68.7	37	202	3,229	88.8	224	467
インディアナ	1,348	77.6	30	273	1,669	96.1	302	800
ヴァージニア	1,461	91.2	58	324	1,523	95.1	371	897
ウィスコンシン	1,726	88.6	55	605	1,816	93.2	343	1,054
ウェストヴァージニア	470	77.1	23	258	573	94.0	201	237
オクラホマ	1,409	79.1	41	375	1,686	94.6	315	490
オハイオ	3,006	83.9	36	287	3,482	97.2	221	443
オレゴン	960	85.9	55	208	1,031	92.2	168	305
カリフォルニア	4,244	66.9	26	298	4,945	78.0	227	408
カンザス	1,127	82.0	35	267	1,258	91.6	256	557
ケンタッキー	1,039	85.0	33	340	1,203	98.4	344	821
コネチカット	795	85.2	62	634	882	94.5	269	689
コロラド	1,237	91.3	68	347	1,220	90.0	216	344
コロンビア特別区	96	69.9	24	155	121	87.9	91	180
サウスキャロライナ	897	86.7	30	256	1,003	97.0	330	480
サウスダコタ	420	73.5	33	238	506	88.5	233	499
ジョージア	1,637	95.7	71	640	1,710	100.0	505	1,051
テキサス	4,605	73.7	39	231	6,074	97.3	357	864
テネシー	1250	84.0	149!	377	1,474	99.0	552	1,052
デラウェア	125	91.9	49	198	126	92.4	192	588
ニュージャージー	1,436	68.9	31	342	1,988	95.3	288	757
ニューハンプシャー	340	78.8	50	523	412	95.4	240	837
ニューメキシコ	432	63.2	79!	310	569	83.3	244	398
ニューヨーク	2,834	75.8	36	356	3,419	91.5	243	595
ネバダ	348	82.8	24	270	405	96.5	226	367
ネブラスカ	885	87.3	46	363	901	88.8	221	331
ノースキャロライナ	1,732	92.3	79	659	1,859	99.0	416	759
ノースダコタ	356	77.4	69	233	418	90.8	224	598
バーモント	287	86.6	36	395	301	90.8	267	479
ハワイ	236	95.7	62	328	241	97.8	400	264
フロリダ	2,276	93.4	108	466	2,422	99.4	662	1,066
ペンシルヴェニア	2,361	80.3	32	532	2,730	92.8	240	514
マサチューセッツ	1,414	87.8	44	360	1,486	92.3	208	488
ミシガン	2,113	71.8	43	293	2,540	86.3	193	483
ミシシッピ	738	85.9	31	331	844	98.3	288	525
ミズーリ	1,510	79.2	33	341	1,755	92.1	367	803
ミネソタ	1,259	84.9	65	329	1,393	93.9	244	747
メイン	458	73.7	24	185	596	95.9	221	508
メリーランド	1,068	87.1	66	411	1,165	95.0	360	640
モンタナ	577	77.5	35	228	678	91.0	224	390
ユタ	560	80.8	46	258	656	94.6	484	633
ルイジアナ	1,013	79.8	41	310	1,190	93.8	197	424
ロードアイランド	186	67.0	25	175	263	94.7	185	479
ワイオミング	285	82.3	51	317	326	94.3	203	418
ワシントン	1,574	85.5	55	278	1,638	89.0	240	463

類型	CD-ROMを所蔵する公立学校図書館メディアセンター				ビデオ資料を所蔵する公立学校図書館メディアセンター (1)			
	学校数	割合	1校当たりの平均所蔵点数	平均支出	学校数	割合	1校当たりの平均所蔵点数	平均支出
地域								
北東部	10,112	78.0	37	409	12,077	93.1	245	595
中西部	17,468	79.0	42	304	20,090	90.8	244	577
南部	21,757	83.6	58	356	25,297	97.2	385	773
西部	11,866	75.6	41	285	13,515	86.1	242	411
コミュニティ類型								
中核都市	14,009	77.7	53	325	16,348	90.6	261	565
都市周辺地帯／大きな町	28,662	82.5	48	376	32,682	94.0	333	698
地方／小さな町	18,532	77.2	38	284	21,950	91.4	255	523
校種								
初等学校	43,737	77.1	48	273	52,372	92.3	253	517
中等学校	15,853	88.3	42	529	16,699	93.0	417	930
一貫教育校	1,613	75.7	35	372	1,908	89.6	271	475
在籍者数								
100人未満	2,335	66.0	32	226	2,812	79.4	163	310
100～199人	4,564	67.6	31	176	6,236	92.4	171	318
200～499人	23,543	77.8	40	247	28,009	92.5	220	420
500～749人	16,956	84.4	51	352	18,917	94.1	299	625
750～999人	6,661	84.1	44	403	7,329	92.6	361	834
1,000人以上	7,144	86.8	76	735	7,675	93.3	621	1,448

！　数値が安定していないので、特別な配慮が必要である。
(1)　ビデオ資料とは、テープ、DVD、レーザーディスクを指す。

出典：Holton, Barbara et al. The Status of Public and Private School Library Media Centers in the United States: 1999-2000. National Center for Education Statistics, 2004, p.32-33, http://nces.ed.gov/pubs2004/2004313.pdf, (accessed 2007-03-14).

表 4-11　私立学校図書館メディアセンター　CD-ROM・ビデオ資料所蔵の数と割合（1999 ～ 2000 年）

種別	CD-ROM を所蔵する私立学校図書館メディアセンター			ビデオ資料を所蔵する私立学校図書館メディアセンター (1)		
	学校数	割合	平均支出	学校数	割合	平均支出
合計	9,442	55.4	206	14,182	83.2	337
所属						
カソリック	4,050	57.1	236	6,251	88.1	332
フレンド派（クエーカー）	40	56.5	186	51	72.3	418
聖公会	159	50.1	196	283	88.9	615
ヘブライ・デイ	61	41.5	64	106	72.5	112
ソロモン	34	64.0	127	47	87.0	520
その他のユダヤ系	99	40.1	395	173	69.7	350
ルーテル教会ミズーリ会議	395	50.7	315	613	78.7	316
ルーテル教会ウィスコンシン会議	66	38.1	188	121	69.5	273
福音主義的ルーテル教会	34	40.9	134	53	63.5	112
その他のルーテル教会	‡	‡	‡	‡	‡	‡
安息日再臨派	320	54.3	98	503	85.3	139
クリスチャンスクール・インターナショナル	238	70.7	135	282	83.9	237
米国クリスチャンスクール協会	177	38.2	39	351	75.7	256
国際クリスチャンスクール協会	776	49.5	118	1,380	88.1	350
全米特別支援教育私立学校協会	81	45.8	229!	151	85.3	454
モンテッソリ	273	57.6	78	390	82.3	86
一般私立学校	593	84.1	460	643	91.3	1,148
全米私立学校協会	‡	‡	‡	‡	‡	‡
その他	2,017	54.5	176	2,754	74.3	261
NCES 類型						
カソリック	4,050	57.1	236	6,251	88.1	332
教会付属学校（Parochial）	1,978	48.8	167	3,594	88.7	251
教区会（英国教会系教会；Diocesan）	1,469	64.3	266	1,990	87.2	357
私立（Private）	603	79.1	508	668	87.5	684
その他の宗教	2,966	44.1	143	5,112	76.0	302
保守的キリスト教	1,187	48.7	101	2,008	82.4	338
連 携	1,125	45.5	161	1,869	75.6	246
非連携	655	36.1	175	1,235	68.1	329
非宗教系	2,427	75.0	272	2,819	87.2	423
正 規	1,367	81.5	316	1,488	88.7	593
重点教育	630	67.7	88	779	83.7	168
特別教育	430	68.8	431	552	88.2	346
一般私立学校（Independent Schools）全米協会会員校の合計	677	84.3	445	744	92.6	1,030

類型	CD-ROMを所蔵する私立学校図書館メディアセンター			ビデオ資料を所蔵する私立学校図書館メディアセンター[1]		
	学校数	割合	平均支出	学校数	割合	平均支出
地域						
北東部	2,429	59.4	248	3,364	82.2	365
中西部	2,688	54.3	177	3,940	79.6	234
南部	2,680	52.2	201	4,337	84.5	402
西部	1,646	57.1	206	2,541	88.1	360
コミュニティ類型						
中核都市	4,554	57.3	232	6,764	85.2	403
都市周辺地帯／大きな町	3,620	54.8	204	5,496	83.1	303
地方／小さな町	1,268	50.7	128	1,922	76.8	219
校種						
初等学校	5,368	49.0	153	8,922	81.4	221
中等学校	1,486	76.0	448	1,729	88.5	589
一貫教育校	2,589	62.6	233	3,531	85.3	527
在籍者数						
100人未満	2,146	48.0	96	3,444	77.0	178
100～199人	2,014	47.2	175	3,310	77.5	216
200～499人	3,696	58.0	234	5,650	88.6	333
500～749人	928	78.5	368	1,108	93.7	804
750～999人	417	84.6	436	431	87.5	1,198
1,000人以上	241	92.6	748	240	92.5	1,414

!　数値が安定していないので、特別な配慮が必要である。
‡　数値があまりに少なく、報告規準を満たしていない。
(1)　ビデオ資料とは、テープ、DVD、レーザーディスクを指す

出典：Holton, Barbara et al. The Status of Public and Private School Library Media Centers in the United States: 1999-2000. National Center for Education Statistics, 2004, p.34-35, http://nces.ed.gov/pubs2004/2004313.pdf, (accessed 2007-03-14).

＜大学図書館＞

表 4-12　学術図書館　コレクション規模の分布（2004 年）

高等教育機関の種類	年末の所蔵冊数	図書館数										
		合計	図書、逐次刊行物、政府文書を含むその他の紙媒体資料									
			5,000未満	5,000～9,999	10,000～19,999	20,000～29,999	30,000～49,999	50,000～99,999	100,000～249,999	250,000～499,999	500,000～999,999	1,000,000以上
学術図書館合計	982,589,877	3,653	545	168	214	228	453	666	695	291	175	218
設置主体別												
公立	590,977,192	1,581	38	40	81	130	292	367	222	147	110	154
私立	391,612,685	2,072	507	128	133	98	161	299	473	144	65	64
教育課程 (1)												
4 年制及びそれ以上	924,214,446	2,217	184	74	109	87	155	338	593	286	174	217
博士	668,301,157	597	18	9	12	12	13	35	124	95	75	204
修士	184,926,038	918	37	25	35	31	56	164	338	147	74	11
学士	67,061,882	668	129	38	56	43	84	132	120	39	25	2
4 年制未満	58,375,431	1,436	361	94	105	141	298	328	102	5	1	1
規模（正規在籍学生数） (2)												
1,500 人未満	99,624,383	1,802	516	136	174	158	223	266	267	52	9	1
1,500～4,999 人	186,100,084	1,175	24	30	40	66	205	289	313	143	51	14
5,000 人以上	696,865,410	676	5	2	0	4	25	111	115	96	115	203
カーネギー分類 (1)												
博士／研究大学機関	567,547,485	255	1	1	0	1	1	1	7	24	35	184
修士大学	196,581,467	584	3	3	2	6	5	64	217	164	96	24
学士大学	105,672,895	499	0	1	5	7	16	126	234	64	37	9
学士／教養大学	3,010,541	48	1	1	2	3	16	19	6	0	0	0
短期大学	60,219,024	1,359	286	81	100	133	310	334	106	6	2	1
専門学校	42,687,032	575	77	39	72	58	81	103	110	30	5	0
その他	6,871,433	333	177	42	33	20	24	19	15	3	0	0

(1)　「教育課程」と「カーネギー分類」は近似性があるものの、両者は完全に合致しているわけではない。「教育課程」では、当該教育・研究機関が授与した最上位の学位に基づき分類する。一方、「カーネギー分類」では、当該教育機関が授与した学位数に加え、教育機関の使命（mission）や研究資金獲得状況といった規準に基づき分類する。「カーネギー分類」は教育活動の進化を目的としてカーネギー財団により開発され、A Classification of Institutions of Higher Education. 2000 ed.（Carnegie Foundation, 2001, 196p, http://i-house.or.jp/jp/ProgramActivities/grew-bancroft/pdf/Youkou2007.pdf, (accessed 2007-06-29).）というタイトルで出版されている。

(2)　フルタイム相当（FTE）在籍者数は、パートタイム在籍者数を 3 分の 1 に換算して、フルタイム在籍者数と合算して算出している。

出典：Holton, Barbara et al. Academic Libraries:2004. National Center for Education Statistics, 2006, p.6, http://nces.ed.gov/pubs2007/2007301.pdf, (accessed 2007-03-14).

表 4-13　学術図書館　2004 年度末時点のコレクション（累計）内訳

高等教育機関の種類	図書館数合計	図書、逐次刊行物、政府文書を含むその他の紙媒体資料	E-books	マイクロ資料	定期購読逐次刊行物	視聴覚資料	電子レファレンス情報源と電子ジャーナル提供 (1)
学術図書館合計	3,653	982,589,877	32,775,291	1,173,287,295	12,763,537	91,894,281	1,908,555
設置主体別							
公立	1,581	590,977,192	17,051,391	807,040,961	8,071,964	63,668,328	1,142,837
私立	2,072	391,612,685	15,723,900	366,246,334	4,691,573	28,225,953	765,718
教育課程 (2)							
4 年制及びそれ以上	2,217	924,214,446	26,596,600	1,136,627,132	11,755,319	86,934,188	1,767,047
博士	597	668,301,157	14,203,769	818,828,433	8,299,167	71,221,622	1,125,872
修士	918	184,926,038	8,045,823	276,248,788	2,632,097	11,698,926	324,926
学士	668	67,061,882	4,328,239	29,841,784	726,786	3,900,717	161,774
4 年制未満	1,436	58,375,431	6,178,691	36,660,163	1,008,218	4,960,093	141,508
規模（正規在籍学生数） (3)							
1,500 人未満	1,802	99,624,383	8,035,512	64,108,233	1,390,255	6,671,439	461,534
1,500〜4,999 人	1,175	186,100,084	9,358,564	202,278,774	4,139,511	11,502,712	605,107
5,000 人以上	676	696,865,410	15,381,215	906,900,288	7,233,771	73,720,130	841,914
カーネギー分類 (2)							
博士／研究大学機関	255	567,547,485	11,618,244	696,906,643	5,297,179	66,301,386	474,684
修士大学	584	196,581,467	7,404,820	341,157,876	4,473,223	9,364,056	823,299
学士大学	499	105,672,895	4,321,966	64,555,122	1,137,257	5,384,745	213,392
学士／教養大学	48	3,010,541	195,776	945,278	74,818	305,665	1,860
短期大学	1,359	60,219,024	6,330,600	38,041,057	1,038,439	5,072,075	144,720
専門学校	575	42,687,032	1,574,779	24,866,135	572,874	5,151,223	231,865
その他	333	6,871,433	1,329,106	6,815,184	169,747	315,131	18,735

(1)　「電子レファレンス情報源と電子ジャーナル提供」とは、引用索引と抄録；フルテクスト・レファレンス情報源（たとえば、事典、年間、書誌、統計、ファクトデータの情報源）；フルテクスト・ジャーナルと逐次刊行物の記事の収集サービス（たとえば、EBSCOhost, ProQuest, Academic Universe, and INFOTRAC OneFile）；学位論文データベース、研究会要綱データベースを指す。当該インスティチューションが独自に構築するデータベースも、ライセンス取得電子的情報源に含めている。

(2)　「教育課程」と「カーネギー分類」は近似性があるものの、両者は完全に合致しているわけではない。「教育課程」では、当該教育・研究機関が授与した最上位の学位に基づき分類する。一方、「カーネギー分類」では、当該教育機関が授与した学位数に加え、教育機関の使命（mission）や研究資金獲得状況といった規準に基づき分類する。「カーネギー分類」は教育活動の進化を目的としてカーネギー財団により開発され、A Classification of Institutions of Higher Education. 2000 ed.（Carnegie Foundation, 2001, 196p, http://i-house.or.jp/jp/ProgramActivities/grew-bancroft/pdf/Youkou2007.pdf, (accessed 2007-06-29).）というタイトルで出版されている。

(3)　フルタイム相当（FTE）在籍者数は、パートタイム在籍者数を 3 分の 1 に換算して、フルタイム在籍者数と合算して算出している。

出典：Holton, Barbara et al. Academic Libraries:2004. National Center for Education Statistics, 2006, p.7, http://nces.ed.gov/pubs2007/2007301.pdf, (accessed 2007-03-14).

表 4-14　学術図書館　2004 年度に増加したコレクション内訳

高等教育機関の種類	図書館数合計	図書、逐次刊行物、政府文書を含むその他の紙媒体資料	E-books	マイクロ資料	定期購読逐次刊行物	視聴覚資料	電子レファレンス情報源と電子ジャーナル提供[1]
学術図書館合計	3,653	24,614,559	14,240,298	22,059,181	1,364,366	3,966,169	476,050
設置主体別							
公立	1,581	14,839,216	6,602,273	12,900,218	733,155	2,681,470	162,930
私立	2,072	9,775,343	7,638,025	9,158,963	631,211	1,284,699	313,120
教育課程[1]							
4 年制及びそれ以上	2,217	22,138,831	11,809,981	21,407,020	1,230,728	3,634,882	438,993
博士	597	15,531,794	6,072,926	14,954,611	682,768	2,952,388	290,725
修士	918	4,418,183	3,597,111	5,708,700	401,223	473,826	94,297
学士	668	2,033,248	2,139,777	557,224	142,668	205,262	48,783
4 年制未満	1,436	2,475,728	2,430,317	652,161	133,638	331,287	37,057
規模（正規在籍学生数）[2]							
1,500 人未満	1,802	3,195,108	4,412,004	1,131,842	263,129	325,152	113,872
1,500～4,999 人	1,175	5,029,949	3,453,694	4,849,364	377,612	540,798	80,345
5,000 人以上	676	16,389,502	6,374,600	16,077,975	723,625	3,100,219	281,833
カーネギー分類[1]							
博士／研究大学機関	255	12,717,804	5,073,778	12,629,359	534,204	2,729,403	105,715
修士大学	584	5,095,006	3,239,600	6,972,077	369,922	452,444	239,071
学士大学	499	2,485,961	1,434,186	1,187,699	192,700	214,172	71,204
学士／教養大学	48	126,385	124,637	36,022	20,580	14,635	340
短期大学	1,359	2,497,578	2,696,903	685,802	143,751	337,366	29,707
専門学校	575	1,336,559	979,526	459,799	81,982	190,147	17,150
その他	333	355,266	691,668	88,423	21,227	28,002	12,863

(1)　「電子レファレンス情報源と電子ジャーナル提供」とは、引用索引と抄録；フルテクスト・レファレンス情報源（たとえば、事典、年間、書誌、統計、ファクトデータの情報源）；フルテクスト・ジャーナルと逐次刊行物の記事の収集サービス（たとえば、EBSCOhost, ProQuest, Academic Universe, and INFOTRAC OneFile）；学位論文データベース、研究会要綱データベースを指す。当該インスティチューションが独自に構築するデータベースも、ライセンス取得電子的情報源に含めている。

(2)　「教育課程」と「カーネギー分類」は近似性があるものの、両者は完全に合致しているわけではない。「教育課程」では、当該教育・研究機関が授与した最上位の学位に基づき分類する。一方、「カーネギー分類」では、当該教育機関が授与した学位数に加え、教育機関の使命（mission）や研究資金獲得状況といった規準に基づき分類する。「カーネギー分類」は教育活動の進化を目的としてカーネギー財団により開発され、A Classification of Institutions of Higher Education. 2000 ed.（Carnegie Foundation, 2001, 196p, http://i-house.or.jp/jp/ProgramActivities/grew-bancroft/pdf/Youkou2007.pdf, (accessed 2007-06-29).）というタイトルで出版されている。

(3)　フルタイム相当（FTE）在籍者数は、パートタイム在籍者数を 3 分の 1 に換算して、フルタイム在籍者数と合算して算出している。

出典：Holton, Barbara et al. Academic Libraries:2004. National Center for Education Statistics, 2006, p.8, http://nces.ed.gov/pubs2007/2007301.pdf, (accessed 2007-03-14).

2.5 図書館サービスに関する統計データ

(1) 館種別の平均開館日数・時間

＜公共図書館＞ 表5-1 公共図書館 平均週間開館時間数の分布 (2004会計年度)

州	公共図書館の数	サービス拠点数から算出した平均週間開館時間数 (1)								回答率 (2)
		10時間未満	10~19時間	20~29時間	30~39時間	40~49時間	50~59時間	60~69時間	70時間以上	
		分布								
合計	9,207	2.7	8.7	17.7	21.5	22.6	16.8	9.0	1.0	98.4
アーカンソー	48	0	2.1	25.0	33.3	25.0	8.3	6.3	0	100.0
アイオワ	540	4.1	10.2	34.8	21.7	15.4	9.3	4.4	0.2	99.4
アイダホ	104	1.0	13.5	24.0	32.7	11.5	12.5	4.8	0	100.0
アラスカ	88	13.6	38.6	12.5	9.1	12.5	9.1	4.5	0	100.0
アラバマ	208	0.5	8.2	18.8	27.4	29.3	10.6	3.4	1.9	100.0
アリゾナ	91	0	5.5	23.1	17.6	26.4	17.6	8.8	1.1	98.9
イリノイ	626	0.6	2.1	16.1	19.3	17.1	18.2	21.7	4.8	99.5
インディアナ	239	0.8	2.1	8.8	20.5	25.1	23.9	18.4	0.4	100.0
ヴァージニア	90	0	0	3.3	20.0	35.6	24.4	15.6	1.1	100.0
ウィスコンシン	380	0	3.4	19.2	18.4	22.1	24.2	12.4	0.3	100.0
ウェストヴァージニア	97	0	0	3.1	43.3	37.1	11.3	5.2	0	100.0
オクラホマ	112	0	10.7	8.0	24.1	29.5	18.8	7.1	1.8	99.1
オハイオ	250	0	10.8	10.0	10.8	11.2	30.8	22.4	4.0	100.0
オレゴン	125	0.8	12.1	21.8	17.7	26.6	15.3	4.8	0.8	99.2
カリフォルニア	179	0	7.3	14.5	21.8	24.0	26.8	5.6	0	97.8
カンザス	325	4.6	26.8	16.3	12.6	20.0	9.5	8.9	1.2	100.0
ケンタッキー	116	0	1.7	6.0	37.1	38.8	9.5	5.2	1.7	100.0
コネチカット	194	2.6	4.1	10.3	15.0	26.3	32.0	9.8	0	93.8
コロラド	115	0.9	6.1	12.2	20.0	27.0	19.1	13.9	0.9	99.1
コロンビア特別区	1	0	0	0	100.0	0	0	0	0	100.0
サウスキャロライナ	42	0	2.4	16.7	28.6	38.1	11.9	2.4	0	100.0
サウスダコタ	125	9.6	24.0	25.6	11.2	12.8	12.0	4.8	0	77.6
ジョージア	58	0	0	13.8	27.6	29.3	22.4	5.2	1.7	100.0
テキサス	555	1.1	4.7	18.6	27.8	30.3	12.8	4.7	0.2	100.0
テネシー	184	1.1	3.8	16.9	17.4	40.8	13.0	7.1	0	100.0
デラウェア	21	0	0	4.8	9.5	61.9	14.3	9.5	0	100.0
ニュージャージー	306	0.3	0.7	5.2	13.7	24.8	39.9	14.4	1.0	94.4
ニューハンプシャー	231	10.0	17.8	21.7	22.9	13.4	8.7	5.6	0	90.5
ニューメキシコ	92	6.5	8.7	8.7	27.2	25.0	19.6	4.3	0	100.0
ニューヨーク	753	0	4.9	25.9	19.7	17.0	16.2	14.3	2.0	100.0
ネバダ	22	0	13.6	18.2	13.6	31.8	22.7	0	0	100.0
ネブラスカ	276	12.3	30.1	26.5	14.1	8.0	4.3	4.3	0.4	93.1
ノースキャロライナ	75	0	0	6.7	28.0	34.7	21.3	8.0	1.3	100.0
ノースダコタ	83	9.6	21.7	32.5	16.9	13.3	2.4	3.6	0	100.0
バーモント	189	12.7	20.6	30.2	22.8	11.1	2.1	0.5	0	93.1
ハワイ	1	0	0	0	100.0	0	0	0	0	100.0
フロリダ	70	0	1.4	7.1	22.9	37.1	21.4	8.6	1.4	97.1
ペンシルヴェニア	455	0	1.1	8.1	28.8	28.8	25.7	6.8	0.7	99.8
マサチューセッツ	370	3.5	13.5	14.6	23.5	23.8	15.4	5.7	0.0	98.6
ミシガン	384	0	3.1	14.6	22.7	27.6	24.2	7.3	0.5	99.7
ミシシッピ	49	0	0	28.6	26.5	30.6	10.2	4.1	0	100.0
ミズーリ	151	0	4.6	19.9	21.2	27.8	9.9	13.3	3.3	93.4
ミネソタ	140	2.9	3.6	20.0	27.1	31.4	12.1	2.9	0	99.3
メイン	269	16.0	25.7	19.3	18.6	13.4	5.6	1.5	0	100.0
メリーランド	24	0	0	4.2	20.8	25.0	29.2	16.7	4.2	100.0
モンタナ	79	0	11.4	22.8	30.4	22.8	10.1	1.3	1.3	100.0
ユタ	72	6.9	9.7	16.7	30.6	8.3	16.7	11.1	0	100.0
ルイジアナ	66	1.5	4.5	18.2	36.4	25.8	13.6	0	0	100.0
ロードアイランド	48	0	2.1	10.4	14.6	33.3	20.8	18.8	0	100.0
ワイオミング	23	0	8.7	21.7	21.7	43.5	4.3	0	0	100.0
ワシントン	66	6.1	13.6	10.6	27.3	22.7	18.2	1.5	0	100.0

(1) サービス拠点数から算出した平均週間開館時間数は、年間の開館時間の合計と、公共図書館のサービス拠点（中央館、分館、ブックモービル）の合計から引き出している。（付録Cにこれらの用語の定義があるので参照されたい。）

(2) 「回答率」とは、開館時間について回答した図書館の割合である。ただし回答率が100%に満たない項目には、無回答館のデータも合算されており、表の数値にもふくまれている。

出典：Adrienne Chute et al. Public Libraries in the United States: Fiscal Year 2004. National Center for Education Statistics, 2006, p.26-27, http://nces.ed.gov/pubs2006/2006349.pdf, (accessed 2007-03-14).

※本稿は、国立国会図書館の2006年度調査研究事業の成果物である。

＜大学図書館＞

表5-2　学術図書館　週間開館時間数の分布（2004年）

高等教育機関の種類	図書館数合計	週間開館時間数							
		20時間未満	20～39時間	40～59時間	60～79時間	80～99時間	100～119時間	120～167時間	168時間(1)
		分布							
学術図書館合計	3,653	11	39	575	1,625	953	372	54	24
設置主体別									
公立	1,581	1	3	230	815	363	125	32	12
私立	2,072	10	36	345	810	590	247	22	12
教育課程(2)									
4年制及びそれ以上	2,217	2	18	144	736	876	371	50	20
博士	597	0	5	26	96	230	190	43	7
修士	918	1	5	47	289	454	110	5	7
学士	668	1	8	70	346	179	57	1	6
4年制未満	1,436	9	21	431	889	77	1	4	4
規模（正規在籍学生数）(3)									
1,500人未満	1,802	11	39	462	869	330	79	3	9
1,500～4,999人	1,175	0	0	87	549	387	133	12	7
5,000人以上	676	0	0	26	207	236	160	39	8
カーネギー分類(2)									
博士／研究大学機関	255	0	0	0	9	83	122	34	7
修士大学	584	0	0	5	92	386	88	11	2
学士大学	499	0	0	8	143	249	93	3	3
学士／教養大学	48	0	0	4	29	12	3	0	0
短期大学	1,359	7	16	336	904	86	2	4	4
専門学校	575	2	14	102	282	110	56	2	7
その他	333	2	9	120	166	27	8	0	1

(1)　168時間に該当する図書館は、週7日、24時間開館している。
(2)　「教育課程」と「カーネギー分類」は近似性があるものの、両者は完全に合致しているわけではない。「教育課程」では、当該教育・研究機関が授与した最上位の学位に基づき分類する。一方、「カーネギー分類」では、当該教育機関が授与した学位数に加え、教育機関の使命（mission）や研究資金獲得状況といった規準に基づき分類する。「カーネギー分類」は教育活動の進化を目的としてカーネギー財団により開発され、A Classification of Institutions of Higher Education. 2000 ed.（Carnegie Foundation, 2001, 196p, http://i-house.or.jp/jp/ProgramActivities/grew-bancroft/pdf/Youkou2007.pdf, (accessed 2007-06-29).）というタイトルで出版されている。
(3)　フルタイム相当（FTE）在籍者数は、パートタイム在籍者数を3分の1に換算して、フルタイム在籍者数と合算して算出している。

出典：Holton, Barbara et al. Academic Libraries:2004. National Center for Education Statistics, 2006, p.4, http://nces.ed.gov/pubs2007/2007301.pdf, (accessed 2007-03-14).

(2) 館種別、来館利用者数

＜公共図書館＞ 表 5-3　公共図書館　来館利用者数（2004 会計年度）

州	公共図書館数	来館者		
		合計 (1,000 ドル)	1 人当たり (1)	回答率 (2)
合計	9,207	1,322,396	4.7	92.6
アーカンソー	48	8,146	3.1	93.8
アイオワ	540	16,067	5.5	90.0
アイダホ	104	7,297	6.0	90.4
アラスカ	88	3,389	5.2	100.0
アラバマ	208	14,145	3.2	89.4
アリゾナ	91	21,567	4.0	98.9
イリノイ	626	65,256	5.7	98.9
インディアナ	239	38,248	6.7	98.7
ヴァージニア	90	33,150	4.5	94.4
ウィスコンシン	380	32,934	6.0	91.6
ウェストヴァージニア	97	6,087	3.4	100.0
オクラホマ	112	13,428	4.6	98.2
オハイオ	250	81,994	7.2	96.0
オレゴン	125	19,924	6.2	85.6
カリフォルニア	179	150,888	4.2	86.0
カンザス	325	14,345	6.2	100.0
ケンタッキー	116	15,605	3.8	100.0
コネチカット	194	22,837	6.6	90.2
コロラド	115	29,476	6.7	96.5
コロンビア特別区	1	1,958	3.5	100.0
サウスキャロライナ	42	14,166	3.4	100.0
サウスダコタ	125	3,752	6.4	76.0
ジョージア	58	31,286	3.7	100.0
テキサス	555	65,081	3.2	97.8
テネシー	184	18,493	3.2	100.0
デラウェア	21	3,553	4.5	100.0
ニュージャージー	306	42,928	5.1	94.1
ニューハンプシャー	231	6,234	4.8	81.4
ニューメキシコ	92	6,170	3.7	98.9
ニューヨーク	753	107,374	5.7	100.0
ネバダ	22	9,911	4.1	100.0
ネブラスカ	276	7,645	5.4	72.5
ノースキャロライナ	75	32,949	3.9	98.7
ノースダコタ	83	2,615	4.7	91.6
バーモント	189	3,092	5.4	84.1
ハワイ	1	5,506	4.4	100.0
フロリダ	70	69,603	4.0	94.3
ペンシルヴェニア	455	42,567	3.6	91.4
マサチューセッツ	370	36,979	5.8	64.3
ミシガン	384	44,426	4.5	98.7
ミシシッピ	49	8,019	2.8	100.0
ミズーリ	151	24,771	4.8	90.1
ミネソタ	140	25,598	5.0	95.7
メイン	269	6,415	5.4	90.3
メリーランド	24	27,740	5.1	79.2
モンタナ	79	3,658	4.1	100.0
ユタ	72	15,840	6.7	86.1
ルイジアナ	66	14,137	3.1	100.0
ロードアイランド	48	6,189	5.8	100.0
ワイオミング	23	3,012	6.0	100.0
ワシントン	66	35,948	5.9	86.4

(1)「25,000 人あたり」という数字は、法定サービス地域の重複を除いた人口数を基に算出している。

(2)「回答率」は、法定サービス地域の人口がゼロとならない図書館のうち項目に回答した図書館数で算出した。調査票中の「図書館数の合計」とは異なる。回答率が 100％に満たない項目には、無回答館のデータも合算されており、表の数値にも含まれている。

出典：Chute, Adrienne et al. Public Libraries in the United States: Fiscal Year 2004. National Center for Education Statistics, 2006, p.42-43, http://nces.ed.gov/pubs2006/2006349.pdf, (accessed 2007-03-14).

表 5-4　公共図書館　来館利用者数　州別ランキング（2004 会計年度）

州	ランキング(1)	1人当たりの図書館来館回数(2)
合計	†	4.67
オハイオ	1	7.16
インディアナ	2	6.74
ユタ	3	6.68
コロラド	4	6.65
コネチカット	5	6.56
サウスダコタ	6	6.42
カンザス	7	6.24
オレゴン	8	6.19
アイダホ	9	6.05
ワイオミング	10	6.01
ウィスコンシン	11	5.95
ワシントン	12	5.95
ロードアイランド	13	5.79
マサチューセッツ	14	5.75
イリノイ	15	5.74
ニューヨーク	16	5.67
アイオワ	17	5.5
メイン	18	5.44
ネブラスカ	19	5.4
バーモント	20	5.36
アラスカ	21	5.17
ニュージャージー	22	5.15
メリーランド	23	5.11
ミネソタ	24	5.03
ミズーリ	25	4.84
ニューハンプシャー	26	4.82
ノースダコタ	27	4.74
オクラホマ	28	4.65
ヴァージニア	29	4.54
デラウェア	30	4.53
ミシガン	31	4.48
ハワイ(4)	32	4.38
カリフォルニア	33	4.18
ネバダ	34	4.11
モンタナ	35	4.06
フロリダ	36	3.98
アリゾナ	37	3.97
ノースキャロライナ	38	3.91
ケンタッキー	39	3.82
ニューメキシコ	40	3.75
ジョージア	41	3.68
ペンシルヴェニア	42	3.55
コロンビア特別区(3)	43	3.54
サウスキャロライナ	44	3.42
ウェストヴァージニア	45	3.37
テキサス	46	3.21
テネシー	47	3.19
アラバマ	48	3.15
ルイジアナ	49	3.13
アーカンソー	50	3.06
ミシシッピ	51	2.76

†　数値を与えることができない。
(1)　順位は四捨五入をおこなう前の数値に基づく。
(2)　「1人あたり」という数字は、法定サービス地域の重複を除いた人口数を基に算出している。
(3)　コロンビア特別区は州とは異なるが、州別順位に組み込んだ。ただし州のデータとの比較に際しては、特別な配慮が必要となる。
(4)　ハワイ州は1公共図書館のデータのみ回答しているため、他の州との比較には、特別な配慮が必要となる。

出典：Chute, Adrienne et al. Public Libraries in the United States: Fiscal Year 2004. National Center for Education Statistics, 2006, p.A-3, http://nces.ed.gov/pubs2006/2006349.pdf, (accessed 2007-03-14).

＜学校図書館＞

表 5-5　公立学校図書館メディアセンター　児童生徒が利用可能な時間帯（1999 ～ 2000 年）

州	児童生徒に主体的な図書館利用を認めている図書館数	児童生徒に主体的な図書館利用を認めている図書館の割合	児童生徒が主体的に図書館利用できる時間帯の割合 (1)			
			放課後以前	昼休み	一日中	授業の合間あるいは休憩時間
50 州とコロンビア特別区	28,292	36.8	49.9	33.6	80.3	33.5
アーカンソー	505	46.4	46.5	30.3	79.4	41.8
アイオワ	302	20.6	68.0	28.7	77.1	58.3
アイダホ	172	31.6	66.0	47.8	74.8	49.7
アラスカ	164	44.8	71.3	49.5	73.1	40.8
アラバマ	341	26.2	43.4	18.2	85.7	35.4
アリゾナ	354	35.7	54.8	46.6	67.7	42.0
イリノイ	1,535	42.2	39.2	27.8	87.1	29.9
インディアナ	589	33.9	48.2	32.1	79.9	37.4
ヴァージニア	548	34.2	75.6	20.9	65.2	36.5
ウィスコンシン	491	25.2	53.4	30.3	91.4	34.3
ウェストヴァージニア	225	36.9	45.4	24.7	80.7	15.6
オクラホマ	374	21.0	38.3	34.4	87.6	43.6
オハイオ	1,722	48.0	21.8	25.8	92.7	18.4
オレゴン	418	37.4	52.0	49.2	68.8	42.6
カリフォルニア	3,472	54.8	46.3	48.6	70.1	37.2
カンザス	490	35.7	47.2	19.3	80.1	49.5
ケンタッキー	413	33.8	42.5	11.9	81.2	29.6
コネチカット	207	22.2	27.8	27.3	76.1	21.2
コロラド	404	29.8	58.5	56.5	85.7	34.7
コロンビア特別区	74	53.7	25.1	28.4	74.8	17.6
サウスキャロライナ	297	28.8	74.9	46.5	85.7	62.3
サウスダコタ	173	30.3	41.1	12.2	95.5	28.4
ジョージア	111	6.5	100.0	37.8	30.6	35.2
テキサス	2,193	35.1	60.8	36.5	84.3	32.2
テネシー	705	47.3	42.8	10.7	74.7	21.9
デラウェア	44	32.0	62.2	‡	68.3	29.3
ニュージャージー	1,032	49.5	52.8	37.1	84.2	22.2
ニューハンプシャー	134	31.1	26.5	14.9	74.6	45.4
ニューメキシコ	299	43.8	37.4	21.5	85.4	41.5
ニューヨーク	1,612	43.1	40.8	27.6	87.4	17.5
ネバダ	249	59.2	63.5	48.7	69.0	48.3
ネブラスカ	307	30.3	38.7	16.6	86.6	24.0
ノースキャロライナ	669	35.6	59.4	16.4	75.2	19.0
ノースダコタ	204	44.2	61.8	27.2	94.1	19.9
バーモント	88	26.6	42.6	32.9	98.2	37.8
ハワイ	113	45.7	62.5	50.7	75.6	83.4
フロリダ	609	25.0	57.4	23.9	85.0	20.2
ペンシルヴェニア	1,207	41.0	54.4	33.6	74.3	34.7
マサチューセッツ	678	42.1	44.9	24.7	79.6	18.2
ミシガン	827	28.1	42.6	34.9	89.6	33.9
ミシシッピ	390	45.4	44.8	23.0	79.8	40.9
ミズーリ	470	24.7	51.8	19.1	89.0	34.8
ミネソタ	493	33.2	65.5	39.9	88.1	30.7
メイン	185	29.8	30.1	17.9	84.9	19.1
メリーランド	451	36.8	81.4	61.8	77.3	50.0
モンタナ	255	34.2	57.6	37.1	84.6	48.7
ユタ	263	37.9	67.5	36.8	57.9	48.3
ルイジアナ	572	45.1	56.1	38.0	80.4	44.3
ロードアイランド	148	53.5	33.3	26.1	90.8	38.2
ワイオミング	84	24.4	43.1	22.8	86.2	38.2
ワシントン	631	34.3	77.8	69.8	58.6	74.0

類型	児童生徒に主体的な図書館利用を認めている図書館数	児童生徒に主体的な図書館利用を認めている図書館の割合	児童生徒が主体的に図書館利用できる時間帯の割合[1]			
			放課後以前	昼休み	一日中	授業の合間あるいは休憩時間
地域						
北東部	5,291	40.8	45.3	29.8	82.2	24.2
中西部	7,603	34.4	42.0	27.5	88.1	30.8
南部	8,521	32.7	56.8	29.1	79.6	33.5
西部	6,877	43.8	53.4	48.6	71.0	43.6
コミュニティ類型						
中核都市	7,485	41.5	48.3	32.8	79.1	28.4
都市周辺地帯／大きな町	12,742	36.7	52.0	35.6	77.7	35.0
地方／小さな町	8,065	33.6	47.9	31.0	85.3	35.8
校種						
初等学校	23,367	41.2	44.0	27.4	82.1	28.9
中等学校	4,324	24.1	81.9	66.5	70.6	56.7
一貫教育校	601	28.2	46.5	38.0	77.1	45.2
在籍者数						
100人未満	1,280	36.1	39.8	24.1	91.4	25.8
100～199人	2,841	42.1	24.1	21.4	94.3	23.5
200～499人	11,898	39.3	46.6	29.1	81.9	33.2
500～749人	7,553	37.6	55.7	33.7	78.6	33.8
750～999人	2,489	31.4	57.4	40.9	72.7	32.8
1,000人以上	2,231	27.1	78.0	69.8	61.1	52.1

‡　数値があまりに少なく、報告規準を満たしていない。

(1)　この数値は、学校図書館メディアセンターの児童生徒の主体的な利用スケジュールに基づく。学校図書館においてはスケジュールに定められた時間外であっても児童生徒の主体的な利用を認めているだろう。

出典：Holton, Barbara et al. The Status of Public and Private School Library Media Centers in the United States: 1999-2000. National Center for Education Statistics, 2004, p.42-43, http://nces.ed.gov/pubs2004/2004313.pdf, (accessed 2007-03-14).

表 5-6　私立学校図書館メディアセンター　児童生徒が利用可能な時間帯（1999 ～ 2000 年）

種別	児童生徒に主体的な図書館利用を認めている図書館数	児童生徒に主体的な図書館利用を認めている図書館の割合	児童生徒が主体的に図書館利用できる時間帯の割合 [1]			
			放課後以前	昼休み	一日中	授業の合間あるいは休憩時間
合計	8,453	49.6	35.7	30.2	84.1	27.7
所属						
カソリック	3,891	54.8	38.2	33.0	82.1	27.2
フレンド派（クエーカー）	20	28.4	40.1	36.0	68.1	32.0
聖公会	94	29.5	28.9	26.4	100.0	19.1
ヘブライ・デイ	81	55.2	27.5	41.8	52.7	57.5
ソロモン	27	50.5	42.5	54.5	78.8	25.6
その他のユダヤ系	88	35.6	16.0	32.2	74.6	31.3
ルーテル教会ミズーリ会議	433	55.6	28.1	19.9	89.1	19.5
ルーテル教会ウィスコンシン会議	100	57.5	35.3	14.9	100.0	32.7
福音主義的ルーテル教会	36	43.6	23.0	9.6	92.8	‡
その他のルーテル教会	‡	‡	‡	‡	‡	‡
安息日再臨派	246	41.7	11.0	14.4!	91.4	22.2
クリスチャンスクール・インターナショナル	187	55.6	53.3	42.4	85.0	48.0
米国クリスチャンスクール協会	315	68.1	40.1	42.6	89.2	39.6
国際クリスチャンスクール協会	848	54.1	41.0	40.2	84.4	29.4
全米特別支援教育私立学校協会	98	55.7	13.4!	#	89.3	‡
モンテッソリ	142	30.0	30.8	23.9!	100.0	23.9
一般私立学校	154	21.8	80.7	61.4	86.7	61.9!
全米私立学校協会	‡	‡	‡	‡	‡	‡
その他	1,650	44.5	29.7	19.9	83.2	24.0
NCES 類型						
カソリック	3,891	54.8	38.2	33.0	82.1	27.2
教会付属学校（Parochial）	2,475	61.1	35.5	29.5	83.4	29.0
教区会（英国教会系教会；Diocesan）	1,148	50.3	39.3	37.4	78.2	20.6
私立（Private）	268	35.2	58.1	46.6	87.3	38.0
その他の宗教	3,450	51.3	31.8	29.8	87.2	28.4
保守的キリスト教	1,327	54.4	41.7	40.7	83.4	33.9
連 携	1,229	49.7	20.6	23.4	89.3	28.1
非連携	894	49.3	32.4	22.3	90.0	20.5
非宗教系	1,111	34.4	39.3	22.1	81.4	27.6
正 規	576	34.3	56.1	29.2	70.3	38.0
重点教育	241	25.8	28.2	22.8	94.2	26.4
特別教育	295	47.1	15.7	7.7	92.5	8.3
一般私立学校（Independent Schools）全米協会会員校の合計	170	21.2	83.7	68.9	87.0	60.2

種別	児童生徒に主体的な図書館利用を認めている図書館数	児童生徒に主体的な図書館利用を認めている図書館の割合	児童生徒が主体的に図書館利用できる時間帯の割合[1]			
			放課後以前	昼休み	一日中	授業の合間あるいは休憩時間
地域						
北東部	2,173	53.1	30.5	36.4	80.7	23.2
中西部	2,325	47.0	30.7	21.8	87.2	25.4
南部	2,520	49.1	43.7	33.8	86.6	32.5
西部	1,435	49.8	37.8	28.3	79.9	29.8
コミュニティ類型						
中核都市	3,936	49.6	40.3	28.9	81.7	28.9
都市周辺地帯／大きな町	3,353	50.7	33.9	35.2	83.9	27.4
地方／小さな町	1,164	46.5	25.4	20.4	93.0	24.6
校種						
初等学校	6,051	55.2	31.5	26.0	82.6	24.7
中等学校	626	32.0	69.9	62.7	78.4	48.5
一貫教育校	1,776	42.9	38.1	33.1	91.1	30.7
在籍者数						
100人未満	1,854	41.4	19.7	19.1	89.6	22.8
100～199人	2,401	56.2	25.3	18.3	86.8	17.8
200～499人	3,438	53.9	45.9	37.4	81.5	32.8
500～749人	493	41.7	63.1	65.2	69.0	49.6
750～999人	184	37.4	48.7	49.7	86.2	44.6
1,000人以上	83	28.0	84.0	78.6	79.8	44.5

#　おおよそゼロ。
!　数値が安定していないので、特別な配慮が必要である。
‡　数値があまりに少なく、報告規準を満たしていない。
(1)　この数値は、学校図書館メディアセンターの児童生徒の主体的な利用スケジュールに基づく。学校図書館においてはスケジュールに定められた時間外であっても児童生徒の主体的な利用を認めているだろう。

出典：Holton, Barbara et al. The Status of Public and Private School Library Media Centers in the United States: 1999-2000. National Center for Education Statistics, 2004, p.44-45, http://nces.ed.gov/pubs2004/2004313.pdf, (accessed 2007-03-14).

＜大学図書館＞

表 5-7　学術図書館　来館利用者数（2004 年）

高等教育機関の種類	通常の一週間（2004 年秋）			団体向け情報サービス（2004 年秋）	
	図書館数合計	来館者数 (1)	レファレンス件数、コンピュータ処理を含む	図書館紹介実施回数合計	サービス参加人数合計
学術図書館合計	3,653	19,368,745	1,423,384	484,212	8,540,859
設置主体別					
公立	1,581	13,125,463	981,128	333,298	6,142,590
私立	2,072	6,243,282	442,256	150,914	2,398,269
教育課程 (2)					
4 年制及びそれ以上	2,217	15,181,191	1,060,175	339,153	5,706,123
博士	597	9,453,194	643,941	201,707	3,135,502
修士	918	4,093,574	310,094	87,258	1,648,319
学士	668	1,500,098	99,988	47,711	883,345
4 年制未満	1,436	4,187,554	363,209	145,059	2,834,736
規模（正規在籍学生数）(3)					
1,500 人未満	1,802	2,571,796	209,823	66,344	1,040,795
1,500～4,999 人	1,175	4,933,885	414,561	140,518	2,656,296
5,000 人以上	676	11,863,064	799,000	277,350	4,843,768
カーネギー分類 (2)					
博士／研究大学機関	255	7,170,710	487,070	155,285	2,378,593
修士大学	584	4,271,373	318,565	93,029	1,757,871
学士大学	499	1,777,567	83,106	49,439	870,685
学士／教養大学	48	177,787	11,385	3,672	72,297
短期大学	1,359	4,292,768	368,091	146,793	2,875,639
専門学校	575	1,349,821	117,296	24,634	378,091
その他	333	328,719	37,871	11,360	207,683

(1)　通常の一週間中の来館者数とは、物理的に身体が図書館のゲートを潜った人数を指す。同一人物が複数回カウントされているということは十分にあり得る。

(2)　「教育課程」と「カーネギー分類」は近似性があるものの、両者は完全に合致しているわけではない。「教育課程」では、当該教育・研究機関が授与した最上位の学位に基づき分類する。一方、「カーネギー分類」では、当該教育機関が授与した学位数に加え、教育機関の使命（mission）や研究資金獲得状況といった規準に基づき分類する。「カーネギー分類」は教育活動の進化を目的としてカーネギー財団により開発され、A Classification of Institutions of Higher Education. 2000 ed.（Carnegie Foundation, 2001, 196p, http://i-house.or.jp/jp/ProgramActivities/grew-bancroft/pdf/Youkou2007.pdf, (accessed 2007-06-29).）というタイトルで出版されている。

(3)　フルタイム相当（FTE）在籍者数は、パートタイム在籍者数を 3 分の 1 に換算して、フルタイム在籍者数と合算して算出している。

出典：Holton, Barbara et al. Academic Libraries:2004. National Center for Education Statistics, 2006, p.5, http://nces.ed.gov/pubs2007/2007301.pdf, (accessed 2007-03-14).

(3) 館種別、図書館サービスの提供（貸出冊数、ILL 件数、レファレンス件数）

＜公共図書館＞

表 5-8　公共図書館　レファレンス件数、貸出冊数（2004 会計年度）

州	公共図書館数	レファレンス件数			貸出冊数総計		
		合計(1,000件)	1人当たりの件数[1]	回答率[2]	合計(1,000件)	1人当たりの件数[1]	回答率[2]
合計	9,207	304,390	1.1	91.3	2,010,777	7.1	97.4
アーカンソー	48	1,770	0.7	89.6	11.710	4.4	95.8
アイオワ	540	1,880	0.6	85.2	26,496	9.1	97.0
アイダホ	104	979	0.8	84.6	9,921	8.2	99.0
アラスカ	88	314	0.5	100.0	4,157	6.3	97.7
アラバマ	208	3,418	0.8	93.3	18,242	4.1	100.0
アリゾナ	91	5,076	0.9	91.2	40,839	7.5	98.9
イリノイ	626	16,869	1.5	97.0	94,711	8.3	99.4
インディアナ	239	7,524	1.3	99.2	67,761	11.9	100.0
ヴァージニア	90	8,069	1.1	87.8	61,325	8.4	100.0
ウィスコンシン	380	5,434	1.0	91.3	56,438	10.2	100.0
ウェストヴァージニア	97	1,137	0.6	100.0	7,732	4.3	100.0
オクラホマ	112	2,094	0.7	99.1	18,436	6.4	99.1
オハイオ	250	18,616	1.6	96.4	170,014	14.8	100.0
オレゴン	125	2,947	0.9	89.6	46,818	14.5	99.2
カリフォルニア	179	35,606	1.0	96.6	199,375	5.5	97.2
カンザス	325	2,858	1.2	99.7	24,494	10.7	100.0
ケンタッキー	116	2,486	0.6	100.0	23,410	5.7	100.0
コネチカット	194	4,374	1.3	87.6	32,032	9.2	93.8
コロラド	115	5,768	1.3	92.2	46,830	10.6	99.1
コロンビア特別区	1	1,128	2.0	100.0	1,064	1.9	100.0
サウスキャロライナ	42	4,833	1.2	100.0	20,454	4.9	100.0
サウスダコタ	125	535	0.9	72.8	5,260	9.0	77.6
ジョージア	58	8,076	0.9	100.0	40,269	4.7	100.0
テキサス	555	23,220	1.1	98.6	96,455	4.8	99.6
テネシー	184	4,438	0.8	96.2	23,730	4.1	100.0
デラウェア	21	479	0.6	95.2	4,987	6.4	100.0
ニュージャージー	306	7,783	0.9	94.1	53,177	6.4	94.4
ニューハンプシャー	231	877	0.7	83.1	9,803	7.6	90.0
ニューメキシコ	92	1,524	0.9	5.7	8,789	5.3	98.9
ニューヨーク	753	28,007	1.5	100.0	135.303	7.1	100.0
ネバダ	22	1,578	0.7	100.0	14,959	6.2	100.0
ネブラスカ	276	1,093	0.8	69.6	12,508	8.8	72.1
ノースキャロライナ	75	10,389	1.2	97.3	45,030	5.3	100.0
ノースダコタ	83	391	0.7	81.9	4,137	7.5	95.2
バーモント	189	488	0.8	70.9	4,239	7.3	84.7
ハワイ	1	871	0.7	100.0	6,258	5.0	100.0
フロリダ	70	23,423	1.3	91.4	94,429	5.4	97.1
ペンシルヴェニア	455	8,294	0.7	90.8	62,766	5.2	100.0
マサチューセッツ	370	5,697	0.9	76.2	49,643	7.7	98.6
ミシガン	384	7,869	0.8	97.7	62,216	6.3	99.7
ミシシッピ	49	1,528	0.5	98.0	9,430	3.2	100.0
ミズーリ	151	4,376	0.9	83.4	44,601	8.7	98.7
ミネソタ	140	4,736	0.9	92.9	50,330	9.9	99.3
メイン	269	883	0.7	78.8	8,637	7.3	98.5
メリーランド	24	7,298	1.3	100.0	50,791	9.4	100.0
モンタナ	79	441	0.5	100.0	5,393	6.0	100.0
ユタ	72	3,717	1.6	68.1	29,579	12.5	100.0
ルイジアナ	66	5,322	1.2	98.5	19,325	4.3	100.0
ロードアイランド	48	960	0.9	100.0	7,203	6.7	100.0
ワイオミング	23	612	1.2	100.0	4,148	8.3	100.0
ワシントン	66	6.309	1.0	74.2	65,118	10.8	100.0

(1)　「1 人あたり」という数字は、法定サービス地域の重複を除いた人口数を基に算出している。
(2)　「回答率」は、法定サービス地域の人口がゼロとならない図書館のうち項目に回答した図書館数で算出した。調査票中の「図書館数の合計」とは異なる。回答率が 100%に満たない項目には、無回答館のデータも合算されており、表の数値にも含まれている。

出典：HChute, Adrienne et al. Public Libraries in the United States: Fiscal Year 2004. National Center for Education Statistics, 2006, p.42-43, http://nces.ed.gov/pubs2006/2006349.pdf, (accessed 2007-03-14).

表 5-9　公共図書館　児童資料貸出冊数と児童プログラム参加者数（2004 会計年度）

州	公共図書館数	児童資料の貸出			児童プログラム参加者	
		合計 (1,000冊)	回答率[(1)]	貸出に占める割合[(2)]	合計 (1,000人)	回答率[(1)]
合計	9,207	708,287	94.1	35.2	54,590	93.3
アーカンソー	48	3,140	95.8	26.8	347	95.8
アイオワ	540	9,520	88.7	35.9	908	96.5
アイダホ	104	4,104	95.2	41.4	351	99.0
アラスカ	88	1,376	70.5	33.1	139	98.9
アラバマ	208	6,207	99.0	34.0	679	95.7
アリゾナ	91	13,830	96.7	33.9	750	98.9
イリノイ	626	38,576	99.0	40.7	2,683	99.7
インディアナ	239	21,581	97.9	31.8	1,611	99.2
ヴァージニア	90	20,325	87.8	33.1	1,438	95.6
ウィスコンシン	380	20,652	98.2	36.6	1,377	99.2
ウェストヴァージニア	97	2,485	92.8	32.1	231	100.0
オクラホマ	112	6,502	99.1	35.3	634	99.1
オハイオ	250	52,102	96.0	30.6	3,209	95.6
オレゴン	125	14,956	83.2	31.9	1,190	98.4
カリフォルニア	179	77,496	94.4	38.9	5,056	97.2
カンザス	325	9,627	100.0	39.3	723	99.7
ケンタッキー	116	6,799	100.0	29.0	905	100.0
コネチカット	194	11,523	90.7	36.0	943	92.8
コロラド	115	16,719	97.4	35.7	1,075	97.4
コロンビア特別区	1	357	100.0	33.5	178	100.0
サウスキャロライナ	42	7,766	100.0	38.0	561	100.0
サウスダコタ	125	1,656	75.2	31.5	185	76.0
ジョージア	58	16,082	100.0	39.9	1,309	100.0
テキサス	555	37,037	97.5	38.4	3,309	98.9
テネシー	184	8,584	97.3	36.2	797	100.0
デラウェア	21	1,890	100.0	37.9	180	100.0
ニュージャージー	306	19,497	93.1	36.7	1,696	0.0
ニューハンプシャー	231	3,961	87.9	40.4	419	87.0
ニューメキシコ	92	2,763	96.7	31.4	267	98.9
ニューヨーク	753	42,388	100.0	31.3	3,471	100.0
ネバダ	22	5,197	95.5	34.7	432	100.0
ネブラスカ	276	5,489	72.1	43.9	439	72.8
ノースキャロライナ	75	15,711	100.0	34.9	2,240	100.0
ノースダコタ	83	1,652	96.4	39.9	104	91.6
バーモント	189	1,776	74.1	41.9	222	83.6
ハワイ	1	2,291	100.0	36.6	59	100.0
フロリダ	70	27,321	87.1	28.9	2,888	95.7
ペンシルヴェニア	455	23,242	100.0	37.0	1,967	97.8
マサチューセッツ	370	18,532	95.1	37.3	1,404	97.0
ミシガン	384	23,128	99.0	37.2	1,610	98.7
ミシシッピ	49	2,458	98.0	26.1	361	98.0
ミズーリ	151	16,172	94.7	36.3	911	96.7
ミネソタ	140	20,262	97.9	40.3	786	98.6
メイン	269	3,228	84.4	37.4	299	95.9
メリーランド	24	19,863	100.0	39.1	1,167	100.0
モンタナ	79	1,825	97.5	33.8	134	100.0
ユタ	72	12,012	90.3	40.6	486	100.0
ルイジアナ	66	5,208	100.0	26.9	882	100.0
ロードアイランド	48	2,346	100.0	32.6	204	100.0
ワイオミング	23	1,372	95.7	33.1	197	100.0
ワシントン	66	19,703	68.2	30.3	1,180	95.5

(1)　「回答率」とは、項目に回答した図書館の割合である。ただし回答率が 100％に満たない項目には、無回答館のデータも合算されており、表の数値にもふくまれている。
(2)　「貸出に占める割合」を算出するために用いた貸出冊数総計については表 5-8 を参照。

出典：Chute, Adrienne et al. Public Libraries in the United States: Fiscal Year 2004. National Center for Education Statistics, 2006, p.46-47, http://nces.ed.gov/pubs2006/2006349.pdf, (accessed 2007-03-14).

表 5-10　公共図書館　ILL 件数（2004 会計年度）

州	公共図書館数	ILL 貸出冊数			ILL 借受冊数		
		合計（1,000件）	1人当たりの件数[1]	回答率[2]	合計（1,000件）	1人当たりの件数[1]	回答率[2]
合計	9,207	30,158	106.4	97.0	30,471	107.5	97.1
アーカンソー	48	20	7.5	95.8	21	7.8	95.8
アイオワ	540	185	63.4	96.5	146	49.9	96.5
アイダホ	104	34	28.2	99.0	43	35.3	100.0
アラスカ	88	90	16.6	97.8	82	15.1	97.8
アラバマ	208	23	35.7	100.0	31	47.3	100.0
アリゾナ	91	90	16.6	97.8	82	15.1	97.8
イリノイ	626	2,525	222.0	99.5	2,523	221.8	99.4
インディアナ	239	102	18.0	93.3	104	18.4	97.9
ヴァージニア	90	75	10.3	98.9	88	12.0	100.0
ウィスコンシン	380	4,599	831.2	99.2	4,528	818.4	99.5
ウェストヴァージニア	97	22	12.3	99.0	25	13.7	99.0
オクラホマ	112	36	12.3	99.1	52	17.9	99.1
オハイオ	250	2,923	255.1	99.6	3,069	267.8	99.6
オレゴン	125	2,165	672.3	95.2	2,148	666.9	93.6
カリフォルニア	179	1,523	42.4	96.6	1,494	41.4	96.6
カンザス	325	345	150.2	99.7	345	150.1	100.0
ケンタッキー	116	69	15.2	98.5	96	21.2	98.5
コネチカット	194	372	106.8	93.8	354	101.7	93.8
コロラド	115	265	59.8	100.0	254	57.4	100.0
コロンビア特別区	1	5	8.7	100.0	#	0.3	100.0
サウスキャロライナ	42	13	3.2	100.0	42	10.1	100.0
サウスダコタ	125	34	58.4	76.8	47	79.7	75.2
ジョージア	58	146	17.1	100.0	143	16.8	100.0
テキサス	555	249	12.3	99.8	274	13.5	100.0
テネシー	184	40	7.0	100.0	36	6.1	100.0
デラウェア	21	141	179.7	100.0	135	171.9	100.0
ニュージャージー	306	606	72.7	94.4	627	75.2	94.4
ニューハンプシャー	231	99	76.9	90.0	104	80.3	89.6
ニューメキシコ	92	17	10.2	98.9	21	12.6	98.9
ニューヨーク	753	4,058	214.4	99.6	4,102	216.7	99.7
ネバダ	22	29	12.1	100.0	31	13.0	100.0
ネブラスカ	276	30	21.3	72.5	32	22.7	72.8
ノースキャロライナ	75	48	5.7	94.7	51	6.0	97.3
ノースダコタ	83	64	115.5	91.6	45	81.1	92.8
バーモント	189	24	41.6	94.2	43	74.7	91.5
ハワイ	1	#	0.3	100.0	#	0.3	100.0
フロリダ	70	268	15.3	95.7	307	17.6	95.7
ペンシルヴェニア	455	1,594	133.1	99.8	1,565	130.6	99.8
マサチューセッツ	370	3,428	533.5	98.6	3,483	542.0	98.6
ミシガン	384	1,867	188.4	99.7	1,884	190.1	99.7
ミシシッピ	49	11	3.9	100.0	20	7.0	100.0
ミズーリ	151	166	32.5	100.0	175	34.3	100.0
ミネソタ	140	548	107.7	93.6	597	117.3	92.9
メイン	269	67	56.7	98.9	80	67.9	99.3
メリーランド	24	146	26.9	100.0	134	24.7	100.0
モンタナ	79	26	28.9	100.0	34	38.0	100.0
ユタ	72	28	11.8	98.6	23	9.9	100.0
ルイジアナ	66	69	15.2	98.5	96	21.2	98.5
ロードアイランド	48	752	702.9	100.0	713	666.6	100.0
ワイオミング	23	24	48.6	100.0	26	51.6	100.0
ワシントン	66	159	26.3	98.5	172	28.4	98.5

\#　おおよそゼロ。
(1)　「1 人あたり」という数字は、法定サービス地域の重複を除いた人口数を基に算出している。
(2)　「回答率」は、法定サービス地域の人口がゼロとならない図書館のうち項目に回答した図書館数で算出した。調査票中の「図書館数の合計」とは異なる。回答率が 100%に満たない項目には、無回答館のデータも合算されており、表の数値にも含まれている。

出典：Chute, Adrienne et al. Public Libraries in the United States: Fiscal Year 2004. National Center for Education Statistics, 2006, p.42-43, http://nces.ed.gov/pubs2006/2006349.pdf, (accessed 2007-03-14),

表 5-11　公共図書館　ILL 類型の分布　2004 年度

州	公共図書館数	ILL 貸出冊数			
		図書館協力組織本部[1]	図書館協力組織の会員館[2]	図書館協力組織の非会員館	回答率[3]
		分布			
合計	9,207	1.1	75.6	23.3	100.0
アラバマ	208	7.2	65.4	27.4	100.0
アーカンソー	48	0	0	100.0	100.0
アイオワ	540	0	100.0	0	100.0
アイダホ	104	1	54.8	44.2	100.0
アラスカ	88	0	0	100.0	100.0
アリゾナ	91	2.2	0	97.8	100.0
イリノイ	626	0	99.5	0.5	100.0
インディアナ	239	0	98.3	1.7	100.0
ヴァージニア	90	0	0	100.0	100.0
ウィスコンシン	380	0	100.0	0	100.0
ウェストヴァージニア	97	11.3	51.5	37.1	100.0
オクラホマ	112	7.1	0.0	92.9	100.0
オハイオ	250	0	72.8	27.2	100.0
オレゴン	125	4.8	73.6	21.6	100.0
カリフォルニア	179	0	96.6	3.4	100.0
カンザス	325	1.8	93.5	4.6	100.0
ケンタッキー	116	0	0.0	100.0	100.0
コネチカット	194	0	95.4	4.6	100.0
コロラド	115	0	100.0	0	100.0
コロンビア特別区	1	0	0	100.0	100.0
サウスキャロライナ	42	4.8	0	95.2	100.0
サウスダコタ	125	0	0	100.0	100.0
ジョージア	58	0	0	100.0	100.0
テキサス	555	0	96.4	3.6	100.0
テネシー	184	0	95.1	4.9	100.0
デラウェア	21	0	0	100.0	100.0
ニュージャージー	306	0	94.4	5.6	100.0
ニューハンプシャー	231	0	90.5	9.5	100.0
ニューメキシコ	92	5.4	10.9	83.7	100.0
ニューヨーク	753	0.7	99.1	0.3	100.0
ネバダ	22	0	50.0	50	100.0
ネブラスカ	276	0	100.0	0	100.0
ノースキャロライナ	75	0	0.0	100.0	100.0
ノースダコタ	83	2.4	0.0	97.6	100.0
バーモント	189	1.1	1.1	97.9	100.0
ハワイ	1	0	100.0	0	100.0
フロリダ	70	7.1	68.6	24.3	100.0
ペンシルヴェニア	455	2.6	67.7	29.7	100.0
マサチューセッツ	370	0	100.0	0	100.0
ミシガン	384	0	99.2	0.8	100.0
ミシシッピ	49	0	0	100.0	100.0
ミズーリ	151	0	0.7	99.3	100.0
ミネソタ	140	7.9	88.6	3.6	100.0
メイン	269	0.7	87.0	12.3	100.0
メリーランド	24	0	100.0	0	100.0
モンタナ	79	7.6	92.4	0	100.0
ユタ	72	0	0	100	100.0
ルイジアナ	66	0	0	100.0	100.0
ロードアイランド	48	2.1	95.8	2.1	100.0
ワイオミング	23	0	100.0	0	100.0
ワシントン	66	0	0	100.0	100.0

(1)　図書館協力組織本部は、連合プログラム、協力プログラムを管理し、調整し、運営する職員と物理的空間を提供する図書館や実体を指す。
(2)　図書館協力組織の会員館とは、(a) 州内で協力して多様なサービスを提供するために公式・非公式な協定によって自主的参加館同士がつながっているリソースシェアリング、コミュニケーションズなどと (b) 国に属するあるいは複数の州にまたがる、あるいは州規模の図書館連合、図書館協力の参加館を指す。これはオンライン・コンピュータ・ライブラリー・センター（OCLC）システム；他の参加館と協定を結んでいない多様な運営実体（たとえば、法的に「システム」にと呼ばれるような、分館をもつ図書館）；連合や協力の本部機能を果たす図書館を含む。
(3)　「回答率」とは、図書館間協力関係について回答した図書館の割合である。

出典：Chute, Adrienne et al. Public Libraries in the United States: Fiscal Year 2004. National Center for Education Statistics, 2006, p.38-39, http://nces.ed.gov/pubs2006/2006349.pdf, (accessed 2007-03-14).

表5-12　公共図書館　レファレンス件数　州別ランキング（2004会計年度）

州	ランキング(1)	1人当たりのレファレンス件数(2)
合計	†	1.07
コロンビア特別区 (3)	1	2.04
オハイオ	2	1.62
ユタ	3	1.57
イリノイ	4	1.48
ニューヨーク	5	1.48
メリーランド	6	1.34
フロリダ	7	1.34
インディアナ	8	1.33
コロラド	9	1.3
コネチカット	10	1.26
カンザス	11	1.24
ノースキャロライナ	12	1.23
ワイオミング	13	1.22
ルイジアナ	14	1.18
サウスキャロライナ	15	1.17
テキサス	16	1.15
ヴァージニア	17	1.1
ワシントン	18	1.04
カリフォルニア	19	0.99
ウィスコンシン	20	0.98
ジョージア	21	0.95
アリゾナ	22	0.94
ニュージャージー	23	0.93
ミネソタ	24	0.93
ニューメキシコ	25	0.93
サウスダコタ	26	0.92
オレゴン	27	0.91
ロードアイランド	28	0.9
マサチューセッツ	29	0.89
ミズーリ	30	0.86
バーモント	31	0.85
アイダホ	32	0.81
ミシガン	33	0.79
ネブラスカ	34	0.77
テネシー	35	0.77
アラバマ	36	0.76
メイン	37	0.75
オクラホマ	38	0.73
ノースダコタ	39	0.71
ハワイ (4)	40	0.69
ペンシルヴェニア	41	0.69
ニューハンプシャー	42	0.68
アーカンソー	43	0.66
ネバダ	44	0.65
アイオワ	45	0.64
ウェストヴァージニア	46	0.63
デラウェア	47	0.61
ケンタッキー	48	0.61
ミシシッピ	49	0.53
モンタナ	50	0.49
アラスカ	51	0.48

†　数値を与えることができない。
(1)　順位は四捨五入をおこなう前の数値に基づく。
(2)　「1人あたり」という数字は、法定サービス地域の重複を除いた人口数を基に算出している。
(3)　コロンビア特別区は州とは異なるが、州別順位に組み込んだ。ただし州のデータとの比較に際しては、特別な配慮が必要となる。
(4)　ハワイ州は1公共図書館のデータのみ回答しているため、他の州との比較には、特別な配慮が必要となる。

出典：Chute, Adrienne et al. Public Libraries in the United States: Fiscal Year 2004. National Center for Education Statistics, 2006, p.A-3, http://nces.ed.gov/pubs2006/2006349.pdf, http://nces.ed.gov/pubs2004/2004313.pdf, (accessed 2007-03-14).

表 5-13　州立図書館　図書館サービス業務（2005 会計年度）

特性	来館者数	貸出件数	レファレンス件数	ILL／文献送付サービス	
				提供した	提供された
平均	33,435	57,261	22,219	8,291	3,752
中央値	16,118	10,168	11,500	2,505	944

出典：Holton, Barbara et al. State Library Agencies Fiscal Year 2005. National Center for Education Statistics, 2006, p5, http://nces.ed.gov/pubs2007/2007300.pdf, (accessed 2007-03-14).

表 5-14　州立図書館　図書館サービス業務（2004 会計年度）

特性	来館者数	貸出件数	レファレンス件数	ILL／文献送付サービス	
				提供した	提供された
平均	34,158	59,674	22,997	9,656	3,709
中央値	15,990	9,119	13,427	3,163	1,146

出典：Holton, Barbara et al. State Library Agencies Fiscal Year 2004. National Center for Education Statistics, 2005, p4, http://nces.ed.gov/pubs2006/2006303.pdf, (accessed 2007-03-14).

＜学校図書館＞

表5-15　公立学校図書館メディアセンター　幼稚園児等への特別貸出の実施（1999～2000年）

州	1校当たりの図書館資料平均特別貸出冊数 (1)	特別貸出を実施している学校の割合		
		未就園幼児	幼稚園児	保護者
50州とコロンビア特別区	605	13.5	52.0	80.5
アーカンソー	466	6.3	50.4	89.8
アイオワ	471	27.5	60.8	75.9
アイダホ	862	9.0	45.9	87.2
アラスカ	425	35.3	72.0	92.7
アラバマ	684	6.6	47.4	87.2
アリゾナ	836	15.6	59.2	79.0
イリノイ	471	11.0	46.8	72.1
インディアナ	598	10.6	54.1	74.6
ヴァージニア	731	29.4	64.3	92.4
ウィスコンシン	634	26.4	64.0	87.7
ウェストヴァージニア	306	15.9	42.5	81.3
オクラホマ	401	20.1	47.0	88.7
オハイオ	450	5.1	40.7	66.5
オレゴン	724	9.0	63.4	89.2
カリフォルニア	718	5.3	50.9	70.5
カンザス	594	23.0	63.0	92.9
ケンタッキー	612	11.7	59.0	83.8
コネチカット	494	14.8	56.7	90.3
コロラド	496	14.3	58.9	90.2
コロンビア特別区	164	18.9	38.3	80.5
サウスキャロライナ	649	18.0	37.5	88.1
サウスダコタ	294	23.8	61.0	90.6
ジョージア	885	23.3	53.7	88.0
テキサス	837	15.0	47.5	82.8
テネシー	882	5.3	43.5	88.0
デラウェア	470	6.5	19.8	89.0
ニュージャージー	451	8.9	52.8	72.8
ニューハンプシャー	416	9.0	48.3	85.8
ニューメキシコ	571	16.4	54.7	88.9
ニューヨーク	476	13.9	52.0	79.6
ネバダ	640	13.1	48.3	79.3
ネブラスカ	428	13.8	70.2	84.6
ノースキャロライナ	754	14.6	53.8	82.7
ノースダコタ	347	20.7	71.4	90.0
バーモント	307	25.4	62.4	95.9
ハワイ	894	33.4	68.4	54.0
フロリダ	913	19.2	61.8	85.4
ペンシルヴェニア	559	3.3	50.1	70.6
マサチューセッツ	360	5.5	39.5	79.7
ミシガン	484	11.9	47.3	75.8
ミシシッピ	584	4.1	21.6	78.9
ミズーリ	466	22.2	59.3	81.1
ミネソタ	680	13.3	57.7	70.9
メイン	311	9.5	61.4	87.5
メリーランド	876	22.2	50.9	79.2
モンタナ	315	25.9	67.6	92.6
ユタ	758	5.8	46.4	73.7
ルイジアナ	411	9.5	34.3	87.9
ロードアイランド	362	3.4	30.0	67.7
ワイオミング	341	8.6	61.9	90.3
ワシントン	703	14.8	61.0	86.1

種別	1校当たりの図書館資料平均特別貸出冊数 (1)	特別貸出を実施している学校の割合		
		未就園幼児	幼稚園児	保護者
地域				
北東部	461	9.4	50.6	78.0
中西部	506	15.1	53.7	76.9
南部	721	15.5	49.1	85.4
西部	672	11.1	55.7	79.4
コミュニティ類型				
中核都市	609	14.1	56.6	80.8
都市周辺地帯／大きな町	694	11.1	50.0	78.6
地方／小さな町	474	16.5	51.4	83.0
校種				
初等学校	726	15.6	65.1	82.1
中等学校	264	6.4	11.6	76.0
一貫教育校	244	16.4	45.5	76.1
在籍者数				
100人未満	192	22.5	67.6	83.0
100～199人	281	21.9	64.5	79.7
200～499人	558	14.1	61.7	82.8
500～749人	815	13.2	52.6	81.2
750～999人	773	9.1	37.7	78.5
1,000人以上	548	5.3	11.7	71.7

(1) 「1校当たりの図書館資料平均貸出冊数」は、最近1週間に、学校図書館メディアセンターから借り出された本とその他の資料の総数から引き出している。

出典：Holton, Barbara et al. The Status of Public and Private School Library Media Centers in the United States: 1999-2000. National Center for Education Statistics, 2004, p.46-47, http://nces.ed.gov/pubs2004/2004313.pdf, (accessed 2007-03-14).

表 5-16　私立学校図書館メディアセンター　児童生徒が利用可能な時間帯（1999 ～ 2000 年）

種別	1校当たりの図書館資料平均特別貸出冊数 (1)	特別貸出を実施している学校の割合		
		未就園幼児	幼稚園児	保護者
合計	224	23.5	61.3	74.7
所属				
カソリック	265	12.9	60.8	71.2
フレンド派（クエーカー）	166	30.9	77.9	93.3
聖公会	268	31.9	61.9	74.2
ヘブライ・デイ	148	9.3	50.9	51.7
ソロモン	328	14.6	85.6	84.9
その他のユダヤ系	206	16.8	42.8	70.7
ルーテル教会ミズーリ会議	296	36.5	77.9	86.1
ルーテル教会ウィスコンシン会議	96	41.9	83.9	98.9
福音主義的ルーテル教会	208	40.5	80.9	76.0
その他のルーテル教会	‡	‡	‡	‡
安息日再臨派	57	32.8	63.3	85.7
クリスチャンスクール・インターナショナル	674	32.0	77.2	86.4
米国クリスチャンスクール協会	117	26.2	57.1	79.0
国際クリスチャンスクール協会	212	22.2	69.8	85.1
全米特別支援教育私立学校協会	87	19.3	59.8	64.7
モンテッソリ	81	57.0	74.4	77.4
一般私立学校	258	33.2	58.0	88.7
全米私立学校協会	‡	‡	‡	‡
その他	160	32.1	52.1	68.0
NCES 類型				
カソリック	265	12.9	60.8	71.2
教会付属学校（Parochial）	300	17.0	69.8	72.4
教区会（英国教会系教会；Diocesan）	248	6.8	58.4	70.8
私立（Private）	131	9.0	20.4	66.1
その他の宗教	214	27.7	63.8	76.8
保守的キリスト教	174	20.3	62.8	81.6
連 携	219	38.0	67.9	74.3
非連携	262	23.6	59.6	73.5
非宗教系	152	38.0	57.2	77.9
正 規	175	41.6	62.2	87.1
重点教育	174	45.8	61.9	77.0
特別教育	57	16.8	36.8	54.6
一般私立学校（Independent Schools）全米協会会員校の合計	244	28.5	52.6	85.1

種別特性	1校当たりの図書館資料平均特別貸出冊数[1]	特別貸出を実施している学校の割合		
		未就園幼児	幼稚園児	保護者
地域				
北東部	178	21.0	57.7	64.7
中西部	226	25.0	67.1	77.3
南部	267	29.9	61.3	79.6
西部	208	12.9	56.5	75.7
コミュニティ類型				
中核都市	235	22.5	58.4	73.9
都市周辺地帯／大きな町	241	24.6	65.1	73.6
地方／小さな町	141	23.4	60.4	80.0
校種				
初等学校	262	27.7	73.7	74.7
中等学校	89	0.7	2.4	67.0
一貫教育校	185	23.1	56.4	78.3
在籍者数				
100人未満	51	29.2	56.9	71.2
100～199人	193	28.3	69.0	77.4
200～499人	305	19.5	64.9	73.6
500～749人	421	11.9	48.2	82.8
750～999人	447	14.3	39.6	76.2
1,000人以上	374	12.3	22.9	75.8

‡　数値があまりに少なく、報告規準を満たしていない。

(1)　「1校当たりの図書館資料平均貸出冊数」は、最近1週間に、学校図書館メディアセンターから借り出された本とその他の資料の総数から引き出している。

出典：Holton, Barbara et al. The Status of Public and Private School Library Media Centers in the United States: 1999-2000. National Center for Education Statistics, 2004, p.48-49, http://nces.ed.gov/pubs2004/2004313.pdf, (accessed 2007-03-14).

＜大学図書館＞

表 5-17　学術図書館　貸出冊数、ILL 件数（2004 年）

高等教育機関の種類	図書館数合計	貸出		商業サービスの文献送付 (1)	ILL					
					他の図書館への貸出			他の図書館からの借受		
		一般コレクション	指定図書		合計	返却可能	返却不可能	合計	返却可能	返却不可能
学術図書館合計	3,653	155,077,987	45,125,956	1,430,184	10,174,075	5,519,460	4,654,615	8,545,417	4,433,599	4,111,818
設置主体別										
公立	1,581	101,601,789	31,234,256	541,229	6,560,027	3,340,581	3,219,446	5,284,147	2,670,199	2,613,948
私立	2,072	53,476,198	13,891,700	888,955	3,614,048	2,178,879	1,435,169	3,261,270	1,763,400	1,497,870
教育課程 (2)										
4 年制及びそれ以上	2,217	135,275,253	38,883,157	1,042,083	9,574,194	4,990,259	4,583,935	8,068,294	4,054,368	4,013,926
博士	597	97,268,999	27,686,726	363,679	6,959,612	3,299,852	3,659,760	5,587,578	2,706,219	2,881,359
修士	918	26,608,131	7,847,192	624,673	1,893,925	1,203,456	690,469	1,798,684	972,878	825,806
学士	668	9,958,662	3,050,274	45,474	646,124	448,113	198,011	656,429	367,435	288,994
4 年制未満	1,436	19,802,734	6,242,799	388,101	599,881	529,201	70,680	477,123	379,231	97,892
規模（正規在籍学生数）(3)										
1,500 人未満	1,802	14,745,514	3,547,744	311,266	966,225	580,821	385,404	777,689	420,803	356,886
1,500～4,999 人	1,175	29,593,055	9,197,714	935,222	2,259,546	1,390,815	868,731	2,088,963	1,153,699	935,264
5,000 人以上	676	110,739,418	32,380,498	183,696	6,948,304	3,547,824	3,400,480	5,678,765	2,859,097	2,819,668
カーネギー分類 (2)										
博士／研究大学機関	255	82,760,978	23,617,054	235,088	5,726,313	2,779,353	2,946,960	4,622,129	2,320,353	2,301,776
修士大学	584	27,810,527	7,745,841	644,273	1,952,598	1,137,229	815,369	1,828,621	891,257	937,364
学士大学	499	12,959,416	4,639,069	125,070	1,081,794	758,276	323,518	1,100,934	644,144	456,790
学士／教養大学	48	721,693	223,229	962	37,512	32,564	4,948	35,212	25,442	9,770
短期大学	1,359	20,490,681	6,424,933	395,244	617,496	540,542	76,954	491,440	385,394	106,046
専門学校	575	9,186,452	2,171,113	17,004	690,038	234,247	455,791	381,906	118,238	263,668
その他	333	1,148,240	304,717	12,543	68,324	37,249	31,075	85,175	48,771	36,404

(1)　「商業サービスの文献送付」とは、図書館利用者が受け取った商業サービスで送付されたすべての文献を指す。これは、図書館がそのサービスに対して対価を支払っているもののすべてを指しているので、図書館職員が処理に携わっていないものも含んでいる。

(2)　「教育課程」と「カーネギー分類」は近似性があるものの、両者は完全に合致しているわけではない。「教育課程」では、当該教育・研究機関が授与した最上位の学位に基づき分類する。一方、「カーネギー分類」では、当該教育機関が授与した学位数に加え、教育機関の使命（mission）や研究資金獲得状況といった規準に基づき分類する。「カーネギー分類」は教育活動の進化を目的としてカーネギー財団により開発され、A Classification of Institutions of Higher Education. 2000 ed.（Carnegie Foundation, 2001, 196p, http://i-house.or.jp/jp/ProgramActivities/grew-bancroft/pdf/Youkou2007.pdf, (accessed 2007-06-29).）というタイトルで出版されている。

(3)　フルタイム相当（FTE）在籍者数は、パートタイム在籍者数を 3 分の 1 に換算して、フルタイム在籍者数と合算して算出している。

出典：Holton, Barbara et al. Academic Libraries:2004. National Center for Education Statistics, 2006, p.3, http://nces.ed.gov/pubs2007/2007301.pdf, (accessed 2007-03-14).

表 5-18　学術図書館　レファレンス件数、団体向け情報サービス（2004 年）

高等教育機関の種類	図書館数合計	通常の一週間（2004 年秋）		団体向け情報サービス（2004 年秋）	
		来館者数[(1)]	レファレンス件数、コンピュータ処理を含む	図書館紹介実施回数合計	サービス参加人数合計
学術図書館合計	3,653	19,368,745	1,423,384	484,212	8,540,859
設置主体別					
公立	1,581	13,125,463	981,128	333,298	6,142,590
私立	2,072	6,243,282	442,256	150,914	2,398,269
教育課程 [(2)]					
4 年制及びそれ以上	2,217	15,181,191	1,060,175	339,153	5,706,123
博士	597	9,453,194	643,941	201,707	3,135,502
修士	918	4,093,574	310,094	87,258	1,648,319
学士	668	1,500,098	99,988	47,711	883,345
4 年制未満	1,436	4,187,554	363,209	145,059	2,834,736
規模（正規在籍学生数） [(3)]					
1,500 人未満	1,802	2,571,796	209,823	66,344	1,040,795
1,500～4,999 人	1,175	4,933,885	414,561	140,518	2,656,296
5,000 人以上	676	11,863,064	799,000	277,350	4,843,768
カーネギー分類 [(2)]					
博士／研究大学機関	255	7,170,710	487,070	155,285	2,378,593
修士大学	584	4,271,373	318,565	93,029	1,757,871
学士大学	499	1,777,567	83,106	49,439	870,685
学士／教養大学	48	177,787	11,385	3,672	72,297
短期大学	1,359	4,292,768	368,091	146,793	2,875,639
専門学校	575	1,349,821	117,296	24,634	378,091
その他	333	328,719	37,871	11,360	207,683

(1)　通常の一週間中の来館者数とは、物理的に身体が図書館のゲートを潜った人数を指す。同一人物が複数回カウントされているということは十分にあり得る。

(2)　「教育課程」と「カーネギー分類」は近似性があるものの、両者は完全に合致しているわけではない。「教育課程」では、当該教育・研究機関が授与した最上位の学位に基づき分類する。一方、「カーネギー分類」では、当該教育機関が授与した学位数に加え、教育機関の使命 (mission) や研究資金獲得状況といった規準に基づき分類する。「カーネギー分類」は教育活動の進化を目的としてカーネギー財団により開発され、A Classification of Institutions of Higher Education. 2000 ed.（Carnegie Foundation, 2001, 196p, http://i-house.or.jp/jp/ProgramActivities/grew-bancroft/pdf/Youkou2007.pdf, (accessed 2007-06-29).）というタイトルで出版されている。

(3)　フルタイム相当（FTE）在籍者数は、パートタイム在籍者数を 3 分の 1 に換算して、フルタイム在籍者数と合算して算出している。

出典：Holton, Barbara et al. Academic Libraries:2004. National Center for Education Statistics, 2006, p.5, http://nces.ed.gov/pubs2007/2007301.pdf, (accessed 2007-03-14).

(4) その他（インターネット・サービスの提供率など）

＜公共図書館＞ 表5-19　公共図書館　インターネット端末設置数と電子情報資源の利用（2004会計年度）

州	公共図書館数	インターネット端末設置数				年間電子情報資源利用回数 (1)		
		合計	常設サービス拠点ごとの平均(2)	5,000人当たりの設置数(3)	回答率 (4)	合計 (1,000件)	1人当たりの利用回数(3)	回答率(4)
合計	9,207	170,782	10.3	3.0	97.7	343,013	1.2	90.2
アーカンソー	48	1,192	5.6	2.2	95.8	1,688	0.6	93.8
アイオワ	540	2,825	5.0	4.8	97.0	4,459	1.5	95.4
アイダホ	104	790	5.5	3.3	99.0	1,252	1.0	91.3
アラスカ	88	558	5.3	4.3	100.0	897	1.4	98.9
アラバマ	208	3,370	11.9	3.8	99.5	3,621	0.8	93.3
アリゾナ	91	2,636	14.1	2.4	98.9	7,866	1.4	82.4
イリノイ	626	8,045	10.2	3.5	99.8	16,385	1.4	97.8
インディアナ	239	5,223	11.9	4.6	100.0	8,391	1.5	98.7
ヴァージニア	90	3,970	11.6	2.7	100.0	5,369	0.7	81.1
ウィスコンシン	380	4,088	9.0	3.7	100.0	8,231	1.5	90.5
ウェストヴァージニア	97	960	5.5	2.7	100.0	1,156	0.6	100.0
オクラホマ	112	1,755	8.5	3.0	99.1	4,783	1.7	99.1
オハイオ	250	9,630	13.4	4.2	99.6	26,886	2.3	56.8
オレゴン	125	1,887	9.0	2.9	100.0	8,594	2.7	80.8
カリフォルニア	179	13,669	12.6	1.9	97.8	39,982	1.1	89.4
カンザス	325	2,412	6.4	5.2	100.0	3,313	1.4	99.1
ケンタッキー	116	2,156	11.3	2.6	100.0	5,246	1.3	99.1
コネチカット	194	2,400	9.8	3.4	93.8	6,056	1.7	78.4
コロラド	115	2,635	10.9	3.0	100.0	6,836	1.5	79.1
コロンビア特別区	1	242	9.0	2.2	100.0	413	0.7	0
サウスキャロライナ	42	2,343	12.8	2.8	100.0	4,744	1.1	100.0
サウスダコタ	125	797	5.5	6.8	77.6	1,194	2.0	71.2
ジョージア	58	5,041	13.7	3.0	100.0	10,649	1.3	100.0
テキサス	555	12,136	14.3	3.0	99.8	20,376	1.0	96.9
テネシー	184	2,856	10.0	2.5	100.0	6,736	1.2	94.6
デラウェア	21	310	9.4	2.0	100.0	398	0.5	85.7
ニュージャージー	306	4,886	10.8	2.9	94.1	10,224	1.2	90.5
ニューハンプシャー	231	1,170	4.9	4.5	90.0	1,871	1.4	75.8
ニューメキシコ	92	1,072	8.9	3.3	100.0	1,355	0.8	97.8
ニューヨーク	753	11,166	10.3	2.9	100.0	21,973	1.2	100.0
ネバダ	22	929	11.1	1.9	100.0	2,020	0.8	100.0
ネブラスカ	276	1,462	5.0	5.2	73.6	1,898	1.3	71.4
ノースキャロライナ	75	4,707	12.4	2.8	100.0	7,789	0.9	96.0
ノースダコタ	83	426	4.7	3.9	88.0	559	1.0	79.5
バーモント	189	742	3.9	6.4	95.8	717	1.2	89.9
ハワイ	1	533	10.5	2.1	100.0	395	0.3	0
フロリダ	70	8,277	16.6	2.4	97.1	14,821	0.8	87.1
ペンシルヴェニア	455	6,883	10.9	2.9	100.0	11,824	1.0	93.6
マサチューセッツ	370	4,261	8.8	3.3	98.6	8,479	1.3	85.9
ミシガン	384	7,387	11.2	3.7	99.7	13,236	1.3	94.0
ミシシッピ	49	1,522	6.3	2.6	100.0	1,390	0.5	100.0
ミズーリ	151	3,880	10.8	3.8	97.4	4,440	0.9	68.2
ミネソタ	140	3,638	10.2	3.6	100.0	6,305	1.2	86.4
メイン	269	1,184	4.3	5.0	100.0	1,055	0.9	85.9
メリーランド	24	3,005	16.8	2.8	100.0	4,792	0.9	83.3
モンタナ	79	542	5.0	3.0	100.0	973	1.1	100.0
ユタ	72	1,352	12.0	2.9	100.0	8,028	3.4	81.9
ルイジアナ	66	2,621	7.8	2.9	100.0	4,127	0.9	100.0
ロードアイランド	48	858	11.9	4.0	100.0	1,436	1.3	100.0
ワイオミング	23	438	5.9	4.4	100.0	947	1.9	91.3
ワシントン	66	3,915	11.9	3.2	100.0	6,839	1.1	54.5

(1)　年間電子情報資源利用者数とは、年間の（利用回数ではなく）利用者の数である。この調査の回答は、図書館の電子情報源を利用した利用者が1週間のうちに3人いた場合には3回カウントすることとしている。電子情報源には、インターネット（WWW、e-メール、Telnet、その他）、オンラインインデックス、CD-ROMレファレンス資料、ソフトウェア、オンライン目録以外のものも含む。

(2)　常設サービス拠点ごとの平均は、中央館、分館のインターネット端末の総数をサービス拠点の総数で割ることによって算出した。サービス拠点数について表1-9を参照されたい。

(3)　「5,000人あたり」という数字は、法定サービス地域の重複を除いた人口数を基に算出している。

(4)　「回答率」とは、項目に回答した図書館の割合である。ただし回答率が100%に満たない項目には、無回答館のデータも合算されており、表の数値にもふくまれている。

出典：Chute, Adrienne et al. Public Libraries in the United States: Fiscal Year 2004. National Center for Education Statistics, 2006, p.50-51, http://nces.ed.gov/pubs2006/2006349.pdf, (accessed 2007-03-14).

表 5-20　州立図書館が実施する対図書館サービスの類型と割合　2005 年度

サービスの類型	公共図書館	大学図書館	学校図書館メディアセンター (2)	専門図書館 (3)	図書館協力 (4)
サービスの種類（実数）(1)					
図書館の認定	13	0	0	0	5
LSTA 補助金の管理	51	39	37	38	34
州の補助金の管理	38	4	3	6	23
ライブラリアンの認定	23	4	3	4	7
図書館統計の収集	51	17	12	12	21
図書館サービスについての諮問	50	31	30	34	31
継続教育プログラム	50	37	39	39	30
図書館資料の協同購入	21	17	13	14	10
ILL レフェラルサービス	47	41	41	42	27
図書館立法の準備／レヴュー	47	18	22	16	29
図書館計画の作成／評価／研究	51	21	24	25	29
リテラシープログラムの支援	40	5	10	8	16
OCLC (GAC)	33	18	16	17	12
資料保存／保護サービス	15	13	10	13	6
レファレンスレフェラルサービス	41	36	32	35	25
書誌レコードの遡及変換	19	11	8	12	8
州の規準／ガイドラインの作成	42	5	10	6	20
州内協働デジタル・プログラムまたはサービス	19	13	11	8	14
州規模 PR ／図書館振興キャンペーン	43	23	25	20	22
州規模ヴァーチャルレファレンスサービス	23	17	17	16	15
夏の読書プログラム支援	49	†	18	4	19
総合目録の構築	34	27	23	26	17
ユニバーサルサービス（e-rate ディスカウント）プログラムの審査	51	†	5	4	24
割合					
図書館の認定	25.5	0.0	0.0	0.0	9.8
LSTA 補助金の管理	100.0	76.5	72.5	74.5	66.7
州の補助金の管理	74.5	7.8	5.9	11.8	45.1
ライブラリアンの認定	45.1	7.8	5.9	7.8	13.7
図書館統計の収集	100.0	33.3	23.5	23.5	41.2
図書館サービスについての諮問	98.0	60.8	58.8	66.7	60.8
継続教育プログラム	98.0	72.5	76.5	76.5	58.8
図書館資料の協同購入	41.2	33.3	25.5	27.5	19.6
ILL レフェラルサービス	92.2	80.4	80.4	82.4	52.9
図書館立法の準備／レヴュー	92.2	35.3	43.1	31.4	56.9
図書館計画の作成／評価／研究	100.0	41.2	47.1	49.0	56.9
リテラシープログラムの支援	78.4	9.8	19.6	15.7	31.4
OCLC (GAC)	64.7	35.3	31.4	33.3	23.5
資料保存／保護サービス	29.4	25.5	19.6	25.5	11.8
レファレンスレフェラルサービス	80.4	70.6	62.7	68.6	49.0
書誌レコードの遡及変換	37.3	21.6	15.7	23.5	15.7
州の規準／ガイドラインの作成	82.4	9.8	19.6	11.8	39.2
州内協働デジタル・プログラムまたはサービス	37.3	25.5	21.6	15.7	27.5
州規模 PR ／図書館振興キャンペーン	84.3	45.1	49.0	39.2	43.1
州規模ヴァーチャルレファレンスサービス	45.1	33.3	33.3	31.4	29.4
夏の読書プログラム支援	96.1	†	35.3	7.8	37.3
総合目録の構築	66.7	52.9	45.1	51.0	33.3
ユニバーサルサービス（e-rate ディスカウント）プログラムの審査	100.0	†	9.8	7.8	47.1

† 数値を与えることができない。

(1) これらのサービスの定義については付録 B のパート D を参照されたい。

(2) カリキュラ、情報、レクリエーションにかかわる児童生徒、教師、管理者のニーズを満たす資料とサービスを実施するべく、初等学校、中等学校の教育プログラムと融合した図書館を指す。

(3) 会社、専門協会、政府機関、組織されたその他の集団の図書館を指す。；専門特化した顧客に奉仕するために、設置母体によって管理されている図書館を指す。；公衆、公衆の一部、あるいは他の図書館に対して資料やサービスを提供するであろう独立した図書館をも指す。これらの図書館は、コレクションとサービスの観点では、設置母体の関心領域に限定される。州のインスティチューション内に設置される図書館も含まれる。

(4) 図書館協力とは、予算と職員を持ち、参加館あるいは会員館の共通の便益のために図書館情報サービスを提供する組織を指す。主として、参加館あるいは会員館はこの組織の管理下にある図書館ではない。この組織は、ネットワーク、システム、ディストリクト、コンソーシアム等と呼ばれているだろう。図書館協力は、同館種の図書館の場合と複数の館種におよぶ場合があるだろう。

出典：Holton, Barbara et al. State Library Agencies Fiscal Year 2005. National Center for Education Statistics, 2006, p.6, http://nces.ed.gov/pubs2007/2007300.pdf, (accessed 2007-03-14).

＜大学図書館＞

表 5-21　学術図書館　レファレンス件数、団体向け情報サービス（2004 年）

高等教育機関の種類	図書館職員によるデジタル化ドキュメント	e-メールあるいはWebを介したレファレンスサービス	障害を持つ利用者を支援する技術	（学位）論文の電子化
学術図書館合計	31.0	69.0	49.0	8.3
設置主体別				
公立	34.0	79.6	73.7	9.1
私立	28.7	61.0	30.2	7.6
教育課程 (1)				
4 年制及びそれ以上	40.3	74.4	47.1	13.2
博士	62.1	85.4	68.0	36.3
修士	36.6	76.5	47.7	6.4
学士	25.7	61.7	27.8	2.5
4 年制未満	16.6	60.7	51.9	0.6
規模（正規在籍学生数） (2)				
1,500 人未満	20.4	53.9	26.1	3.6
1,500～4,999 人	32.9	80.5	61.9	5.2
5,000 人以上	56.2	89.5	87.6	26.0
カーネギー分類 (1)				
博士／研究大学機関	79.6	95.3	91.4	56.5
修士大学	50.2	88.0	67.0	13.0
学士大学	36.9	74.7	42.1	4.6
学士／教養大学	25.0	79.2	35.4	0.0
短期大学	16.9	63.6	53.1	0.5
専門学校	27.1	59.5	23.7	7.3
その他	16.5	44.4	24.3	3.0

(1)　「教育課程」と「カーネギー分類」は近似性があるものの、両者は完全に合致しているわけではない。「教育課程」では、当該教育・研究機関が授与した最上位の学位に基づき分類する。一方、「カーネギー分類」では、当該教育機関が授与した学位数に加え、教育機関の使命（mission）や研究資金獲得状況といった規準に基づき分類する。「カーネギー分類」は教育活動の進化を目的としてカーネギー財団により開発され、A Classification of Institutions of Higher Education. 2000 ed.（Carnegie Foundation, 2001, 196p, http://i-house.or.jp/jp/ProgramActivities/grew-bancroft/pdf/Youkou2007.pdf, (accessed 2007-06-29).）というタイトルで出版されている。

(2)　フルタイム相当（FTE）在籍者数は、パートタイム在籍者数を 3 分の 1 に換算して、フルタイム在籍者数と合算して算出している。

出典：Holton, Barbara et al. Academic Libraries:2004. National Center for Education Statistics, 2006, p.15, http://nces.ed.gov/pubs2007/2007301.pdf, (accessed 2007-03-14).

表 5-22　学術図書館　情報リテラシーへの取り組み－ 2（2003 ～ 2004 年）

高等教育機関の種類	情報リテラシーあるいはリテラシー能力のある学生に関する定義あり (1)	情報リテラシーがミッションステートメントに記載されている	情報リテラシーが戦略計画に記載されている	情報リテラシーに関する戦略計画実行のための学内委員会の設置
学術図書館合計	42.2	31.1	34.4	21.4
設置主体別				
公立	47.1	32.5	39.1	23.3
私立	38.5	30.1	30.8	19.9
教育課程 (2)				
4 年制及びそれ以上	43.3	32.9	35.2	21.7
博士	43.7	31.0	35.3	22.1
修士	44.2	32.8	38.0	23.1
学士	43.0	35.3	31.9	19.9
4 年制未満	40.5	28.3	33.1	20.8
規模（正規在籍学生数）(3)				
1,500 人未満	34.5	29.7	29.2	18.2
1,500～4,999 人	46.6	29.5	37.6	22.5
5,000 人以上	55.2	37.7	42.6	28.0
カーネギー分類 (2)				
博士／研究大学機関	49.4	34.9	40.0	24.3
修士大学	54.6	36.5	42.6	26.9
学士大学	43.9	29.3	33.1	19.6
学士／教養大学	45.8	50.0	50.0	37.5
短期大学	42.9	30.3	35.0	21.4
専門学校	28.9	25.7	25.6	15.3
その他	31.8	31.5	27.9	20.1

(1)　「情報リテラシー」とは、情報を発見、探索し、分析し、利用するために必要な能力の集合を指す。
(2)　「教育課程」と「カーネギー分類」は近似性があるものの、両者は完全に合致しているわけではない。「教育課程」では、当該教育・研究機関が授与した最上位の学位に基づき分類する。一方、「カーネギー分類」では、当該教育機関が授与した学位数に加え、教育機関の使命（mission）や研究資金獲得状況といった規準に基づき分類する。「カーネギー分類」は教育活動の進化を目的としてカーネギー財団により開発され、A Classification of Institutions of Higher Education. 2000 ed.（Carnegie Foundation, 2001, 196p, http://i-house.or.jp/jp/ProgramActivities/grew-bancroft/pdf/Youkou2007.pdf, (accessed 2007-06-29).）というタイトルで出版されている。
(3)　フルタイム相当（FTE）在籍者数は、パートタイム在籍者数を 3 分の 1 に換算して、フルタイム在籍者数と合算して算出している。

出典：Holton, Barbara et al. Academic Libraries:2004. National Center for Education Statistics, 2006, p.15, http://nces.ed.gov/pubs2007/2007301.pdf, (accessed 2007-03-14).

3. 連邦機関・連邦図書館の概況

3.1 アメリカ議会図書館

元図書館情報大学　副学長　　藤野　幸雄（ふじの　ゆきお）

(1) 概要

アメリカ合衆国議会図書館（Library of Congress: LC, 以下「議会図書館」という）は、アメリカの独立とともにフィラデルフィアに成立した。当初は、連邦議会議員の教養に資するためのコレクションとして、トマス・ジェファーソンが自分の蔵書を買い取らせて作らせたものであり、それまでは連邦議会はベンジャミン・フランクリンの会員制図書館組織「フィラデルフィア図書館会社」を利用させてもらっていた。ジェファーソン文庫はその後火災にあって焼失し、ほとんどもとの姿をとどめていない。1800年に首都がワシントンD.C.に移転し、議会図書館も同時にそこに移転したが、1814年のイギリス軍の侵略により蔵書は蹂躙された。

この図書館が発展を遂げたのは、南北戦争の後であった。戦争当時の議会図書館長は従軍医師でもあり、図書館の業務を折からインタビューにやってきた新聞記者のスパッフォードに託して、自分は戦場に出て行った。スパッフォードは、戦後の1864年に館長に就任、以後32年間その職にあった。この期間はアメリカの発展期であって、図書館の蔵書は急速に増え、新館の建設が必須となった。連邦議会は、議会図書館の発展に関し、館長自身の功績をも認めており、この図書館が「国立図書館」の役割を担う準備はできていた。新館の設計を進めたスパッフォード館長は1897年に引退した。

後継館長のヤングは、新館建設実現の任にあたったが、その死去により在任期間は短かった。彼の残した功績としては、視覚障害者の図書館利用に道を開いたことがあげられる。議会図書館が真にその地位を確実なものにしたのは、1899年より40年間にわたり館長として君臨したハーバート・パトナムの時期であった。小柄なパトナムはパトナム出版社の会長の息子であり、ボストン公共図書館の館長というアメリカの政界および図書館界のエリートであり、その任期の間に充分に手腕を発揮した。館長就任と同時に完成させた見せ場として見事な建築の新館は、1930年代にはすでに手狭となり、第二の建物「アダムス・ビル」を本館の裏手に完成させた。パトナムが議会図書館をアメリカ最大規模の図書館とし、その機能を発揮させたのは、彼がとりあげた二つの仕事によるものであった。その第一は「印刷目録カードの配布」であり、アメリカ国内のすべての図書館の要としての位置を確保するのに役立った。その第二は「議会図書館分類」の編纂であり、学術図書館の資料の組織化に役立つ分類体系がここに実現された。第二次世界大戦以後、大規模な蔵書コレクションを抱えるアメリカの図書館は相次いで議会図書館分類に切り換えていった。

第二次世界大戦の期間は、文人のマクリーシュがルーズヴェルト大統領の指名で館長の地位に就き、戦時期の図書館界を指導したが、戦争の終結後にはアメリカは新たな繁栄の時代を迎えた。1948年に創設された日本の国立国会図書館は、アメリカ議会図書館のクラップ副館長が中心となって勧告案が作成されたことにも見られる通り、議会図書館はすでに世界の図書館の動向に対しても支配的な地位を確保していた。戦後世界の図書館活動に対して、議会図書館はきわめて大きな役割を担ったが、それを推進したのは歴代の館長であった。1954年より20年間議会図書館の運営を担当したマンフォード館長は、蔵書の未曾有の拡大に貢献し、その範囲はアジア・アフリカ資料まで及び、世界各地に議会図書館の事務所が設けられ、現地での資料の獲得とそこでの「記述目録のシェアリング」を実現させていた。これはアメリカ国内の学術図書館に対して大きな意義をもつものであった。大学での地域研究は議会図書館所蔵資料により支えられた。たとえば、日本研究は、日本の国立国会図書館から寄贈される官庁刊行物の寄託図書館としての議会図書館が大きく支援することになった。この間に、アメリカ国内の資料も音声資料や映像資料にいたるまで収集された。

議会図書館において、機械可読目録「MARC」が開発されたのは1960年代の半ばであり、その実現により、情報検索の新たな時代が到来した。出版物の書誌情報はデータベース化され、図書そのものにもCIP (Cataloging In Publication) として目録記述が記載

※本稿は、国立国会図書館の2006年度調査研究事業の成果物である。

されるようになった。技術革新の先頭に立った議会図書館は、紙の劣化の研究などにも新機軸を打ち出した。

マンフォード以後の２代にわたる議会図書館長はいずれも大学の研究者であり、アメリカ史のブーアスティンとロシア史のビリントンである。1960年代後半にはアメリカの繁栄に陰りがさし、ベトナム戦争や社会情勢の荒廃など新たな苦難に直面することになった。しかし、議会の後ろ盾を拠り所とする議会図書館は館長の指導力を梃子に発展を続けた。ブーアスティン館長時代の1980年に従来の旧館ジェファーソン・ビルの横手に巨大な第３の新館マディソン・ビルが完成し、アメリカ社会におけるこの図書館の位置づけを象徴するものとなった。こうして議会図書館は、特に在任期間の長かった館長、パトナム、マンフォード、ブーアスティンの時代に大きく発展した。

(2) 最近の動向

現議会図書館長のジェームズ・ビリントンは1987年以来この職にあり、すでにその在任期間は20年に達しようとしている。この間にビリントンが行った内部改革とその活動は、議会図書館の歴史に新しいページを書き加えている。

その第一は資料の電子化計画であって、その規模といいその意義といい、他の諸国の国立図書館では真似のできない資料の総合的なデジタル化とその利用者への提供であり、「アメリカン・メモリー」と呼ばれている。この新たな取り組みは西暦2000年の議会図書館創設200周年を記念に実施されたものであり、すでに基礎資料のデジタル化は終わっている。議会図書館のホームページにはこのように書かれている。「アメリカン・メモリー。アメリカの歴史を語る文書、写真、映画、音盤の記録を収録し、アメリカの教育担当者の利用に開かれている。ここには各時代の大統領の写真その他すべてが採録されている」。

この記録の狙いは、全米各地の小学校・中学校の教材にアメリカ史の主要な文献・映像・音声データを自由に利用させる点にあった。クリントン政権下に実現した「情報スーパーハイウェイ」の基盤整備をもとに、いずれの僻地にあってもこうした資料を画面に呼び出して学校の教室で利用できるようになっている。19世紀の西部の開拓は当時の写真や地図によって紹介され、リンカーン大統領のゲティスバーグ演説も、リンドバーグの大西洋横断単独飛行も、目に見え耳で聞くことの出来る形の教材となり得る。議会図書館が国民に向けて開かれたサービスを提供し、連邦議会の信頼を見事に勝ち得た活動であった。電子化計画は「アメリカン・メモリー」に限らず、すでに1991年からはじめられており、当然、著作権が消滅し公有のものとなった歴史資料が対象とされた。今後とも、このような計画によって、デジタル・データは付け加えられてゆくであろう。

ビリントン館長が手がけた外国語資料の収集計画も独自のものであった。ロシア史が専門の館長にとって、1990年代の社会主義の崩壊は、議会図書館にとって資料収集の絶好の機会となった。独立した旧ソ連邦の共和国からの資料は、これまでは入手が難しかったからである。交換協定により、議会図書館はこうした中央アジアやバルト３国、カフカスの３共和国の資料も収集できるようになっている。外国語資料は議会図書館が歴史的に重視してきたところであり、たとえばここは日本研究の資料などにも長い歴史をもっていた。かなりの時期にわたり、東京に事務所を構え、国立国会図書館の目録を利用してアメリカ本国に本と灰色文献を送っていた。1991年から議会図書館内に「日本ドキュメンテーション・センター」を設置し、データの蓄積を図り、そこには在日本アメリカ大使館で翻訳していた新聞・雑誌の記事なども入力されてきたが、現在はその日本ドキュメンテーションは廃止されている（収集された資料はいまなお利用できる）。

もうひとつのビリントン館長の目標は、外国語資料の翻訳計画であった。これも外国研究にみずから立ち会ってきた館長ならではの企画であり、外国語、特にロシア語、アラビア語、日本語などの、非ヨーロッパ言語の科学技術論文、報告書、国際会議のペーパー、特許などを英語に翻訳して資料として蓄え、研究者の利用に供するものである。これは1953年よりシカゴ大学内のジョン・クレラー図書館のなかに設置された全国翻訳センター(NTC)が、1957年のスプートニク・ショック以後にロシア語技術文献の英訳を担当していたが、1988年に当該業務の打ち切りが決定されたのを受けて、ビリントン館長がNTCと交渉し、議会図書館がこれを継続することとされたものである。そのとき、それまでに翻訳されていた約40万点の翻訳論文も同時に議会図書館に引き取られた。研究者に向けての科学技術資料の翻訳提供は、今後とも着実に増大するであろう。イギリスでも英国図書館が同様のサービスを行ってきたが、今後はむしろアメリカ側の主導でこのような事業が展開してゆくことが予想されるし、世界各国からの利用も期待されている。

身障者サービスは19世紀末にジョン・ヤング館長が取組み始めたものであり、現在では議会図書館内の最大の活動として知られている。議会図書館は国立の視覚障害者図書館となっており、国内の公共図書館に直接サービスするべく、点字資料とその他の資料の所蔵量は最大規模を誇り、その利用の技術開発にも取組んでいる。

資料の増加はあらゆる分野に及び、先にふれた通り、外国文献の収集にも積極的で、日本語コレクションについても、おそらく議会図書館のそれは日本以外では最大のもので、他の諸国語に関しても同様のことが言える。日本から議会図書館に寄贈される政府刊行物は、アメリカの大学の日本研究を支えていることが知られている。

アメリカの文化の保存は、特にアメリカ国内の関心が高く、この分野でも議会図書館に寄せられる期待は大きい。19世紀に大英博物館がイギリスの文化遺産の宝庫であったごとく、議会図書館は19世紀から20世紀にかけてのアメリカ文化を強力に蓄積し、その一大パノラマを形成している。音楽、映画、大衆文芸に関わる資料の保存にも熱心である。毎年、映画の優秀作品を選定してその普及を推進しており、ジャズやポピュラー音楽もその対象とされてきた。1992年に高齢で亡くなったミュージカル界の巨匠アーヴィング・バーリンの遺産資料約75万点の獲得もその一端を示している。議会図書館には、アメリカの民衆生活の歴史を市民に知らせるための「アメリカン・フォークロア・センター」が置かれ、民間の口承文化の伝統を保存し、それらの映像化と出版を実施し、実演も支援する役割を担っている。

1977年に前館長ブーアスティンのもとで創設された「本のセンター」は、読書の普及のための講演会、セミナー等を開催しており、著名人によるパンフレット・シリーズも刊行していた。1981年に「児童図書館部」は「児童センター」となり、国民に開かれた図書館活動としてその名を広く知られている。

連邦議会と結びついた広報活動も議会図書館の活動の目玉のひとつであり、そのホームページには「上下両院で現在審議中の法案の全文を提供する」との記載がある。ホームページには、さらに議会図書館の展示会の企画も知らせており、そこにはフランク・ロイド・ライト展といったアメリカの文化の紹介だけでなく、40万人もの来客を集めたといわれる「ヴァチカン図書館展」「死海文書展」などもあった。

ワシントンD.C.に生活する市民に対するサービスも、この図書館の館外活動のうちに入っている。ワシントンD.C.公共図書館は、ここが連邦政府のお膝元で、政府職員とその家族の居住地であるため、その組織から人事にいたるまで連邦議会が責任を持っている。この図書館のサービス、特に児童サービスと身障者サービスは知られているが、そこでは議会図書館の所蔵資料が事実上優先的に利用できることになっているからである。隣接のメリーランド州およびヴァージニア州を含むワシントンD.C.図書館協会の活動にも、議会図書館は協力している。　議会図書館の研究・開発については、国内の図書館に向けてだけではなく、国際的な視野にたって展開されており、注目されている。紙を劣化から守る研究についてはすでによく知られている。電子図書館構想の分野でも議会図書館の取り組みは今後ますます活発になることであろう。

西暦2000年、議会図書館創設200周年にあたり、ビリントン館長は「22世紀に向けた新たな議会図書館」の構想を打ち出した。「‘古い皮袋に新しい酒を入れること’これがわれわれの果たすべき役割である。200周年という記念の年に向けて、図書館は生まれ変わらなければならない。図書館の価値は、次の7つの点で測ることができる。サービス、質、効率、革新性、情報発信、職員の資質の開発、公平さがそれである。そのうちもっとも基本になるのはサービスである。その改善に向けて、組織も変化してゆくのが当然である。それは毎年の努力のなかから生まれてくるものであろう」。ビリントン館長は、歴代館長と同様、館内組織の合理化に着手し、1990年代以降の不況期に予算が削減されたとき、その合理化は効果を発揮した。

ビリントンが掲げた最優先の図書館活動のテーマは、第一に電子図書館の実現であり、この技術を通じて資料の有効な管理と提供を図ることである。第二には、アメリカ文化の保存とその利用である。そして、第三には、身障者および児童に対する図書館サービスである。このような諸活動があってこそ、連邦議会はこの議会図書館を高く評価しているのである。

(3) 議会図書館の現状：統計

手許にある *The Whole Library Handbook 4* によって、議会図書館の現状を確認しておきたい。この数字は、2004会計年度（2004年10月－2005年9月）のものである。同会計年度の議会図書館への充当額は5

億5,929万9,548ドルで、そのうち裁量的支出としては3,630万ドルが認められた。

議会図書館の職員数は4,120名を数えた。

所蔵資料については、総計1億3,019万8,420点に達する。内訳は、1,972万9,698冊の図書、そして大活字本、初期刊本(インキュナブラ)、モノグラフ、逐次刊行物、楽譜、製本された新聞、パンフレット、テクニカル・レポート、その他の印刷資料が982万1,216点である。また、1億64万7,514点の特殊コレクションを擁し、そのうちの271万882点がディスク、テープ、録音図書、その他の記録媒体に収められた録音資料である。そして、5,847万9,431点の写本、480万7,827点の地図、1,404万7,798点のマイクロ資料、519万359点の音楽資料をもつ。さらに、1,391万4,990点の視覚資料を蔵し、そのうちの95万7,794点が動画、1,233万8,513点が写真、8万9,241点がポスター、52万9,442点が版画・絵画である。

図書館サービスについては、カウンター、電話、書面、電子メールを含め、年間68万2,264件のレファレンスサービスを行っている。連邦議会向けの調査サービスは89万9,284件を数えた。ちなみに、同会計年度の著作権登録は66万1,469件であった。

(4) 図書館界に果たした役割

議会図書館がこれまでに果たしてきた第一の役割は、合衆国市民に対してである。議会図書館には、「アメリカーナ（Americana)」と呼ばれる植民地時代の歴史資料をはじめとして、国民が生きてきた歴史の遺産が収集されている。また、ここにはイギリスの大英博物館の伝統に似て、文献収集といったときには作家の筆墨にいたるまで集められる。所蔵資料として、歴代大統領の使用した公式文書のほか、初期アメリカ史に属する開拓時代の資料、19世紀の南北戦争の記録が文献にとどまることなく、当時の写真や細々とした断片的資料にいたるまで保存されている。さらには、20世紀初頭のアメリカ文化を代表する舞台芸術や映画に関する記録までが集められている。音楽家たちがここを訪れて、20世紀はじめのスウィングやジャズ音楽の資料から新たなアイデアを手に入れるという話は現代にも続いている。アメリカ全土の小学校で開拓時代のロッキー山脈の地図や写真、リンカーン大統領の演説の原稿が利用できるのは、こうした資料の宝庫としての議会図書館の存在を抜きにしては考えられない。

議会図書館の第二の功績は、アメリカの図書館界に対するものであり、そのひとつは公共図書館への協力体制である。全国書誌に関連して、印刷カードの提供と機械化（MARC）による目録記述の標準化は、20世紀以降のアメリカ国内の図書館業務を大きく軽減した。さらに、各地の公共図書館の障害者サービスは議会図書館の支援なしでは成り立たないと言われる状況がある。全国図書館週間の実施や読書の普及にあたっても、議会図書館は積極的な役割をになっていることで広く知られる。

アメリカ国内の図書館界に対する議会図書館のいまひとつの貢献は、大学図書館への寄与である。それは、特に外国語資料の大規模な収集とその情報提供である。そもそもアメリカは世界から多くの移民を受入れ、人種民族の坩堝(るつぼ)であり、アメリカ国民のルーツは広くヨーロッパ、アジア、アフリカにまたがり、1945年以降、世界各地を対象とする地域研究にきわめて熱心に取組むようになった。全米各地の大学に地域研究の学部やセンターが新設された。だが、地域研究に必要な資料面の手当てはすぐには実現できなかった。アメリカの第二次世界大戦の占領政策によって、「余剰農産物」の提供と引き換えに獲得した図書群は各大学の地域研究を支えることになった。議会図書館がアメリカの学術研究の中枢機関となりえたのは、連邦議会のバックアップを得て、外国語資料等の集中的な収集体制を組むことができたからである。かつてのシカゴ大学が行っていた研究者のための特殊言語からの翻訳を引き継いだこと、国内資料の再配置を図る「合衆国図書交換局」の役割をになったことなどもアメリカの研究図書館にとっては、大きな意義をもっている。著作権局が議会図書館の一部局であることも重要な役割を果たした。

議会図書館のアメリカ図書館界に対する寄与として、次にあげられるのはアメリカ図書館協会に対する協力である。シカゴに本部を置くアメリカ図書館協会は、連邦議会との連携を重視し、ワシントンD.C.に事務所を設置している。シカゴ本部が場所の問題に苦慮し、本部の首都への移転の話が何度か出たが実現はしていない。議会図書館は、ワシントンD.C.でのアメリカ図書館協会の委員会やセミナーなどの開催に協力を惜しまず、支援をしてきた。

議会図書館は、ともに隣接地区にある国立医学図書館(NLM)および国立農学図書館(NAL)と連携を強め、アメリカ国内の情報政策の一翼を担っている。それと同時に、この議会図書館は、20世紀初頭からその実績を評価され、アメリカ国内の多くの財団の支援を得て多数の図書館関係事業を推進してきた。図書館資源協議会（CLR）が首都ワシントンに置かれたのも、同協議会の初代理事長クラップの手腕だけが理由ではなく、議会図書館の存在が大きかった。図書館資源協議会の事業は20世紀後半のアメリカの図書館活動を実質的に支えてきた。

議会図書館は、国際的な場面でもまた貢献している。第二次世界大戦以前、すでに議会図書館は国外の図書館への協力を行ってきた。そのひとつでよく知られているのは、中米のある国立図書館で管理ができず放置されてきた資料をひそかにワシントンD.C.に運び出し、十分に修復しもとの国立図書館に戻したことがある。各国から研修生を受入れ、資料整理技術の指導を引受けてきたことは知られており、またその一方で議会図書館から外国に整理技術者を派遣してきた。最近では、デジタル技術についても、諸国の図書館に指導者を派遣している。外国の図書館への寄与・貢献は図書館に関する技術についての指導だけではない。1970年代初頭に国際図書館連盟（IFLA）に国立図書館部会ができたが、ここで議会図書館はイギリスのブリティッシュ・ライブラリーとともに指導的役割を演じている。

さらに言えば、議会図書館は図書館教育の面でも少なからず寄与しており、議会図書館職員のなかから多くの整理技術や図書館建築の専門家が各地の大学の図書館学校の教員に引き抜かれている。

Ref：
藤野幸雄．アメリカ議会図書館：世界最大の情報センター．中央公論社，1998, 189p.
Eberhart, George M. ed. The whole library handbook 4: current data, professional advice, and curiosa about libraries and library services. American Library Association, 2006, 585p.

3.2 IMLS（博物館図書館サービス振興機構）の動向

愛知淑徳大学文学部　図書館情報学科　　菅野　育子（すがの　いくこ）

(1) IMLSの概要

1) IMLSの沿革

Institute of Museum and Library Services（博物館図書館サービス振興機構、以下IMLS）は、米国の博物館・図書館サービス法（Museum and Library Services Act, 以下MLSA）によって制定された連邦行政府内の独立行政機関としての地位を有しており、全米人文科学基金の下に設置された助成機関である。

米国政府は、電子政府法（Implementation Guidance for the E-Government Act of 2002）において、市民への情報やサービスの電子的な提供を具体的な方針として掲げており[(1)]、その情報拠点として図書館が期待されたことは、図書館が潤沢な予算を確保するためにも重要なことであった。そのため米国の図書館界は、公共図書館振興政策への予算がゼロ査定されたこと[(2)]を教訓に、1996年に制定されたMLSAの2003年改正に対してはたらきかけ、図書館への助成継続に成功した。このMLSA制定において、まず図書館は学習支援機関として位置付けられただけではなく、MLSA2003年法においては特に、「高度情報化への対応と情報格差の是正」[(3)]という課題を博物館界と共に持つこととなり、その課題達成のためにIMLSから多くの支援を受けることができるようになった。

2) IMLSの使命

IMLSの使命は、米国国民が情報と知識をそこから得ることができるような健全な図書館と博物館を作り上げることである[(4)]。また、IMLSは国家レベルで、州や地方の機関と連携しながら、(I)国民の文化遺産や知識を支え、(II)学習とイノベーションの機会を拡大し、(III)知識職業人や技術専門家を支援することを目的としている。そのため、IMLSは連邦政府が図書館と博物館に対して助成する財源の主たる部分を担当しているのである。

助成の対象となるのは、連邦図書館と有料図書館を除くあらゆる種類の図書館（公共図書館、学校図書館、大学図書館、研究図書館、専門図書館そして私立の無料図書館）と図書館コンソーシアムや図書館協会であり、博物館の場合も歴史資料館、植物園や水族館を含む広義の博物館すべてが対象である。

3) IMLSの組織

IMLSは、米国国内の約12万2,000館の図書館と約1万7,500館の博物館を支援するために、以下のような組織構成で活動している[(5)]。丸括弧内の数字は2006年度の職員数である。

Office of the Director（局長1名、副局長2名＋1）
Office of Strategic Partnerships(局長＋1)
Administration Division(5)
General Counsel Division(3)
National Museum and Library Services Board
Public and Legislative Affairs Division(4)
Research and Technology Division(6)
Office of Library Services(副局長1＋2)
Discretionary Program Division(10)
State Program Division(7)
Office of Museum Services(副局長1＋14)

IMLSの局長とともに、下部組織である図書館サービス局と博物館サービス局の各代表が副局長となって全体を統括している。組織内の“National Museum and Library Services Board”は、局長及び2名の副局長と、外部から選出された20名から構成される諮問委員会である。

4) IMLSの連携プログラム

IMLSは、毎年新たな支援プログラムを設けて公募しているが、2001年度から2004年度までは“Library Grant”の中に“Library-Museum Collaboration”という部門を設けて図書館・博物館連携プロジェクトへの支援を積極的に行った。この間に18の連携プロジェクト[(6)]への助成が行われた（表1参照）。ほとんどのプロジェクトが2年計画で実施されている。表1にはプロジェクトの中心的な役割を果たした図書館と博物館のみを記載した。プロジェクトの内容を見ると、地域内の図書館と博物館の連携や同じテーマに関するコレクションを所蔵する館の連携が多く、また、博物資料の画像と書誌情報が一体となった検索システムや

※本稿は、国立国会図書館の2006年度調査研究事業の成果物である。

表1　米国の図書館－博物館連携プロジェクト

プロジェクト開始年	プロジェクトメンバー図書館	プロジェクトメンバー博物館	開発内容・名称
2001	イリノイ大学図書館	シカゴ植物園	"Garden's Plant Evaluation Program"
	リッチモンド公共図書館	リッチモンド歴史博物館	テキストと画像による歴史資料の作成
2002	コロラド他3州の図書館	コロラド他3州の図書館	"Colorado Digital Project"
	ワシントン州立大図書館	コロンビア川歴史センター	コロンビア川の歴史資料の作成
	コーネル大学図書館	ニューヨーク市立博物館他	演劇分野のメタデータ開発
	フォートルイス大学図書館	南ユート博物館	所蔵資料のデータベース構築
	ダラム郡図書館	ノースカロライナ生命科学館	Mobile Scienceの教材開発
	カリフォルニア大学図書館	クラーク財団日本美術研究所	研究資料の電子化
2003	コネチカット州立図書館	コネチカット大学ドッド・センター	コネチカット歴史データベース構築
	イリノイ州立図書館	イリノイ文化遺産協会	電子化業務訓練プログラムの開発
2004	アリゾナ州立図書館	アリゾナ州立博物館	部族コレクション所蔵館の連携
	シャーロット公共図書館	貨幣博物館	登録カードによる入館料の割引
	BOCES図書館	ロバートソン博物館	地域の文化・歴史教材の作成
	カイヤホガ郡公共図書館	クリーヴランド美術館	"knowledge network"の開発
	ダヴェンポート公共図書館	アート＆サイエンス・ファミリー博物館	エネルギーに関する教材開発
	ファートワース公共図書館	国立カウガール博物館他	フォートワース歴史教材の開発
	テネシー州立大学図書館他	ミシガン州立大学博物館	キルト所蔵館横断検索システム開発
	楔形文字電子図書館イニシアチブ	ウォルターズ美術館	古代メソポタミア遺物教材の開発

教材作成が図書館と博物館間協力の典型的な実施事例となっていることがわかる。

このような連携プログラムは、2005年以降プログラムの名称としては見られなくなるが、その代わりにIMLSによる支援プログラム全体に"Partnership"という必須項目が設定されるようになった。

(2) IMLSの最新の動向

IMLSは、2006年度に"IMLS National Leadership Grants"として次の３つのカテゴリを設定し、2006年開始の３年間支援プログラムを公募した(7)。

1. Advancing Learning Communities

教育機関や市民団体と協力しながら、あらゆる世代の学習者に、教育上の、あるいは経済的、社会的な要求に対して支援するプログラムを対象としている。具体的には９歳から19歳を対象とした青少年、高齢者、移民者への学習支援、あるいはInternet2のような新しい技術を用いて図書館や博物館の資料提供による学習支援などであった。

2. Building Digital Resources

電子情報源の作成、利用、保存、提供の支援と、それらに関連するツールの開発を支援するプログラムを対象としており、具体的には電子情報源を青少年、高齢者、移民者の各要求に合わせて準備し提供することや、電子情報源を通して図書館や博物館の利用者拡大を進めること、単一の州レベル、複数の州レベルあるいは特定テーマによる大規模共同プロジェクトなどであった。

3. Research and Demonstration

図書館と博物館がより強力な学習支援の場となる方法、また図書館・博物館の利用者が効果的に資料を利用する方法を研究するためのプロジェクトを対象としており、具体的には利用者の情報要求や利用行動に関する研究、タクソノミーやオントロジーといった知識組織化システムの構築や、高品質のデジタル・データの保管（data curation：データの認証、記録、保存、検索､表現の一連の作業）の運用実験が求められていた。

助成額は、各カテゴリあたり図書館を対象に総額５万ドルから最高10万ドルまで、博物館を対象に総額２万５千ドルから最高10万ドルまでを用意した。また、各プロジェクト実施にあたっては、図書館、博物館、文書館間の連携は元より、市民団体、公共メディア、学習支援機関との連携を推奨している。

前述の（1）4）で紹介した過去の支援プログラムが図書館資料と博物館資料の電子化に重点を置いていたのに対して、2006年度の支援プログラムは学習者の電子情報源利用行動や利用促進の検討に重点を置いている(8)。IMLSは、図書館と博物館が電子情報源に基づく情報拠点として強力な学習支援機関となるように支援を継続していることがわかる。

(3) IMLSの図書館に果たしている役割

1) 学習支援機関としての図書館への支援

図書館の運営や活動費用に対する助成を得るために

は、継続する課題設定が必要である。その課題達成を理由とする助成金獲得を継続することで、図書館界もまた存続できるのである。課題の中でもっとも広く国民サービスを展開することができるものは、学習支援である。IMLS は、アメリカ全体を老若男女を問わず国民すべてが学習者である「学習者の国」(a Nation of Learners) とするという立場をとり、図書館が学習支援することで個々の国民が情報を批判的に評価することができ、その結果として変化に対応する能力を持つことができるようになることこそが、米国の民主国家としての成功につながるとしている。このような確固とした使命を図書館が持つことができるのは、IMLS の使命とそれに基づく支援プログラムの達成目標によるものである。

2) 情報拠点としての図書館への支援

2002 年に制定された電子政府法を背景とした国家予算配分が、IMLS の支援プログラムにも大きな影響を与えていることは、各年の支援プログラムの内容でも明らかである。そのため図書館は電子コンテンツを充実させ、それを国民すべてにネットワークを通して提供し、さらに利用者の電子コンテンツ利用の促進のための研究も求められるようになった。
図書館が紙媒体資料の収集と提供から、電子コンテンツを作成、収集、提供する情報拠点として、その使命を大きく変える機会を与えたのも IMLS である。

3) 図書館と類縁機関との連携の推奨

IMLS はその名称のとおり図書館と博物館両者の支援機関であり、IMLS によって両者は常に同じ使命と課題が与えられ、両者間の連携は両者のサービス拡大に繋がるとされている。先に紹介したように、両者の連携はまず、電子コンテンツの共同開発から始まった。これまで紙媒体の資料を収集し提供していた図書館は、画像を含む電子コンテンツの作成と提供機関としてもサービスを拡大することとなった。また学習支援機関や公共メディアとの連携も支援プログラムの要素となっていることから、それまで連絡を取ることもなかった機関との情報交換の機会も得ることとなった。このような類縁機関との連携は、図書館の使命や意義を改めて見直す契機ともなったと言えよう。

(1) 兼子利夫. 世界各国のIT政策(1)：米国. 情報管理, 2005, 48(3), p.176-184.
(2) 秋山勉. LSCA から LSTA へ：米国公共図書館政策の転換. カレントアウェアネス. 1998, (222), p.2-3. http://www.dap.ndl.go.jp/ca/modules/ca/item.php?itemid=582, (参照 2007-02-05).
(3) 平野美恵子. 2003 年博物館図書館サービス法. 外国の立法. 2004, (221), p.87-96.
(4) "Institute of Museum and Library Services". http://www.imls.gov/, (accessed 2007-02-05).
(5) Federal Yellow Book: Who's who in federal departments and agencies. 2006, 60(2), p.962-964.
(6) IMLS 公式サイト上で, "Library Grant" の "Library-Museum Collaboration" 部門のプロジェクトを検索し，その結果のうち図書館と博物館の連携を中心としたプロジェクト 18 件を選んで掲載した。
(7) "Institute of Museum and Library Services". http://www.imls.gov/, (accessed 2007-02-05).
(8) 古賀崇. 優れたデジタル・コレクション構築のための指針の枠組み. 第 2 版, 情報管理. 2005, 48(1), p.48-49. http://www.jstage.jst.go.jp/article/johokanri/48/1/48_48/_article/-char/ja/, (参照 2007-02-05).

3.3 NCLIS（全国図書館情報学委員会）

筑波大学大学院　図書館情報メディア研究科　　山本　順一（やまもと　じゅんいち）

(1) NCLISの沿革

NCLIS（U.S. National Commission on Libraries and Information Science）は、1970年に設置された連邦政府に属する独立行政機関（independent federal agency）である。「図書館情報学国家委員会」「図書館情報学全国委員会」などの訳語があてられているが、ここでは「全国図書館情報学委員会」と訳しておきたい。1970年の設置法（Public Law 91-345：20 U.S.C. 1501 et seq.）には、「アメリカ合衆国国民のニーズを満たすに十分な図書館情報サービスは、国家目標を達成するために不可欠である」との民主主義社会における図書館サービスの意義について言及されている。

この機関はアメリカの図書館情報政策諮問機関で、その任務はアメリカ国民の図書館情報サービスにかかるニーズを確定すること、およびそのアメリカ国民の図書館情報ニーズを全国レベルの政策に反映させる勧告を作成することであり、NCLISには大統領、連邦議会、州、地方政府その他に全国レベルの政策を実行するよう助言、勧告する役割、期待が課されている。

1996年に全国図書館情報学委員会法が改正され、博物館・図書館サービス振興機関（Institute of Museum and Library Services：IMLS）の長に政策的助言を与えることがその任務に加えられた。

(2) NCLISの構成・活動

NCLISは、当初、議会図書館長のほか、上院の助言と同意を得て大統領によって任命された14名の委員から構成されていたが、現在はIMLSの長が加わり、計16名の構成となっている。大統領に任命される14名の委員は非常勤で、5名はライブラリアンまたは情報スペシャリストとされており、ほかは図書館情報サービスについて特別な学識を有するものとされる。任期は5年であるが満了期間がずらされ、毎年2～3名が入れ替わる仕組みがとられている。

連邦政府からNCLISに与えられる資金は近年ほぼ一定しており、2006会計年度は　993,000ドルであった。この支出の大半は、フルタイム換算で5人の職員の人件費と委員等の会合関係の出費で消えてしまう。1年に1、2回のフルメンバーの会合が開催されるだけで、あとの事務連絡はテレビ電話会議や電子メールなどで行なわれている。この状況から分かるように、全国レベルの行政機関というにはあまりにも非力で、予算不足に悩むこの機関の目下の最大の課題は財政問題である。

NCLISは、これまで全国教育統計センター（National Center for Education Statistics：NCES）と協力して、アメリカ国内の公共図書館、州立図書館、大学図書館、学校図書館の調査を実施してきた。

2004年1月、それまで空席となっていたポストも含めて12名の新委員が任命された。そして、2005年2月23日、新生NCLISは『新しいNCLIS（Special Report：The New NCLIS)』[1]と題する将来計画を公表した。そこでは、今後、NCLISが取組もうとしている重点活動領域が示されている。具体的には、(1)防災情報センターとしての図書館、(2)健康情報の提供における図書館の役割、(3)図書館情報資源・サービスの評価、(4)学校図書館が教育に及ぼす効果、(5)高齢者に対する図書館サービス、(6)国際協力に関する課題がそうである。

また、連邦教育省は、上にふれた公共図書館と州立図書館につきNCLISとNCESが行ってきた調査を、IMLSが実施している同様の事業に統合しようとしている。

参考までにNCLISの組織図を以下にあげておく。

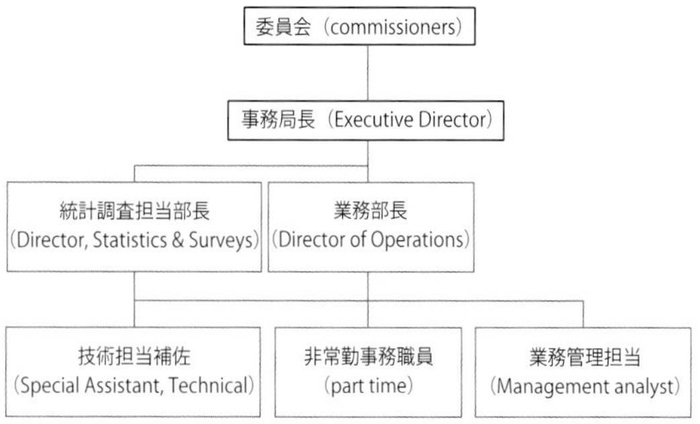

図1　NCLISの組織図

(1) U.S. National Commission on Libraries and Information Science. "Special Report: The New NCLIS". 2005. http://www.nclis.gov/about/SpecialReporttNewNCLIS.pdf, (accessed 2007-03-05).

Ref: "The U.S. National Commission on Libraries and Information Science". http://www.nclis.gov/, (accessed 2007-03-05).

※本稿は、国立国会図書館の2006年度調査研究事業の成果物である。

3.4 NLM（米国国立医学図書館）の動向と「長期計画 2006-2016」

慶應義塾大学信濃町メディアセンター（北里記念医学図書館）　酒井　由紀子（さかい　ゆきこ）

はじめに

米国国立医学図書館（National Library of Medicine: NLM）は、保健社会福祉省（Department of Health and Human Services: HHS）傘下の国立衛生研究所（National Institutes of Health: NIH）の一機関で、世界最大のヘルスサイエンス分野の図書館である。

その使命は「医学および関連分野の進展を助け、医学の進展と市民の健康にとって重要な科学、およびその他の情報の普及と交換を助ける」[1] ことにある。900 万以上の図書や非図書のコレクションを所蔵して利用に供するとともに、毎日、数兆バイトのデータを数百万の利用者へ届ける電子情報サービスの開発・運用を行っている。1997 年に世界へ向けて無料公開された “PubMed” をはじめ、そのサービスの恩恵をこうむっている利用者は米国にとどまらない。また、取り扱うデータは書誌やテキスト情報だけではなく、1988 年に設立された NLM の一部門である国立バイオテクノロジー情報センター（National Center for Biotechnology Information: NCBI）が開発・運用する “GenBank” に代表される遺伝子関連のデータベースや解析ツールが、ヒトゲノムプロジェクト（Human Genome Project）で果たした役割は計り知れない。さらに、NLM は 1836 年の創設以来、主に医学研究者や医療従事者をその利用者としてきたが、1990 年代終わりから、一般人をもその利用対象と位置づけるよう方針の転換をした。信頼性のある健康情報ポータルサイト “MedlinePlus” を運営するほか、一般市民への健康情報提供サービスを支援する様々な活動を行っている。また、直接の情報サービスだけではなく、医学図書館や関連機関のネットワークを通じた医学文献提供サービスの調整や、一般市民向け健康情報提供を支援する助成事業、情報サービス活動や情報学の研究開発を進めるための教育研修事業などとその活動範囲は多岐にわたる。

2006 年 9 月に NLM の最高意思決定機関である評議会（Board of Regents）は、2006-2016 年を対象とした長期計画（Long Range Plan）を承認し発表した。NLM の長期計画は、今後の活動の指標となる重要な報告書である。最初の長期計画報告書は 1987 年に出版されたが、今回の長期計画は活動全体を対象とした報告書としては、2000 年についで 3 つ目にあたる。本稿では、医学および関連の情報関連事業によって、米国のみならず世界の医学研究と健康のために貢献する NLM が果たす役割を理解するために、概要と概況につづき、NLM 長期計画について、さらに最新の同報告書でまとめられた 20 年間の軌跡と、目標に見る今後の方向性について最新動向をおりまぜながら解説したいと思う。

(1) 米国国立医学図書館の概要および概況

NLM の前身は 1836 年に創設された陸軍軍医総監事務所の図書室で、1956 年に陸軍から公衆衛生局の傘下に移され、国立医学図書館と命名された。現在の所在地は首都ワシントン（Washington, D.C.）に近いメリーランド州ベセスダ（Bethesda, MD）で、広大な土地を持つ NIH キャンパスに、1961 年建設された第 38 ビルと 1987 年に増築された第 38A ビルがその本拠地である（図 1）。

NLM を率いる館長は 1984 年以来、病理学者で情報技術の医療への応用のパイオニアでもあるリンドバーグ博士（Dr. Donald A.B.Lindberg）である。副

図 1. ベセスダにある NLM の建物
出典：“NLM Art, Images and Logos”. NLM. http://www.nlm.nih.gov/about/imagespage.html, (accessed 2007-03-04).

※本稿は、国立国会図書館の 2006 年度調査研究事業の成果物である。

館長のハンフリー氏（Betsy Humphreys）は長く図書館運営部門で実務の先頭に立って働き、先進的な用語プロジェクトである統合型医学用語システム（Unified Medical Language System: UMLS）を率いるなど輝かしい実績を積んで、2006年に現在の職位に昇格したばかりである。内部の現業部門は大きく５つに分かれる。1) 外部の機関への助成や契約事業を受け持つ外部事業部門（Division of Extramural Program)、2) 図書館運営部門（Division of Library Operation)、3) 研究開発を行うリスターヒル国立生物医学コミュニケーションセンター（Lister Hill National Center for Biomedical Communication)、4)特定分野のサービスを受け持つ特別情報サービス部門（Division of Specialized Information Services)、5)1987年に設立されたゲノム関連のデータベースやツールを提供するサービスで有名な国立バイオテクノロジー情報センター（NCBI）がそれである。

予算規模は2008年度要求で約3億1,300万ドル（1ドル120円として約376億円）を超える。事業別割合（図2）では図書館運営部門が最も多く28%を占め、バイオテクノロジーセンター事業（24%)、および外部委託助成事業（22%）と続く。また、NLM自らの研究開発部門であるリスターヒルセンターにも17%が割り当てられている。1%とわずかながら独立費目として明記されているNIHロードマップ事業は、NIHが全体で進めている横断的な研究事業で、28機関すべてに平等に割り当てられ予算計上されている項目である。

スタッフは2006年9月現在655名で、約半数の49%は図書館運営部門、約1/4の24%はNCBIのスタッフである。なお、ここに外部委託・助成事業で雇用されている、約200名は含まれていない。

次節からは、最新の長期計画報告書をもとに、ここ20年間のNLMの軌跡と今後の方向性などについて、各活動別に述べてみたい。

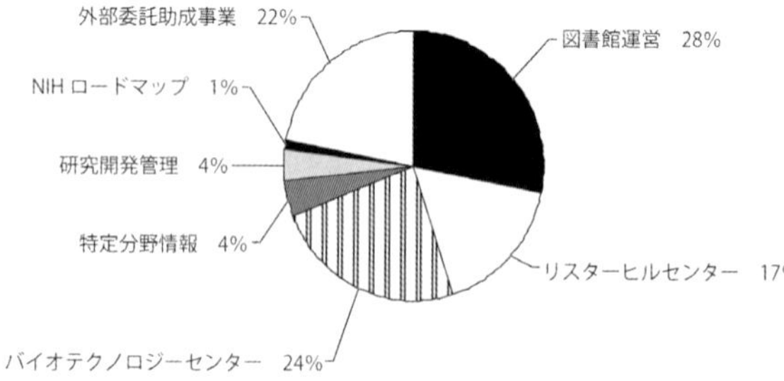

図2. 事業別予算割合
出典："FY 2008 Budget", NLM. http://www.nlm.nih.gov/about/2008CJ.pdf, (accessed 2007-03-04).

(2)「NLM長期計画2006-2016」にみる20年間の軌跡と今後の方向性

1) NLM長期計画（NLM Long Range Plan）の沿革
（一覧と原題は表1）

NLM長期計画は、長期の未来予測をもとに重点目標を決め、直近の３～５年にいかにして優先的に資源を割り当てるかを具体的にまとめた報告書である。最初の長期計画は1985年から20年間先を見据えて方針を定めたものをまとめて1987年に出版された。この報告書の中で目標のひとつであった、「バイオテクノロジーのための情報サービス」が直接1988年のNCBIの設立に結びついている。

その後、環境の変化に応じ特定分野についての報告書が出版された。1) アウトリーチ・サービスの強化に結びついた「医療従事者の情報アクセスの改善」(1989)、2) 画期的なヒト解剖画像プロジェクト"Visible Human Image"に代表される「電子イメージ」(1990)、3) 先進工業国の重要課題として取り組まれた「毒物・環境情報」(1993)、4) 米国医学図書館協会（Medical Library Association: MLA）の教育要綱"Platform for change"(2)で医学図書館員の教育の担い手として指名されたことを受けた「ヘルスサ

表1．NLM長期計画一覧

1987	NLM Long Range Plan
1989	Improving Health Professionals' Access to Information
1990	Electronic Imaging
1993	Improving Toxicology and Environmental Health Information Services
1995	Education and Training of Health Sciences Librarians
1998	A Global Vision for the National Library of Medicine
1999	The NLM Track Record
2000	National Library of Medicine Long Range Plan 2000-2005
2006	Charting a Course for the 21st Century: NLM's Long Range Plan

出典："Charting the Course for the 21st Century: NLM's Long Range Plan 2006-2016". NLM. http://www.nlm.nih.gov/pubs/plan/lrpdocs.html, (accessed 2007-03-04). にすべての報告書へのリンクがある

イエンス図書館員の教育と研修」(1995)、5)1997年にMEDLINEをPubMedを通じて無料公開し、世界の人々の健康のために貢献する方針を、より明確にした「世界の中のNLM」(1998) の5つである。

それまでの長期計画と目標に対する到達度を検証する追跡記録 (1999) を経て、次の全体的な長期計画がまとめられたのは2000年である。2000年の長期計画は、10年後の未来予測をもとにまとめられ、一般市民向けの健康情報についてもNLMが責任を持つことを明確に示している。その他、分子生物学情報システム、生命工学、研究成果出版の将来、電子情報への永久アクセス、情報学研究の基礎、世界の健康のためのパートナーシップなどが盛り込まれている。

2) 2006-2016版作成のプロセス

最新の「長期計画2006-2016」の作成計画は、2004年9月のNLM評議会 (Board of Regents) で承認された。続いて、計画委員会の共同委員長2名とメンバー5名が指名された。共同委員長のひとりは医療政策に関する実績のある元下院議長のギングリッチ氏 (Newt Gingrich) で、もうひとりは、現在ヴァンダービルト医療センターで最高情報責任者 (Chief Information Officer: CIO) を務めているステッド博士 (William Stead) である。ステッド博士は、もともと内科医であるが、1980年代にデューク大学(Duke University)、1990年代にヴァンダービルト大学で統合型先進情報管理システム (Integrated Advanced Information Management System: IAIMS) プロジェクトを推進した著名な医療情報学者でもある。

2005年4月には、「戦略的展望」(Strategic Visions) と題する会合が開催された。これは、未来予測会議とでもいうべきもので、長期計画の範囲より先の20年先までの科学、医学、技術、社会経済にいたるまで、NLMの活動に影響があると思われる事象について議論が行われた。参加者は計画委員会メンバーにアドバイザーを加えた25名であった。医学博士11名が多数派であるが、遺伝学、コンピュータ科学や工学の博士に、看護学、図書館情報学、公衆衛生学、政府刊行物や商業流通までと幅広い分野の専門家を招聘している。図書館関係者では電子図書館の実現を先導してきたリンチ (Clifford Lynch) 氏とほかに2名の図書館員が含まれている。

この未来予測に基づいて、さらに4つの分科会が招集された。2005年末から2006年初めにかけての会合の結果、各分科会から提出された目標とその実現のための勧告がまとめられ、承認されたのち最終報告書にまとめられた。この長期計画報告作成までには合計約80名が関与したが、うち23名が図書館員である。その中には、米国医学図書館協会 (Medical Library Association: MLA) でも活躍している、カリフォルニア大学ディヴィス校のヨコテ (Gail Yokote) 氏、現会長のシップマン (Jean Shipman) 氏、元会長のワトソン (Linda Watson) 氏、事務局長ファンク (Carla Funk) 氏などが含まれている。このような各界からの英知を結集して計画が練られた。

3) 20年間の軌跡

「長期報告2006-2016」では新たな目標と、それを実現するための勧告に先立って、最初の長期計画の対象となった1985-2005年の20年の軌跡がまとめられている。以下、報告書で取り上げられた主要な活動について、若干の補足とともに述べることにする。

NLMの各活動に先んじて、特記事項として触れられているのは予算である。この20年間で5,740万ドル (1986年) が3億2,300万ドル (2006年) と5倍以上の規模に拡大している。議会に対し予算を獲得する役割を20年以上負ってきたリンドバーグ館長も、同報告書の前書きの中で、NLMの成功を支えてきたひとつの要素は比較的順調だった予算の伸びだったと主張している。しかし、予算は最近では2005年を境に若干の減少傾向にあり、2008年度要求の3億1,300万ドルは前年比0.7%減となっている。

1. 文献を中心とした医学情報へのアクセス

文献検索や文献提供の変化については、情報技術の革新による進展が劇的である。たとえば、20年前には書誌データベースの作成や提供にはメインフレームと商業通信ネットワークを利用し、入力は手作業であった。2005年にはインターネットを利用した電子的な仕組みが定着し、年間60万件収載する書誌・抄録データの82%は出版社から直接電子的に受け取っている。また、274,000件の相互貸借依頼の96%は電子的に受け付けている。NLM最大のデータベースであるMEDLINEは、1986年に始めた、初めての個人向け“GreatfulMed”サービスを経て、1997年に稼動したPubMedでインターネットとブラウザがあればだれもが無料で検索可能となった。

“OLDMEDLINE” と呼ばれる古い時期のデータセットも、MeSH（医学件名標目表）の改訂付与などの整備が完成し、2006 年に MEDLINE へ統合された。

その結果、1950 年まで遡って約 1,500 万件の書誌データが同じ条件で一括検索可能となっている。年間検索利用回数は 1997 年には 3,000 万件だったが、2005 年には 8 億 2,500 万件と 27 倍以上の伸びを見せている。文献提供の全国的な仕組みは、NLM が頂点となり、約 6,000 の様々な規模の医学図書館や関係機関が参加している全国医学図書館ネットワーク（National Network Libraries of Medicine: NN/LM）が担っている。同ネットワークは、現在一般市民向けの健康情報提供での役割も大きいが、これについては「アウトリーチ」の項目で述べることにする。

2. ファクトデータ

1987 年出版の最初の長期計画で掲げられた「バイオテクノロジーにおけるファクトデータの利用に貢献する」という目標を受けて、翌年の 1988 年に国立バイオテクノロジー情報センター（NCBI）が設立された。ヒトゲノムプロジェクトで中心的役割を果たした GenBank ほか、現在も生物科学研究に欠かせない遺伝学、生物学のデータにかかわる事業や研究開発を、NIH の研究機関や研究者と共同で継続している。最近では、NIH の各機関が横断的に協力する “Roadmap” 事業の一環として、“PubChem” を開発・提供を開始した。PubChem は新薬開発において重要な低分子（small molecules）の情報リポジトリで、生物的な機能と高分子との相互作用へのリンクが用意されている。これには現在、750 万の低分子情報と 500 万の分子構造データが収載されている。

3. アウトリーチ事業

1989 年の特定分野の長期計画として目標とされた「アウトリーチ」は、医学図書館が身近にない医師向けの文献提供サービスが中心であった。全国医学図書館ネットワークの整備や、直接個人が文献を依頼できる “DOCLINE” や “Loansome Doc” の普及で、当初の目標は達成されたと言える。全国医学図書館ネットワークでは、2006 年に全国 8 つに分けられた地域にそれぞれ設置している拠点図書館（Regional Medical Library: RML）と、5 年毎に行われている契約を交わしたばかりである。また、試験的に設置していた全米の参加機関が共通して利用できる国立研修センター（National Training Center and Clearinghouse）など、3 つの組織が正式運用に移行された。

1990 年代末以降は、アウトリーチ事業でも一般市民への比重が大きくなっている。地域で実施されている研修プログラムが 1996～2001 年の約 4,700 件から 2001 ～ 2006 年の 9,400 件と倍増したのも、一般市民や彼らへの健康情報サービスの担い手とされている公共図書館員向けプログラムが盛んになったためだろう。また、特に今後の課題となっているのは、健康格差（Health Disparities）が生じがちなアフリカ系アメリカ人、先住アメリカ人、ラテンアメリカ系アメリカ人へのサービスである。

さらに一般市民向けの広報活動も、アウトリーチ事業のひとつとして位置づけられている。1996 年に始まった NLM 館内での展示のほか、2005 年からは巡回展示も行われ、ウェブ上の展示では高校生までに向けられた教育資料も含め掲載されている。

4. 一般市民向け健康情報提供

NLM にとって消費者健康情報（Consumer Health Information: CHI）と呼ばれる一般市民向け健康情報サービスは、MEDLINE が PubMed として無料公開された 1997 年が元年と言える。MEDLINE はもともと医学の専門家向けのデータベースであるが、PubMed が公開されると一般市民からの利用が予想以上に多く、約 1/3 を占めることが記録されたのである [(3)]。「長期計画 2000-2005」に一般市民を利用者と位置づけることが明記されて以来、NLM のホームページの利用者ガイド区分、広報文書や予算教書の文書など、すべて “for the public”（一般市民向け）が先に登場する。地域での活動は、前述のとおり全国医学図書館ネットワークを通じて行われる。NLM による直接の一般市民向け健康情報サービスは、特定ウェブサイトの開発・運用が主である。PubMed 公開翌年の 1998 年には、一般市民向けのリンク集 “MedlinePlus” のサービスが開始され、続けて “ClinicalTrials.gov”（2000 年 ）、“Tox Town”（2002 年 ）、“Household Products Database”、“Genetics Home Reference”（2003 年）などと次々に特定分野のサイトが開設された。2006 年に始まった、医薬品のラベル情報を提供する “DailyMed” のサービスも、当初医療従事者を対象としていたが、現在は一般市民の利用を想定して開発中である。

MedlinePlus は、年間 1 億を超える人が 8 億 5,000

万ページを閲覧する最大の一般市民向け健康情報ポータルサイトで、連動して地域の医療機関や地域に特定した情報が探せる地方版サイト“Go Local”も20箇所がサービスを開始している。700以上の医学トピック、医学辞書・事典、医療機関情報に加え、2004年には外科手術のビデオ配信、2006年には人体の部位からのナビゲーション、毎週リンドバーグ館長自らが新しいトピックを紹介する、iPodやiTunesによる音声配信サービスも始まった。また、病院の待合室で患者に読んでもらう健康雑誌MEDLINEplus Magazineも発刊されるなど、拡充を続けている。

臨床試験の登録サイトClinicalTrials.govは、1997年の食品医薬品局近代化法（FDA Modernization Act）に対応したサービスで、患者も参加可能な臨床試験を探すことができる。登録数は約3倍となり、138か国の臨床試験情報29,000件が登録されている。2005年には、生物医学雑誌編集者の団体（International Medical Journal Editors）の申し合わせにより、14の医学雑誌で投稿論文の条件として、臨床試験をいずれかの公式登録サイトに事前登録することが義務付けられたため、登録数が急増した。

一般市民向け健康情報提供では、NLM以外の国家レベルの組織も様々な活動をしている。全国図書館情報学委員会（National Committee on Library and Information Science: NCLIS）もそのひとつであるが、同委員会による第2回目の健康情報図書館賞（2006 NCLIS Health Information Award for Libraries）の授賞式は、2006年5月3日にNLMで行われた。NLMでは1999年の実証研究で、一般市民向け健康情報提供の担い手として公共図書館がふさわしいとして、以降助成事業を推進している。NCLISで授賞した10館の中にも、NLMの助成を受けた図書館プロジェクトが含まれている。

NLMでは、医療機関や医師側からの患者への情報提供のための事業も行っている。情報処方プロジェクト（Information Rx Project）は、医師が患者にMedlinePlusの情報を参照するよう、サイトとページ名を情報処方箋に書いて手渡すというプロジェクトである。これは2003年に米国内科医師会（American College of Physicians）との協力で開始されたが、2007年からはさらに、米国整骨療法学会（American Osteopathic Association）と協力して事業を拡大する予定である。

5. PubMed Centralとフルテキストへのアクセス

“PubMed Central”（PMC）は、NLMの一部門NCBIがNIHのために開発し、2000年2月から運用している無料のデジタルアーカイブである。PMCはNIHの助成した研究の成果の無料公開を推進する“Public Access Policy”の受け皿であるが、NLM自体はオープンアクセス運動を直接支持する立場を示していない。リンドバーグ館長も2006年の“NLM update”の中で、関係団体や出版社との共同事業の可能性があると述べ、中立的な立場を強調している。しかし、PMCはカレントな雑誌論文のオープンアクセスの基盤としても実際に利用され、同時に、一部の雑誌については遡及的なデジタル化によって過去の論文への無料アクセスも実現している。

2007年2月現在、PMCの収載雑誌数は310タイトルで、収載論文数は675,000件である。うち60%は“Back Issue Digitization Project”で遡及的にデジタル化されたものである。当初は条件を満たした雑誌の掲載論文のみを収載する仕組みだったが、「オープンアクセス出版に関するベセスダ宣言」[(4)]後、2003年10月に開始された“Individual Open Access Articles”や、“Public Access Policy”[(5)]の発効にあわせ2005年5月に開始された“Author Manuscripts”の仕組みにより、論文単位の登録が可能となった。前者は現在2件しか登録がされていないが、後者は5,529件が登録されている。加えて、商業出版社が著者に費用を求めてオープンアクセス化するSpringer社の“Open Choice”やWiley社の“Online Open”の論文なども登録が始まっている。なお、国際的な協力も展開中で、すでに英国Wellcome財団の助成研究の成果もNIHと同様にPMCへの登録が促されているため、ミラーサイトが英国に設置されている。

なお、PMCの起源となった構想は、当時のNIH所長ヴァームス（Harold Varmus）が提唱した“E-biomed”である[(6)]。ここでは非査読論文なども搭載する構想であったが、批判が強く、PMCの設立当初から査読があることが条件となった。論文単位の登録が可能となった現在でもこの方針は変っていない。

また、PMCで決めた論文アーカイビングのためのXMLのDTDは標準的な形式として、英国図書館（British Library）や議会図書館（Library of Congress）にも受け入れられており、これが世界標準となる可能性がある。

6.特定分野の情報サービス

特定分野の情報サービスとして特筆されているものに、長期計画の補遺版に従って重点が置かれた、毒物・環境学分野の各種情報サービスと、デジタル画像技術を駆使した“Visible Human Project”がある。

毒物・環境学分野の情報サービスも、毒物学者、化学や薬理学者といった医学研究者から、救急サービス従事者や一般市民へとその対象を広げている。専門家向けサービスには関係データベース複数を同時検索できる“ToxNet”（Toxicology Data Network）がある。一般市民向けには、地域ごとに物質汚染状況や健康関連統計などを把握できる“ToxMap”、家庭で使われる製品の危険物質を調べることのできる“Household Products Database”、インタラクティブに身近な毒物について学ぶことができる、子供向けの“ToxMystery”や“Tox Town”などがある。

Visible Human Projectによって提供されているのは、MRI、CTと低温切開片から作成された、男性と女性のヒト解剖情報データセットで、1994年から1995年にかけて完成した。無料の契約で利用が可能である。現在、世界50カ国の2,000箇所で医学教育、診断、治療計画、仮想現実システムや芸術分野にいたるまで、幅広い分野で利用されている。また、同データセットを利用するために、大学や企業と共同開発したオープンソースソフトウェア“NLM Insight Segmentation and Registration Toolkit”（ITK）は画像を使った研究でよく利用されている。

7.情報ネットワーク基盤構築への貢献

現在の高度な情報サービスを支えるネットワーク基盤は、言うまでもなくインターネットである。NLMは、インターネット普及に直接結びつく国家情報基盤構想（National Information Infrastructure）に先行する、高性能コンピューティング・コミュニケーション（High Performance Computing and Communication: HPCC）計画で中心的役割を果たした。HPCC計画は、NIHのほかに国防総省高等研究計画局（ARPA）、国立科学財団（NSF）、航空宇宙局（NASA）ほか連邦8機関が参加する大規模な事業だったが、1991年に開設されたHPCC事務局の初代局長にはNLMのリンドバーグ館長が指名された。そして、HPCC計画推進のために、NLMは助成金によってテレメディシンなどの研究開発を進めた。当時開発されたインディアナポリスの医療情報ネットワークは、地域医療情報のモデルとして全国で受け入れられている。現在は、より万全なネットワークづくりや非常時の負傷者へのスマートタグの利用の研究開発などに対し助成を行っている。

8.統合型医学用語システムUMLS

NLMは生物医学分野の言語の意味に応じたシステム開発の基盤として、1990年に統合型医学用語システム（UMLS）を開発し発表した。UMLSはメタシソーラス、意味ネットワーク、特別レキシコンの3種類の知識ソースと、付属のソフトウエアから成る。核となるメタシソーラスは、当初10の用語集を統合した125,000の用語と64,000の概念で構成されていたが、2007年2月現在は17の言語、119の用語集、コードから統合した640万の用語と130万の概念に成長している。いまは臨床に特化した用語の標準化事業に取り組んでいる。UMLSはNLMのPubMedなどの検索の仕組みで利用されているほか、無料で外部の機関でも利用できるようになっている。

9.助成事業

NLMは1965年以来、様々な助成事業によって、研究開発や新しい情報サービス事業の発展を促進している。助成事業にはいくつかの枠組みがあるが、「研究助成」では、当初は医療情報システム開発、現在はバイオインフォマティクスや生命工学へと重点が移行されてきている。「資源助成」の枠組みは、実際の情報管理システムや情報サービスのために用意されている。1980年代に始まった、医療センターでの統合的な情報管理システムを整備するためのIAIMS助成もこのカテゴリーに入っている。IAIMSプロジェクトは、図書館員が主任研究者となった大学が多くあって、医学図書館界でも注目された。現在は、それまでの助成プロジェクトの評価のもとに模様替えし、より多くの医療機関に対し門戸が開かれている。

10.根拠に基づく医療（Evidence-Based Medicine: EBM）を支えるヘルスサービス研究情報センター

NLMは議会の要請を受け、1993年にヘルスサービス研究に関する情報センター（National Information Center for Health Services Research and Health Care Technology: NICHSR）を設立した。1990年代初めからのEBMを推進する政策の一環として開設されたもので、米国医療研究・品質庁（Agency for

Healthcare Research and Quality: AHRQ）と協力し、診療ガイドライン、エビデンス報告書やヘルスサービス研究成果などのデータベースの開発・提供などを行っている。1997 年には、疾病対策予防センター（Center for Diseases Control and Prevention, CDC）と共同で、公衆衛生に従事する専門家のための情報提供サイト "Partners in Information Access for the Public Health Workforce"（http://phpartners.org/）を開設している。なお、Partners はアウトリーチ事業としても位置づけられている。

11. 教育・研修事業

NLM は、MLA の教育要綱 "Platform for Change"(7) の中で、医学図書館員の教育の担い手のひとつとして指名されていて、そのための研修プログラムを用意している。また、リスターヒルセンターや NCBI が中心となって推進する医療情報学やバイオインフォマティクスの教育・研修プログラムも数多く設けられている。

図書館員向け教育プログラムで長期にわたるものは、NLM で 1 年間を過ごす "Associate Fellowship Program" で、修士号取得後の研修として位置づけられている。任意で 2 年間とすることができ、2 年目は協力している大学医学図書館での研修となる。もうひとつの学術医学図書館協会（Association of American Health Science Libraries: AAHSL）と連携したリーダーシップ研修制度 "Leadership Fellows Program" は、2002 年に始まった新しいプログラムである。ベビーブーマーの大量退職を控え、次世代のリーダー養成を目指すもので、館長を目指す中堅以上の医学図書館員が参加し、指導には現在医学図書館長を務めるほかの医学図書館員が助言にあたる。1 年間に何度かの集合研修や助言者の所属する図書館の訪問、Web での議論などを組み合わせた内容となっている。

教育・研修プログラムはほかにも、NLM や関係機関で開催されるバイオインフォマティクスや各種インターネットツールの使い方の短期研修などのほか、医療情報学の博士課程学生のための助成や、IAIMS など助成事業の中で展開される研修プログラムなどがある。また、地域で実施される教育・研修プログラムは地域拠点図書館が主導する。なお、PubMed の Tutorial など、ウェブ上で実施されるものも教育・研修プログラムとして位置づけられている。

NLM では以上のような 20 年間の軌跡のレビューを前提に、「戦略的視点」会議で検討された未来予測をもとに、新しい環境変化に対応するため次のような長期計画が立てられた。以下に 4 つの目標と主要な勧告について、関連する最新動向を加え記述する。

4)「NLM 長期計画 2006-2016」の 4 つの目標と勧告

目標 1：生物医学データ、医学知識、健康情報へのシームレス、かつ不断のアクセス

最初の目標は、NLM の伝統的な図書館情報サービスの使命を反映している。具体的な勧告には、NLM の増築計画と危機対策が含まれている。NLM の建物は 1987 年に NCBI 設立時に 650 名のスタッフを想定して増築されたが、すでに一部の部署は NIH キャンパスをはずれた貸しビルなどに点在している。電子時代を迎えた現在でも、スタッフや電子サービスの施設のために、より広いスペースが必要であるとして、1,300 名のスタッフを想定した建物の設計図をすでに完成している。2003 年 11 月に NLM で開催された「場としての図書館」(Library as Place) という会議で、その設計図が披露されていた。危機対策は、2001 年の 9/11 同時多発テロ事件や 2005 年のハリケーン「カトリーナ」など、実際に起こったテロや自然災害などの脅威の体験が契機になっている。全国医学図書館ネットワークが災害時により有効に機能するよう災害計画に関する助成事業を行うほか、NLM 自体の危機管理の整備がうたわれている。なお、NLM はすでにヴァージニア州に重要なシステムのためにバックアップ施設を備えている。また、ドイツ医学中央図書館 (Deutsche Zentralbibliothek für Medizin) と重要な医学雑誌のコレクションを相互に補完する覚書を策定中である。

目標2：ヘルスリテラシーを促進し、ヘルスアウトカムを高め、世界中の健康格差を減少させるための信頼ある情報サービス

一般市民向けの健康情報サービスを推進し、さらにその効果が最大となるよう、情報を健康のために使う一般市民のリテラシーを高めることを目指している。また、世界に貢献する NLM として、その対象を海外の開発途上国にまで広げようとしている。さらに、健康への情報の影響を測定するアウトカム測定のための研究開発に、認知科学の手法を取り入れることなどが提唱されている。

目標3：科学における発見の促進と、科学研究の実用への応用を迅速化する、生物医学、臨床、および公衆衛生情報の統合情報システム

NLMはこれまでも書誌データだけでなく、遺伝学情報を中心としたファクトデータや画像データ、また、医学概念を組織化したUMLSなど様々なリソースを開発してきたが、さらに、これらを発展応用することが目標に掲げられている。ひとつは、遺伝学情報の臨床応用である。たとえば、よくある疾病の原因を一塩基変異多型に着目して解明しようとする研究プロジェクト“Genes and Environmental Initiative”(GEI)や、マサチューセッツ州で1948年から三世代に渡り継続されている長期間の住民追跡健康調査研究で、最近はDNA情報も収集されている“Framingham Heart Study”の支援などが対象となる。もうひとつは、これまで直接取り扱ってこなかった診療記録へのUMLSの発展的応用である。診療記録は生物医学情報との連動が大きな課題になっているため、NLMは用語の標準化に貢献することが求められている。個人の電子的な診療記録（Electronic Health Record: EHR）の整備は、米国が推進する国家健康情報基盤（National Health Information Infrastructure: NHII）事業でも必須の要素とされている。

目標4：生物医学情報学研究、システム開発、および革新的なサービス提供のための強力で多様な人材育成

過去30年間の情報学関連教育と研修の実績に加え、さらに重点目標に沿った必要な人材育成の必要性が叫ばれている。勧告の中には、ベビーブーマーの大量退職を受け、若いうちから優秀な人材を確保すべく、高校までの学校や大学学部での広報活動の推進が含まれている。また、既存の図書館員向けの患者教育や生物医学情報サービスを含む高度な情報サービスのため、継続的な研修プログラムや、医学、情報学、コンピュータ科学、言語学、工学などの学際的な教育の必要性が盛り込まれている。

おわりに

NLMが担う生物医学分野の情報提供という基本的な機能は、その創設当時から変わっていない。しかし、NCBIの創設による莫大なデータを扱う科学研究そのものへの直接的な寄与や、MedlinePlusの提供をはじめ一般市民を対象とした信頼できる情報のサービスなど、その守備範囲は確実に広がっている。「長期計画2006-2016」では、さらに高度な科学研究のための情報サービスや、診療記録との連携、世界の健康格差の是正など、その役割を大きく広げようとしている。

このように、広範囲の活動が着実に実行され実績をあげてきたのは、リンドバーグ館長も主張しているように、細心の立案と創造的思考（careful planning and visional thinking）[(8)]に鍵があるようである。本稿で追った長期計画の作成プロセスや内容から、医学研究者や図書館関係者、コンピュータ科学に限らず、政策関係者や民間の企業など広く専門家を集め、親機関であるNIH、さらには連邦政府の重点目標を節目ごとにとらえる、説得力のある計画づくりをしていることがうかがえる。しかも、計画に対する実績の評価を踏まえて、確実に次のステップに進む手続きを踏んでいる。さらに、今回の「目標4」に掲げられているように、事業の拡大には、長期的な展望にたった人材への投資も忘れずに盛り込んでいる。これらの緻密な計画、評価、そして必要な予算や人材を当てた実行のサイクルが、NLMの役割を進展させていることが理解できる。

本稿をまとめるにあたり、愛知淑徳大学　野添篤毅教授に建設的なご助言をいただきました。ここに記し、謝意を表します。

(1) National Library of Medicine. NLM Long Range Plan. The Library, 1987, 67p. http://www.nlm.nih.gov/archive/20040721/pubs/plan/lrp/contents.html, (accessed 2007-02-18).
(2) Platform for change: the educational policy statement of Medical Library of Association. Medical Library Association, 1991. http://www.mlanet.org/education/platform/index.html, (accessed 2007-02-18).
(3) Zipser, Janet. “MEDLINE to PubMed and beyond”. National Library of Medicine. 1998. http://www.nlm.nih.gov/bsd/historypresentation.html (accessed 2007-02-18).
(4) “Bethesda Statement on Open Access Publishing”. http://www.earlham.edu/~peters/fos/bethesda.htm, (accessed 2007-02-18).
(5) “NIH Public Access Policy”. National Institutes of Health. http://publicaccess.nih.gov/policy.htm (accessed 2007-02-18).
(6) Vermus, Harold. E-BIOMED: A Proposal for Electronic Publications in the Biomedical Sciences. 1999. http://www.nih.gov/welcome/director/pubmedcentral/ebiomedarch.htm. (accessed 2007-02-18).
(7) Platform for change: the educational policy statement of Medical Library of Association. Medical Library Association, 1991. http://www.mlanet.org/education/platform/index.html, (accessed 2007-02-18).

(8) "2008 Congressional justification". National Library of Medicine. 2007. http://www.nlm.nih.gov/about/2008CJ.pdf, (accessed 2007-02-18).

Ref:

"National Library of Medicine". http://www.nlm.nih.gov/, (accessed 2007-02-18).

National Library of Medicine. Board of Regents. Charting a Course for the 21st Century: NLM's Long Range Plan 2006-2016. 2006, 73p. http://www.nlm.nih.gov/pubs/plan/lrp06/long % 20range % 20plan % 20bor % 20september % 20 2006% 20v31.pdf, (accessed 2007-02-18).

National Library of Medicine. National Library of Medicine programs and services, fiscal year 2005. 2006, 87p. http://www.nlm.nih.gov/ocpl/anreports/fy2005.pdf, (accessed 2007-02-18).

MLA 2005: NLM Update PowerPoint Presentations. NLM Technical Bulletin. 2005, (344), e11e. http://www.nlm.nih.gov/pubs/techbull/mj05/mj05_mla_nlm_update_ppt.html, (accessed 2007-02-18).

MLA 2006: NLM Update PowerPoint Presentations. NLM Technical Bulletin. 2006, (351), e3e. http://www.nlm.nih.gov/pubs/techbull/ja06/nlm_update_ppt/NLMUpdate2006.ppt (accessed 2007-02-18).

Jentsch, Jennifer. PubMed Central Update. MLA 2006: NLM Theater PowerPoint Presentations. NLM Technical Bulletin. 2006, (351), e3d. http://www.nlm.nih.gov/pubs/techbull/ja06/theater_ppt/pubcentral.ppt, (accessed 2007-02-18).

野添篤毅．EBMを支援する米国国立医学図書館の活動：専門家から消費者へ．医学図書館．2001, 48(3), p.290-299.

大瀧礼二．National Network of Libraries of Medicine (NN/LM) の outreach 活動．医学図書館．2001, 48(2), p.174-181.

酒井由紀子．米国国立医学図書館と図書館情報学国家委員会による健康情報サービス支援事業．カレントアウェアネス．2006, (287), p.13-16. http://www.dap.ndl.go.jp/ca/modules/ca/item.php?itemid=1019, (accessed 2007-02-18).

酒井由紀子，諏訪部直子．"米国現地調査記録 (2002年11月)：National Library of Medicine". 日本におけるEBMのためのデータベース構築および提供利用に関する調査研究：平成14年度厚生労働科学研究費補助金医療技術評価総合研究事業．2003, p.42-50.

3.5 NAL（国立農学図書館）の動向

独立行政法人農業環境技術研究所 広報情報室　　福田 直美（ふくだ なおみ）

(1) NAL の概要

国立農学図書館（National Agricultural Library：NAL）は 1862 年に設立、1962 年に正式に国立図書館となり、現在は米国農務省（United States Department of Agriculture：USDA）で研究所を束ねる“Agriculture Research Service（ARS）”のもとにあり、主に農業・農学関係の図書資料類の収集・提供、および農学情報（論文情報等）のデータベース（AGRICOLA）の作成・提供を、米国農務省職員・農業者・学生・図書館・一般を対象に行っている。設立当初より、米国において農業が大きな基幹産業と位置づけられている背景を反映しているといえる。なお、所蔵コレクションには図書資料以外にも、過去実施していた遺伝資源に関する資料や、原稿類などのコレクションなどがある。

農学のさらに細分化した分野の情報については、独立性の高い８つの専門情報センターを擁しており、NAL 本体では文献情報を中心に、学術・農業データはこの専門情報センターが担っている。この専門情報センターは、重要性に応じ随時改廃される。

AGRICOLA は 1970 年より構築されている農学・生命科学分野の論文データベースとして米国内外の研究者の利用に供されていることは周知の事実である。

1994 年には、すでに電子図書館構想が打ち出され、電子体情報をいかに有機的に利用・提供できるかの模索と、各種資料のデジタル化技術（スキャニング、OCR など）・検索システムなどの開発が行われ、利用に供されていたところである。

この技術開発は、NAL の所蔵する各種コレクション（動植物・作物等の図版・写真、カタログ、原稿など）に生かされ、特殊コレクションとして WEB 上で提供されている。また、2001 年より、専門情報センターが構築・提供する DB や NAL で契約のオンラインジャーナル・新聞・“BIOSIS”や CAB などのデータベースを横断検索・利用のできるシステム“DigiTop”を構築、試験運用を開始し現在に至っている（USDA 内の利用）。

(2) NDLA 実現に向けて

2000-2002 年のレポートに「農業・農学のための国立電子図書館（National Digital Library for Agriculture：NDLA）を目標とすること」が報告されているが、前述のように 1994 年以前に電子図書館構想が打ち出されていた。当時は電子掲示板などの運用が行われていたようである。

各種のデータベースやオンラインジャーナルなどのデジタルコンテンツについては DigiTop で、NAL 所蔵の特殊コレクションのデジタル化したコンテンツもすでに WEB 上での提供がなされている現在、これらデジタルデータの長期的な保持・利用が重要となっている。また、関連機関の保有するデジタルコンテンツをいかに有機的なネットワークのもと、統合的に利用提供できるようにするかも今後の重要課題といえる。

すでに、(1)“Voyager Integrated Library System（ILS）”の導入：米国議会図書館、米国医学図書館を含む世界 600 以上の図書館とのネットワークの実現、(2)“AgNIC（Agriculture Network Information Center）”：農業関連図書館（学会・大学・研究機関など現在 49 の図書館が参加）とのネットワークに８つの専門情報センターとともに参加（National Invasive Species Information Center は 2007 年 1 月に参加が承認された）しており、デジタルコンテンツを有機的に提供する土台は固まったといえる。

これらの背景の下、NDLA については、2006 年に具体的計画のための各種会議が開催され、2007 年度連邦予算が申請されており実現へ向けてのスタートが切られている。

Ref：
Agriculture Network Information Center. “National Invasive Species Information Center(NISIC) Join AgNIC”. http://www.agnic.org/partners/nal/news/national-invasive-species-information-center-nisic-joins-agnic, (accessed 2007-02-05).
Agriculture Network Information Center. “Partners”. http://www.agnic.org/partners/index.html, (accessed 2007-02-05).
National Agricultural Library. “About NAL: National Agricultural Library Information Centers”. http://www.nal.usda.gov/about/index.shtml, (accessed 2007-02-05).
National Agricultural Library. “Information Centers”. http://www.nal.usda.gov/infoctr.shtml, (accessed 2007-02-05).
National Agricultural Library. “NAL Collections”. http://www.nal.

※本稿は、国立国会図書館の 2006 年度調査研究事業の成果物である。

usda.gov/collections/, (accessed 2007-02-05).
長塚隆. 米国の国立農学図書館訪問記. 日本農学図書館協議会誌. 2005, (137), p.1-4.
長塚隆. 講演記録：第４回鶴見大学デジタルライブラリー国際セミナー「デジタル時代の米国国立農学図書館のあり方」. 日本農学図書館協議会誌. 2006, (143), p.6-12.
[北村實彬]. 米国農務省における研究と技術移転の現状. 農林水産技術会議事務局研究管理官・開発官室, 1994, p.9-19.
福田直美. Hello, and Short Good-bye：米国国立農学図書館などかけある記. 日本農学図書館協議会誌. 2005, (135), p.10-14.

3.6 米国における政府情報アクセスに関する動向 〜連邦政府刊行物寄託図書館制度を中心に〜

国立情報学研究所　情報社会相関研究系　　古賀　崇（こが　たかし）

はじめに

米国においては、図書館と政府情報との間に強いつながりが構築されてきた。その中心となるのは連邦政府刊行物寄託図書館制度（Federal Depository Library Program: FDLP）である。これは、連邦議会傘下の機関である政府印刷局（Government Printing Office: GPO）が、行政府・司法府を含めた連邦政府全体の刊行物をとりまとめて印刷し、その刊行物を全米各地にある大学・公共・専門図書館等に無償で提供する、というしくみである。FDLPのもとで、図書館は政府情報アクセスの場として位置付けられてきたが、近年では電子政府（electronic government）構築の進展により、政府情報アクセスに関する図書館の役割に再考が迫られている。さらに、いわゆる2001年の「9.11」事件の後、政府情報アクセスをめぐる状況も変容したとの声が止まない。

本稿においては、FDLPを中心に、アメリカにおける政府情報アクセスに関する動向をまとめてみたい。

(1) 連邦政府刊行物寄託図書館制度（FDLP）の概要

FDLPは、19世紀初頭という建国初期に原型が確立し、1895年制定の「印刷法」という法律が現在の制度の大枠を形成した。この「印刷法」は現行の合衆国法規では第44編（Title 44, U.S. Code, Public Printing and Documents）に当たり、その第19章“Depository Library Program”（第1901条〜第1916条）がFDLPに法的根拠を与えている。

FDLPでの寄託対象となる「政府刊行物」は、第1901条により以下のように定義されている。「政府の経費負担により個々の資料（documents）として刊行されるか、または法律上の規定により刊行される、情報提供のための著作物（informational matter）」（第1901条）。ただし、事務用、作業用の資料で一般的関心の対象とならず、教育的価値もないと判断されるもの、また国家の安全のため秘密扱いとするもの、ならびに科学技術レポート類など、販売により利益を上げてコストを回収する目的で提供される刊行物は、寄託図書館への提供の対象から除外される（第1902条、第1903条）。

政府刊行物を収集し利用に供する「寄託図書館」については、「地域寄託図書館（Regional Depository Library）」「選択寄託図書館（Selective Depository Library）」の２つのカテゴリーに分けられる。ほぼ州単位で設置される地域寄託図書館はGPOから頒布されるすべての刊行物を受け入れ永年保存する上、当該地域の寄託図書館業務の監督－具体的にはレファレンス・相互貸借の統括など－という責務も負う（第1912条）。一方、選択寄託図書館は受け入れる刊行物の選択が可能であるが、選択する刊行物については、GPOの中でFDLPを管轄する役職である政府刊行物監督官（Superintendent of Documents: SuDocs）にあらかじめ届け出る必要がある（第1904条）。また一定の年数を経た寄託資料の除籍も選択寄託図書館の側では可能だが、その際には地域寄託図書館からの許可を受けなければならない（第1911条、第1912条）。寄託図書館の総数は、2006年12月時点で1,263館である（うち地域寄託図書館は52館）。近年は、寄託図書館にならずとも電子上の政府情報にアクセスできること、また寄託図書館としてのサービスを遂行するに見合う人員や財源を確保できないといった理由で、寄託図書館の数は減少傾向にある(1)。

前述の通り、GPOの中ではSuDocsがFDLPを管轄するが、実務面から言えば、SuDocs傘下の「図書館サービス・コンテンツ管理部（Library Services and Content Management）」が、政府刊行物の目録の作成、寄託資料の受領・発送などFDLP運営の諸業務を担当している。SuDocsが管轄する業務には、このほか、政府刊行物の販売、ならびに各国の国立図書館などに対する政府刊行物の国際交換が含まれる。なお、GPO長官（Public Printer）の諮問機関として、寄託図書館に参加する図書館員などから成る「寄託図書館協議会（Depository Library Council to the Public Printer）」があり、ここがFDLPの運営について助言・提言を行っている。

2005会計年度（2004年10月1日から2005年9月30日まで）において、FDLPで扱われた政府刊行

※本稿は、国立国会図書館の2006年度調査研究事業の成果物である。

表 1-1　2005 会計年度に FDLP で扱われた政府刊行物の数

	タイトル数	頒布数
有形の刊行物（印刷物、CD-ROM、マイクロ、地図含む）	10,301	5,285,169
うち印刷物	7,714	（未公表）
GPO Access 上の刊行物	18,834	-------------

出典：以下に記載のデータをもとに筆者が作成。
Distribution and other statistics. Administrative Notes: Newsletter of the Federal Repository Library Program. 2006, 27(1-2), p.17-18. http://www.access.gpo.gov/su_docs/fdlp/pubs/adnotes/ad01_021506.pdf, (accessed 2007-01-30).

物の数は表 1-1 の通りである。ここには、寄託図書館に頒布された有形の刊行物の数、および後述する “GPO Access” でカバーされる電子上の刊行物のタイトル数を含む。

(2) 国立公文書館・記録管理局（NARA）の活動

ところで、GPO・FDLP と並んで、米国内で政府情報アクセスを担う重要な機関としては、国立公文書館・記録管理局（National Archives and Records Administration: NARA）が挙げられる。この NARA が扱うのは、立法・行政・司法の三権にわたる米国政府の「記録（records）」であるが、これは上述した合衆国法規第 44 編の第 3301 条において、次のように定義されている（以下の訳文は原文を若干簡略化した）。

> 政府が作成した書籍、文書、地図、写真、機械可読資料、その他の記録資料（documentary materials）の中で、政府の組織、機能、政策、決定、手続、活動などの証拠として保存すべきもの。レファレンスや展示目的のための図書館ないし博物館での資料（material）、参照の便宜のためにのみ保存されている資料（documents）の余部、および刊行物や軽印刷資料（processed documents）のコレクションは記録には含まれない。

上述したような、FDLP での寄託対象となる「政府刊行物」と、ここでの「記録」に重複するものもあり得るが、「記録」としては「政府の組織、機能、政策、決定、手続、活動などの証拠」と見なされるものに重点が置かれる。実際には、刊行を前提としない政府内部の「記録資料」が、NARA が扱う「記録」の大部分を占めることになる。また、ここでの「記録」には、政府の現場で用いられる「現用記録」と、政府の現場では不要になった「非現用記録」の両方が含まれる。後者の「非現用記録」のうち、「証拠」としての重要性に鑑みて「評価選別」されたものが、国立公文書館の施設、あるいは NARA のウェブサイトで公開されるのである。

なお、アメリカにおいて国立公文書館（National Archives）が設立されたのは比較的遅く、1934 年のことである。その後、1949 年に現用記録の管理に関する業務が加わり、1984 年に現在の NARA という名称となった。1984 年以前は、連邦政府の資産管理や調達業務を担当する「共通役務庁（General Services Administration：GSA)」の傘下にあったが、NARA となってからは独立した政府機関という位置付けになっている (2)。

現在の NARA は、“Electronic Records Archives (ERA)” (3) という、電子記録の永続的保存を保障するためのしくみの構築に力を注いでいる。ERA はマークアップ言語である XML を電子記録に応用し、将来的なソフトウェア・ハードウェアの切り替えにも影響を受けないかたちでの記録保存を可能とするしくみとして構築されるものである。ERA は 2007 年より部分的な稼働を始め、2011 年までに本格的な稼働に入る予定である。

(3) 政府情報の電子化と「電子的 FDLP」

FDLP はあくまで、紙ないしマイクロ媒体という有形の刊行物の存在を前提としたしくみをとってきた。つまり、GPO が「規模の経済」を生かして集中的に政府刊行物をとりまとめ、地理的に分散配置された寄託図書館で政府刊行物を重複して保有することによって政府情報アクセスを保障してきた。インターネットの普及は、「政府情報の電子化」、すなわち政府各機関がインターネット上で自由に情報発信を行うことを促したが、同時に FDLP の存在意義を大きく揺るがすこととなった。

GPO においては、「電子的 FDLP（Electronic FDLP)」として、上記のような環境においても FDLP 的しくみを維持しようとの試みを続けている。つまり、FDLP の担う役割の中で、「外部に発信された政府情報の永続的保存ならびに“永続的アクセス (permanent public access)”の保障」「発信された情報の把握と組織化」という要素は、電子的環境においても維持されるべきである、との立場から、これらの要素を反映したしくみの構築を進めている。

「電子的FDLP」への動きを大きく促したのは、1993年制定の「GPO電子情報アクセス推進法（GPO Electronic Information Access Enhancement Act, P.L. 103-40. 合衆国法規第44編第41章に編入）」である。これに基づき、GPOは1994年6月に"GPO Access"[(4)]という統合的ウェブサイトを開設し、これを「電子的FDLP」の基盤と位置付けている。このサイトにおいて、連邦官報（Federal Register）、連邦議会議事録（Congressional Records）、連邦規則集（Code of Federal Regulations）など、主要な政府刊行物が電子上の全文データベースとなり、利用者に無料アクセスを提供している。現在ではGPO Access上に加えられる新規タイトル数が、寄託図書館に頒布される有形の刊行物のタイトル数を大きく上回っている（前掲の表1-1参照）。

GPOはまた、「電子的FDLP」を拡充させるために、他機関との協力関係の構築（パートナーシップ）を推進している[(5)]。パートナーシップの類型としては、政府情報の保存と「永続的アクセス保障」を主眼とした"Content Partnerships"、FDLPのサービス改善を主眼とした"Service Partnerships"がある。それぞれの代表例としては、活動を停止した政府の機関や委員会のウェブサイトを保存し、組織化している"Cybercemetery"（ノース・テキサス大学図書館と共同）[(6)]、FDLPのコレクション管理に必要なデータの検索をウェブ上で可能にする"Documents Data Miner"（ウィチタ州立大学（カンザス州）と共同）[(7)]がある。

さらに、GPOは、GPO Accessに含まれる電子上の「刊行物」の保存について、2003年8月にNARAと協定を結んだ[(8)]。ここでは、保存に関する法的責任はNARAが負う一方で、GPO Access上の「刊行物」に関する物理的な保有についてはGPOが維持し、またその「刊行物」の「永続的アクセス保障」についてはGPOが責任を負う、と定められた。最近では、GPOは「国家的コレクション（National Collection）」[(9)]という名のもとで、有形の刊行物と無形の「電子上の刊行物」を包括した政府情報のコレクションを維持・保存し「永続的アクセス」を保障するための計画を進めている。「国家的コレクション」計画では、外部の利用には供さず保存機能に特化した「ダーク・アーカイブズ」と、外部の利用のためのアクセスを提供する「ライト・アーカイブズ」を並行して構築する、といった構想が成されている。

もっとも、こうした「電子的FDLP」の取り組みがどれだけ外部からの支持を得ているかについては疑わしい、と言うべきかもしれない。まず、「電子的FDLP」の基盤とされているGPO Accessについては、競合する上に利便性の高いサイトが数多くあり、存在感を十分発揮しているとは言い難い。具体的には、連邦政府および州政府のウェブ上の情報を集約したポータルサイト"USA.Gov"（共通役務庁）[(10)]や、連邦レベルでの法律・法案情報に特化したサイト"THOMAS"（議会図書館）[(11)]など、利用者にとって有益と思われる政府のポータルサイトは数多くある。加えて、民間の検索エンジン"Google"の中で政府情報検索に特化した"Google U.S. Government Search"[(12)]などとの競合もある。

また、GPOの活動をめぐる政策面での支援も弱まっている。2001会計年度において上述のSuDocsに関連する予算が200万ドルも減額され、GPOは印刷物としての政府刊行物のFDLPへの提供を大幅に削減することを余儀なくされたこと、また連邦議会傘下の会計検査局（General Accounting Office）[(13)]が2001年3月に、GPOの機能を縮小し、それを政府各機関や議会図書館（Library of Congress: LC）に分散させる試案を提示したこと、などがその現われと言える。2001年3月には連邦政府の諮問機関である全国図書館情報学委員会（National Commission on Libraries and Information Science: NCLIS）が「公的情報の提供に関する包括的調査」の最終報告書において、GPOのように政府情報の提供・管理を集中的に行う機関の機能を、従来（有形の刊行物の時代）と同様に電子的環境で強化すべきだと提言したものの[(14)]、その後の政策形成にはほとんど反映されていない。その後、2002年12月に制定された「電子政府法」では、公共図書館が米国の「電子政府」にアクセスするための重要な場所のひとつとして位置付けられているものの、それを実現するための具体的手段については詳細な規定は設けられていない[(15)]。

(4)「9.11」後の政府情報アクセスの動向

その一方、いわゆる「9.11」の同時多発テロ事件（2001年）、およびその後のブッシュ大統領の「テロとの戦い（war on terrorism）」宣言により、政府情報アクセスについては大きな影響が生じている[(16)]。

その大きな影響のひとつとしては、「テロリストに悪用される可能性」を理由に、一旦政府ウェブサイトに掲載された内容が削除される事態の増加が挙げられる。具体的には、環境省が提供していた化学物質による汚染の可能性がある地域の情報、エネルギー省による発電施設の詳細情報などが、削除の対象となっている。その一方、どのような情報が削除されたかを確認する明確な手立てがないことを問題視する意見が、図書館界や公益団体などから上がっている。また、米国内の水流に関する詳細を収録した、寄託図書館に頒布済みの CD-ROM について、2001 年 10 月に GPO が米国地質調査局（U.S. Geological Survey）の依頼に基づき寄託図書館に廃棄要請を出す、という事態も生じている。

その他、図書館の利用記録を犯罪捜査の対象に含めた愛国者法（Patriot Act）が、“E-rate”（本誌第 1 章 1.5.2 を参照）など政府からの補助とひきかえに公共・学校図書館内のインターネット端末に「フィルターソフト」導入を義務づけた「子どもをインターネットから保護する法律（Children's Internet Protection Act: CIPA)」などと相まって、図書館における「電子政府」へのアクセスを妨げている、との指摘がある[17]。こうした点に加え、情報公開法の運用[18]や NARA に所蔵された記録へのアクセス[19]も「テロとの戦い」宣言後は後退している、との指摘は絶えない。

おわりに：「図書館における政府情報アクセス」の意義とは

FDLP については、「有形の政府刊行物の管理」を前提としたしくみから抜け出せておらず、その運営体制の非効率性を批判する声もある。しかし、こうした問題とは別に、アメリカの図書館界では政府情報アクセスを自らの重要な任務のひとつと位置付けている。それを現すものに、アメリカ図書館協会の『図書館の権利宣言』に関連する文書がある。すなわち、この『権利宣言』の解説文の第 2 項「電子情報、サービス、ネットワークへのアクセス」の中には「図書館は電子の形態で提供される政府情報へのアクセスを提供する義務を持つ」という一文があり、この項目に関する「問答集」は「民主主義では、図書館は利用者にたいして、自治への参加に必要な情報を提供するという特別の義務がある」ゆえ、「電子形態でのみアクセスできるものへと急速に移行」している政府情報について、図書館は従来の冊子体のものと同様にアクセスを提供せねばならない、と解説している[20]。

2006 年には、「全米の公共図書館におけるインターネットアクセスの現状」を継続的に調査してきたフロリダ州立大学の研究グループが、「電子政府上の情報・サービスへのアクセス」を理由に公共図書館でのインターネット端末を利用している人が一定数あること、さらに 2005 年夏のハリケーン「カトリーナ」による被災など、緊急時には連邦緊急管理庁（Federal Emergency Management Agency）への援助申請など「公共図書館における電子政府上の情報・サービスへのアクセス」の重要性が著しく増すこと、を明らかにしている[21]。

「電子政府」の名のもとに政府が情報やサービスをウェブ上で提供する事態が進むにつれ、図書館員として必要な技能、および図書館ならびに公文書館などの関連機関に求められる役割も、今後大きく変わってくるものと思われる。あわせて、政府がこうした「電子政府へのアクセス」にかかわる技能や役割をどう支援するか、また教育・研究の面から「政府情報」「電子政府」と図書館との関係をどう再定義するか、も問われることになるだろう。こうした論点を知るための手がかりとして、寄託図書館員によって運営されているブログ “Free Government Information”[22] を最後に紹介しておきたい。

(1) Griffin, Luke A; Aric G. Ahens. Easy access, early exit? The Internet and the FDLP. DttP: A Quarterly Journal of Government Information Practice and Perspective. 2004, 32(3) , p.38-41.
(2) U.S. National Archives and Records Administration. “The development of the U.S. archival profession and timeline for the National Archives”. http://www.archives.gov/about/history/milestones.html, (accessed 2007-01-30).
(3) U.S. National Archives and Records Administration. “Electronic Records Archives (ERA)”. http://www.archives.gov/era/, (accessed 2007-01-30).
(4) U.S. Government Printing Office. “GPO Access”. http://www.gpoaccess.gov/, (accessed 2007-01-30).
(5) U.S. Government Printing Office. “FDLP Partnerships”. http://www.access.gpo.gov/su_docs/fdlp/partners/, (accessed 2007-01-30).
(6) University of North Texas Libraries. “Cybercemetery”. http://govinfo.library.unt.edu/, (accessed 2007-01-30).
(7) Wichita State University. “Documents Data Miner”. http://govdoc.wichita.edu/ddm/, (accessed 2007-01-30).
なお，Documents Data Miner の詳細については以下を参照。
Myers, Nan. “Documents Data Miner: Creating a paradigm shift in government documents collection development and management”. Kumar, Suhasini L. ed. The Changing Face of Government Information: Providing Access in the Twenty-first Century. New York, Haworth Information Press, 2006, p.163-190.
(8) 協定の詳細は以下を参照。
Memorandum of Understanding (MOU) between the Government Printing Office and the National Archives

and Records Administration. Aug. 12, 2003. http://www.gpoaccess.gov/about/naramemofinal.pdf, (accessed 2007-01-30).

(9) これは，2004年秋までは「最後の拠り所としてのコレクション（Collection of Last Resort)」と呼ばれていた。
筑木一郎. 最後の拠り所としての政府情報コレクション. カレントアウェアネス. 2005, (283), p.4-5. http://www.dap.ndl.go.jp/ca/modules/ca/item.php?itemid=980,（参照 2007-01-30）.
村上浩介. 米国政府刊行物アーカイビングの進展. カレントアウェアネス. 2005, (285), p.15-18. http://www.dap.ndl.go.jp/ca/modules/ca/item.php?itemid=1001,（参照 2007-01-30）.

(10) Office of Citizen Services and Communications, U.S. General Services Administration. "USA.gov". http://www.usa.gov/, (accessed 2007-01-30).
なお，このサイトは2000年９月に"FirstGov"として開設され，2007年１月より名称を変更した。

(11) U.S. Library of Congress. "Thomas". http://thomas.loc.gov/, (accessed 2007-01-30).

(12) Google. "Google U.S. Government Search". http://www.google.com/ig/usgov/, (accessed 2007-01-30).

(13) 2004年７月より名称を「政府説明責任局（Government Accountability Office)」に変更した。

(14) U.S. National Commission on Libraries and Information Science. "Comprehensive Assessment of Public Information Dissemination: June 2000-March 2001". http://www.nclis.gov/govt/assess/assess.html, (accessed 2007-01-30).

(15) Bertot, John Carlo. et al. Public access computing and Internet access in public libraries: The role of public libraries in e-government and emergency situations. First Monday. 2006, 11(9). http://www.firstmonday.org/issues/issue11_9/bertot/index.html, (accessed 2007-01-30).

(16)「9.11」後の政府情報アクセスの問題点を概観した例として，以下を参照。
Martorella, Georgina. "Libraries in the aftermath of 9/11". Kumar, Suhasini L.ed. The Changing Face of Government Information: Providing Access in the Twenty-first Century. New York, Haworth Information Press, 2006, p.109-137.

(17) Bertot, John Carlo. et al. Public access computing and Internet access in public libraries: The role of public libraries in e-government and emergency situations. First Monday. 2006, 11(9). http://www.firstmonday.org/issues/issue11_9/bertot/index.html, (accessed 2007-01-30).

(18)「9.11」後の情報公開法の運用の実情については，例として以下を参照。
Repeta, Lawrence. 闇を撃つ：Secrecy and the Future of America. 石井邦尚訳. 東京, 日本評論社, 2006. 246p.
Gidiere, P. Stephen, III. The Federal Information Manual: How the Government Collects, Manages, and Discloses Information under FOIA and Other Statutes. Chicago, American Bar Association, 2006, 446p.

(19) NARAにおける記録へのアクセスをめぐる問題については，例として以下を参照。小谷允志. 政府秘密情報の公開をめぐって：米国国立公文書館の活動. 行政&ADP. 2006, 42(10), p.76-77.
Cox, Richard J. The National Archives reclassification scandal. Records & Information Management Report. 2006, 22(9), p.1-13.

(20) Office for Intellectual Freedom, American Library Association ed. 図書館の原則：図書館における知的自由マニュアル．第６版，川崎良孝ほか訳．東京，日本図書館協会，2003, p.84, p.93.
なお，この原書としては第７版が2005年に刊行されており，解説文の引用部分については変更はない。
Office for Intellectual Freedom, American Library Association ed. Intellectual Freedom Manual. 7th ed, Chicago, ALA, 2005, p.87.
また，「問答集」は第７版では省略され，ウェブ上でのみ閲覧可能だが，これについても引用部分に変更はない。以下を参照。
American Library Association. "Questions and answers: Access to electronic information, services, and networks: An interpretation of the Library Bill of Rights". http://www.ala.org/ala/oif/statementspols/statementsif/interpretations/qandaaccess.pdf, (accessed 2007-01-30).

(21) Bertot, John Carlo. et al. Public access computing and Internet access in public libraries: The role of public libraries in e-government and emergency situations. First Monday. 2006, 11(9). http://www.firstmonday.org/issues/issue11_9/bertot/index.html, (accessed 2007-01-30).

(22) Jacobs, Jim A. et al. "Free Government Information". http://freegovinfo.info/, (accessed 2007-01-30).

Ref:

古賀崇．アメリカ連邦政府刊行物寄託図書館制度の電子化への過程とその背景．日本図書館情報学会誌．2001, 46(3), p.111-127.

古賀崇．米国連邦政府の電子情報政策：情報アクセスをめぐる議論と"September 11th"の影響．カレントアウェアネス．2002, (273), p.13-15. http://www.dap.ndl.go.jp/ca/modules/ca/item.php?itemid=904,（参照 2007-01-30）.

古賀崇．アメリカ連邦政府におけるウェブ上での情報提供のしくみ：日本への示唆も含めて．行政＆ＡＤＰ．2004, 40(11), p.13-19.

平野美惠子．米国の電子政府法．外国の立法．2003, (217), p.1-74. http://www.ndl.go.jp/jp/data/publication/legis/217/21701.pdf,（参照 2007-01-30）.

Carlin. John W. "NARAとともに：わが戦略計画と成果". 小谷允志，古賀崇訳．入門・アーカイブズの世界：記憶と記録を未来に．記録管理学会，日本アーカイブズ学会共編．東京，日外アソシエーツ，2006, p.65-80.

Hernon, Peter. et al. United States Government Information: Policies and Sources. Westport, Libraries Unlimited, 2002, 450p.

Kumar, Suhasini L. ed. The Changing Face of Government Information: Providing Access in the Twenty-first Century. New York, Haworth Information Press, 2006, 290p.

"U.S. Government Printing Office". http://www.gpo.gov/, (accessed 2007-01-30).

U.S. Government Printing Office. "FDLP Desktop". http://www.access.gpo.gov/su_docs/fdlp/index.html, (accessed 2007-01-30).

"U.S. National Archives and Records Administration". http://www.archives.gov/, (accessed 2007-01-30).

3.7 大統領図書館

筑波大学大学院　図書館情報メディア研究科　　山本　順一（やまもと　じゅんいち）

(1) 大統領図書館制度の沿革

アメリカの大統領図書館制度は、1939 年、第 32 代大統領フランクリン・ルーズベルト（Franklin Roosevelt）が、ニューヨーク州ハイドパークの土地とともに、彼の個人的な文書や大統領職務に用いた文書等を連邦政府に寄贈したことにはじまった。ルーズベルトの友人たちは非営利法人を設立し、ルーズベルト大統領に関する図書館と博物館を建設するための寄付を募った。ルーズベルトの意思が生み出したこの最初の大統領図書館は 1941 年に開館し、その管理運営については彼の意向にそって国立公文書館にゆだねられることになった。

F. ルーズベルトの後を引き継いだトルーマン（Harry S. Truman）大統領もまたルーズベルトにならって、大統領図書館の建設を決意した。そのような大統領の動きを受けて、1955 年、連邦議会は大統領図書館法（Presidential Libraries Act）を可決した。この法律によって、大統領図書館は私的に建設され、移管された連邦政府により管理運営されるという仕組みができあがった。二番目に当たるトルーマンの大統領図書館は 1957 年にオープンした。

その後、歴代の大統領が出身地にみずからの大統領図書館を建設し、大統領文書等が広く市民に公開されるという制度が定着している。ちなみに、過去の大統領にかかわる文書等で散逸をまぬがれたものについては、議会図書館や各地の歴史協会などに保管されている。

(2) 大統領文書の法的性質

大統領の私信などはプライバシー等もかかわり、時代を超えて、大統領自身の「私物」と観念されることにまず抵抗はないであろう。しかし、世界を動かす「公人」であるアメリカ大統領が政権の中枢にあって執務に使用した文書についても、かつては政府の公文書とは見なされず、大統領個人の所有に帰するものと考えられてきた。したがって、大統領を退任するときには、「私物」である大統領文書を携えてホワイトハウスをあとにしたのである。その大統領文書を相続した遺族は必ずしもそれらの文書の歴史的意義を認識せず、その少なくない部分が散逸、滅失した。

第 37 代大統領リチャード・ミルハウス・ニクソン（Richard Milhous Nixon）は、大統領再選運動の過程で、アメリカ政治史上の汚点のひとつ、ウォーターゲート事件を引き起こした。1974 年８月９日、ウォーターゲート事件の責任を追及されたニクソンは大統領を辞任した。同年９月６日、政府公文書を管理する共通役務庁（General Services Administration）はウォーターゲート事件の証拠となる録音テープを含む大統領資料の隠滅を恐れ、それらをニクソン自身が管理することを認める協定を結んだ。連邦議会は、同年 12 月 19 日、ニクソンの資料廃棄を防止するための特別立法である大統領録音記録・資料保存法（Presidential Recordings and Materials Preservation Act）を成立させた。ニクソンの大統領文書については、大統領図書館制度が普及した後としては、例外的に国立公文書館に移管されないニクソン大統領図書館の所蔵と国立公文書館での所蔵に二分されていたが、2007 年にはニクソン大統領図書館が国立公文書館所管に移され、ニクソン大統領文書が一本化することになっている。

1978 年に大統領記録法（President Records Act）が制定され、レーガン大統領以降、法律上、大統領文書は私物ではなく「公文書」とされることになった。この法律ができたことにより、少なくとも国立公文書館が管理している大統領文書には間違いなく情報自由法(Freedom of Information Act)が適用される。また、1986 年には大統領図書館法が改正され、大統領図書館の規模に応じた私的な寄付の受入れが定められ、それらの寄付が大統領図書館の管理運営の費用の一部に充当されることになった。

大統領文書は生きた歴史を語る資料として、広く市民に公開されるたてまえであり、情報自由法の適用を免れないにもかかわらず、イラク戦争を引き起こした第 43 代大統領ジョージ・ウォーカー・ブッシュ（George Walker Bush）は、軍事・外交・国家安全保障に関する資料につき国家機密特権を強く主張しており、ブッシュの退任後も多くの彼の政権下での大統領文書は一定期間世界の市民の視界からは閉ざされる

※本稿は、国立国会図書館の 2006 年度調査研究事業の成果物である。

ことになるであろう。

(3) 大統領図書館の現状

各地の大統領図書館には、世界中から数百万人の見学者が訪れている。F. ルーズベルト大統領の前任者である第31代大統領フーバーにはじまる11の大統領図書館の運営は、国立公文書記録管理局（National Archives and Records Administration：NARA）の大統領図書館部（Office of Presidential Libraries）に担われ、資料の組織化、保存を任務とし、市民の利用に供されている。大統領図書館には大統領文書にとどまらず、大統領の生涯に関する資料、大統領夫人（First Lady）の文書や家族、友人とのかかわりをあらわす文書や資料などが所蔵されている。また、一般に大統領図書館には博物館が併設され、大統領が国内外の諸機関や個人から公式に受けた贈り物やその他の大統領にかかわる様々な物が展示されており、墓地や公園を兼ねていることが多い。また、時代が下るに連れて次第に規模が大きくなる傾向が顕著である。そして、見学者から入館料を徴収し、運営経費に充当している。

以下に、国立公文書記録管理局（一覧表では国立公文書館と表示）の管理に服していないものも含めて、一般に大統領図書館と呼ばれているものの一覧を掲げておく。

Ref:
山本順一. 図書館のいま：市民生活と図書館 (1)：図書館を知っている政治、知らない政治. 書斎の窓. 2003, (523), p. 6-9.
"Presidential Libraries". NARA, http://www.archives.gov/presidential-libraries/, (accessed 2007-03-03).

表　大統領図書館一覧

大統領名	所在地	所管
第 6 代　J.Q. アダムズ	クィンシー（マサチューセッツ州）	内務省国立公園局
第16代　A. リンカーン	スプリングフィールド（イリノイ）	イリノイ州
第19代　R. ヘイズ	フリーモント（オハイオ州）	オハイオ歴史協会等
第28代　W. ウィルソン	スタントン（ヴァージニア州）	W. ウィルソン大統領図書館財団
第30代　C. クーリッジ	ノーザンプトン（マサチューセッツ州）	フォーブス図書館
第31代　H. フーバー	ウェストブランチ（アイオワ州）	国立公文書館
第32代　F. ルーズベルト	ハイドパーク（ニューヨーク州）	国立公文書館
第33代　H.S. トルーマン	インディペンデンス（ミズーリ州）	国立公文書館
第34代　D.D. アイゼンハワー	アビリーン（カンザス州）	国立公文書館
第35代　J.F. ケネディ	ボストン（マサチューセッツ州）	国立公文書館
第36代　L. ジョンソン	オースティン（テキサス州）	国立公文書館
第37代　R. ニクソン	ヨーバリンダ（カリフォルニア州）	国立公文書館 *
第38代　G.R. フォード	アナーバー（ミシガン州）	国立公文書館
第39代　J. カーター	アトランタ（ジョージア州）	国立公文書館
第40代　R. レーガン	シミバレー（カリフォルニア州）	国立公文書館
第41代　G.H.W. ブッシュ	カレッジステーション（テキサス州）	国立公文書館
第42代　B. クリントン	リトルロック（アーカンソー州）	国立公文書館

*ニクソン大統領図書館は、2007年以降、国立公文書館により運営されることになっている。

4. 全国規模の協会・組織の概況

4.1 ALA（アメリカ図書館協会）の動向

獨協大学 経済学部　　井上　靖代（いのうえ　やすよ）

ALA の組織と活動概要

ALA の財源は会費および財団などからの補助金や寄付金で構成され、連邦政府からの資金は受けない独立採算制を取っている。また個人会員が、部会（Division）やラウンドテーブルに所属する場合には別個に会費を支払うことになる。

なお、アラバマ州、カンザス州、マサチューセッツ州、ニューヨーク州には “Library Support Staff” 会員制度があり、専門職ではない図書館員が ALA 会員になるための補助制度がある。

1) 理事会（Executive Board）

◆会長（president）、◆次期会長（兼副会長）（president-elect）、◆前会長（兼会長補佐）（immediate past president）；各３年の任期

◆会計担当（treasurer）；財政年度３年間の任期。現任者は 2004—2007 の任期

◆事務局長（executive director）；１名。常勤職員で任期なし。

◆選出理事（elected council members）；８名。任期３年。

※選出理事８名は以下をリエゾンとしてそれぞれ複数担当する。

ALA および評議員会直轄の委員会——

○会議／決裁担当、○プログラム・アドバイザリ担当、○会則／情報技術政策（OITP）局アドバイザリ／研究統計／会員会合担当、○資格認定／教育／政策モニター担当、○支部／人的資源の開発および採用（HRDR）アドバイザリ担当、○多様性／出版担当、○雑誌 American Libraries／賞／知的自由／専門職倫理／公的意識／地方・ネイティブおよび部族図書館担当、○国際関係／会員／ウェブ担当、○選挙／法制化／リテラシー／リテラシーおよびアウトリーチ・サービス（OLOS）アドバイザリ／訓練・リーダーシップ担当

部会担当——

○図書館委員会・支持者部会（ALTA）／専門・企業図書館部会（ASCLA）／公共図書館部会（PLA）担当、○図書館管理・経営部会（LAMA）／レファレンスおよび利用者サービス部会（RUSA）担当、○大学・研究図書館部会（ACRL）／図書館資料およびテクニカル・サービス部会（ALCTS）／図書館情報技術部会（LITA）担当、○学校図書館員部会（AASL）／児童図書館サービス部会（ALSC）／ヤングアダルト図書館サービス部会（YALSA）担当

ラウンドテーブル担当——

ラウンドテーブル協議会担当

外部機関との連絡担当——

○読書の自由財団（Freedom to Read Foundation）担当、○州図書館振興機関（State Library Agencies）担当、○都市図書館評議員会（Urban Libraries Council）担当、○研究図書館協会（Association of Research Libraries）担当、○未来のための図書館（Libraries for the Future）担当、○展示会出展者（exhibitors）担当

2) 評議員会（Council）

議決組織。会員から選出される評議員の最大 100 人までで構成される。その他の構成員は

- 理事会メンバー（会長、副会長、会計、事務局長を含む）。
- 各部会（division）は１名の評議員を選出参加させることができる。
- 各州・地域支部（chapter）は１名の評議員を参加させることができる。
- 政府情報ラウンドテーブル、知的自由ラウンドテーブル、図書館教育ラウンドテーブル、社会的責任ラウンドテーブル、新会員ラウンドテーブルはそれぞれ１名の評議員を参加させることができる。そのほかのラウンドテーブルは共同で評議員を選出できる。

なお、評議員会には委員会がおかれる。

※本稿は、国立国会図書館の 2006 年度調査研究事業の成果物である。

3) 部会（Division）

図書館の館種別団体や職種別団体の専門別に11の団体がある。ALAと関係をもちながら、別個に結成したのちにALAに加入した団体もあり、かなり独立性の高い部会（協会）集団といってよく、ALAは入れ子型の組織となっている。それぞれ「―協会」と訳されることも多い。

各部会は評議員会と総会に代表を参加させている。議決権を有する。

・学校図書館員部会
(American Association of School Librarians：AASL)
・図書館資料およびテクニカル・サービス部会
(Association for Library Collections & Technical Services：ALCTS)
・児童図書館サービス部会
(Association for Library Service to Children：ALSC)
・図書館委員会・支持者部会
(Association for Library Trustees and Advocates：ALTA)
・大学・研究図書館部会
(Association of College and Research Libraries：ACRL)
・専門・企業図書館部会
(Association of Specialized and Cooperative Library Agencies：ASCLA)
・図書館管理・経営部会
(Library Administration and Management Association：LAMA)
・図書館情報技術部会
(Library and Information Technology Association：LITA)
・公共図書館部会
(Public Library Association：PLA)
・レファレンスおよび利用者サービス部会
(Reference and User Services Association：RUSA)
・ヤングアダルト図書館サービス部会
(Young Adult Library Services Association：YALSA)

4) 委員会（Committee）

ALA直轄、または評議員会（council）直轄の委員会として、

・常任委員会（standing committee）

がある。常任委員会にはまとまった金額の予算がつき、事務局から職員が派遣される。

またこのほかに、以下の委員会がある。

・特別委員会（special committee）
・部会調整委員会（interdivisional committee）
・合同委員会（joint committee）
・臨時委員会（ad hoc committee）

また下部組織として小委員会（subcommittee）やタスク・フォース（task force）などがおかれていることも多い。下記にいくつか例示しておいたが、実際はもっと多くの下部組織がある。

各部会（division）やラウンドテーブルでも委員会を設置し活動している。またワーキング・グループ（working group）が部会やラウンドテーブルの実務を担当していることもある。

ALA直轄の委員会の委員は、任命委員会（Committee on Appointments）のアドバイスに基づき、任命委員会の委員長であるALA副会長によって任命される。ALA直轄の委員会には、以下のものがある。

・認定（Accreditation）（常任）
・雑誌 *American Libraries* アドバイザリ（American Libraries Advisory）（常任）
・任命（Appointment）（常任）
・賞（Awards）（常任）
・支部関係（Chapter Relations）（常任）
・会議（Conference）（常任）
・会則（Constitution and Bylaws）（常任）
・選挙（Election）（常任）
・人的資源の開発および採用アドバイザリ事務局（Office for Human Resource Development and Recruitment Advisory）（常任）
・情報技術政策アドバイザリ事務局（Office for Information Technology Policy Advisory）（常任）
　→下部組織として著作権アドバイザリ（Copyright Advisory）小委員会、E-Rateタスクフォースがある。
・リテラシー（Literacy）（常任）
・リテラシーおよびアウトリーチ・サービスアドバイザリ事務局（Office for Literacy and Outreach Services Advisory）（常任）

→下部組織としてアメリカン・インディアンへの図書館サービス（Library Services to American Indians）小委員会、貧困層・ホームレスの人々への図書館サービス（Library Services to Poor and Homeless People）小委員会がある。

・会員（Membership）（常任）

→下部組織として機関会員便益（Corporate Member Benefits）タスクフォース、会費制度（Dues Structure）タスクフォース、インターンシップ・プログラム（Internship Program）小委員会、図書館サポートスタッフマーケティング（Library Support Staff marketing）タスクフォース、会勢拡大（Membership promotion）タスクフォースがある。

・会員会議（Membership Meetings）

・指名委員会（Nominating Committee）

・オリエンテーション、訓練とリーダーシップの開発（Orientation, Training and Leadership Development）

・公的・文化的プログラムアドバイザリ（Public and Cultural Programs Advisory）（常任）

・研究と統計（Research and Statistics）（常任）

・ラウンドテーブル調整（Round Table Coordinating Assembly）

・地方・ネイティブおよび部族図書館（Rural, Native and Tribal Libraries of All Kinds）

・奨学金および研究補助金（Scholarship and Study Grants）

・ウェブサイト・アドバイザリ（Website Advisory）

評議員会直轄の委員会の委員は、ALA の副会長と協議のうえ、評議員会の「委員会に関する委員会（Committee on Committees）」によって任命される。ALA 副会長は「委員会に関する委員会」の委員長であり、各委員会の委員長を任命する。評議員会直轄の委員会には、以下のものがある。

・財政分析と評価（Budget Analysis and Review）（常任）

・委員会に関する委員会（Committee on Committees）

・評議員会オリエンテーション（Council Orientation）（常任）

・多様性（Diversity）（常任）

・教育（Education）（常任）

・知的自由（Intellectual Freedom）（常任）

→下部組織として、メディアの集中が図書館に与える影響（Impact on Media Concentration on Libraries）小委員会やプライバシー（Privacy）小委員会がある。

・国際関係（International Relations）（常任）

→下部組織として小委員会が多数あり。

・法制化（Legislation）（常任）

→下部組織として、政府情報（Government Information）（臨時小委員会）、知的財産権（Intellectual Property）（臨時小委員会）、立法議会（Legislation Assembly）（小委員会）、プライバシー（Privacy）（臨時タスクフォース）などがある。

・組織（Organization）（常任）

・給与支払いの平等性（Pay Equity）（常任）

・政策モニター（Policy Monitoring）（常任）

・専門職倫理（Professional Ethics）（常任）

・パブリック・アウェアネス（Public Awareness）（常任）

→下部組織として、アドヴォカシー（Advocacy Assembly）（小委員会）、アメリカの図書館のためのキャンペーン（Campaign for America's Libraries）、全米図書館週間（National Library Week）などがある。

・出版（Publishing）（常任）

・決議（Resolutions）（常任）

・ライブラリアンシップにおける女性の地位（Status of Women in Librarianship：COSWL）（常任）

ALA と外部団体とが共同で設立した合同委員会には、以下のものがある。

・ALA およびアメリカ出版社協会（Association of American Publisher）

・ALA および児童図書評議会（Children's Book Council）

・ALA、アメリカ・アーキビスト協会（Society of American Archivists）およびアメリカ博物館協会（American Association of Museums）

・ALA、レファレンスおよび利用者サービス部会（RUSA）およびアメリカ労働総同盟・産業別組合会議（American Federation of Labor / Congress of Industrial Organizations：AFL-CIO）
- 英米目録規則（AACR）の共同出版、AACRの改訂のための合同運営委員会およびAACR基金委員会（Co-Publishers of AACR, Joint Steering Committee for the Revision of AACR, and AACR Fund Trustees）

5) 支部（Chapter）

支部は、一定の地理的な範囲で、一般的な図書館サービスや図書館に関する理論と実践について議論、検討することを目的としている。ALAの内部には支部関係事務局（Chapter Relations Office）と支部関係委員会（Chapter Relations Committee：CRC）がおかれている。

- 州（51）および地域（6）の支部
- 学生支部

6) ラウンドテーブル（Round Table）

会員の自主的な活動グループである。事務局から職員を担当者として配置しない。現在は17グループがある。内容によってはリエゾンとして委員会などに参加する。会員数の多い5つは評議員会に代表を派遣でき議決権を行使できる。ほかは共同で1名を参加させることができる。現在、以下のようなラウンドテーブルが活動している。

- 継続図書館教育ネットワーク・交換（Continuing Library Education Network and Exchange：CLENERT）
- エスニックおよび多文化情報交換（Ethnic and Multicultural Information Exchange：EMIERT）
- 展示（Exhibits：ERT）
- 連邦政府および軍図書館（Federal and Armed Forces Libraries：FAFLRT）
- ゲイ、レスビアン、バイセクシュアル、トランスジェンダー（Gay, Lesbian, Bisexual, Transgendered：GLBTRT）
- 政府情報（Government Documents：GODORT）
- 知的自由（Intellectual Freedom：IFRT）
- 国際関係（International Relations：IRRT）
- 図書館史（Library History：LHRT）
- 図書館教育（Library Instruction：LIRT）
- 図書館研究（Library Research：LRRT）
- 図書館サポートスタッフ（Library Support Staff Interests：LSSIRT）
- 地図・地理（Map and Geography：MAGERT）
- 新規加入会員（New Members：NMRT）
- 社会的責任（Social Responsibilities：SRRT）
- スタッフ組織（Staff Organizations：SORT）
- ビデオ（Video：VRT）

委員会は任命委員で構成されているが、ラウンドテーブルは会員が自主的に参加するものであり任期はない。

7) 事務局（Headquarter）

事務局は専任職員で構成されている。活動資金はALAからだけでなく、外部の各種財団などからも調達している。

- 支部関係部（Chapter Relations Office）
- 開発部（Development Office）
- 管理部（Governance Office）
- 国際関係部（International Relations Office）
- 認定部（Office for Accreditation：OA）
- 多様性部（Office for Diversity：OFD）
- 政府関係部（Office for Government Relations：OGR）（在ワシントンD.C.）
- 人的資源の開発と採用部（Office for Human Resource Development and Recruitment：HRDR）
- 情報技術政策部（Office for Information Technology Policy：OITP）（在ワシントンD.C.）
- 知的自由部（Office for Intellectual Freedom：OIF）
- リテラシーおよびアウトリーチ・サービス部（Office for Literacy and Outreach Services：OLOS）
- 研究と統計部（Office for Research and Statistics：ORS）
- 公表情報部（Public Information Office：PIO）
- 公的プログラム部（Public Programs Office：PPO）
- ワシントン・オフィス（Washington Office）（在ワシントンD.C.）

8) そのほか提携関連外部機関・団体

以下のような団体と合同委員会を形成したり、密な共同活動をすることが多い。

- 協賛団体（Affiliate）（アメリカ法律図書館員協会（American Association for Law Librarians：AALL）など23団体）
- ALA連携専門家協会（ALA-Allied Professional Association：ALA-APA）
- 読書の自由財団（Freedom to Read Foundation）
- メリット人道主義基金（Merritt Humanitarian Fund）
- 全米リテラシー連合（National Coalition for Literacy）
- 全米情報リテラシー・フォーラム（National Forum on Information Literacy）
- 友好図書館（Sister Libraries）

ALA 会員組織図

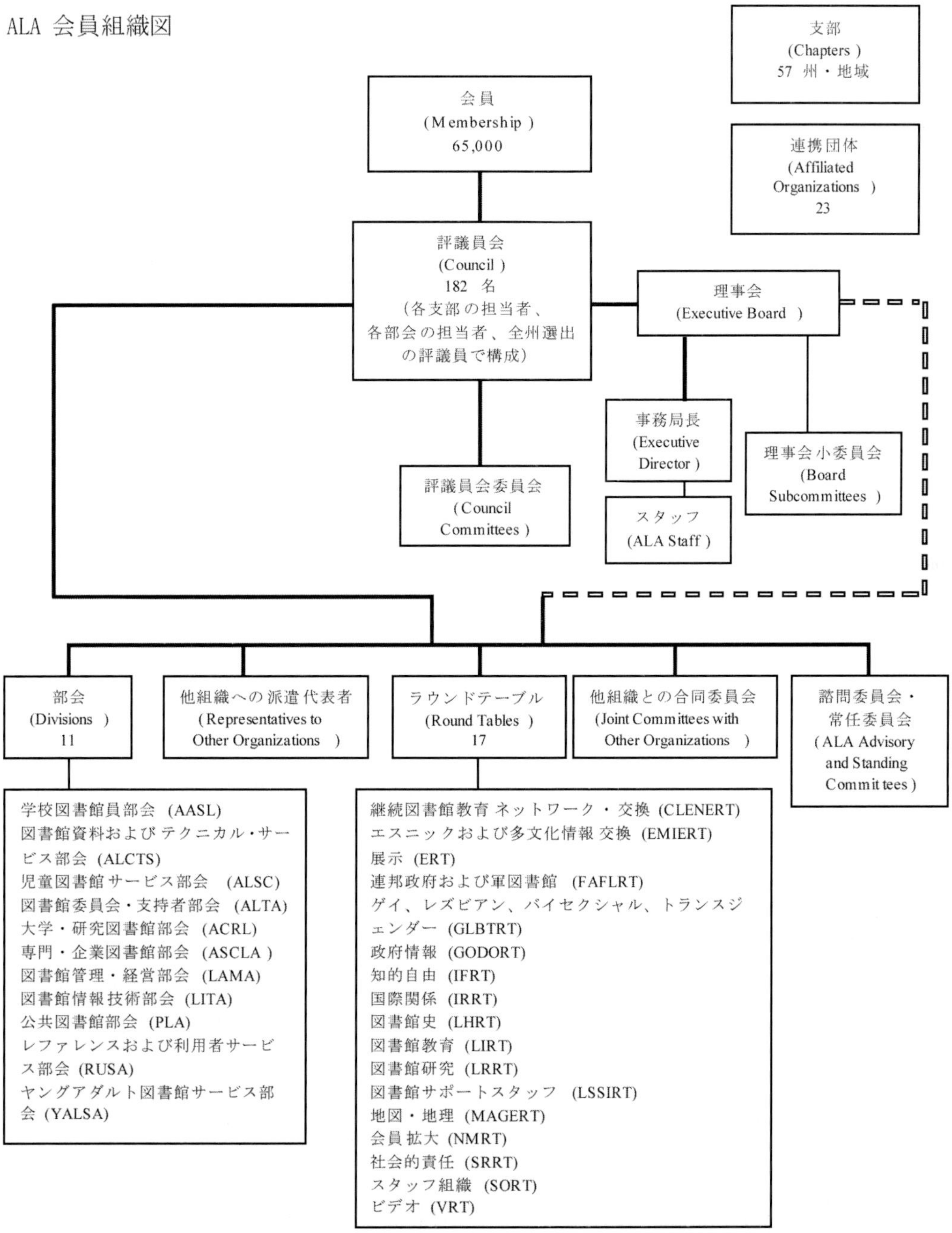

4.2 アメリカ図書館協会：2010年に向けて

Michael Dowling
Director, ALA International Relations Office and Chapter Relations Office
（アメリカ図書館協会　国際関係部および支部関係部　部長　　マイケル・ダウリング）

1876年、カッター（C.A. Cutter）やデューイ（Melvil Dewey）、その他5人がアメリカ図書館協会（ALA）を設立するためにフィラデルフィアに参集した当時は、電報が最速の通信手段であった。今日、その地位はテキストデータでの通信に取って代わられたが、ALAのミッション（使命）は今も当時と変わらない。「図書館と情報サービス、さらに司書職の発展、促進、そして改善のためにリーダーシップを発揮し、全ての人のために学習と情報へのアクセスをよりよいものとする」。

ほんの数人により設立され、一握りの代表が集まるだけであった初期の時代から、ALAは大きく成長した。現在では年間4,000万ドルの予算を有し、65,000人の会員と20,000人が集う会議を、270人のスタッフが3つの場所で支えている。

ALAは自らの新しい戦略計画の目的を達成しようとする動きを通じて、そのミッションを今も継続してサポートしている。その計画は“ALAhead to 2010”[1]と題され、6つの目的を設定し重視している。

・専門職のアドヴォカシー・価値
・教育
・公共政策と基準
・専門職の確立
・会員制度
・組織としての卓越性

本稿では、これらの目的を達成するためにALAが行っている重要な活動のいくつかに触れることとする。

1. 専門職のアドヴォカシー・価値

> 目標：ALAとその会員は、図書館と図書館専門職のアドヴォカシーを率先して行う。

人々の意識を高めるためのキャンペーン：

@ your library®

アメリカには推定で117,341の図書館があり[2]、89％の人々が公共図書館の状況に満足していると2005年に報告されているように、アメリカ国民は図書館に対して概してよい印象を持っているけれども[3]、全ての館種－公共、学校、大学そして専門図書館－の図書館と司書は、情報に対する図書館と社会の権利の充実のためのアドヴォカシー活動を継続的に行っていく必要がある。

アメリカでは、昨年だけでおよそ18億人が来館し20億点の資料を借り出していることが示すように(4)、10年単位で一貫した傾向として、図書館利用者の属性を問わず、図書館の利用は全国的に上昇している。この事実にも関わらず、「全てはインターネット上にあるので」21世紀には図書館は必要ない、と考える人がいる。おわかりのように、これは誤った思い込みであるが、図書館と司書の重要性と価値に関し多くの誤解があることを示す一例でもある。図書館は価値のあるものであり、我々はそれを一般の人々、行政管理者、資金提供者、そして議員に示す必要がある。

・図書館は人気があるが、それらはあたりまえのものと考えられている。
・図書館はあらゆる所にあるが、しばしば目に付かなくなっている。
・そして図書館はユニークな存在であり、常に新しい課題に直面している。

こうした課題から生まれたのが、「アメリカの図書館のためのキャンペーン」（Campaign for America's Libraries）“@ your library”である。これは、複数年にわたるALAの意識向上とアドヴォカシーのためのキャンペーンで、公共、学校、大学そして専門図書館と司書の21世紀における価値を広く知らせることを目的としている。「アメリカの図書館のためのキャンペーン」は、一般の人々に、図書館は学習や情報、そして娯楽のためのダイナミックで現代的なコミュニティ・センターであることを人々に思い起こさせようとするものである。このキャンペーンでは、ALAおよび各図書館が活用できるような、わかりやすい商標が創られている。

※本稿は、国立国会図書館の2006年度調査研究事業の成果物である。

全米の図書館と図書館団体が、2001年4月以来、ファーストレディであるローラ・ブッシュ（Laura Bush）の支援により開始されたこのキャンペーンに取り組んでいる。事実、全50州の、あらゆる館種の20,000以上の図書館がこのキャンペーンを活用している。

プログラム企画のアイデア、記者発表用のサンプル資料、ダウンロード可能なアート作品、全米図書館週間（National Library Week）その他プロモーションのためのヒントや提案、プレスリリース、写真、ビデオ、キャンペーンの最新情報などを提供するウェブサイトも存在する。これらの素材は無料で、各図書館が自身のマーケティングとPRに活用できるよう、各図書館にあわせてカスタマイズもできる（http://www.ala.org/ala/pio/campaign/campaignamericas.htm）。

@あなたの図書館®

2001年、ALAと国際図書館連盟（IFLA）が提携し、このキャンペーンを「世界の図書館のためのキャンペーン」（Campaign for the World's Libraries）へと拡大した。日本図書館協会（JLA）を含む31か国の図書館協会が、活動を促進するために翻訳版を活用している。JLAはキャンペーンの「商標」の翻訳版を、多言語資料ガイドに用いている。

図書館の資金獲得のためのALAによるアドヴォカシー活動

図書館と司書は気まぐれな資金提供者に左右されやすいままであるので、先の見通しをもったアドヴォカシー活動が必要である。ALAは、ワシントンD.C.にあるオフィスを通じて、図書館のための連邦政府予算からの資金が増加するよう、活動している。ALAはここ数年においては、連邦政府からの支援をわずかながらでも増加させることに成功してきている。

しかし、ブッシュ大統領の提案した2007年度予算で、アメリカ環境保護庁（EPA）図書館ネットワークのための資金が250万ドルから、200万ドルが削減された。この削減により、35年の歴史を持つEPA図書館ネットワークの予算は80%削減され、少なくともいくつかの地域図書館が閉館に追い込まれることになる。閉館により、環境や科学に関する重要なコレクションやデータセットに対するアクセスに影響が生じるであろう。というのもオンラインでの機能によって、

EPA職員、研究者、そして一般市民のニーズに応えることになるからである。

ALAは、連邦議会にこの閉館の影響を認識してもらう運動の先頭に立っており、2007年2月6日にはALAのバーガー（Leslie Burger）会長が、EPA図書館の件に関し、環境と公共事業に関する上院委員会（Senate Committee on Environment and Public Works）で証言を行った。

しかし、アメリカにおける図書館の資金の大半は、地元レベル、自治体や上部組織からの資金で賄われている。ほとんど全ての州において、図書館のアドヴォカシーの必要性が非常に高まっている。ALAではこのような予算削減や閉館の提案に全国的なスポットライトを当てている。この中には、小説家スタインベック（John Steinbeck）の故郷であるカリフォルニア州サリナスの図書館も含まれている。

ALAはまた、2006年に、引き続き資金不足に直面している学校図書館メディアセンターのためのアドヴォカシーも行っている。資金不足により、ベテランの学校図書館メディアスペシャリストがいなくなり、開館時間が短くなり、所蔵資料が使いものにならなくなり、メディアセンターが閉鎖されるようなことさえも起こっている。

図書館のデータとして資料の貸出点数を公表するだけでは、もはや政策決定者たちを納得させられない。ALAは図書館の経済的影響力を強調しているデータ

を収集し、また研究を行っている。フロリダ州の実例を示す次の表のように、図書館は投資に対する十分な見返りをコミュニティにもたらしている[5]。

フロリダ州の研究で判明した重要な点
・6ドル54セント－全ての資金源からの投資1ドルにつき、フロリダの公共図書館が州およびその住民に還元した額。
・9ドル8セント－フロリダの公共図書館に対する公的資金1ドルに対する地域総生産の増加額。
・12ドル66セント－フロリダの公共図書館に対する公的資金1ドルに対する州全体の賃金の増加額

アドヴォカシーのためのトレーニング

図書館のアドヴォカシーのために、司書と図書館の支援者にトレーニングをおこなうことも重要である。2005年からALAではフォード財団から得た80,000ドルの助成金を用いて、地域でのトレーニングセッションを提供してきた。このセッションでは、参加者に対しアドヴォカシーのワークプランを通して一歩ずつ、どのようにすれば効果的なアドヴォカシー活動ができるのかについて全体像を提供する（http://www.ala.org/ala/issues/2006workshopguide.pdf）。

2. 教育

目標：ALAはリーダーシップを発揮して、司書と図書館スタッフに対して最高品質の大学院教育・継続教育の機会を保証する。

質の高い図書館教育を保証する

ALAは長年にわたり、アメリカ、カナダ、そしてプエルトリコにある修士および博士課程レベルの61の図書館情報学プログラムを監督・認定し、各プログラムが必要とされる高水準を満たしていることを保証してきた。認定は、高等教育機関とその部局、学部、またプログラムが質および完全性において適切な基準を満たしていることを保証するものである。

図書館の環境が刻々と変化する中、ALAは各ライブラリー・スクールが21世紀の司書にとって必要な知識とスキルを教えているか確認しているところである。1999年以来、ALAは教育の様々な側面に関して3回にわたる検討会を開催してきた。その第1回では、最初の専門職学位である修士レベルの教育に焦点をあてた。

その結果、ALAは認定基準を更新する検証過程にはいっている。前回更新されたのは1992年のことであった。提案された改正案は、学生の学習をアウトカムに基づいて評価することに焦点を当てている（http://www.ala.org/ala/accreditation/StandardsReviewComment.htm）。

第1回の検討会に続き、継続教育に関する検討会と、図書館サポートスタッフに対する教育に関する検討会が行われた。ALAにおけるこれまでの継続教育は、ALAが開催する会議が主であったが、現在ではウェブ教材やポッドキャスト（podcast）を通じた遠隔学習を実施している。

3. 公共政策と基準

目標：ALAは、図書館・情報サービスに影響を及ぼす国内外の政策や基準の作成に重要な役割を果たす。

図書館利用者のプライバシー保護―愛国者法

ALAの「倫理綱領（Code of Ethics）」の第3条は、「われわれは、図書館利用者が探索したり受信したりした情報、また相談を受けたり、借りたり、入手したり、発送したりした情報資源に関して、利用者のプライバシーと秘密が守られる権利を保護する」と定めている。

2001年9月11日の同時多発テロ事件のあと、愛国者法（USA Patriot Act of 2001）が通過したことで、図書館利用者のプライバシーに関する権利は猛攻撃にさらされている。ALAと全米の司書は、愛国者法の条項に異議を申し立てるにあたって指導的役割を果たしている。

特に司書たちが懸念しているのは、図書館利用者のプライバシーや市民の自由を侵害する可能性がある第215条である。これは、連邦捜査局（FBI）に対し、いかなる個人、団体に対しても国家安全保障書簡（NSL）を発給する権限を与え、記録、例えば図書館の利用記録を提出するよう命じることができるようにするものである。その条件は、「国際テロやスパイ活動から守るために････権限を与えられた捜査のため」の命令だと特定できる場合、というものである。第215条に基づく命令を受けた者は、その事実を決して誰にも公開してはならないとされていた。

ALAの努力の結果、2006年3月には愛国者法に多くの変更が加えられた。現在の第215条には、FBIのNSL発給に関してより制限的な基準が設けられており、またNSLを受け取った者に対して、1年経過すれば非開示規定に対し意義申し立てを行うことができるという権利を与えている。さらに第215条の法的効力は2009年12月31日まで再延長された。政府が10年間の再延長を望んでいたことを踏まえると、それ自体が勝利といえよう。

情報へのアクセスの保護

この新しいグローバルなデジタル時代において、資料の形態や提供の状況が変化するにつれて、図書館とその利用者が情報にアクセスできるかどうかが課題となっている。ALAではアメリカの連邦著作権法に「公正使用（Fair Use）」に関する条項を入れようと懸命に努力してきた。ALAはアメリカにおける他の主要な図書館協会（米国法律図書館協会、北米研究図書館協会、医学図書館協会、専門図書館協会）とともに、図書館著作権同盟（Library Copyright Alliance：LCA）を創設し、協力している。

LCAはデジタル著作権管理や大学図書館における電子リザーブの公正使用といった問題に取り組んでいる。著作権、知的財産の問題は、今では世界知的所有権機関（WIPO）のような国際的な場で決定されているため、これらの課題はアメリカのみにとどまらないものになっている。LCAはIFLAと密に連携し、これらの話し合いにおいて図書館の見解を代弁している。

図書館立法の日

再度活力を獲得するために、ALAは毎年5月に、500人以上の司書、図書館委員会委員、そして図書館利用者と支援者が首都に集まり、地元選出議員と図書館の必要性について話をする「全米図書館立法の日（National Library Legislation Day）」を実施している。さらに各州の図書館協会も各々の「図書館立法の日」を設け、州の議員と共に図書館の問題について議論している。

4. 専門職の確立

目標：ALAは率先して、質が高く多様な図書館職員（workforce）を採用・育成する。

高齢化する専門司書職

日本で高齢化が進行するのと同様に、アメリカにおける司書職もまた高齢化している。次の表が示すように、現職の司書の大多数が、この10年から15年の

時期	数
2000～04	5,479
2005～09	12,898
2010～14	23,208
2015～19	25,014
2020～24	14,400
2025～29	8,674
2030～34	6,517
2035～39	5,544
2040～44	691

65歳になる司書の数（2000年の国勢調査より作成）

間に退職する(6)。

この専門職を引き続き次の世代の司書たちにとって魅力ある職業として確立するために、ALAでは多くのキャンペーンを打ち出し、図書館に関連する領域のさまざまな仕事にスポットライトをあてている。例えばコミュニティに対してアウトリーチ・サービスを行うことから、ウェブマスターの育成や、情報リテラシー教育まで様々である。

これらのキャンペーンのターゲットは大学の学生と高校の生徒である。ALAはまた、魅力的なウェブ上の図書館“Career.org”を作成している（http://www.ala.org/ala/hrdr/librarycareerssite/home.htm）。

多様な労働力を生み出す必要性―スペクトラム奨学金

アメリカは人口統計学的に非常に多様であり、しかもその多様性はさらに増している。しかし、図書館専門職にある人々を人口統計学的に見ると、必ずしも国全体の人口の多様性は反映されていない。司書の多くは白人女性である（82%）。ALAではさらに多くのマイノリティの人々が専門職として採用されることを望んでいる。アフリカ系アメリカ人は人口の12%を占めているにもかかわらず、図書館専門職のわずか5%しか占めていない。最も急速に増加しつつあるラテン系の人々においてはその数字はさらに低く、アメリカの人口の13%を占めているにもかかわらず、図書館の職においてはたった2%である。アジア系アメリカ人と、ネイティブ・アメリカンの専門職に占める割合は、人口における割合と近いものとなっている(7)。

1997年に設立されたスペクトラム（Spectrum）奨学金プログラムは、ALAによる全米レベルの多様性とそれを反映した採用人事のための努力で、その目的は専門職の中できわめて必要とされている多様な民族の司書の数がまだ十分ではないという特別な問題に取り組むことであり、将来、より大きな多様性の問題

に注目を集めるためのモデルとして実施されている。ALAは司書を育てるべく、4つのエスニックの少数民族から450人近い学生のためにライブラリースクールに対して奨学金を提供している。

5. 会員拡大

目標：ALAの会員であることにより、際立った価値が得られる。

あまりにも長い間、ALAはそのメンバーを当たり前のものと見なしていた。ベビーブーム世代が、現在のALAのメンバーの大半を占めているわけだが、彼らは「団体に加入するのを好む」世代であり、ALAでは毎年、常に90％に近い、高い更新率を誇っている。その次の世代であるX世代とY世代、そしてミレニアム世代は概して、当然のように「団体に加入するのを好む」というわけではない。

そのため、新しいALAhead to 2010計画はメンバーシップに焦点を当てることを含めた初の長期戦略計画となっている。

ALAは、ライブラリースクールの学生、またアメリカの図書館で働く人々の三分の二を占めている、司書資格をもたない図書館の補助職員の入会勧誘に真剣に取り組んでいる。

ALAでは、州の図書館協会と共通の会員資格というインセンティブによって、ALAに加入するライブラリースクールの学生数をほぼ2倍にすることに成功してきた。しかしながら、既存のメンバーのためになるサービスを提供しながら、今では全体の15％を占めているこれらの新しいメンバーにとって有益なサービスをいかにして提供するかということが、現在の課題となっている。

ALAがとった最初の行動は、そのメンバーの調査をより綿密に行うことであった。彼らはいったいどういう人たちで、何を期待しており、協会にどのように参加し関わりたいと思っているのか。ALAではこうした調査を開始したばかりである。2004年にはALAはメンバーとのコミュニケーションに関する指標ともなる調査を作成した。続いて2006年に調査が行われた。メンバーを視野に入れることで、ALAはこの分野において進歩を見せているが、まだまだなすべきことは多い。

バーチャルワールドに住み、交流をする新しいメンバーにとって、バーチャルなコミュニケーションの機会は確かに興味ある分野である。100年間にわたって、ALAが毎月発行している印刷物はコミュニケーションの主なツールであったが、今ではメンバーに毎週直接配信されるE-ニューズレターもそのツールに加えられている。

6. 組織としての卓越性

目標：ALAは包括的かつ効果的に運営され、よく管理され、資金面でも強力な組織である。

ALAhead to 2010のこの究極の目標は、初めて組織自体の改善に焦点をあてたものである。想像されるように、多くの異なる部門を持つ非常に大きな組織として、また分散したモデルとして、全ての部門が共にスムーズに効果的に機能するようにすることは大きな課題である。ALAがメンバーに対してうまくサービスを行い、ミッションを達成しようとするならば、「継続的な改善」－日本の企業を非常に効果的なものとしているモットーである－が必要である、と認識されている。

古い慣習や方法は、より効率的で効果的な発信や応答を生み出すために、精査される必要がある。そこでALAでは様々な形で組織の見直しを行っている。その最も重要なものの一つがALAのウェブサイトで、現在世界中の何百万人という人々に対するALAの顔となっている。これもALAのより効果的な代弁者に育てていく必要がある。

もう1つの焦点は、巨大なALA年次大会を、もっと参加者に親しみのあるものにすることである。20,000人もの参加者を有するこの会議は、想像されるように没個性的で威圧的で、特に初めて参加する人はそう感じるであろう。これには、ALA年次大会に参加する海外からの司書に対してのサポートをもっと充実することも含まれる。

また他に検討されている分野としては、メンバーからの会費の支払いがある。古い方法の代わりに、技術やビジネス慣習を取り込んで、メンバーの銀行口座からの直接振り込みや、クレジットカードの利用、またメンバーシップの金銭的負担を減らし、支払いをよりスムーズにするための分割払いなど、携帯電話の支払いにも似たやり方が検討されている。

7. 結び

現在はALAの長い歴史の中で、非常に重要な時期である。ALAの新しい戦略計画であるALAhead to 2010は、今後3年間のALAのとるべき道筋を設定しており、全国の図書館に対するアドヴォカシーを増強し、図書館のコミュニティが必要とする教育や研修を受けることを保障し、図書館とその利用者に影響をおよぼす公共政策に影響を与え、さらに次の世代を図書館専門職と協会に惹き付けようとするものである。

(1) American Library Association. "ALAhead to 2010". http://www.ala.org/ala/ourassociation/governingdocs/aheadto2010/aheadto2010.htm, (accessed 2007-02-28).

(2) "Number of Libraries in the United States: ALA Library Fact Sheet 1". American Library Association. http://www.ala.org/ala/alalibrary/libraryfactsheet/alalibraryfactsheet1.cfm, (accessed 2007-02-28).

(3) American Library Association. The state of America's Libraries. 2006. http://www.ala.org/ala/pressreleases2006/march2006/4-06_StateofAmericasLibraries.pdf, (accessed 2007-02-28).

(4) "Library Statistics Program (Lib)". National Center for Education Statistics. http://www.nces.ed.gov/pubsearch/getpubcats.asp?sid=041, (accessed 2007-02-28)

(5) McClure, Charles R. et al. Economic Benefits and Impacts From Public Libraries in the State of Florida: Final Report. 2000. http://dlis.dos.state.fl.us/bld/finalreport/, (accessed 2007-02-28).

(6) Davis, Denise M. Library Retirements: What Can We Expect. American Library Association, 2004. http://www.ala.org/ala/ors/reports/LISGradsPositionsAndRetirements_rev1.pdf, (accessed 2007-02-28).

(7) Davis, Denise M.; Hall, Tracie D. Diversity Counts. 2006. http://www.ala.org/ala/ors/diversitycounts/DiversityCountsReport.pdf, (accessed 2007-02-28).
（訳注：2007年1月に改訂版が公開されている。
Davis, Denise M.; Hall, Tracie D. Diversity Counts. Revised. ed, 2007. http://www.ala.org/ala/ors/diversitycounts/DiversityCounts_rev07.pdf, (accessed 2007-03-11).）.

4.2 The American Library Association: Ahead to 2010

Michael Dowling
Director, ALA International Relations Office and Chapter Relations Office

Back in 1876, when Melvil Dewey, C.A. Cutter, and a five others gathered in Philadelphia to found the American Library Association (ALA), the telegraph was the instant messaging of the day. Today, its text messaging, but the mission of ALA is still the same "to provide leadership for the development and promotion and improvement of library and information services and the profession of librarianship in order to enhance learning and access to information for all."

From its humble beginnings of a few members and conferences with a handful of delegates, the American Library Association has grown to be a 40 million dollar a year organization with 65,000 members and conferences of 20,000 people supported by a staff of 270 in three locations.

ALA continues it support of its mission through its efforts to achieve the objectives of its new strategic plan, entitled 'ALAhead to 2010.'[1] The efforts focus in on six goal areas:

- **Advocacy/Value of the Profession**
- **Education**
- **Public Policy and Standards**
- **Building the Profession**
- **Membership**
- **Organizational Excellence**

This article will touch on some of the important activities that ALA is engaged in to achieve these goals.

Advocacy/Value of the Profession

Goal: *ALA and its members are the leading advocates for libraries and the library profession.*

Public Awareness Campaign - @your library®

There are an estimated 117,341 libraries in the United States[2], and though the American public overall has a good impression of libraries, as illustrated by 89% reporting to be satisfied with their public libraries in 2005[3] all types of libraries and librarians- public, school and university, and special need to continue to advocate for libraries and society's right to information.

Despite the fact that library use is up nationwide in the U.S. among all types of library users, continuing a decade-long trend, with almost 1.8 billion visitors checked out more than 2 billion items last year[4], some feel that libraries are not needed in the 21st Century, "with everything now on the Internet". As we know, this is a false assumption, but it is one of the many misconceptions about the importance and value of libraries and librarians. Libraries are valuable but we need to show the public, administrators, funders, and legislators.

※本稿は、国立国会図書館の 2006 年度調査研究事業の成果物である。

- While libraries are popular, they are often taken for granted.
- While libraries are ubiquitous, they are not often visible.
- And, while libraries are unique, they are facing new challenges.

Out of these challenges was born The Campaign for America's libraries '@ your library', ALA's multi-year public awareness and advocacy campaign designed to showcase the value of public, school, academic and special libraries and librarians in the 21st century. The Campaign for America's Libraries is designed to remind the public that libraries are dynamic, modern community centers for learning, information and entertainment. The Campaign is designed to create a recognizable brand that ALA and libraries could use.

Libraries and library organizations across the country have already embraced the Campaign, which launched in April 2001 with the help of First Lady Laura Bush.
In fact, over 20,000 libraries of all types in all 50 states have been utilized the Campaign.

A website provides programming ideas, sample press materials, downloadable artwork, tips and suggestions for National Library Week and other promotions, press releases, photos, video, campaign updates and more. The materials are free and designed to be customized by your library to help you conduct your own marketing and public relations efforts http://www.ala.org/ala/pio/campaign/campaignamericas.htm

@あなたの図書館®

In 2001 ALA and IFLA partnered to expand it to a *Campaign for the World's Libraries*. Associations from 31 countries, including the Japan Library Association, have utilized translations to help promote their activities. JLA used translations of the 'brand' campaign for its multilingual materials guide.

ALA Advocates for Funding for Libraries

Proactive advocacy is needed because libraries and librarians remain vulnerable to the whims of others for funding. ALA, through its Office in Washington D.C., works to increase funding from the federal government for libraries. ALA has been successful during the last few budgets to get slight increases in federal support.

However, President Bush's proposed 2007 budget cut　$2 million from the　$2.5 million fund for the U.S. Environmental Protection Agency's (EPA) network of libraries. The cut would reduce the 35-year-old EPA Library Network's budget by 80 percent and force closure of at least some regional libraries. These closings will affect access to the important environmental and scientific collections and data sets since online functions will meet the needs of the EPA staff, researchers, and the public.

ALA has lead the fight to make the U.S. Congress aware of the impact of closing and on February 6, ALA President Leslie Burger testified before the Senate Committee on Environment and Public Works on the issue of EPA libraries.

Most of the funding for libraries in the United States however comes from the local level, the local municipality or local parent organization. The need for library advocacy has been especially acute in certain cases in almost every state. ALA shines a national spotlight on these cutbacks and proposed closures, which included novelists John Steinbeck's hometown of Salinas, Calif.

ALA is also advocating for school library media centers which continue to face funding shortages in 2006, leading to elimination of trained library media specialists, shortened hours, inadequate materials and even closures of media centers.

To make the case for libraries data on number of materials circulated is no longer enough to convince decision-makers. ALA is gathering and creating research highlighting the economic impact of libraries. As shown in this chart from Florida, libraries are a good return on investment to a community. (5)

Some key findings from study in Florida:

- $6.54 — amount Florida's public libraries return to the state and its residents for every $1.00 invested from all sources.
- $9.08 — increase in gross regional product for every dollar of public support spent on Florida's public libraries.
- $12.66 — increase total state wages for every dollar of public support spent on Florida's public libraries

Advocacy Training

It is also vital to train librarians and library supporters to advocate for libraries. Beginning in 2005 ALA through an $80,000 grant from the Ford Foundation, has been providing regional training sessions. The sessions provide an overview on how to become an effective advocate by taking the participants step by step through an advocacy workplan http://www.ala.org/ala/issues/2006workshopguide.pdf

Education

Goal: *Through its leadership, ALA ensures the highest quality graduate and continuing education opportunities for librarians and library staff.*

Ensuring Quality Library Education

ALA's long-standing oversight accrediting 61 library and information science programs in the United States, Canada, and Puerto Rico at the Masters or Doctoral level has ensured that programs are meeting high standards necessary. Accreditation assures that higher education institutions and their units, schools, or programs meet appropriate standards of quality and integrity.

With the changing environments in libraries, ALA is working to make sure library schools are teaching the knowledge and skills needed for the 21st century librarian.
Beginning in 1999, ALA has held 3 Congresses on various aspects of education. The first focused on the Masters level education, the first professional degree.

As a result ALA is in the process of updating its Standard's for Accreditation, which were last updated in 1992. The proposed revisions will put a focus on outcome-based measurements of student learning http://www.ala.org/ala/accreditation/StandardsReviewComment.htm

The first Congresses has been followed up with Congresses on Continuing and Education and Education for Library Support Staff. Continuing Education by ALA in the past primarily was the conferences put on by ALA. ALA is now creating distance-learning opportunities through web courses, podcasts, etc.

Public Policy and Standards

Goal: *ALA plays a key role in the formulation of national and international policies and standards that affect library and information services.*

Protecting Library User Privacy- The USA Patriot Act

Article III of the **ALA Code of Ethics** states "*We protect each library user's right to privacy and confidentiality with respect to information sought or received, and resources consulted, borrowed, acquired or transmitted.*"

With the passage of the USA Patriot Act of 2001 following September 11, 2001 the rights to a library user's right to privacy has been under assault. ALA and librarians across the United States have been the leaders in challenging sections of the Patriot Act.

Of particular concern to librarians is Section 215 that can infringe on library patron privacy and civil liberties by allowing the Federal Bureau of Investigation (FBI) to issue a National Security Letter (NSL) to any person or entity, ordering them to turn over records, such as library records, so long as it specifies that the order is "for an authorized investigation . . . to protect against international terrorism or clandestine intelligence activities." Those served with Section 215 orders were flatly prohibited from disclosing that fact to anyone else.

As a result of these efforts by ALA a number of changes have were made to the PATRIOT Act in March 2006. Section 215 now includes more restrictive standards under which the FBI can issue NSLs and it gives NSL recipients the right to challenge the non- disclosure provision after one year. Also, Section 215 was reauthorized only until Dec. 31, 2009, itself a victory because the government had sought a 10-year renewal.

Protecting Access to Information

In this new global digital age libraries and their users ability to access information is being challenged as the landscape changes on formats and delivery of materials. ALA has worked very hard to get 'fair use' provisions put into copyright laws in the United States. ALA has created a Library Copyright Alliance (LCA) with other major library associations in the United States (American Association of Law Libraries, Association of Research Libraries, Medical Library Association, and Special Libraries Association) to work together.

The LCA works on issues such as digital rights management and fair use of electronic reserves in academic libraries. The challenges are no longer just within the confines of the United States as copyright and intellectual property issues are now being decided at the international level such as the World Intellectual Property Organization (WIPO). The LCA is working closely with the International Federation of Library Associations and Institutions (IFLA) to represent the libraries view at these discussions.

Library Legislation Days

Once again to be proactive, every year ALA organizes 'National Library Legislation Day' in May in which more than 500 librarians, library trustees, and library users and supporters travel to the nation's capital in May to speak with their elected representatives about the needs of libraries. In addition, each state library association also organizes their own 'Library Legislative Days' to discuss library issues with state legislators.

Building the Profession

Goal: *ALA is a leader in recruiting and developing a highly qualified and diverse library work force.*

The Graying of the Profession

Just as Japan has an aging population so does librarianship in the United States. As the table below illustrates a large majority of current librarians will be retiring in the next 10-15 years. (6)
To help ensure that the profession continues to attract the next generation of librarians ALA has embarked on a number of campaigns to highlight the variety of jobs in the library field, from providing outreach to communities, being webmasters, teaching information literacy.

These campaigns are being targeted to both university and high school students. ALA has also created an attractive website Library called Careers.org http://www.ala.org/ala/hrdr/librarycareerssite/home.htm

Number of Librarians Reaching Age 65(2000 Census Base)

Time Period	Number
2000-04	5,479
2005-09	12,898
2010-14	23,208
2015-19	25,014
2020-24	14,400
2025-29	8,674
2030-34	6,517
2035-39	5,544
2040-44	691

The Need to Create A Diverse Workforce- Spectrum Scholarships

The United States is very diverse demographically, and it is getting more diverse. Looking at the demographics of the library profession however, it does not reflect this diversity. The majority of librarians are white females (82%). ALA is interested in recruiting more members of minority groups to the profession. Though African-Americans make up 12% of the population only 5% of the library profession is African-American. The numbers are even less for the fastest growing population, Latinos. Latinos are now 13% of the U.S. population but only 2% of the profession. Percentages of Asian Americans and Native Americans in the profession are closer to the population. (7)

Established in 1997, the Spectrum Scholarship Program is ALA's national diversity and recruitment effort designed to address the specific issue of under-representation of critically needed ethnic librarians within the profession while serving as a model for ways to bring attention to larger diversity issues in the future. ALA has provided scholarships to library school for close to 450 students from these 4 ethnic-minority groups to become librarians.

Membership

Goal: *Members receive outstanding value for their ALA membership.*

For maybe too long ALA has taken its members for granted. The baby-boom generation, which is currently the majority of ALA membership, is a generation of 'joiners' so ALA has always had a high level of renewal rate every year, close to 90%. The next generations, Generations X, Y, and Millennial's are as a whole not natural 'joiners.'

Because of this the new ALAhead to 2010 plan is the first long-range strategic plan that has included a focus on the membership.

ALA has really begun to focus on recruiting library school students as well as library support staff, the non-librarians who make of 2/3rds of the library workforce in the United States.

ALA has been successful in almost doubling the number of library school students who join ALA with incentives of joint memberships with state library associations, but the challenge now is how to provide services that are beneficial to these new populations, which now make up 15% of members, while still serving the interests of current members.

The first step that ALA is embarking on is to do more research on the members, who are they, what are there expectations, how would they like to be engaged or participate in the association. ALA has begun to do this. In 2004 ALA created a benchmark survey on ALA communication with members. This was followed up with a survey in 2006. ALA has shown improvement in this area in the eyes of its members, but more still can be done.

Virtual opportunities for communication are certainly one area of interest for new members who live and interact in a virtual world. ALA's monthly print magazine has been the main form of communication for 100 years, but it has now been joined by a weekly e-newsletter that is sent directly to members.

Organizational Excellence

Goal Statement: *ALA is an inclusive, effectively governed, well-managed, and financially strong organization.*

This final goal of ALAhead to 2010 is also the first time that emphasis has been placed on improving the organization itself. As you can imagine as a very large organization with many different departments and a decentralized model it is a challenge to make all of the pieces work together smoothly and effectively. The recognition is that if ALA is to successfully serve its members and its mission it needs to continual improve- a motto that has made Japanese industry so effective.

Old practices and methods need to be scrutinized to create more efficient and effective delivery and responses. So ALA is undertaking a lot of reviews of its organization. One of the most important is the ALA website, which is now the face of ALA to millions of people around the world. It needs to become a more effective spokesperson for ALA.

Another focus is making the large ALA Conference more attendee friendly. With 20,000 attendees you can imagine that is would be very impersonal and daunting, especially to first-time attendees. This includes more assistance in support to international librarians who attend the ALA Conferences.

Another area being investigated is the payment of dues from members. Instead of old methods, embracing the technology and practices of business for direct payment from member bank accounts or credit cards and offering payment in portions to make the process smooth and spread the financial burden of membership into manageable payments like to due to your cell phone company.

Conclusion

It is an important time in the long tenure of the American Library Association. ALA's new strategic plan, ALAhead to 2010, is setting the course for ALA over the next three years to increase the advocacy for libraries across the country, to ensure the library community is receiving the education and training needed, to influence public policy that impacts libraries and library users, to attract the next generations to join the profession and the association.

References

(1) American Library Association. "ALAhead to 2010". http://www.ala.org/ala/ourassociation/governingdocs/aheadto2010/aheadto2010.htm, (accessed 2007-02-28).

(2) "Number of Libraries in the United States: ALA Library Fact Sheet 1". American Library Association. http://www.ala.org/ala/alalibrary/libraryfactsheet/alalibraryfactsheet1.cfm, (accessed 2007-02-28).

(3) American Library Association. The state of America's Libraries. 2006. http://www.ala.org/ala/pressreleases2006/march2006/4-06_StateofAmericasLibraries.pdf, (accessed 2007-02-28).

(4) "Library Statistics Program (Lib)". National Center for Education Statistics. http://www.nces.ed.gov/pubsearch/getpubcats.asp?sid=041, (accessed 2007-02-28)

(5) McClure, Charles R. et al. Economic Benefits and Impacts From Public Libraries in the State of Florida: Final Report. 2000. http://dlis.dos.state.fl.us/bld/finalreport/, (accessed 2007-02-28).

(6) Davis, Denise M. Library Retirements: What Can We Expect. American Library Association, 2004. http://www.ala.org/ala/ors/reports/LISGradsPositionsAndRetirements_rev1.pdf, (accessed 2007-02-28).

(7) Davis, Denise M.; Hall, Tracie D. Diversity Counts. 2006. http://www.ala.org/ala/ors/diversitycounts/DiversityCountsReport.pdf, (accessed 2007-02-28).

4.3 OCLCの動向

慶應義塾大学文学部　原田　隆史（はらだ　たかし）

(1) 概要と歴史

OCLC（Online Computer Library Center, Inc.）は、世界最大のオンラインで図書館の分担目録作業を行うシステム（書誌ユーティリティ）である。現在では、その活動は分担目録にとどまらず、データベースの提供や図書館に関わる研究開発など多岐にわたっている。本部はアメリカ合衆国のオハイオ州郊外のダブリン（Dublin, OH）におかれている。

1967年にオハイオ州立大学を中心とするオハイオ州内の54の大学図書館の情報資源の共有と図書館費用の削減を目的としたコンピュータネットワーク（共同利用機関）“Ohio College Library Center”として設立された。

初代のディレクターであるキルゴア（Frederic Gridley Kilgour）の方針もあり、1977年にはオハイオ州外の図書館もメンバーとして参加できるように大幅な組織改革が行われ、アメリカ国内はもとより世界中の図書館が参加し、加盟館が増加した[(1)]。現在では世界112の国または地域にある57,000館以上（2007年２月現在）の図書館が参加している世界最大の組織となっている[(2)]。また、1981年には実態に合わせて法人名をOhio College Library CenterからOnline Computer Library Center, Inc.へと変更した[(3)]。

(2) OCLCの活動

OCLCが提供するサービスは、目録データベース“WorldCat”を中心としたサービス、書誌データベースや電子ジャーナルなどを中心としたサービスなどを中心に多岐にわたる。以下に、代表的なサービスを紹介する。

1) 目録作成サービス“OCLC Connexion”

各図書館が行う図書の目録作成を支援するサービス。OCLCは参加館が共同で作成する書誌データベースWorldCatを維持管理している。参加館はOCLC Connexionを使ってWorldCatにビルトインアクセスし、書誌・典拠レコードの作成・修正を行うことができる。オリジナルな目録作成を行うことができるだけでなく、既存のデータを自館のデータベースにコピーすることで必要な目録を簡単に作成することもできる[(4)]。WorldCatには、2007年２月17日現在で76,012,240の書誌レコード、1,110,394,813件の所蔵レコードが蓄積されており、世界最大の文献データベースとなっている[(5)]。

図書館がWorldCatに接続して目録を作成するシステムは、従来は“Passport”という名前のシステムが使用されていたが、2005年５月にOCLC Connexionに置き換えられた。インタフェースとしては、専用のクライアントソフトウェア“Connexion client”経由だけではなくWebブラウザを用いてアクセスすることも可能となっている。

2) OCLC ILL

OCLCでは参加館同士のILLを実現するシステムを提供している。近年では、ILLの支援を行うためのソフトウェアとして“ILLiad Resource Sharing Management”が開発され、ILLリクエストの作成支援、所蔵館への連絡、結果の追跡などを容易に行うことができる環境も提供されてきている[(6)]。

3) Open WorldCat

2003年にOCLCはWordlCat中のデータの一部を一般公開するOpen WorldCatプログラムを開始した。Open WorldCatプログラムは、Google、Yahoo!、Windows Liveなどにデータを提供するもので、これによって検索エンジン等を用いてWorldCat内のレコードの検索が可能となっている[(7)]。たとえば、GoogleやYahoo!では「詳細検索」において、検索サイトを“worldcatlibraries.org”に制限するだけでOpen WorldCatを検索することができる。Open WorldCatの提供レコードは2004年秋には、WorldCatの全レコードまで拡張された[(8)]。さらに、2005年10月にはWorldCatレコードにWikiのように自由にコメントを追加できる仕組みも追加されている。

4) FirstSearch

FirstSearchは、参加館の図書館員および利用者

※本稿は、国立国会図書館の2006年度調査研究事業の成果物である。

が誰でも利用できることを目的に作られたオンライン情報検索サービスである[9]。Web ベースのインタフェースのほか、Z39.50 インタフェースも用意されている。近刊雑誌の記事情報を検索できる“OCLC ArticleFirst”、会議録の目次情報が検索できる“OCLC ProceedngsFirst”、“OCLC PapersFirst” といった OCLC が作成したデータベースのほか、“Educational Resources Information Center” が収集した教育関係資料を収録したデータベース ERIC など 70 以上のデータベースにアクセスできる[10]。また、ECO（Electronic Collections Online）と呼ばれる約 70 社の主要な学術雑誌出版社が発行する 5,300 誌以上の電子ジャーナルコレクションも収録データベースのひとつとして使用することができる[11]。

5) NetLibrary eBook

学術系の 120,000 タイトル以上を含む電子図書のコレクションを提供するサービスで、欧米を中心に多数の出版社（400 以上）が参加している[12]。図書館が電子図書を購入することで、その利用者が電子図書を読むことができるようになる。利用者への電子図書の提供は、OPAC から直接電子図書を見られるようにする方法や、自館の Web サイトにリンクを設けて提供する方法など多様な方法が可能となっている。いずれの場合においても、利用者は Web ブラウザで閲覧でき、専用デバイスやリーダーは必要ない[13]。

6) WebJunction

WebJunction は、図書館職員向けオンライン学習コミュニティである[14]。2006 年 12 月には、E-ラーニングの研修プログラムを専門とする InSync Training 社の協力を得て、同期型ラーニングの専門家を育成する研修プログラムの提供を開始した。このプログラムでは、ライブ型のオンライントレーニングを設計したり、手助けしたりする技能を学ぶことができる[15]。

7) その他のサービス

アメリカ議会図書館と協同で開発、運用するレファレンス支援システム “QuestionPoint” がある。QuestionPoint は、図書館に寄せられたレファレンス質問を効果的に管理する機能のほか、自館で解決できない質問について他の QuestionPoint 参加館に回答を依頼するなどネットワークで接続された図書館が協力して効果的なレファレンスを行う環境を構築することができる[16]。また、QuestionPoint は、近年カリフォルニアの “24/7”（twenty four by seven）と統合された[17]。

(3) OCLC の最近の動向

OCLC の業務に関する最近の動向としては、「統合」と「オープン化」という２つをキーワードとしてあげることができる。

1) サービス、データベースなどの統合

かつて “CORC” と呼ばれた Web 上の情報源に対する目録作成サービス、CJK（Chinese, Japanese, Korean）のような多言語サービス、Web ブラウザでアクセス可能な目録サービスなどは、開発過程を経て正式なサービス体系の中に組み込まれている[18]。その結果として、2005 年に提供が開始された OCLC Connexion では、Web 上からのアクセスが可能となり、また、多言語対応のシステムとなっている。

このような OCLC 内のサービスを統合してサービスの質の高めるほか、他の機関で作成された目録とデータベースを統合して収録レコードの内容を広げる活動も行われている。たとえば、2004 年にイリノイ州で WorldCat と州内のローカルな OPAC を統合したイリノイ州オンライン総合目録 “SILC” が作成されるなど、いくつかの地域図書館システムの目録との統合が行われている[19]。また、2006 年 7 月には RLG（Research Library Group）の資産をすべて買収する形でデータベースの統合を行っている。この RLG の買収によって RLG 傘下の各図書館の蔵書データが WorldCat データベースに統合されたほか（2007 年第 3 四半期を目途に現在統合中）、RLG の研究部門も OCLC の研究グループの傘下にはいることとなった。

2) オープン化

従来、WorldCat データベースは、OCLC の参加館のみからしかアクセスすることができなかった。しかし、2003 年から OCLC は WorldCat データベースを Web から一般の人々も検索できるように開放している。これは、検索エンジンなどを通して WorldCat データベースに収録された所蔵情報などの内容を表示することで、図書館の利用を増やそうとする戦略でもある。

Open WorldCat サービスは、当初はデータを静的な Web ページとして公開することで Google や

Yahoo! のような検索エンジンのみからアクセスできるものとして提供されていたが、現在では利用者により使いやすい提供形態を目指して "worldcat.org" が開設され、きめ細かなサービスの提供を目指している（現在、β版がサービスされている）。

3) その他

その他、OCLC の新しいサービスとして、コーネル大学図書館と一緒に開発している受発注システム "ITSO CUL" や、"WorldCat Selection" が予定されており、現在開発中である。

(4) OCLC が図書館界に果たしている役割

近年、学術研究の国際化、インターネット技術の普及、図書や雑誌の価格高騰、電子メディアの増加、Web 検索エンジンの発達など、図書館を取り巻く環境は大きく変化してきている。これにともなって、多くの図書館をネットワークで接続し、情報資源を共同化していくことの必要性、重要性はますます高まってきている。

OCLC は設立以来、このような情報資源の共有を地球規模で推し進めてきており、従来の図書館サービスの問題点として指摘されてきた目録業務を中心に、図書館の生産性向上とコスト削減に大きな役割を果たしてきた。

また、近年の環境の変化にも対応するために、最新の情報技術を駆使した図書館に関わる新しい技術の開発も行い続けている。特に OCLC の目録データの協同作成だけではなく、作成された目録データベースを利用しての ILL サービスや、Web 上のデータのメタデータ作成、電子ジャーナルや電子図書の提供をはじめとしたデジタルコンテンツに関わるサービスなどが開発され、その利用も急速に増加してきている。

また、標準化に関しても Dublin Core をはじめとする各種の標準化活動が OCLC を中心に行われており、その意味でも大きな貢献をしているといえるだろう。

(1) OCLC. "About OCLC". http://www.oclc.org/about/default.htm, (accessed 2007-02-17).
(2) OCLC. "History of OCLC". http://www.oclc.org/about/history/default.htm, (accessed 2007-02-17).
(3) 紀伊國屋書店. "OCLCとは". http://www.kinokuniya.co.jp/03f/oclc/aboutoclc.htm, (参照 2007-02-17).
(4) OCLC. "Connexion". http://www.oclc.org/connexion/, (accessed 2007-02-17).
(5) OCLC. "WorldCat". http://www.oclc.org/worldcat/default.htm, (accessed 2007-02-17).
(6) OCLC. "ILLiad". http://www.oclc.org/illiad/, (accessed 2007-02-17).
(7) Open WorldCat program. "Open WorldCat: WorldCat on the Web". OCLC. http://www.oclc.org/worldcat/open/, (accessed 2007-02-17).
(8) Quint, Barbara. All of OCLC's WorldCat Heading Toword the Open Web. Information Today. 2004-10-11. http://newsbreaks.infotoday.com/nbreader.asp?ArticleID=16353, (accessed 2007-02-17).
(9) 紀伊國屋書店. "OCLC FirstSearchとは". http://www.kinokuniya.co.jp/03f/oclc/aboutfs.htm, (参照 2007-02-17).
(10) OCLC. "FirstSearh". http://www.oclc.org/firstsearch/, (accessed 2007-02-17).
(11) 紀伊國屋書店. "OCLC ECO(Electronic Collections Online)". http://www.kinokuniya.co.jp/03f/oclc/eco.htm, (参照 2007-02-17).
(12) 紀伊國屋書店. "NetLibrary eBook". http://www.kinokuniya.co.jp/03f/oclc/netlibrary.htm, (参照 2007-02-17).
(13) 紀伊國屋書店. "NetLibrary eBook FAQ". http://www.kinokuniya.co.jp/03f/oclc/netlibrary_faq.htm, (参照 2007-02-17).
(14) OCLC. "WebJunction". http://www.oclc.org/webjunction/default.htm, (accessed 2007-02-17).
(15) WebJunction、同期型E ラーニングの専門家を育成する研修プログラムの提供開始. カレントアウェアネス-R. 2718, 2006-12-15. http://www.dap.ndl.go.jp/ca/modules/car/index.php?p=2718, (参照 2007-02-17).
(16) 林賢紀, 松山龍彦, 新元公寛. QuestionPoint：導入事例と今後の予定. 情報の科学と技術. 2006, 56(3), p.96-102.
(17) "QuestionPoint: 24/7 reference services". OCLC. http://www.questionpoint.org/, (accessed 2007-02-17).
(18) 峯環. 2005 年度海外派遣研修報告書. 2006. http://www.jaspul.org/kokusai-cilc/haken_report2005.pdf, (参照 2007-02-17).
(19) OCLC. "ArchivedProject". http://www.oclc.org/research/projects/archive/default.htm, (accessed 2007-02-17).

Ref:
"OCLC". Wikipedia. http://en.wikipedia.org/wiki/OCLC, (accessed 2007-02-17).
OCLC. OCLC Annianl Report 2005/2006. http://www.oclc.org/news/publications/annualreports/2006/2006.pdf, (accessed 2007-02-17).
紀伊國屋書店. "OCLC関連情報トップページ". http://www.kinokuniya.co.jp/03f/oclc/oclctop.htm, (参照 2007-02-17).

4.4 ARL（研究図書館協会）

千葉大学附属図書館　ライブラリイノベーションセンター　　高木　和子（たかぎ　かずこ）

(1) 組織

研究図書館協会（Association of Research Libraries: ARL）は、米国とカナダの研究図書館で構成される図書館協会で、1932年に設立された。変化する学術コミュニケーションの環境や、研究図書館とそのサービス対象である多様なコミュニティに影響を与える公共政策に影響を与えることをその使命とする。

ARL会員は、共通の研究使命・目標・関心・ニーズを有する研究機関に限られ、加入するには理事会の推薦を受け、会員による承認を受けなければならない。候補機関は、設定された基準を満たすことが必要とされる。現在の会員図書館123館の内訳は、大学図書館が113館(1)、非大学図書館が10館である。数の上では北米の全図書館の一部に過ぎないが、資産、予算、利用者という観点から見ると、大学・研究図書館市場の大半を占め、図書館資料の購入・購読に毎年10億ドルを超える金額を支出している。2004年度の会員図書館の支出総額は36億ドル（4,320億円）であった。

理事会を構成するのは、会員により選ばれた代表で、3年の任期を務める。委員会、タスクフォース、作業グループも、特定の課題に取り組もうとする会員の代表から成る。職員は約20名で、その他に会員機関から派遣されてくる客員プログラムオフィサー（VPO）がおり、ARLのためのプロジェクトを遂行する。通常VPOの給与は派遣機関が負担する。会員機関の代表が集まる会員会議は年2回開催される。

ARLは特定の使命や目的を達成するために、米国大学協議会（AAU）、研究図書館グループ（RLG）、米国図書館協会（ALA）、SPARC、OCLCなど、数多くの図書館・情報団体と協力している。

(2) 戦略計画

2004年11月、ARLの戦略計画作業部会は理事会の指導に基づいて「ARL2005 － 2009年戦略計画」を発表した。2005年からの5か年間の主要優先事項を、(1) 学術コミュニケーション、(2) 情報・公共政策、(3) 教育・研究とすることが確認され、これらの優先事項を遂行するために、次の戦略指針が決められた。

1) ARLは、効果的で伸張性のある、持続可能で経済的に実行可能な学術コミュニケーションのモデル開発の指導者となる。そのモデルは教育や研究やコミュニティへのサービスをサポートするバリアフリーのアクセスを提供する。
2) 情報の管理・提供の方法を決定するような情報政策と、その他の公共政策に全国的、国際的に影響を与える。
3) 会員図書館が、研究や大学・大学院教育に影響を与えるような変革に従事するために、新しい役割拡大を促進助長する。

(3) 主な活動

研究図書館や研究コミュニティに影響を与える様々な問題に取り組んでいるが、次の7項目が主要な課題とされる。

1) 著作権と知的財産

著作者の知的財産権を守る方法を追求すると同時に、情報へのバリアフリーアクセスを促すために、ARLは他の高等教育・研究コミュニティの活動に参加してきた。現在取り組んでいる課題は以下のとおりである。

1. 著作権者が不明な著作物（Orphan Works）の扱い
2. フェアユース（公正使用）の問題
3. 著作権108条研究グループの活動
   米国著作権法108条（図書館等の権利制限・例外規定）の見直しを要求
4. 著作権保護規格（Broadcast Flag）ルール
   図書館員や消費者が、著作権で保護された作品を「公正使用」する権利が大きく妨げられ、機器間の互換性が制限されるとの懸念から、デジタル放送向けの著作権保護規格(2)に対して、図書館員や公益団体が共同で訴えを起こした。

※本稿は、国立国会図書館の2006年度調査研究事業の成果物である。

2) 多様性イニシアチブ

多様なグループからの職員採用を促進するために、研究図書館におけるキャリア機会を知らせ、マイノリティ・グループの学生を支援するイニシアチブである。会員機関職員には開発セミナー、相談、討論、研究など様々な機会を与える。

1. リーダーシップ・キャリア開発プログラム
   マイノリティ・グループの中堅ライブラリアンに、18か月のリーダーシップ研修を提供する。
2. 多様な職員の採用
   マイノリティ・グループの学生に2年間にわたり、最高1万ドルの奨学金を与える。
3. キャリアリソース
   キャリア開発の機会とリソースを提供する。
4. リーダーシップ
   「ARLリーダーシップ研究所」が、米国政府機関「博物館・図書館サービス機構（IMLS）」の資金を受けて、研究やリーダーシップ開発研修を行う。

3) e-Scienceへの図書館サポート

自然科学、応用科学、テクノロジー、生物医学、自然科学研究アプローチを共有する社会科学を含めて、e-Scienceを支援する。

4) リーダーシップ開発

高等教育の場における研究・教育ニーズを満足させるために、リーダーシップ開発を行う。

1. ARLアカデミー
   図書館情報学の学生を特別研究員として受け入れる。
2. 研究図書館リーダーシップ特別研究員プログラム
   会員図書館と共同で行う、管理職向けのリーダーシッププログラム。

5) 法規と歳出予算

公共政策プログラムの主要目的は、研究図書館と高等教育コミュニティに有利な立法的措置に影響を与えることである。担当者は、州、連邦政府、北米、外国政府機関の立法機関の動きを追い、情報、知的財産権、テレコミュニケーションに関する政策を分析し、影響を与える方法を模索する。さらに、国の研究所や機関への資金供与を促し、会員の利益を推進する。

6) 図書館アセスメント

統計・測定プログラムは研究図書館の業績と、研究・学問・コミュニティサービスへの貢献を測定する。ARLは学術図書館の業績基準、統計、管理ツールの開発、テスト、応用に関して指導的な役割を果たしており、1961年度以降、会員図書館の統計は毎年発表されている。医学図書館統計、法律図書館統計、保存統計、大学・図書館総経費統計のほか、1980年からは給与調査統計も集計されている。

7) 新しい出版モデル

研究資料や教育資料に対してバリアフリーアクセスを提供する、革新的なシステムの開発を率先して提唱してきたARLは、健全な市場を助成し、学術情報へのアクセスを妨害する市場バリアを小さくすることに努めている。

ARLは上記の活動に加え、各種の出版物を通して、研究図書館や高等教育の関係者のみならず、学術コミュニケーションや情報政策の未来に関与する人々にも興味のある情報を提供している。会員図書館の統計、給与調査、SPEC Kitsにより、会員図書館の実態を知ることができる。

(1) ARL会員になることは、多くの大学図書館にとって重要な目標のひとつであると言われるが、その設立に尽力したスタンフォード大学は、2004年1月1日付けで脱退した。「ARLへの会費（年2万ドル弱）、報告努力、職員の関与に見合う利益を見出せないこと。ARLはスタンフォード大学や研究機関コミュニティのニーズに役立っていないこと」がその動機とされている。
(2) デジタル放送番組の著作権を保護するために、デジタル放送波にタグを埋め込み、テレビやレコーダなどの受信機が、タグ情報に基づいて再生や録画の許可を出すというもの。

Ref:
Association of Research Libraries. “About ARL”. http://www.arl.org/arl/, (accessed 2007-02-22).

4.5 SLA（専門図書館協会）の概要と最近の動向について

アサヒビール株式会社　技術情報室（現アサヒビール株式会社　商品開発第二部）
藤澤　聡子（ふじさわ　さとこ）

(1) 専門図書館協会（SLA）の概要

専門図書館協会（Special Library Association: SLA）は1909年に設立され、2007年現在では北米を中心として世界80カ国以上、約12,000人の会員にサービスを行う非営利の国際組織である。会員は企業、教育機関、政府機関、非営利団体などの情報部門に所属する情報専門家（Information Professional、以下、インフォプロと略す）であり、それぞれの所属する母体（企業や組織）に対し、情報をマネジメントする役割を担っている人々である。その職種は図書館員に限らず、所属する組織のために情報を戦略的に利用するすべての専門家を指しており、ナレッジ管理者（knowledge managers）、情報管理者（chief information officers）、Web開発者（web developers）、情報ブローカー（information brokers）なども含まれている（図1-1参照）。

これら会員の活動を支援するSLAの組織は59の支部（Chapter）、25の分科会（Division）、10のローカルミーティング（Caucus）からなっている。それぞれの分科会は化学、医学・薬学、法律、金融、ニュースなど主題分野別に分かれており、主題に特化した専門性の高い活動を行っている。

SLAの使命は、会員であるインフォプロに対し、学習の機会を提供し、彼らを支援し、かつ相互のネットワークを促進・強化することである。そのため、年次大会を含む多くの学習プログラムが実施されており、いずれの学習プログラムも「実務家」として情報部門を管理・運営することを主軸としている。

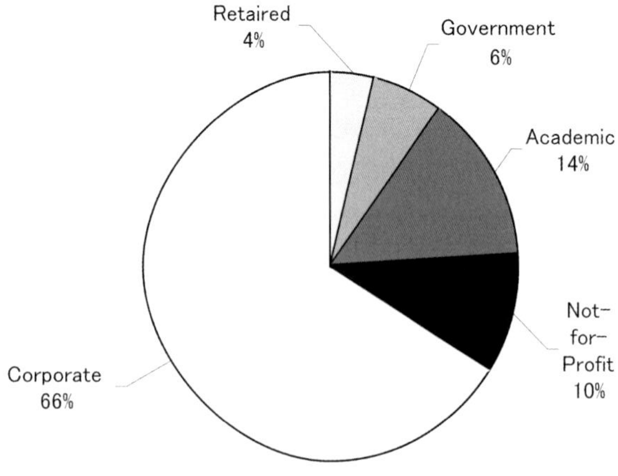

図1-1　SLA会員の所属別割合[1]
（本情報はSLAの好意により2006年データを転載する）

(2) 最近の動向

2000年以降、ネットワーク環境の変化により、SLAの活動も様変わりしている。情報環境の変化に伴い、インフォプロに求められる役割やスキルも大きな変容し、またSLAが提供するサービスやプログラムもWebベースで提供されるなど、インフォプロ間のネットワークや相互援助をサポートする取り組みが実践されている。

1) 21世紀に向かって求められるスペシャルライブラリアンの能力と資質

SLA「専門図書館員の資質に関する特別委員会」では、1997年に“The Competencies for Information Professionals of the 21st Century”を発表し、2003年6月にその改定版を発表している。

多くの企業や組織の情報部門は1～数名の少人数で運営されることが常であり、情報担当者は情報を扱うプロとしての役割に加え、情報部門のマネジメントまで責を負っている場合が多い。インフォプロとして必要とされる能力と資質について提言がなされ、それが数年で改定される背景には、インフォプロを取り巻く情報環境が著しく変化してきていることに他ならない。この情報環境の目まぐるしい変化を的確にキャッチし、母体組織への利益を最優先とするインフォプロの姿勢が強く打ち出されている。

2) 学習プログラムの新たな取り組み

SLAでは年次大会を毎年開催している。大会では実務者のためのトレーニングプログラムや就職斡旋など、通常の学会機能に教育・学習を加えた運営を行っており、毎年5,000～7,000人が参加している。SLAは2005年から新たな学習プログラムである“Click University”をWeb上に開設した[2]。この“Click University”はSLA会員の誰でもが、それぞれのレベルに応じて継続的に学習できる機会を提供す

※本稿は、国立国会図書館の2006年度調査研究事業の成果物である。

ることを目的としている。また、"Click U Live!"（旧名称：Virtual Learning Series）はSLA会員以外からも利用できる有料プログラムである。

3) Task Forces for 2005-2006 とその後

前SLA会長であるロッロ（Pam Rollo）氏は新しい８つのタスクフォースを提案し、SLA会員の参加を呼びかけた。このタスクフォースはSLA本体、SLA会員および広義の意味でのインフォプロ全てにおいて、さらに革新的なインフォプロを目指したタスクフォースである。

８つのタスクフォースはいずれもインフォプロの新しい価値の提案と専門性を高めるために、パートナーシップ、新ビジョン、支部構成のあり方などについて報告している。今後、これらの報告をもとに、(1) SLA新会員の強化、(2) 協力機関とのパートナーシップの強化、(3) 大学院との連携、(4) 会員の継続的な学習を支援するプログラム等の施策が展開される。

(1) Libby Trudell et al. "Introduction to SLA for Japanese Information Professionals". 2006. http://www.imic.or.jp/news_topics/pdf/SLA061207/Libby-SLA.pdf, (accessed 2007-01-25).

(2) Special Library Association. "CLICK UNIVERSITY: an online learning community for the benefit of SLA members". http://sla.learn.com/, (accessed 2007-01-25).

Ref:

国際医学情報センター. "SLA Meeting in Tokyo 開催報告". http://www.imic.or.jp/news_topics/20061207sla_rp.html, (参照 2007-01-25).

Special Library Association. "Association Fact Sheet". http://www.sla.org/content/SLA/pressroom/factsheet.cfm, (Accessed 2007-01-25).

[Special Library Association et al]. 21世紀に向かって求められるスペシャルライブラリアンの能力と資質：エグゼクティブサマリー. 片岡洋子訳. 専門図書館. 1997, (163), p.11-16.

[Special Library Association et al]. 特集, 人材育成：21世紀のインフォメーション・プロフェッショナルに求められる能力と資質 <改訂版 2003年6月> 翻訳, 栗田淳子訳. 専門図書館. 2003, (202), p.34-38.

第2章

米国の一般的な図書館のすがた

本章では、アメリカの公共図書館・学校図書館・大学図書館の実際のサービスをいくつか事例として紹介しているが、その際、小規模な図書館を中心に選んでいる。今回、小さな図書館をあえて選んだのには、次の理由がある。それは、大規模な図書館の活動については、すでに日本でも紹介されているケースが多いことである。それに対し、小規模な図書館のそれぞれの活動については、あまり知られていない。しかし、日本国内にも、小規模な図書館は多く、大規模な図書館に比べ、予算・スペース・スタッフ・資料、いずれをとっても不足気味であり、たいていが悪戦苦闘している。また、厳しい財政状態や図書館に対する周囲の無理解の中で、図書館の存続そのものが危ぶまれるような状態に追い込まれている自治体や教育機関もある。そのため、米国で工夫を凝らしながら活発に活動している小規模・中規模図書館の事例紹介は、その知恵が、日本国内の図書館にとって、参考になる可能性が高いと考えられる。

もちろん、米国と日本では、文化的・社会的背景も、財源確保のシステムも、法制度も違うので、単純には比べられない。しかし、図書館の本質的な機能は同じである。現在、日本国内で各館種の図書館がさまざまな課題に直面している。米国が、どのような課題に直面し、どのような解決方法を見出しているのか、また、新しくどのようなサービスに取り組んでいるかを事例として情報提供することで、日本の小さな図書館の試行錯誤に何らかの示唆を与えることができれば幸いである。

（岩崎　れい）

1. 公共図書館

1.1 ヴァーモント州モンペリエのケロッグ・ハバード図書館

Grace Worcester Greene
Children's Services Consultant, Vermont Department of Libraries
（ヴァーモント州図書館庁児童サービス・コンサルタント　グレース・ウースター・グリーン）

図書館とコミュニティについて

ケロッグ・ハバード図書館はヴァーモント州の州都、モンペリエにある。ヴァーモント州は面積がアメリカで８番目に小さな州で、人口では49番目、2005年の国勢調査の推定では人口わずか623,050人の州である。さらにモンペリエはアメリカ最小の州都で、人口わずか8,000人である。モンペリエに加えて、当館は周囲の５つの町の図書館でもある。東モンペリエ、ベルリン、ウースター、カレイそしてミドルセックスである。これらの街をあわせての人口はおよそ17,700人である。この地域の住民に加え、モンペリエで働く州政府の公務員達も当館を利用し、また観光シーズンには（ヴァーモント州では３回のシーズンがあり、秋には紅葉、冬にはスキーその他ウインタースポーツ、そして夏には山と湖を楽しめる）、多くの人々が当館のコンピュータを利用して自分達のメールをチェックしている。

1895年に設立された当館は、ヴァーモント州産の御影石で出来た淡い色の美しい建物で、州都のメインストリートに面している。外見と同じく内装もエレガントで、優雅なロビー、凝った木工細工、そして広い閲覧室がある。1975年には裏手に増築され、最近では2001年に増築と改築が完了している。最近の増築の主要な要因は1992年の洪水で、近くのウィヌスキ川からの氷によりせきとめられたことで発生した洪水による被害であった。それまでは地下にあった子どもたちのための部屋はたいへんな被害を受け、多くの蔵書が失われた。

図１　ケロッグ・ハバード図書館外観

統計

当館は73,356点の資料を収蔵し、14,306人の登録利用者を有している。一日当たり平均４人の新しい利用者がある。2001年に増築して以来、一定して閲覧件数は増加している。〔2006年の〕最新の数字では、292,590件（一日平均1,015）である。これは2000年に比べると69％の増加で、2000年の数字は172,643件であった。最も大きな伸びを示したのはヤングアダルト向け資料で、2001年には814の貸し出し数であったのが、2006年の総数は15,995件となり、なんと1,965％の伸びを示している！

スタッフ

当館は、小規模な地方の図書館としてはまれな管理方法をとっている。２人のディレクターがおり、直接Board of Trustees（評議会）に報告をし、同額の給与をもらっている。チームには図書館長のファリントン（Hilari Farrington）と事務局長のハーン（Martin Hahn）がおり、前者は蔵書とサービス、そして後者は財務を担当している。これは2005年にスタートした新体制である。それまでは図書館長が図書館運営の全てに責任を負っていた。しかしファリントン館長は資金調達にかかる時間があまりにも多くなり、伝統

レファレンス質問	総数（件）	37,805
	一日平均（件）	131
インターネット利用	総数（件）	38,974
	一日平均（件）	135
図書館間相互貸借	借受（冊）	1,196
	貸出（冊）	438
子ども向けプログラム	プログラム数（回）	310
	参加人数（人）	8,852
成人向けプログラム	プログラム数（回）	92
	参加人数（人）	3,442

表１　その他2006年の統計

※本稿は、国立国会図書館の2006年度調査研究事業の成果物である。

図２　ケロッグ・ハバード図書館スタッフ

的な図書館サービスに費やせる時間が次第に短くなってきたことに気づいたのである。この２人の長に加え、当館には 12 人のスタッフと（うち５人だけがフルタイム)、6 人のアシスタント（学生アシスタント)、そして 96 人のボランティアがいる。MLS の学位取得者はわずか２名で、図書館長とパートタイムの児童書の目録担当者である。

予算と資金調達

他のほとんどの州と違い、ヴァーモントには州政府からの資金はない。そこで地方の図書館は各自治体の資金や民間からの寄付に頼らざるを得ない。当館ではその運営費の最も多くをヴァーモント州の公共図書館向けの、地元の慈善寄付金から得ている。

資金調達

事務局長の主な仕事は、資金調達（ファンドレイジング）である。当館では基本財産のために 300 万ドルの資金を調達するキャンペーンを開始した。2006 年度末で、目標の３分の１程度を達成している。資金調達の方法には直接の訴え、特別なイベント、慈善くじ、本の販売、そして助成金申請などがある。

アドヴォカシーと PR

広報

当館は、プログラムやサービスについて人々に知らせるのに、複数の方法を用いている。ウェブサイトでは図書館についての基本情報と、これから行われるプログラムについてのニュースを提供している（http://www.kellogghubbard.lib.vt.us/)。

またコミュニティのブログである "Montpelier Matters"（http://montpelier-vt.blogsopot.com/）に記事を投稿したり、最近では当館のブログ（http://Kellogghubbard.blogspot.com）も立ち上げたりしている。

また少なくとも毎月１回、希望者全員に電子メールでニューズレターを配信している。また毎月、館内に成人向けと子ども向けの２種の印刷物のニューズレターを置いている。さらに年２回、図書館カードを作成している人たち全員にニューズレターを送っている。定期的に地元の新聞 The Times Argus と無料のコミュニティ新聞 The World にも寄稿している。月に２回、当館のプログラムディレクターが地元のラジオ局のレポーターと 15 分間の対談をし、予定されているプログラムや新着資料、スペシャルイベントな

歳入	
基本財産の投資配当	230,000
寄付金	147,000
モンペリエ市・町	318,000
助成金	60,000
その他歳入	82,000
歳入合計	837,000
支出	
給与と福利厚生費	574,445
暖房費及び水道光熱費	33,999
保険	14,831
修理・保守整備費	31,000
その他設備費	32,172
成人向け資料購入費および活動費	48,574
子ども向け資料購入費および活動費	21,396
総務管理運営費	42,775
ファンドレイジングの費用	24,110
技術・通信費	11,000
総支出	834,301

表２　ケロッグ・ハバード図書館の 2007 年予算（単位：ドル）

どについて話をする。事務局長の最も重要な仕事のひとつに、当館のサービス対象である6つの町との良好な関係を維持することがある。これらの町に当館の活動やニーズに関する情報を提供し、年度予算要求に対する心構えを迫るのである。

新しい利用者を惹きつける

当館は利用者の拡大に力をいれている。男性利用者を増やすために、車の修理、建築、家の修理、スポーツ、狩猟、釣り、ファンタジー、中小企業、その他伝統的に男性が興味を持つ分野の蔵書を改善してきた。またテープやCD形態の資料を大幅に増加させることで、新しい利用者を惹きつけてきた。

ここ数年の間に、多くの難民の家族がこの地域に移り住んでおり、当館では母語で書かれた図書を購入することで、よりスムーズに新しい生活に移行できるよう手助けしている。

最近ではヤングアダルト（12歳から18歳の若年層）にも手を伸ばそうと熱心に取り組んでいる。ティーンのための独立した場所を設け、この年齢層のために購入する図書数を大幅に増やした。これは非常にうまくいき、ここ5年間で、前述のように貸し出しが1,956％も増加することとなった。

アウトリーチ

州の図書館庁から得られる連邦政府の助成金を通じて、当館では、5つの周囲の町に奉仕する地元の学校組織と共同して、ブックモービルを購入することができた。このブックモービルは当館が奉仕する6つの町全てを巡回し、とくに自宅で子育てをしている人たちや、高齢者、低所得者といったこれまでとは異なる利用者にも当館を利用してもらおうとしていた。残念なことに、助成金が尽きてしまったため、今ではブックモービルを走らせることができなくなってしまった。しかしながら、ブックモービルのコーディネーターの給与として割り当てられていた資金を用い、最近、非常勤のアウトリーチ・コーディネーターを採用した。彼女は児童福祉施設や児童センターへ本を届けるように調整し、さらに地域内の他の機関や組織と協力してできる限り多くの人に本を届けられるようにしている。

協力

州

効率よく運営されている全ての組織と同様に、当館も孤立状態で仕事をすることはできないことを学習した。利用者に最良のサービスを提供し、資源を最大限に活用し、できるだけ多くの人に声を届けるために、できる限り多くの他機関や組織と協力しなければならないことを学んだ。州の図書館機関であるヴァーモント州図書館庁は当館と協力して夏の読書プログラムのための資料を提供したり、データベースへのアクセス、技術的支援、また目録作成のための支援や研修を提供している。ヴァーモント州人文科学委員会は文化振興プログラムに資金と助言を提供している。

地域

地域のレベルとしては、当館は様々な形で学校と協力している。例えば協力的プログラム、すなわち、学級単位による当館の訪問、当館での子ども達の作品展などである。モンペリエには年に何度かの大きな祝賀行事があり、当館はその全てに参加している。大晦日には市がパフォーマンスや工作、そしてパレードなど、家族向けの祝賀行事を開催する。当館は少なくともパフォーマンスが行われる会場の1つとなり、また作家を呼んで行うプログラムを1つは行う。独立記念日（7月4日）には、市は大きなパーティを行うが、当館は音楽や工作を行う野外パーティを行うことでこれに貢献している。さらにモンペリエ高齢者センターと協力してそのメンバーに本に関するディスカッションをしてもらったり、地元の音楽学校と協力して学生のコンサートを当館で開催したり、地元の作家や芸術家と協力して当館でのプログラムを作ったり、モンペリエに拠点を置くニューイングランド料理学校と協力して子どものための料理教室を開催したりしている。

プログラムの策定

プログラムの策定は当館の強みである。子ども向けには毎週3回の未就学児のためのお話し会があり、平均で（親子合わせて）60人が参加している。就学児向けのアートと工作のプログラム、祝日のお祝い、（パペット、マジック、ストーリーテリングなどの）パフォーマンスなどが少なくとも毎月1回はある。春には、サービス対象地域にある幼稚園の全てのクラスが当館を見学し、図書館カードを作成する。学校が休みの期間（ヴァーモント州では12月、2月、4月に週単位の休みがある）には、当館は子どもが参加する何かしらのプログラムを企画し、子どもが図書館に来るように促している。夏には、州の図書館庁から提供

図3　工作プログラムに参加する子どもたち

図4　図書館の利用者

されたテーマと資料を活用し、夏の読書プログラムを行っている。また、子どもの作品を展示し、保護者や家族のためのオープニング・アート・レセプションを開催する。ヤングアダルトのための定期的なプログラムはなく、ヤングアダルト専任の司書もいないが、子ども向けサービス担当のスタッフが時折、Teen Read Week（アメリカ図書館協会が企画しているプログラム）の行事などのプログラムを行っている。

成人向けには、本に関するディスカッションプログラム、作家・イラストレーターの講演、情報満載のプレゼンテーション、学術的な講義、ヨガのクラスや映画鑑賞会がある。プログラムディレクターは、常に新しいアイデアを受け入れており、またコミュニティの中で手を貸してくれる人たちを探し出すのに長けており、毎月いくつもの優れたプログラムをアレンジしている。

図書館が直面する課題

資金とスタッフ

最大の課題は何か、とアメリカの公共図書館に問えば、そのほとんどが資金とスタッフと答えるであろう。当館は自らの成功の犠牲者となっている。6年前に増築して以来、貸し出しは74％も増加したにもかかわらず、スタッフは最小限の増加に留まっている。町は現在、これまで以上に資金を提供しているが、当館の蔵書とサービスへの要求に応えるのに十分とは言えない。こうした大きな財政上の課題があるために、1年半前に当館では事務局長を採用することにしたのである。

困った利用者たち

また当館を含む多くのアメリカの公共図書館が直面しているもう1つの現在進行中の問題は、思春期の子どもたち（11歳から14歳）が図書館を放課後の待ち合わせ場所、そして迎えの車を待つ場所として利用することである。この特定の子どもたちは図書館の資料を利用する気が全くなく、ただ友達とおしゃべりし、エネルギーを発散する場所が欲しいだけである。放課後のプログラムやクラブ活動用の部屋には全く興味がなく、ただおしゃべりをして騒ぎたいだけなのである。乱暴で汚い言葉を使う子どもたちもいて問題を引き起こしている。バックパックや身体で出入り口や階段をふさいだりすることもある。これはただ単に安全上の問題だけではなく、他の利用者が不愉快に感じたり、怖いと感じたりするという問題でもある。当館では全ての人にとってよい解決策を作るため、モンペリエ警察と協力している。結果として、当館は行動規範の違反者には寛容ではなくなり、実際にトラブルメーカーとなる人たちには立ち入り禁止を言い渡すことになった。

図5　本のキャラクター「大きな赤い犬のクリフォード」といっしょに本を読んでいる子ども

変わる資料形態

全国の司書と同様に、当館のスタッフもまた、変わりつつある資料形態についていこうと懸命である。購入するものをテープから CD へ、ビデオから DVD へと変えてきた。今ではダウンロード可能な図書や映画を視野に入れ、できれば需要よりも一歩先んじていたいと考えている。

公共図書館の運営は常に課題を抱えている。しかし、当館はアメリカの図書館にとって良いことのすべてを体現している。よく訓練され、情報に通じたスタッフ、よい蔵書、責任ある経営管理、優れたプログラム、そして図書館を愛してくれる利用者である。モンペリエと周辺の町の市民は、町の中心に宝石のようなこの図書館があって本当に幸運である。

図 6　夜のケロッグ・ハバード図書館

1.1 The Kellogg-Hubbard Library in Montpelier, Vermont, USA

Grace Worcester Greene
Children's Services Consultant, Vermont Department of Libraries

Description of library and community

The Kellogg-Hubbard Library is located in Montpelier, the capital of the state of Vermont. Vermont is the eighth smallest state in the country in area, and the forty-ninth in population, having only 623,050 people as of the 2005 census estimate. Montpelier is the smallest state capital in the country, with a population of only about 8,000 people. In addition to Montpelier, the library serves five surrounding towns: East Montpelier, Berlin, Worcester, Calais and Middlesex. The population of the combined towns is approximately 17,700. In addition to the residents of the area, state employees who work in Montpelier use the library, and during tourist seasons (in Vermont there are three: fall to see the foliage; winter for skiing and other snow sports, and summers to enjoy the lakes and mountains) many people use the library's computers to check their email.

Built in 1895, the building is a beautiful light colored edifice constructed from Vermont granite and situated on the capital's Main Street. The building is elegant within as well as without, sporting a gracious lobby, ornate woodwork and a large reading room. In 1975 there was an addition built on the back; the most recent addition and renovation were completed in 2001. The main impetus for this last addition was a flood in 1992 caused by an ice jam in the nearby Winooski River. The children's room, which was then located in the basement, suffered extensive damage and many volumes were lost.

Statistics

The Kellogg Hubbard Library has a collection of 73,356 materials and there are 14,306 registered users. They average 4 new patrons per day. Since the library added the addition in 2001, the circulation has steadily increased. The latest figure (for the year 2006) is 292,590 (an average of 1,015 items per day). This is a 69 % increase from 2000 when the total circulation was a mere 172,643. The biggest increase in circulation is for young adult materials: in 2001 the library circulated 814 items, as compared to 2006's total of 15,995 items circulated-- an increase of 1,965% !

Other statistics for 2006

Reference Questions	Total	37,805
	Average Daily	131
Internet Internet Use	Total	38,974
	Average Daily	135
Interlibrary Loans	Borrowed	1,196
	Sent	438
Children's Programs	# of programs	310
	# of attendees	8,852
Adult Programs	# of programs	92
	# of attendees	3,442

※本稿は、国立国会図書館の 2006 年度調査研究事業の成果物である。

Staff

The Kellogg-Hubbard Library has an unusual management style for a small rural library. It is run by two directors, both of whom report directly to the Board of Trustees and are paid the same salary. The team includes the Library Director, Hilari Farrington, who is in charge of collections and services, and the Executive Director, Martin Hahn, whose domain is financial. This is a new arrangement, having started in the summer of 2005. Before that, the library director was responsible for all aspects of running the library. However, she found that more and more of her time was spent in fundraising, and she was able to devote only a small amount of time to traditional library services. In addition to the two directors, there are twelve staff members at the library (of whom only five are full time), six pages (student assistants) and ninety-six volunteers. Only two staff members have an MLS degree: the library director and a part time children's cataloger.

Budget and fundraising

Unlike most other states, Vermont has no state funding; so local libraries must rely on town funding and private donations. The Kellogg-Hubbard raises the highest percentage of its operating budget from local charitable donations of any public library in Vermont.

Fundraising

The primary job of the Executive Director is to raise funds. Under his direction the library has begun a capital campaign to raise three million dollars for their endowment. As of the end of 2006 they had raised about a third of their goal. Fundraising is accomplished through direct appeals, special events, raffles and book sales, and grant writing.

Kellogg-Hubbard Library Budget 2007

Revenue 2007

Revenue	
Endowment Investment Distribution	230,000
Donations	147,000
City of Montpelier and towns	318,000
Grants	60,000
Other Revenue	82,000
Total Revenue	837,000
Expenses	
Salaries and Benefits	574,445
Heat and utilities	33,999
Insurance	14,831
Repairs and Maintenance	31,000
Other Occupancy	32,172
Adult books and programs	48,574
Children's Books and Programs	21,396
General and admin.	42,775
Fundraising	24,110
Tech and Communications	11,000
Total Expenses	834,301

Advocacy and Public Relations

Publicity

The Kellogg-Hubbard library uses several methods to communicate with the public about its programs and services. They maintain a website which has basic information about the library and news about upcoming programs http://www.kellogghubbard.lib.vt.us/. They post to a community blog, Montpelier Matters http://montpelier-vt.blogspot.com/, and they have recently begun their own blog: kellogghubbard.blogspot.com. At least monthly they send a newsletter via email to all who have requested it. Every month there are two paper newsletters available in the library: one for adults, and one about children's activities. About twice per year they mail a newsletter to all cardholders. They send articles to the local newspaper, "The Times Argus," and to a free community newspaper, "The World," on a regular basis. Twice a month the library's program director has a 15-minute talk with a reporter on a local radio station. They discuss upcoming programs, new additions to the collection and special events. One of the most important jobs of the executive director is to maintain good relationships with the six towns the library serves, keeping them informed of the library's activities and needs and preparing them for the annual budget requests.

Attracting new users

The library has made a commitment to expand its user population. They have made a concerted effort to attract more men by improving their collections of books on car repair, building, house repair, sports, hunting and fishing, fantasy, small business, and other traditionally male interests. They have greatly increased their holdings of books on tape and books on CD, which has drawn in many new patrons.

In the past few years a number of refugee families have moved to the area, and the library has helped to ease their transition to a new life by purchasing books in their native languages.

Recently the library has worked hard to reach out to young adults (young people ages 12-18). They have set aside a separate area for the teens, and have greatly increased the number of books they purchase for this age. This has been very successful, as shown by the fact mentioned above that circulation has jumped 1,956% over the past five years.

Outreach

Through a federal grant secured through the state library agency, the Kellogg-Hubbard Library, in conjunction with the local school system which serves five of the surrounding towns, was able to buy and stock a bookmobile. The bookmobile went to stops in all six towns of the library's service area, specifically trying to reach nontraditional users such as home childcare providers, the elderly and those in low-income areas. Unfortunately, the grant money has run out, and they are no longer able to keep the bookmobile on the road. However, using the money formerly allocated to the salary of the bookmobile coordinator, they have recently hired a part time outreach coordinator. She is arranging for delivery to childcare homes and centers, and is working with other agencies and organizations in the area to reach as many people as possible.

Collaborations

State

Like all efficiently run organizations, the Kellogg-Hubbard Library has learned that they cannot work in a vacuum, and in order to best serve their customers, to maximize resources and to get the word out to as many people as possible, they must collaborate with as many other agencies and organizations as they can. The state library agency, the Vermont Department of Libraries, works with Kellogg-Hubbard to provide them materials for summer reading programs, access to databases, technical and cataloguing support and training. The Vermont Humanities Council provides funding and guidance for cultural enrichment programs.

Local

On a local level, Kellogg-Hubbard works with the schools in many ways including cooperative programming, class visits to the public library and exhibits of school children's art in the library. The city of Montpelier has several major celebrations throughout the year, and the library participates in all of them. On New Year's Eve the city puts on a family celebration of performances, crafts and a parade. The library is one of the sites for the performances, hosting at least one author program. For Independence Day (July 4) the city throws a big party, and the library contributes by having a lawn party featuring music and crafts. In addition, they work with the Montpelier Senior Citizens Center to bring book discussions to its members; with the local music school to host student concerts; with local authors and artists to bring programs to the library and with the Montpelier-based New England Culinary Institute to provide cooking programs for children.

Programming

Children at a craft program at the Kellogg-Hubbard

Programming is a strength of Kellogg-Hubbard. For children there are three preschool story times every week, with an average attendance of 60 (parents and children combined).

There are arts and crafts programs for school aged children, holiday celebrations and a performer (such as a puppeteer, magician or storyteller) at least once per month. Every kindergarten class from the entire service area makes a visit to the library in the spring for a tour and to sign up for library cards. During school vacations (in Vermont there are week long vacations in December, February and April) the library hosts programs to give the children something to do and to encourage them to go to the library. During the summer the library runs a summer reading program, using the theme and materials provided by the state library agency. They exhibit children's artwork and host an opening art reception for parents and families. There are no regular programs for young adults, and no designated young adult librarian, but the children's staff occasionally does a program, such as a celebration of Teen Read Week (a program of the American Library Association).

For adults, there are book discussion programs, author and illustrator talks, informational presentations, academic lectures, yoga classes and films. Always open to new ideas, and excellent at discovering resource people in the community, the program director arranges several excellent programs per month.

Challenges the library faces

Funding and staffing

Ask almost any American public library what their biggest challenges are, and they will tell you funding and staffing. The Kellogg-Hubbard library is a victim of its own success. Since they built their addition six years ago, their circulation has increased 74%, but staffing has increased only minimally. The town is now contributing more money than ever, but it is not enough to keep up with the demands on the library's collections and services. It is because of these huge financial challenges that the library decided to hire an executive director a year and a half ago.

Unruly patrons

Another ongoing problem that many American public libraries, including the Kellogg-Hubbard, face is adolescents (11-14 year olds) who use the library as a place to gather after school and wait for a ride. This particular group of kids has no interest in using any of the library's resources, but just needs a place to talk to friends and use up some energy. They are not interested in after school programs or having a club type room; they just want to talk and fool around. This has caused problems because some of the children are very rude and use foul language. They also block entrances and stairways with their backpacks and their bodies. Not only is this a safety issue, but other patrons have felt uncomfortable or threatened. The Kellogg-Hubbard is working with the Montpelier police to fashion a solution for all. To this end the library has become less tolerant of violations of their code of conduct, and, for real troublemakers they have issued no trespass orders.

Changing formats

Like librarians everywhere, the Kellogg-Hubbard staff struggles to keep up with changing materials formats. They have changed their buying from tapes to CDs, and from videos to DVDs. Now they are looking at downloadable books and movies, hoping to keep ahead of the demand.

Kellogg-Hubbard Patron

Child reading with book character, Clifford the Big Red Dog, Kellogg-Hubbard

There will always be challenges to running a public library, but the Kellogg-Hubbard Library exemplifies all that is good about American libraries: a well trained and informed staff, a good collection, a responsive management, excellent programs and loyal customers. The citizens of Montpelier and the surrounding towns are indeed fortunate to have such a gem in their midst.

1.2 アメリカの小さな図書館 －サン・プレイリー図書館 (Sun Prairie Public Library) －

獨協大学　経済学部　　井上　靖代（いのうえ　やすよ）

所在地：1350 Linnerud Dr., Sun Prairie, WI 53590
URL：http://www.sunprairiepubliclibrary.org

＜プロフィール＞
所蔵資料数（2005 年）：

図書	92,271 冊
逐次刊行物	947 タイトル
オーディオ資料	6,073 点
ビデオ資料	7,203 点
そのほか (マンガ、ファイル資料など)	1,339 点
雑誌	275 タイトル

一般開放 PC：
36 台（うち 25 台がインターネット接続）

データベース数：
36
（うち図書館地域システムが提供しているのは 7、州が提供しているデータベースは 28）

電子ブック：
8,156 タイトル

年間増加冊数：
図書 8,768 冊　逐次刊行物：278 タイトル

貸出：
子ども 188,678 点、成人 254,505 点

登録者数：
住民 15,410 人（登録率 64.2%）　非居住者 987 人

レファレンス受付数：
36,088 件

来館者数：
248,513 人

職員数：
館長（Director）
成人サービス担当（Adult Services）
貸出サービス担当（Circulation Services）
児童 YA サービス担当（Youth Services）
資料整理担当（Technical Services）
：以上で 7.5 人
（うちALA-MLS5.5人、ALA認定校以外の司書資格保持2.5人）
そのほかの有給職員数：14.48 人
合計：21.98 人(約 22 人)

図書館運営費用：
収入：1,381,882 ドル
（うち自治体負担額 995,863 ドル（72.1％）、郡負担額 291,646 ドル（21.1％）、州負担額 1,404 ドル（0.1％）　連邦政府負担額 1,500 ドル（0.1％）、その他の収入 91,469 ドル（6.6％））
支出：1,337,031 ドル
（うち人件費 92,526 ドル（51.8％）、職員福利費 240,510 ドル（18.0％）、資料費（※）159,916 ドル（12.0％）、契約サービス費 70,820 ドル（5.3％）、その他運営費 173,259 ドル（％））
（※資料費の内訳：印刷資料費：119,525 ドル、電子情報資料費：2,500 ドル、視聴覚資料費：36,892 ドル、その他 999 ドル）
住民人口ひとりあたりの税金負担額：57.06 ドル
（参考：http://dpi.state.wi.us/pld/xls/05publib.xls）

図書館委員会（Library Board）：現在 9 名

開館時間：
月－木：午前 9 時－午後 9 時
金－土：午前 9 時－午後 5 時
日（冬季）：午後 1 時－午後 5 時　（夏季）：休館
※冬季：9 月第 1 月曜日（Labor Day）から 5 月最終月曜日（Memorial Day）まで
冬季の開館時間：週 68 時間、夏季の開館時間：週 64 時間、年間の開館時間：3,467 時間

※本稿は、国立国会図書館の 2006 年度調査研究事業の成果物である。

サービス対象：

サン・プレイリー（San Prairie）（人口約２万４千人、面積 11.5 平方マイル（約 18,507 平方メートル）、平均収入 51,345 ドル）の町だけではなく、アダムズ（Adams）、デーン（Dane）、コロンビア（Columbia）、グリーン（Green）、ポーテージ（Portage）、ソーク（Sauk）、ウッド（Wood）各郡の居住者（7,700 人が対象）は、“South Central Library System” のサービス対象エリアとして利用できる。バスなど公共交通機関がないので、利用者は自分の車で来館する。町の中心部から車で 10 分程度離れている。州都マジソンまで 10 マイル（約 16 キロメートル）の距離にある。

活動内容：

2006 年度計画（http://www.scls.lib.wi.us/sunprairie/PlanofService.pdf）によると、“Dane County Library Standards for public library material” に合う規模にすることを目標としている。これによると、８万冊の図書、3,000 本のオーディオ資料、2,250 本のビデオ、200 タイトルの雑誌が求められている。選書は Linkcat にあげられている人気のある本は必ず購入するなど、具体的な方法を示して達成目標を計画に盛り込んでいる。そのほか、レファレンス質問の 75 ～ 80%に回答できることを 2006 年度の到達目標に掲げている。図書館内に無線 LAN を敷設することも目標の一つである。

※ “Dane County Library Standards for public library” とは、2002 年にデーン郡などいくつかの郡で、郡としての規模で ILL の相互扶助が一方的にならないように、各図書館で最低一定規模の資料を所蔵するように決めたものをさす。サン・プレイリーはデーン郡に属している。（参考：Wisconsin Public Library Legislation and Funding Task Force. Crossover Library Use. (Issue Paper # 10). 2002-08-15 updated, http://dpi.state.wi.us/pld/doc/issue10updated.doc）

Linkcat とは、この South Central Library System 内での総合目録を指し、ここでおすすめの人気ある本が提示されている。システム内で希望（日本でいうところのリクエスト予約）が 25 冊以上になる人気のある本を、少なくとも１冊は購入しておかないと ILL で不公平になる。これはウィスコンシン州の法として、システム内の図書館の 50%で、人気のある（リクエストされる）図書を 80%は所蔵しておくことを定めるものである。

つぎに写真を見ながら、この図書館を紹介する。
「大草原の小さな家」の舞台となったウィスコンシン州にある図書館は冬は厳しく、雪が多い。また、秋から冬にかけてトルネード（竜巻嵐）が頻繁にやってくるので、町のシェルター（避難所）としても建てられている。石造りのしっかりした建物である。内部はゆったりとして家具を多く配置し、長時間居心地よく滞在できるようにしてある。図書館友の会の部屋は、入り口すぐ右手にある。図書館グッズの販売などもおこなう。最近は多くの公共図書館にみられるが、ここの図書館も友の会が図書館財団となって、資金援助や資料援助をおこなっている。

＜乳幼児サービス＞

１～２か月から年齢ごとの子育てに役立つ情報の案内と、乳児向け絵本や教育おもちゃなどのおすすめリストが用意されている。すぐ隣には子どもの発達をうながす目的で作られたおもちゃがおいてある。また、絵本だけではなく網状のナップサックのなかにはおもちゃや人形、そのキャラクターがでてくる絵本、関連する絵本や子育てのためのマニュアルなどがセットになって排架してある。ナップサックごと借りる。ベンダーが作成しているセットである。写真は「スノーマン」。

サインや図書館家具などがわかりやすく、雰囲気をつくりあげる効果のあるものが多いのがアメリカの図書館の特徴である。ベンダーの開発する商品が多いこともさることながら、ベンダー自体が現場の図書館員との交流が多く、ニーズをよくつかんで商品開発を進めている。図書館友の会が資金をだして材料費を賄い、ボランティアが製作した児童司書室は幼児エリアやおはなし室と本の排架エリアを区切っている衝立の役割をはたしている。水槽もボランティアの発想で作られた。魚の世話は友の会やボランティアが当番でおこなっている。床においた幼児用絵本架は背の低い子どもでも表紙をみて選べるように工夫してある。

＜コンピュータ利用サービス＞

個人や家庭でPCをもっていない利用者のためのワークステーション。別にPC教室が設置され、週に1回以上PCの使い方教室やインターネットやデータベース（EBSCOとProQuest）の検索教室が開催される。コンピュータ・ラボはインターネットに接続された端末を10台設置。クラスがないときは一般に公開されている。プリントアウトは有料。

<ビジネス支援サービス>

小さな町の図書館でもビジネス情報サービスはおこなっている。全米組織の友の会が製作・販売している企業のデータベース（Reference USA Business DB）をここの図書館友の会が購入して寄付している。図書館利用証のカード番号と登録する際にもらえるPIN番号を入力するとこのビジネスデータベースが利用できる。検索方法については月1回講習が開催される。また毎週1回、株の投資やビジネス立ち上げ（起業）などビジネスに関する講座が開催される。データベースと印刷媒体両方のビジネス資料の揃っているビジネス・センターは図書館内の別室（ガラス壁で仕切られている）に設けられている。質問はレファレンス・ライブラリアンが受け付ける。

<地域資料サービス>

地元の新聞を過去のものすべて保存している以外に、市議会や委員会の様子を録画したものを閲覧提供している。そのほか家系を調べる有料データベース（HeritageQuest & AncestryLibrary）を購入して利用に供している。さらに、図書館内にはテレビスタジオがあり、地元ローカルTV局の製作・放映拠点となっている。そのほか子どもたちに体験学習として、演じさせたりカメラで実際に録画させ放映したりと、TV局のすべての仕事をやらせている。一般市民も利用できる。ここの職員は図書館員ではなく、ローカルTV局の職員である。

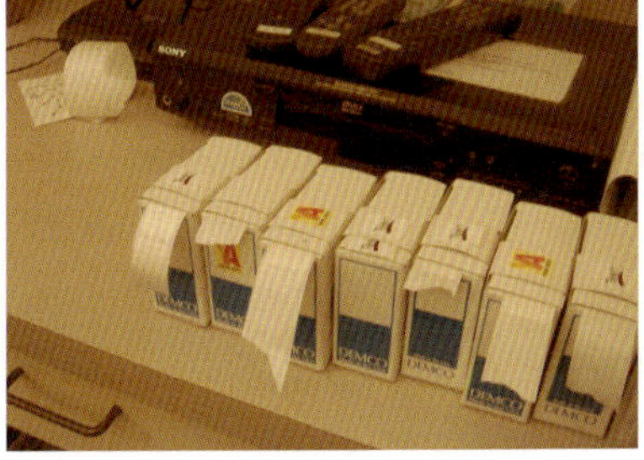

<バックヤード>

日本の図書館とあまり大きな違いはない。分類目録などはLC-MARCを活用するので、排架する際にベンダーが販売しているラベル（ここではYA）などをつけるといった工夫が現場の図書館員の判断に委ねられる。休憩室には「図書館マラソン」の道具が置いてある。「図書館マラソン」はファンド・レイジングの一つで、図書館友の会などボランティアが運営し、参加者が支払う参加費をファンドとして図書館運営資金に計上するものである。

2. 私立図書館

2.1 アメリカの私立図書館について

獨協大学　経済学部　　井上　靖代（いのうえ　やすよ）

私立図書館は大きく分けて、貸出をおこなう図書館（lending library）と参考調査のみをおこなう図書館（research library）の２種がある。アメリカの私立公共図書館は会員制図書館からはじまったものや、19世紀終わり頃から登場した個人あるいはその一族が資産を投じて設立した図書館などがある。ここでは一般に公開（公共化）していない個人所有の文庫や図書館は除外する。利用条件は様々であるが、会費を支払うことで利用可能としている市民に公開された「公共」図書館を取り上げる。

貸出図書館の多くは設立時に集団で設立資金を投資し、建物や資料費、人件費など運営費用を拠出したもので、一定の職種集団が次世代の労働者養成のため設立した学校等に付属して設立されたものや一定の階級（社会経済的・人種民族的・文化地理的などで仮想的に限定された集団）を利用者とみなすものなどが多い。19世紀に地域や階級集団によって自己教育が盛んとなり、多くの講座や講演会などが開催され、その学習資料を提供する図書館が付設されることがあり、それが会員制私立図書館となって運営されていった。中西部では、モリル法（Morrill Act, 1862）によって設立された州立大学が、農民の啓蒙や鉱工業の発展を意図しておこなったり、農村地域の女性の教育をめざしておこなったりした巡回文庫（traveling library）の拠点として設立され、その後公立図書館に転換されていったものも多い。これらは会員制図書館（membership library）とよばれる。あるいはソーシャル・ライブラリー（social library）、職工学校図書館(mercantile library､mecahnics' library)､アシーニアム（athenaeum）などとよばれる。

一方、参考調査専門の私立図書館は専門図書館（special library）の一種ではあるが、財団などの独立経営母体によって運営されているものをさす。歴史協会付設の図書館（アーカイブ）が多い。図書館として独立しているところは、20世紀初頭に出現した資産家たちがフィランソロピーの考えによって設立したり、遺贈や個人の没後に所蔵されていた資料を公開することになったものである。設立時に基金が設定され、その運用および会員の会費や寄付金を組み込むことなどで運営されている。

会費の額はさまざまである。ただ、どこの私立図書館も会員の会費だけでは経営が成り立たないので、企業や個人の寄付金や民間財団の補助金を獲得する努力が不断に求められている。経営が破綻した図書館は閉鎖されたり、地方自治体に移管され公立公共図書館になったり、ジョン・クレラー（John Crerar）図書館のように大学の一部になったりする。例外としては、シカゴにあるニューベリ（Newberry）図書館が無料であるが、これはシカゴ市図書館が設立された際に、人文社会分野の参考調査専門図書館に運営方針を転換するまで、シカゴの貸出図書館として機能していた名残であろうと考えられる。

貸出図書館（lending library）としての私立図書館で、現在でも活動している会員制図書館を設立年順にみると、以下のようになる。

- Redwood Library & Athenaeum（1747年）
  50 Bellevue Ave., Newport, RI. http://www.redwoodlibrary.org/
- The Cahrleston Libray Society (1748年)
  164 King St., Charleston, SC. http://www.sciway.net/lib/cls.home.html
- New York Society Library（1754年）
  53 East 79th St., New York, NY. http://www.nysoclib.org/
- The Boston Athenaeum（1807年）
  10 1/2 Beacon St., Boston, MA. http://www.bostonathenaeum.org/
- The Salem Athenaeum（1810年）
  337 Essex St., Salem, MA. http://www.salemweb.com/tales/athenm.shtml
- The Athenaeum of Philadelphia（1814年）
  219 South 6th St. Philadelphia, PA. http://www.philaathenaeum.org/menu.html
- The Portsmouth Athenaeum（1817年）
  P.O.Box 848, Portsmouth, NH. http://www.

※本稿は、国立国会図書館の2006年度調査研究事業の成果物である。

portsmouthathenaeum.org/

- The General Society of Mechanics and Tradesmen of the City of New York（1820 年）
  20 West 44th St. New York, NY. http://www.generalsociety.org/library/
- The Mercantile Library Center for Fiction（1820 年）
  17 East 47th St., New York, NY. http://www.mercantilelibrary.org/
- The Maine Charitable Mechanic Association Library（1820 年）
  519 Congress St., Portland, ME. http://www.portlandlandmarks.org/
- The Institute Library（1826 年）
  847 Chapel St., New Heaven, CT.
- Natucket Atheneum（1834 年）
  P.O.Box 808 Nantucket, MA. http://www.nantucketatheneum.org/
- The Mercantile Library（1835 年）
  414 Walnut St., Cincinnati, OH. http://www.mercantilelibrary.com/
- The St. Louis Mrcantile Library Association（1846年）
  8001 Natural Bridge Rd, Thomas Jefferson Library Building, Unveirsity of Missouri St.Louis, St.Louis, MO. http://www.umsl.edu/mercantile/
- The Mechanics' Institute Library（1854 年）
  57 Post St., San Francisco, CA. http://www.milibrary.org/
- The Minneapolis Athenaeum（1859 年）
  300 Nicollet Mall, Minneapolis, MN. http://www.minneapolis-athenaeum.org/
- St. Johnsbury Athenaeum（1871 年）
  1171 Main St., St. Johnsbury, VT. http://www.stjathenaeum.org/library.htm/
- The Lanier Library（1890 年）
  72 Chestnut St., Tryon, NC. http://www.lanierlibrary.org/
- The Athenaeum Music & Arts Library（1899 年）
  1008 Wall St., La Jolla, CA. http://www.ljathenaeum.org/

参考調査専門図書館の多くは 20 世紀初頭に設立され , 研究所や学協会に付設され、独立研究図書館協会（Independent Research Libraries Association；http://irla.lindahall.org/）に属しているところが多い。ここでは独立した私立図書館をあげておく。

- The John Carter Brown Library
  Box 1894 Providence, RI.（ブラウン大学内）
  http://www.jcbl.org/
- The Folger Shakespeare Library
  201 East Capitol Street, S.E. Washington, DC. http://www.folger.edu/
- The Getty Research Institute Research Library
  （他図書館に資金援助する財団を付設している）
  1200 Getty Ctr Dr., Ste.1100 Los Angeles, CA. http://www.getty.edu/research/library/
- The Huntington Library
  1151 Oxford Rd., San Marino, CA. http://www.huntington.org/
- The Library Company of Philadelphia
  1314 Locust St. Philadelphia, PA. http://www.librarycompany.org/
- Linda Hall Library of Science, Engineering & Technology
  5109 Cherry St., Kansas City, MO. http://www.lindahall.org/
- The Newberry Library
  60 W. Walton St., Chicago, IL. http://www.newberry.org/
- The New York Public Library, Astor, Lenox, and Tilden Foundations
  5th Ave., & 42nd St., New York, NY. http://www.nypl.org/
- The Pierpont Morgan Library
  29 East 36th St., New York, NY. http://www.morganlibrary.org/
- Winterthur Museum, Garden and Library
  Route 52 Winterthur, DE. http://www.winterthur.org

Ref:
井上靖代. アメリカの図書館は、いま。(1). みんなの図書館. 2005, (342), p.52-56.

3. 学校図書館

3.1 図書館運営について ～ニューメキシコ州アルバカーキー市ドロレス・ゴンザレス校の場合～

ニューメキシコ州アルバカーキー市ドロレス・ゴンザレス校・元図書館司書　リーパーすみ子

我が校は、生徒の98%がヒスパニック系で占められている。これは、アメリカにおいてそう特殊なケースではない。ヒスパニック系、アジア系、アフロ・アメリカンにアラブ系など、同じ人種が固まって一か所に住む傾向があるからである。しかも、我が校は、1日の内の50%は英語で、後の50%はスペイン語での授業を推奨している。これは、推奨で、父兄が全部英語でという希望であれば、英語のみのクラスに生徒をいれることも出来る。ヒスパニック系がアメリカで人口の増加率第1位なので、スペイン語が堪能であるということは、将来、役に立つからである。最近特に見直されているバイリンガル教育の先端をになっている。

アルバカーキー地区の学校は、高校が11校、中学校26校、小学校79校。ライブラリー・メディアスペシャリストは、小、中、高校のどこへいっても給料の差はなく、小学校から高校まで校種を超えた異動が可能である。要求されるのは、ライブラリー・メディアスペシャリストとしての資格と教員免許を保有していることである。図書館管理の部門(デパートメント)がセントラルオフィスにあり、そこの管理者達が図書館の管理を司っている。蔵書購入の予算は、そこから配分される。

ライブラリーにおけるコンピュータの数は、小学校12台、中学校24台、高校54台が必要とされている。コンピュータの資金はそれぞれの学校でまかなう。我が校はインターネットの回線敷設はE-rateからの資金でまかない、コンピュータ導入資金は、プロポーザルを書いていろいろな団体に応募し、獲得したものである。

以上のことを頭にいれて、私の報告を読んでいただきたい。

(1) 概況

1) 蔵書数

約10,000冊。蔵書(コレクション)の目標は、生徒1人に対して15冊の本。コレクションの70%は、過去12年以内に出版されているものがふさわしいとされている。それ故、管理部門からは、常日頃古い本のウィーディング(除籍)を言い渡される。ただし、著作権に左右されない、純粋科学、おとぎ話などの本は、古くてもなかなか思いきって、処理できないのが、頭の痛いところである。

2) 貸出数

1週間における貸出冊数は約1,050冊をこえる。幼稚園、プリスクールをのぞく1年生から5年生までの20学級の生徒に対して、週に平均2冊ずつ貸し出す。その他、先生や各クラスにいる大学生の教育実習生も利用する。教育実習生は、学期ごとに入れ代わるが、クラス担任に1人は常についている。彼等に対する蔵書に関する指導もライブラリアンの仕事である。

3) 登録利用者数

約700名。学年の初めにコンピュータ部門から、クラスごとに分けられた全校の生徒達と教職員の名前が、データベースとして、図書館に送られてくる。その後、新しい生徒が転校してくるたびに、ライブラリアンが生徒の名前をデータベースに加えてゆく

4) 主なサービス

本の貸出サービス。コンピュータを利用しての検索指導。

リテラシーをサポートする指導。児童文学紹介の窓口としてのリーダーシップを取ること。リサーチ指導。各クラスの図書室におけるマナーをグラフで表示することによって、図書館利用のルールとそれに伴う行儀作法を強調。読書クラブの指導と州の読書コンテストに生徒を引率していくことによって、学校におけ

※本稿は、国立国会図書館の2006年度調査研究事業の成果物である。

る図書館の存在をアピールする。学年ごとのカリキュラムをライブラリーの立場からサポートしていくなどのサービスを行う。

5) 財政、資金調達（ファイドレイジング）

- 州からは、約500人の生徒達に対して年約2,000ドルの予算が図書購入費として与えられる。
- それでは足りないので、ニューメキシコ州の大学、公共、学校図書館が一体となって、Mil Levy（税金配分）の選挙項目のなかに、図書館の本を購入するためのx額を要求することを9年前に考案。以来、選挙民の支援を受け続けている。我が校は、年間、約10,000ドル支給されているから、生徒1人当たりに対し、20ドルあてがわれていることになる。この予算は、本の購入のみに使用することが義務付けられている。ソフトウエアなどの購入は禁止されている。
- “Reading Is Fundamental”と唱えている政府機関から、約500人の生徒達に対し3,000ドルの資金が出るが、これは低所得地域の児童達に年3回無料のペーパーバックスを与えるためのリテラシー活動の一環であり、ライブラリーの責任者が担当する。
- 学校の周辺のビジネス団体に寄付を依頼すると、年間600ドル程度の寄付金がライブラリーに支給される。
- 助成金（Pork Money）：州の議員達に収支決算の折に余分な資金が出たら、リテラシーを支えるための寄付を依頼するe-メールを送っておくと、5,000－6,000ドルの資金が毎年送られてくる。議員によっても異なるが、コンピュータや図書の購入にポークマネーを支給してくれる議員が多い。州の人口が増えているという状況からこうした収支決算の結果がでているのであろう。
- ブックフェア：図書館のファンドレイジングとして、またリテラシー運動の一環として毎年2回、ほとんどの学校はブックフェアとうたって本を売る。スカラスティックなどの信頼できる出版社と契約を結ぶ。生徒達に新刊を紹介するよい機会でもある。

(2) 職員、ボランティア、業務の委託状況

1) 職員

- アルバカーキ地区全体で約60人。
- ライブラリー・メディアスペシャリスト：フルタイム1人

注：生徒600人以上の小学校にはフルタイムのライブラリー・メディアスペシャリストが配置されるが、低所得地区では、生徒数にかかわらず、リテラシー運動の一環としてフルタイムのライブラリアンを1人おくシステムになっている。

中学校は全校フルタイム1人、高校はフルタイム1人、それにアシスタント1人がつく。

2) ボランティア

1人ないし2人の保護者が手伝ってくれる。中流階級地区の学校では、50人位の保護者が30分交代で毎日手伝い、コンピュータによる本の貸出、本を書棚にもどす業務､コピーを取る､図書室の掲示板(bulletin board）の飾り付けなどの事務的な仕事の一切を受け持っているようである。地域によって、ボランティアの数に大きな差があることに注目していただきたい。

3) 業務の委託状況

ライブラリー・メディアスペシャリストは、教師の一員としての業務がまず要求されるため、カタロギングの業務は、図書管理部門のカタロガーに委任されている。アメリカの場合、出版社から直接本を購入するのではなく、図書館用の装備をもかねている業者から購入することが多いので、最近では、その業者がカタロギングサービスとして、本のバーコードとカタログのステッカーを送ってくることが多い。このような状況なので、外部に委託されている仕事はない。

新規受入図書をデータベースに入れる仕事は、図書管理部門が行なっている。

(3) アドヴォカシー、広報

数年前に、図書管理部門の要請で、校長、教師、生徒達に対して図書サービスについてのアンケート調査を行い、その結果を分析したところ、各学校に求められているのは、図書館のサービスを教師や保護者にもっと知らせるべきであるということであった。つまり、コミュニケーションの重要性に気がついたのである。

管理部門がとった手段は、各々の学校のライブラリー・メディアスペシャリストが隔月ぐらいに校長、職員、保護者に対してニュースレターを発行すること

であった

1) 校長に対してのレター

州が公表している基準に照らしてライブラリー・メディアスペシャリストがどのようにその基準に適合したカリキュラムを作っているかの報告書を出す。奴隷解放のストーリー紹介の折には、州の基準の何番に該当する、地理の勉強の時には、その基準の番号を書き、どのようなアクティビティでクラスの教師のカリキュラムを支えているかという内容の指導案の報告でもある。

2) 教師に対してのカリキュラム表とニュースレター

私の場合、教師が教室で教えていることをサポートすることの重要性を考え、図書室の壁に表を貼ることにした。その表に、教師が現在、何を教えているかを記入してもらう。惑星、動物の生息環境（ハビタット）、大統領、ナチスによるユダヤ人虐殺などの課題を書き入れてもらう。それにそって、図書室のカリキュラムを作成するのである。また、こちら側としては、図書室が主催する無料の本の配布の日、詩やバトル・オブ・ブックス（読んだ本のコンテスト）、ストーリーデイなどのプログラムを知らせる。

3) 保護者に対してのニュースレター

ストーリーデイに絵本作家などを招く場合には、保護者も招待する。ブックフェアへの招待、また手伝いなどを依頼する。無料の本の配布への案内など。何時でも気楽に本の貸し出しをして、子どもに本を読んであげるようにうながす。

4) 他の機関、協会などとの連携・協力

公共図書館の児童サービス担当司書とは、たえず連絡をとりあう。公共図書館の土曜日の児童向けプログラムは、校内にアナウンスしたり、生徒達によるポスターを作成したりして、協力する。夏休み前には、公共図書館の児童サービス担当司書を招いて、夏休みのリーディング・プログラムや新刊図書のブックトークを依頼。

ニューメキシコ大学の学生達がリサーチに来ることが多いので、彼等の選書の相談役になること。

(4) 課題として認識していること

学校のサポートチームの一員として、いかにクラス担任に協力してあげられるかは、常に認識していることである。しかし、一番の課題と意識していることは、ライブラリーに来ることによって、生徒達に読むことの楽しさ（love of literature）を知ってもらうことである。それは、新しい本のイラストからでもよいし、ライブラリアンが読んであげる本から、皆で一緒に声をあげて読む詩から、あるいは辞引き大会などライブラリーのプログラムからでもよい。未来を背負う子ども達にガイダンスを与え、相談役になってあげることである。

4. 大学図書館

4.1 パシフィック大学図書館〜中規模の総合大学図書館として〜

Jean Purnell
Associate Provost and Dean of the Library
（パシフィック大学図書館副学長兼図書館長　　ジーン・プーネル）

パシフィック大学はカリフォルニア州北部に位置する学生数 6,250 人の独立した大学（independent university）である。総合大学として 9 つのカレッジで学部、大学院、そして専門職大学院のプログラムを提供している。9 つのカレッジのうち 7 校はストックトンのメインキャンパスにあり、サンフランシスコとサクラメントが歯科大学院と法科大学院のある場所である。本学のミッション（使命）は、「一般教養科目と専門教育を統合した、優れた学生中心の学習経験を提供し、個人がその職業生活と地域社会において、たえず成果をあげ、責任あるリーダーシップを発揮できるように育成する」ことである。このミッションを果たすにあたって、本学のカリキュラムと準カリキュラムのプログラムは学生の高いレベルの成功、リーダーシップの育成、教室の内外での学習、コミュニティへの奉仕、革新（イノベーション）、そして学際的な協同を重視している。

多くの同規模の大学に比べて、本学は幅広いプログラムやコースを提供しており、それらを支援するための図書館の資源を構築するために特別な努力を払っている。本稿ではストックトンのメインキャンパスで学ぶ 4,700 人の学生（2006 年秋：3,530 人の大学生、530 人の院生、そして 640 人の専門職大学院の学生が在籍）とおよそ 85 の学位プログラムを支援する当館の特徴、目的、プログラムそして課題に焦点を当てる。これらのプログラムとは一般教養科目と科学、国際問題、ビジネス、教育、音楽、工学、薬学、そしてヘルスサイエンス分野のものである。博士課程は、教育、薬学、化学の分野にある。これらのプログラムを支援するために、図書館は本館の中に組み込まれているほか、ヘルスサイエンスを専門とする分館がある。28 人のスタッフは、8 人の図書館教員、17 人のスタッフ、そして 3 人の図書館管理職である。大学図書館長は Dean（学部長）の肩書きを持ち、大学の最高教育責任者である Provost（学長）に直接報告する。Dean（図書館長）は教員ランク（academic rank）と、教員待遇（faculty status）を有しているが、各司書も同様である。

当館の年間予算はおよそ 240 万ドルで、資料費に 100 万ドル、運営費に 25 万ドル、人件費に 113 万ドルを支出している。印刷資料の所蔵数はおよそ 37 万冊である。2 万 8 千タイトルの逐次刊行物を提供しているが、うちおよそ 1,300 が冊子体である。およそ 90 の電子データベースにアクセスを提供しており、そのほとんどが学術雑誌やその他の学術文献のフルテキストを提供するものである。また当館では 70 万点のマイクロ資料、5,400 フィートにも及ぶ文書、そして 6 万枚の写真も保有している。毎年、およそ 8 万件の貸出（図書、雑誌、コースリザーブ、メディア、ノートパソコン、ヘッドフォン、図書館間相互貸借など）があり、さらに館内での利用が毎年 3 万件ある。電子テキストや情報源の利用を見積もるのは簡単ではない。

(1) 当館のミッション

当館のミッションは、学生を中心に考えた優れた学習環境、幅広い情報源と教育、学習、研究を支援するテクノロジーへのアクセス、そして学生が情報リテラシーを身につけ、生涯学習者となれるよう、情報の利用と評価に際しての優れたサポートと指導を行うことである。当館では学生をサービスと図書館整備の中心に置いているが、教員の教育活動と研究もサポートしている。学内コミュニティの多様な情報ニーズに応

※本稿は、国立国会図書館の 2006 年度調査研究事業の成果物である。

えるため、当館は、十分な情報源へのネットワークアクセスを提供することを第一の戦略としている。その第一の教育目標は、情報を見つけ評価するための能力を構築することによって、学生の生涯学習の能力を育むことである。当館はコミュニティに対して開かれており、多くの蔵書が当館内で利用され、また訪問者に貸し出してもいるが、コンピュータとデータベースへのアクセスを含む多くのサービスは大学関係者に限定されている。

当館は、司書とスタッフを教育者として学習者の周りに配置して、サービスと施設の意図的統合を強調する教育と、学習センターのコンセプトのもとにデザインされている。これは、図書館を書籍やメディアを保管する情報の保管庫のような場所としてとらえる伝統的な考え方とは異なっている。このコンセプトを表す典型例は、インフォメーション・コモンズ（Information Commons）である。これは多くのソフトウェア資源を備え、様々な専門知識を持つ専門家に支えられた、ネットワークにつながれたコンピュータ・ワークステーションを提供する統合サービス拠点である。協力的かつインタラクティブな環境で、研究とデータベースのコンサルタント、マルチメディアの専門家、そしてネットワークのエキスパートを学生達は活用できるのである。図書館は教室の延長と考えられており、情報能力と関係のある学習目標や宿題を含むカリキュラムを開発するべく、司書は教員との協力を模索している。それゆえ、司書の仕事は、図書館のプログラムを監督・実行する義務とバランスを取りながら、教育的役割を果たすことにも焦点を当てているのである。

(2) 多様な学術ユニットやコミュニティとの関係

当館職員は、当館がサービスを提供している大学の構成単位それぞれと有意義な関係を築こうと努力している。リエゾンシステムが各学部の教員と司書をつなぎ、図書館所蔵資料のニーズ、カリキュラム、プログラムに関する学生への指導についてのコミュニケーションを円滑にしている。蔵書構築に関する決定を行うのは司書であるが、教育を担当する教員のリクエストに応じることは蔵書構築上のアドバイスと受け止める。すべての分野にわたり適切なサブジェクト・コレクションを構築できるとは考えていないが、当館では特に、化学やヘルスサイエンス、音楽、人文科学、ビジネス、社会科学といった分野の専門知識を持つスタッフを雇用している。司書の中には5つもの学部・分野に多くのプログラムを提供しているものもいる。また1人の司書がいくつかの分野を担当するということは、これらの異なる分野のためのリソースや指導のニーズについて判断するということであり、司書個人は幅広い教育的背景をもつことができる。大学における様々な大学院や学部の教員の代表が参加する図書館運営委員会は、プログラムの企画、資料構築、予算配分、施設設備のデザイン、政策方針の策定等々における諮問機関としての役割を果たしている。折々に、当館では地元コミュニティ住民、その他の教育者・専門家、ビジネス界やメディアの代表者、卒業生などからなる外部の諮問委員会を設けることもある。こうした委員会は当館のプログラム開発を助け、広報活動の推進に役立っている。

コミュニティ・ルーム

アウトリーチと広報活動についても多様な活動を展開している。当館ではキャンパスコミュニティ、図書館友の会会員、寄付者に対してSpeaking Volumesという雑誌を年に2、3回発行し、当館のプログラムやイニシアティブに関するニュースを提供し、参加と支援を募っている。さらにキャンパス内の様々なグループの関心を引くような印刷物や、キャンパス内で開催されるイベントにあわせた読書リストを発行したり、ブック・クラブの共同スポンサーとなったり、教員や学生の生活グループと協力して、プログラムのイニシアティブを開発したりしている。

(3) 教員組織における司書の役割

司書が大学教員としての地位（faculty status）を有していることの意味やその影響は、それぞれの大学図書館において異なる。当館では、司書がほかの教育担当の大学教員と同じく、大学教員としての地位を持っている。彼らは教員待遇で任命され、一定の試用期間（長くても6年以内）の後、見直され、終身雇用と教育職としての昇進の可能性について審査される。大半の司書の主な役割は、レファレンスサービスと学生達の調査研究スキルを指導することである。整理業務や管理業務は、別の専門スタッフと管理職が行う。図書館所属の教員はまた研究に従事し、ピアレビューによって評価される学術著作を執筆し、大学と専門課程の両方でサービスを提供することが義務付けられている。この第一の役割－レファレンスや指導など－での成功は、終身雇用の取得につながる業績のうち最も重要なものであるが、司書の場合は他の分野においても成功の証明がなければ終身雇用されることはない。したがって、試用期間中の司書にとって、通常は印刷出版物に研究の成果をまとめ公表することが重要な目標となる。時間を管理し、3つの仕事（司書職、研究職、サービス）のそれぞれに十分な時間を割き、どの分野でも成功することは大きな課題であり、特に図書館は学生や訪問者に対して一日中、1週間に100時間、年間を通じてサービスを提供するのであるからなおさらである。試用期間期間中の司書は、特定の研究プロジェクトの遂行のために、毎年数日から数週間の研究休暇を要求することができることになっている。終身雇用を取得した後、司書は5年間に一度、1学期分の研究、また専門性の開発のための休暇を申請する資格を得る。

当館にとって教員の雇用と確保は重要な問題である。独立した機関として、本学では独自の給与体系を有しているが、同規模・同地域の他大学との平均給与との組織的な比較も行っている。カリフォルニア州内の公立（州立）の大学図書館における司書の給与は、同程度の地位で比較した場合、しばしば当館の司書よりもかなり高く、結果として才能ある経験豊かな司書を引き抜くことがあり、本学にとどめておくことが困難になっている。より高い給与が必要であるという問題に取り組もうという動きがある一方で、当館を魅力ある職場にするため、潤沢な資金提供による研修、専門職としての会議参加、専門職のための設備拡充、研究サポート、その他のインセンティブや報酬という形で司書職を整備していくという試みも行われている。

ほどほどの競争力しかない給与レベルのため、優れた管理職や図書館スタッフの雇用、確保にも制約が生じている。しかし教員や管理職とは異なり、スタッフの採用は主に地元からであり、多くの仕事は経験者を雇用するよりも、才能ある未経験者を現場で訓練することでまかなうことが出来る。テクノロジーの動向と、大学図書館における変化によって、ここ数年、図書館スタッフの配置が急速に変化してきた。高い能力を有する生産的なスタッフを維持する鍵は、継続的なトレーニングプログラムとスタッフの適応能力である。

(4) 図書館サービス

図書館利用者のほとんどはキャンパス内で生活する学生であり、彼らは簡単に個人的に当館に来館することが出来るが、当館は来館した訪問者や、ネットワークを通じて当館のホームページにアクセスする人たちを対象とするサービスも開発している。当館の本館と分館の両者には、様々なタイプの学習スペースがあり、そこにはコンピューターのワークステーション、誰でも使える机、個人用閲覧席、4人から8人が入れるグループ学習室などがある。ワークステーション、テーブル、グループ学習室は十分な広さがあり、学生の協力関係を促進するようデザインされている。現在、キャンパスには4,700人の学生がいるが、当館では600

ロビーとカフェ

インフォメーション・コモンズ

図書館利用教育用の教室

席を提供している。予定されている改装後には、座席数を700に増やすことになっている。メインエントランスのすぐ内側にあるカフェでは、学習の合間に学生達が軽く飲食できるようにしている。本館全体と、保健学部分館の両者は無線でアクセスが出来、ノートパソコンがどちらの建物のどこでも使えるようになっている。当館が提供するサービスの中で、最も人気のあるのがインフォメーション・コモンズにあるノートパソコン、グループ学習室、そしてワークステーションである。AV資料を視聴できる部屋もあり、学生が使用できるように用意されているプロジェクターを用いてプレゼンテーションの練習をするためのスペースも用意されている。

(5) 24/ 7アクセス

当館は週100時間程度の開館時間であるが、ほとんど全てのサービスはキャンパスネットワークやインターネットを通じて一週間24時間ベースで利用することが出来る。ウェブサイト（www.pacific.edu/library）を通じて、図書館利用者は25,000タイトル以上の電子ジャーナルやその他のテキストの全文を、データベースや索引を通じて閲覧することが出来、また電子ブック、絵画のデジタル画像、デジタルオーディオコレクションにもアクセスすることが出来る。指導的なチュートリアルとして、研究用資料の利用に関するガイダンスを行うとともに、バーチャルツアーによって当館の様々な機能とリソースの位置を確認する手助けを行っている。当館ではライブチャット形式、または非同期で、電子レファレンスサービスを提供している。学生達はますます電子情報、およびサービスを好む傾向を強めている。毎年こうしたサービスの利用が増加する一方で、対面式の対話は減少している。そのため、司書たちはバーチャル・メッセージング（virtual messaging）やインスタントメッセージング（instant messaging）を用いたレファレンスによる相互交流を含む新しい形態の電子コミュニケーションを開拓しようとしている。

学習用のエリア

当館は非常に長い間ストックトンのキャンパスに設置されてきたため（キャンパスの設立は1924年）、大量の図書およびメディアが収蔵されている。しかし、これらの蔵書の増加数はせいぜい年間3,500冊の図書・メディアであり、より多くのリソースが購読契約やライセンスという形で学術雑誌や図書の全文を掲載するデータベースが利用されている。図書館のリソースに対する効率的なフルアクセス、特に最新のものに対するアクセスには、当館が導入しているExlibris社の開発した統合図書館システム、“Aleph”を利用する必要がある。このシステムには、OpenURLのリンキング技術を用いて引用文献から当館の蔵書を参照することができる高度な機能“SFX”が備わっている。さらに“Metalib”は複数のデータベースを横断した統合検索が可能になっている。学生たちはGoogleのような検索エンジンに親しんでいるので、図書館のデータベースやシステムの検索も苦にしていない感じがある。しかしながら、、プレ・テストやプロ・テストさらに学生のペーパーを通して学生のスキルを評価してみると、多くの学生はコンテンツの分析と選択のスキルが不十分で、利用可能な関係ある情報を常に完全に入手できているわけでもないことが判明した。情報検索のスキルについての指導は、学生をサポートする司書の最も重要な役割であるが、学生に最低限要求されるこの分野における能力に対する標準化された大学の科目は設置されていない。その結果、大学で、また学部レベルで、学生達のこうした能力を高めることの重要性を、司書は積極的にサポートしなければならなくなっている。

多様なカリキュラムのニーズに応えるために十分な情報を提供することも当館にとっての大きな課題である。業界の試算によれば、図書、逐次刊行物、データベースの費用のインフレ率は年間8%から14%であるが、当館が見るところでは、全体としてはより緩やかで、年間約5%から6%と考えている。しかしこの上昇率は、必ずしも年間予算の増加率に見合うわけではなく、当館は購入、購読に当たってよりいっそう選別を行わねばならなくなっている。ほとんど全ての分野の教員から、十分な資金がないため当館が収集することが出来ない資料に対する要求がでている。認識されているものの応えられないニーズを示しているこの「購入希望リスト」は、科学とヘルスサイエンスの分野では特に重要である。その理由は、これらの分野では情報は非常に高価であるが、本学には博士課程レベルの研究を含んでいるからである。また人文科学と社会科学の分野におけるニーズも顕著である。近年では、図書の購入から電子データベースへと予算の配分が移行しつつある。購入する図書の冊数を減らす一方で、当館は電子ブックの購入を始めている。

当館は独立機関で構成される州全体のコンソーシアムに参加しており、電子コンテンツをディスカウント価格で購入することが出来るようになっている。また地域のコンソーシアムはリソースシェアリングを可能にしている。こうしたコンソーシアムへの参加は図書館のリソースを最大限に活用することに役立っているが、一方で大学では大半の分野のニーズを満足させ得るレベルまで図書館への投資を増額させるよう、複数年にわたる計画を実施している。この分野における図書館の向上はまた外部からの資金と図書館資料基金の設立にも依存している。

(6) スペシャル・コレクション

しばしば当館を他から際立った存在にしているものは、特別な所蔵資料である。パシフィック大学では、自然保護活動家 John Muir の文書、伝説的ジャズミュージシャンで作曲家の Dave Brubeck の文書、そしてカリフォルニアの歴史コレクションが世界中の研究者を惹き付け、利用されている。所蔵資料へのアクセスは、コンテンツの完全な索引と“Online Archive of California”上の画像によって提供されている（Online Archive のサイト www.oac.cdlib.org/institutions/　で当館の蔵書を見ることができる）。当館では、研究者が直接これらの資料を利用するために、ストックトンへの交通費の助成金を提供している。また現在当館で行われている改築プロジェクトの重要な作業の1つとして、スペシャル・コレクションに属する印刷資料を適切に保存するスペースを設けることがある。現在、これらの蔵書は既存の建物内に割り当てられたスペースからはみ出し、当館外の倉庫に置かれているものもある。改築プロジェクトが実現すれば、これら価値の高い、歴史的な、貴重資料のためにもっと広く、保存に適した環境の書庫スペースが、作られる。

(7) 開発

当館には、図書館のために作業するよう任命された学部長（Dean）と開発部長（Director of Development）により管理される包括的な開発プログラムがある。ファンドレイジングの目標額は、大学全体のキャンペーンの展開の中で、その他の図書館のニーズに応えるという形で設定される。現在の最優先事項は、現在の拡張と改装プロジェクトのための十分な資金を獲得することであるが（総費用はおよそ850万ドル）、長期的な目標は、将来の情報ニーズをサポートし、スペシャル・コレクション・プログラムを強化し、技術インフラと設備を最新のものに換えて行くための基本基金の増額である。当館では、現在の170万ドルからおよそ800万ドルへ、基本基金を増額したいと考えている。個人からの寄付に加え、財団や企業からの助成金も、建物の拡張と改築、またスペシャル・コレクションをデジタル化するという現在進行中、および計画中の図書館プロジェクトの資金に組み込まれている

(8) 最新の傾向と将来のビジョン

当館は、今後5年から7年の戦略目標の再評価につながる、プログラム全体の見直しを定期的に行っている。これにより、最近の傾向と、大学の戦略目標に沿った図書館の将来のビジョンを作成するために求められるニーズがわかる。最近の傾向としては、電子情報源が好まれ、印刷資料の使用が減少していることや、電子媒体のみでの資料出版や、大学教員が作成したコンテンツを搭載するデジタルリポジトリの開発に関する図書館のリーダーシップ、人々の情報検索方法に対する Google の影響と、シンプルな検索メカニズムが好まれていること、学術的な情報ニーズを満たすべく当館が選んだ学術情報源よりもインターネット選

南東から見た図書館

ぶ学生が多いこと、遠隔地からの（もっといえばキャンパス内の各所からも）図書館サービスおよび図書館情報源の利用が増えていることなどがある。これらを踏まえて、当館の将来のビジョンには、次のようなものが含まれる。積極的、統合的、学生中心のサービスを提供する活動的な教育・学習センターを維持すること。情報検索スキルの開発をすべての適切なカリキュラムに統合するような指導的プログラムを教員が設計するのを支援すること。電子フォーマットを選好するとともに、デジタル化のイニシアティブを拡大して、情報へのアクセスをさらに容易にし、本学の教員が作成したコンテンツの共有と、保存の方法を開発するに当たって指導的役割を果たすこと。遠隔地の利用者に対するネットワークを通じてアクセスできるサービスの提供を強化し、図書館独自で価値のあるスペシャル・コレクションの資料保存と利用促進を行うことなどである。

4.1 The University of the Pacific Library: Serving a Medium-Sized Comprehensive University

Jean Purnell
Associate Provost and Dean of the Library

The University of the Pacific is an independent university with about 6,250 students on three campuses in Northern California. A comprehensive university, Pacific offers undergraduate, graduate, and professional degree programs in nine colleges. Seven of the nine colleges are found on the main campus in Stockton; San Francisco and Sacramento are home to the dental and law schools, respectively. The University's mission is "to provide a superior, student-centered learning experience integrating liberal arts and professional education and preparing individuals for lasting achievement and responsible leadership in their careers and communities." In carrying out this mission, Pacific's curricular and co-curricular programs emphasize high levels of student success, leadership development, learning both within and outside the classroom, service to community, innovation, and interdisciplinary collaboration.

Compared to most schools of similar size, Pacific offers a broad array of programs and courses, posing specific challenges for developing library resources to support those programs. This article focuses on the characteristics, purposes, programs, and challenges of the Library supporting the 4,700 students (in Fall 2006: 3,530 undergraduate, 530 graduate, and 640 first professional degree students) and approximately 85 degree programs on the main Stockton Campus. These programs are in the liberal arts and sciences, international studies, business, education, music, engineering, and pharmacy and health sciences; Ph.D. programs exist in education and pharmaceutical and chemical sciences. To serve these programs, the Library is organized into a main building and a single branch focused on health sciences. A staff of 28 consists of 8 library faculty members, 17 staff members, and 3 library administrators. The director of the Library holds the title of Dean and reports to the Provost, the chief academic officer of the University. The Dean has academic rank and faculty status, as do each of the librarians.

The annual budget for the Library is approximately $2.4 million, with annual spending of $1.0 million for materials, $250,000 for operations, and $1.13 million for salaries. Print collections number approximately 370,000 volumes. The Library offers 28,000 serials of which approximately 1,300 are available in print. The Library provides access to about 90 electronic databases, many of which offer full text of journal and other article literature. The Library also holds 700,000 microforms, 5,400 linear feet of manuscripts, and 60,000 photographs. Approximately 80,000 borrowing transactions (books, journals, reserves, media, notebook computers, headphones, interlibrary loans, etc.) occur each year while another 30,000 uses of materials within the building also occurs. Uses of electronic texts and resources cannot easily be estimated.

Library Mission.

The mission of the University Library is to provide a superior, student-centered learning environment, access to a broad range of information resources and technology to support teaching, learning, and research, and expert assistance and instruction in the use and evaluation of information so that students become information literate, lifelong learners. The

※本稿は、国立国会図書館の 2006 年度調査研究事業の成果物である。

Library puts students at the center of services and library development but supports faculty teaching and research as well. To meet the campus community's diverse information needs, the Library's primary strategy is to provide networked access to sufficient sources of information. Its primary educational goal is to develop students' abilities for lifelong learning by building competency in finding and evaluating information. The Library is open to the community and many collections may be used onsite or borrowed by visitors, although most services, including access to computers and databases, are limited to university-affiliated persons.

University of the Pacific's Library is designed around the teaching and learning center concept, which emphasizes the intentional integration of services and the design of facilities around the learner with librarians and staff as educators. This is differentiated from a more traditional concept of the Library as an information repository designed to hold books and media. A primary exemplar of this concept is the Information Commons, an integrated service site offering networked computer workstations with plentiful software resources and staffed by professionals with varied types of expertise. Research and database consultants, multi-media specialists, and networking experts are available to students in a collaborative and interactive environment. The Library is seen as an extension of the classroom. Librarians seek to partner with teaching faculty to develop curricula that contains learning objectives and assignments related to information competencies. Workload assignments for librarians therefore emphasize their educative role while being balanced with obligations to direct and deliver library programs.

Relating to diverse academic units and the community.

Pacific's library faculty endeavors to develop meaningful relationships with each of the academic units the Library serves. A liaison system pairs a teacher from each academic department with a librarian, facilitating communication about collection needs, the curriculum, and instruction for students of the program. Collection development decisions are made by librarians, while teaching faculty requests are advisory. It is not considered feasible for the Library to develop subject specializations to match every discipline, but the Library recruits specifically for expertise in areas such as chemistry and health sciences, music and humanities, business, and social sciences. Some librarians serve as many as five departments or disciplines offering an even larger number of programs. The mix of disciplines within a librarian's assignment often stretches the boundaries of that individual's educational background as they make judgments about the resource and instructional needs of these varied disciplines. A Library Committee with faculty representatives of the various schools and colleges at the University serves as advisory to the Library in the design of programs, collection development, budget allocations, facilities design, and policies. From time to time, the Library has also established external advisory councils made up of members of the community, other educators or professionals, representatives of business and the media, and alumni of the University. These councils help to shape Library programs and advance public relations efforts.

Community Room

Outreach and public relations efforts are diverse. The Library publishes a magazine for the campus community, friends, and donors, Speaking Volumes, two to three times per year, to share news about library programs and initiatives, and invite participation and support. Additionally, the library publishes reading lists of interest to various campus groups and to coincide with campus events, co-sponsors book clubs, and develops programmatic initiatives in partnership with academic and student life groups.

Librarians' faculty roles.

The meaning and impact of librarians having academic or faculty status or rank varies across different academic libraries. At Pacific, librarians have faculty status that is essentially equivalent to other teaching faculty. They are appointed with academic rank and after a specific probationary period (up to six years) are reviewed for tenure and possible promotion in rank. The primary role for most of the librarians is reference and instructing students in research skills. Most technical and managerial roles are performed by other professional staff and administrators. Library faculty are also obligated to engage in research, produce scholarly works that are validated by peer review, and perform service both at the University and professionally. While success in one's primary role – reference, instruction, etc. – is the most important aspect of performance leading to tenure, librarians cannot be tenured without evidence of success in other areas. The ability to conduct and document research and disseminate it, usually through publication, therefore, becomes an important goal for librarians in the probationary period. Time management – devoting sufficient time to each of the three areas of workload (librarianship, scholarship, and service) to be successful in each – is a significant challenge, especially since the Library is open to serve students and visitors all day long, 100 hours per week, and all year. Librarians may elect to request several days or weeks of research leave each year to pursue specific research projects during the probationary period. After receiving tenure, librarians become eligible for a semester-length research and professional development leave once every five years.

Hiring and retention of faculty is another critical issue for Pacific's Library. As an independent institution, Pacific sets its own salaries but makes systematic comparisons with average salaries of similar and regional institutions. Salaries for librarians at publicly (state-) supported universities in California are often considerably higher than at Pacific for librarians in comparable positions, making it difficult for Pacific Library to recruit the most talented, experienced librarians and to retain them. While attempts are being made to address the need for higher salaries, professional development in the way of generous funding for training, professional travel, equipment, research support, and other incentives and rewards are used to make Pacific an attractive place to work.

Modestly competitive salaries are also a constraint on hiring and retaining talented administrators and library staff. However, as opposed to faculty and administrators, staff recruiting is largely local rather than national, and many roles can be filled by training talented but inexperienced individuals on the job rather than by recruiting those with experience. Trends in technology and changes in academic libraries have caused staff assignments to change rapidly over recent years. Ongoing training programs and the adaptability of staff are the keys to maintaining an effective

Lobby and café

Information Commons

and productive staff.

Library Instruction Classroom

Study areas

Library Services.

Although the majority of library users are students who live in campus housing and who can easily visit the Library in person, the Library's services have been developed to serve both on-site visitors and those who access the Library via the network. The main library and its branch offer varied types of study spaces including computer workstations, open tables, carrels, and group study rooms that seat four to eight students. The ample size of workstations, tables, and the group study rooms is designed to encourage collaboration between students. Currently the Library provides approximately 600 seats for the campus' 4,700 students; after planned renovations, the Library will expand seating capacity to 700. A café just inside the main entrance invites students to enjoy refreshments while they study. The entire main building and the Health Sciences Branch are equipped with wireless access and notebook computers are available for students to use anywhere within either building. The notebook computers, group study rooms, and workstations in the Information Commons are among the most popular services offered by the Library. Rooms for listening and viewing audio and video materials are available, as well as space for students to practice presentations using projection equipment made available for student use.

24/7 Access.

While the main library is open approximately 100 hours per week, almost all services are available on a 24/7 basis through the campus network and Internet. Through its website (www.pacific.edu/library) library users can access full-text of nearly over 25,000 electronic journals and other texts through databases and indexes, electronic books, electronic course readings, digital images of art, and digital audio collections. Instructional tutorials provide guidance in using research materials and a virtual tour helps identify locations of various library functions and resources. The Library offers electronic reference services through a live chat format or asynchronously. Increasingly, students demonstrate their preference for electronically delivered information and services. While use of these services has increased each year, face-to-face interactions have decreased. Because of this, librarians are exploring new modes of electronic communication including virtual and instant messaging reference interactions.

Because the Library has existed on the Stockton campus for many years (the campus was established in 1924), a large book and media collection exists. These collections, however, are growing at a rate of fewer than 3,500 books or media annually as more and more resources are being invested in subscriptions and licenses for databases with full-text of journals and books. Efficient and full access to the Library's resources, especially the most current, requires use of the library's integrated library system, ExLibris' Aleph. This system is equipped with SFX, an advanced feature that allows for open URL linking from a citation to library holdings, and Metalib, which allows federated searching across multiple databases. Students' familiarity with search engines such as Google gives them a sense of proficiency in searching the library's databases and systems. Assessment of their skills however, through pre- and post-testing and examination of student papers, demonstrates that many students are not sophisticated in their analysis and selection of content, nor are they consistently able to comprehensively locate available and relevant information. Although instruction in information research skills is a priority for librarians in assisting students, there is not a standardized University course requirement or minimum competency in this area for students. As a result, librarians must actively advocate the importance of students' achieving such competency at the University and departmental level.

Providing sufficient information to meet the needs of a diverse curriculum is a significant challenge for Pacific Library. While industry estimates of inflation of the cost of books, periodicals, and databases may range from 8 to 14 % percent annually, the Library sees a more modest overall rate of about 5 to 6% annually. This rate of increase however, is not always matched by annual budget increases, requiring the Library to become more and more selective about purchases and subscriptions. Faculty from almost every disciplinary area have requested materials the Library is unable to acquire because of the lack of sufficient funds. This "wishlist" of identified but unfulfilled needs is most critical in the science and health disciplines where information is most costly and Pacific's programs involve doctoral level research. Needs are evident in humanities and social science areas as well. In recent years, funds have been reallocated from the purchase of books to electronic databases. As fewer books are being purchased, the Library has begun to invest in electronic books.

The Library participates in a state-wide consortium of independent institutions that enables its members to purchase electronic content at a discount. A regional consortium also enables resource sharing. While these partnerships greatly aid in maximizing use of the Library's resources, the University has implemented a multi-year plan to increase library investments to a level that will meet the needs of most disciplines. Library advancement is this area is also dependent upon external funding and the establishment of endowments for materials.

Special Collections.

Often what makes a library distinctive is its unique Special Collections. At Pacific, the papers of naturalist John Muir, legendary jazz musician and composer Dave Brubeck, and California history collections attract researchers from around the world to use these unique collections. Access to holdings is provided by complete indexing of content and some images on the Online Archive of California (find University of the Pacific Library's holdings in the Online Archive at www.oac.cdlib.org/institutions/). The Library offers grants that assist researchers to travel to Stockton to use materials in person. Developing space to preserve and appropriately house print materials in Special Collections is an important part of an ongoing renovation project at Pacific Library. Currently these collections exceed the capacity of allocated space within the current building and some materials are stored in off-site storage. The renovation project will result in a larger and more environmentally protective storage space for these valuable, historic, and rare materials.

Development.

The Library has a comprehensive development program that is managed by the Dean and a Director of Development assigned to work with the Library. Fundraising goals are set both within the context of a University-wide campaign and to meet other library needs. While current priorities are to raise sufficient funds to complete the ongoing expansion and renovation project (total cost approximately $8.5 million), a long-term goal is to raise endowment funds to support future information needs, enhance Special Collections programming, and keep the technology infrastructure and equipment up-to-date. The Library would like to increase its current $1.7 million endowment to approximately $8.0 million. Foundation and corporate grants as well as individual gifts are also integral to funding library projects, including the expansion and renovation of the building, and initiatives underway or in planning in Special Collections to digitize rare materials.

Library (from Southeast)

Emerging trends and future vision.

The Library periodically engages in comprehensive program review linked to a reassessment of strategic goals for the next five to seven years. This effort has resulted in the identification of emerging trends and the need to align the future vision of the library with university strategic goals. These trends include the declining use of print materials in favor of electronic sources; the publication of materials in electronic formats only; library leadership in the development of digital repositories of content created by faculty; the impact of Google on how people search for information and their preference for simple search mechanisms; the tendency of students to prefer the Internet rather than library-selected scholarly sources for solving their academic information needs; and the increased use of library services and resources from remote locations (even from just across campus). The Pacific Library's future vision therefore includes sustaining a dynamic teaching and learning center with proactive, integrated, learner-centered services; helping faculty design instructional programs that integrate information research skill development into all appropriate curricula; continuing to prefer electronic formats and expanding digitization initiatives as potential strategies for expanding access to information; providing leadership in developing ways to share and preserve content created by the University's faculty; strengthening the delivery of network-accessible services for remote users; and protecting and promoting the Library's distinctive and valuable Special Collections.

4.2 カリー・カレッジのレヴィン図書館：ニューイングランドの小さな大学図書館

David Miller
Associate Professor / Librarian of the Levin Library
（レヴィン図書館准教授兼司書　デイビッド・ミラー）
with Hedi BenAicha
Professor / Librarian of the Levin Library
（レヴィン図書館教授兼司書　ヘディ・ベンアイチャ）
Leslie Becker
Supervisor Library Circulation of the Levin Library
（レヴィン図書館貸出利用担当課長　レスリー・ベッカー）
Jane Lawless
Associate Professor / Librarian of the Levin Library
（レヴィン図書館准教授兼司書　ジェイン・ローレス）
Frances Reino
Sr. Lexcturer / Librarian of the Levin Library
（レヴィン図書館上級講師兼司書　フランチェス・レイノ）
Kathy Russell
Associate Professor / Librarian of the Levin Library
（レヴィン図書館准教授兼司書　キャシィ・ラッセル）
Mary Ryan
Associate Professor / Librarian of the Levin Library
（レヴィン図書館准教授兼司書　マリー・リャン）
and Gail Shank
Associate Professor / Librarian of the Levin Library
（レヴィン図書館准教授兼司書　ゲイル・シャンク）

カリー・カレッジは1879年、演説と表現の学校として設立された。もともとはマサチューセッツ州ボストンの下町バック・ベイ近郊にあったが、1950年代にミルトン郊外の町へと移転した。現在、本学は（文理あわせて）20の学部レベルの専攻を擁しているが、中でも最も人気の高いものはマネジメント、コミュニケーション、看護、刑事訴訟、そして教育である。また本学では教育、刑事訴訟、そして経営管理の修士学位も授与している。学生数は、伝統的なフルタイムの学部生が約2,000人、継続（成人）教育の学生が約1,500人おり、さらに380人の大学院生がいる。継続教育のコースはミルトンのキャンパスのほか、2か所のサテライトキャンパスでも行われている。

レヴィン図書館外観

当館は全ての学術プログラムをサポートし、大学

レヴィン図書館内部の様子

※本稿は、国立国会図書館の2006年度調査研究事業の成果物である。

全体にサービスを提供している。当館の建物の3つのフロアは大学の基礎スキルセンター（専門家および学生によるチューターを提供）と、コンピューターラボ／授業スペースで共有されている。クイグレイ学長（Kenneth K. Quigley）のリーダーシップのもと、大学の学生数、教員数、スタッフ数は、この10年間で2倍以上になった。しかし当館の蔵書やサービス、オフィス、学習エリアのために使えるスペースは基本的には同じままである。それゆえ、当館の最大の課題は、デジタル時代より前の時代の、もっと小さな機関向けにデザインされた建物の中で、サービスと蔵書を拡大し近代化すること、である。

当館の専門職には、6名のフルタイムの司書がいる。図書館長、レファレンス担当課長、テクニカルサービス担当課長、ILL担当、蔵書構築担当、逐次刊行物・電子リソース担当、である。大半のフルタイムの司書は、レファレンスと文献利用指導を行う。4名のパートタイムの司書もレファレンスと文献利用指導を行い、1名は利用指導のコーディネーターの役割も果たしている。またMLSをもたない（準専門職の）フルタイムのスタッフが4名おり、貸出担当課長、貸出担当課長補佐、テクニカルサービスの統括、そして資料購入・総務アシスタントとして勤務している。さらに2名、パートタイムの準専門職スタッフがおり、うち1名は政府資料スペシャリストである。ライブラリースクールの学生インターンも1名、図書館の教育リソースセンターで勤務している。このセンターは教育学専攻に特化したリソースを備えており、学生と教員の授業課題を準備するのに用いられている。また、30名の学生スタッフが、貸出カウンターでそれぞれ6時間程度働いている。当館は、学期中は週に88時間開館しており、2006／2007年度の職員給与を除く図書館の予算は469,000ドルであった。

2007年2月の時点で、およそ99,000点の単行資料を所蔵している。この数字には、主要コレクションに含まれている1,900点以上の音楽・映像資料と、教育リソースセンターが所蔵する8,200点の蔵書が含まれている。後者には、学生と教員のための資料のほか、子ども向けの図書や音楽・映像資料、ゲーム、おもちゃも含まれている。毎年の蔵書全体の増加は緩やかであるが、その理由は主に定期的な「除架」や、古い資料の除籍を行っていることによる。除架をする理由の一つに、学生の学習やミーティングのためのスペースに対するニーズが高まっている中で、建物内のスペースが限られていることも挙げられる。有形のこれらの蔵書に加え、Serial Solutions社を通じて購入したMARCの目録レコードを通じて、図書館目録から19,000タイトルの電子ジャーナルにアクセスできる。従来型の印刷媒体の雑誌の購読タイトル数は少なく、400タイトルを超える程度である。有形の図書館蔵書の貸出数は、2006年には8,100件であった。

レファレンスサービス

大学が大きくなるにつれ、レファレンスサービスに対する需要もまた膨らんでいる。レファレンスサービスは、レファレンスデスクにスタッフを配置するという従来型のサービスを超えたものになっている。デスクは現在週に55時間開設されている。我々は電子レファレンスサービス（“Ask a Librarian”）を導入し、これを通じて図書館利用者が電子メールで質問を寄せたり、平日には24時間以内に返答を受け取ることができるようにしている。質問に対し、電話や対面でのフォローアップを行うこともある。またRAP（Research Assistance for Papers）と呼ばれるレファレンスサービスも提供している。RAPは予約制で、通例、学生と司書が1対1で1時間ほどのセッションを行うものである。RAPの利用はここ数年で変わってきた。予約数は、2001年秋学期の35から、2006年秋学期には29へとわずかに減少したものの、予約をした学生の中の院生の割合が増加している（数字は秋学期のもの。伝統的に、春学期のRAPの需要は秋よりも少ない）。院生のRAPは当然ながらより集中して行われ、セッションが1時間以上続くことが多い。

よく知られているように、新しい世代の学生たちは、古い世代の学生たちよりもデジタルリソースをよりいっそう使い慣れている。しかし、学部生のデジタルリソースに対する態度には、興味深い変化が起きているように思われる。まず1990年代、検索エンジンが登場すると、学生たちは「なんでもインターネット上に見つけることができる」と考えたようであった。しかし、次第に、自分たちが見つけるものは、多くの場合表面的で不十分であることに気づくようになった。そこで学生たちは、まず検索を行った後、司書のもとへ相談に来るようになり、また多くの教員も、単に「Googleで検索すること」は研究戦略としては認められない、と言うようになった。またレファレンスライブラリアンが気づいたもう1つの変化として、レファレンスデスクで聞かれる質問数は減少しているが、その内容は以前よりもいっそうアカデミックなものになっている、というものが挙げられる。単純な事実に関する質問はインターネットで回答が見つかるからであろう。

2004年、レファレンスライブラリアンはMicrosoft Accessを使い、より深くレファレンス対話を追跡し、分類し始めた。これにより多くのことが判明した。例えば、以下のようなものである。

- レファレンスデスクを離れたところで、レファレンスサービスに費やされている時間がどのくらいであるかが判明した。デスクの非番のときに電話に出たり、メールに返信したりという作業をしているが、非番時のレファレンス業務の60%は電話である。
- どの専攻がレファレンスライブラリアンの時間を最も利用しているかがはっきりとつかめた。本学の専攻のうち、看護、刑事訴訟、コミュニケーション、英語の4分野が50%の時間を占めている。蔵書構築の予算配分を考えるとき、この点を考慮する。
- 継続教育の学生と修士課程の院生からのリクエストは全体の中でかなりの割合を占めており、現在これらの学生とのコンタクトを増やすべく努力中である。
- レファレンスの約50%は10月、11月、4月の3か月になされており、また週のうち約50%が、月曜日と火曜日になされている。
- 管理データをより良く提供できるよう、Accessの使用方法を改善していくことを計画している。

文献利用指導

大学が大きくなるにつれて、司書による教室訪問を望む教員のリクエストが増えてきている。例えば、2001/02年度、司書は115クラス(学生数は1,618人)で授業をしたが、2005/06年度には131クラス（学生数は1,553人）で授業をした。学生数がわずかに減少しているが、これはクラスの平均人数が小さかったためである。

必須のコース（例：英語のライティングのワークショップ）が毎学期、文献利用指導サービスを利用するため、ほとんど全ての学生が文献利用指導サービスを受けている。最も人気の高い指導形態は、館内でのクラス単位のミーティング“one-shot”で、学生は当館のリソースに触れられる。司書は教員と協力して、このクラスを意義深い経験にしようとしており、そのために授業課題のコピーを事前に要求している。この授業課題を用いることで、我々のプレゼンテーションが学生たちに関連のあるものになる。クラスの最後には、ガイダンスのもと、学生たちが実際の研究を開始する時間も設けてある。多くの教員は、このone-shotクラスに続く2回目のクラスとして、司書とともに館内のコンピュータラボで作業をすることを計画している。

学期の半ばに行う文献利用指導が、最も効果的であることがわかっている。なぜなら学期半ばになると、学生たちはその学期の研究課題を課されており、具体的な研究を始める準備ができているからである。つまり「必要とする時期」になっており、図書館のリソースについて学ぼうという姿勢が学生側にできているからである。

現在、我々は継続教育が提供されている大学のサテライトキャンパスにも、この文献利用指導を拡大していこうと努力中である。ネットワーク技術により、遠隔地からも当館のリソースにアクセスすることは可能であるが、こうしたキャンパスで学ぶ学生の多くが、テクノロジーを利用することを躊躇する年長の学習者である。こうした学生たちが我々の文献利用指導をとても評価していることがわかっている。

蔵書構築

蔵書構築は、図書館長とともに蔵書構築担当司書が率先している。毎年、年度始めに、図書館の資料費が資料構築方針に従って配分される。2006/07年度の予算の割り当てはおよそ75,000ドルであった。各学部に配分される額は、様々な要素により決定される。例えば学部の規模（専攻の学生数と教員数）、提供されているコース数などである。司書は学部に対するリエゾンの役割を果たし、それぞれの領域における選書に責任を負う。現在提供されている、また提供する計画があるコースのサポートとして、選書については教員からの推薦を受けている。この蔵書構築のモデルは以前のものとは異なっている。以前は図書館長が第一の選書担当者であり、雑誌Choiceが主な選書ツールとして用いられていた。

資料費は、印刷物および非印刷物の購入に使われる（現時点では、逐次刊行物のための予算はこの配分とは別になっている。しかしこのやり方は見直し中である）。ほとんどの発注は“Title Source 3”というソフトウェアを用いてウェブ経由で行われる。このソフトウェアは当館の主な資料購入先であるBaker and Taylor社が提供するものである。Title Source 3から仮のMARCレコードを、我々が用いているInnovative Interfaces社の図書館システムにダウンロードしている。このシステムには予算費目ごとの配分と支出を記録できる会計コンポーネントが組み込まれている。資料費の約75％がBaker and Taylor社に支払われているので、リソースを最大限にし、運営を合理化するため、当館は2006年に同社との契約を再交渉した。Baker and Taylor社では我々の購入カテゴリーを分析し、すべての資料に対し一律のディスカウントを提供してくれた。これにより音楽映像資料のディスカウント率は少し大きくなった。同時に、ベンダーを一元化することが決定され、Baker and Taylor社が我々の「継続資料」（一般的には、毎年出版または更新される出版物）を提供するベンダーとして選ばれた。同社の“Compass”ソフトウェアを利用して、我々はオンラインで継続資料を管理することができるようになり、一貫したディスカウントが維持され、ペーパーワークが減り、ベンダーのスタッフとよりよい関係が築かれた。

さらにOCLCの“WorldCat Collection Analysis”サービスのようなオンラインツールも蔵書構築に寄与している。またBowker社の“Resources for College Libraries”というコア・コレクションを概説したツールを利用する計画もある。こうしたリソースにより、我々は当館の蔵書の長所と短所を把握することができるのである。

目録作成と統合図書館システム

前述の通り、当館の統合図書館システム（ILS）はInnovative Interface社が提供するもので、1995年に初めて導入された。これは蔵書目録のコンソーシアムの一部になるものではなく、「スタンドアロン」のシステムである。主要なILSのモジュールはWeb OPAC、目録作成、逐次刊行物管理、貸出、資料受入管理、電子リソース管理である。目録作成はMARC21フォーマットで行われている。各レコードはOCLCの“Connextion”ソフトウェアを用いて作成、編集され、ILSへとダウンロードされる。

当館の蔵書には刑事訴訟と教育学専攻の修士論文も含まれている。これらは完全にオリジナルの目録を作成している。また「灰色文献」についても、オリジナルまたは修正したレコードを作成している。これらは重要なドキュメントであり、オンラインで出版された場合でも、プリントアウトし製本している。このような、ローカルに印刷したドキュメントの目録レコードには、電子媒体の場所を示すURLも含まれている。アグリゲータのデータベースで入手できる個々の電子ジャーナルについては、毎月、Serials Solutions社からMARCレコードの更新分を受け取っている。これは新たに追加されたタイトル、外されたタイトルに加え、収録年の変化も示すものである。個々の目録レコードについては、タイトルでの検索に加え、キーワードや主題を用いてトピックで電子ジャーナルを検索することが可能である。学術的価値のある無料でアクセスできるウェブサイトも、選択的に目録を作成しているが、もちろん「ウェブ全体の目録を作成しよう」ということは考えていない。リソースが許す限り、我々は規模が小さくとも価値のある大学のアーカイブのために、メタデータを提供し始めたいと考えている。

電子リソースと電子ジャーナル

蔵書構築と電子リソース提供にあたって、逐次刊行物と電子リソースへのアクセスは常に大きな懸念事項である。ウェブを通じてアクセスできる無数のリソースをコーディネートすることは、図書館の蔵書目録が果たす役割に加え、プロクシサーバー、電子リソース管理ソフトウェア、リンクリゾルバ、統合検索インターフェースに対するニーズを強めることになる。

雑誌論文への電子的なアクセスの供給がますます進むことは、当館の利用者に大きな価値をもたらしているが、一方で多くの重要な問題をも生み出している。第一に、我々はニーズの多様さが、多様なフォーマットの中で適切なものを選ぶのにどの程度影響するかを見極めなければならない。電子フォーマットの雑誌なら、遠隔地の利用者はより容易に利用できるだろうが、特定の環境ではまだ多くの利用者が冊子体を好んでいることもわかっている。さらに個々に購入している雑誌と、購読契約しているデータベースに含まれている雑誌の重なりも考慮しなければならない。「コア」と見なされ、アグリゲータのデータベースに含まれていても冊子体を購読すべきであるとされる雑誌もある。

さらに最近では、出版社が特定のトピックに焦点をあてた「バンドル」を開発し始めている。例えば出版社Sage社は、主題領域ごとに一流の逐次刊行物が利用できるパッケージを作って提供しており、アグリゲータのデータベースからはフルテキストを削除している。しかしこのような出版社によるパッケージの費用は比較的高く、計画と予算の変更が必要になるであろう。予算と照らし合わせて優先順位を決めていく必要性があることには変わりない。このプロセスは出版される情報の量が増えるにつれ、ますますさしせまった複雑なものとなっていっている。

ILLとリソースシェアリング

電子データベースの利用が広まったからといって、教員や学生からの、研究資料のためのILLリクエストが減少することはなく、2005／2006年度には、他の図書館から1,014本の雑誌論文と519冊の図書を借りている。ちなみに、2002／2003年度には749本の雑誌論文と425冊の図書がリクエストされていた。また他の図書館の利用者への貸出も行っており、2005／2006年度には344本の雑誌論文と473冊の図書が貸し出されている。ちなみに、2002／2003年度には318本の論文と559冊の図書が貸し出された。ほとんどの貸借は合衆国内で行われているが、カナダ、オーストラリア、デンマーク、スペイン、オランダ、ニュージーランドの図書館とも貸借を行っている。本学の優れたカリキュラムを示すように、刑事訴訟、看護および教育分野の雑誌論文に対するリクエストが最も数が多い。

ILLの管理は技術的な問題であるだけでなく、レファレンスサービスと図書館利用指導にも関連している。初心者から経験豊かな者まで、多くの学生は、データベース検索で見つかった論文は、その実際の有用性に関わらず入手すべきであると考えている。同様に、電子リソースによって研究者は、大半の研究者や学生が過去に持っていたよりも多くの情報を入手できるようになった。これにより、最も関連のある資料をどのように拾い集めるか、重複した資料や取るに足らない資料をどのように捨てるか、またどの時点で資料の収集をやめて、執筆や重要な分析を始めるか、を学ぶことが必要となっている。我々は学生がリクエストするものを提供しようとしているが、こうした段階で学生が問題を抱えていると見たら、ILLのリクエストはさらなる指導の機会になりえるのである。

当館は2つのリソースシェアリングのコンソーシアムに所属している。1つは南東部マサチューセッツ地域図書館システムで、もう1つは「リソースシェアリングに真に関心のある図書館」(LVIS：Libraries Very Interested in Sharing）である。後者には合衆国中から数千の図書館が参加しており、参加館は無料で相互貸借できることになっている。

結び

大学の成長と電子リソースの拡大という双子の要素が、当館のサービスと蔵書のあらゆる面を作り変えつつある。とはいえ、当館の物理的な設備が近い将来に拡大されることはなさそうなため、既存のスペースの再利用が重要な優先事項となっている。2006年、大学側は図書館建設を専門とする建築家を採用し、あまり利用されていないスペースのデザインの見直しと、集中的に利用されているエリアの再構築に関する提言を受けた。後者に関しては、学生世代の社会学的変化も考慮に入れる必要がある。例えば、今の学生世代はグループで気持ちよく作業することが当たり前になっているが、このグループには携帯電話やインスタントメッセージでつながっている遠隔地の人々も含まれている。これは学習用スペースのデザインだけでなく、携帯電話の利用規則にも影響を与える。我々の教育的ミッションに関連して、世代による違いのどの側面が考慮されるべき重要なものであるか、我々はわかりつつある。

当館の話は、「重圧のかかる状況での優雅さ」のように、継続性とさらなる発展の話である。本学が健全に成長過程をたどっていることにより、当館はリソースの混交、教員・スタッフ・学生たちとのコミュニケーション、物理的なスペースの再利用、そして新規サービスや再構築されるサービスといった、多くの意義深い課題を与えられているのである。

4.2 The Levin Library at Curry College: A Small Academic Library in New England

David Miller
Associate Professor / Librarian of the Levin Library,
with Hedi BenAicha
Professor / Librarian of the Levin Library,
Leslie Becker
Supervisor Library Circulation of the Levin Library,
Jane Lawless
Associate Professor / Librarian of the Levin Library,
Frances Reino
Sr. Lexcturer / Librarian of the Levin Library,
Kathy Russell
Associate Professor / Librarian of the Levin Library,
Mary Ryan
Associate Professor / Librarian of the Levin Library,
and Gail Shank
Associate Professor / Librarian of the Levin Library

Curry College was founded in 1879 as the School of Elocution and Expression. The School was originally located in the Back Bay neighborhood of downtown Boston, Massachusetts, and moved to the suburban town of Milton in the 1950s. Today, Curry College offers twenty academic undergraduate majors (B.A. and B.S. degrees), the most popular being Management, Communication, Nursing, Criminal Justice and Education. The College also offers Master's degree programs in Education, Criminal Justice, and Business Administration. The student body numbers approximately 2,000 full-time, traditional undergraduates, in addition to approximately 1,500 Continuing (Adult) Education and 380 graduate students. Continuing Education courses are taught on two satellite campuses as well as the Milton campus.

The Levin Library serves the entire College, supporting all academic programs. The Library building's three floors are shared with the College's Essential Skills Center (which provides both professional and peer tutoring), and computer lab/classroom space. Under the leadership of President Kenneth K. Quigley, the College's student, faculty, and staff population has more than doubled in the past decade. However, the space available for Library collections, services, offices and study area has remained essentially the same. The Library's primary challenge is therefore to expand and modernize its services and collections, in a facility designed for a smaller institution in the pre-digital era.

The professional staff includes six full-time librarians: the Library Director, Head of Reference, Head of Technical Services, Interlibrary Loan Librarian, Collection Development Librarian, and Serials/Electronic Resources Librarian. Most full-time librarians provide reference and bibliographic instruction. Four part-time librarians perform reference and instruction, one

※本稿は、国立国会図書館の 2006 年度調査研究事業の成果物である。

serving additionally as the Coordinator of Instruction. There are four full-time non-MLS (paraprofessional) staff: the Head of Circulation, Assistant Head of Circulation, Technical Services Supervisor, and Purchasing/Administrative Assistant. There are two part-time paraprofessional staff, one of whom is the Government Documents Specialist. A library school intern works in the Library's Education Resource Center, which features resources for Education majors to use in preparing student-teacher assignments. Thirty student workers, working approximately six hours apiece, are assigned to the Circulation Desk. The Library itself is open 88 hours a week during the academic semester. During the academic year 2006/2007, the library budget exclusive of salaries was US $469,000.

As of February 2007, the collection includes approximately 99,000 monographic items. This number includes over 1900 video and sound recordings in the main collection, and 8200 items in the Education Resource Center, which features books, video and sound recordings for children, games and toys, in addition to student-teacher materials. The collection's net growth from is year to year is gradual, due in large part to regular "weeding," or removal of older items from the collection. Weeding is driven, in part, by the limitation of building size, given the increasing need for student study and meeting space. In addition to these physical holdings, the library catalog provides access to 19,000 individual electronic journals, through MARC catalog records purchased through Serials Solutions. The number of traditional subscriptions to print periodicals is small, at just over 400. Physical library holdings circulated 8100 times in the year 2006.

REFERENCE SERVICES

As the College has grown, so has the demand for reference service. Reference services go beyond the traditional staffing of the reference desk, now provided fifty-five hours per week. We have implemented an electronic reference ("Ask a Librarian") service, through which library users pose questions by email, and receive answers within twenty-four hours on weekdays. These questions may lead to follow-up interactions by telephone or in person. The Library also provides a type of reference service called RAP, or Research Assistance for Papers. RAPs are arranged by appointment, and typically consist of an hour-long session between a student and a librarian. The use of RAPs has changed in recent years. Although the number of appointments made has decreased slightly -- from thirty-five in the Fall of 2001 to twenty-nine in the Fall of 2006 -- the proportion of graduate students making these appointments has increased. (Figures are given for Fall semesters; there are traditionally fewer RAPs needed during the Spring.) Graduate students RAPs are by nature more intensive, and are likely to last longer than an hour.

It is well known that newer generations of students have grown up being more comfortable with digital resources than their predecessors. However, undergraduate attitudes toward digital resources appear to be undergoing an interesting change. At first, during the 1990s when search engines became available, students assumed that they could "find anything on the Internet." Gradually, they have come to learn that what they found was, in many cases, superficial or incomplete. They have learned to come to librarians for help after doing a beginning search, and also because many faculty insist that simply "Googling" is not an acceptable research strategy. Another change noted by reference librarians is that while fewer questions are received at the reference desk, they are for the most part more academic in nature than in previous years. Simple, factual queries may indeed be answered on the Internet.

In 2004, reference librarians began using Microsoft Access to track and categorize our reference interactions more deeply. We have learned much from this development, for example:

- We have learned how much time is spent providing reference service away from the reference desk. We take phone calls and answer e-mails when "off-post" in our offices, and phone calls account for 60% of off-post reference work.
- We have a clear idea as to which disciplines make the most use of a reference librarian's time. Of the College's subject areas, four account for 50% of this time: Nursing, Criminal Justice, Communication and English. We consider this when allocating funds for collection development.
- We know that requests from Continuing Education and Master's students have stayed fairly level as percentages of the total, and we are working harder to make contact with those students.
- Approximately 50% of our reference transactions occur in October, November and April, and approximately 50% of our questions for the week are asked on Mondays and Tuesdays.
- We plan to refine and develop our use of Access over time, to provide better management data.

BIBLIOGRAPHIC INSTRUCTION

An increase in requests by faculty members for classroom visits by librarians has accompanied the College's growth. For example, where in the 2001/02 academic year librarians taught 115 classes (reaching 1,618 students), 131 classes were taught (reaching 1,553 students) in 2005/06. The slight decrease in the number of students reflects a slightly smaller average class size.

Instruction services are given to most of the Curry student population, due to the fact that required courses (e.g., English Writing Workshop), use this service every semester. The most popular form of library instruction is the "one-shot," consisting of a single class meeting at the library where students are exposed to our resources. Librarians work closely with faculty to make this a meaningful experience by requesting advance copies of class assignments. We use these assignments to make our presentations relevant to the students. Time is given at the end of class for students to begin actual research under our guidance. Following a "one-shot" class, many faculty schedule a second class period, to work in the library computer laboratory with a librarian.

We have found that library instruction is most effective when conducted at the middle of the academic semester. At this point, students have been assigned their semester projects and are ready to begin the research process. They have reached a "point of need" and are more receptive to learning about library resources.

Currently, we are making an effort to expand instruction to the College's satellite campuses, where Continuing Education programs are offered. Although network technology has allowed our resources to be accessed from remote locations, many students at these campuses are adult learners who are hesitant about using the technology. We have found that these students very much appreciate the guidance we provide them.

COLLECTION DEVELOPMENT

Collection Development is led by the Collection Development Librarian in conjunction with the Library Director. At the beginning of each fiscal year, the library materials budget is divided to support collection development objectives. The budget allocation for 2006/07 was approximately $75,000. The money allocated to each academic department depends on a number of factors, including the size of the department (numbers of student majors and faculty) and number of courses taught. Librarians serve as liaisons to departments and are responsible for selections in their areas. Selections are encouraged from faculty in support of current and planned courses. This collection development model differs from our previous one, in which the Library Director was the primary selector and used the journal Choice as the main selection tool.

The materials budget is used to purchase print and non-print materials. (The budget for serials remains separate from the allocation formula at present, but this practice is under review.) Most orders are placed via the Web using Title Source 3, software provided by the Library's primary materials vendor, Baker and Taylor. Preliminary MARC records are downloaded from Title Source 3 into our Innovative Interfaces library system, which includes a fund accounting component to record the allocations and expenditures in each budget category. As approximately 75% of the materials budget is spent with Baker and Taylor, to maximize resources and streamline operations, the Library renegotiated its contract in 2006. Baker and Taylor analyzed our purchase categories and offered a flat discount on all titles, with a slightly higher discount on audiovisual materials. At the same time, the decision was made to consolidate vendors and choose Baker and Taylor to supply our "continuations" (generally, publications with annual editions or updates). Using the vendor's Compass software, we are now able to manage continuations online, maintain consistent discounts, reduce paperwork, and develop a better working relationship with the vendor staff.

Collection development is enhanced by additional online tools, such as OCLC's WorldCat Collection Analysis service, and the planned future use of Bowker's Resources for College Libraries, which outlines a core collection. These resources aid us in determining the strengths and weaknesses of the Levin Library collection.

CATALOGING/INTEGRATED LIBRARY SYSTEM

As mentioned above, the Library's ILS is provided by Innovative Interfaces, Inc., and was first implemented in 1995. It is a "standalone" system, rather than being part of a consortium of library catalogs. The primary ILS modules are the WebOPAC, Cataloging, Serials, Circulation, Acquisitions, and Electronic Resources Management. Cataloging is performed in MARC 21 format; records are created and edited using OCLC's Connexion software, and downloaded into the ILS.

The Levin Library collection includes Master's theses in Criminal Justice and Education, which are given full original cataloging. Original and adapted records are also produced for "gray literature," important documents which, although published online, are printed out and bound. Catalog records for these locally printed documents include URLs for the electronic locations. For individual electronic journals available in aggregator databases, we receive monthly MARC record updates from Serials Solutions, showing changes in years of coverage, as well as titles added and dropped. Individual catalog records allow for keyword/subject searching of the topics of e-journals, as well as their titles. Freely available Web sites chosen for their academic value are also cataloged, although of course there is no attempt to "catalog the web." As resources permit, we hope to begin providing metadata for the College's small but valuable archives.

ELECTRONIC RESOURCES/E-JOURNALS

Access to serials and electronic resources continues to be a main concern for collection development and resource provision. Coordinating the myriad resources accessed via the web sharpens the need for proxy servers, electronic resource management software, link resolvers and federated search interfaces, in addition to the role played by the library catalog.

The ever-increasing provision of electronic access to the journal literature is of immense value to the Levin Library's users, but it raises a number of key questions. First, we must determine how differing needs influence the appropriateness of different formats. Individual journal titles may be more easily available to remote users in electronic format, but we have found that print is still preferred by many in specific circumstances. Additionally, the overlap must be considered between purchase of individual journal titles and their inclusion in subscription databases. Certain journals are considered "core" and should be subscribed to regardless of their inclusion in aggregate databases.

More recently, publishers have begun to develop topically focused "bundles." For instance, the publisher Sage makes available packages of its prestigious serials by subject area, and has removed the full text from aggregate databases. However, the cost of these publisher packages is relatively high, and will require a shift in planning and budgeting. What does not change is the need to set priorities in relation to available funding. This process becomes more urgent and complex as the amount of published information grows.

INTERLIBRARY LOAN/RESOURCE SHARING

The pervasive use of electronic databases has not reduced the number of Interlibrary Loan requests for research materials from faculty and students. In the 2005/06 academic year, the Library borrowed 1014 journal articles and 519 books from other libraries. This can be compared to the year 2002/03, in which 749 articles and 425 books were requested. We also loan materials to users at other libraries: 344 journal articles and 473 books in 2005/06, as compared with 318 articles and 559 books in 2002/03. Although most transactions take place within the United States, we have borrowed from and lent to libraries in other countries, including Canada, Australia, Denmark, Spain, the Netherlands, and New Zealand. As a reflection of the College's curricular strengths, we find that journal articles in criminal justice, nursing and education are most often requested from us.

The management of Interlibrary Loan is not only a technical matter, however, but is related to reference service and user instruction. Many students, beginners or those more experienced, believe that articles found in a database search should be obtained, regardless of their actual utility. Similarly, electronic resources generally have made available to researchers vast amounts of information, more than most researchers and students had in earlier decades. This requires learning how to glean the most relevant items, how to discard duplicates and marginal sources, and when to stop accumulating material and start the process of writing and critical analysis. Although we do attempt to provide what students request, when we see that they are having difficulties at any of these stages, their Interlibrary Loan requests may become opportunities for further instruction.

The Library belongs to two resource-sharing consortia: the Southeastern Massachusetts Regional Library System and LVIS (Libraries Very Interested in Sharing), which includes thousands of libraries throughout the United States. LVIS libraries are committed to borrowing and lending at no charge.

CONCLUSION

The twin factors of institutional growth and expansion of electronic resources are reshaping every dimension of the Levin Library's services and collections. Nevertheless, as expansion of the library's physical facility is not likely in the near future, reuse of existing space has become an important priority. In 2006, the College administration hired an architect specializing in library construction, who provided proposals for the redesign of underutilized spaces and reconfiguration of more intensively used areas. The latter must also take the sociological changes in student generations into account. For example, while it is common for the current generation of students to work comfortably in groups, these groups include remote members connected by cell phones and/or instant messaging. This has an impact not only on the design of study space, but on cell phone use policy. We are coming to understand which aspects of generational difference are important to take into account, in relation to our educational mission.

The Levin Library story is of both continuity and redevelopment, as well as grace, under pressure. Curry College's healthy and growing status presents the Library with many worthy challenges: in its mix of resources, communication with faculty, staff and students, reuse of physical space, and new or redeveloped services.

第3章
社会的な論点と図書館

図書館は民主主義社会の基盤であるとの認識は図書館界のみならず、アメリカ社会にも深く浸透している。したがって、アメリカ社会で議論の対象となるテーマは、すなわち図書館活動のテーマとなる。

移民の国アメリカには、現在でも多くの人々が流入し続けている。言語、文化の多様性はアメリカという国を発展させる原動力であり、同時にアキレス腱でもある。連邦政府が医療保険や年金制度を法律により保障していない状況を見ると、自分の生活は自分で守るという個人中心の社会であることがよくわかる。したがって、自分で生活情報を入手し、判断し暮らしていく社会となる。そこに図書館の情報提供源としての意義が見出せる。

また、コミュニティは個人が一人で暮らす社会ではなく、集団生活の社会をさす。個人と個人とのコミュニケーションが円滑に行われなければ、コミュニティが維持できず崩壊していく。円滑なコミュニケーションが存在する地域社会＝コミュニティを、公的に成立させ、発展させていく「場」、public sphere のひとつが図書館である。public library あるいは明確に public free library との名称をつけている、地域社会が運営する図書館は多い。個人間のコミュニケーションは、その個人が所属している集団と他集団とのコミュニケーションでもある[(1)]。

ニューイングランドでWASP（White Anglo-Saxon Protestant：アングロサクソン系白人、プロテスタント）が占める支配階級（establishment）が設立した図書館は、時代を追うにしたがって勢力をのばす人民主義（populism）階級とのせめぎあいのなかで、その目的は新移民の英語教育をはじめとするアメリカ化教育の場から、技術や経済などの情報を知る場へ変貌していく。そのせめぎあいは1920年代の新経済主義（neo-capitalism）と福祉リベラリズム（welfare liberalism）との対立へ、さらに戦後の経営社会（administered society）と経済民主主義社会（economic democracy）の対立へと変化し続けていく[(2)]。

放任主義的な競争社会のなかに存在するとみなされた図書館は、黒人や移民など社会的弱者にとって利用しにくい図書館になり、福祉事業としての図書館を目的とみなせばアウトリーチ・サービスに力をいれることになる。経営社会のなかでの図書館員は、多様な人種民族・性別・階級により構成されるといった社会（例えばサラダボールあるいはオーケストラにたとえられる）[(3)]の調和をとろうとする（あるいは指揮者になろうとする）図書館活動を目指すが、経済民主主義社会での図書館員は市民がいかに力をつけて、体制や権力に対抗する市民中心社会コミュニティを築くか、そのための情報提供に心を砕くことになる。その図書館員たちの葛藤は、現代の図書館と社会をめぐる諸々の論争の原点ともいえる。

ニューイングランドでプロテスタントたちが自分で聖書を読んで神の教えを認識するための資料を保存提供・教育する場として図書館を設立したことに始まり、19世紀の図書館が新移民のアメリカ化の担い手になり、中西部で農業経営等について自己教育する講座が開かれた、巡回図書館による資料提供は産業革命時の都市化のなかでの技術教育を推進した。現代の図書館の役割のひとつは情報とリテラシーという課題につながっていく[(4)]。外形は変化するものの、その本質は同じである。ただ、図書館利用者や地域住民が大きく変貌しているなかで、その図書館活動の具体的な目的や内容が論点となる。

社会と人々が変化していく現代では、特定集団のみを対象とする図書館活動からサービスを享受していない（the underserved）人々を包摂する図書館活動が求められている。障害者や高齢者、刑務所や少年院などの受刑者、ゲイなどの人々、ホームレスの人々といった社会的弱者に対する図書館活動をおこなうのか、どうするのかというところから議論は始まる。

19世紀以降、カソリック圏であるアイルランドやイタリアからの人々は北東部の都市部へ、メノナイトなどのドイツ語圏からきた新プロテスタント系の人々は東南部や南部から北上して中西部へ[(5)]、20世紀になってからのロシアのユダヤ系やポーランドといった東欧からの人々は工場のある都市部や農場のある西部へ、中国・日本そして第二次世界大戦後になってからのベトナムや韓国からの人々は都市部へと移民した[(6)]。いまや、膨大な人口を占めているスペイン語しか話せないアメリカ人たちが住むコミュニティが増加している図書館での課題は大きい。

言語、文化の違いによって、人々はそれぞれ独自のコミュニティを形成し、集団自衛をはかる。図書館が地域社会と密接な関係を持てば持つほど、地域情報コレクション形成やその提供は、図書館としての普遍性の部分と独自な部分とのバランスが求められ、議論をひきおこす。コミュニティ内部での普遍性と独自性、あるいは保守的な伝統と革新的な新規性などの対立は、上記のようなアメリカ社会の過去の歴史的な対立と同じ構造である。どのような図書館にするのか、図書館のアドボカシーをどうするのかが常にアメリカの図書館界での課題である。

（井上　靖代）

(1) Evans, Sara M.; Boyte, Harry C. “Free spaces” Bellah, Robert N. eds. Individualism & commitment in American Life : reading on the theme of Habit of Heart. New York, Harper & Row, 1988, p296-304.
(2) Robert N. Bellah.[et al.] “Six American Visions of the Public Good”. Robert N. Bellah.[et al.] Habit of Heart; individualism and commitment in American life. University of California Press, 1985. p.256-271.
(3) Gordon, Milton M.. Assimilation in American Life; the role of race, religion, and national origins. New York : Oxford University press, 1964, 276p.
(4) Donald Lazere. “Literacy and mass media; the political implications”. Davidson, Cathy Notari. ed. Reading in America; literature & social history. Baltimore, Johns Hopkins University Press, 1989. p.285-303.
(5) この時期のフランスからのユグノー系（プロテスタント）の人々は主に南米アルゼンチンなどに移民した。
(6) Takaki, Ronald T. 多文化社会アメリカの歴史：別の鏡に映して. 富田虎男監訳. 明石書店, 1995, 802p.（原著：Takaki, Ronald T.. A different mirror : a history of multicultural America. Little, Brown & Co, 1993, 508p.）

1. 知的自由

1.1 知的自由をめぐる事例

獨協大学　経済学部　　井上　靖代（いのうえ　やすよ）

ここでは、2001 年の 9.11 テロ事件以降、既存の関係諸法律を改正強化する形で成立した「愛国者法」PATRIOT ACT の影響を受けて発生した知的自由侵害の事例を含めて、近年のアメリカの公共図書館での事例を中心に紹介する。詳細はアメリカ図書館協会（ALA）知的自由部のサイトやブログで報告・議論されている(1)。近年の傾向として、法政策の動向の影響を直接に受けた図書館における事例が多くなっている。法律に関する分野については、「知的自由に関する法的動向」で詳しく述べられているので、そちらを参照してほしい。

アメリカの知的自由をめぐる事例や動向としては、
(1) 図書館資料に対する焚書・検閲
(2) 図書館施設利用に対するクレーム
(3) 表現の自由と情報への自由なアクセス
(4) 個人情報保護と専門職としての倫理
と大きく４つにわけて関係する事例を紹介したい。

(1) 図書館資料に対する焚書・検閲

伝統的な印刷資料をめぐるクレームは児童・ヤングアダルト向け資料を中心に継続して生じている。ALA で把握している事例として、2005 年に最もクレームがついた資料 10 冊は、すべて児童・ヤングアダルト向け資料である。例えば、『キャサリンの愛の日』（“Forever” by Judy Blume）や『ライ麦畑でつかまえて』（“The Catcher in the Rye” by J.D. Salinger）、『チョコレート・ウォー』（“The Chocolate War” by Robert Cormier）『ホエール・トーク』（“Whale Talk” by Chris Crutcher）などがあがっている。また過去 10 年間にクレームがついた資料 100 冊のうち 69 冊が児童・ヤングアダルト向けである。頻繁に登場するのは『ハックルベリ・フィンの冒険』（“The Adventures of Huckleberry Finn” by Mark Twain）や「アリスの日記」シリーズ（the Alice series of books by Phyllis Reynolds Naylor）などである(2)。この 10 年間に ALA 知的自由部が把握した事例 6,364 件中、理由としてよく挙げられている順でいうと、性的描写や差別的な表現、出版社が意図した読者対象年齢に内容がふさわしくない、オカルトの内容である、暴力的である、特定の宗教の布教を勧めている内容である、と続く。どれも増加傾向にあることが報告されている。

宗教上の解釈をもとに議論される「ハリーポッター」シリーズ(3)や、ゲイなど性的問題を理由としてクレームがつく例（Daddy’s Roommate(4)、Tango Makes Three(5)など）、近年急速にアメリカの子どもたちの間に人気拡大している日本のマンガの翻訳本もその対象となっている。さらに急速に増加しているスペイン語会話者に対する偏見や差別感情が図書館におけるスペイン語資料の所蔵に対するクレームとして表出している。

マンガは 1933 年にアメリカ国内出版社が自己規制して以来、創作・出版流通は低迷していた。90 年代にはいり、ミレニアム世代とよばれるベビーブーム世代の子どもたちが増加するとともに、日本のマンガやアニメの翻訳・出版化が拡大するにしたがって、市場が拡大し、アメリカ人著者によるマンガの復活や新規参入が増加していった。図書館側でも識字や読書習慣の効果を期待し、読者（図書館利用者）の要望をいれ、マンガを図書館所蔵資料に加えるようになった。それにともない、図書館でのクレームも増加している。ALA と出版界は共同で選択のガイドライン(6)を公表することで、社会からの風当たりを軟化させようとの期待もある。

視聴覚資料や電子資料など多様化するなかでの「焚書」、検閲も増加しており、多様化している。インターネットを利用しての電子資料の場合、法によって規制しようとする動きは毎年名称や形を変え、実質はほぼ同じような内容の法案が連邦議会に上程されている。年齢を理由にしての規制を違憲とするかどうかについて、ALA は原告、あるいは amicus curiae（裁判所に意見書を提出する第三者）になるなどして州あるいは連邦政府の規制に対抗している。

※本稿は、国立国会図書館の 2006 年度調査研究事業の成果物である。

(2) 図書館施設利用に対するクレーム

図書館憲章第6条で、展示や集会室の公平な利用を掲げている。さらに1991年に集会室利用について、さらに2004年には展示と掲示板についての利用についての解説および内容の改訂を表明している。図書館を限定的（designated あるいは limited）パブリック・フォーラムとみなす原則[7]を司法の場で、明らかにしたのはクレイマー事件である[8]。だがそれは原則であり、「明文化し、客観的で、図書館利用に関して合理的な内容の規定」がおかれていないと限定されるとは解釈されない、とみなされている[9]。

また図書館集会室の利用もパブリック・フォーラムとしてみなせるかどうかも争われている。政治活動や、宗教団体が図書館集会室を利用して、布教活動することの是非[10]、あるいは商業活動の場として利用できるのかどうかなどについても議論されている。また訴訟までいかないものの、図書館内の展示について論争が起こっている[11]。

(3) 表現の自由と情報への自由なアクセスについて

図書館資料の選択や配架、利用も図書館側からみれば表現の自由の範疇にあたるが、図書館外でのインターネットを通じた電子情報としての表現の自由を支持するか否かは議論のわかれるところである。フィルターソフトの導入と電子ネットワーク化への補助金交付との板ばさみになる図書館が増加している。州によっては、州法でインターネット上のフィルタリングに関する規定を制定しようという動きも広がっている[12]。フィルタリングを情報への自由なアクセスの侵害とみなす立場と未成年者の保護とみなす立場との間で論議が沸騰している。

この動きの背景の一つは、10代の若者たちのあいだでSNS（Social Networking Service）[13]の利用が広まり、日本でみられるような出会い系サイトを発端とする性犯罪などに関わる事件の発生を危惧する状況がある。一方、図書館自体もSNS利用で図書館情報を提供するところが増加しており、これを規制されると情報の自由なアクセスへの侵害となる。

また、イスラム風刺画のように多文化を問われる国際的な規模での表現の自由と図書館における情報への自由なアクセスといったテーマもアメリカ図書館界で若干増加している[14]。

(4) 個人情報保護と専門職としての倫理

2002年6月にALAはプライバシーについての解説文を公表した[15]。1939年に採択され、1995年に改訂された「倫理綱領」[16]でも、図書館は利用者のプライバシーを守るとされているが、9.11テロ事件捜査に関わって、FBIによる図書館への利用者の利用記録調査に協力する図書館員[17]がいた。「愛国者法」の成立[18]によってこのような捜査が法的に認められ、図書館における個人の貸出記録やインターネット端末の利用記録などをFBIが秘密裏に調査可能とされ、館長がその事実を公表できないと規定されているため、さらに図書館のプライバシー侵害に拍車がかかっているという状況にある。ただ、これは「愛国者法」成立以前に、すでにFBIは図書館を含むさまざまな場で、外国人など個人の図書館利用を監視していた（Library Awareness Program）が、それを法制化した上、さらに強化したといえる[19]。

ALAは、この規定に対して、利用者の個人情報保護の観点から反対し、利用記録を即刻廃棄するように、図書館界に勧めている[20]。また、司法捜査が図書館に介入する前に図書館員全員に対するガイドラインや利用者に対する方針などを明文化することをアドバイスしている[21]。FBI側はそういった捜査はしていないと言明しているもの、ALA側の調査ではその事実を把握している。そのなかにコネチカット州の4人の図書館長たちが政府を相手取って起こした訴訟がある。（John Doe v. Ashcroft.（334 F. Supp. 2d 471（S.D.N.Y.2004）、John Doe v. Gonzales.（No.3: 05cv1256（D.Conn.2005）、なおジョン・ドウ（John Doe）というのは原告側を示す仮名である。）

FBIの捜査事実について、「愛国者法」には口外禁止規定（Gag order）があり、違反すると処罰の対象になる。これは憲法に定められた個人の表現の自由に反するものだとして、訴訟をおこしたのである。「愛国者法」は当初5年の時限立法であったが、2006年に修正のうえ再延長が可決された[22]。その修正のなかに理不尽なGag orderに対して意見表明できることが可能となったのである。それゆえ、この裁判は成立しなくなり、実質的に図書館員側の立場が理解を得たといえる。

またRFID利用の動きが増加する現状で、プライバシー侵害の危惧が高まっていることも背景のひとつとしてあげられる。

アメリカのすべての州では個人情報保護一般に関す

る州法が定められている[23]が、さらに図書館利用に関する個人情報保護を規定する州法も制定される動きも見られる（アラスカ州（Senate Bill 269）、ミシガン州（Senate Bill 15）、ウィスコンシン州（Senate Bill 15、Senate Bill 128）など）[24]。

ALA では前述の「倫理綱領」の成立時とは異なる現代的な文脈の中で、図書館員が遵守すべき倫理綱領を図書館利用に関するプライバシーを含む規範として改訂し、図書館界に周知しようとしている。

(1) American Library Association.“Office for Intellectual Freedom”. 2006. http://www.ala.org/oif, (accessed 2007-03-05).
American Library Association. “Office for Intellectual Freedom”. http://blogs.ala.org/oif.php, (accessed 2007-03-05).
“Don Wood: Library 2:00 blog”. http://donwood.alablog.org/blog, (accessed 2007-09-06).

(2) American Library Association. “Challenged and Banned Books”. 2006. http://www.ala.org/bbooks/challeng.html, (accessed 2007-03-05).

(3) American Library Associaton. “Book Burning in the 21st Century”. http://www.ala.org/ala/oif/bannedbooksweek/bookburning/21stcentury/21stcentury.htm, (accessed accessed 2007-03-05).
シダービル学校図書館で「ハリーポッターと賢者の石」を一般書架から除き , 保護者の承認を得た生徒のみアクセスを認めたことに対し，保護者が子どもの権利を侵害しているとして訴訟をおこした（Counts v. Cederville School District. (295 F. Supp. 2 996 （W.D.Ark.2003））。裁判所は原告の訴えを認め，未成年の権利侵害を認定した。

(4) Willhoite, Michael. Daddy’s roommate. Boston : Alyson Publications, c1990, [32]p.
この本を児童室から除去するように求めた訴訟は，Sund v. City of Wichita Falls.（121 F. Supp.2d 530（N.D.Tex.2000））である。裁判所は図書館を限定的（limited）パブリック・フォーラムとみなし，本の内容が気に入らないからといって書架から除去することは憲法上できないと判断した。なお , この本についての事例は以下の論文に詳しい。川崎良孝. “アメリカ図書館協会「図書館の権利宣言」(Library Bill of Rights) と利用者のアクセス”. 塩見昇・川崎良孝編著. 知る自由の保障と図書館. 京都大学図書館情報学研究会, 2006, p.293 － 314.

(5) Richardson, Justin and Peter Parnell. New York : And Tango makes three. Simon & Schuster Books for Young Readers, c2005.
ニューヨーク市動物園でオスのペンギン２羽が子育てするという内容の絵本。ALA が出した下記プレス・リリースも参照。
American Library Association. ““And Tango Makes Three” tops ALA's 2006 list of most challenged books”. 2007-03-06. http://www.ala.org/ala/pressreleases2007/march2007/mc06.htm, (accessed 2007-03-05).

(6) National Coalition Against Censorship, American Library Association.; Comic Book Legal Defense Fund. “Graphic Novels: Suggestions for Librarians”. 2006. http://www.ala.org/ala/oif/ifissues/graphicnovels_1.pdf, (accessed 2007-03-05).
“National Coalition Against Censorship”. http://www.ncac.org/home.cfm, (accessed 2007-03-05).
Comic Book Legal Defense Fund. “Welcome to the Comic Book Legal Defense Fund!”. http://www.cbldf.org/, (accessed 2007-03-05).

(7) Chmara, Theresa. “Public Libraries and the Public Forum Doctrine”. Office for Intellectual Freedom, American Library Association. Intellectual Freedom Manual. 7th ed, Chicago : American Library Association, 2006. p369 － 383.

(8) Kreimer v. Bureau of Police. 958 F. 2d 1242 (3d Cir. 1992).

(9) 裸足でやってきた原告を図書館が拒否したことに対して訴訟をおこした例。
Neinast v. Board of Trustees. 190 F. Supp. 2d 1040 (S.D. Ohio 2002), 346 F. 3d 585 (6th Cir. 2003), 124 S.Ct. 2040 (2004).

(10) Concerned women for American, Inc. v. Lafayette county. 883 F. 2d 32 (5th Cir. 1989).

(11) フェアバンクス・ノース・スター郡図書館（アラスカ州）などで展示内容に対するクレームがおき , 論争になった例などがある。
Fairbanks North Star Borough Public Libraries & Regional Center. “Library Procedures & Policies”. http://library.fnsb.lib.ak.us/books/policies.php#display, (accessed 2007-03-05).

(12) American Library Association. “State Legislation”. http://www.ala.org/ala/oif/ifissues/inthestates/statelegislation.htm, (accessed 2007-03-04).

(13) SNS と知的自由について , Podcast や MP3, Wiki などで情報提供している。以下のサイトでアクセスできる。
“Online Social Networking and Intellectual Freedom”. Don Wood: Library 2.0. http://donwood.alablog.org/blog/_archives/2006/12/1/2542220.html, (accessed 2007-03-05).
また , 図書館で提供されている状況にふれた論稿として次のものがある。
井上靖代. 米国の図書館界と SNS 検閲. カレントアウェアネス. 2006, (290), p.17-19. http://www.dap.ndl.go.jp/ca/modules/ca/item.php?itemid=1054, (参照 2007-03-05).

(14) デンマークの新聞にイスラムを風刺する戯画が掲載されたことでデンマーク国内のイスラム系住民からクレームが起こったことに端を発し，世界各地の新聞に転載され各地のイスラム系住民からクレームがおこった事例。2006 年８月の WLIC/IFLA ソウル大会で特別シンポジウムで討議された。

(15) Council, American Library Association(Adopted 2002-06-19). “Privacy : An interpretation of the Library Bill of Rights”. Office for Intellectual Freedom, American Library Association. Intellectual Freedom Manual. 7th ed., Chicago : American Library Association, 2006. p.190 － 196. http://www.ala.org/ala/oif/statementspols/statementsif/interpretations/privacy.htm, (accessed 2007-03-05).

(16) Council, American Library Association(Adopted 1995-06-28). “Code of Ethics of the American Library Association” Office for Intellectual Freedom, American Library Association. Intellectual Freedom Manual. 7th ed, Chicago : American Library Association, 2006. p.244 － 265. http://www.ala.org/oif/policies/codeofethics/, (accessed 2007-03-05).

(17) 川崎良孝. 特集, 個人情報保護と図書館：アメリカ愛国者法と知的自由：図書館はテロリストの聖域か. 図書館雑誌. 2005, 99(8), p.507-509.

(18) 中川かおり. 米国愛国者法の制定と図書館の対処. カレントアウェアネス. 2005, (283), p.2-4. http://www.dap.ndl.go.jp/ca/modules/ca/item.php?itemid=979, (参照 2007-03-05).

(19) 後藤暢. FBI の図書館監視計画と図書館. カレントアウェアネス. 1990, (127), p.2-3. http://www.dap.ndl.go.jp/ca/modules/ca/item.php?itemid=66, (参照 2007-03-05).
山本順一. 特集, 新しい枠組みとしての図書館の自由：アメリカの知的自由と図書館の対応に関するひとつの視角：愛国者法から図書館監視プログラム，そして COINTELPRO に遡ると. 現代の図書館. 2004, 42(3), p.157 － 163.
(20) Office for Intellectual Freedom, American Library Association. “confidentiality and coping with Law enforcement Inquiries. Guidelines for the Library and Its Staff”. Office for Intellectual Freedom, American Library Association. Intellectual Freedom Manual. 7th ed., Chicago : American Library Association, 2006. p.304-313. http://www.ala.org/oif/ifissues/lawenforcementinquiries/, (accessed 2007-03-05).
(21) Intellectual Freedom Committee, American Library Association. “Guidelines for developing a Library Privacy policy: privacy Tool Kit”. Office for Intellectual Freedom, American Library Association. Intellectual Freedom Manual. 7th ed, Chicago : American Library Association, 2006. p.319-332.
(22) 愛国者法，図書館条項を修正して成立. カレントアウェアネス-E. 2006, (79), E462. http://www.dap.ndl.go.jp/ca/modules/cae/item.php?itemid=468, (参照 2007-03-05).
(23) American Library Association. “State Privacy Laws regarding Library Records”. 2006. http://www.ala.org/ala/oif/ifgroups/stateifcchairs/stateifcinaction/stateprivacy.htm, (accessed 2007-03-04).
各州のプライバシーに関する法制度については以下の論文に詳しい。
山本順一. “ アメリカ法にみるプライバシーの保護と図書館の自由”. 塩見昇, 川崎良孝編著. 知る自由の保障と図書館. 京都大学図書館情報学研究会, 2006, p.325-387.
(24) 山本順一. “アメリカ法にみるプライバシーの保護と図書館の自由”. 塩見昇, 川崎良孝編著. 知る自由の保障と図書館. 京都大学図書館情報学研究会, 2006, p.325-387.

2. 多様性

2.1 図書館における文化を超えた意識を高めることにより、様々な言語を話す人々に対しサービスを提供する
～日本、米国でラテン系アメリカ人、ブラジル人、ラティーノ[1]、ヒスパニック系の人々にサービスを提供することについて～

Sandra Rios Balderrama
RiosBalderrama Consulting, Recruitment, Consultation & Presentations for Libraries
（図書館コンサルタント　サンドラ・リオス・ボルダーラマ）

はじめに

米国のアリゾナから報告します。遠く離れたこの地から、報告できてとても光栄に思っています。我々は異なる時間帯、緯度、経度に暮らし、異なる言語を話し、文化的価値観も異なっていますが、我々には公共図書館を訪れる全ての人に優れた図書館サービスを提供したいという共通の願いがあるのではないかと考えています。私は日本の公共図書館について、そして日本図書館協会（JLA）について幾つかのウェブサイトで学ぶことが出来嬉しく思っていますが、ウェブサイトや文献にはあまり多くの情報はなかったため、日本についてはわずかな知見や手がかりしか得ることが出来ませんでした。申し訳なく思っています。またJLAは国際図書館連盟（IFLA）のメンバーであることがわかりました。残念ながら、私は（まだ！）日本を訪問したことがなく、ほんの基本的な幾つかの挨拶以外は日本語も話せません。言葉の限界についても申し訳なく思います。本稿を訳してくれる翻訳者に感謝します。翻訳は技能であり、芸術です。

本稿で、私は我々両国の文化的条件が、多文化的な背景をもつ人々と文化を超えて効果的に仕事をする際にどのようなものが妨げになるか、また文化的能力がいかに我々の仕事を促進し、強化してくれるかについて述べたいと思います。日本に住むラテン系アメリカ人に対するサービスに皆さんが関心を寄せられていることに応えて、ここではラティーノ / ヒスパニックに対するサービスの戦略について語るよう要請されています。最終的にはラテン系アメリカ人に対するサービスの具体例や、彼らの持つ文化的価値観についても述べ、米国の事例や情報源へのリンクも提供するつもりです。ひな型や事例はどの国でも、そして、おそらくは同じ国内のどの図書館においても、完全に翻訳して応用することはできないものです。しかし、事例に手を加え、調整して、自分達に合うように変えていくことは出来ますし、そこから新しいアイデアが生まれることもあるのです。

本稿は網羅的でも、科学的でも、計量可能なものでもありません。移入民 / 移出民、そして多文化主義に関する主題は非常に複雑で、継続的な調査、研究、そして学習に値するものです。代わりに、私は皆さんに24年間の公共図書館での司書、現役の学生、教育者、指導者、多文化主義と多様性の信奉者としての、そして最後にメキシコからの移民の孫としての見解を示したいと思います。

本稿はみなさんに話しかけるように書かれています。みなさんの国や私の国の話をすることもありますし、皆さんの言語や私の言語の話もします。そうすることで“we(我々)”という感覚を伝えたいと思っているのです。「我々」は私達が今共に同じ努力をしていることを意味しています。また「彼の」「彼女の」という言葉を同じ意味で使います。これらの言葉の使い方については説明もいれています。ラテン系アメリカ人とラティーノ / ヒスパニックについては本稿末尾の「注釈とレファレンス」の部分で説明しています[1]。また末尾には私のメールアドレスも掲載しておりますので、今後も皆さんとの対話を続けていければと期待しています。我々の知恵の結集を互いに共有し、さらにまた他の国へと分かち合っていくことが大切なのです。

献辞

本稿を私の同僚であり、1990年代にカリフォルニア州オークランドを訪問中に出会った井上靖代さんに捧げます。私達が再び出会ったのは2005年11月、Thinking Outside the Borders Leadership Institute

※本稿は、国立国会図書館の2006年度調査研究事業の成果物である。

でのことでした。これはイリノイ大学国際図書館プログラム・モーテンソン・センターとイリノイ州立図書館が共同開催したものです。長年にわたり井上さんと連絡を取り続けることが出来とても嬉しく思っています。

(1) 多文化サービスを届けるための基盤

多文化および移民コミュニティに対するサービスに必要なものは

- 国、政治、異文化、およびグローバルな手腕を有する図書館の指導者
- 組織の文化的価値としての多様性
- 多文化図書館サービスを提供するスキルの訓練を受けた図書館スタッフ
- 機関としての文化的能力

我々がグローバルなビジョンを持つ多文化主義者であれば、上記は我々皆が達成すべく努力しなければならない理想的な状態である。日米ともに、移民や新参者を受け入れてこなかった大きなコミュニティに囲まれ、リソースの少ない非常に小規模な図書館があることを私は理解している。リストに挙げられた要素のうち１つか２つだけを満たしている大規模な図書館もある。我々は皆、国や地域が変化し、図書館がそれに対応しようと努力している「進行中」の過程にある。あなたの図書館がどの程度理想的な状態の範囲にあるかということにかかわらず、公共図書館は、そのコミュニティに新しく入ってきたと思われる人に手を差し伸べ、彼らの故郷についての読み物を備え、インターネットが使え、彼らの新しい国やその言語について学ぶことが出来る場所であり、書籍やインターネット、新聞、DVD、プログラムなど公共図書館にあるものすべてを通じて世界の文化や文学について学ぶことに関心を寄せる家族や人々を歓迎する場所であることを、彼らに知らせたいという地域の図書館司書が持つ基本的な想いは重要で価値のあるものである。

文化的能力とは何か？　クロス（Terry Cross）は次のように定義している。

「１つのシステム、機関または専門家集団として共有する行動、態度、ポリシーの集合体であり、これによって、そのシステム、機関、専門家集団は異文化間状況で効果的に機能するようになる。」(2)

(2) 多文化図書館の効果的なリーダーシップ

日本語や英語を話せない人たちを援助しようとしたり、1、２の新しい童謡や指遊びをスペイン語やポルトガル語で行って子供向けのお話しの時間を持とうとする図書館で働く「ありふれた」リーダーがいる。こうしたリーダーの行為は「単に自分の仕事をしている」と表現される。しかし、こうした行動のための決意は小さくて、簡単に見えるかもしれないが、勇気ある洞察と努力に基づいたものなのである。そこでは、任命されたリーダー（図書館長や管理職者）は決定を行い、リソースを配分し、そして将来の計画を立てる権限を与えられている。多文化をめぐる問題、特に移民に関する問題は、どの市、郡、図書館、そして国においても意見が二極化している問題であるため、異文化間環境に、効果的に向かう能力を発揮するのに、我々はこうしたリーダーに頼ることになる。外国人排斥や人種差別主義の現実は別として、反移民的反応は異なるものへの恐れ、見知らぬものに脅かされているという感覚、そして国の文化の喪失や弱体化の恐れから来るものである。

多文化のリーダーは、お互いに尊敬と公開されたコミュニケーションの方法を大切にしなければならない。文化的背景や組織における地位に関わらず、人からは何かしら学べるのだということの理解が、この方法の裏にはある。文化を超えたグループが歩み寄りと理解を通じて活動するとき、文化的価値の相違はどちらかが優れている、劣っているといった上下のあるものではなく、単なる相違であり、互いに尊敬されるべきものであるということをリーダーは理解している。よいリーダーは国際的な移民問題に対する意識が高く、同時に全く見知らない移民に対しても共感している。そのようなリーダーは、国境や障壁ではなく、文化と文化の架け橋を築くという公共図書館の役割を理解している。

図書館内や、さらに大きくは親組織において、序列に基づく決定がなされるかもしれないが、「頂点にいる」人々は、図書館の利用者と直接接している図書館スタッフの意見を常に考慮し、取り入れていく必要がある。そのようなリーダーは、こうした意見を考慮に入れて決定を行い、リソースを配分し、図書館サービスの価値のアドヴォカシーを行っていく。米国では、任命されたリーダーとの関係において「short power distance（権力との距離が小さいこと）」（文化の側面の一つ）が好まれる傾向にある。これはスタッフや図書館利用者が、自分たちは任命されたリーダーにアクセスし、自分たちが懸念していることやアイデアを直接伝えることが出来ると考えていることを意味している。たとえ、図書館長や政府のリーダーと直接話をするという前例がないような「large power distance（権力との距離が大きいこと）」の文化的状況にあるとしても、前線で働くスタッフが、自分達の考えや懸念、問題解決のためのアイデアを間接的に表現できるプロセスがあるはずである。これは多文化主義の基本信条である「包括（inclusion）」の環境を強化するものである。効果的な多文化リーダーは、たとえ非常に多忙で時間が無くても、図書館のプログラムやコミュニティ活動に参加する。そこにいるだけで、リーダーはコミュニティと図書館スタッフの努力をサポートしていることを示しているのである。任命されたリーダーは特に、米国でいう "walk the talk"、つまり、自らが語ったり書いたりしたとおりに、行動し振舞わなければならない。

(3) 組織の文化的価値としての多様性

多文化の人々にサービスを提供するために図書館システムに必要なことは何か？まず、図書館自体が多様性を尊ぶ組織的文化を持たねばならない。この価値を図書館スタッフと市民が広く共有し、図書館サービスの設計と計画に取り入れていく必要がある。米国の図書館の多様性戦略の意図は二重構造になっている。それは、1）図書館サービスを届けるにあたって、格差と不平等をなくす、2）"underserved"（十分なサービスを受けていない）とされる人々や、多数派または主流文化ではない人々を歓迎し、統合し中に取り込んでいくこと、である。

その戦略は、一つには次のような基礎を持つ。

1) 平等主義、能力主義、そして多元主義は、米国の基礎を成す国家的価値観である。これらの価値観と現実の間にギャップがあることがわかっていても、我々は依然、これらの価値を理想として掲げる。
2) 米国図書館協会（ALA）では多様性、知的自由、そしてアクセスの平等性という価値観を明言している。ALA は最近、移民の権利を支援する決議を可決した(3)。この決議は「図書館の権利宣言」とさらに大きな枠組みである「知的自由に関する声明」の一部でもある、言語の多様性の価値に関する #53.3.1 を含む歴史的決議に続くものである(4)。
3) IFLA は多文化主義、多文化コミュニティ、そしてサービスのためのガイドラインの定義を提供している(5)。
4) "REFORMA（National Association to Promote Library and Information Services to Latinos and the Spanish Speaking）" はその目的として、a）スペイン語とラティーノ文化にもとづいた図書館所蔵資料の構築、b）バイリンガルで多文化的図書館スタッフの採用、c）ラティーノの人々の図書館と図書館員に対する意識を高める、d）ラティーノのコミュニティの情報ニーズのためのアドヴォカシー、e）他の専門機関との連携を掲げている(6)。REFORMA は ALA の関連機関で、公共図書館司書、学校図書館司書、大学図書館司書、図書館で働く人々、ベンダー、出版社などからなるメンバーが、助言、経験、知識をもとにしばしば相談に応じている。

図書館の文化的価値としての多様性は次のように表されている。

1) 任命されたリーダーの態度、振る舞い、そしてコミットメント
2) 多文化主義を促進する人的資源／個人の慣習
3) 多文化主義を強化する職員研修と能力開発
4) ターゲットとされるコミュニティと共に働く人々を中に取り込み、参加を促していくようなオープンなコミュニケーションと意思決定の方法
5) 結果と成果、そしてそれらの量的かつ質的分析に注目した、サービスの継続的な評価と測定

外部に向けては次のように表される。

6) 関連する多文化図書館プログラムの実施
7) 多言語、多文化の蔵書構築
8) 多言語、多文化の PR ツール
9) コミュニティとの連携
10) 文化的能力を有するスタッフと管理職によるアウトリーチ戦略
11) 最後に、サービスのデザインおよび実施に際し、コミュニティが参加し、アドバイスを行うこと

(4) スタッフトレーニングと能力開発

スタッフの能力開発とトレーニングの方法は、異文化と出会っても能力を発揮でき、適切な図書館サービスを提供できるように、スタッフに力をつけることに焦点をあてなければならない。スタッフの中には､「やりながら学ぶ」者もいれば、授業や文献、また地元の大学教授やコミュニティの代表から話を聞いて学ぶ者もいる。どの国でも、スタッフは社会化され、教育を受けているので、主流の学習方法を身に着けてはいるが、特に多文化主義においては、異なった学習スタイルに気づくことが非常に重要である。各スタッフは学習という流れの中で異なったステージにいる。その流れは異文化・多文化への気づきから、文化的能力を経験する知識へと移っていくものである。誰も一夜にして異文化間スキルを身につけることは出来ない。それは本稿の後半でも取り上げる文化的価値や偏見の強さ・影響のせいである。トレーニングプログラムは多言語の所蔵資料の収集構築から多文化プログラム、第2、第３言語のスキル、そして異文化間コミュニケーションのスキル、移民と国際的な人口移動の原因と見なされている様々な要因について読み、知識を得ること、図書館利用者となりえる人々に対するアウトリーチスキルなどの全てが網羅されることになる。パフォーマンス評価のためのプロセスや雇用者を引き止めるための計画を含むことも大切であり、それによってスタッフの異文化間能力を身につけようという努力をサポートし、報酬を与えることになる。

(5) 多様性と文化的能力

アウトリーチを担当する司書であるエルテューク（Ghada Elturk）は文化的能力を持たずとも、多様性という価値観とそのための行動は可能かどうかを問うている。

文化的能力が欠けていても、多様性は実現できるか？…誰しも「正しいこと」をしたいと思っているが、ある文化にとって正しいことが、他の文化でもそうとは限らない。例えば、あなたがそうして欲しいと思うように、他の人を扱いなさいというような「黄金の法則」を口にしたり、実行することは文化的に正しいことなのだろうか？他の文化に属する人々がどのように扱われたいと願っているかを見出し、それをガイドラインとして使うことについてはどうだろうか？これはものさしの一つであり、これによって、こうした社会の問題に対する我々のアプローチがどのくらい力を持っているかを知ることができるのである[(7)]。

(6) 文化的価値の力

文化的能力を高める第一歩は、我々の生活における文化的価値の果たす強力な役割についての自省と気づきにある。エルテュークは、「あなたがそうして欲しいと思うように、他の人を扱いなさい」という「黄金の法則」について述べている。これは米国でよく引き合いに出される言葉であるが、彼女はここで、「我々のやり方」や「我々の好み」が普遍的に共有されているという前提に疑問を投げかけている。どの国の誰もが、それと共に育ったという理由で、特定の価値への愛着を持っている。教育家のコルテス（Carlos Cortés）[(8)]は、我々は米国の「社会的カリキュラム」に影響されていると語っている。彼はこの概念を、身の回りのカリキュラム、組織的なカリキュラム、そしてメディアによるカリキュラムに分けている。もう１つの要素は「思わぬ発見をするカリキュラム」で、これには「個人的な、異民族間の経験、偶然の出会い、そして構造化されていない出来事」が含まれている。こうした出来事は、我々の生涯を通して各人に起こっているものである。各人の経験は独自で異なるものである[(9)]。

あなたは時間をとって、自省し、そしてこれまでの人生で、どのような文化的価値をいかにして獲得してきたかを書き留めるとよい。

1) 家族からはどのような文化的価値を得たか？
2) 日本の市民であること、または日本人であることからどのような文化的価値を得たか？
3) 宗教的／精神的なガイダンスからどのような文化的価値を得たか？
4) 自分の民族的、宗教的、伝統的遺産からどのような文化的価値を得たか？
5) どんな予期せぬ経験が、どのように他の文化を見る方法に影響を与えたのか？
6) 他者や他の文化に対するどのような前提や判断が、予期せぬ経験によってもたらされたのか？

例えば米国のアメリカ人[(10)]のように、こうした文化的価値のいくつかを非常に長い間持っていてはっきりと意識している場合もあろう。中にはその価値観に

「基づき」行動したり、その価値観「ゆえに」行動しているにも関わらず、よく考えてみたことがないため、はっきりとしない価値観もある。これらは自動的な価値観である。われわれは世界を旅する際には、異なった価値観と出会うことを期待しているが、自分の職場やコミュニティ、あるいは自国内でも、そうした経験をするとは思っていない。時にはこれを発見したときの驚きが、感情的反応（恐怖、怒り、不安、混乱）を引き起こすこともあり、外国人排斥、偏見、人種差別主義につながることもある。我々の文化的価値は、誰が、また何が我々より優れていて、劣っているのかを決めるふるいとなってしまう。心の中にカースト制度を作ってしまっているのだ。文化的価値は、我々が「我々」自身の方法で他者を見るときに使うレンズとなっており、おそらく他者の本当の姿は見えないのだ。我々が自身の価値観を非常に強く信じている場合、どうやって我々とは違う人々に対してサービスを提供することが出来るだろうか？

一歩下がって、立ち止まり、そして周りを見渡して、次の演習問題に取組みでより大きな社会的な文脈で自分自身の位置を捉えるようにしてみよう。

1) 日本に存在する異なる文化を全て書き出す
2) あなたの図書館で働く人々の間にある全ての異なる文化を書き出す
3) あなたの図書館の利用者に代表される全ての異なる文化を書き出す
4) 図書館の外や周辺、すなわち近隣の企業、学校、住民の間であなたが気づいた全ての異なる文化を書き出す
5) 日本であなたが（メディアを通じて）耳にしたり、読んだりしたことはあるが、これまでのところ出あったことの無い全ての異なる文化を書き出す

さあ、リストと、大いなる多様性と均一性を見てみよう。誰かの民族的、文化的背景を正しく判断できていないこともあるかもしれないが、ここではよしとする。肌の色、特徴、また服装などから文化について仮定することは簡単であるが、これは我々の身の回りにおける眼に見える差異の存在、またはそれがないことに意識を向ける演習問題である。あなたのとも私のとも異なる国の出身である大学図書館司書は、図書館の全ての人が同じ文化と階級の人で、民族的・経済的多様性は図書館の外と路上にしか見られなかったと語っている。私は彼の正直なコメントを評価する。

(7) 諸文化間の接触

多様な環境で仕事をしたり、生活したりしているなら、また他の国に旅行をしているなら、次のことについて考えて欲しい。

1) 特に心地よく感じる文化的背景の人々はいるか。それはなぜか。
2) 特に不快に感じる文化的背景の人々はいるか。それはなぜか。
3) その人たち自身ではなく、どのような振る舞い、言語、または態度があなたを愉快にしたり、不愉快にしたりするのか？

このリストを取っておいて、数日間または数週間、こうした反応について自分自身を観察すること。

複数文化の衝突は、しばしば誤ったラベル（標識）や思い込みによるものである。

我々はステレオタイプ、誤解（misappropriation）、また時には一般化（generalization）によりトラブルを起こすことがある。ステレオタイプ（コルテスが“精神的拘束衣”（mental straightjackets）と呼ぶもの）は、我々の視野を狭くする。それらは、文化的「アウトサイダー」によって形成される傾向があり、人々、個人、グループの価値を貶めるような記述子である。ステレオタイプを形成している人の心の中では、たとえ現実が異なる様相を呈していようとも、その記述子は常に真実である。

一般化（コルテスが「柔軟な手がかり」と呼ぶもの）は時に有用なもので、典型的には文化的「インサイダー」により作られるものである。一般化によって、地域による、また各個人の様々な理由による例外もあるという警告も含め、ある人の文化がわかるようになる。私が日本に行くにあたって期待すべきことや知っておくべきことについて、あなたに手がかりを聞くであろう。あなたが米国に来たことがない場合、あなたは私に米国に関する手がかりを求めるであろう。このような時、我々は互いに「文化的コーチ」の役割を果

たしており、「常に」例外はあるのだということも理解している。

次の言い回しは、一般化かステレオタイプのどちらだと思うか？

米国のアメリカ人は個人主義を好む傾向にある。
ラティーノ、ヒスパニックの人々は皆、背が低い。
日本人は皆、物静かで遠慮がちである。
ほとんどのブラジル人はポルトガル語を話す。
司書は賢くない。ただものの見つけ方を知っているだけである。
日本には多くの異なる宗教があることに気づくだろう。
メキシコ北部出身の人には背の高い人が多い。
ブラジル人は皆、サンバの踊り方を知っている。
日本人は団体旅行しかしない。
ほとんどの司書はダンスの仕方を知らない。
米国のアメリカ人は傲慢である。
ラテン系アメリカ人は新しい言語を習得したがらない。
ほとんどの移民は自分達の子供達の暮らしをよくすることに関心を抱いている。

ステレオタイプと一般化の差異を見極めるのは難しいことだろうか。これらの言い回しのいくつかは事実だとあなたは感じただろうか？ユーモアとしてこれらの言い回しを使うこともあるし、我々の認識や思いがけない経験にのみ基づいたいくつかの「真実」と認識してこれらの言い回しを使うこともある。また時には、これらの言い回しを使うことで、怒りや不満といった感情的反応を引き起こすこともある。中にはまったくばかげた内容として何の反応も得られない言い回しもあるだろう。

誤解とは、他者の経験や行動に対し、我々自身の価値観や思い込みを押し付け、実際に目にしていることや、それによって感じたことを気に入らないからという理由で、それを相手の欠点のせいにして、判断することである。

(8) 図書館業務に関連したいくつかの文化の側面

次に文化の側面をいくつかあげる。これらは一般化されたものであり、連続体の両端を表していることに留意していただきたい。連続体の中での個人の立ち位置は、性別、経済的、教育的な環境や機会、土着のまたは民族的伝統への近さ、文化の同化・文化の変容の程度、２つの文化へのアイデンティティ、「新しい」国における世代、といった多くの変数により左右される。

1) コンテクスト－高低

ラテン系アメリカ人は「高いコンテクスト」である傾向が強い。これは、「どのように」話をするかがより重要であるということである。しかし米国は、「何」を言うかがとても重要であり、話はすばやく、明確で直接的にすべきであるとする非常に「低いコンテクスト」な文化であり、ラティーノやヒスパニックはこの中で生活しなければならない。米国のアメリカ人はこの「高いコンテクスト」のラティーノを、「遠まわし」な表現をすることを理由に、自分自身を表現するのに時間がかかり過ぎていて、何かを隠そうとしているのだと誤解するかもしれない。あなたもしばしば、米国のアメリカ人が「ポイントは」とか「問題があるなら直接言って欲しいと思うんだ」と言うのを耳にするだろう。ラティーノは米国のアメリカ人をあまりにもとげとげしく、ふるまいががさつであると見るかもしれない。これらは、ステレオタイプ、一般化のどちらにもつながりうる誤解である。

ラティーノおよびヒスパニック向けの図書館のプログラムで成功しているものは、「高いコンテクスト」なものであることにあなたは気が付くだろう。図書館のスタッフがよく配慮して “ambiente”（環境）を整えているのである。お祭りのようなカラフルなデコレーション、例えば “papel picado”（切り紙細工）を施し、プログラムの前後に軽い飲食物も提供する。日本で言えば、図書館のスタッフがラテンアメリカのスナック（antojitos）を買ったり、作ったりしたり、時には日本の文化的な食べ物を提供したりするようなものとなろう。実際のプログラムの中身と形式と共に、こうした努力が「歓迎！ / Bienvenidos!」という雰囲気を作り出すのである。ラティーノにとって、人を家に迎え入れるにあたって、飲み物や食べ物を出さないということは考えられないことである。しかし低いコンテクストの人は、こうした行為は不真面目でばかげていると見なすかもしれない。そして図書館で無料のお茶やクッキーを欲しがるなんて、とラティーノの訪問者を非難するかもしれない。これは、その人が実際のプログラムの「内容」こそが最も重要で、全人格的に、そしてほとんどセレモニーのように人を歓迎する必要性とはまったく別ものとして考えているからである。米国のアメリカ人は、図書館でのイベントはもっと「形式張らない」ものであり、このような「儀礼」は不必要、と考える傾向がある。ただプログラムを開始し、実行し、そして終了すれば十分であると考えるのである。しかしラティーノにとって、この「儀礼」は自然に行われる、欠かせない、ごく普通のことなのである。また米国のアメリカ人は、イベントの準備や実行という点において、時間の概念や、どのようなものが有効な、あるいは無駄な時間の使い方であるかについても異なった考えを持っている。日本や米国で、司書とラティーノコミュニティとが一度パートナーシップを築くと、結局はラティーノコミュニティの人々の方から、集団の大義名分に寄与するということで、イベントに食べ物を持ってくるよう提案してくるだろう。

「高いコンテクスト」の文化では「関係」を大切にする。歓迎されていると感じてもらえるように、また不用意に批判されたり、困惑させられたりして気分を害されたりしないように、注意が払われる。司書としてのあなたは、なかなか質問されなかったり、人々が図書館で必要とするもの、欲しいものに対して満足してもらうには時間がかかるかもしれない、ということに気づくだろう。これはまた、あなたが司書に任命された権威ある人物として見なされている場合、“long-power distance”（権力との距離が大きいこと）が好まれることとも関係する。しかしながら、一度パートナーシップや関係が築かれると、信頼（confianza）が芽生え、人々は自分たちの関心事について直接話してくれるようになる。

日本人の文化とラテン系アメリカ人の文化に共通点はあるだろうか。コンテクストと内容に関して、それぞれの文化はどう異なっているだろうか。

2) 時間

ラテン系アメリカ人は時間と時間を守ることについて、グローバルなビジネス標準に影響されてきた。しかし、彼らはより柔軟で浸透性の高い時間観を持つ傾向にある。時間には過去と現在が含まれている。ここからあそこまでの線というよりも、円として、時間が捉えられることもある。これに基づき、先祖が尊ばれ、依然として家族の一員として扱われている例をしばしば目撃するだろう。“Día de Los Muertos”（死者の日）はメキシコのいくつかの地域で祝われている日の一例であるが、現在、幾つかの米国の図書館ではこの日にプログラムを行い、“ofrenda”（彼岸の人生へと旅立っていった人々に対する供物を備える台）を作る日として知られている。また時間は人々と分かち合う価値のあるものとも見なされており、そのため、ほとんどのラティーノは（たとえ仕事があっても！）急いで話をしたりしないし、あなたの赤ちゃんやおばあさんの具合はどうか、といったことを時間をかけて聞いたりするのである。「時間を作ること」「時間をかけること」はとても重要なのである。これに対し、米国のアメリカ人は時間を線として捉えがちである。彼らは「前へ進んでいく」必要があり、そして「それは昔で、これは今」と言う。また、常に将来を見て、物事の新しいやり方を検討する。ラティーノのグループに対する図書館プログラムの場合、全員が時間通りに来るわけではないだろう。あなたは何分待って始めるかを決めることも出来るし、また来ている人々に対し、次回のプログラムは「時間通り」に開始すると説明することも出来るだろう。またプログラムに遅れて参加することが可能かどうかを決めなければならないだろう。日本人は時間をどのように見ているだろうか。

3) コミュニケーション（コンテクスト、内容、関係）

先ほども述べたが、ラテン系アメリカ人は高いコンテクストを好む傾向があり、もっと時間をかけてメッセージを伝え、生産性の高い交流やコミュニケーションにむけて動くことの出来る環境を作ろうとする。ビジネスに取り掛かる前に、時間をかけて家族の様子を聞いたり、コミュニティの話をすることを良しとする傾向がある。もし批判や批評が行われる場合には、それはポジティブなコンテクストで間接的に伝えられたり、当事者ではなく第三者に告げられたりする。ラテン系アメリカ人にとって、触れることやスペースもコミュニケーションの一部である。大半のラティーノはハグ（abrazo）を挨拶として楽しむし、立ったり、座ったり、話をしている時の相手との距離もそう遠くはない。これに対し、米国のアメリカ人は相手との距離をとりたがる。ハグはしてもかまわないが、「握手」の方が好まれる。そこでラティーノが初めて米国に来ると、彼らは米国のアメリカ人は“friolente”（冷たい）と感じるのである。この語からは、フレンドリーでなく、真面目すぎて、無感情であるという含みが生じるが、これらはラティーノが、「暖かさ」や「友情」(amistad)、「配慮と愛情」(cariño) といった自分達の文化的価値観に従って、米国のアメリカ人の行動を判断しているときに生じる誤解である。逆に米国のアメリカ人は、ラティーノの行動はあまりにも「ルーズ」で、親密過ぎ、息苦しいと判断するかもしれない。物理的に距離をおき、表現や感情の露出はできるだけ控えめにするという自分達の文化的価値観で、やはり相手を判断しているのである。

文化の変容と、新しい文化への同化につれて、新しい国の価値観に対する理解が深まり、意識も高まるが、依然として、伝統的価値観と行動を「目には見えない」選好が残っていることはよくある。目に見える／客観的な行動は、新しい国の価値観を取り入れて変化するかもしれないが、目には見えない／主観的な行動や文化は、心の中に、そして家の中に保たれている。二つの文化に属する米国在住のラティーノは、家族の時間のために、または他のラティーノと一緒にいる時のために "abrazo" (ハグ) を残しているかもしれない。ラティーノも米国のアメリカ人も同様に、微笑みやアイコンタクトには好意的な反応を示す。これらは自分達が歓迎されていたり、快く迎え入れられているということを示す手がかりである。多くの文化においては、微笑みは別の意味を持ちえる。もし微笑みが図書館のスタッフにとって不快なものであるなら、おそらく別の方法で「ご来館有難うございます」「図書館にようこそ」といった気持ちを伝えることができるはずである。それはどんな方法だろうか。スペイン語やポルトガル語のサイン？

ラテン系アメリカ人や米国のアメリカ人が知っておくと役に立つ、日本人とのコミュニケーションの鍵は何だろうか？

4) アイデンティティ：個人と集団

ラテン系アメリカ人は、集団、典型的には家族やコミュニティにアイデンティティを置きがちである。時には、子供達を育て、成人に導くことに対する生涯の責任を分担する、名づけ親（ゴッドファーザー、ゴッドマザー）のネットワーク（"comadres" と "compadres"、各々実母・実父と同等の存在）であることもある。集団は尊敬されている。独立し、家族の元を去り、別の地方へ行くこと、まして国を離れることは、非常に難しい決断である。相互依存の関係が家族の間にあり、家族には道徳的なサポート、アドバイス、意思決定が求められている。図書館のプログラムに関して言うと、米国では（個人ではなく）家族を招待することを考えなければならないかもしれない。コンピューターのクラスに参加するのに、女性なら姉妹で来るかもしれない。そうなると、コンピューター１台につき１度に１人しか座ってはいけないというルールがあると、これが障壁になってしまう。男性なら、図書館プログラムに名づけ子（ゴッドチャイルド）やおいを連れて参加するかもしれず、実際、名づけ子やおいこそが、そのプラグラムに主に関心を寄せているのかもしれない。子ども達が両親に付いて来て、バイリンガル通訳の役割を果たすこともある。図書館のスタッフとしてのあなたは、共通の言葉で子ども達とコミュニケーションをとれるとしても、一緒に来ている大人や高齢者と、微笑みやアイコンタクトで会話をすることもまた重要であることに気づくだろう。これが「尊敬」(respeto) である。米国に暮らすラティーノは成人するまで両親と共に生活することが多く、そして家族も核家族は少なく、同居しているおばやおじ、従兄弟、祖父母も家族に含まれていることが多い。米国のアメリカ人は、このような生活環境は「彼らは皆で一部屋に住んでいる」(ステレオタイプ)、そして人に頼りがちである（誤解）ことの証拠だと思い込んでいる。米国のアメリカ人は独立性、個性、自律性に価値を置き、人に頼ることはネガティブな響きを持っている。米国のアメリカ人にとって、自らの生計を立てることは独立の重要な尺度であり、必要ならば家族から離れて就職や教育の機会を求め、つかむ。というのも、米国のアメリカ人のアイデンティティにとって仕事やキャリアは重要なものだからである。それゆえ、若者は家を出なければならないと考えられている。一方で、家族から離れて暮らす米国のアメリカ人と共に仕事をするラティーノは、彼らを「いつも一人ぼっち」と気の毒に思うかもしれない。しかし、「信頼」(confianza) を伴った友情関係が無ければ、直接それを相手に伝えることはしない。そして、そのラティーノは自分の思い込みに基づいて、誕生日パーティや、洗礼のお祝い、日曜日の「バーベキュー」(barbacoa) にそのアメリカ人を招待するのである。

日本の文化との共通点、差異は何かあるだろうか。

5) 権威—権力との距離の大小

文化のこの側面に関しては、本稿の冒頭でも少し触れているが、文化の中には権力との距離が大きい、つまり任命されたリーダー、例えば教師、司書、政府の役人、政治家、大統領等々とは距離を置くべきである、とする文化がある。決して質問もしなければ、彼の考えや仮説について批判的分析を行わない学生達に、米国の教師は困惑するかもしれない。米国の司書は、ラティーノの子供達とお話の時間などにコミュニケーションを図ろうとして、子供達が果たして楽しんでいるのか、お話を理解しているのかわからないことがあるかもしれない。多くのラティーノの親達は、子供達が静かでお行儀良く“la maestra”（先生 / 司書）の話を聞き、質問をしたりさえぎったりしないことを誇りに思っているのだ。どこで文化的誤解が生じるかわかっただろうか。米国のアメリカ人は権力との距離が小さいと見なされており、教授や教師とコミュニケーションをすること、質問をすること、そして批判をすることが高く評価される。これにより、リーダーの役割をする人は、聴衆がテーマに関心を持ち、参加していると感じることが出来る。米国にも階層的な政府があり、適切な振る舞いや尊敬の念を求める規範もあるが、典型的なアメリカ人ならば、米国大統領に意見する必要があると考えたなら、自信を持って、何らかの方法でどのようにしてでも、直接または選挙で選んだ代表を通じても、またはメールででも意見するだろう！大統領が耳をかたむけ、その言葉によって行動することはないかもしれないが、少なくとも大統領に一般市民が接触することはある。このような行動の基となっているのは、米国のアメリカ人が理想とする「真の」民主主義の姿である。

(9) 文化の側面と文化的価値についての要約

文化、異文化間コミュニケーション（ジェスチャーを含めた）、文化的能力についてはもっと多くの研究が行われているが、ここでは２つ以上の文化には共通点もあるが、大きな差異もあるのだということを理解してもらうために、幾つかの領域にのみ焦点を当ててきた。差異からは、誤解、衝突、紛争が生まれ得る。我々はしばしば、自分達の国や文化の価値は普遍的、人類的なものであると思い込んでいる。しかしそうではない！人々は近代化には関心があるかもしれないが、「西欧化」に必ずしも関心があるわけではない。食べ物、ファッション、子供達の教育に対する要求は共通しているかもしれないが、子供達が何を食べ、どんな色の何を着、そしてどのように何を学ぶかは異なっている。人々はみな尊敬して欲しいと考えているだろうが、どのように尊敬を表現するかは文化ごとに異なっている。

どの多文化の国でも、サブカルチャー、共通カルチャー、そしてマイクロカルチャーが存在していることを付け加えておかねばならない。国レベルの文化は依然としてビジネス、教育、政治の主たる文化で、そして状況を作っているものの、これらの文化も、国や地域の中で、国レベルの文化と共に存在している。「第３の」文化とは、文化が混ざり合うことで生み出される新しい文化で、どちらの文化とも似つかないものである。あなたの国の「第３の」文化として、思いつくものがあるだろうか。さらに、ある人々にとっての「心の文化」もある。移民が文化を変容していくにつれ、例えばアメリカ人のように話したり、服装もそうなるかもしれないが、内側では自分は依然として「メキシコ人」であると感じている。この現象を説明する次の文章を引用する。

別の言語を習得し、この世界での物事の動き方を学ぶことはできるが、そうしたとしても、我々は自身の言語、伝統、文化を保っていたい。私自身を一番うまく表現できるのは自分の言語だからだ。翻訳は決して十分ではない。我々皆が共有し、大切に出来る価値もある－例えば善良な心、忍耐、愛－しかし、いつまでも我々だけのものである価値もあるのだ(11)。

もちろん、自分達の文化をどのように実行し、身につけようとも、またどんなに新しい文化に同化し文化が変容しても、人種差別主義、性差別主義、階級主義、同性愛嫌悪に直面する可能性はある。多文化主義自体は、各国の他の要素の中に存在するのである。

(10) 図書館のサービスーアウトリーチの原則と考え方

どのようにしてラテン系アメリカ人に手を差し伸べるか。今やあなたは、自分が根ざしている文化的差異と文化的価値に関しての背景知識を持っており、意識を高めることができる。ではまずリェーンザ (Debbie Llenza) というフロリダの私の同僚の言葉を引用するところから始めよう。彼女の勤めている図書館システムはブラジル人コミュニティにサービスを提供しており、彼らの決定をよく反映している。

ブロワード（Broward）郡にはブラジル人住民が多い（2004年のAmerican Community Surveyによると22,087人）。そこで我々は彼らに対するサービスの提供を開始した。ポルトガル語が堪能なスタッフはそう多くなかったので、プログラムの大半は“Outreach Services”からのものであった。我々はポルトガル語でのコンピュータ・クラスや市民権取得に関するオリエンテーションを行っている。地域の図書館の1つでは、毎年文化イベントを行っているほか、ブロワード郡学校委員会とブラジル人コミュニティの組織と協力して他のプログラムも行っている。またポルトガル語での「雇用されるためのスキル」シリーズも計画している。ブラジル人が集住するエリアで提供するいくつかのプログラムには、通訳をつけることも考えている。ヒスパニックコミュニティ（そして我々の場合はハイチ人コミュニティも）に対するサービスについては、我々が人のいるところ、教会などにまでも出向き、プログラムを提供している[(12)]。

アウトリーチの計画には次のようなステップがある。

1) 質問をし、リサーチをすることで新しいコミュニティを認識する。
   - A) 教会の礼拝は他の言語で行われているか？
   - B) 小、中学校、カレッジ、そして大学の統計に、英語を話さない学生またはESL（英語を第二外国語とする）学生の存在が反映されているか？（日本では、外国生まれの、または移民、日本語を話さない児童・生徒や学生に関するリサーチが行われているか？）そのコミュニティのうち、何割ぐらいが日本語が堪能であるか知っているか？
   - C) 民族や家庭で使われている言語で分析できる、最も新しい国、市、県レベルの人口統計の結果はどうなっているか。
   - D) スペイン語/ポルトガル語のラジオ局、新聞が地域にあるか。
   - E) ラテン系アメリカ人/ブラジル人のための出前ビジネス、例えば食品店や理容店、書店などがあるか。
   - F) ラテン系アメリカ人、およびブラジル人のコミュニティに関して、ラテンアメリカやブラジルのどの地域の出身かを調べるとともに、彼らが固まって暮らしているか、または日本人の間で暮らしているかについて考えよ。米国のように「リトルブラジル」や「リトルペルー」と呼ばれるようなコミュニティが存在するか[(13)]。

2) コミュニティの欲するもの、ニーズを認識する。
   - A) ラティーノ／ラテン系アメリカ人のコミュニティのリーダー、ビジネスオーナー、聖職者、大学教授、教師に、コミュニティへの手の差し伸べ方に関するヒントをもらう。移民や新参者があなたの国で歓迎されていない場合、この情報の入手は困難で不可能に近いかもしれないが、完全に不可能ではないだろう。特に公共図書館が在留状況に関わらず訪れる人全てを平等に扱うことを重視している場合には。
   - B) ラテン系アメリカ人があなたの図書館に来館する場合には、スタッフ、地元の語学教師、またはビジネスマンに翻訳してもらって、短いバイリンガル、またはスペイン語/ポルトガル語の言語に関する調査票を作るとよかろう。この調査票で、どのようなタイプの資料、プログラム、インターネットやコンピュータのサービスやクラスに彼らが関心を持っているかをたずねる。その時点で、この調査は提供しているサービスを宣伝することにもなる。
   - C) スタッフの中にバイリンガルの者がいれば、ラテン系アメリカ人・ブラジル人が図書館に来館した際に、どのようなことが新しい国での彼らの助けとなるかを直接たずねることも出来る。そして質的なデータや語りを集める。
   - D) また新しくやってきた人たちの多くが次のようなニーズを持っていると仮定することも出来る。
     - i) 資料（DVD、テープ、書籍、インターネット情報源）そして新しい国の言語（英語や日本語）を学習するクラス
     - ii) 彼らの母国語（スペイン語やポルトガル語）の娯楽資料（文学、フィクション、DVDなど）、情報を得るための資料（新聞、雑誌、インターネット）そして児童書
     - iii) 仕事と住居に関する情報、その他の対処／生活／生存に必要なスキルの情報。例えば公共交通機関に関する情報や図書館と学校のスケジュール、就職のための応募方法、家やアパー

トの借り方、健康保険の取得方法など。

E) 新参者が図書館になじむようになり、あなたと彼らのバイリンガルのスキルが伸びるにつれ、彼らのニーズと関心がより洗練され多様化し、あなたの調査方法もさらによいものになる。ラテン系アメリカ人は、あなたの国と彼らの国の祝日を図書館で祝うことに関心を抱くだろう。ラテンアメリカのどの地域の出身であるかを調べることで、どのようなお祝いを彼らが行っていたかを具体的に知り、何を懐かしがっているかがわかる。公共図書館は世界の文化について学ぶ場所であるというメッセージを伝えるあなたの役割は重要である。

3) コミュニティの中でコンタクトをとる

A) コミュニティのリーダー、ビジネスオーナー、語学学校の教師、社会的組織の代表と話をする許可を得、彼らのコミュニティにどのように図書館を宣伝していけばよいかの知識や手がかりを得る。ラテン系アメリカ人、ブラジル人、ペルー人、メキシコ人などのクラブや組織が地域に存在するかどうかをチェックすること。ブラジルまたはラテン系アメリカ人の領事館が情報を得る助けとなるかどうか、またはパートナーとなるかどうかをチェックする。時には彼らが文化的プログラムのスポンサーとなることもある。

B) 親のグループ、教会、コミュニティのグループ、従業員の組合、文化グループ、クラブなどに対しプレゼンテーションを行う。

C) 図書館のクラス、プログラム、蔵書や、図書館のスケジュールに関して宣伝するためのスペイン語／ポルトガル語の、またはバイリンガルのチラシやしおりを貼ったり置いたりする許可を得る。

4) メディアとコンタクトをとる

ポルトガル語 / スペイン語の新聞やラジオ局とコンタクトをとり、関連のある図書館のクラス、蔵書、プログラムについてアナウンスする許可を得る。ラジオ局には誰かバイリンガルの人がいるだろうし、その人が公共サービスに関する広報やプレスリリース、広告をどのように翻訳すればよいか、アイデアを出してくれるだろう。

5) 公衆へのプレゼンテーション

A) あなた自身がバイリンガルでなければ、通訳の助けとしてバイリンガルの人を連れて行くこと。その人が文化的にも両方を知っている人であればさらに助けとなる。

B) 歓迎のためのプレゼンテーションを行う。ビジュアル情報も交え、どのようにして貸し出しカードを作るか、クラスに参加するか、さらにコンピューターの使い方などを説明する。

C) 聴衆に対し、あなたが普段は図書館にいるが、留守にしている場合でも他のスタッフが喜んで助けとなることを説明すること。日本語学習のための資料や、日本の文化や政治についてのポルトガル語やスペイン語の資料があるかどうか、また彼らの母国語のスペイン語やポルトガル語の資料（書籍、DVD、雑誌、新聞）があるかどうか、強調することも忘れずに。

注意：前述のように、ラティーノは関係を重視し、また「高いコンテクスト」の行動を好むことを覚えておくこと。ラティーノに文書の翻訳の手伝いや、プレゼンテーションの手伝いを依頼する場合は、丁重に頼み、あなたと図書館の感謝の印として何か贈り物をすること。例えば無料のインターネットのクラスであるとか、彼らのチラシを図書館に置くということが出来るだろう。彼らは “NO, NO, NO” と辞退するかもしれないが、贈り物をすることが大切である。そしてもちろん「ありがとう」の言葉がとても重要である。

6) 図書館を人を歓迎する場所にする

図書館の建物、部屋、ブックモービル、ウェブページ、PR 用資料全てが「歓迎！」「どうぞ来て下さい」ということ伝えなければならない。「環境 」(ambiente) という言葉は目、耳、口、触覚の全てを指す。言葉で表すことの出来ないことは、他の方法で示せばよい。

i) サインをバイリンガルにしたり、スペイン語 / ポルトガル語で表示すること。

ii) ラテン系アメリカの文化のポスター、ディスプレイ、展示が役に立つ。

iii) もし邪魔でなければ、ラテン系アメリカの音楽をバックミュージックとして流すことも出来る。

iv) 日本文化、日本の祝日、そしてラテン系アメリカの祝祭日等に焦点をあてた歓迎のための文化プログラムを行う。

7) 蔵書構築

これは幅広いトピックである。日本語を学ぶための資料が必要になるだろうが、英語とスペイン語／ポルトガル語のバイリンガルの資料、移民の母国語での資料を見つけなければならない。例えば、ペルーやブラジル出身の人々の場合、２つの異なる言語で探さなければならないだろうし、もし存在するのであれば、ブラジル語とヨーロッパのポルトガル語の相違、またスペインで刊行されたスペイン語資料とメキシコ、ペルーその他の国で刊行されたスペイン語資料の相違も考慮する必要があろう。このトピックだけでもう１つ別のペーパーを書くことが出来る大きなトピックであるが、私はここで資料を購入する前に考慮すべき点について指摘しておく。出版社の同僚グッドマン(Linda Goodman) はみなさんに提供すべく私に問い合わせ先を教えてくれている[14]。これは私が彼女に日本にスペイン語の資料を販売出来るかどうかを問い合わせたことに対する応えである。本稿の末尾に、「注」の部分で触れたブロワード郡図書館の情報も含む、ポルトガル語を話す人々にサービスを提供している米国の図書館を紹介する「ウェブ情報源」をつけておく。

8) 差異はうまれたか？評価とその方法

質的手法と量的手法の組み合わせを適用するとよい。

A) 量的方法には、図書館内で、電話で、またはインターネットで個人に行う調査が含まれる。

B) 質的方法には、スペイン語またはポルトガル語を話し、文化的能力のある進行役が居る場合の「フォーカスグループ」が含まれる。

C) 物語、引用、語りを集めることが出来る。それらは図書館にやって来る家族、親、子供、個人のもので、「日本語を学ぶ手伝いをしてもらって図書館にとても感謝している」とか「図書館のおかげで祖国の家族にメールを送ることができます。私はコンピューターを持っていないので」といったような内容のものである。

大切なことは、図書館が目的や目標は何か、その成果とアウトカムはどうあるべきか、これらの基準をどのように利用するかを決めるということである。おそらくあなたはサービスの継続を正当化したり、より多くの資金を調達したり、そして目的に向けてあなたの方法が正しいことを証明したりしたいと考えるだろう。中には図書館が人の人生に「違いを生んだ」ことを計ることは難しいと言う人もいるだろう。そしてまた公共図書館において全ての人にサービスを提供することは、疑問の余地無く「正しいことを単にしているだけ」と言う人もいるだろう。しかし米国における現実は、多くの場合、資金は資金提供者とのパートナーシップに依存しており、資金提供者はなんらかの評価測定を求めているのである。

「ウェブ情報源」の下にあるリンク先のいくつかは米国の図書館で実際に提供されているサービスやアウトリーチの例である。

(11) 終わりに

誰かあなたとは異なる人々に手を差し伸べるには、あなた自身を知り、あなた自身の価値観や偏見を見つめることが必要である。緊張や衝突がある時にはいつも、必ず岐路があるものである。新しいことを学び、自分の理解の限界を広げ、そして他の世界の文化を見ようとすることが出来る。多文化の図書館サービスを作り出し、異文化間の理解を深めるためには、自らの価値観を捨て去ることではなく、自らのとは異なる価値観を尊敬することがどれだけ重要なことかを測り知ることが求められている。最も高い理想的価値は、単なる共存のレベルを超えて、新しいグローバルな世界で、共有される新しい価値を追求することである。差異は、この新しい「全体」への新しい洞察をもたらす。この新しい「全体」、この新しいグローバルな考え方、新しい世界を推し進めることは、我々、司書の責任である。本稿を通じて皆さんに話をする機会が得られたことを感謝する。

Ref:

ウェブ情報源

子供のリテラシー：

Spanish Language Resources on the Web – Children's Literacy

コロラド州立大学、コロラド州教育省が編さん。親、家族、司書のためのスペイン語と英語のツールへのリンクを提供

http://www.cde.state.co.us/cdelib/download/pdf/SpanishLiteracyWebResourcesForKids.pdf

スペイン語でのアウトリーチツールとヒント：

Web Junction Spanish Language Outreach Program

アウトリーチの計画を立てる際のヒントを提供している優れたウェブ情報源。サインのサンプル、マーケティングのヒント、スペイン語の学び方（英語を話す司書向け）が、ラテン系コミュニティで働く司書により提供されている。他にももりだくさん。

http://www.webjunction.org/do/Navigation?category=10555

公共図書館のウエブページで米国のポルトガル人コミュニティをターゲットにしたもの：

マサチューセッツ州 Framingham（フラミンハム）公共図書館
http://www.framinghamlibrary.org/portuges/portugue.htm

マサチューセッツ州 Somerville（サマービル）公共図書館 – 英会話のグループ
http://www.somervillepubliclibrary.org/EASTbr.htm
注：もし第二外国語としての日本語クラスを提供していなければ、練習のために日本語会話のグループを作るとよいだろう。

マサチューセッツ州 Milford Town（ミルフォード町立）図書館
http://www.milfordtownlibrary.org/PortugueseHome.htm

コネチカット州 Danbury（ダンベリー）図書館
http://www.danburylibrary.org/index.htm

Danbury（ダンベリー）図書館言語センター – Aprenda Inglés（スペイン語の図書館ウェブページ）
http://www.danburylibrary.org/esl/portugese/index.htm

Danbury（ダンベリー）図書館言語センター – Aprenda Inglês（ポルトガル語の図書館ウェブページ）
http://www.danburylibrary.org/esl/portugese/index.htm

公共図書館のウエブページで米国への新しい移民をターゲットにしたもの：

テキサス州 Austin 公共図書館　新移民センター
http://www.ci.austin.tx.us/library/index.cfm?action=i_about
サービスには学習センター、トークタイム、ESL クラス、図書館ツアー、無料コンピュータークラスがある。この図書館がどのようにして移民コミュニティに手を差し伸べているかの情報も網羅されている。

ニューヨーク州 Queens（クイーンズ）公共図書館－移民と公民権サービス
http://www.queenslibrary.org/index.aspx?section_id=5&page_id=42
オンラインディレクトリ、対処スキル、文化的プログラム、公民権取得の準備、移民サービス局等に関するリンク。ニューヨークの区部の多様性の大きさ故に、この図書館は移民に対するサービス提供においては指導的立場をしばしばとってきた。

書籍

米国におけるラティーノ・ヒスパニックのためのサービスの全体像のために：

Alire, Camila A and Jacqueline Ayala, Serving Latino Communities: A How-To-do-It Manual for Librarians, Second Edition, Neal Schuman, forthcoming, 2007.
本書は直接サービスの問題についてに留まらず、資金調達、資金提供者探しの実践的ガイドラインや、図書館管理職のためのフォーカスグループや調査実施方法等のための実践的ガイドラインなども提供している。
http://www.neal-schuman.com/db/1/601.html

マーケティング、アウトリーチ、広報、そして蔵書構築のために：

Byrd, Susannah Mississippi, ¡Bienvenidos! ¡Welcome!: A Handy Resource Guide for Marketing Your Library to Latinos, Chicago: American Library Association and in collaboration with Cinco Puntos Press, El Paso Texas, 2005.
本書は出版社、卸業者、販売業者の広範囲なダイレクトリである。

児童書のために：

Treviño, Rose Zertuche ed., The Pura Belpré Awards: Celebrating Latino Authors and Illustrators, Chicago: American Library Association, 2006.
本書は、ラティーノの著者およびイラストレーターが書いた、賞を受賞した英語、スペイン語、バイリンガルの児童書を提供している。ブックトークと活動のサンプル、さらに出版社情報を含むウエブリソースも入っている。
Pura Belpré 賞に関するさらに詳しい情報は：http://www.reforma.org/bepreaward.html

子供の工作のために：

Pavon, Ana-Elba and Diana Borrego, 25 Latino Craft Projects, Chicago: American Library Association, 2003.
２人の児童サービス担当公共図書館司書による本書には、メキシコおよび他のラテンアメリカの伝統に基づいた工作プログラムのサンプルが入っている。わかりやすい指示と写真付き。主なヒスパニックの祝日や、毎日の工作も掲載されている。

(1) 私はラテン系アメリカ人という用語を、南米とカリブ出身の人々を意味するものとして使っている。「ラティーノ」および「ヒスパニック」という用語は、米国ではラテンアメリカ、スペイン、プエルトリコ、ドミニカ共和国、キューバなどカリブの国々で生まれた人々の子孫を指している。またこうした地域から最近やってきた移民もさす。これらは、米国に大勢暮らしているこうした人々にラベルをつけ区分しようとした幅広い言葉である。「ラティーノ」は米国の東・西海岸で使われ、「ヒスパニック」は中西部、ハートランド（中核地）、南東部、南西部で主に使われている。もちろん例外もある。２つの呼称は、バイリンガリズム／モノリンガリズム両者の大きな多様性、出生／出自／遺産、米国での世代、経済的状況、民族的、人種的背景、そしてその他の様々な要素をその中に含んでいる。多くのラティーノはハイフンを入れて「Mexican-American」（メキシコ系アメリカ人）のように呼ばれる方を好んでいる。中には米国生まれであっても出自の国にアイデンティティを置き、例えば「Soy Dominicano」（私はドミニカ人です）という者もいれば、単に「American」や「私は米国のアメリカ人です。以上」というのを好むもの者もいる。これらの呼称の歴史についてはもう一本ペーパーが書けるだろう。

(2) Cross, Terry L. “Cultural Competence Continuum”. Retrieved Feb. 10. New York State Citizen's Coalition for Children. http://www.nysccc.org/T-Rarts/Articles/CultCompCont.html, (accessed 2007-03-05).

(3) “Resolution in Support of Immigrant Rights”. American Library Association. 2007. http://www.ala.org/ala/ourassociation/governanceb/council/councildocuments/ResolinSupportofImmigrantRights.doc, (accessed 2007-03-05).

(4) “Policy Manual : Intellectual Freedom”. American Library Association. http://www.ala.org/ala/ourassociation/governingdocs/policymanual/intellectual.htm, (accessed 2007-03-05).

(5) “Library Services to Multicultural Populations Section”. IFLANET. http://www.ifla.org/VII/s32/index.htm, (accessed 2007-03-05).

(6) “REFORMA”. http://www.reforma.org, (accessed 2007-03-05).

(7) Elturk, Ghada. “Diversity and Cultural Competency”. Colorado Libraries. 2003, (winter), p.5-7. http://www.webjunction.org/do/DisplayContent?id=1525, (accessed 2007-03-05).

(8) Cortés, Carlos, The Making and Remaking of a Multiculturalist. Teachers College Press, 2002. 215p.

(9) Cross, Terry L. “Cultural Competence Continuum”. Retrieved Feb. 10. New York State Citizen's Coalition for Children. http://www.nysccc.org/T-Rarts/Articles/

CultCompCont.html, (accessed 2007-03-05).

(10) 米国の住民と市民が1つの「American」と言うタイプであることを示すために、私は個人的に「American」という言葉よりも「USA American」(米国のアメリカ人)と言う言葉を好んで使っている。「Americans」にはカナダ、中米、南米も含まれている。しかし米国に暮らす人々は自分達のことを「Americans」と呼びたがり、政府役人は、現大統領（ジョージ W. ブッシュ）も米国のことを「America」と呼んでいる。

(11) Wilcox, Mariko "Mountain Libraries Elevate Service to Lithuanian Patrons". Colorado Libraries 2007. p.21-23.（本稿では Zita Podgurskis の著作の 22 頁から引用。）

(12) Debbie Llenza, e-mail message to author, Feb. 1, 2007.
Ms. Llenza が勤務するフロリダ州ブロワード郡図書館（The Broward County Library）のウェブサイトは下記の通り。
"Broward County Library". http://www.broward.org/library/, (accessed 2007-09-07).

(13) Champlin, Maria, e-mail message to author Jan. 31, 2007.
Ms. Champlin はブラジル出身で、１５年以上にわたって米国のポルトガル語を話すコミュニティ（ブラジルおよびポルトガル出身）とラティーノ／ヒスパニックの人々のためにサービスを提供している。彼女は現在ネバダ州ラスベガス在住で、図書館と仕事をしている。本稿著者を通じて彼女との連絡が可能である。consult@riosbalderrama.com

(14) Goodman, Linda, は 2007 年 1 月 22 日、メールで著者に次のように語ってくれた。「スペインから日本に向けての輸出に関する窓口担当者の連絡先です。
Sra. Maricruz Moreno-Sainz, Federación de Gremios de Editores de España, CEA Bermudez, 44; 28003 Madrid, Spain; FA (011 34 91 535 2625; E-mail fgee@fge.es".
これはスペインの全てのスペイン系出版社の上部団体です。
Ms. Goodmanが代表を務める会社はThe Bilingual Publications Company, 270 Lafayette ST., NY, NY 10012; (212) 431-3500 and E-mail lindagoodman@juno.com です。」

2.1 Serving Multicultural Populations by Increasing Our Cross-Cultural Awareness in Libraries : Japan and the USA serving Latin Americans, Brazilians, Latinos and Hispanics.

Sandra Rios Balderrama
RiosBalderrama Consulting, Recruitment, Consultation & Presentations for Libraries

INTRODUCTION

Greetings from Arizona in the United States of America (USA). It is an honor to speak with you across the miles. Although we live in different time zones, latitudes and longitudes and although we speak different languages and even have some different cultural values, I suspect that we share the common desire to provide excellent library services to all who enter our public libraries. I have had the pleasure of learning a little bit about Japanese public libraries and the Japanese Library Association (JLA) through a few websites. I realize that a few websites and articles do not offer the wealth of information and knowledge that I could know about Japan, only small insights and clues. Forgive my limitations. I also understand that the JLA is a member of the International Federation of Library Associations and Institutions (IFLA). Unfortunately, I have not visited Japan (yet!) and I do not speak Japanese except for a couple of very basic greetings. Forgive my limitations of language. I am grateful to the translator of this article. Translation is both a skill and an art.

In this article I will address how cultural conditioning in both of our countries may hinder our effectiveness while working cross culturally with multicultural populations and how cultural competence may facilitate and strengthen our work. I have been asked to discuss strategies for serving Latinos/Hispanics in response to some of your own interest in serving Latin Americans in Japan. I will incorporate examples of service to and cultural values of Latin Americans at the end, offer some links to USA models and resources. Templates and models are not perfectly transferable or applicable in every country or even, every library within the same country. Models can, however, be tweaked, tailored or adjusted and they provoke new ideas.

This article is not exhaustive nor is it scientific or quantitative. The subject areas of immigration/emigration and multiculturalism are complex and worthy of continued study, research, and ongoing learning. I offer you, instead, the perspective of a public librarian of twenty four years, an ongoing student, teacher, trainer, and proponent of multiculturalism and diversity, and finally, a granddaughter of immigrants from Mexico.

My article is written in the style as if I am speaking to you. I will sometimes refer to your country or mine, your language or mine, with the hope that I convey a "we". "We" means that we are in this effort together. I will also use "his" and "her" interchangeably. I have included an explanation of usage of the terms: Latin American and Latinos/Hispanics in the "Notes and References Made" at the end of this article(1). I have included my e-mail address at the end of the article and hope that we will continue a dialogue. It is important that our collective wisdom be shared with one another and with one another's countries.

※本稿は、国立国会図書館の2006年度調査研究事業の成果物である。

DEDICATION

This article is dedicated to my colleague Ms. Yasuyo Inoue who I met in the early 1990's while she was visiting Oakland, California. We reconnected in November of 2005 at the Thinking Outside the Borders leadership institute, which is a collaboration of the University of Illinois' Mortenson Center for International Library Programs and the Illinois State Library. It has been a pleasure to keep in contact with Ms. Inoue over the years.

FOUNDATION FOR MULTICULTURAL SERVICE DELIVERY

Service to multicultural and immigrant communities requires

*library leaders that have national, political, inter-cultural, and global savvy
*diversity as an organizational cultural value
*library staff that is trained in skills to implement multicultural library services
*institutional cultural competence

The list above points to the ideal situation, for which we must all strive if we are multiculturalists with a global vision. I understand that both Japan and the USA have some very small libraries without many resources surrounded by larger communities that may not have an acceptance of immigrants or newcomers. We have other larger libraries that may only be adept in one or two of the components listed. All of us are a "work in progress" as our countries and local regions change and our libraries strive to adapt. Regardless of where your library is in the realm of the ideal, even a basic desire by a local librarian to reach out to people that he sees that are new in the community - in order to let them know that the public library is a place to read about their home country, use the internet, and/or learn about their new country and the new language, that it is a place that welcomes families and people interested in learning about world cultures and literature through books, the internet, newspapers, DVDs, and programs, all at the public library – is important and worthy.

What is cultural competence? Here is one definition by Terry Cross:

"*A set of congruent behaviors, attitudes and policies that come together as a system, agency or among professionals and **enable** that system, agency or those professionals to work effectively in cross-cultural situations*"(2)

Effective Multicultural Library Leadership

There are the "everyday" leaders that work in the library that decide to assist someone that does not speak Japanese or English, that conducts the children's story hour with one or two new rhymes or finger plays in Spanish or Portuguese. The actions of these leaders are couched in "simply doing their job". Although these decisions to act might seem small or easy, they are based on courageous insights and efforts. Then, there are the designated leaders (library directors and administrators) that have been given authority to make decisions, allocate resources, and to plan for the future. It is these leaders that we rely on to demonstrate an ability to navigate inter-culturally and effectively because the issues around multiculturalism - especially as related to immigration – will be polarizing within any city, prefecture, library, and nation. Aside from the realities of xenophobia and racism, the anti-immigrant response may result from a fear of difference, a feeling of being threatened by the unknown, and/or a fear of the loss or dilution of a national culture.

The multicultural leader must value communication methods based on mutual respect and openness. Behind these methods is the understanding that there is always the potential to learn something from another person regardless of their cultural background or their place within the organization. The leader understands that different cultural values are not ranked as better or worse than one's own but as simply different and must be respected when inter-cultural groups work through compromise and understanding. An effective leader has awareness of international immigration issues as well as empathy for the immigrant that is far from all that is familiar. The leader recognizes the role of the public library in creating bridges between cultures, rather than borders and barriers.

Although decisions within the library or the larger parent institution may be made hierarchically, the people "at the top" must always consider and incorporate the input of the library staff that is working directly with the library patrons. The leader considers this input when making decisions, allocating resources, and advocating for the value of library services. The USA tends to favor a "short power distance" (one of the dimensions of culture) when in relationship to designated leaders. This means that a staff member or a patron knows that they have access to the designated leaders and may voice their concerns or ideas directly. Even if there is a "large power distance" in another cultural setting where it would be unheard of to speak directly with a library director or government leader, there must be an indirect process for front-line staff to express their ideas, concerns, and problem-solving ideas. This fosters an environment of inclusion which is a basic tenet of multiculturalism. An effective multicultural leader will attend library programs and community functions in spite of her busy schedule and the demands on her time. She is demonstrating by her presence alone, that she supports both the community and the efforts of the library staff. Designated leaders, in particular, must "walk the talk" as we say in the USA, meaning that they must act and behave according to what they say or write.

Diversity as an Organizational Cultural Value

What does it take for a library system to serve multicultural populations? First, a library must have an organizational culture that values diversity. This value must be widely shared with the staff and the public and must be incorporated into the design and planning of library services. The intent of most USA library diversity strategies have been two-fold: 1) to eliminate disparities and inequities in library service delivery and 2) welcome, integrate and include people that are labeled as "underserved" and/or that do not reflect the majority population or mainstream culture.

The strategies are based, in part,

1) National values such as egalitarianism, meritocracy, and pluralism, values that the USA ascribes to. Even if we are aware of the gap between these values and reality, we still hold them as our ideals.
2) The American Library Association (ALA) professes the values of diversity, intellectual freedom, and equity of access. ALA recently passed a resolution in support of immigrant rights http://www.ala.org/ala/ourassociation/governanceb/council/councildocuments/ResolinSupportofImmigrantRights.doc This resolution follows historical resolutions among them #53.3.1 on the value of linguistic pluralism which is part of the Library Bill of Rights and the larger

encompassing statement on intellectual freedom: http://www.ala.org/ala/ourassociation/governingdocs/policymanual/intellectual.htm .

3) IFLA offers us a definition of multiculturalism, multicultural communities, and guidelines for service: http://www.ifla.org/VII/s32/index.htm.

4) REFORMA (the National Association to Promote Library and Information Services to Latinos and the Spanish Speaking) has as its goals a) development of Spanish language and Latino-oriented library collections b) recruitment of bilingual multicultural library personnel c) promotion of public awareness of libraries and librarianship among Latinos d) advocacy on behalf of the information needs of the Latino community e) liaison to other professional organizations, www.reforma.org. REFORMA is an affiliate of the ALA and often consulted for advisory, experience, knowledge of its members which are public, school, academic librarians, library workers, vendors, and publishers.

Diversity as a cultural value of a library is demonstrated by

1) attitudes, behaviors, and commitment of designated leaders
2) human resources/personnel protocols that foster multiculturalism
3) staff training and development that foster multiculturalism
4) open communication and decision-making methods that foster inclusion and participation by the people working with the target community
5) on-going evaluation and measurement of service that looks at outcomes, outputs, and both qualitative and quantitative analyses

Externally it is demonstrated by

1) relevant multicultural library programming,
2) multilingual and multicultural collection development
3) multilingual and multicultural public relations tools
4) community partnerships
5) outreach strategies implemented by culturally competent staff and administrators
6) eventual participation/advisory by the community in the design and implementation of services

Staff Training and Development

Staff development and training methods must focus on equipping staff to feel capable in intercultural encounters and to provide relevant library services. Some will benefit from "learning by doing" and others will benefit from classes, written materials, and/or hearing local professors or community representatives. Although staff members in any country obtain a mainstream model of learning as they are socialized and educated, it is important to be aware of different learning styles, especially in the area of multiculturalism. Each staff member is at a different place on the learning continuum that moves from cross-cultural and intercultural awareness to knowledge to experience to cultural competence. One can not learn cross-cultural skills over-night due to the strength and power of cultural values and biases, which will be addressed later on in this article. A training program might include everything from multilingual collection development, multicultural programming, second or third language skills, and cross-cultural communication skills, obtaining knowledge regarding the push/pull factors that catalyze immigration and international migration, and outreach skills to potential and prospective users of the library. It is important to include a performance appraisal process or an employee retention plan that supports and rewards efforts by staff to increase their cross-cultural competence.

Diversity and Cultural competence

Outreach librarian, Ghada Elturk asks if the values and actions of diversity are even possible without cultural competence:

Can diversity be implemented in the absence of cultural competency? ... All of us want to do the "right thing," but what is right for some cultures is not right for others. Is it culturally accurate to say and implement, for example, the "golden rule" of treating people the way you want to be treated? How about finding out how members of other cultures want to be treated and use that as a guideline? This is one of the measuring sticks that enable us to find out how competent we are in some of our approaches to these societal issues [(3)].

The Power of Cultural Values

Increasing one's cultural competence begins with self-reflection and an awareness of how powerful cultural values play a role in our lives. Ms. Elturk mentions the "golden rule" of "do unto others as you would have them do unto you". This is often made reference to in the USA. She challenges the assumption that "our way" and "our preferences" are shared universally. Any of us in your country or mine attach preference to certain values because we were raised with them. Educator Carlos Cortés[(4)] says that we are influenced in the USA by a "societal curriculum"*. He breaks this concept into immediate, institutional, and media curricula. Another component is the "serendipitous curriculum" which includes "personal inter-ethnic experiences, chance encounters, & unstructured events. These events happen to each one of us throughout our lives. Each person's experiences are unique and different." [(2)]

You might take time to personally reflect and write down what cultural values you obtained in life and how:

1) What cultural values did I obtain from my family?
2) What cultural values did I obtain from being a citizen of Japan? or Japanese?
3) What cultural values did I obtain from religious/spiritual guidance?
4) What cultural values did I obtain from my ethnic or regional or traditional heritage?
5) What serendipitous experiences impacted how I look at other cultures?
6) What kind of assumptions and judgments about other people or other cultures did the serendipitous experiences cause?

Chances are, like USA Americans[(5)], you have carried some of these cultural values with you for a long time and they are obvious. Other values may not be so obvious because we don't think about them when we act "on" them or "from" them. They are automatic. We expect to encounter different values when we travel internationally but not within our own workplace, our own community, and maybe our own country. Sometimes, the surprise of this discovery causes an emotional reaction (fear, anger, insecurity, confusion) that leads to xenophobia, prejudice, or racism. Our cultural values become our filters of whom and what is better or worse than us. We begin to develop a caste system in our own minds. Cultural values become the lenses through which we view other people in "our" own way and perhaps not as they really are. How can we serve people different than ourselves if we hold our own values so strongly?

Let's step back, pause, and look outward and try to locate ourselves in a larger context by trying this exercise:

1) List all the different cultures that exist in Japan.

2) List all different cultures in your library workforce.
3) List all the different cultures represented among your library patrons and users.
4) List all the different cultures that you have noticed outside and around the library, at the nearby businesses, schools, or residences
5) List all the different cultures you have heard or read about (through the media) in Japan but that you have not encountered yet, so far as you know.

Take a look at your lists and the great diversity or homogeneity. You may not be accurate in identifying someone's ethnic or cultural background and this is fine for now. It is easy for any of us to make assumptions about culture related to skin color, features or the way someone might dress; however this is an exercise in taking note of visible differences or, a lack of, in our surroundings. An academic librarian from a country that is neither yours nor mine told me that everyone in his library was really of the same culture and class and the ethnic and economic diversity was found outside of his library and in the streets. I appreciated his honesty.

Contact Between Cultures

If you are working or living in a diverse environment or if you have traveled to other countries please think about the following:

1) Are there people from some cultural backgrounds that you feel more comfortable with? Why?
2) Are there people from some cultural backgrounds that you feel uncomfortable with? Why?
3) Rather than thinking about the people themselves, what are the behaviors or language or perhaps even attitudes that make you comfortable or uncomfortable?

Keep your list and observe yourself with these reactions in the next few days or weeks.

Conflict between cultures often occurs because of misguided labels and assumptions.

We get into trouble with stereotypes, misappropriations and sometimes, generalizations. Stereotypes (what Carlos Cortés calls "mental straightjackets") limit our scope. They tend to made by cultural "outsiders" and are demeaning descriptors of people, a person, or a group. In the mind of the person making a stereotype, that descriptor is always true, no matter if reality presents itself differently.

Generalizations (what Carlos Cortés calls "flexible cues") are sometimes useful and typically made by cultural "insiders". They offer you an idea of someone's culture with the warning that there will be exceptions by region or by individual person for various reasons. I might ask you for clues on what I should expect or what I should know if I go to Japan. You might ask me for clues about the USA if you have not been here. We might serve each other as "cultural coaches" with the understanding that there will always be exceptions.

Do you think the following statements are generalizations or stereotypes?

USA Americans tend to prefer individualism.
All Latino or Hispanic people are short.
All Japanese people are quiet and reserved.
Most Brazilians speak Portuguese.
Librarians are not smart; they only know how to find things.
You will find many different religions in Japan.
People from the northern parts of Mexico tend to be taller.
All Brazilians know how to dance the samba.
Japanese people only travel in groups.
Most librarians do not know how to dance.
USA Americans are arrogant.
Latin Americans don't like to learn new languages.
Most immigrants are interested in making the lives of their children better.

Is it difficult to tell the difference between stereotypes and generalizations? Did you sometimes feel that the statements were facts? Sometimes reading these statements because humor because we may recognize some "truth" based only on our perceptions or serendipitous experiences. Sometimes reading these statements cause emotions such as anger or frustration. Some may cause no reaction because they seem fairly reasonable.

Misappropriations occur when we assign our own value or assumption on someone else's experience or behavior and then we judge them because we don't like what we see or we are repulsed by it, attributing it to flaw in the person

SOME DIMENSIONS OF CULTURE IN RELATION TO LIBRARY WORK

The following are a few dimensions of culture. Please remember that they are generalizations and represent opposite sides of a continuum. Where an individual is on the continuum depends on many variables including gender, economic and educational exposure and/or opportunities; proximity to indigenous and/or ethnic traditions, degrees of assimilation and/or acculturation, bicultural identity, generation born within a "new" country etc…

Context – High and Low

Latin Americans tend to be "high-context". This means that it is more important "how' you say something. In the USA – Latinos/Hispanics have to navigate within a very "low context" culture in which "what" is said is very important and how you say it should be quick, clear, and direct. A USA American may misjudge a "high-context" Latino by thinking he takes too long to express himself and therefore, by being "indirect", is hiding something. You will often hear a USA American say "get to the point" or "I want people to tell me directly if there is a problem". A Latino may view a USA American as being too harsh or crude with their behavior. These are misappropriations that can lead to stereotypes or generalizations on both sides.

In libraries you will find that successful programs to Latinos and Hispanics are high-context.

This means that great care is taken, by library staff, to create "ambiente" (ambiance). Festive, colorful decorations are added such as "papel picado" (cut-paper art) and refreshments are served at the beginning or end of a program. In Japan, library staff may buy or make Latin American snacks ("antojitos") or even offer up their own cultural foods. This effort, together with the actual program content and format, create an atmosphere that says "Welcome/Bienvenidos!" Latin Americans would never think of having you enter their home without offering something to eat or drink. A low-context person may view this as frivolous and wasteful. She may accuse the Latino visitors of wanting free tea and cookies at the library. It is because she views the actual program "content" as most important and separate from the need to welcome people holistically and almost ceremoniously. USA Americans tend to view library events more informally" and not requiring such "ritual". It is enough to start the program, have the program, and end the program. The "ritual" to a Latino is simply an automatic, necessary, and very ordinary act. USA Americans also have a different concept of time and how it can be used or wasted, in terms of preparation and implementation. In Japan or in the USA, once a librarian has created a partnership with a Latino community it is likely that they will eventually offer to bring food to an event in order to contribute to the collective cause.

"High-context" cultures value "relationships". Care is taken to make a person feel welcome and to insure that a person does not take offense by being inadvertently criticized or embarrassed. You will find that as a librarian, you might not be questioned and it may take awhile for people to feel comfortable about what they need and want in the library. This is also related to long-power-distance preferences if you as the librarian are viewed as a designated authority. Once a partnership or relationship is developed however, then trust ("confianza") grows and individuals will tell you their interests directly.

Does the Japanese culture share some commonalities with the Latin American cultures? How are the cultures different in regards to context and content?

Time

Latin Americans have been influenced by global business standards of time and time-keeping; however, they tend to have a more flexible and permeable view of time. Time includes both the past and the present. Time may be described as a circle rather than a line from here to there. For this reason, you will often see that ancestors are honored and still viewed as part of the family. Día de Los Muertos (Day of the Dead) is an example of a day celebrated in some regions of Mexico and is now acknowledged in some USA libraries with a program and a construction of an "ofrenda" (alter of offerings to those that have passed on to another life). Time is also viewed as something worthy of sharing with people, therefore, most Latinos won't rush off when speaking with you (unless they have to go to work!) or they will take time to ask you how the baby is or your grandmother. "Making time" and "taking time" are very important. In contrast, USA Americans tend to view time as linear. They must "move on" and say "that was then, this is now". They also look to the future or new ways of doing things, all the time. With library programming to some Latino groups, you may not have everyone show up exactly on time. You can decide how long you want to wait before you start. Or you may explain to the audience that the next time your program will begin promptly "on time". start at a certain time. You will have to decide if it is OK for people to enter the program late. How does Japan view time?

Communication (Context, content, relationships)

As mentioned earlier, Latin Americans tend toward high-context preferences which involve taking more time to convey a message and/or creating an environment that is conducive to productive exchange and communication. There is a tendency to allow for more time to discuss the well-being of one's family and community before attending to business. If critique or criticism might be a factor then it will be communicated indirectly, within a positive context, and/or may be told to a third party, rather than the actual person. For Latin Americans, touch and space are also involved with communication. Most Latinos enjoy the "abrazo" (hug) as a greeting and do not need a great distance from one another when standing, sitting, or talking. USA Americans prefer further distance between themselves and someone else. They may allow for a hug but they may prefer the "handshake". When Latinos first come to the USA, they often perceive USA Americans as "friolente" (cold). With this description comes the connotation of being unfriendly, too serious, and unfeeling. These are misappropriations when Latinos are judging some USA American behavior according to their own cultural values of "warmth", "amistad" (friendship), cariño (caring and affection). In turn USA Americans may judge Latino behavior as too "loose", too familiar, too suffocating, because they are judging them through their own cultural values of maintaining physical distance and showing minimal expression or emotion.

With acculturation or assimilation to any new culture, comes more understanding and awareness of the new country's values, but often the "invisible" preference for the traditional values and behaviors still remains. The visible/objective behavior may change to accommodate the new country's values but the invisible/subjective behavior and culture may be retained within the heart or within the home. A bicultural Latino in the USA may reserve the "abrazo" for family time or for when she is with other Latinos. Both Latinos and USA Americans respond favorably to a smile or eye contact. These are clues to them that they are being received in a welcoming or pleasant manner. For many cultures, the smile can have different meanings. If smiling is uncomfortable to a library staff member, then perhaps there is another way to indicate "Thank you for coming" or "Welcome to the library". What might that be? Signage in Spanish or Portuguese?

What are some keys to communication with Japanese people that might be helpful for Latin Americans or USA Americans to learn?

Identity: Individual & the Collective

Latin Americans tend to identify greatly with a collective group that is typically the family or the community. Sometimes it is a network of godparents ("comadres" and "compadres", co-mothers and co-fathers respectively) that share the life-long responsibility of raising and guiding children into adulthood. The collective is looked upon with respect. It would be a very difficult decision to uproot oneself and leave the family and go to another part of the country, much less leave the country. There is an interdependent relationship with the family and it is looked upon for morale support, advisory and decision-making. In the USA, in regards to library programming you may have to consider inviting the family (as opposed to one individual). A woman may come with her sister to the computer class. If this happens then, if you have a rule that only one person can sit at the computer at one time, and then this would be a barrier. A man may attend a library program with his godson or his nephew, even though he is the main person interested in the program. Children may accompany parents and serve as the bilingual translator. If you, as a library staff member, find that you can communicate with the child through a mutual language, it is still important to acknowledge with a smile or with eye contact, the accompanying adult or elder. This is "respeto" (respect). Latinos that live in the USA may live with their parents until an adult age or rather than living in nuclear families; the family is extended with aunts, uncles, cousins, and/or grandparents living in the home. The assumption is made, by USA Americans, that this type of living situation is proof of "how they 'all live in one room'" (stereotype) and proof of dependence (misappropriation). USA Americans that values independence, individuality, and autonomy, dependence has a negative connotation. For USA Americans, living on one's own is an important determinant of independence as well as seeking and taking job or educational opportunities far away from the family, if need be, because work and career are an important part of USA American identity. Therefore it is understood that a young man or woman must leave home. On the other hand, a Latino that works with a USA American that lives far from family may feel sorry for them – thinking that "they are all alone", however, they would not say this directly unless a close friendship with "confianza" (trust) would be developed. The Latino may act on his/her assumption by inviting that USA American over for birthday parties, baptism celebrations or for a Sunday "barbacoa" (barbecue).

What are the similarities and difference with Japanese culture?

Authority – Small & Large Power Distance

This dimension of culture was mentioned earlier in this article. Some cultures have a big power distance meaning that designated leaders, in the form of teachers, librarians, government officials, politicians, presidents etc, are meant to be kept at a distance. A USA teacher might be perplexed by a group of students that does not ask questions or offer critical analysis of his ideas and hypotheses. USA librarians that want Latino children to interact with them during story hour might wonder if the children are enjoying themselves or grasping the content of the story. Many Latino parents are proud if their children are quiet, well-behaved, and listen to "la maestra" (the teacher/librarian). without asking questions or interrupting. Can you see where the cultural misunderstandings occur? USA Americans ascribe to a short power distance where interacting, questioning, and critiquing a professor or a teacher is highly valued. It makes the person in a leadership role feel that the audience is interested and engaged with the subject matter. The USA does have a hierarchical government and there are protocols that designate proper behavior and respect; however, a typical American feels confident that if they need to tell the President of the USA, their opinion – they will some way and somehow, either directly or through their elected representative or through e-mail! . The President may not listen or act on that person's words but at least he has been contacted by an average citizen. This type of action would be based on what USA Americans' ideas of what a "true" democracy could or should be.

Summary of Cultural Dimensions and Cultural Values

There is a larger study of culture, cross-cultural communication (which includes gestures), and cultural competence but I have highlighted a few areas to give you an idea that two or more cultures may have some commonalities but they will also have great differences. The differences can cause misunderstandings, clashes, and conflicts. We often assume that our own national or cultural values are universal or human values. Not so! People may share an interest in modernism but not necessarily "westernism". People may share the desire to feed, clothe, and educate their children but what the children eat, what they wear and what colors they dress in, and how and what they will learn, differs. People may want respect but how respect is demonstrated differs culturally.

I must also add that in any multicultural country there are sub-cultures, co-cultures, and micro-cultures. These are cultures within the country or region that co-exist with the national culture yet the national culture is still the primary culture of business, education, governance, and thus, conditioning. A "third" culture is a new culture created by a blend of cultures and is neither one nor the other. Can you think of any "third" cultures in your country? There is also the "heart culture" for some people". As an immigrant becomes acculturated she may speak and dress like an American but "inside she still feels "Mexican". Here is a quote that may explain this phenomenon:

Even if we can learn another language, learn the ways this world here works, we want to preserve our own language first, traditions and culture, because we express ourselves best in our own language, translations are never good enough. There are values that all of us can share and treasure – goodness of the heart, patience, love – but some will always be just ours alone(6).

Or course, regardless of how one carries or wear their culture, they also may face racism, sexism, class-ism, or homophobia, regardless of how assimilated or acculturated they become to the new culture. Multiculturalism, itself, exists among other factors in each of our countries.

LIBRARY SERVICES – OUTREACH PRINCIPLES AND IDEAS

How do you reach out do you begin to reach out to Latin Americans. You now have some background in cultural differences and values to ground you or increase your awareness. Let's begin with a quote from a Debbie Llenza, a colleague in Florida whose library system is serving a Brazilian community and that reflects their determination:

Broward County has a significant Brazilian population (22,087 according to the 2004 American Community Survey), and we have started providing services to this population. Because we do not have many staff members fluent in Portuguese, most of the programming comes out of Outreach Services. We have computer classes in Portuguese as well as citizenship orientation. We have a yearly cultural event at one of our regional libraries and work with The School Board of Broward County and with Brazilian community organizations on other programs. We are planning an "employability skills" series" in Portuguese as well. We also try to bring in translators to some programs that we present in areas with large concentrations of Brazilians. As with service to Hispanic community (and Haitians in our case), we go out and do programs where the people are… even churches(7).

Outreach planning involves the following steps:

1) dentify the new community by asking questions and doing research:
   - A) Are church services being offered in another language?
   - B) Do primary school, secondary, and even, college and university statistics reflect the presence of non-English speaking or ESL (English as a Second Language) students? (In Japan – would you be researching the number of foreign-born, immigrant and/or non-Japanese speaking schoolchildren and students also?) Can you determine how much Japanese fluency of segments of the community?
   - C) What are the most recent national/city/prefecture demographic breakdowns by ethnicity and language spoken at home?
   - D) Are there Spanish/Portuguese radio stations, newspapers in the area?
   - E) Are there businesses that cater to Latin Americans/Brazilians such as grocery stores, barber shops, or bookstores?
   - F) In regards to Latin American and Brazilian communities, find out where in Latin America

or Brazil they are from and think about if the are living among themselves or among the Japanese. Like the USA do you have a community that might be referred to as "Little Brazil"? or "Little Peru?" etc[8].

2) Identify what the community wants and needs:

A) Ask Latino/Latin American community leaders, business owners, ministers, university professors, or teachers for their tips on how to reach their communities. If it the immigrant or newcomer population is not welcome in your country then this information will be difficult and nearly impossible but not totally impossible to obtain, especially if the public library values equity of all who enter regardless of resident status.

B) If you have Latin Americans coming into the library you may design a brief bilingual or Spanish/Portuguese language survey instrument translated by a staff member, local language teacher, or business person. The survey may ask what type of materials, programs, Internet/computer services or classes they might be interested in. Your survey, at this point in time, is also a promotional statement of the services that you have.

C) If you have bilingual staff member they might begin to ask Latin Americans and Brazilians directly as they come into the library what it is that would be helpful to them in their new country, and then, keep a collection of qualitative data or narrative.

D) You may be able to assume that most newcomers want the following:

i) materials (DVD's, tapes, books, Internet resources) and classes to learn the country's national language – English or Japanese;

ii) materials in their native language (Spanish or Portuguese) for recreational (literature, fiction, DVD's, etc.) and information purposes (newspapers/magazines/the Internet), books for children

iii) job/work and housing information and other coping/life/ survival skill information such as public transportation information, library and school schedules, how to apply for a job, how to lease or rent a house/apartment or obtain health insurance etc.

E) As the newcomers become familiar with the library and as both you and their bilingual language skills improve, their needs and interests will be more sophisticated and diverse, as will your survey instruments. Latin Americans will be interested in celebrating your holidays and their holidays at the library. By finding out what region they are from in Latin America, you can find out what particular celebrations they observed and what they miss from home. Your role in conveying that the public library is a place to learn about world cultures is important.

3) Make contacts in the community:

A) Ask permission to speak to community leaders, business owners, language school teachers, social agency directors and ask for their knowledge and clues on how to promote library services to their communities. Check to see if there is a Latin American, Brazilian, Peruvian, Mexican etc. club or organization in the area. Check to see if a Brazilian or Latin American consulate may be able to assist with information or as a partner. Sometimes they will sponsor cultural programs.

B) Make presentations to parent groups, churches, community groups, employee associations, cultural groups and clubs etc.

C) Ask permission to post or leave Spanish/Portuguese language or bilingual flyers and bookmarks that promote library classes, programs, and collections in the library as well as the library schedule.

4) Make media contacts:

Contact Portuguese/Spanish language newspapers and radio stations for permission to announce relevant library classes, collections and programs. It is likely that someone at the radio station is bilingual and can offer ideas of how to translate the public service announcements or press releases or ads.

5) Public Presentations:

A) If you are not bilingual take a bilingual person with you that can help you translate. If that other person is also bicultural it will be an asset.

B) Organize a welcoming presentation that may include visuals and that explains what is needed to get a borrower's card, take a class, and how to use the computer.

C) Explain to the audience that you are usually at the library but that you may not be there when they go to the library but that other staff members will be glad to help them. Be sure to highlight if you have materials to learn Japanese, materials to learn about Japanese culture and governance in Portuguese or Spanish and if you have materials (books, DVD's, magazines, newspapers) in their native languages of Spanish or Portuguese.

Note: Remember what I said earlier that relationships are important to Latinos as well as a preference for "high-context" behavior. If you ask a Latin American person for assistance to translate a document or a help you make a presentation it is proper to ask them in a respectable manner and also offer something in exchange as a symbol of your and the library' s gratitude. Perhaps you can offer a free Internet class to them or you can place their flyers in your library etc…They may say "No, No, No" but it is important to offer. And of course, saying "thank you" is very important.

6) Make the Library a Welcoming Place

The library buildings, rooms, bookmobiles, web pages and public relations (PR) materials must say "Welcome" and "Come In". The word "ambiente" (ambiance) speaks to the visual, aural, oral, and tactile senses. What we cannot say with words we can demonstrate in other ways.

A) Signage must be bilingual or in Spanish/Portuguese.

B) Posters, displays, and exhibits of Latin American culture are helpful.

C) If it is not too disturbing you may even consider playing Latin American music in the background.

D) Organize welcoming cultural programs that highlight the Japanese culture and holidays and/or the Latin American holidays and feast days.

7) Collection Development

This is a broad topic. However you will likely need materials to learn Japanese, find bilingual materials in English and Spanish/Portuguese, and find materials in the native languages of the immigrants. If your population is from Peru and Brazil, for example, you will have to find two different languages and may need to consider the differences, if they exist, between Brazilian and European Portuguese and/or Spanish language materials that are published in Spain, Mexico, Peru or any other country. This is a whole topic for another article in itself but I am pointing to things to consider before purchasing materials. A publisher colleague, Linda Goodman provided a reference for me to offer to you readers[9]. in response to my question asking her if she could sell Spanish Language materials to Japan. You will also find in the "Web Resources" at the end of this article – a few USA libraries that serve Portuguese speaking populations, including the information for Broward County Library in the "End Notes" section.

8) Have you made a difference? Evaluation and Methods
You may apply a combination of quantitative and qualitative methods.
A) Quantitative methods include surveys – given in person in the library, over the phone, or maybe the internet.
B) Qualitative methods include "focus groups" if you have a facilitator that speaks Spanish/Portuguese and is culturally competent.
C) You may collect stories, quotes, and narrative - told to you by families, parents, children, and individuals that come into the library and say something like "I am thankful to the library for helping me learn Japanese" or " "Because of the library I am able to e-mail my family back home. I don't have a computer"

The key is that the library must decide what the goals and objectives are, what outputs and outcomes should look like, and how you want to use these measures. Perhaps you want to justify continued service or obtain more funding and you will want to prove that your methods are successful according to your goals. Some say that it is difficult to measure how a library "makes a difference" in one's life. And others say that serving all people in the public library is "simply the right thing to do" without question. The reality in the USA, however, is that funding often depends on partnerships with funders that demand measurement.

Some of the links under "Web Resources" provide specific examples of service and outreach in USA libraries.

CLOSING THOUGHTS

Reaching out to someone different requires reaching into yourself and looking at your own values and biases. Whenever there is tension or conflict there is a crossroads. One can decide to learn something new and stretch their own boundaries of understanding and looking at other world cultures. We are not expected to give up our values but to weigh how important it is for us to respect values different than our own – in an effort to create multicultural library services and increased cross-cultural understanding. The highest ideal value is to go beyond mere coexistence and to pursue new shared values in a new global world. Differences bring new insight to the new "whole". Facilitating this new "whole", this new global thinking, this new world, is our responsibility, as librarians. Thank you for this opportunity to speak with you through writing.

WEB RESOURCES

For Children's Literacy:

Spanish Language Resources on the Web – Children's Literacy

Compiled by the Colorado State Library, Colorado Dept. of Education, this provides links to Spanish and English tools for parents, families, and librarians.

http://www.cde.state.co.us/cdelib/download/pdf/SpanishLiteracyWebResourcesForKids.pdf

For Spanish Language Outreach Tools and Tips:

Web Junction Spanish Language Outreach Program

Excellent web resource with specific tips for developing an outreach plan. Offers sample signage, marketing tips, how to learn Spanish (for English speaking librarians) offered by working librarians in Latino communities and more… http://www.webjunction.org/do/Navigation?category=10555

Public Library WebPages' targeting Portuguese communities in the USA:

Framingham Public Library, Massachusetts

http://www.framinghamlibrary.org/portuges/portugue.htm

Somerville Public Library – English Conversation Groups, Massachusetts

http://www.somervillepubliclibrary.org/EASTbr.htm

Note - If you can not have Japanese- as- a-Second Language Class, perhaps you can have a Japanese Conversation Group for people to practice.

Milford Town Library, Massachusetts

http://www.milfordtownlibrary.org/PortugueseHome.htm

Danbury Library, Connecticut

http://www.danburylibrary.org/index.htm

Danbury Library Language Center – Aprenda Inglés (Library web page in Spanish)

http://www.danburylibrary.org/esl/portugese/index.htm

Danbury Library Language Center - Aprenda Inglês (Library web page in Portuguese

http://www.danburylibrary.org/esl/portugese/index.htm

Public Library WebPages' targeting New Immigrants to the USA:

Austin Public Library New Immigrant Centers, Texas

http://www.ci.austin.tx.us/library/index.cfm?action=i_about

Services include study centers, talk time, ESL classes, library tours and free computer classes. Included is how this library system reaches out to the immigrant communities.

Queens Public Library- Immigrant and Citizenship Services, New York

http://www.queenslibrary.org/index.aspx?section_id=5&page_id=42

Links to an online directory, information on coping skills, cultural programming, citizen preparation, immigrant service agencies. This library has often taken the lead in providing services to immigrants because of the great diversity in this New York Borough.

BOOK RESOURCES

For a complete overview of Services to Latinos/Hispanics in the USA:

Alire, Camila A and Jacqueline Ayala, *Serving Latino Communities: A How-To-do-It Manual for Librarians, Second Edition*, Neal Schuman, forthcoming, 2007. In addition to addressing direct service issues, this book Includes practical guidelines for librarians to obtain funding, prepare a case for funders or library administrators, how to conduct to conduct focus groups and surveys etc.
http://www.neal-schuman.com/db/1/601.html

For overview on marketing, outreach, publicity, and collection development:

Byrd, Susannah Mississippi, ¡Bienvenidos! ¡Welcome!: A Handy Resource Guide for Marketing Your Library to Latinos, Chicago: American Library Association and in collaboration with Cinco Puntos Press, El Paso Texas, 2005. This book provides an extensive directory of publishers, wholesalers, and distributors.

For Children's books:

Treviño, Rose Zertuche ed., The Pura Belpré Awards: Celebrating Latino Authors and Illustrators, Chicago: American Library Association, 2006.

This book offers award winning English, Spanish, and bilingual children's books by Latino authors and illustrators, with annotations. Sample book talks and activities are included as well as further web resources, including publisher information. For further information on the Pura Belpré Award: http://www.reforma.org/bepreaward.html

For Children's crafts:

Pavon, Ana-Elba and Diana Borrego, 25 Latino Craft Projects, Chicago: American Library Association, 2003.
The book, written by two outstanding children's and public librarians includes sample craft programs based on Mexican and other Latino American traditions. Includes clear instructions and photos. Major Hispanic holidays are included as well as everyday crafts.

END NOTES & REFERENCES MADE IN THIS ARTICLE

(1) I use the term Latin Americans to mean people from South America and the Caribbean. The terms "Latino" and "Hispanic" are used in the USA to refer to descendants of people born in Latin America, Spain, and some countries in the Caribbean such as Puerto Rico, the Dominican Republic, and Cuba. The terms also refer to recent. immigrants from these lands. They are broad terms made in an attempt to label and measure this large population living in the USA. The term "Latino" tends to be used on the East and West Coasts of the USA and "Hispanic" tends to be used in the Midwest, Heartland, Southeast, and Southwest regions. Of course there are exceptions. Both terms encompass a great diversity of bilingualism/monolingualism, country of birth/origin/heritage, generation in the USA, economic status, ethnic and/or racial background, and other variables. Many Latinos prefer to be called hyphenated Americans such as "Mexican-American". Others identify by country of origin even though they may be USA born e.g. "Soy Dominicano" (I am Dominican), and others prefer simply to be called "American" e.g. "I am American of the United States, period". The history of these terms is an article in itself.

(2) Cross, T. (1988). *Cultural Competence Continuum*. Retrieved Feb. 10, 2007 from the New York State Citi-

zens' Coalition for Children, Inc. Web site
http://www.nysccc.org/T-Rarts/Articles/CultCompCont.html

(3) Elturk, Ghada. "Diversity and Cultural Competency," *Colorado Libraries* (2003): 5-7; Retrieved Feb 1, 2007 from the Web Junction web site
http://www.webjunction.org/do/DisplayContent?id=1525

(4) Cortés, Carlos, *The Making and Remaking of a Multiculturalist*, New York: Teachers College Press, 2002.

(5) As a personal preference I used the term "USA American" rather than "American" to distinguish that USA residents and citizens are one type of "American". The "Americas" include Canada, Central and South America. People that live in the USA tend, however, to refer to themselves as "Americans" and often government officials including our current President (George W. Bush) – refers to the USA as "America".

(6) Wilcox, Mariko "Mountain Libraries Elevate Service to Lithuanian Patrons," *Colorado Libraries* (2007): 21-23; Quote from Zita Podgurskis, p. 22.

(7) Debbie Llenza, e-mail message to author, Feb. 1, 2007. Retrieved Ms. Llenza's library system website - The Broward County Library website Feb. 18, 2007
http://www.broward.org/library/

(8) Champlin, Maria, e-mail message to author Jan. 31, 2007. Ms. Champlin is from Brazil and has been working 15+years in serving Portuguese speaking communities (from Brazil and Portugal) and Latinos/Hispanics in the USA. She currently lives in Las Vegas, Nevada and works with libraries. Ms. Champlin may be contacted through the author of this article at: consult@riosbalderrama.com

(9) Goodman, Linda, e-mail message to author, Jan. 22, 2007: "*Here's who to contact in SPAIN regarding export from Spain to Japan: Sra. Maricruz Moreno-Sainz, Federación de Gremios de Editores de España, CEA Bermudez, 44; 28003 Madrid, Spain; FA (011 34 91 535 2625; E-mail fgee@fge.es*" This is an umbrella organization for all Spanish Publishers in Spain. Ms. Goodman is President of The Bilingual Publications Company, 270 Lafayette ST., NY, NY 10012; (212) 431-3500 and E-mail lindagoodman@juno.com

2.2 ホームレスにとっての公共図書館の役割

第一福祉大学　人間社会福祉学部　　清重　知子（きよしげ　ともこ）

アメリカのホームレスの数は推定年間350万人と言われ、これは総人口の約１％に相当する[(1)]。このうち18歳以下の児童は推定135万人（約39％）、世帯別に見ると児童を含む世帯の占める割合は約33％であり、児童及び児童を含む世帯がホームレス者の内訳として近年最も増加している。ホームレス化の要因としては、安価な賃貸住宅の減少、貧困の拡大、社会保障の縮小、障害者やDV被害者への社会的支援の不足などが挙げられる。ホームレスは経済的困窮の結果住居を失った状態であるだけでなく、社会的排除、すなわち、制度的、社会的居場所を失い、異質な存在として周縁化された状態でもある。私的生活空間を失ったホームレスは公共空間での生活を余儀なくされ、日常的に誰の目にもとまる存在でありながら、もはや通常の社会の中に属さない者として排除され生きている人たちと言える。

ホームレスの姿はアメリカの公共図書館では日常的であるが、彼らの具体的な利用形態や利用者数などの実態調査は筆者の知る限り行われていない。現場の実践報告等によると、ホームレスの公共図書館の主な利用方法として、情報収集、読書、インターネット利用など図書館の本来事業の活用と、安全・安心・快適な過ごし場所、睡眠、洗面、洗髪の場など生活空間としての活用が見られる[(2)(3)(4)(5)(6)]。ホームレス者の持つ情報ニーズは過小評価されがちだが、彼らは福祉、住宅、就労、医療など死活に関わる重要な情報をしばしば公共図書館を通して得ていることが報告されている。また、公共図書館が提供する無料メールアドレスは彼らにとって通信手段であるだけでなく、私的情報の保管場所としても大変便利で、図書館端末利用者の約３割がホームレス者という推測もある。アメリカのシェルターは夜間運営のみの所が多く、彼らは日中の居場所やトイレ、水道の確保に苦労するが、公共図書館はそんな彼らにとって格好の居場所でもある。また、公共図書館は実用的な役割があるだけでなく、彼らにとって数少ない地域社会との接点であることも見過ごせない。

このように公共図書館はホームレスにとって貴重な社会資源の一つであるが、公共図書館の彼らに対するスタンスは、その利用に対し消極的な立場と、積極的なサービスを提供するという対照的な二つの立場に別れ、業界としてのコンセンサスに至っていない[(7)(8)(9)(10)]。前者はホームレスの体臭や不衛生な身だしなみが他の利用者の利用を妨げている点や、睡眠、清拭など図書館の本来の趣旨に反する利用方法、本来福祉事業が担うべきホームレスへの支援を図書館が行うことの矛盾を指摘し、安全で快適な読書環境を維持する責任を重視する立場である。この考えに立つ公共図書館は、利用規則や館内巡回の強化を通して不適切と判断したホームレスの退館を強化する方向にある。この立場が法的根拠とするのは、ニュージャージー州モーリスタウン図書館が設けた利用規則を不服としたホームレスR．クライマーによって起こされた有名な訴訟「クライマー事件」の判例である[(11)]。この裁判では争点となった当該利用規則そのものの合法性については一・二審で判断が分かれたものの、両判決とも他の利用者の利益に配慮し館内を静かで平穏な場に保つという目的に合致した差別的でない利用規則であれば、図書館がそれを定める権限を認めるものであった。

一方、後者は図書館が歴史的に担ってきた民主・自由社会の発展への貢献という使命の中にホームレスとの関わりを位置づけ、全ての人々の社会的包含は図書館専門職の中核的価値にあたるとする立場である。この立場は問題とされるホームレスの体臭、服装、行為は当事者の選択的行動ではなく、彼らの置かれている貧困という状況であり、これらを理由にホームレスの図書館利用を拒むのは社会的排除にあたると主張している。アメリカ図書館協会は後者の立場を表明しており、1990年の「貧困者に対する図書館の指針」の採択や、1996年の「飢餓・ホームレス・貧困対策委員会」の設置などを通して、貧困者の民主社会への完全参加の推進を図書館の目標として掲げている[(12)]。

80年代からのホームレス者の増加や前述のアメリカ図書館協会の指針を受けて、ホームレスに特化したサービスを提供する公共図書館が増えているようである。具体的な実践としては、その地域の医療・福祉・住宅サービス等に関する情報資料集の作成、各種行政

※本稿は、国立国会図書館の2006年度調査研究事業の成果物である。

手続きの申請用紙の設置・配布、福祉関連相談窓口の設置、シェルター内の読書コーナーの設置、ホームレスの日常に即したリテラシープログラムなどが報告されている(13)(14)(15)(16)。また、増え続けるホームレス児童の情緒的発達や教育の問題が社会的関心を呼ぶ中で、司書がその専門性をこの領域で発揮することへの社会の期待と専門職者の役割意識が高まり、シェルターに住む児童を対象とした様々な図書館サービスが普及している(17)(18)。実践事例としてはシェルターでの本の読み聞かせ、読書コーナーの設置、児童の学齢に合った図書の選定・紹介、保護者に対する読書教育などがあり、こうした実践が主要な公共図書館の少なくとも3分の2によって行われていると見られる。これらの取り組みの中で強調されているのは福祉領域との連携の重要性であり、福祉事業主体と図書館の協同事業や人材交流、相互研修などが進められている。今後更にホームレスに対する図書館の役割について議論を深めるに際し、こうした取り組みの実態調査や効果の実証的検証が求められよう。

(1) National Coalition for the Homeless. “Facts About Homelessness”. http://www.nationalhomeless.org/publications/facts.html, (accessed 2007-02-04).

(2) Hersberger, Julie.; De la Pena McCook, Kathleen. The Homeless and Information Needs and Services. Reference & User Services Quarterly. 2005, 44(3), p.199-202.

(3) Flagg, Gordon. Hooking Up the Homeless. American Libraries. 2000, 31(5), p.38.

(4) Grace, Patrick. No Place to Go (Except the Public Library). American Libraries. 2000, 31(5), p.53-55.

(5) Lesley, J. Ingrid. “The homeless in the public library”. Libraries and Information Services Today: The Yearly Chronicle. 1991.ed., Chicago, American Library Association, 1991, p.12-22.

(6) Rogers, Michael. Infotech: The Homeless Take to the Net Using Library Connections. Library Journal. 1999, 124(7), p.27.

(7) Hersberger, Julie.; De la Pena McCook, Kathleen. The Homeless and Information Needs and Services. Reference & User Services Quarterly. 2005, 44(3), p.199-202.

(8) Buschman, J. et al. “Theory and Background”. Venturella, Karen M.(ed). Poor People and Library Services. McFarland, 1998, p.16-34.

(9) Cronin, Blaise. What a Library is Not. Library Journal. 2002, 127(19), p.46.

(10) Simmons, R. C. The Homeless in the Public Library: Implications for Access to Libraries. RQ. 1985, 25(1), p.110-120.

(11) 川崎良孝. ホームレスの図書館利用と公立図書館の基本的役割：クライマー事件、修正第1条、アメリカ図書館協会. 京都大学教育学部紀要. 1996, (42), p.53-72.

(12) American Library Association. “Library Services for the Poor：ALA Policy Manual”. http://www.ala.org/ala/ourassociation/governingdocs/policymanual/servicespoor.htm, (accessed 2007-02-04).

(13) Flagg, Gordon. Hooking Up the Homeless. American Libraries. 2000, 31(5), p.38.

(14) Grace, Patrick. No Place to Go (Except the Public Library). American Libraries. 2000, 31(5), p.53-55.

(15) Lesley, J. Ingrid. “The homeless in the public library”. Libraries and Information Services Today: The Yearly Chronicle. 1991.ed., Chicago, American Library Association, 1991, p.12-22.

(16) Dotson, M. et al. “Programs in Shelters and Public Housing”. Venturella, Karen M.(ed). Poor People and Library Services. McFarland, 1998, p.126-151.

(17) Carlson, Pam. et al. Libraries can serve homeless children. Jounal of Youth Services in Libraries. 1994, 7(3), p.255-271.

(18) Dowd, F. S. Homeless children in public libraries: A national survey of large systems. Journal of Youth Services in Libraries. 1996, 9(2), p.155-164.

3. 教育・リテラシー

3.1 米国の学校図書館の概況 ～NCLB 法の影響を中心に～

同志社大学　社会学部教育文化学科　　中村　百合子（なかむら　ゆりこ）

はじめに

現ブッシュ（George W. Bush）政権は教育改革に重点的に取組んでおり[1]、その影響は学校図書館にも当然及んでいる。特に公立学校は、2002年1月8日に落ちこぼれを作らないための初等中等教育法（1965年初等中等教育法の改正法）（No Child Left Behind Act of 2001：NCLB 法）が制定されてから、大きな変化が求められている。本稿では、同法を概説したうえで、その学校図書館への影響について、次の2点に注目して述べる。ひとつには、同法のリテラシー向上施策の学校図書館への影響である。もうひとつには、同法によっても促されている、公教育の根本からの問い直しに繋がるような、学校運営の改革の学校図書館への影響についてである。以上の作業をとおして、学校改革の進展との関連から、近年の米国の学校図書館の状況を概観したい。

(1) NCLB 法とは

NCLB 法は、経済的・社会的に不利な状況にある児童・生徒の学力向上を主眼として、初等中等教育法（Elementary and Secondary Education Act of 1965：ESEA）を全面的に改正したものである。1965年に初等中等教育法が制定された後も、富裕層と貧困層、アングロサクソンとマイノリティの間の学力の差は広く、また一部では依然として拡大傾向にあるとの認識から、制定された[2]。2005年に連邦教育省が発表した、半世紀の米国の学校図書館の歴史をまとめた報告書でも指摘されているが、1965年の初等中等教育法が成立した際、連邦議会が教育の中に学校図書館を位置づけ、1億ドルを学校図書館に支出したことが、教育において学校図書館が重要な位置を占めるとの認識を広めたと言われている[3]。そして、今回の同法の全面的な改正を経て、改めて教育における学校図書館の重要性が確認されようとしていると考えられる。

NCLB法の柱は、成果に対する説明責任（accountability）、前例のないような州と学校区の自由裁量と官僚的形式主義の排除、立証された教育方法についての資料の重視、親たちの選択の拡大の4つとされる[4]。それらの柱のそれぞれに沿う形で、次のような具体的な施策等が同法には盛り込まれ、実施された。各州は読み（reading）と算数・数学（math）について基準を策定し、3年生から8年生（日本の小学校3年生から中学校2年生にあたる）までの児童・生徒を対象に毎年、進歩と学力を測るテストを実施する。12年以内（つまり2014年まで）に各学校は目標のレベルに達するよう努める。また、州と学校区に、連邦政府の教育支援のための財源の利用について新たに決定権が委譲された。さらに、読みの能力の向上は最優先課題とされ、科学的に立証された読みの能力の向上のためのプログラムが用意された。教師の質の向上のためにも、科学的な根拠のある研究に基づく実践を行うことに焦点をあてて、教師を養成し雇用するプログラムが用意された。そして、親たちによりよい学校教育への選択肢を用意すべく、公立学校やチャータースクールの選択、個別指導や放課後の指導といった追加支援的な教育サービス、チャータースクールの建設を拡大することが決められた[5]。

NCLB 法は今（2007）年1月8日に5周年を迎えた。2006年12月に米教育省はNCLB 法の成果を強調する文書を発表し[6]、今年に入ってホワイトハウスも、2003年から2005年の間に43州とコロンビア特別区において読みと算数・数学の学力が向上または維持されたこと等をあげて、各州政府が同法を成功裏に実施しており、同法には成果が現れてきていると発表した[7]。同法については、ただし、全米教育協会（National Education Association）といった教育関係者の団体などによって、その限界や問題点もさまざまに議論されはじめており[8]、その本格的な評価はこれから広まるものと思われる。

(2) 読みの能力向上施策と学校図書館

NCLB 法の制定にあたって、ブッシュ大統領は、リテラシーを向上させることが最優先課題であり、読みの能力の育成を第一に手当てすると言明した。そしてその目標を、小学校の3年生までにすべての子ど

※本稿は、国立国会図書館の2006年度調査研究事業の成果物である。

もが確かに読めるようになることとして、幼稚園から小学校２年生の子どもたちに対して科学的な根拠のある読みの能力育成のプログラム（“Reading First” initiative と呼ばれる）を用意するなどした(9)。

そうしたリテラシーの向上を重視する方針のもと、NCLB 法には学校図書館への助成が盛り込まれた。同法のタイトルⅠ「不利な状況にある子どもたちの学力の向上（Improving the Academic Achievement of the Disadvantaged）」には、「児童・生徒の読みのスキルの向上のための助成（Student Reading Skills Improvement Grants）」中の第 1251 条として、「学校図書館をとおしてのリテラシーの向上（Improving Literacy through School Libraries）」の助成が定められた。最新の学校図書館の資料、十分な設備と先進テクノロジーを備えた学校図書館メディアセンター、養成教育を受け専門職の資格をもつ学校図書館メディアスペシャリストを用意して、子どもたちのリテラシーのスキルと学力を向上させることを目的としたものである。そして、それに対して 2002 年度から５年間、毎年２億５千万ドル（約 300 億円）が計上された(10)。

また、NCLB 法が 2002 年に施行されてから３年以内に、同助成プログラムの評価を行うべきことが定められており、その評価は、2005 年にまとめられて、連邦教育省から発表された。同プログラムに応募する資格が与えられたのは、児童・生徒の 20%以上が貧困家庭の子どもという学校区である。2002 年から 2005 年の間に合計 344 の助成が行われた。助成を受けた学校の学校図書館は、補助金の開始時点では、補助金を受けていない学校よりも相対的にみて劣っていた。しかし、2003 年と 2004 年の調査では、貸出の電子化、開館時間の延長、図書館の利用頻度の増加、教師が児童・生徒に対してリサーチ・プロジェクトを行う際の支援やカリキュラムに関わっての校長や教師との協働、そして図書館オリエンテーションを含む放課後の活動といった各種の学校図書館サービスの充実が、特に補助金を受けた学校図書館においてみられたという(11)。

以上のような学校図書館への助成のほかにも、NCLB 法は学校図書館と学校図書館専門職に大きな影響を与えている。テストと評価が毎年行われることになり、学校、学校区、州政府には学校教育の成果（特に読みと算数・数学）の指導について説明責任が求められるようになった。そうした中で、当然、学校図書館で行われる教育活動についても、成果と説明責任が求められるようになっている。クラス担任や教科の教師らと協働し、そうした教育改革の取り組みに対しても積極的に貢献していこうと、少なくとも意識の高い学校図書館関係者はそのように認識しているようにみえる。また、NCLB 法は科学的な根拠をもつ研究に基づいて教育が実践されるべきとしているが、学校図書館の充実や学校図書館専門職の教育活動が学力の向上にポジティブな影響を与えることを示す各種の研究を示して、機会をとらえてはそれらの存在意義が学校図書館関係者によって主張されている。例えば、学校図書館専門職の団体アメリカ・スクール・ライブラリアン協会（American Association of School Librarians：AASL）は、2004 年 11 月に、学校図書館メディアスペシャリストが NCLB 法の要求に応えようとするとき重要な役割を果たすことを訴えた、「あなたの学校図書館メディア・プログラムと NCLB」と題する冊子を全米の学校の校長や管理職らに送付した(12)。さらに、ALA の評議会が、2005 年１月に、学校図書館と NCLB 法に関する決議を採択した(13)。

一般的な学校図書館の現場が NCLB 法の制定後にどのように変化したかについての調査結果等はまだ出されてないが、School Library Journal 誌による約５年ぶりの学校図書館調査によれば、NCLB 法の制定を受けて、学校図書館の中には、読書の動機づけのための取り組みを行うようになったところがあるとしている(14)。

(3) 学校運営の改革と学校図書館

NCLB 法は、前述のように、教育の選択肢の拡大を定めた。そして米国では近年、学校単位の運営（school-based management）や学校選択はもとより、ホームスクーリング、遠隔教育といった公教育の根本的な問い直しに繋がるような取り組みが広まっている(15)。

そうした伝統的な公教育のあり方を揺るがす流れは、学校図書館に大きな影響を与えるだろうと考えられている。AASL は、1998 年に発表し、以降の米国の学校図書館を牽引してきた Information Power: Building Partnership for Learning(16) から約 10 年が経とうとしている近年、新しいガイドラインの策定作業を開始しているという(17)。その作業においても、遠隔教育やホームスクーリングが登場するような、伝統的な K-12 の学校への見方が大きく変えられてしまう新しい教育環境において、ライブラリアンがどう機能するかは重要なテーマのひとつになっていると、AASL事務局長のウォーカー（Julie Walker）は述べている[18]。伝統的な学校の存在を前提にし、その中で存在意義を主張することに腐心してきた感のある学校図書館は、学校が問い直されることになって共に問い直されようとしている、ということであろう。

現実に学校単位の運営や学校選択の動きはすでに各地で行われているが、学校図書館にも影響はあらわれてきている[19]。経営権がますます学校の管理職や親たちに委譲されていく中で、学校図書館の存在意義を彼らがどれだけ認識しているかが、直接学校図書館の財源や学校図書館専門職の配置などを決定することになっている[20]。一方で、学校選択の作業の中で、学校図書館の充実度はひとつの視点とされるようにもなってきている[21]。これは、学校図書館の運営についても学校現場や親たちの自由度が増し、学校図書館にも格差が拡大するということであろう。さらには、ホームスクーリングや遠隔教育が広まれば、地域にある図書館（学校図書館だけでなく、公共図書館や大学図書館も）には、さまざまな形でそれを支援することが期待されることになるのではないかと考えられている。さらに、日々進歩する情報技術はこの問題と深い関係があると考えられ、その学校図書館への導入も課題として注目されている[22]。

おわりに

以上のような近年の米国の学校改革と学校図書館の状況の中で、筆者が注目しているのは、連邦政府から読みの能力の育成に関わる学校図書館への期待が示されたという点であり、また学校運営の改革や公教育の問い直しという学校図書館の根底の地殻変動とも言うべき動きである。AASLはここ数十年の間、インフォメーション・リテラシーの育成を柱に、学校図書館メディア・プログラムの理論を構築しようとしてきた。だが、NCLB法等をみると、専門職集団の外から実はそれ以上に期待されていたのは、読みの能力の育成だったのかもしれない、とも思えてしまう。一方で、情報技術の進歩は早く、学校図書館には新しいメディアの導入が期待されている。学校図書館とはどんな役割を担う存在なのか、それが問い直されるべき時期にきていることを感じている学校図書館関係者は米国でも少なくないと、国際会議等さまざまな場面で実感している。

ところで一昨年筆者は、ハワイ州で学校図書館を活用した授業を見学したり、学校図書館専門職員と意見交換を行ったりした。その際、ここ５年ほどの間に、評価が徹底され教員の説明責任が厳格化したことをはっきりと感じた。ハワイ州側が連邦政府側に提出した報告によれば、2002年から2005年の間に、ハワイの５年生の読みの学力は３パーセント向上し、同じく５年生の算数の学力は４パーセント向上した[23]。そうした教育改革の進展の中で学校図書館が果たした役割についてはまだ報告はないが、見学時の様子からして、多くの学校図書館がその改革の渦の中で何らかの役割を果たそうとしていると思われる。専門職として高い意識をもつ人のいる学校図書館では、相変わらずたくさんの授業が行われていたが、そのほとんどにおいて、達成目標が明確に示され、ルーブリックを活用するなど評価がきめ細やかに行われていた。学校図書館専門職はそのように教育実践上の課題が増え、ますます忙しくなっているようにみえた。もっとも、学校全体が、良くも悪くも緊張感に満ち、伸び伸びとした雰囲気ではなくなっていた。現在の米国で、日本で、進められている、市場原理を学校教育に持ち込むという改革の方向性は、ひとりひとりの子どもに向き合うことを基本とするだろう教育という活動に、長期的にどのような影響を与えるのだろうか。

(1) “The White House Policies and Initiatives”. http://www.whitehouse.gov/infocus/, (accessed 2007-01-17).
(2) “No Children Left Behind”. The White House. http://www.whitehouse.gov/news/reports/no-child-left-behind.html, (accessed 2007-01-17).
(3) Michie, Joan S.; Holton, Barbara A. America’s Public School Libraries: 1953-2000. National Center for Education Statistics, 2005, 17p. http://nces.ed.gov/pubs2005/2005324.pdf, (accessed 2007-01-25).
(4) Office of the Press Secretary, The White House. “Fact Sheet: No Child Left Behind Act”. 2002-01-08. http://www.whitehouse.gov/news/releases/2002/01/20020108.html, (accessed 2007-01-19).
(5) Office of the Press Secretary, The White House. “Fact Sheet: No Child Left Behind Act”. 2002-01-08. http://www.whitehouse.gov/news/releases/2002/01/20020108.html, (accessed 2007-01-19).
(6) [Department of Education.] “No Child Left Behind Act Is Working”. 2006. http://www.ed.gov/nclb/overview/importance/nclbworking.html, (accessed 2007.1.20).
(7) The White House. “Fact Sheet: The No Child Left Behind Act: Five Years of Results for America's Children”. 2007-01-08. http://www.whitehouse.gov/infocus/education/, (accessed 2007-01-20).
(8) 日本では次のような報告がある。
土屋恵司. 2001年初等中等教育改正法（NCLB法）の施行状況と問題点. 外国の立法. 2006, (227), p.129-136. http://www.ndl.go.jp/jp/data/publication/legis/227/022707.pdf, (参照 2007-09-07).

中田康彦. 1980年代以降の合衆国の教育改革における教師報償政策の位置：NCLB法への経緯と成果主義の現在. 一橋論叢. 2005, 133(4), p.478-497.

(9) "No Children Left Behind". The White House. http://www.whitehouse.gov/news/reports/no-child-left-behind.html, (accessed 2007-01-17).

(10) Pub.L. No.107-110, 115 Stat. 1425.
No Child Left Behind Act of 2001の全文は，以下を参照。http://www.ed.gov/policy/elsec/leg/esea02/107-110.pdf, (accessed 2007-01-17).

(11) Michie, Joan S.; Chaney, Bradford W. "Evaluation of the Improving Literacy Through School Libraries Program: Final Report, 2005". http://www.ed.gov/rschstat/eval/other/libraries/libraries.pdf, (accessed 2007-01-20).

(12) American Association of School Librarians. "Your School Library Media Program and No Child Left Behind". http://www.ala.org/ala/aaslbucket/AASLNCLBbrochureweb.pdf, (accessed 2007-01-20).

(13) American Library Association. "ALA Resolution on School Libraries and the No Child Left Behind Act". 2005. http://www.ala.org/ala/ourassociation/governanceb/council/councilagendas/midwinter2005a/CD42.doc, (accessed 2007-01-20).

(14) 2006年の調査に回答を寄せた学校図書館の約半数が，例えば，ブックトークや漫画の提供といった動機づけの活動を行っていた（Shontz, Marilyn L.; Farmer, Lesley S. J. "The SLJ Spending Survey". School Libreary Journal. 2007, 53(1), p.45-51. http://www.schoollibraryjournal.com/article/ca6403260.html, (accessed 2007-01-20).）。

(15) 米国における学校選択の議論と施策については，日本で発表された論考で最も新しい，青木宏治．アメリカ合衆国における学校選択と公教育の原則の衝突：主に教育バウチャーの射程について．高知論叢．2006, (85), p.179-200. が参考になる。

(16) American Association of School Librarians; Association for Educational Communications and Technology. Information Power: Building Partnerships for Learning. American Library Association; Association for Educational Communications and Technology, 1998, 205p.
（翻訳として，American Association of School Librarians; Association for Educational Communications and Technology. インフォメーション・パワー：学習のためのパートナーシップの構築. 同志社大学学校図書館学研究会訳. 同志社大学, 2000, 234p.）

(17) AASLは2008年冬までに新しいガイドラインを完成させようとしているという。
Weiss, Laura B. "sljnews: AASL to Rewrite School Library Guidelines". School Library Journal. 2006, 52(8), p.16.

(18) Whelan, Debra Lau. "AASL to Unveil New Library Guidelines". School Library Journal. 2007, 53(1), p.19. http://www.schoollibraryjournal.com/article/ca6403255.html, (accessed 2007-01-18).

(19) 2001年の段階の論考だが，ハーゼル（Gary N. Hartzell）は，学校単位の運営，学校選択，ホームスクーリングという学校の運営と選択に関わる改革が学校図書館に与える影響を検討している（Gary N. Hartzell. "The Implications of Selected School Reform Approaches for School Library Media Services". School Library Media Research. 2001, (4). http://www.ala.org/ala/aasl/aaslpubsandjournals/slmrb/slmrcontents/volume42001/hartzell.htm, (accessed 2007-01-20).）。

(20) 一例として，ハワイ州ではThe Reinventing Education Act of 2004の制定により，児童・生徒対費用効果が検討されて，学校への予算配分の計算方法が変わり，また学校運営についての権限の校長への委譲が進んでいる。そうした中，校長で学校図書館に理解のある人は必ずしも多くないため，スクール・ライブラリアンのポストの維持の難しい学校が出てきている。(Beverly Creamer. "Schools may cut librarians". The Honolulu Advertiser. 2006-02-06. http://the.honoluluadvertiser.com/article/2006/Feb/06/ln/FP602060325.html, (accessed 2007-01-23).）

(21) そのような動きは日本にもみられるようになっているのではないか。吉田新一郎. いい学校の選び方：子どものニーズにどう応えるか. 中央公論新社, 2004. (中公新書, 1760). でも，「図書室」がたびたび言及されている。

(22) 学校図書館への情報技術の導入についての比較的新しい調査として，Brewer, Sally.; Milam, Peggy. "SLJ's Technology Survey 2006". School Library Journal, 2006, 52(6), p.46-50. がある。

(23) [Department of Education.] "NCLB Making a Difference in Hawaii". http://www.ed.gov/nclb/overview/importance/difference/hawaii.pdf, (accessed 2007-01-17).

3.2 大学図書館が教育・リテラシーに果たす役割 ～情報リテラシー教育とインフォメーション・コモンズ～

関西学院大学図書館利用サービス課　　魚住　英子（うおずみ　えいこ）

はじめに

大学図書館のミッションは、学術情報の収集や提供によって、その大学における教育と研究を支援することである。そのミッションの実現のために、現代の大学図書館は伝統的な図書館業務に加えて、さらに能動的かつ主体的に大学教育に関わろうとしている。

大学図書館の従来のイメージといえば、ずらりと本が並んだ書架に囲まれた重厚かつ静謐な空間で黙々と読書に励む学生の姿であるが、今や図書館の内部にワークステーションやソファーなどが配置された明るくカジュアルな雰囲気の場が出現し、小人数のグループがパソコンのモニターを見ながらディスカッションしている様子が日常的に見られる。このように、21世紀の大学図書館は、情報の収集・整理・交換・発信の基地として機能するよう変化しつつある。

その変化は、大学図書館が学内の教務やシステムなどの部署と連携して、全学的な学生の情報リテラシー教育に積極的に加担していることから生じている。

(1) 情報リテラシー教育と大学図書館

1) ALA/ACRL の情報リテラシー教育の推進活動

情報メディアの多様化と浸透に伴い、社会に流通する情報の量が急激に増加している。不明確な情報源からの玉石混淆の情報が混在するようになると、情報をいかに賢明に利用するかの重要性が認識され、情報リテラシーの概念が注目を浴びるようになった。

日頃からメディアや情報を扱うライブラリアンは、情報リテラシーの必要性を最初に認識したグループに属するであろう。アメリカ図書館協会(American Library Association：ALA) は、1989年1月に “Information literacy is a survival skill in the Information Age.”(1) にその見解を表明している。そこでは、“To be information literate, a person must be able to recognize when information is needed and have the ability to locate, evaluate, and use effectively the needed information”(2) と、情報リテラシーを問題解決や決断のために必要な情報を効果的に見つけ出し、評価し、利用できる能力と定義付け、その能力を身につけることの重要性を訴えている。

情報リテラシー能力の育成のために、教育現場、特に高等教育に課せられた役割は大きく、その使命の達成にあたっては、教員と情報専門家である大学図書館のライブラリアンが密接に協力して指導を行うことが不可欠である(3)。ALA の大学・研究図書館部会（Association of College & Research Libraries：ACRL）は、高等教育課程における情報リテラシー教育の指針とするべく、2001 年 1 月に「高等教育のための情報リテラシー能力基準（Information Literacy Competency Standards for Higher Education)」を公表した(4)。この基準は多くの情報リテラシー教育担当者に利用されており、ACRL はその後も “Characteristic of Programs of Information Literacy That Illustrate Best Practices: A Guideline” や “Guidelines for Instruction Programs in Academic Libraries” などの情報リテラシー教育プログラムを支援するガイドラインや基準を次々と作成している(5)。

2) 大学図書館における実践

では、個々の大学図書館ではどのような情報リテラシー教育を実施しているのであろうか。中規模以上のほとんどの図書館では専任の “Instruction Librarian” を任命しており、自らが講師となって指導するのはもちろんのこと、一連のプログラムのコーディネーターとして他のライブラリアンや教員と連携するなどの責務を負っている。

大学図書館が主体となって実施している情報リテラシー教育の種類としては、

1. 個人を対象としたデータベース検索講習会や文献リサーチのセミナーなど図書館独自で単発に実施するもの（伝統的な “Bibliographic Instruction” に該当）
2. 教員と連携して授業内でその分野における文献や情報探索を指導するもの (“Course-integrated Instruction” として扱われる)
3. 図書館が母体となってリサーチの方法を教授するクラスを開講するもの（“Credit Course” として独立した開講科目で履修者に単位認定)

※本稿は、国立国会図書館の 2006 年度調査研究事業の成果物である。

以上３タイプがある。どれも情報リテラシー教育の特定の段階や範囲をカバーしているが、とりわけ(3)は情報の収集から表現までの一連の過程を網羅できるとあって、大学図書館が最も力を注いでいる部分である。

米国の大学図書館における情報リテラシー教育の取り組みについては文献に多数紹介されているが、ここではパデュー大学図書館（Purdue University Libraries）における情報リテラシー教育を取り上げたい。図書館が開講している“GS 175 Information Strategies”という学部生対象の１単位のコースでは、情報の種類と情報源の特性、情報の収集・評価、情報の整理・表現の３項目を習得させることを目標にしている(6)。受講生は、毎週宿題を与えられるだけでなく、自分が選んだトピックで３分程度のマルチメディアプレゼンテーション（スライドショーだけでなく、音声や動画も挿入してもよい）を作成・提出することを義務付けられている。これらの課題をこなすことにより、受講生たちがクリティカル思考と情報リテラシー能力を身に付けることを目標としている。なお、このクラスの授業内容を検討し、事後評価を下すために、ライブラリアンたちはACRLの基準など複数のモデルを参照している(7)。

ライブラリアンが大学全体の情報リテラシー教育の中心となって動き始めたことにより、図書館自体もその活動を支援するような施設とサービスを提供することが求められるようになった。その結果出現したものがインフォメーション・コモンズ（Information Commons）の概念であり、それを具現化した場である。

(2) 大学図書館の新しいサービスモデル「インフォメーション・コモンズ」

1) インフォメーション・コモンズの出現

現代の大学図書館では、インターネットを介した非来館型サービスの拡充に努力してきた。既に索引などの二次資料はもちろん、百科事典などの参考図書や、学術ジャーナルなどの一次資料もデータベースとして提供されるようになり、利用者は図書館外からアクセスして自由に検索し、フルテキストを入手することが可能となっている。また、借りた本の貸出期限の更新や予約、購入希望の提出、相互利用の申込など各種サービスもオンライン上で利用できるようになった。さらに、レファレンスサービスも伝統的な来館型からインスタント・メッセージ（IM）やチャット（Chat）などを利用したオンライン経由の非来館型に移行しつつある。

このように従来は大学図書館に行かないとできなかったことが、次々と館外からネットワークを通じて可能になると、図書館の来館者は必然的に減少する。1990年代後半には、建物としての大学図書館の役割は終わるとまで言われていたのも事実である(8)。しかし、一部の大学図書館はそれまでにないコンセプトを元にしたサービスモデルと空間を提供するようになり、キャンパス生活における図書館の存在意義をアピールするだけでなく、新たな需要を掘り起こしている。そのようなサービスあるいは場をインフォメーション・コモンズ（Information Commons）と呼んでいる。2003年８月に24時間オープンのインフォメーション・コモンズを開設したインディアナ大学ウェルズ図書館（Herman B. Wells Library, Indiana University, Bloomington）では、入館者数は開設前の2002年と比較して20％増、さらに翌年は前年比30％増加して、“a hub of student activity”として一躍注目されるようになった(9)。

インディアナ大学のインフォメーション・コモンズが2003年のオープンであるように、大学図書館がこのような場を設け始めたのは比較的最近のことである。研究図書館協会（Association of Research Libraries：ARL）が2004年に公表したアンケート調査結果によると、ARL加盟館123館を対象にした調査で、回答を返送した館の内22館（30％）がその時点でインフォメーション・コモンズを図書館内に設置していたが、1995年以前の開設は５館、1996年から2000年の間が８館に過ぎなかった(10)。

2) インフォメーション・コモンズの概念

まだ「インフォメーション・コモンズ」という用語が大学図書館のライブラリアンの間でもあまり知られていなかった1999年にビーグル(Beagle)が発表した論文によると、インフォメーション・コモンズには“virtual space（仮想空間）”と“physical place（物理的な場所）”の２つのレベルが考えられる(11)。前者は、さまざまなソフトウェアやインターネット上での資源、デジタル化されたツールなどが同じインターフェイスで利用でき、例えばワンクリックで各種データベースを横断検索できるような機能を備えたシステム環境を指す。一方、後者はワークステーションや情報機器が配置された場所で、専門家が常駐していてサポートを受けることができる物理的な施設のことである[12]。ビーグルはインフォメーション・コモンズの３つのコアサービスとして、

- 情報の収集と検索（Reference core）
- 情報の整理と利用（Research Data Service core）
- 情報の加工と発信（Media Services core）

を挙げている[13]。つまり、図書館のレファレンススタッフ、コンピュータ室のユーザーサポートスタッフ、そしてマルチメディアセンターの指導スタッフという三者の協力なしには提供できないサービスモデルなのである。

バイリー（Bailey, et al.）たちが紹介しているノースカロライナ大シャーロット校アトキンス図書館（J. Murrey Atkins Library, University of North Carolina Charlotte）におけるインフォメーション・コモンズのミッションは次の通りである[14]。

The mission of the Library's Information Commons is to integrate in design and function the Library's: (1)spaces, (2)informational resources, (3)technological resources, (4)production resources, and (5)support services in such a fashion that patrons experience a seamless environment for contemplating, planning, researching and bringing to finished product their academic, intellectual and, at times, personal work.

ここに「シームレス（seamless）」という言葉が挙がっているが、空間、情報資源などのさまざまなリソース、サポートサービスのどれにおいても「シームレス」であることがインフォメーション・コモンズの基本姿勢であると言えよう。

3) インフォメーション・コモンズの構成要素

大学図書館内の物理的な空間であるインフォメーション・コモンズの目的は、先述の３つのコアサービスを網羅することで、学生が情報の収集から表現までの一連の作業を "one-stop shopping environment" で行うことができ、さらに履修相談や登録窓口機能、ペーパー（レポート）作成のためのライティング・ワークショップなど他の学生サービスも提供する可能性を有する場である[15]。

端的にイメージするならば、インフォメーション・コモンズとは、従来の大学図書館の参考資料室（レファレンスエリア）にコンピュータセンターやメディアラボの機器とスタッフがそっくりそのまま移住したようなものである。ただし、それだけに留まらず、グループで作業できるようなセミナー室やデスク、くつろげるソファーがあちこちに配置されて、所によってはコーヒーショップまで併設されているなど、まさに学生にとっては至れり尽せりの空間となっている。最近の学部レベルの講義では、ディベートやグループプロジェクトが課せられることが多く、インフォメーション・コモンズにそのようなスペースを設けることは必須事項となっているようである。

(3) 今後の展望

1980年代以降に生まれた世代を "Net Generation" と呼び、物心ついた時にはパソコンやインターネットが身近にあり、それらを使いながら成長した彼らに大学図書館はどのようなサービスを展開すべきかリッピンコット（Lippincott）が論じている[16]。この世代に対しては、情報リソースの評価やイシューを特に強調するなどの情報リテラシー能力の育成を重視したサービスを提供する必要があり、さらにこの世代の情報環境としては個人だけでなくグループワークの場を提供することを始めとしたインフォメーション・コモンズ機能をさらに発展させることを提案している[17]。

インフォメーション・コモンズの導入は、学生の認知度や普及度においては成功事例ではあるが、今後コモンズでの具体的なサービス内容を検証することが必要となるであろう。インフォメーション・コモンズは大学図書館の一部分で留まるのか、大学図書館全体がそうなるのか、大学図書館が扱うすべての空間やリソース、サービス、利用者グループに拡大できるのか、今後も大学図書館の挑戦は続いていく[18]。

(1) Presidential Committee on Information Literacy, American Library Association. "Presidential Committee on Information Literacy: Final Report". Association of College & Research Libraries. 1989. http://www.ala.org/ala/acrl/acrlpubs/whitepapers/presidential.htm, (accessed 2007-01-31).

(2) Presidential Committee on Information Literacy, American Library Association. "Presidential Committee on Information Literacy: Final Report". Association of College & Research Libraries. 1989. http://www.ala.org/ala/acrl/acrlpubs/whitepapers/presidential.htm, (accessed 2007-01-31).

(3) Rockman, Ilene F. "Integrating Information Literacy into the Learning Outcomes of Academic Disciplines: A Critical 21st-century Issue". College & Research Libraries News. 2003, 64(9), p.612-615.

(4) Association of College & Research Libraries. Information Literacy Competency Standards for Higher Education. American Library Association, 2000, 16p. http://www.

ala.org/ala/acrl/acrlstandards/standards.pdf, (accessed 2007-01-30).
(5) Association of College & Research Libraries. "Standards & Guidelines". American Library Association. http://www.ala.org/ala/acrl/acrlstandards/standardsguidelines.cfm, (accessed 2007-01-30).
(6) Sharkey, Jennifer. Towards Information Fluency: Applying a Different Model to an Information Literacy Credit Course. Reference Services Review. 2006, 34(1), p.71-85.
(7) Sharkey, Jennifer. Towards Information Fluency: Applying a Different Model to an Information Literacy Credit Course. Reference Services Review. 2006, 34(1), p.73.
(8) Albanese, Andrew Richard. Campus Library 2.0. Library Journal. 2004, 129(7), p.30-33.
(9) Dallis, Diane et al. Reference Services in the Commons Environment. Reference Services Review. 2006, 34(2), p.248-260.
(10) Haas, Leslie.; Robertson, Jan. The Information Commons. Association of Research Libraries, 2004, 15p. (SPEC Kit, 281). http://www.arl.org/bm~doc/spec281web.pdf, (accessed 2007-02-03).
(11) Beagle, Donald. Conceptualizing an Information Commons. Journal of Academic Librarianship. 1999, 25(2), p.82-89.
(12) Beagle, Donald. Conceptualizing an Information Commons. Journal of Academic Librarianship. 1999, 25(2), p.82.
(13) Beagle, Donald. Conceptualizing an Information Commons. Journal of Academic Librarianship. 1999, 25(2), p.84.
(14) Bailey, Russell.; Tierney, Barbara. Information Commons Redux: Concept, Evolution, and Transcending the Tragedy of the Commons. Journal of Academic Librarianship. 2002, 28(5), p.277-286.
(15) Church, Jennifer. The Evolving Information Commons. Library Hi Tech. 2005, 23(1), p.75-81.
(16) Lippincott, Joan K. "Net Generation Students and Libraries". Oblinger, Diana G.; Oblinger, James L.(eds.). Educating the Net Generation. EDUCAUSE, 2005, p.13.1-13.15. http://www.educause.edu/ir/library/pdf/pub7101m.pdf, (accessed 2007-02-03).
(17) Lippincott, Joan K. "Net Generation Students and Libraries". Oblinger, Diana G.; Oblinger, James L.(eds.). Educating the Net Generation. EDUCAUSE, 2005, p.13.1-13.15. http://www.educause.edu/ir/library/pdf/pub7101m.pdf, (accessed 2007-02-03).
(18) Spencer, Mary Ellen. Evolving a New Model: the Information Commons. Reference Services Review. 2006, 34(2), p.242-247.

3.3 公共図書館が教育やリテラシーに果たす役割

金城学院大学　文学部　　薬師院　はるみ（やくしいん　はるみ）

今日の米国において、公共図書館は、教育やリテラシーに貢献すべき機関だとみなされている。例えば、1998年に米国公共図書館協会が定義した公共図書館が担うべき13の責務の中にも、「基礎的リテラシー」、「正規学習課程支援」「情報リテラシー」、「生涯学習」等の項目が掲げられている(1)。これら13の責務は、2006年より見直し作業が行なわれ、同年12月5日には、暫定案として17の新責務が提案されているのだが、それらの中にも、「情報リテラシー」や「生涯学習」に加え、「成人および家族リテラシー」や、未就学児を対象とした「創発的リテラシー」等の項目を見つけることができる(2)。なお、この見直し作業は、同年6月開催のアメリカ図書館協会年次大会の時より開始されたのであるが、そこでは、今日の公共図書館における情報サービスの性質に変化がみられること、また、上記「基礎的リテラシー」や「正規学習課程支援」等に対して用語上の問題が存在すること等が議論されたとのことである(3)。

上の事例が示すように、米国の図書館界は、教育やリテラシー、とりわけ、情報リテラシーの問題に強い関心を寄せており、この動向は、少なくとも1970年代前半までさかのぼることができる。実際、2002年秋のレビューによれば、それ以前の30年間で、図書館利用者教育や情報リテラシーに関して5,000以上の文献が発表されたとのことである。また、この間に発表された文献数は年々増加する傾向にあり、この傾向は、この問題に対する関心の度合いが年々高まっていったことを示している(4)。そして、1989年、「米国図書館協会情報リテラシー会長諮問委員会」は、情報リテラシーに関する最終報告を発表し(5)、時期を同じくして、同委員会の主導により、米国情報リテラシー全国フォーラムが結成されることになるのである(6)。

ただし、当初、情報リテラシーの問題に力を注いでいたのは、主として学術図書館や学校図書館等であり、公共図書館における関心度は、それほど高かったわけでもない。けれども、情報技術の発達およびその浸透により、公共図書館でも、情報や新しい技術面で利用者を支え、この問題に関する利用者教育にも取組まざるを得なくなっていくのである。さらに、歴史的に眺めた場合、米国の公共図書館は、成人教育機関としての役割を果たすべきだとみなされてきたものの、当初からリテラシー支援に熱心だったわけでもない。戦前の公共図書館が積極的に取り組んでいたのは、むしろ、識字者を対象とした教育だったのである。なるほど、米国の公共図書館は、識字能力という意味でのリテラシー支援を行なってこなかったというのではない。実際、1900年頃よりニューヨーク公共図書館等で主催された基礎的リテラシー事業等は、その萌芽的な事例として指摘することができる(7)。これは、大都市に押し寄せた大量の外国人移民を対象にしていたのであり、また、当時は、アメリカ図書館協会でも、移民の「アメリカ化」に焦点を当てた議論がなされたとのことである(8)。

米国の公共図書館界がいわゆる成人教育に本格的に着手したのは、1920年代のことである。例えば、1924年、カーネギー教育振興財団の職員ラーネド（William S. Learned）は、『米国の公共図書館と知識の普及』と題した書物を発表し、図書館員に対して成人教育運動に参加するよう呼びかけた(9)。加えて、同年より、カーネギー財団の資金提供により、アメリカ図書館協会の委員会が主導する成人教育に関する研究が2年間にわたって実施された。一方、アメリカ図書館協会会長ジェニングス（Judson T. Jennings）も、1924年の会議において、成人教育に対して主な責任を持つのは、図書館であると主張し、次いで、アメリカ図書館協会内にジェニングスを長とする「図書館と成人教育に関する委員会（Commission on the Library and Adult Education）」が設けられた。同委員会は1926年には解散するものの、同年より「図書館と成人教育常任委員会（Board on Library and Adult Education）」が設けられている。こうして、公共図書館における主な成人教育サービスとして、各自に適した体系的読書を提供する読者助言サービスが実施されるようになったのである。

しかしながら、次第に、このサービスには、労力や経費が掛かり過ぎるとの指摘がなされるようになり、1930年代に入ると、世界大恐慌による打撃と相俟って実施することが困難となっていく(10)。上記委員会

※本稿は、国立国会図書館の2006年度調査研究事業の成果物である。

も1937年には解散し、また、1938年、ジョンソン（Alvin Johnson）による著書『公共図書館：民衆の大学』において、公共図書館は成人教育を主導すべきと主張されるものの[11]、その主張が具体化されることはなく、まもなく、図書館を含む米国全体が、戦時体制へと突入することになるのである。

1937年より上記「図書館と成人教育常任委員会」に代わって設けられていた「教育委員会（Education Board）」も、1955年に解散し、その2年後には、アメリカ図書館協会内に、「成人サービス部会（Adult Service Division）」が設けられた。ただし、戦後、図書館における成人サービスが、従来の方針を大きく変化させていくのは、公民権運動が高まりつつあった1960年代以降のことである。すなわち、公共図書館は、経済的弱者、非識字者、マイノリティー等、不利益を被っている人々の要求に応えていないことが注目されるようになったのである。1970年には、アメリカ図書館協会年次大会において、「社会的弱者に対する図書館サービス事務局（Office for Library Service to the Disadvantaged）」を設立することが議決され、1980年には、この委員会を元に現「リテラシーとアウトリーチサービス事務局（Office for Literacy and Outreach Services）」の前身である、「図書館アウトリーチサービス事務局（Office for Library Outreach Services）」が開設されている[12]。

この間、議論の趨勢は、単純な読み・書き・計算のみならず、社会生活を営む上で不可欠な機能的リテラシーの問題へと移行する。1977年に、ライマン（Helen H. Lyman）によって発表された『リテラシーと全国の図書館』[13]は、図書館が機能的リテラシーを欠く人々へのサービスを実践する上での手引となり、また、上記事務局を中心に、このサービスを実践するための研修会が相次いで実施されている[14]。その後においても、ますます多くの公共図書館が、リテラシーと関わり続けることになる。実際、1988年、ウィスコンシン大学マジソン校では、リテラシー・サービスに関して米国の何百もの公共図書館を調査し、図書館がリテラシー教育を提供する上で重要な役割を果たしていることを明らかにした[15]。そして、この役割は、様々な種類のリテラシーへと、その範囲をさらに広げてゆくことになるのである。

例えば、1990年11月号のWillson Library Bulletinでは、図書館とリテラシーに関する特集が組まれている。そして、その中には、これまで知られていたリテラシーに加え、「家族リテラシー」という問題を扱った記事が登場するのである[16]。この背後には、当時の米国社会で、子供のリテラシーが形成される一要因として、その家族のリテラシーが少なからず注目されていたという事情が挙げられる。事実、同誌の特集の前年、すなわち1989年には、元大統領夫人を名誉会長とする家族リテラシー・バーバラ・ブッシュ財団（Barbara Bush Foundation for Family Literacy）や、家族リテラシー・ナショナル・センター（National Center for Family Literacy）など、家族リテラシーを支援したり資金援助を行なう団体が相次いで設立されている。ともあれ、アメリカ図書館協会およびリテラシーとアウトリーチサービス事務局は、諸団体からの資金援助を下に、公共図書館での家族リテラシー・サービスを積極的に支援していくことになる[17]。

この状況下、1996年には、ウォレス財団（Wallace Foundation）により、図書館による成人リテラシー支援活動を援助すべく、LIAA（Literacy in Libraries Across America）イニシアチブと称する取り組みが開始された[18]。また、この取り組みの成果を評価すべく、一連の調査研究が実施され、2000年6月から2005年1月にかけて4つの報告書が提出されている[19]。それらの内、第1回目の報告書では、1999年のイリノイ大学図書館研究センター（Library Research Center）による標本調査の結果が紹介されているのだが、それによれば、この時点ですでに、調査対象となった図書館の内、90％がリテラシーを支援するための何らかのサービスを実施していたとのことである[20]。ただし、ウォレス財団他の資金援助によって実施された上記研究が当初から問題としていたのは、図書館による成人リテラシー支援活動そのものではない。この活動においては、多くの参加者が途中で脱落する傾向にあることが指摘されており、そのため、如何にすれば、参加を継続させることができるのかという点に主眼をおいた研究がなされたのである。

以上のように、米国の公共図書館は、地域住民の教育やリテラシーに貢献する活動を続けてきた。しかしながら、米国の公共図書館自体が、時代と共に、その担うべき責務を変化させてきたのと同様に、公共図書館における教育やリテラシーに関するサービスもまた、その内容や重点を置くべき対象を変化させている。例えば、先述の通り、今日の公共図書館では、従来問題とされてきたリテラシーのみならず、「情報リテラシー」の問題が注目されている。加えて、情報技術の発達は、リテラシー・サービスを提供する上で利用できる技術や機器の高度化をもたらした[21]。そして、冒頭で触れた米国の公共図書館が担うべき新責務の暫定案は、2007年1月9日現在、すでに若干修正されており、「成人及び家族リテラシー」には“Teen”という語が加わり、そして、「情報リテラシー」に代わって「情報Fluency」なる用語が用いられている[22]。こうした変化の背後には、時代の社会的要請に応えるという図書館の役割が存在する。今日の米国において、リテラシーへの対応は、確かに大きな課題なのである。ただし、それ自体が、あらゆる時代の公共図書館に与えられた普遍的な任務であるわけではない。米国の公共図書館は、これから先も、自らが置かれた社会的な文脈に応じて、その役割と存在意義を変えてゆくに違いない。もちろん、それを単線的な進化だと誤解するなど、論外である。

(1) Himmel, Ethel. et al. Planning for Results: a Public Library Transformation Process. American Library Association, 1998, 126p.

(2) Hughes, Kathleen. “Proposed New Services Responses: Draft”. PLA Blog: The official blog of the Public Library Association. 2006-12-06. http://plablog.org/2006/12/proposed-new-service-responses-draft.html, (accessed 2006-12-24).

(3) Nelson, Sandra; Garcia, June. “What Are the Core Services Offered by Public Libraries?: PLA Needs Your Help to Define the Unique Role of Public Libraries Today and into the Future”. Public Library Association. http://www.pla.org/ala/pla/serviceresponsethree.pdf, (accessed 2006-12-24).

(4) Rader, Hannelore B. Information Literacy 1973-2002: A Selected Literature Review. Library Trends. 2002, 51(2), p.242-259.

(5) Presidential Committee on Information Literacy, American Library Association. “Presidential Committee on Information Literacy: Final Report”. Association of College & Research Libraries. http://www.ala.org/ala/acrl/acrlpubs/whitepapers/presidential.htm, (accessed 2006-12-25).

(6) “National Forum on Information Literacy”. http://www.infolit.org/, (accessed 2006-12-25).

(7) Monroe, Margaret E. The Evolution of Literacy Programs in the Context of Library Adult Education. Library Trends. 1986, 35(2), p.197-205.

(8) Barber, Peggy. “20 The American Library Association's Literacy Initiatives: History and Hope”. DeCandido, GraceAnne A., ed. Literacy & Libraries: Learning from Case Studies. Office for Literacy and Outreach Services, American Library Association, 2001, p.154-158.

(9) Learned, William S. The American Public Library and the Diffusion of Knowledge. Harcourt Brace, 1924, 89p.

(10) Salter, Jeffrey L.; Salter, Charles A. Literacy and the Library. Libraries Unlimited, 1991, 212p.

(11) Johnson, Alvin. The Public Library: a People's University. American Association for Adult Education, 1938, 85p.

(12) Office for Literacy and Outreach Services. From Outreach to Equity: Innovative Models of Library Policy and Practice. American Library Association, 2004, 145p.

(13) Lyman, Helen Huguenor. Literacy and the Nation's Libraries. American Libarary Association, 1977, 212p.

(14) Coleman, Jean Ellen. ALA's Role in Adult and Literacy Education. Library Trends. 1986, 35(2), p.207-217.

(15) Gomez, Martin. “19 Public Library Literacy Programs: a Blue Print for the Future”. DeCandido, GraceAnne A., ed. Literacy & Libraries: Learning from Case Studies. Office for Literacy and Outreach Services, American Library Association, 2001, p.146-153.

(16) Talan, Carole. Family Literacy: Libraries Doing What Libraries Do Best. Wilson Library Bulletin. 1990, 65(3), p.30-32, 158.

(17) Barber, Peggy. “20 The American Library Association's Literacy Initiatives: History and Hope”. DeCandido, GraceAnne A., ed. Literacy & Libraries: Learning from Case Studies. Office for Literacy and Outreach Services, American Library Association, 2001, p.154-158.

(18) 瀬戸口誠. 米国の公共図書館における成人リテラシー支援プログラムの現状と課題. カレントアウェアネス. 2006, (290), p.19-20. http://www.dap.ndl.go.jp/ca/modules/ca/item.php?itemid=1055, (参照 2007-01-07).

(19) Porter, Kristin E. et al. One Day I Will Make It: A Study of Adult Student Persistence in Library Literacy Programs. Manpower Demonstration Research Corporation, 2005, 77p.

(20) Comings, John P. et al. So I Made Up My Mind: Introducing a Study of Adult Learner Persistence in Literacy Programs. Manpower Demonstration Research Corporation, 2000, 15p.

(21) Eiselstein, June. Libraries, Literacy, and Technology: New Tools for Enhancing Learning. Wilson Library Bulletin. 1990, 65(3), p.27-29, 158.

(22) “PLA Service Responses Discussion Index”. PLA Blog: The official blog of the Public Library Association. http://plablog.org/plaserviceresponses/, (accessed 2007-01-09).

3.4 読書プログラムの現状と課題

京都ノートルダム女子大学　人間文化学科・人間文化研究科　　岩崎　れい（いわさき　れい）

はじめに

図書館の中では、公共図書館の成立した早い時期から、読み聞かせやストーリーテリングなどの読書プログラムが行われてきたが、現在注目されているのは、むしろ、全米規模・各州規模で実施されている、より幅広い概念の読書プログラムである。本稿では、米国連邦教育省が推進している計画の全体像を概観し、また、各団体や図書館が具体的に取り組んでいるプログラムを紹介する。

(1) 米国連邦教育省の計画

米国連邦教育省のコミュニケーション・アウトリーチ局では、高等教育、成人教育、遠隔教育など、多様な分野にわたって、教育支援プログラムを設けている[(1)]。この中で、読書プログラムと位置づけられているのは５種類である。（表参照）いずれのプログラムも、教育省自身が実施するのではなく、枠組を示し、各地域の公的機関や民間団体に助成金を出す形で、実施を促進している。

1) Early Reading First

このプログラムは主に低所得層の家庭の低年齢の子どもたちが、すんなり学校教育を受け始めることができるように、言語や認知や読書準備（pre-reading skills）の発達を支援するものである。その発達のためには、高い質の言語と豊かな文学環境が適切であるとして、その環境に欠けやすい低所得層の家庭の就学前の子どもたちに焦点を当てている。

2) Even Start

このプログラムは、主に低年齢の子ども、成人、両親を対象としたファミリー・リテラシー・プログラムへの助成である。単に大人を対象とするプログラムに焦点を当てているのではなく、両親と低年齢の子どもの両方に焦点を当てて、子どもがどんな家庭でもリテラシー教育を受ける環境を整えること、すなわち公平な教育環境の整備を目的としている。そのため、英語を母語としない外国人、先住アメリカ人、低所得家庭、十代の親、刑務所にいる女性などを対象ととらえていることが特徴として挙げられる。

3) Even Start Family Literacy Program Grants for Indian Tribes and Tribal Organizations

このプログラムは、教育によって貧困と非識字の連鎖を断ち切るために提供されており、先住アメリカ人の低年齢の子どもやその親を対象としている。タイプとしては、小さい子ども向けの読書プログラムと英語を母語としない人を対象とするリテラシープログラムを組み合わせている。

表　米国教育省読書プログラム

プログラム名	担当部局	予算（FY2006）	対象
Early Reading First	初等中等教育局	103,118,000 ドル	低所得層の幼児
Even Start	初等中等教育局	99,000,000 ドル	幼児とその保護者
Even Start Family Literacy Program Grants for IndianTribes and Tribal Organization	初等中等教育局	1,485,000 ドル	低年齢の子どもとその保護者
Reading First	初等中等教育局	1,029,234,000 ドル	園児～小学校３年生
Striving Readers	初等中等教育局	29,700,000 ドル	中学生

出典：U.S.Department of Education, Office of Communications and Outreach. Guide to U.S. Department of Education Programs. U.S.Department of Education. 2006. http://web99.ed.gov/GTEP/program2.nsf/9f7b23d4f3a12ea985256b2e005c1e85/3a912f0c68a5ea6b85256b2e005c7c6a/ $FILE/gtep.pdf, (accessed 2007-03-10).

※本稿は、国立国会図書館の 2006 年度調査研究事業の成果物である。

4) Reading First

このプログラムは、幼稚園児から小学校３年生くらいまでを対象に、読書研究の成果を土台に、学校教育における読書指導に対する助成を行うものである。少数民族や低所得層にも留意したプログラムとなっている。

5) Striving Readers

このプログラムは、中学生・高校生のうち、平均以下の読書能力の生徒たちを対象とし、「どの子も置き去りにしない法律（No Child Left Behind Act）」[(2)(3)]の法律をもとに、学校教育についていけない生徒をなくす取組の一環として設けられている。このプログラムでは、学習が思い通りに進まない中学・高校の生徒たちのリテラシーを向上させることと、中高生のリテラシー向上のための方法の研究を確立することを目的としている。

これらの米国連邦教育省のプログラムに共通しているのは、読書プログラムといっても、読書を推進すること自体が目的ではなく、学校教育における学習についていけない児童・生徒をなくすことやリテラシー向上を目的としていることである。読書支援のプログラムは、この目的のための土台として、学校教育を受ける上で公平な環境を整えるために、就学前の幼児の読書環境や言語環境を充実させることや学校教育を受けている児童・生徒のリテラシー向上に力を入れている。また、英語を母語としない子どもたちや先住アメリカ人、低所得世帯や親が10代の家庭の支援に重点を置き、さらに子どもたち自身だけではなく、子どもたちの環境の一番のもととなる家庭の大人たちの支援にも配慮していることに注目できるだろう。

このようなプログラムは有効であると思われるが、それを実施していくうえで気になる点は、現時点で図書館の存在が計画の中にほとんど浮かび上がってこないことである。プログラムの中に挙げられている実施機関の公的機関のひとつとして図書館を位置づけることはできようが、読書支援においては大きな役割を果たすはずの図書館の明確な位置づけがなされていないことについては再考の余地があるだろう。

(2) 主な団体と活動

以下は、現在読書プログラムを実施している主な公的機関および民間機関である。

1) National Center for Family Literacy[(4)]

この団体は、子どもにとって、もっとも基本的な環境である家庭に対するリテラシー支援を目的として1989年から活動をしている。特に、貧困・失業・病気など、さまざまな困難を抱えている家庭を重点的に支援することを考えている。早期の支援が子どもたちにとって大きな意味があるという前提に立って、読み聞かせなどのいくつかの活動を組み合わせて、子どもたちが生まれながらにして持っている学習とリテラシー獲得の権利をすべとの子どもたちにとって現実にしようとするプロジェクトであり、その活動は年次報告[(5)]などで紹介されている。また、各州で実施されているプログラムや関連機関もこのセンターのサイトから調べることができる[(6)]。

2) National Even Start Association[(7)]

この機関は、各州で行われるEven Start Family Literacy programsの支援を行っており、その中には、先住アメリカ人居留地でのプログラムや移民など英語を母語としない人たちへのプログラム、刑務所にいる女性や子どもへのプログラムも含まれる。この機関の活動の目標は、さまざまなファミリー・リテラシー・プログラムのリーダー的存在として、このプログラムの存在を広く知らせ、各地で行われるこのプログラムに対し専門的な支援をし、また、他の機関との協力をはかっていくことである。

また、このプログラムは、低年齢への子どもたちへの教育や成人プログラムを通して、貧困や非識字の連鎖を断ち切るために、リテラシー教育など多様なプログラムを提供し、生涯教育の基盤を培おうとするものであり、読み聞かせなどは、小さい子どもたちへのプログラムの中に位置づけられている。

3) The Barbara Bush Foundation for Family Literacy[(8)]

この機関は、米国の全家庭にとってリテラシーを浸透させることを目的としている。具体的には、家庭が子どもにとっての最初の学校であり、親は子どもにとっての最初の教師であり、読書が子どもにとっての最初の教科であることをすべての家庭が理解し、そして、親子が共に学び、本を読むというファミリー・リテラシー・プログラムによって非識字の連鎖を断ち切ることを目的としている。この機関は、1989年に設立され、現在47州とワシントンD.C.で、600のプログラムを提供している。プログラムの中では、指導とカリキュラムとスタッフが重要視されており、また、プログラムの前後に効果の測定も行われている。プログラム対象者の読書レベルは多様であるため、プレッシャーを与えないような指導が必要であり、また、コンピュータによる指導も行われる。大人が子どもに読み聞かせをすることは、子どもだけではなく、大人のリテラシー獲得や読書能力の育成にも役立つと考えられている。また、プログラムの中では、親同士が情報や意見を交換し合う相互扶助活動も重視されている。

4) National Institute for Literacy(9)

この機関は 1991 年に NCLB の実施のために設けられた公的な機関であり、乳幼児から大人までの読書支援を含むリテラシー教育を担っている。人間にとって読書の準備は実際に本を読むことを始める幼稚園時代よりももっと早くから行われている、という研究成果に基づいて、乳幼児からの読書プログラムを米国連邦教育省の "Early Reading First" を中心に実施している。また、それ以外の年代についても、本機関のサイトで、さまざまな資料や統計情報を提供し、各地域のプログラムを支援している。また、"National Research Program"(10) によって、より効果的な読書プログラムを提供することを目指している。

この他、ピザハット社が提供しているプログラム "Book It!"(11) のように企業提供のプログラムも存在する。また、本稿では紙幅の都合上、地域におけるプログラム提供の紹介は割愛するが、各州は個別のプログラムを提供していたり、上記のプログラムと連携したプログラムを提供していたりしている。ただし、各州のプログラムを散見すると、図書館が中心となって行われているファミリー・リテラシー・プログラムもあり(12)、全体像を表す代表団体のサイトで見るよりも、実際の現場ではプログラムと図書館との結びつきがあるといえるだろう。

(3) 図書館のプログラム

図書館では、従来のプログラムに加えて、1998 年から "One City, One Book"、"One Book, One School" などと呼ばれる、地域や学区ごとの読書プログラムを推進している。これらのプログラムの規模は、州や地域によって違うが、ALA はこのプログラムの推進にあたって、これらのプログラムを "One Book, One Community" と名づけ、人々が本を通して互いに共感し、また語り合う機会をもつための、共同体規模の読書プログラムと位置づけている。ALA の出しているこのプログラムについてのワークシート *One Book, One Community: Planning Your Community-Wide Read*(13) では、その意義について以下のように述べている。このプログラムを通して、人々はバックグラウンドの違う者同士でも語る機会を持つことができるし、経験を分かち合うことで、人々の経験は豊かになる。このプログラムは、人々に新しい読書のモデルを提供することができる。これが、このプログラムの基本的なコンセプトである。

また、この文献では、目標の立て方、タイムスケジュールのつくり方、協力者を得る方法、予算の獲得計画、対象となる本の作者からの承認を得る方法、プログラム内容の設定方法などがワークシート形式で示されている。さらに、各地域におけるプログラム提供の例示やその評価なども簡単に記されており、具体的事例を知る上で参考になるだろう。

おわりに

米国では、読書プログラムに力を入れているが、現状では、米国連邦教育省が力を入れているプログラムと図書館自身が力を入れているプログラムにはずれがある。お互いの協力関係を求めていないわけではなく、また地域では、各関係機関と図書館が共通のプログラムを提供していることもあるが、米国連邦教育省や読書プログラムの提供を目的としている公的及び民間機関のプログラムでは、残念ながら図書館のかげはうすい。実践上だけではなく、コンセプト自身において図書館の役割を明確にしていくことと、今後、それぞれのプログラムを複数機関の協力の下でどのように進めていくかが課題であろう。

(1) U.S. Department of Education. Guide to Education Programs. http://web99.ed.gov/GTEP/Program2.nsf, (accessed 2007-02-17).
(2) Pub.L. No.107-110, 115 Stat. 1425.
No Child Left Behind Act of 2001 の全文は，以下を参照。
http://www.ed.gov/policy/elsec/leg/esea02/107-110.pdf, (accessed 2007-02-17).
(3) U.S.Department of Education. "No Child Left Behind". http://www.ed.gov/nclb/landing.jhtml?src=pb, (accessed 2007-02-17).
(4) "National Center for Family Literacy". http://www.famlit.org/site/c.gtJWJdMQIsE/b.1204561/k.BD7C/Home.htm, (accessed 2007-02-17).
(5) 現在ウェブ上で 2005 年の年次報告が提供されている。
National Center for Family Literacy. NCFL 2005 Annual Report. 26p. http://www.famlit.org/atf/cf/ % 7B3D0C0CE7-

6FDA-40BA-88F3-AA78546501E7 % 7D/Web % 20- % 20 Annual% 20Report% 202005.pdf, (accessed 2007-02-17).

(6) National Center for Family Litracy. “Find a Program”. http://www.famlit.org/site/c.gtJWJdMQIsE/b.1205565/k.8DDF/Find_a_Program/apps/kb/cs/contactsearch.asp, (accessed 2007-02-17).

(7) National Even Start Association. “National Even Start Association: Providing a National Voice and Vision for Even Start Family Literacy Programs”. http://www.evenstart.org/, (accessed 2007-02-17).

(8) “Barbara Bush Foundation for Family Literacy”. http://www.barbarabushfoundation.com/, accessed 2007-02-17.

(9) “National Institute for Literacy”. http://www.nifl.gov/, (accessed 2007-02-17).

(10) National Institute for Literacy. “National Research Program”. http://www.nifl.gov/nifl/nat_research.html, (accessed 2007-03-05)

(11) “Pizza Hut. Book It!: Reading Incentive Programs”. http://www.bookitprogram.com/default.asp, (accessed 2007-02-17).

(12) 例：
California State Library. “California Library Literacy Services” http://libraryliteracy.org/, (accessed 2007-03-05).
Lake County Library System. “Family Literacy Program”. http://www.lakeline.lib.fl.us/programs_and_services/family_literacy_program/default.aspx, (accessed 2007-03-05).

(13) American Library Association. One Book, One Community: Planning Your Community-Wide Read. 2003. http://www.ala.org/ala/ppo/onebookguide.pdf, (accessed 2007-02-17).

Ref:

Family literacy については、以下のような抄録つき文献紹介資料がある。
Wasik, Barbara Hanna. et al. Archived: Family Literacy: An Annotated Bibliography. Carolina Family Literacy Studies The School of Education.; Frank Porter Graham Child Development Center, University of North Carolina at Chapel Hill. 2000, 53p. http://www.ed.gov/PDFDocs/Family_Literacy.pdf, (accessed 2007-02-17).

4. コミュニティ

4.1 公共図書館における地域情報の提供

筑波大学大学院　図書館情報メディア研究科　　吉田　右子（よしだ　ゆうこ）

(1) 地域情報サービスとは

米国の公共図書館は地域社会と密接な関係を保って発展してきた。個々の図書館はコミュニティに根ざしており、利用者にコミュニティの情報を提供することが、図書館の重要な役割の１つとなっている。図書館はコミュニティに関する情報をコミュニティ・インフォメーション・ファイルとして用意するとともに、利用者のニーズに応じて他機関への照会サービスを行ってきた。公共図書館におけるこうしたコミュニティ情報源に関する情報提供サービスを、米国ではコミュニティ情報・照会サービス（community information and referral service）と呼ぶ。

地域情報サービスは、すでに1920年代には米国の公共図書館で実施されていた。当時から公共図書館をコミュニティの情報資源提供の拠点として位置づけ、地域情報をもれなく把握し、コミュニティの機関名簿を作成するなど、現在のコミュニティ情報・照会サービスの源流ともいうべきサービスを行っていた図書館もある[(1)]。1970年代以降にコミュニティへのサービスの重要性がより重視されるようになると、こうした地域情報のサービスは「コミュニティ情報・照会サービス」という名称のもとに、より本格的なサービスとして展開されるようになった[(2)]。現在では、地域情報の提供は公共図書館の基本サービスの１つであり、住民はコミュニティの情報を探索するために公共図書館を日常的に利用している。

(2) 地域情報とコミュニティ・インフォメーション・ファイル

各館は地域の諸団体・組織や情報サービス機関などの情報をコミュニティ・インフォメーション・ファイルとして一元化するとともに、各機関が発行するパンフレットやリーフレット、チラシなどの一枚ものの資料からなるファイル資料を地域情報として整理し、利用者に提供している。地方紙の新聞記事やコミュニティの行事に関する情報が含まれる場合もある。

作成されたコミュニティ・インフォメーション・ファイルは、利用者から照会があったときにすぐに応じられるよう職員の手許に置くとともに、利用者にも提供される。各機関のパンフレット資料は機関別あるいは主題別に分類され、フォルダーに収められていることが多い。コミュニティ・インフォメーション・ファイルには、情報の追加、削除作業が必須不可欠であり、常にその内容を更新し最新の情報を維持する必要がある。

コミュニティ・インフォメーション・ファイル、郷土史や地元の情報を扱う図書、パンフレット資料等は地域情報コーナーにまとめて置かれ、利用者はコミュニティの情報を様々な情報源から探索することができる。地域情報コーナーは中央館だけでなく分館にも設置され、一般の蔵書とともにアメリカの公共図書館の基本的なコレクションを形成している。

ところでアメリカは歴史的に多くの移民を受け入れてきた国家であり、多様な文化的背景を持つ住民がコミュニティを構成している。コミュニティ・インフォメーション・ファイルの主題の中に必ず多様な文化的・民族的背景を持つ利用者を視野に入れた項目がみられるのは、こうした文化的多様性が地域情報サービスに直接反映していることを示すものである。

(3) 地域情報提供の実践例

デトロイト公共図書館（Detroit Public Library）は全米で最も早く情報・照会サービスを手がけた図書館であり、情報コーナー（The Information Place：TIP）コーナーで地域情報の提供を行ってきた。地域情報サービスの情報源は20,000を超える地元の非営利団体の情報が含まれたTIPデータベースである。ここには生活基本情報（食、住、移動手段、経済援助）、消費者サービス、法的支援、教育、カウンセリング、健康相談、家庭支援、娯楽サービス等のコミュニティ情報が含まれている。各機関のデータ項目としては、機関の概要、所在情報、関係部署の情報、提供されるサービス内容に関する情報がある[(3)]。

メンフィス公共図書館・情報センター（Memphis Public Library and Information Center）中央館では、レファレンスサービス、コミュニティ情報・照会サー

※本稿は、国立国会図書館の2006年度調査研究事業の成果物である。

ビス、雇用情報サービスを１つに束ねた部署LINCが地域情報提供サービスを担当している。住民は９時から18時まで来館、電話、ファックス、電子メールのいずれかの方法でサービスを受けることができる(4)。

LINCにはコミュニティ情報室が併設され、諸機関のちらし、パンフレット、ニューズレターなどが置かれている。ここで衣食住に関わる機関、カウンセリング機関、各種支援組織、市民団体、移民のための語学学習機関等、コミュニティで生活していくために必要な関連機関の情報が利用者のニーズに応じて提供される(5)。

コミュニティ情報・照会サービスは、「LINCコミュニティ情報データベース」と連動している。このデータベースには1,300以上の機関・組織のデータが入力されており、住民は健康情報、子育て、職業訓練、教育や娯楽情報、退職者情報、福祉サービスに関する情報を入手することができる。登録機関の多くは非営利団体であるが、営利団体についての情報も若干含まれている(6)。

データベースは簡単な操作でコミュニティの機関の情報にアクセスできるよう設計され、利用者は地域の選択、主題の選択、条件の追加、検索結果の提示、詳細情報の提示、関連機関へのコンタクトという６つのステップを経て目指す情報を入手する(7)。

(4) ウェブサイトでの地域情報サービス

近年、地域情報サービスはウェブサイト上のデータベースあるいは関連情報へのリンク集の形で提供されることも多くなった。ウェブサイトを利用した地域情報サービスでは、利用者をそのニーズに合わせて各種機関のサイトへ直接導くことも可能であり、紙媒体のコミュニティ情報ファイルの時代にはできなかった新しい形での照会サービスが展開されている。一層進んだ情報提供の実現に向け、各図書館はウェブサイトからの情報発信に力を入れている。

ウェブサイト上の地域情報は、州、連邦政府、世界の様々な情報の一部として提供されているために、利用者は地域情報に関する情報と同時に、地域情報に限定されないより広い範囲の情報を同時に入手することができる。さらにウェブサイト上のコミュニティ・インフォメーション・ファイルには全世界からのアクセスが可能であることから、図書館や地域のPRの意味合いも持つようになりはじめた。

とはいえ図書館の地域情報コーナーに置かれたインフォメーションファイルから情報を入手しようと望む利用者が存在する以上、米国における地域情報の提供は図書館での情報提供とウェブサイト上での情報提供サービスが並存していくと考えられる。

なお地域情報サービスに関しては、アメリカ図書館協会公共図書館部会コミュニティ情報部が定めるガイドライン“Guidelines for Establishing Community Information and Referral Services in Public Libraries”(8)がある。

(1) Learned, William S. The American Public Library and the Diffusion of Knowledge. New York, Harcourt, 1924, p.51-52.
(2) Symour , Whitney North, Jr.; Layne, Elizabeth N. だれのための図書館. 京藤松子訳. 日本図書館協会, 1982, p.154-155.
(3) The Detroit Public Library. “Services: TIP”. http://www.detroit.lib.mi.us/tip/index.htm, (accessed 2007-02-05).
(4) The Memphis Public Library and Information Center. “LINC department”. http://www.memphislibrary.org/linc/index.html, (accessed 2007-02-05).
(5) The Memphis Public Library and Information Center. “Community Information and Referral ”. http://www.memphislibrary.org/linc/comminfo.htm, (accessed 2007-02-05).
(6) The Memphis Public Library and Information Center. “Resource House: Location”. http://www.resourcehouse.com/en/memphis/cgi-bin/location.asp, (accessed 2007-02-05).
(7) The Memphis Public Library and Information Center. “Resource House: Location”. http://www.resourcehouse.com/en/memphis/cgi-bin/location.asp, (accessed 2007-02-05).
(8) Public Library Association. Guidelines for establishing community information and referral services in public libraries. 4th. ed., American Library Association, 1997, 39p.

4.2 生涯学習機関としての図書館 ～高齢者サービス～

北陸学院短期大学 コミュニティ文化学科 髙島 涼子（たかしま りょうこ）

公立図書館は他の施設と並んで生涯学習の重要な機関として認識されており、高齢者向けの学習プログラムも大学、美術館、博物館、教会、シニアセンター、病院、退職者コミュニティ、高齢者デイケアセンターなどと共に図書館でも開催されている。現在、全米の動向を知る際に、高齢者への図書館サービスについては「アメリカ図書館協会高齢者に対する図書館サービス委員会（American Library Association Library Services to an Aging Population）」や「アメリカ合衆国全国図書館情報学委員会（U.S. National Commission on Libraries and Information Science：NCLIS）」が主要な情報提供源となっている。また、AARPや「国立シニアセンター研究所（National Institute of Senior Center：NISC）」、「高齢に関するホワイトハウス会議（White House Conference on Aging：WHCoA）」なども重要な働きを担っている。

(1) アメリカ図書館協会RUSA/RSS高齢者に対するへの図書館サービス委員会（American Library Association Reference and User Services Association/Reference Services Section/ Library Services to an Aging Population）

この委員会の目的は、継続して高齢者への図書館サービスをより効果的に実施する方法を探り、高齢者の図書館利用に関する専門職や一般の人々に対して情報と教育を提供する方法を模索することである。同委員会のホームページによれば、現委員長はクライマン（Allan M.Kleiman）で、かつてブルックリン公立図書館で高齢者サービスを担当していた。この委員会の主な活動は、高齢者サービスに関しての情報提供である。そのために高齢者関連組織との連携―国内図書館組織、外国図書館組織（現在は特に2008年に開催されるIFLAケベック大会との関連でカナダ図書館協会およびIFLA）、AARPや「高齢に関する全国会議」（National Council on Aging：NCOA）など―が提示されている。高齢に関する組織、健康に関する情報源、高齢者法・高齢者虐待、資産・退職計画、高齢者向け雑誌などについてのサイトや介護者向けのサイト情報も提供している。また、高齢に関するホワイトハウス会議のALAの窓口でもある。ALAの視覚媒体すべてで「エイジング」の視点が欠如している点が（ポスターはすべて若い人々である）議題としてとりあげられたこともある。

この委員会は公立図書館のために「21世紀のための21の計画」を公表している。

- インターネット講習の主催
- 医療専門家による医療計画の提供
- 地方史プロジェクトの主催
- シニアセンター、介護施設、退職コミュニティなどでの高齢者「ストーリータイム」の提供
- 過去の記念となるキルト作成計画の主導
- 世代を問わない写真コンテストの主催
- バーマシェイブ（Burma-Shave；アメリカン・セイフティ・レイザー社製のシェービングクリーム：1926年から中西部の道路沿いに一見詩的な冗談交じりの文を書いた看板を大量に立てて宣伝し売り上げを飛躍的に伸ばした。『リーダーズ・プラス』研究社）の看板、地域の雑話、音楽ボックス、第二次世界大戦に関するプログラムの提供
- オーラルヒストリー計画の着手
- 音楽プログラムの開催
- 高齢者や介護者のための討論グループを開始するための有力な人物との接触
- 会合のための場所の提供
- 住居安全プログラムの主催
- 社会保障、メディケア，税に関するプログラムの開催
- 『不思議の国のアリス』お茶会の主催
- 消費者シリーズの提供
- 1930年代40年代のウェディングドレス・ファッションショーの開催
- レシピの交換
- ライブ音楽またはDJとダンス・インストラクター付きの「ソックホップ」（特に1950年代に高校生の間で流行したソックス姿で踊るくだけたダンスパーティ：『リーダーズ英和辞典』第２版）の主催
- 工芸や趣味の展示、レクリエーション活動のため

※本稿は、国立国会図書館の2006年度調査研究事業の成果物である。

の場所の提供
- 高齢者のための税相談サービスの主催
- 地域におけるシニア・デイの確立

このような計画は地域における情報センターとしての公立図書館の性格を如実に現している。

(2) 公立図書館高齢者サービスプログラム

公立図書館としては、クリーブランド公立図書館（Cleveland Public Library）の「楽しく長生きクラブ」が（Live Long and Like It Club）全米で最も早く1946年11月12日に高齢者サービスを提供したといわれている。約30名の高齢者が参加して始められたプログラムで、高齢者に成人教育の機会を提供した。

ブルックリン公立図書館（Brooklyn Public Library, New York）は1999年に高齢者サービスのためのプロモーションビデオ『喜びの贈り物』（Gift of Joy）を作成しており、1974年から高齢者サービスを提供している。この図書館における高齢者サービスの最大の特徴はシニア・アシスタントの存在である。シニア・アシスタントはわずかではあるが時給が支給される高齢者のボランティアで、高齢者向けのプログラムを企画、運営、開催する役目を担っている。高齢者へのサービスを高齢者自身が担当している。正規の図書館員である高齢者サービス担当責任者がシニア・アシスタントを掌握し、他部局との連携を図り、長期展望をもってサービスの方向を確定し、高齢者サービス全体を統括する。また、高齢者サービスは独立した部局を持っていることも特徴の一つに挙げられる。サービスの内容は多岐にわたっている。ブルックリンという地域の特性上多文化サービスの要素も強く、移民への識字サービスや、ナーシング・ホームなどの施設への資料の宅配、シニア・アシスタントの企画による講演会、コンサート、討論会、読書会などがある。

トーピーカおよびショーニー・カウンティ公立図書館（Topeka and Shawnee County Public Library, Topeka, Kansas）は「赤いじゅうたんサービス」（Red Carpet Service）を提供している。3万冊以上の大活字本、350種以上の拡大鏡、補聴器などを貸し出している。アウトリーチ宅配サービスでトーピーカおよびショーニー・カウンティ全域に図書館資料を提供している。外出不可能な利用者に資料を提供している。この高齢者サービスの特徴は地域全体が協力している点である。個人としてまた市民組織として、このサービスに必要な備品や消耗品の購入資金を提供することで、このサービスを援助してきた点である。広報に関しても地元のメディアが大きく貢献しており、コミュニティからの多大なサポートがあって運営されている。来館できない利用者にも来館可能な利用者と同等で同質のサービスを提供するというのがこのサービスの基本方針である。

他にも多くの図書館が高齢者サービスを提供している。ユニークなアイディアに満ちたプログラムが多い。資金源も図書館予算は当然のこととして、財団などの組織からの補助、連邦政府からの補助、地域からの補助など多岐にわたっている。補助金以外に、宅配に欠かすことのできない車の保険料や維持費、集まりで配布する参加記念品といったものの寄付なども受けている。様々なアイディアと工夫に満ちた運営が高齢者サービスでは見られる。担当者も正規の職員に加えて、パートタイム職員、アシスタント、ボランティアと多様である。傾向の一つとして、ボランティアの採用時には正規雇用者の採用と同じ前歴の審査を行う図書館が増えていることがあげられる。これはボランティアが高齢者との親密な関係にいたるサービス提供者となることを考えれば当然の処置といえる。また、担当部局もブルックリン公立図書館のように単独の高齢者サービス担当を設置している図書館、アウトリーチ部局、成人サービス部局が担当など、それぞれの図書館の歴史や地域の特性を活かして様々である。

(3) 高齢に関するホワイトハウス会議

ホワイトハウス会議は全米規模での諸問題に関して大統領が招集する全国会議であり、20世紀中に約35回開催されている。これまでに複数回開催された会議は高齢に関するホワイトハウス会議のみである。1961、1971、1981、1995、2005年とほぼ10年ごとに開催されてきた。主要テーマは各年代の特徴を現している。1961年ホワイトハウス会議は増大する高齢者の医療費が主要なテーマであった。この会議の勧告を受けて高齢者の医療制度高齢者医療健康保険（Medicare）が制度化され、アメリカ高齢者法（Older Americans Act）が制定されている。採択された勧告は立法措置が取られるかあるいは既存の法律の改正となって、規範力を持つものとして具体化される。

2005年ホワイトハウス会議の特徴の一つとして、初めてベビーブーマーの高齢化が視野に入れられたことがあげられる。参加者は50の勧告を作成し、21

世紀に向けてのエイジングの問題と取り組む姿勢を明らかにした。

ALA はこのホワイトハウス会議に第 1 回の 1961 年から関与している。2005 年会議には NCLIS と協力してホワイトハウス会議の準備のために会合を開き、勧告案を作成している。この会議は全米における高齢者政策を決定する重要なものである。図書館政策も当然含まれるので、高齢者サービスや生涯学習プログラムを考える際の基盤となっている。

Ref.

遠藤克弥編著 . 最新アメリカの生涯学習：その現状と取組み . 東京 , 川島書店 , 1999, 94p.

The Booming Dynamics of Aging: From Awareness to Action. Washington, 2005-11-11/14, White House Conference on Aging. 2006.

Mates, Barbara T. 高齢者への図書館サービスガイド：55 歳以上図書館利用者へのプログラム作成とサービス. 高島涼子ほか訳. 京都大学図書館情報学研究会, 2006, 233p. (KSP シリーズ, 4).

Reference and User Services Association. “Library Services to an Aging Population”. http://www.ala.org/ala/rusa/rusaourassoc/rusasections/rss/rsssection/rsscomm/libraryservage/libraryservices.htm, (accessed 2007-01-10).

“U.S. National Commission on Libraries and Information Service”. http://www.nclis.gov/news/pressrelease.html, (accessed 2007-02-05).

U.S. Department of Health and Human Services.; U.S. Administration on Aging. “2005 White House Conference on Aging (WHCoA)”. http://www.whcoa.gov/about/whcoa_events.asp, (accessed 2007-01-15).

AARP. “Lifelong Learning, Education for Men and Women over 50”. http://www.aarp.org/learntech/lifelong/, (accessed 2007-01-11) .

5. デジタル社会

5.1 Googleの動向 〜Scholar、Book Searchを中心に〜

国立国会図書館関西館　事業部図書館協力課　　村上　浩介（むらかみ　こうすけ）

(1) はじめに

2004年、優れた検索エンジンを擁してインターネットビジネスを主導してきたGoogleが、２つのサービスを発表し、米国の図書館界に大きな衝撃を与えた。学術文献専用の検索サービス"Google Scholar"と、図書館蔵書や出版社の販売書籍をデジタル化して提供する"Google Print"（後の"Google Book Search"）である。

実のところ、これらのサービスは、Googleが新規に創出したものではない。学術文献の検索サービスとしては、EBSCOの"Academic Search Premier"やThomson Scientificの"Web of Science"など、すでに商用のものが存在しており、研究図書館を中心にサービスの重要な一翼を担っていた。また書籍のデジタル化についても、ボランティアベースで始まった書籍デジタル化プロジェクト"Project Gutenberg"、主に大規模な図書館による自館蔵書のデジタル化、出版社による電子ブック・電子ジャーナルの刊行など、数多くの先例がある。折しも前年の2003年には、世界最大のオンライン書店Amazon.comが、契約した出版社の書籍について、本文の全文検索・数ページの閲覧を可能とするサービス"Search Inside the Book"を開始し、注目を集めていたところであった[(1)]。

しかしながら、Googleのこの２つのサービスは、設立当初から提供されているウェブサイト検索サービスと同様、膨大なコンテンツを対象とし、しかも誰もが無料で簡単に利用できるという点で、それまでのものとは大きく異なっていた。またGoogleがすでに、多くのインターネット利用者にとって不可欠なツールとなっていたこともあり、従来図書館が果たしてきた役割が、Googleに取って代わられるのではないかという危機意識を、多くの図書館員に喚起したのである。

(2) 世界を席巻するGoogleのサービス

1998年、友人から借りたガレージで創業したGoogleは、そのわずか２年後に世界最大の検索エンジンに成長する。先行するYahoo!などの検索サービスが、主に、独自の分類に基づいてウェブサイトを組織化し、ディレクトリ形式で提供するというものであったのに対し、Googleの検索サービスは、ウェブサイトを機械的に収集して本文を索引化し、単一の検索語入力ボックスに入力された語と適合したものを提供するというものである。Googleが収集したウェブサイトは、他のサイトからどのくらいリンクされているかという被リンク（back links）数など、多くの評価基準によって重み付け（ページ順位（pagerank）と呼ばれる）がなされており、入力された検索語との関連度（relevance）と合わせてランク付けされた形で、検索結果の一覧が表示される。一覧表示中の各レコードには、該当するウェブサイトへのリンク、コンテンツの一部分（スニペット（snippet）と呼ばれる）、機械的に収集した時点のコンテンツのコピー（キャッシュ（cache）と呼ばれる）へのリンクが付されている。このようなシステムが、多くの利用者にとってわかりやすく、便利で、迅速で、またある程度正確なものとして、広く受け入れられることとなったのである。

もっとも、Googleはこの検索エンジンの成功に飽き足らなかった。ウェブサイトの検索に留まらず、新しいサービスを次々と展開する。2001年には商品カタログの検索サービス"Google Catalogs"、2002年にはニュース提供サービス"Google News"や商品検索サービス"Froogle"などを開始し、2003年には小包やフライト情報などを、ウェブサイトと同じ検索画面から検索できるようにした。そして2004年の"Local Search"（後の"Google Maps"）、2005年の"Google Earth"によって、遂に（物質としての）地球そのものを、衛星の視点から検索できるまでになった。2006年には、連邦政府の情報を検索できる"U.S. Goverment Search"、特許を検索できる"Google Patents"を提供したほか、米国国立公文書館・記録管理局（NARA）や航空宇宙局（NASA）といった連邦政府機関とパートナーシップを結び、それぞれが所蔵する第二次世界大戦の動画資料や、月・火星の資料をデジタル化して提供する計画を発表している。

Googleはまた、自社の優秀なエンジニアによるこのような開発成果に加え、先行する企業を買収して

※本稿は、国立国会図書館の2006年度調査研究事業の成果物である。

Googleブランドに吸収するM&A事業も展開しており、2001年には老舗のニュースグループ“Usenet”(後の“Google Groups”)、2002年にはブログサービス“Blogger”、2004年には画像管理・共有サービス“Picasa”や、“Google Maps”に大きく貢献することになるデジタル地図管理サービス企業を傘下に加えている。2006年に大手動画共有サービス“YouTube”を買収したニュースは、YouTubeの知名度もあいまって、一般の雑誌や新聞をも大いににぎわした。

このようなGoogleの躍進を支えているのは、多額の広告収入である。2000年に開始された、Googleの検索結果に連動して広告を表示するサービス“Google AdWords”は、瞬く間にGoogleを黒字に押し上げた。またGoogle以外のウェブサイトの一角に、当該ウェブサイトの内容に連動したGoogle AdWordsの広告を表示してもらい、その広告のクリック数に応じてウェブサイト管理者に対価を支払うサービス“Google AdSense”が2003年に開始されると、手軽に収入を得たいウェブサイト管理者がこぞってこれを導入し、Google AdWordsの価値は大きく高まった。

さらに、Googleが利用者を引き付けた要因として、主要なサービスのAPI（Application Programming Interface）を無償公開していることも挙げられよう。このAPIを利用することで、Google以外のウェブサイトから、Googleのサービスの実行結果を利用できるようになる。これにより、技術力があれば誰でも、Googleを利用した新しいサービスを作れるようになった。またGoogleは、ウェブブラウザ上で稼働するメール、カレンダー、ワープロ、表計算、RSSリーダーといった個人向けソフトも提供しており、これらを自由に組み合わせて個人用の画面“Personalised Homepage”の機能を作ることもできる。

Googleが提供している多くのサービスは「ベータ版」と銘打つ、実験段階のものである。サービスが開始され、十分に人口に膾炙し広く利用されているのに、ずっとベータ版のまま改良が続けられているのである。またベータ版のさらなる予備軍を提供する“Google Labs”という、実験の前の実験室まで公開されている。実験段階でありながら果敢に提供し、利用者の指摘・評価を反映しながら、より優れたものへと進化させている。このような姿勢も、利用者の好感と期待を集めている。

(3) Google Scholarの登場

2004年11月にGoogle Labsから巣立ったGoogle Scholarは、「学術文献を幅広く検索するための」ツールであり、「学術出版社、専門職協会、プレプリント・リポジトリ、大学等の学術機関が提供しているピア・レビュー誌の論文、学位論文、図書、要約、記事」を一度に横断的に検索できる、とされている[(2)]。ところが、何をもって「学術」と見なすのか、どの情報源からデータを入手しているのか、収録範囲はどの程度か、どのくらいの頻度で更新されるのか、といった情報はほとんど公開されなかった（2007年1月現在でも公開されていない）ことから、公開から程なくして、多くの図書館員や研究者がGoogle Scholarの検証を行い、その成果を公表している[(3)]。

ヤチヨ（Peter Jacso）によると、Google Scholarで検索できる文献は、IEEE、Wiley、シカゴ大学出版のような学術出版社・大学出版会や、学術出版社のデータをデジタル化・ホスティングしているHighWire PressやIngentaといった企業、米国物理学会や国立衛生研究所（NIH）などの学協会・政府機関、arXiv.orgやCiteBaseといったプレプリント・リプリントを収録しているリポジトリなどから収集したものである。ただし、大手出版社Elsevierのデータは提供されていない、学術文献ではないものがヒットする、商用データベースでヒットするのにGoogle Scholarではヒットしない学術文献がある、などの欠点が存在することも指摘されている[(4)]。

検索対象となっているのは、これらの文献のメタデータと、全文データから作成した索引である。ただし、この索引付けには、(一般のウェブサイトの検索でも同様であるが）ファイルサイズの制限があり、プライス(Gary Price)が調べた280ページのPDFファイルの例では、本文のおよそ半分までが索引付けされており、検索できたという[(5)]。

利用者は、これらのデータをウェブサイト同様の単一の検索語入力ボックスから、また著者・雑誌名・出版年・主題分野などを指定したりできる詳細検索画面から検索することができる。その検索結果は、ウェブサイトと同様に、メタデータとスニペットが一覧で表示され、メタデータのタイトル部分が、文献へのリンクとなっている。またGoogle Scholar独自のものとして、当該文献を引用している文献や関連する文献へのリンク、同じ検索語でウェブサイトを検索するためのリンクも表示されている。さらに、Googleは

OCLCの総合目録“WorldCat”のレコードも収集している[(6)]ため、図書資料でWorldCat中に所蔵がある場合は、WorldCatを通して所蔵館を検索するための“Library Search”というリンクが表示される。またこのほかにも、英国図書館（BL）のドキュメント・デリバリー・サービス“BL Direct”へのリンクが表示されるデータもある。ただし、検索結果のソート機能が不十分で、また出版年の信頼性には疑問があるという指摘もある[(7)]。

なお、Google Scholarで検索できる文献のすべてが無料で全文を見られるようになっているわけではなく、商用データベースの抄録だけが表示される場合も多い。このような文献は、Google Scholarから遷移した先の商用サービスのページで、有料で全文が閲覧できる旨、案内されていることが多い。ただし、Google Scholarは2005年5月からOpenURLリンクリゾルバに対応しており[(8)]、これを適切に設定することで、検索結果に自機関の契約コンテンツの画面へのリンクを表示することができる。これにより、電子ジャーナルなど当該文献を購読契約し、OpenURLリンクリゾルバを採用している研究図書館では、Google Scholarから電子ジャーナルにシームレスに案内することができ、利用者も無料でコンテンツを見ることができるのである。

GoogleはGoogle Scholarの詳細を明らかにせず、どのような文献が、どのくらいの頻度で収集されているかわからない。機能面でも不十分なところがある。またすべての文献を誰もが無料で見られるというわけではない。このような課題があることから、多くの評者からは、商用データベースにとって代わる存在ではないと見なされている。もっともそのインターフェースのわかりやすさは評価されており、OpenURLリンクリゾルバを通した既存のツールとの連携を試みている研究図書館もいくつかある。また研究図書館のサービスを利用できない利用者にとって、重要な学術情報検索ツールであることは間違いない。今後、Google Scholarがどのように改良されていくのか、注目される。

(4) Google Book Searchとその波紋

Google Scholarに遅れること1か月、Googleは2004年12月、これまで進めてきた、主に出版社と協働しての書籍デジタル化プロジェクト“Google Print”を拡張して、ハーバード大学図書館、スタンフォード大学図書館、ミシガン大学図書館、オックスフォード大学図書館、ニューヨーク公共図書館の5館と、蔵書をデジタル化してGoogleから検索できるようにすることで合意したと発表した[(9)]。もっとも、オックスフォード大学側の担当者ミルン（Ronald Milne）によると、Googleは2002年ごろから図書館とのパートナーシップを検討していたようで、蔵書のデジタル化についての本格的な検討も、2003年中に始められている[(10)]。

このプロジェクトの成果として、図書館の蔵書データがGoogle Printで検索できるようになったのは、Google Printの試験公開（2005年5月）から半年後の2005年11月である[(11)]。そして同時期に、Google Printから“Google Book Search”へと名称が変更された[(12)]。また2006年8月には、パブリックドメインとなっている資料のダウンロードが可能になった旨が発表されている[(13)]。この間、Google Book Searchに参加する図書館は、“Google 5”と称される初期の5館から拡大の一途を遂げ、2007年2月5日に加わったプリンストン大学図書館までで、合計12館となっている[(14)]。この中には、英語圏以外の図書館として、スペインのカタロニア国立図書館、マドリード・コンプルテンセ大学図書館も含まれている。

Google Book Searchは、出版社や著作権者の書籍をデジタル化する“Partner Program”と、図書館の蔵書をデジタル化して提供する“Library Project”の2つからなる。Partner Programは、出版社や著作権者との契約に基づくもので、書籍の情報をより多くの人の目に触れさせられる、有力なマーケティングツールとして宣伝されている。デジタル化の費用はGoogleが負担するとされており、出版社が希望する場合、検索結果に応じた広告を付与し、その収益の大半が出版社に提供される。提供された資料は、その全文が検索対象となるものの、利用者は本文の1ページと、その前後それぞれ2ページ、都合5ページ分だけを一度に見ることができる。また利用者はGoogleに登録する必要があり、その利用履歴はチェックされている。これにより、書籍の全ページを見ることはできない（1か月間に見られるのは、全体の20%以内）ようになっており、出版社の利益は保護されている。また権利許諾が取れていないページについては、見ることができないようになっている。

これに対し、Library Projectは、出版社や著作権者との契約に基づかないで、図書館の蔵書をデジタル化するものである。提供される蔵書は、図書館側で指定することができ、たとえばミシガン大学図書館は全蔵書780万冊を、オックスフォード大学図書館はパブリックドメインとなっている蔵書100～150万冊を対象としている。またミルンによると、オックスフォード大学の場合、デジタル化は現地で行われており、図書館員が保存状態を見てスキャニングに適さないと判断した資料のみ、対象外となるのだという[15]。デジタル化の費用はPartner Program同様、Googleが負担することになっており、デジタル化されたデータはGoogleと図書館のそれぞれが保有することになる。利用者は全文を検索でき、パブリックドメインとなっている資料はその全体を、著作権保護期間内の資料はヒットした検索語の周囲のスニペット（活字によって異なるがおよそ4～5行分）3つ分だけを見ることができる。もっとも、中には本文がまったく見られないものもある。上述のとおり、パブリックドメインとなっている資料は、PDF形式のデータをダウンロードすることができる。

検索画面は単一のものであり、Partner Program、Library Projectのいずれから提供されたデータであるかは、検索結果に現れる個々のタイトルを表示しないとわからない。通常の検索画面は、ウェブサイト同様の単一の検索語入力方式を採用しており、全書籍を検索対象とするか、全文が見られるパブリックドメインとなっている資料だけを対象とするか選ぶことができる。また詳細検索画面では、OCLCが提供しているWorldCatの目録データだけを対象とした検索も選ぶことができるようになっている。タイトル、著者、出版社、出版年、ISBNなどを指定しての検索も可能である。

検索結果の一覧表示画面では、表紙のサムネイル画像、メタデータ、本文の閲覧可否（Partner Programの場合は“Limited Preview”、Library Projectの場合　は“Full View”、“Snipett View”、“No Preview Available”のいずれか）、書籍の詳細情報へのリンク、目次画面へのリンクが表示され、メタデータのタイトル部分が、書籍のデジタルデータへのリンクとなっている。

Partner Programで提供された書籍、Library Projectで提供された書籍のうちパブリックドメインとなっているものについては、書籍のデジタルデータとして、検索語にヒットしたページ、表紙のサムネイル画像、書誌情報の要約、書誌情報の詳細情報へのリンク、目次、当該書籍を販売しているオンライン書店（Amazon.comなど）へのリンク、WorldCatの目録情報へのリンク（“Find this book in a library”）、書籍内を検索できる検索語入力ボックスが表示される。Partner Programの場合はさらに、検索語に関連した広告と出版社の情報が、パブリックドメインとなっている書籍の場合は「ダウンロード」のボタンが表示されている。ともにデジタルデータでは、ページの拡大・縮小や全画面表示を行うことができ、ページ送りやスクロールで前後を見ることができる。また書籍の詳細情報の表示画面には、表紙のサムネイル画像、書誌情報、デジタルデータへのリンク、当該書籍のキーワード、書店・WorldCatへのリンク、サンプルページへのリンク、関連する書籍へのリンク、当該書籍の中で言及されている場所を示したGoogle Mapsの画面（これは存在しない場合もある）、検索語入力ボックスが表示されている。Partner Programの場合はさらに検索語に関連した広告が、パブリックドメインとなっている書籍の場合は「ダウンロード」のボタン、元の書籍の所蔵館とデジタル化した日付、異版の情報などが表示されている。

Library Projectで提供されたデータのうち、著作権保護期間内であるためスニペットで表示されるものにおいては、デジタルデータ表示画面と書籍の詳細情報表示画面は同一であり、スニペット画像のほか、表紙のサムネイル画像、書誌情報、元の書籍の所蔵館とデジタル化した日付、目次、当該書籍のキーワード、書店・WorldCatへのリンク、書籍内検索、関連する書籍へのリンク、Google Mapsの画面が表示される。本文がまったく見られないものも、スニペット画像を除き、これとほぼ同様の情報が表示される。

もっともこのLibrary Projectに対しては、多くの出版社や著作権者団体から、異議が申し立てられている。GoogleはLibrary Projectの対象資料のうち、出版社や著作権者から申請があったものについてはデジタル化しないという、いわゆる“Opt-Out”方式を採用して権利者の保護を図っているが、権利者側は許諾を得てからデジタル化を行う“Opt-In”方式を採用すべきであり、Googleのやり方は著作権侵害であるとして訴訟を起こしたのである。これに対し、GoogleやGoogle 5のミシガン大学図書館は、著作権法の例外として認められているフェアユースに当たると主張し、真っ向から対立している。この問題については、米国議会図書館（LC）の議会調査局（CRS）がレポートを出している[16]ほか、数多くの論者が検討している。紙幅の都合上、本稿ではこの議論は割愛するが､これらを仔細にレビューしたバクシク（Corinna Baksik）[17]、プロスキン（Emily Proskine）[18]はともに、裁判所の判断がどのようなものとなるか、まだ明らかではないとしつつも、Googleに有利とする結論を出している。

Google Book Searchの意義を論じた論考の中で、ラッキー（Robert Lackie）はGoogle Book Searchの最大の成果を、大規模な蔵書デジタル化（mass digitization）が可能であることを知らしめたことであるとし、図書館は「パンドラの箱を開けつつある」とする[19]。Google 5の各館が提供する蔵書のデジタル化だけでも、10年以上の期間と膨大な金額がかかると目されている。しかし、このプロジェクトによって、前例のない大規模なデジタル図書館が構築されることは間違いなく、図書館の存在意義も含めた広範な議論が展開されている[20]。

(5) おわりに

本稿ではGoogleの発展の経緯を踏まえつつ、図書館に大きな影響を与えたGoogleの2つのプロジェクト、Google ScholarとGoogle Book Searchについて紹介してきた。これらのプロジェクトを契機に、2005年には図書館とGoogleに関する初の本格的な論集“Libraries and Google”が刊行される（*Internet Reference Services Quarterly*誌の第10巻第3/4号が図書として同時刊行されたもの）など、米国ではGoogleと図書館の関わりについての多くの論考が世に出た。中には、Googleに対する嫌悪感・恐怖感をあらわにするものもあるが、Googleをツールとして利用し、Googleと図書館サービスとを相互補完的に考えていく戦略を提唱する図書館員が多いように思われる。

またGoogle側も、これを意識してか、米国図書館協会（ALA）の大会に参加したり、ALAの禁書週間などとタイアップしたり、図書館員向けにブログやニューズレターで情報を提供するサービス“Google Librarian Central”などを展開したりしている[21]。また2005年11月には、LCとパートナーシップを結び、“World Digital Library”構想に300万ドルの資金提供を行うことも発表されている[22]。

なお、本稿で取り上げたGoogleのプロジェクトに追随する形で、競合する企業も類似のプロジェクトを展開している。本来はこれらのプロジェクトについても論じるのがフェアであるが、本稿ではこれらの比較研究を行っている日本語文献を紹介するに留めることとする。

Google Scholarの対抗馬としては、Microsoftの“Windows Live Academic Search”や、Elsevierの“Scirus”が挙げられる。これらについては､ヤチヨ[23]や片岡真[24]が比較を行っている。

またGoogle Book Searchの対抗馬としては、Microsoftの“Windows Live Search Books”や、Yahoo!やInternet Archiveなどによる連合体Open Contents Allianceのプロジェクト、例えばInternet Archiveの“Text Archive”などが挙げられる。さらには欧州連合（EU）による欧州デジタル図書館計画も、Googleへの対抗を意識している。これらについては、鈴木尊紘による比較がある[25]。また、上述のAmazonの“Search Inside the Book”の展開も注目されるところである。複数のプロジェクトに参加している図書館もあり、図書館側の戦略も見逃せない。

これらのプロジェクトは拡大を続けており、不定期にコンテンツが追加されている。またその機能はいずれも改良が続けられている。デジタル時代の図書館サービスを提供する図書館員は、継続的にこれらの情報を確認し、その動向から目を離さないようにすると同時に、絶えず検証を続け、図書館サービスとしてどのように利用できるか、また利用者にどのような案内を行うべきか、考えていかなければならないだろう。

(1) “Amazon.com社，書籍の本文検索サービスを開始”. カレントアウェアネス-E. 2003, (26), E146. http://www.dap.ndl.go.jp/ca/modules/cae/item.php?itemid=152>, (参照 2007-02-12).

(2) About Google Scholar”. Google Scholar BETA. http://scholar.google.com/intl/en/scholar/about.html>, (accessed 2007-02-12).

(3) これらの検証結果については、ラッキー（Robert Lackie）やカリコット（Burton Callicott）らが簡潔なレビューを行っている。Robert Lackie. “Google's Print and Scholar Initiatives: The Value of and Impact on Libraries and Information Services”. William Miller et al. ed. Libraries and Google. 2005, p.57-70.; Burton Callicott. “Google Scholar vs. Library Scholar: Testing the Performance of Schoogle”. William Miller et al. ed. Libraries and Google. 2005, p. 71-88.

(4) Peter Jacso. “<Savvy Searching> Google Scholar: the pros and the cons”. Online Information Review. 2005, 29(2), p.208-214. http://www.emeraldinsight.com/Insight/ViewContentServlet?Filename=Published/EmeraldFullTextArticle/Pdf/2640290206.pdf, (accessed 2007-02-12).

(5) Gary Price. “Google Scholar Documentation and Large PDF Files”. SearchEngineWatch. 2004-12-01. http://blog.searchenginewatch.com/blog/041201-105511, (accessed 2007-02-12).

(6) “OCLC, WorldCat レコードを Google に提供”. カレントアウェアネス-E. 2003, (27), E149. http://www.dap.ndl.go.jp/ca/modules/cae/item.php?itemid=155, (参照 2007-02-12).
(7) Robert Lackie. “Google's Print and Scholar Initiatives: The Value of and Impact on Libraries and Information Services”. William Miller et al. ed. Libraries and Google. 2005, p. 67.
(8) “Google Scholar Institutional Access” Google Press Center. 2005-5-10. http://www.google.com/press/pressreleases05.html, (accessed 2007-02-12).
(9) “Google Checks Out Library Books”. Google Press Center. 2004-12-14. http://www.google.com/press/pressrel/print_library.html, (accessed 2007-02-12).
(10) Ronald Milne. “The Google Library Project at Oxford”. William Miller et al. ed. Libraries and Google. 2005, p.23-28.
(11) “Google Makes Public Domain Books Accessible To The World”. Google Press Center. 2005-11-3. http://www.google.com/press/pressrel/print_publicdomain.html, (accessed 2007-02-12).
(12) Jen Grant. “Judging Book Search by its cover”. Official Google Blog. 2005-11-17. http://googleblog.blogspot.com/2005/11/judging-book-search-by-its-cover.html, (accessed 2007-02-12).
(13) “Google Book Search Offers Free Downloads of Public Domain Books”. Google Press Center. 2006-8-30. http://www.google.com/intl/en/press/annc/booksearch_download.html>, (accessed 2007-02-12).
(14) “Google Book Search Library Partners”. Google Book Search. http://books.google.com/googlebooks/partners.html, (accessed 2007-02-12).
(15) Ronald Milne. “The Google Library Project at Oxford”. William Miller et al. ed. Libraries and Google. 2005, p.27.
(16) Robin Jeweler. “The Google Book Search Project: Is Online Indexing a Fair Use Under Copyright Law?”. CRS Report for Congress. RS22356. 2005. http://opencrs.com/rpts/RS22356_20051228.pdf, (accessed 2007-02-12).
(17) Corinna Baksik. Fair Use or Exploitation? The Google Book Search Controversy. Portal: Libraries & the Academy. 2006, 6(4), p.399-415.
(18) Emily Proskine. Google's Techinicolor Dreamcoat: A Copyright Analysis of the Google Book Search Library Project. Berkeley Technology Law Journal. Annual Review 2006. 2006, 21(1), p.213-239.
(19) Robert Lackie. “Google's Print and Scholar Initiatives: The Value of and Impact on Libraries and Information Services”. William Miller et al. ed. Libraries and Google. 2005, p.63-65.
(20) 米国図書館情報学国家委員会（NCLIS）も、2006 年 3 月にミシガン大学で行われた大規模蔵書デジタルプロジェクトに関するシンポジウムの報告書を刊行している。この事実から、国家レベルで注目されているトピックであると言うことができよう。“Mass Digitization: Implications for Information Policy”. Ann Arbor, MI., 2006-03-10/11, U.S. National Commision on Libraries and Information Sciences. 2006. 24p. http://www.nclis.gov/digitization/MassDigitizationSymposium-Report.pdf, (accessed 2007-02-12).
(21) “Google が ALA 年次大会に参加”. カレントアウェアネス-E. 2006, (88), E521. http://www.dap.ndl.go.jp/ca/modules/cae/item.php?itemid=528, (accessed 2007-02-12).
(22) “LC の World Digital Library構想にGoogleが協力”. カレントアウェアネス-E. 2005, (72), E416. http://www.dap.ndl.go.jp/ca/modules/cae/item.php?itemid=422, (参照 2007-02-12).
(23) Jacso, Peter. 引用データによって強化された学術情報データベースをいかに評価するか. 高木和子ほか訳. 情報管理. 2005, 48(12), p.763-774. http://www.jstage.jst.go.jp/article/johokanri/48/12/763/_pdf/-char/ja/, (参照 2007-02-12).
(24) 片岡真. “Google Scholar, Windows Live Academic Searchと図書館の役割”. カレントアウェアネス. 2006, (289), p.19-22. http://www.dap.ndl.go.jp/ca/modules/ca/item.php?itemid=1040, (参照 2007-02-12).
(25) 鈴木尊紘. マスデジタイゼーションプロジェクトと図書館：Google, OCA, MSN, EUデジタル図書館. 現代の図書館. 2006. 44(2), p.82-92.

Ref:

“Google Milestones”. Google Corporate Information. http//www.google.com/corporate/history.html, (accessed 2007-02-12).
“Google Scholar BETA”. http//scholar.google.com/, (accessed 2007-02-12).
“Google Book Search BETA”. http//books.google.com/>, (accessed 2007-02-12).
“Google Librarian Central”. http://librariancentral.blogspot.com/, (accessed 2007-02-12).
“Newsletter Archive”. Google Librarian Central. http://www.google.com/librariancenter/librarian_newsletter.html, (accessed 2007-02-12)
William Miller et al. ed. “Libraries and Google”. New York, Howorth Information Press, 2005, 240p.
兼宗進. “Google が図書館に与えるインパクト”. カレントアウェアネス. 2005, (285), p.2-3. http://www.dap.ndl.go.jp/ca/modules/ca/item.php?itemid=996, (参照 2007-02-12).
津田深雪. “進化する地図の世界”. カレントアウェアネス. 2006, (289), p.22-24. http://www.dap.ndl.go.jp/ca/modules/ca/item.php?itemid=1041, (参照 2007-02-12).
“Google, 学術情報専用の検索エンジンを発表”. カレントアウェアネス-E. 2004, (49), E273. http://www.dap.ndl.go.jp/ca/modules/cae/item.php?itemid=279, (参照 2007-02-12).
“インターネット業界との協働による図書館蔵書のデジタル化計画”. カレントアウェアネス -E. 2005, (51), E285. http://www.dap.ndl.go.jp/ca/modules/cae/item.php?itemid=291, (参照 2007-02-12).
“Google Scholar と図書館の電子情報資源をリンクさせる試み”. カレントアウェアネス-E. 2005, (57), E321. http://www.dap.ndl.go.jp/ca/modules/cae/item.php?itemid=327>, (参照 2007-02-12).
“Google Print の巻き起こす波紋”. カレントアウェアネス-E. 2005, (60), E340. http://www.dap.ndl.go.jp/ca/modules/cae/item.php?itemid=346, (参照 2007-02-12).
“Yahoo! と Googleのデジタル図書館構想, その岐路”. カレントアウェアネス-E. 2005, (68), E392. http://www.dap.ndl.go.jp/ca/modules/cae/item.php?itemid=398>, (参照 2007-02-12).
“書籍デジタル化市場に続々参入”. カレントアウェアネス-E. 2005, (70), E403. http//www.dap.ndl.go.jp/ca/modules/cae/item.php?itemid=409, (参照 2007-02-12).
“EU, デジタル図書館計画を発表”. カレントアウェアネス-E. 2006, (68), E390. http://www.dap.ndl.go.jp/ca/modules/cae/item.php?itemid=396, (参照 2007-02-12).
“欧州デジタル図書館計画, パブリックコメントの結果発表”. カレントアウェアネス-E. 2006, (79), E461. http://www.dap.ndl.go.jp/ca/modules/cae/item.php?itemid=467, (参照 2007-02-12).
“ライバルはGoogle Scholar：マイクロソフト社の新しい検索サービス”. カレントアウェアネス-E. 2006, (81), E473. http://www.dap.ndl.go.jp/ca/modules/cae/item.php?itemid=479, (参照 2007-02-12).
“Google Book Search に対する訴訟, 独で取り下げられる”. カレントアウェアネス-E. 2006, (87), E515. http://www.dap.ndl.go.jp/ca/modules/cae/item.php?itemid=522,（参照 2007-02-12）.

“欧州デジタル図書館計画の促進に向けた勧告”. カレントアウェアネス-E. 2006, (91), E541. http://www.dap.ndl.go.jp/ca/modules/cae/item.php?itemid=548>,（参照 2007-02-12）.

“Google Book Searchの機能拡張とミシガン大の新プロジェクト：図書の所蔵情報や本文データを用いた新たなサービスの幕開け”. カレントアウェアネス-E. 2006, (91), E543. http://www.dap.ndl.go.jp/ca/modules/cae/item.php?itemid=550,（参照 2007-02-12）.

“Microsoft社, 書籍検索サービス“Live Search Books”を開始”. カレントアウェアネス-E. 2006, (97), E581. http://www.dap.ndl.go.jp/ca/modules/cae/item.php?itemid=598,（参照 2007-02-12）

5.2 米国におけるオープンアクセスの動向

慶應義塾大学大学院　図書館・情報学専攻　　三根　慎二（みね　しんじ）

(1) オープンアクセス運動の世界的展開

世紀をまたぐころから、学術情報流通においては電子化とオープンアクセスが一大テーマとなっている。それは、これら２つの現象が、学術情報流通を根本的に変革させる可能性を持つからである。これまで研究者、図書館、学協会・出版社を主な利害関係者として成立していたが、ここに大学、政府、研究助成機関が新たに加わることにより、既存の利害関係者が果たしてきた機能や役割が改めて問われる事態になっている。オープンアクセスとは、学術情報への制限のない無料でのアクセスをオンライン上で提供する理念であり運動であるが、オープンアクセスを巡って百家争鳴の時代を迎えている。本稿では、米国の最近の動向に関して、パブリックアクセス方針や図書館の活動を中心に述べる。

(2) 米国におけるオープンアクセス：パブリックアクセス方針

オープンアクセスの短い歴史において、米国では多くの象徴的な出来事が起こっている[(1)]。たとえば、ギンスパーグ（Paul Ginsparg）が開始した arXiv、米国国立衛生研究所（National Institutes of Health：NIH）の PubMed Central、Public Library of Science による学術雑誌などであり、セルフアーカイビング、リポジトリ、オープンアクセスジャーナルというオープンアクセスの三大要素全てを網羅している。

その中でも、米国における近年のオープンアクセスの特徴は、政府助成研究に対するパブリックアクセスの要求であり、他国と比較して対象規模が広範である。これまでに、NIH のパブリックアクセス方針、米国治癒センター法案（American Center for Cures Act, 以下 CURES 法案）、そして連邦政府研究公衆アクセス法案（Federal Research Public Access Act of 2006(S.2695).、以下 FRPAA 法案と略す）が施行あるいは提出されており、本稿では、FRPAA 法案に絞って概説する。

FRPAA 法案の概要

NIH パブリックアクセス方針が施行されてから奇しくも１年後の 2006 年５月２日、米国上院議員である共和党のジョン・コーニン（John Cornyn）と民主党のジョセフ・リーバーマン（Joseph Lieberman）は、FRPAA 法案を米国上院に提出した[(2)]。FRPAA 法案は、外部委託研究の予算が年間１億ドル以上である全ての連邦政府機関はパブリックアクセス方針を策定し、内部研究者と米国政府から研究助成を受けている外部研究者に、査読制を設けた学術雑誌に掲載された論文の最終原稿に対して、刊行後６ヶ月以内にオンライン上での無料アクセスを保証することを求めている。同法案に該当する連邦政府機関は、現時点では農務省、商務省、国防総省、教育省、エネルギー省、運輸省、保健福祉省、国土安全保障省、環境保護庁、航空宇宙局、全米科学財団であり、法案の影響力の大きさを示している。

FRPAA 法案の特徴は、1）論文の最終原稿の無料公開は任意ではなく６ヶ月以内の義務である、2）NIH パブリックアクセス方針や CURES 法案が医学分野の研究を対象としていたのに対し広範囲の分野を対象としている、3）論文のコピーを PubMed Central のような助成元の研究機関のアーカイブだけではなく各研究者の所属大学の機関リポジトリに公開可能であることなどであり、既存の方針や法案を強化している。しかし、いつリポジトリに登録するのか、助成金からオープンアクセス雑誌への投稿料を出せるのか、遵守しない場合の規定などについては明記されていない。

法案提出直後から、図書館団体を始め、大学、出版社、消費者団体、患者団体、研究者、学生による法案への賛同を示す公開書簡や呼びかけが多数出されている。図書館団体からは、AAHSL、AALL、ACRL、ALA、ARL、MLA、SLA、SPARC が合同で公開書簡を提出しており、加えて、2007 年１月時点で、米国の 132 大学が FRPAA 法案への賛同を示している[(3)]。その中にはハーヴァード大学など著名大学も含まれるが、60 弱の大学はリベラルアーツの単科大学の図書館コンソーシアムである Oberlin Group に属している[(4)]。一方で、非営利の医学・科学分野の学協会からなる Washington D.C. Principles for Free Access

※本稿は、国立国会図書館の 2006 年度調査研究事業の成果物である。

to Science Coalition は、既に学協会によって提供されているサービスに対して助成する必要はなく、連邦政府による義務化は不必要なものであるとして法案への異議を唱える公開書簡を出している[5]。

昨年度は 11 月に中間選挙が実施され共和党が敗北したこと等が重なり、FRPAA 法案は会期中に投票されず、2007 年に再提出されると言われている[6]。Nature が報じているように[7]、商業出版社によるオープンアクセスに反対するロビー活動は衰えることはなく、FRPAA 法案がそのまま成立するかどうかは不明である。NIH のパブリックアクセス方針も、任意登録から登録義務化への動きが見られるが、米国におけるパブリックアクセス方針の多くは対象機関が他国と比較して広範囲に及ぶものであり、法案の影響力を考えればそのまま成立するようには思えない。商業出版社や大手学協会らのロビー活動を受けて何らかの後退を余儀なくされることも予想される。

(3) オープンアクセスと大学図書館の関わり

これまで学術情報流通における大学図書館の役割は主に、学術情報を収集、蓄積、組織化し、利用者に提供することにあった。シリアルズクライシス、学術雑誌の急速な電子化、ビッグディール契約に見られるように、近年、大学図書館は利用者に学術情報を安定供給することに対する危機感と常に隣り合わせの状況にある。そうした中で、大学図書館が学術情報流通に積極的に関与し、変革をもたらそうとする動きが欧米の大学図書館を中心に起こっている。オープンアクセスと大学図書館の関わりを考えると、その媒介になっているのは機関リポジトリであろう。

大学図書館は機関リポジトリを通じて、1）学術情報流通の変革と 2）大学の社会的および公共的価値の向上を目的として、a）研究者とオープンアクセス運動、b）利用者とオープンアクセス資料、c）研究成果と社会のそれぞれの仲介役を、オープンアクセス状況下における学術情報流通で果たそうとしているように思われる。

a）は、学術情報の生産者でもあり利用者でもある研究者に、オープンアクセスに関する背景や理念を説明しその必要性を理解してもらうことで、機関リポジトリへの研究成果の登録を促進・支援するなど、研究者が進んでオープンアクセス運動に関与するようになることを目的としている。各種調査が示すように[8][9]、研究者の機関リポジトリはもとよりオープンアクセスに対する認知度は決して高いものとは言えず、図書館による研究者に対するオープンアクセスの広報活動は今後も継続して行われるべきである。

b）については、研究者はもとより学生も含めて、オープンアクセスな学術情報へのナビゲーションを提供することである。研究者・学生ともに、多くの情報を WWW から入手するというスタイルに移行しつつあるとともに、オープンアクセスで提供されている学術情報自体も増加している。今や機関リポジトリに登録されているメタデータは 1 千万件を越えており、オープンアクセスジャーナルも 2,500 タイトル以上に達している。利用者が望む全ての資料をひとつの大学図書館が提供する事は不可能である以上、図書館がまかないきれない部分を提供しうる情報源として、1）の活動とあわせて機関リポジトリやオープンアクセスジャーナルの存在を認知してもらうよう利用者に直接働きかけ、サーチエンジンから機関リポジトリのコンテンツへアクセスできるようにすることが求められるだろう。設置した機関リポジトリに登録されたコンテンツは、自館の利用者だけでなく、ILL や来館という手段をとらずに国内外の利用者が無料で利用でき、図書館自らが学術情報を収集蓄積するだけではなく、直接流通させる機能を持つことになる。

c）は、大学の社会に対する説明責任が一層求められる現在、機関リポジトリを通して、大学から生み出された研究成果だけでなく教材、シラバスなど教育資源を含めて多様な情報を広く社会に公開することである。図書館が機関リポジトリによって、大学の電子的アーカイブとして、学内で生産された知的資本を全て収集保管し広く外部に公開することは、図書館の役割をアピールすることにつながる。しかし、a）と b）が学術情報流通の変革を志向しているのに対して、c）は大学の社会的および公共的価値の向上を目的としており、両者は根本的に異なるものである。この両者が併存していることは、機関リポジトリの位置づけを依然として模索中であることを物語っている[10]。

(4) 米国図書館の事例

米国におけるオープンアクセスの現状を数値で表すと以下のようになる。Registry of Open Access Repository によれば、2007 年 2 月時点において、全世界で 837、米国には 212 の機関リポジトリがあり、そのうち 119 が研究機関あるいは学部単位で設置されている。119 大学で合計 27 万弱のメタデータが登録されているが、ファイル自体が提供されているのは5万7千件程度である。大学レベルでオープンアクセスに関する方針を定めているのは、ケースウェスタンリザーブ大学、コーネル大学、カンザス大学の3大学のみである。ulrichsweb.comのデータでは、米国で刊行されているオープンアクセスジャーナルは、2007年2月現在540タイトルである。

機関リポジトリについて、ミシガン大学のマーキー（Karen Markey）らは、米国で全国調査を実施しており、機関リポジトリの利点、人員、コンテンツ収集方法、使用ソフトウェア、費用などについて、大学図書館に対する電子メール調査の結果を報告している。たとえば、機関リポジトリの利点としては、大学の知的資本の獲得や電子的な研究成果の長期保存が高く評価されているが、印刷版への依存の減少、被引用数の増加などはあまり評価されていない。コンテンツ収集方法では、早期採用者との個別作業、学部あるいは教授会議におけるプレゼンテーション、教員への個別訪問などが高く評価されている[(11)]。

(5) SPARCによるアドボカシー活動

米国のオープンアクセスに特徴的なのは、FRPAA法案に対する図書館団体による公開書簡に見られるように、図書館が積極的に関与し活動を行っていることである。そのなかでも特に、SPARCはオープンアクセス推進へと方針を転換して以来、オープンアクセスに関する多様な情報を、研究者、図書館、大学に提供してきている。たとえば、オープンアクセスのパンフレットである“Open Access”[(12)]、論文の著作権について著者の権利を留保するための契約書などのテンプレートである「著者の権利」[(13)]、メーリングリストの“SPARC Open Access Forum”、ニュースレターの“SPARC Open Access Forum News Letter”などが代表例である。2007計画において[(14)]、オープンアクセス関連では、「アドボカシー/パブリック方針戦略」、「機関リポジトリ」、「オープンアクセスの経済的影響」などが明記されている。たとえば、アドボカシー/パブリック方針戦略では、オープンアクセスワーキンググループや納税者アクセス同盟（Alliance for Taxpayer Access）などの関連組織だけでなく、高等教育機関、学生団体、研究者団体とも連携をとり、FRPAA法案やNIHパブリックアクセス方針など政府助成研究へのオープンアクセス方針を支持するとされている。機関リポジトリについては、情報源の提供や国際会議（Open RepositoriesやSPARC US Institutional Repositories meeting）の開催、NSF、National Academies、Science Commonsによるデータアクセスに関するワークショップやシンポジウムに参加するなどが挙げられている。

以上、米国のオープンアクセスの動向を概観してきた。先に述べたように、米国においては、NIHパブリックアクセス方針やFRPAA法案のような政府助成研究へのパブリックアクセス方針が今後どれだけ進展するかが大きな焦点であり、それに図書館サイドがどのように関与していくのか、継続して動向を追っていく必要がある。これまで日本では、欧米の動向に追随する傾向があったが、2005年度から国立情報学研究所の次世代学術コンテンツ基盤共同構築事業による機関リポジトリの構築と発展のための活動が精力的に行われており、機関リポジトリについては、「欧米に遅れているとは言えず、もはや欧米を参考にすべき部分はないところまできている」[(15)]との見解もある。しかし、学協会によるオープンアクセスに対する取り組みや、研究助成機関に対するパブリックアクセス方針等は、米国に一日の長があり、今後は世界の動向を押さえつつも、日本の学術情報流通に関する調査研究に基づいた、日本独自のオープンアクセスに対する取り組みが求められるのではないだろうか。

(1) Suber, Peter. “Open Access in the USA”. Jacobs, Neil. ed. Open Access: Key strategic, technical and economic aspects. Oxford, Chandos, 2006, p.149-160.
(2) Federal Research Public Access Act of 2006. http://thomas.loc.gov/cgi-bin/query/z?c109:S.2695:, (accessed 2007-02-13).
(3) SPARC. “Higher Education Supports the Federal Research Public Access Act of 2006 (S. 2695)”. http://www.arl.org/sparc/advocacy/frpaa/institutions.html, (accessed 2007-02-13).
(4) “Oberlin Group”. http://www.oberlingroup.org, (accessed 2007-02-13).
(5) Washington DC Principles for Free Access to Science. “Senior Academic Officers Express Their Concern About S.2695, The “Federal Research Public Access Act Of 2006”. 2006-09-22. http://www.dcprinciples.org/press/1.htm, (accessed 2007-02-13).
(6) Chillingworth, Mark. “US Election Delay Open Access Articles Bill”. Information World Review, 2006-11-30. http://www.iwr.co.uk/2170271/, (accessed 2007-02-13).
(7) Gile, Jim. “PR's 'pit bull' takes on open access : Journal publishers lock horns with free-information movement”. news @ nature.com, 2007-01-25. http://www.nature.com/news/2007/070122/full/445347a.html, (accessed 2007-02-13)
(8) Rowlands, Ian et al. Scholarly Communication in the Digital Environment: What do Authors Want?. Learned Publishing.

2004, 14(4), p.261-273.
(9) Rowlands, Ian et al. Journals and Scientific Productivity : a. case study in immunology and microbiology. Publishing Research Consortium, 2006, 16p. http://www.publishing.ucl.ac.uk/papers/2006Rowlands_etal.pdf, (accessed 2007-02-13).
(10) 倉田敬子. 機関リポジトリとは何か. Medianet. 2006, (13), p.14-17.
(11) Makey, Karen et al. Nationwide Census of Institutional Repositories: Preliminary Findings. 2006. http://miracle.si.umich.edu/reports/Rieh_InterimReport2.pdf, (accessed 2007-02-13).
(12) SPARC. Open Access. http://www.arl.org/sparc/oa/docs/OpenAccess.pdf, (accessed 2007-02-13).
(13) SPARC. Author Rights. http://www.arl.org/sparc/bm~doc/SPARC_AuthorRights2006.pdf, (accessed 2007-02-13)
(14) SPARC. “2007 SPARC Program Plan”. http://www.arl.org/sparc/about/pp2007.html, (accessed 2007-02-13)
(15) 文部科学省. “科学技術・学術審議会：学術分科会：研究環境基盤部会：学術情報基盤作業部会（第６回）議事録”. http://www.mext.go.jp/b_menu/shingi/gijyutu/gijyutu4/gijiroku/002-1/07011715.htm, (参照 2007-02-13).

第4章

米国の図書館に関する研究動向

本章では、米国の図書館に関する日本国内の研究動向を見ていく。米国の図書館を実践モデルとして掲げてきたわが国では、館種やテーマを問わず米国図書館にかかわる多くの研究が行われてきた。本章では文献レビューの形で、日本におけるアメリカ図書館に関する研究動向を紹介する。

実践に焦点を当てた研究が多くを占めるなかにあって、図書館史に関しては、米国の図書館の理念的基盤を扱う基本文献の翻訳が精力的に行われてきた。「図書館史に関する研究文献レビュー」では、翻訳された研究業績を中心に、米国における図書館史研究の動向が示されている。米国ではマイノリティ、メディア史、文化の政治的側面を視野に入れた図書館史研究が活発に行われており、図書館史は過ぎ去った過去を記述するものではなく、現在の実践と対峙しつつ参照すべき拠り所として捉えられている。

「図書館における電子情報に関する研究文献レビュー」では、米国の大学図書館における電子的学術情報サービスの動向を紹介している。実践に直結するこの領域についてはタイムラグをおかず､米国の様々な動向が我が国に伝えられている。研究テーマも短期間で変遷しており、ここでは、近年、議論が高まりつつある電子ジャーナル、機関リポジトリ、大学図書館と情報産業の協同事業などを扱った日本の文献が整理されている。情報技術を駆使した新たなサービスはラーニング・コモンズといった新しい概念を生み出すなど、研究テーマは多様化する傾向にある。

「図書館における教育・リテラシーサービスに関する研究文献レビュー」では、利用者教育から情報リテラシーの育成という流れに沿って、関連研究の展開を概観している。情報リテラシーは図書館の教育的機能と結びつく最も重要な概念として、米国では多様な研究が行われてきた。日本でも米国の動向を受け、学校図書館を対象とする児童・生徒の情報リテラシーの育成や批判的思考力についての議論が深められている。また大学でもｅラーニングにおける図書館の役割が重視される中で、情報リテラシーにかかわる議論が高まっている。公共図書館や専門図書館を対象とする研究は少ないが、情報リテラシーは館種を問わず図書館にとって重要な概念であり、今後の研究が期待される。

「日本におけるアメリカの図書館研究業績書誌」は、我が国のアメリカ図書館研究についての包括的な文献リストである。リストが示す通り、すでに膨大な研究がこの領域で行なわれてきた。本報告書が明らかにしてきたように、米国の図書館はアメリカ社会を基盤とした社会制度であり、日米の図書館には大きな違いがある。しかしながらその違いを乗り越えてアメリカの図書館サービスの守備範囲の広さや歴史的な蓄積から、日本の図書館が吸収すべき点はまだまだたくさん残されている。ここに挙げられた研究成果の上に、さらに新たな成果が積み上げられていくことであろう。

（吉田　右子）

4.1　米国の図書館史に関する研究動向

東京大学大学院　教育学研究科　　三浦　太郎（みうら　たろう）

米国図書館史研究の第一人者ウィーガンド（Wayne A. Wiegand）フロリダ州立大学教授は、1999 年、19 世紀末以降の米国図書館学研究の動向をまとめたうえで、この分野の弱点として、研究範囲が図書館という「自分たちにだけ通用する土俵」に閉じており、権力と知識の結びつきに切りこむ批判理論や、図書を読む人びとの視座に立つ読書研究など理論的・学際的研究と隔絶している点を批判した[(1)]。

日本で米国図書館思想研究をリードする川崎良孝・京都大学教授も 2005 年、ヴァンスリック（Abigail A. Van Slyck）『すべての人に無料の図書館』[(2)] に寄せた「訳者あとがき」のなかで、過去 30 年間の米国図書館史研究の動向の変化を概観し、シェラ（Jesse H. Shera）、ディツィオン（Sidney Ditzion）、ハリス（Michael Harris）、ギャリソン（Dee Garrison）の「問題意識、視点、解釈、それに周辺諸学の視点や方法を視野に入れつつ、個別的な領域で歴史を再構成していくという方向に向かっている。そこで…重視されているのは、従来の図書館史の捉え返し、女性などマイノリティの視点、およびいわゆるブック・カルチャー、プリント・カルチャーといった幅広い領域のなかに位置づきうる図書館史研究である」と述べた[(3)]。

従来の図書館史研究のテーマは、大きく、伝記、一館史、（分類やレファレンスなど）専門技量、図書館学教育、図書館協会、専門職の活動研究に分けられる[(4)] が、図書館界の内部で完結する素朴実証的な研究ではなく、図書館が内包する価値意識やそれが置かれた社会情勢との関わりで論じることが、近年、強く意識されるようになったと言える。

このうち伝記では、ウィーガンドがデューイ（Melvil Dewey）の生涯を論じた『手に負えない改革者』[(5)] が出されている。ここでは、速記資料や書簡をはじめ、従来は取り上げられることのなかった１次資料を博捜しながら、デューイが十進分類法の考案やライブラリー・ビューローの設立などを通じて図書館業務の効率化・規格化を徹底した点や、アメリカ図書館協会（ALA）発足や Library Journal 創刊など図書館専門職領域の形成に尽力した点、さらには、図書館学校を創設し女性図書館員を中心とする専門職制度を確立した点について、丹念に考察が進められている。あわせて、メートル法普及と綴り字改革への情熱、レイクプラシッドクラブでの反ユダヤ主義的活動など、デューイの多面的活動を取り上げるなかで、筆者はそれらの諸活動が当時の白人中心主義的な価値観や利他主義的な道徳観に支えられていたことを、批判的に検証することに成功している。

また、一館の歴史ではないが、図書館の設立史として先のヴァンスリック（コネチカット・カレッジ教授）による『すべての人に無料の図書館』がある。ここでは、1890 年から 1920 年にかけての図書館サービス拡大期においてカーネギー（Andrew Carnegie）が全米各地に寄贈した、いわゆる「カーネギー図書館」を取り上げながら、建築様式や設計配置に込められた町の実力者・建築設計者・図書館員の意図の相違を読み解き、各自治体で進められた都市政策や文化政策の違いを浮き彫りにしている。提示される対立軸のひとつは中央館と分館であり、都市部において中央館は記念碑的性質を体現し権威主義的構造を有したが、これと対照的に分館は図書館設計理論に積極的に対応した作りを持ち、中産階級以外に労働者階級の利用にも開かれていた点が論じられる。このほか筆者は女性図書館員と利用者としての子どもに着目し、1900 年以降、児童室において暖炉に女性肖像画を立て掛ける家族的なイメージが完成したことを指摘している。

専門職の活動研究としては、ロビンズ（Louise S. Robbins）ウィスコンシン大学教授が知的自由の観点から論じた The Dismissal of Miss Ruth Brown[(6)] がある。これは、戦後 1950 年にオクラホマ州の石油町バートルズヴィルを舞台にした公共図書館長解雇の背景をまとめた論考で、文書や手書き資料、さらには関係者とのインタビュー調査をもとに、彼女の解雇がマッカーシズムという時代背景だけでなく南部に根深い人種対立、女性観と密接な関係のあった点を考証している。ブラウンはアフリカ系アメリカ人に非公式に図書館を開放するなど人種対立緩和に努力した自由主義者であり、彼女の見解は、彼らを単に町の労働力の立場にとどめておいたり女性を家庭に縛り付けたりすることでコミュニティの安寧を保つことができると考

※本稿は、国立国会図書館の 2006 年度調査研究事業の成果物である。

えた保守層との間に、埋めがたい溝を生んでいた。当時、ALAは反検閲の立場からのみブラウンを支持したが、これによって事件の根底にあるそうした階級・人種・ジェンダー差別を隠蔽してしまった点を同書は鋭く描き出している。

このほか、幅広い視点からの研究として注目されているのが、ポーリー（Christine Pawley）ウィスコンシン大学准教授によるReading on the Middle Border(7)である。彼女は従来の読書史研究が北東部の中産階級に焦点をあてていたため「普通の」人びとの読書行動が明らかでないとの問題意識に立ち、開拓から定住へ向かう19世紀後半の時期の中西部アイオワ州の小町オーセージを取り上げる。そこで連邦・州政府の統計データ、町の記録、地方紙、学校や読書クラブに残された文書、日記などを用いながら、男性・女性、子ども・老人、あらゆる階層・人種的背景を問わず、一般の人びとが日々、図書や新聞・雑誌など印刷情報をどのように利用していたかを解き明かしている。図書館も多様な文化生活のなかに位置づけられ、地元のセージ公共図書館の利用実態に即せば、「利用者は中流階級のプロテスタントが大多数を占め、貸出は女性が利用し、ロマンス小説が最も人気を集める」とステレオタイプ的に理解される利用にとどまらず、年配者や中年男性、労働者階級の利用が確かにあり、読書傾向にもハイ／ロウカルチャーどちらかへの一方的志向は見られなかった点を指摘している。これは図書館利用実態の捉え方に一石を投じた好著である。

学術雑誌や研究団体の動向にも触れておこう。米国図書館史研究の雑誌としては長くLibraries & Cultureが挙げられてきた。これは1966年にルイス・ショアーズによってJournal of Library Historyとして創刊され、1988年に名称変更された季刊の査読付き学術雑誌であり、研究論文・研究ノート・エッセー・書評から構成されているが、2006年夏号以降、名称をLibraries & the Cultural Recordと再変更した。この再変更には、対象を図書館だけでなく文書館、博物館も含めた文化記録を保存する機関全般に広げ、記録された知識情報の総体を扱うという意図が鮮明に示されている。

米国図書館史研究の団体としては、ALAの部会として1947年に発足したLHRT（Library History Round Table）があり、それ以外に、1991年に図書に関わる分野横断的な集まりとしてSHARP（Society for the History of Authorship, Reading & Publishing）が発足し、国際的な研究交流の場を提供している。

(1) Wiegand, Wayne A. “20世紀の図書館・図書館学を振り返る”. 川崎良孝訳. 川崎良孝編著. 図書館・図書館研究を考える：知的自由・歴史・アメリカ. 京都大学図書館情報学研究会, 2001, p.2-44.
(2) Van Slyck, Abigail Ayres. すべての人に無料の図書館：カーネギー図書館とアメリカ文化1890-1920年. 川崎良孝ほか訳. 京都大学図書館情報学研究会, 2005, 274p.
(3) Van Slyck, Abigail Ayres. すべての人に無料の図書館：カーネギー図書館とアメリカ文化1890-1920年. 川崎良孝ほか訳. 京都大学図書館情報学研究会, 2005, p.259-263.
(4) Wiegand, Wayne A. “American Library History Literature, 1947-1997: Theoretical Perspectives?”. Wertheimer, Andrew B. [eds]. Library History Research in America: Essays Commemorating the Fiftieth Anniversary of the Library History Round Table. Library of Congress, 2000, p.4-34.
(5) Wiegand, Wayne A. 手に負えない改革者：メルヴィル・デューイの生涯. 川崎良孝ほか訳. 京都大学図書館情報学研究会, 2004, 494p.
(6) Robbins, Louise S. The Dismissal of Miss Ruth Brown: Civil Rights, Censorship, and the American Library. University of Oklahoma Press, 2000, 237p.
(7) Pawley, Christine. Reading on the middle border : the culture of print in late-nineteenth-century Osage, Iowa. University of Massachusetts Press, 2001, 265p.
なお，同書の第1･3章の大枠は，Powley, Christine. “ビリヤードより良いもの：1890年から1895年のアイオワ州オーセージにおける読書と公共図書館”. 吉田右子訳. 川崎良孝編著. 図書館・図書館研究を考える：知的自由・歴史・アメリカ. 京都大学図書館情報学研究会, 2001, p.119-152. に示されている。

4.2 米国における電子的学術情報サービスの動向

京都大学附属図書館　　筑木　一郎（つづき　いちろう）

はじめに

本稿は、米国の大学図書館界における学術情報サービス、特に電子的なサービスについての近年の動向を紹介・分析した文献をレビューするものである。

前提となる学術情報流通の本質とこの10年あまりの緊迫した展開について理解するには土屋の論述をみるのがよいだろう。土屋(1)は、学術情報の量的増大およびその商業化に伴うシリアルズ・クライシスと、社会全体の電子化・ネットワーク化を背景とした学術雑誌の電子ジャーナル化とが複雑に絡み合う学術情報流通の展開を描き出している。

(1) 電子ジャーナルをめぐる動向

この10年あまりで研究者の情報行動は劇的に変わったと誰しもが思うところだが、それを裏付けるのが三根の研究である。三根(2)は、米国を中心に盛んに行われている研究者の電子ジャーナル利用調査を網羅的にレビューし、電子ジャーナルが分野によって普及度に差はあるものの、その利便性から今や研究者に不可欠なツールになっている姿を浮かびあがらせている。

日本が電子ジャーナルを導入し始めた2000年前後には海外の導入事例が数多く紹介されたが、一定程度普及した近年ではその効果や評価に関心が移っている。特に、電子ジャーナル特有の契約形態であるビッグ・ディールが大学図書館にもたらした効果と影響については関心が高く、多くの論考が発表されているが、加藤(3)が論点をまとめて分析している。ビッグ・ディールは、利用タイトルの大幅な増加をもたらし、特に小規模な大学にとって意義が深くなっているが、逆に毎年続く値上がり、購読規模維持条件、キャンセル禁止条件といった大きな課題があることも明らかになっている。こうした効果や課題は世界中で共通のものである。

電子ジャーナルの契約に絡んで近年クローズアップされているものに、強大な出版社との契約条件を有利にするためのコンソーシアムの存在がある。その中でも、オハイオ州のOhioLINKはよく紹介されるが、高木(4)がその活動の展開を伝えている。80以上の高等教育機関で構成されるOhioLINKは、2003年時点で約6,000タイトルの電子ジャーナルを契約・提供しているが、約４分の３の経費節約という効果をもたらしたという。また、電子ジャーナルのみならず、各種データベースや電子ブックなども共同購入・共同利用し、また総合目録やILL、電子学位論文、チャットレファレンスなども共同で構築している。渡邊(5)の報告によると、他の州や地域でもこのようにコンソーシアルな枠組みで電子情報資源の共同購入・共同利用することは盛んであり、こうした緊密なコンソーシアム活動は米国大学図書館界のひとつの特色であろう。

米国では、大きな課題のひとつであるアーカイビングの問題についても積極的な実験プロジェクトが進んでいる。後藤(6)の分析によると、スタンフォード大学図書館が主導するLOCKSS、アンドリュー・メロン財団が支援するPorticoといった、分散型、集中型のアーカイビング戦略がそれぞれ進められている。

(2) リポジトリをめぐる動向

この数年図書館界を席巻しているのは、オープンアクセス、機関リポジトリの話題である。出版社の寡占化と価格高騰を背景として、学術情報の自由な流通を目指すオープンアクセスの動向については、数多くの論考があり枚挙に暇がないが、特に時実(7)は、この潮流の原動力となったSPARCの戦略と行動を軸に分析している。SPARCは、1998年の活動開始以来、学術コミュニケーションの変革に向けて商業誌と競争しうる代替誌の発行支援に取り組んでいたが、2002年前後からオープンアクセスの推進へと戦略の重心を移しており、ブタペスト・オープンアクセス・イニシアチブ（BOAI）を始めとする数多くの宣言や、オープンアクセス誌の発行と機関リポジトリの構築という２つの戦略に深く関わっている。

※本稿は、国立国会図書館の2006年度調査研究事業の成果物である。

大学図書館にとって重要なのは機関リポジトリの動向である。高木[8]は、マサチューセッツ工科大学のDSpace@MITやカリフォルニア大学のeScholarship等の初期のリポジトリを紹介しながら、リポジトリ事業を図書館が主導することに伴う課題を描出している。CNIの調査によると、2005年初頭の時点で、博士課程まである研究大学の40%はリポジトリを設置済みであり、また残りの約90%も計画中であるという（Lynch et al.[9]）。米国ではリポジトリはデジタル世界における学問のための基本的なインフラであると認識されている。

コンテンツ収集は、研究者がリポジトリを自分にとって有益なものであると捉えるかどうかにかかっている。ロチェスター大学では、教員のニーズ調査を行い、どのようにすればリポジトリをニーズに合ったものにできるか検討している（Foster et al.[10]）。その結果、研究者は研究や教育の時間を割かれることなく研究成果を発信したいと考えており、またできあがった研究成果というよりも他の研究者との研究作業の場を望んでいること等が明らかになっている。

米国に特徴的なのは、個々の大学での取り組みとともに、研究助成機関によって研究成果のオープンアクセス方針が鮮明に打ち出されていることであろう。世界最大級の研究助成機関である国立衛生研究所（NIH）が2004年に打ち出したオープンアクセス方針は、議会を巻き込んで大きな議論を巻き起こしている（尾身ほか[11]）。納税者の権利という文脈でオープンアクセスを追求するこの取り組みの行方は世界中から注視されている。

また、これはリポジトリ事業とは一線を画すが、米国ではGoogleやYahoo!、Microsoftといった巨大企業とハーバード大学やミシガン大学、カリフォルニア大学といった大規模大学図書館が協同して、図書館蔵書のマスデジタイゼーションに乗り出している。鈴木[12]が、この動きを背景や課題も含めて分析しているが、このようなチャレンジングな活動こそが米国の図書館界の活力を現しているともいえるだろう。

(3) 電子的情報資源を有効に活用するために

学術情報流通のメインストリームは電子的なものとなり、大学図書館も電子的なサービスに重心を移しつつあるが、かといってそれら大学図書館提供の電子的情報資源が教育の現場で広く使われているかというと心許ない。

米国で特徴的なところは、電子的情報資源を単に収集・蓄積するだけでなく、積極的に教育の現場へと還元しようとする姿勢であろう。マクヴェイ山田[13]や上原[14]は、米国の大学図書館による取り組みの模様を伝えている。例えば、授業で使う指定図書を電子化して認証範囲で提供するeリザーブや、学生が授業を受ける際のポータルとなるコースウェアに図書館サービスを繋げる取り組み、同じくコースウェアでオンライン・チュートリアルを提供する試みなどが紹介されている。

電子的なサービスに重心を移す中で、場所としての図書館は新たな付加価値を模索している。米国で普及しつつある、主にネット世代の学部学生が紙媒体の資料とともに電子的情報資源を活用して、自立的学習、共同学習を進めることができるようにした施設、ラーニング・コモンズの状況を米澤[15]は描き出している。

米国における学術情報サービスの動向を、日本で紹介された事例から簡単に探ってきた。学術情報流通自体はすでにグローバルなものとなっており、電子ジャーナルにしろリポジトリにしろ彼我で進捗や課題にそう大きな違いがあるわけではない。むしろ、紹介・分析される文献から浮かびあがってくるのは、ニーズや環境の変化に対して素早く新たな取り組みで挑戦していく姿勢や、各種コンソーシアムやARL、SPARC、DLFといったネットワーク的な活動、豊富な助成制度を背景とした活発なプロジェクト型活動、調査研究活動といった、大学図書館界の主体性とでもいうべきものではないだろうか。

(1) 土屋俊. 学術情報流通の最新の動向－学術雑誌価格と電子ジャーナルの悩ましい将来. 現代の図書館. 2004, 42(1), p.3-30. 入手先, 千葉大学学術成果リポジトリCURATOR, http://mitizane.ll.chiba-u.jp/meta-bin/mt-pdetail.cgi?smode=1&cd=00020285&edm=0&tlang=1, (参照 2007-02-05).

(2) 三根慎二. 研究者の電子ジャーナル利用：1990年代半ばからの動向. Library and Information Science. 2004, (51), p.17-39.

(3) 加藤信哉. 電子ジャーナルのビッグ・ディールが大学図書館へ及ぼす経済的影響について. カレントアウェアネス. 2006, (287), p10-13. http://www.dap.ndl.go.jp/ca/modules/ca/item.php?itemid=1018, (参照 2007-02-05).

(4) 高木和子. OhioLINK：最近の活動状況と今後の計画. 情報管理. 2004, 47(3), p.204-211. http://joi.jlc.jst.go.jp/JST.JSTAGE/

johokanri/47.204,（参照 2007-02-05）.

(5) 渡邊由紀子. アメリカの大学図書館および公共図書館における電子情報サービスとその導入. 大学図書館研究. 2005, (73), p.57-68. 入手先, 九州大学学術情報リポジトリ QIR, http://hdl.handle.net/2324/2927,（参照 2007-02-05）.

(6) 後藤敏行. 電子ジャーナルのアーカイブ－アクセスの観点からみた集中・分散の２方面戦略－. 情報管理. 2005, 48(8), p.509-520. http://joi.jlc.jst.go.jp/JST.JSTAGE/johokanri/48.509,（参照 2007-02-05）.

(7) 時実象一. オープンアクセス運動の歴史と電子論文リポジトリ. 情報の科学と技術. 2005, 55(10), p.421-427.

(8) 高木和子. 世界に広がる機関レポジトリ：現状と諸問題. 情報管理. 2005, 47(12), p.806-817. http://joi.jlc.jst.go.jp/JST.JSTAGE/johokanri/47.806,（参照 2007-02-05）.

(9) Lynch, Clifford A.; Lippincott, Joan K. 2005年初めにおける米国の機関リポジトリ配備状況. [国立情報学研究所訳]. D-Lib Magazine. 2005, 11(9). http://www.nii.ac.jp/irp/info/translation/09lynch/09lynch.html,（参照 2007-02-05）.

(10) Foster, Nancy Fried.; Gibbons, Susan. より多くのコンテンツを機関リポジトリに集めるために教員を理解する. [国立情報学研究所訳]. D-Lib Magazine. 11(1), 2005. http://www.nii.ac.jp/metadata/irp/foster/,（参照 2007-02-05）.

(11) 尾身朝子, 時実象一, 山崎匠. 研究助成機関とオープンアクセス－NIHパブリックアクセスポリシーに関して. 情報管理. 2005, 48(3), p.133-143. http://joi.jlc.jst.go.jp/JST.JSTAGE/johokanri/48.133,（参照 2007-02-05）.

(12) 鈴木尊紘. マスデジタイゼーションプロジェクトと図書館：Google, OCA, MSN, EUデジタル図書館. 現代の図書館. 2006, 44(2), p.82-92.

(13) マクヴェイ山田久仁子. ハーバード大学図書館における電子資料サービスの動向. 大学図書館研究. 2005, (75), p.27-33.

(14) 上原恵美. 大学図書館とe-learning－カナダ・米国の大学図書館を訪問して. 大学図書館研究. 2003, (68), p.45-57.

(15) 米澤誠. インフォメーション・コモンズからラーニング・コモンズへ：大学図書館におけるネット世代の学習支援. カレントアウェアネス. 2006, (289), p.9-12. http://www.dap.ndl.go.jp/ca/modules/ca/item.php?itemid=1036,（参照 2007-02-05）.

4.3 図書館における教育・リテラシーサービスの位置づけ

京都ノートルダム女子大学　人間文化学科・人間文化研究科　　岩崎　れい（いわさき　れい）

はじめに

図書館における教育・リテラシーサービスは、館種による相違と目的による相違の両方の側面からとらえることができる。本稿では、米国図書館における教育・情報リテラシーサービスに関する1990年代以降の日本国内の研究動向を概観した。

(1) 利用（者）教育から情報リテラシーの育成へ

1990年代に入るまで、このサービスは主に利用者教育または利用教育の一環として位置づけられることが多かった。1980年代の半ばごろから、図書館内の利用教育にとどまらず、1970年代に概念が生まれたとされる情報リテラシーの育成と結びつけて論じられることが増えてくる。その背景として、1983年に米国連邦教育省が出した報告書Nation at Risk(1)に対して出されたALAの答申があり、情報リテラシー概念が明確にされている(2)。図書館関連団体が、「情報リテラシー」をどのように捉えてきたかは、図書館関連団体の公式文書を分析した中村の論文に整理されている(3)。ALAの最終答申以前の1980年代後半には、クールソー（Carol Collier Kuhlthau）がこれをlibrary skillsとcomputer literacyの両概念を統合し、さらにそれを超えたものとしてとらえている(4)。

クルーソーについては、渡辺が認知的な視点から利用者の情報探索行動についての研究を中心に研究レビューの形で紹介しているが(5)、このクルーソーの考え方をもっとも取り入れた結果となったのは学校図書館の領域であるといえるだろう。大城(6)は、1980年代にはすでに学校図書館において情報リテラシーに関する論議はされていたものの、図書館内での意見の一致がまだ見られておらず、また、Nation at Riskで情報化社会・生涯学習社会への突入に言及しながらも、教育における図書館の役割や情報資源利用法の知識や技術の重要性については触れていなかったため、学校図書館における情報リテラシーについては、学校図書館メディア・プログラムの最終的な目的は児童・生徒の批判的思考力の育成であると主張したマンコール（Mancall）らの研究によって初めて実質的な議論が始まり、クルーソーの上記の著作によって転換点を迎えたといえると述べている。学校図書館における批判的思考力の育成については、平久江が利用教育カリキュラムを批判的思考の概念によって再構築する必要があるというマンコールの主張をもとに、批判的思考の解釈に不可欠な思考力の概念整理と批判的思考スキルの整理をし、図書館利用教育への批判的思考の応用について考察している(7)。また、学校図書館の領域へのクルーソーの考え方の応用については、福永が1980年代の利用者教育アプローチについて分析している(8)。この論文では、学校図書館における当初の利用者教育は、学校のカリキュラムに深く関与せずに利用者の個別のニーズに対応しており、研究の視点も図書館内の利用者支援に重点が置かれていたが、1980年代には、利用者教育の視点を利用者教育の内容や技術から学習者である児童・生徒に移すことによって、カリキュラムと密接な関連を持つ統合アプローチが注目を集めるようになったとしている。

また、この傾向は、1988年版の米国学校図書館基準『インフォメーション・パワー』(9)（Information Power）にも反映されているとされるが(10)、1990年代に入ると高度情報社会・生涯学習社会といわれる中で、1998年版の米国学校図書館基準『インフォメーション・パワー：学習のためのパートナーシップの構築』(Information Power: Building Partnerships for Learning)(11)が、児童・生徒を中心とする学習を主眼に据えた情報リテラシー基準を提示し、それをもとに学校図書館の新しい姿を模索している(12)(13)(14)。情報リテラシー基準を示すだけではなく、その適用にあたってMcREL（Mid-continent Research for Education and Learning）のContent Knowledge(15)を活用することによって、1988年版よりも学習やカリキュラムとのさらに深い関連が示されている。また、マレー（Janet Murray）は、アイゼンバーグ（Mike Eizenberg）とバーコウィッツ（Bob Berkowitz）が提唱した学習プロセス“Big6”(16)と学習リテラシー基準と“ISTE NETS”(17)を対比させることで(18)、情報リテラシーの習得や情報探索プロセスが学習と密接な関係にあることを示している(19)。

※本稿は、国立国会図書館の2006年度調査研究事業の成果物である。

(2) 社会と時代のニーズに対応したサービスへ

このような学校図書館の傾向は、現代社会の教育ニーズに対応したサービスのあり方といえるであろう。大学図書館も、時代に応じたさまざまなサービスを求められている。倉橋[20]や大城[21]は、21世紀における社会の変化とインターネット時代に対応するためには、米国の大学図書館で従来行われてきた図書館利用教育では不十分になったとして、情報リテラシー教育の必要性について論じている。これらの論議は、学校図書館の情報リテラシー基準と相前後して、2000年に出されたACRLの情報リテラシー基準[22]も踏まえている。また、eラーニングに対する支援機関としての大学図書館も注目されており、三輪[23]らは、米国の教員養成大学におけるeラーニングの事例研究にあたり、大学図書館をその支援機関と位置づけており、また、上原[24]の事例報告では、カナダのブリティッシュ・コロンビア大学、米国のワシントン大学及びハワイ大学のeラーニングを紹介するにあたり、しくみや技術だけではなく、図書館員が教員としての身分を認められて教育に当たっていることに注目している。さらに、米澤[25]は、米国の大学図書館の新しい方向として、1990年代半ばにはデジタル時代の情報資源を利用するための共有資源として誕生したインフォメーション・コモンズが注目を集め、さらに、10年後の2005年にはACRL全国会議で「インフォメーション・コモンズからラーニング・コモンズへ」というセッションが行われ、大学が知識を伝達することから学生自身が主体的に知識を創出することへと大学教育のパラダイム転換が行われたことを示唆している。

公共図書館では、あまり多くの研究は行われていないが、1990年代以降、生涯学習時代・高度情報社会と結びつけてとらえられる傾向にある。1990年代後半には、公共図書館の生涯学習支援の核としての情報リテラシー教育やインターネットの利用指導が注目され、インターネット利用における問題点を提起しながらも、情報への公平なアクセスの保障という視点から重視されてきている[26][27]。また、21世紀に入ってからは、健康情報サービス[28]やビジネス支援[29]など、利用者の特定のニーズに応える専門図書館的な役割を果たす図書館が紹介され、日本でもその傾向を追おうとする動きもある。すべての人に公平なサービスを行うことを基本としながらも、利用者のニーズを汲み取るサービスによって、利用者の主体的な利用を尊重しようとする方向といえるであろう。

専門図書館関連では、米国については日本国内ではほとんど研究が行われておらず、医学図書館関係でわずかに事例報告が見られるのみである[30]。とはいっても、教育・リテラシーサービスに無関心なわけではない。その関心は、医学図書館関係では患者図書館や看護学校の図書館なども含めると、次の３つに大別できる。第一に、医学・看護関係の専門誌で関心が高いのが、医学や看護を学ぶ学生へのサービスであるが、これは病院図書館を併設する多くの病院が、大学や看護学校などの教育機関をも併設していることに起因しており、内容的には大学図書館・学校図書館の範疇で考えるテーマであろう。第二に、医師・看護師をはじめとする専門職に対する情報サービスがあり、これは、いわゆる専門図書館のサービスといえるであろう。第三に挙げられるのが、患者に対する図書館サービスであり、病院サービスの一環と考えられるであろう。従来、患者向けの図書館は娯楽用が中心であったが、1990年代以降、患者に医療・健康情報を提供するサービスが注目されつつある。酒井[31]は、これについて、長い間医療専門家だけを利用者としてきたが、政府の健康重点政策を受けて、“Long Range Plan 2000-2005”[32]という計画の重点目標に一般向け健康情報サービスを掲げ、さらに、公共図書館や大学医学図書館との連携によってサービスを成功させた米国国立医学図書館（NLM）の事例を紹介している。その意味では、第三のカテゴリーは患者のみに対するサービスではなく、予防や健康教育を含んだ一般向けの教育サービスと位置づけることができるだろう。

おわりに

館種によって、サービスの形はさまざまだが、いずれも教育・リテラシーサービスという視点では、20世紀の末から21世紀の初めにかけて、図書館が主体となるサービスから利用者が主体となるサービスに変化してきたととらえることができる。教育機関の図書館サービスにおいても、公共機関の図書館サービスにおいても、まず利用者が主体となって学ぶ環境をつくる努力をしているといえるだろう。惜しむらくは、館種によって文献数がかなり違うので、公共図書館や専門図書館についても、より多くの米国の研究が望まれる。

(1) United States. National Commission on Excellence in Education. A Nation at Risk: The Imperative for Educational Reform: A Report to the Nation and the Secretary of

Education. 1983. 65p.
(2) American Library Association. American Library Association Presidential Committee on Information Literacy: Final Report. American Library Association, 1989, p.9.
(3) 中村百合子. 図書館関連団体文書にみる米国における「インフォメーション・リテラシー」の変遷. 日本教育工学会論文誌. 2002, 26(2), p.95-104.
(4) Kuhlthau, Carol Collier.et al. Information Skills for an Information Society: A Review of Research. ERIC Clearinghouse on Information Resources, Syracuse University, 1987, 28p.
(5) 渡辺智山. 利用者研究の新たな潮流：C.C.Kuhlthauの認知的利用者モデルの世界. 図書館情報学会年報. 1997, 43(1), p.19-37.
(6) 大城善盛. アメリカの学校図書館界における情報リテラシー運動. 渡辺信一先生古稀記念論文集編集委員会編. 生涯学習時代における学校図書館パワー：渡辺信一先生古稀記念論文集. 渡辺信一先生古稀記念論文集刊行会, 2005, p.167-188.
(7) 平久江祐司. 学校図書館利用教育における批判的思考力の育成：情報の評価スキルとしての役割. 図書館学会年報. 1996, 42(4), p.181-198.
(8) 福永智子. 学校図書館における新しい利用者教育の方法：米国での制度的・理論的展開. 図書館学会年報. 1993, 39(2), p.55-69.
(9) American Association of School Librarians; Association for Educational Communications and Technology. インフォメーション・パワー：学校図書館メディア・プログラムのガイドライン. 全国学校図書館協議会海外資料委員会訳. 全国学校図書館協議会, 1989, 217p.
(10) 福永智子. 学校図書館における新しい利用者教育の方法：米国での制度的・理論的展開. 図書館学会年報. 1993, 39(2), p.56.
(11) American Association of School Librarians; Association for Educational Communications and Technology. インフォメーション・パワー：学習のためのパートナーシップの構築. 同志社大学学校図書館学研究会訳. 同志社大学, 2000, 234p.
図書館員がこの学校図書館基準を実践していくためのガイドラインとして、American Association of School Librarians; Association for Educational Communications and Technology. 計画立案ガイド. 同志社大学学校図書館学研究会訳. 同志社大学, 2003, 116p.（インフォメーション・パワー：学習のためのパートナーシップの構築, 2）. がある。
また、プロモーションビデオ“Know It All”(Produced by GPN in consultation with the AASL & ALA, 1997. 全13巻）も発売されている。
(12) Public Education Network; American Association of School Librarians. インフォメーション・パワーが教育を変える！：学校図書館の再生から始まる学校改革. 足立正治, 中村百合子監訳. 高陵社書店, 2003, 211p.
(13) 岩崎れいほか.『インフォメーション・パワー：学習のためのパートナーシップの構築』に関する一考察：1999～2001年の文献レビューを中心に. 同志社大学図書館学年報. [2002], (28)(別冊), p.27-52.
(14) 平井むつみ. 米国の教育現場におけるニーズとしての「インフォメーション・パワー」. 学校図書館. 2005, (655), p.45-48.
(15) Kendall, John S.; Marzano, Robert J. “Content knowledge: A compendium of standards and benchmarks for K-12 education”. 4th. ed., Mid-continent Research for Education and Learning, 2004. http://www.mcrel.org/standards-benchmarks/, (accessed 2007-02-13).
なお、Information Powerでは2nd. ed.(1997)を利用している。
(16) “Big6: An Information Problem-Solving Process”. http://www.big6.com/, (accessed 2007-02-13).
(17) The International Society for Technology in Education. “National Educational Technology Standards Project”. http://www.iste.org/inhouse/nets/cnets/index.html, (accessed 2007-02-13).
(18) Murra;y, Janet. “More From Japan: Applying the Big6 Skills and the Information Literacy Standards for Student Learning to Internet Research”. Big6. 2002-05-01(update: 2005-06-09). http://www.big6.com/showarticle.php?id=153, (accessed 2007-02-13).
(19) 岩崎れい. “情報リテラシーと学習支援：IP2の情報リテラシー基準とその適用の可能性”. 渡辺信一先生古稀記念論文集編集委員会編. 生涯学習時代における学校図書館パワー：渡辺信一先生古稀記念論文集. 渡辺信一先生古稀記念論文集刊行会, 2005, p.189-197.
(20) 倉橋英逸. 生涯学習における情報リテラシー教育と学習コミュニティ：米国の大学教育における実践とチュートリアル. 大学図書館研究. 2004, (70), p.31-41.
(21) 大城善盛. 情報リテラシーとは？：アメリカの大学・大学図書館界における論議を中心に. 情報の科学と技術. 2002, 52(11), p.550-556.
(22) Association of College Research Libraries. “Information Literacy Competency Standards for Higher Education”. http://www.ala.org/ala/acrl/acrlstandards/informationliteracycompetency.htm, (accessed 2007-02-16).
(23) 三輪眞木子ほか. 米国の教員養成大学における遠隔教育とその支援システムの事例研究. [日本教育情報学会] 年会論文集. 2003, (19), p.70-73.
(24) 上原恵美. 大学図書館とe-learning：カナダ・米国の大学図書館を訪問して. 大学図書館研究. 2003, (68), p.45-57.
(25) 米沢誠. インフォメーション・コモンズからラーニング・コモンズへ：大学図書館におけるネット世代の学習支援. カレントアウェアネス. 2006, (289), p.9-12. http://www.dap.ndl.go.jp/ca/modules/ca/item.php?itemid=1036,（参照 2007-02-16）.
(26) 廣田慈子. 米国公共図書館におけるインターネットパブリックアクセスの現状. Library and Information Science. 1997, (38), p.23-35.
(27) 廣田慈子. 公共図書館と情報リテラシー教育：米国公共図書館におけるインターネット利用指導から見た可能性. 現代の図書館. 1999, 37(2), p.72-77.
(28) 事例紹介には、たとえば以下の文献がある。
杉江典子. 米国ニューヨーク市クイーンズ区公共図書館における消費者健康情報サービス提供. 医学図書館. 2003, 50(3), p.260-267.
(29) 事例紹介には、たとえば以下の文献がある。
上田志保. 積極的なビジネス支援サービス：ニューヨーク公共図書館「SIBL」におけるサービス. 国立国会図書館月報. 2004, (518), p.23-27.
(30) 事例紹介には、たとえば以下の文献がある。
スナイダー足立純子; Lindner, Katherine L. 特集, 患者・住民への医学情報サービス：アメリカにおける患者、住民への医学情報サービス. 医学図書館. 1998, 45(1), p.36-43.
菊池佑. アメリカの病院図書館最新事情：患者への医療情報提供も含めて.（シリーズ・海外図書館事情を探る, 10）. 図書館雑誌. 1998, 92(1), p.54-56.
(31) 酒井由紀子. 米国国立医学図書館と図書館情報学国家委員会による健康情報サービス支援事業. カレントアウェアネス. 2006, (287), p.13-16. http://www.dap.ndl.go.jp/ca/modules/ca/item.php?itemid=1019, (参照 2007-02-16).
(32) U.S. National Library of Medicine. “Long Range Plan 2000-2005”. http://www.nlm.nih.gov/pubs/plan/lrp00/toc.html, (accessed 2007-02-16).

索引

※索引は日本語の論考を対象に抽出した。

視覚障害その他の理由でこの本を活字のままでは読むことのできない人の利用に供するために、この本をもとに録音図書（音声訳）、拡大写本又は電子図書（パソコンなどを利用して読む図書）の作成を希望される場合には、国立国会図書館まで御連絡ください。

【連絡先】 国立国会図書館　総務部総務課

〒100-8924　東京都千代田区永田町 1-10-1　電話　03-3506-3306

米国の図書館事情 2007　―2006 年度 国立国会図書館調査研究報告書―

平成 20 年 10 月 31 日　発行　　定価：本体3,100円（税別）

編集©　国立国会図書館関西館図書館協力課
〒619-0287 京都府相楽郡精華町精華台 8-1-3
電話 0774-98-1448　FAX 0774-94-9117

発行　社団法人 日本図書館協会
〒104-0033 東京都中央区新川 1-11-14
電話 03-3523-0811　FAX 03-3523-0841
http://www.jla.or.jp

JLA200823
ISBN 978-4-8204-0817-8
http://current.ndl.go.jp